现代立国法政文献编译丛书

丛书主编 高全喜

德国魏玛时期
国家法政文献选编

本卷主编 黄卉

黄卉 晏韬 等编译

清华大学出版社
北京

图书在版编目（CIP）数据

德国魏玛时期国家法政文献选编 / 黄卉主编；黄卉等编译.
-- 北京：清华大学出版社，2016
　（现代立国法政文献编译丛书）
ISBN 978-7-302-40904-5

Ⅰ.①德…　Ⅱ.①黄…　Ⅲ.①法律 - 文献 - 汇编 - 魏玛共和国
②政治 - 文献 - 汇编 - 魏玛共和国　Ⅳ.①D951.69②D751.69

中国版本图书馆CIP数据核字（2015）第166647号

责任编辑：周　菁
封面设计：贺维彤
责任校对：宋玉莲
责任印制：沈　露

出版发行：清华大学出版社
　　　　　网　　　址：http://www.tup.com.cn，http://www.wqbook.com
　　　　　地　　　址：北京清华大学学研大厦A座　　邮　编：100084
　　　　　社 总 机：010-62770175　　　　　　　　邮　购：010-62786544
　　　　　投稿与读者服务：010-62776969，c-service@tup.tsinghua.edu.cn
　　　　　质量反馈：010-62772015，zhiliang@tup.tsinghua.edu.cn
印 装 者：三河市金元印装有限公司
经　　销：全国新华书店
开　　本：185mm×260mm　印　张：30　　　字　数：529千字
版　　次：2016年1月第1版　　　　　　　　印　次：2016年1月第1次印刷
定　　价：84.00元

产品编号：057331-01

　　《现代立国法政文献编译丛书》的编辑翻译工作，得到"上海能近公益基金会"和"上海世界观察研究院"的学术基金资助，在此深表谢忱！

政治宪法学的积薪之业
——《现代立国法政文献编译丛书》代序言

高全喜

风雨如晦，鸡鸣不已。

屈指数来，从 2006 年秋季筹划现代六大国制宪兴邦的此一系列法政文典汇编，至今已有九载，现《现代立国法政文献编译丛书》出版在即，回首其中经历的曲折艰辛，感慨良多，难以成眠。

记得我在最初的一份文案中曾经这样写道："这是由一群非常之人所从事的世界上主要大国宪政之成败得失的非常时期之非常人物之非常之文的编译工作，我们力求将之作为一项志业来做。"我在这句话中刻意用了四个"非常"的词汇，为什么我有这样的期许呢？

译介发端

文艺复兴与宗教改革之后，欧美各国先后建立起自己的宪政民族国家，其中法政文献资料浩繁无涯。今日的中国正处于政治转型时期，迫切需要学习成功国家制宪建国的法政经验，鉴取它们的教训。目前中国法政学界译介西方专业性的学术著作已经较为成功，各种译丛名目繁多，但是，以西方现代大国立国时期的法政思想为主题的综合性翻译丛书尚有遗缺，而我这些年学术思想的关怀，恰恰在此。

自从当年主编《大国》丛刊（后来改名为《大观》丛刊）之时起，我就对现代国家的宪政发生学情有独钟，认为那是一个非常时期，即制宪立国兴邦的伟大时期。这个时期的现代诸国各自究竟是如何开源生发出来，以至于根深叶茂、蔚为壮观的？时下的各种翻译文献并没有这样的自觉意识去深入浅出地把握辨析。因此，选择当今世界在政法方面业已取得成功的六个国家（尽管其中有些国家的制宪立国之路不无曲折）——确切地说是英国、美国、法国、德国、日本、俄罗斯六国，尤其是精选这些国家在建国时期（或非常转型时期）的一些重要法政篇章、文典宪制，按照政治宪法学的学术体例加以遴选、编排和翻译，从而为我国的法政理论乃至制度实践提供思想理论上的资源储备，就成为我主持的这套《现代立国法政文献编译丛书》之六卷集的主旨。

按照我在九年前的设想，这一系列当时暂定名为"现代立国法政文献编译丛书"的译丛总共六卷，集萃英国、美国、法国、德国、日本、俄罗斯六国的立宪文典。每国一卷，篇幅在 50 万字，全部《译丛》总计 300 万言。为了尽可能保持历史原貌以及思想蕴涵，计划每卷遴选的法政人物 5~10 人，他们主要是政治家（如大臣、外交家、大法官等）、政治思想家、历史学家、法学家等传统意义上的法政人物或国家精英，而不是 20 世纪以降的所谓大学职业教授。因为立宪不仅是理论工作，更是一项最为严肃的实践工作。宪法学的研究不能仅仅关注技术细节，更应有一种大的视界与实践感。这常常是今人所短，亦是前人所长。

整个《译丛》文献的选择时间段大致在 15 世纪之后，第二次世界大战之前，从政治史的视野看，在这个时期西方诸国，以及日本等东亚国家，都大致完成了各自国家作为现代国家的立国建制之功。但是，由于各个国家的历史传统、政治情势等具体境况不同，在这个时间跨度内，每个国家独具的立宪建国的非常时刻也是不尽相同的。所以，久经斟酌，在众多编译者群策群力之下，这部译丛命名为《六国立宪文典》，并且每卷都精心商定了醒目的五字书名。最终，在出版之际，因为种种考量，我们又改回最初定的丛书名——《现代立国法政文献编译丛书》，并用各分卷书名中的副标题取代了各分卷的五字书名。但我在以下行文之中，仍愿意按照斟酌底定的设想，称之为"六国立宪文典"。

为了达致荟萃现代国家"立宪建国之非常时期之非常法政人物之非常法政文献"这一编辑目标，就需要我与各个分卷主编对于具有政治宪法学意义的"立宪时期"具有深刻而审慎的理解，并据此审视宪政历史，遴选和把握其中的立国文典。因此，我觉得这部"文典"翻译文本的选择本身就是一个高度学术性和思想性的工作，作为总主持人，我的编选指导思想是非常明确的，即客观、富有张力地呈现各个国家关键时期的法政思想遗产。

我认为，这部出版在即的《现代立国法政文献编译丛书》，贯穿其中的主导性思想脉络大致有三个声部，即自由主义、保守主义和激进主义，上述三股强有力的现代政治思潮，发轫于各国的立宪建国的非常时期，因不同的政治机缘，喷薄而出，相互激荡，构成了今日世界范围内各国宪政制度之思想基础。

诸国之英

基于上述设想，通过数年之努力，"六国立宪文典"六卷集编译完成，其构成如下：

英国卷，《英国革命时期法政文献选编》，毕竞悦、泮伟江主编。英国卷包括六编，内容分别涉及有关主权和国家的争论、共和与自由的探讨、宗教与政治的纠葛、政党与议会政治的产生、国家的经济职能、普通法的"技艺理性"之特质。

1688 年的"光荣革命"标志着英国历史转型的重大成功，由此在时间节点上向前可追溯到英国宗教改革、柯克大法官与詹姆斯一世国王关于普通法的论辩，至 1640 年"清教徒革命"和后来的复辟；向后可延伸到 1707 年英格兰与苏格兰合并，以至英国式议会主权、两党制和内阁制在 18 世纪中的缓慢形成与定型。在这个大历史的时段中，许多思想家围绕着英国命运的论辩不仅是思潮的交锋，而且在历史上直接影响到了英国在现代转型时刻的立宪实践。英国卷的编选立足译丛的主题构想，入选的人物著作涉及弥尔顿、哈林顿、霍布斯、洛克、博林布鲁克、柏克、胡克、温斯坦莱、威廉·配第、亚当·斯密、柯克大法官和黑尔大法官等人。入选的相关制度法令有《权利请愿书》(1628)、《人身保护令》(1676)、《宗教宽容法令》(1689)、《权利法案》(1689)、《王位继承法》(1701)。

英国卷所涉及的思想家多是近现代法政思想史上耳熟能详的关键人物，但是很多著作却未必为国人所熟知，而且这样的专题汇集也是第一次。哈林顿的《政治体系》是《大洋国》的姊妹篇，反映了他对于政府建构的主要观点。在国家制度的讨论方面，博林布鲁克是英国宪政史上最早系统阐述政党制度功能与意义的学者，他对如何防止政府腐败堕落，有相当精辟至今让人叹服的见解。《论爱国主义精神》体现了博林布鲁克对于爱国主义与立宪的关系，以及公民爱国的责任和义务等方面的观点，这部作品为客观看待我国当前的民族主义情绪的问题提供了参考。博林布鲁克还是英国民族主义思想的一个代表，他的民族主义观点很有英国特色。伯克本身是议员，许多议会的发言都很重要。《关于国会下议院改革的讲话》是柏克五十多岁思想成熟时期的一次重要的演讲，演讲中对诸如财产与自由、英国议会的形成等重要问题做出阐释，对此演讲稿的翻译与研读将对柏克本人的政治思想及英国宪政的原理提供助益，同时为对美国宪政产生深刻影响的英国辉格党传统和普通法的研究提供了资料。宗教因素在英国革命中占据了一个非常关键的维度，争论的核心都是围绕着英国国教展开的。因此，这部分主要选择了英国国教的理论集大成者胡克尔的《教会政制法规》第一卷所涉及自然法和政治的那部分。关于"光荣革命"前后的政治经济学重点体现在国家财政的革新，包括税收方面、信贷体系、英格兰银行等，围绕各派的争论展开，该部分所选的威廉·配第代表新兴产业资本的利益和要求，积极著书立说，为统治者出谋划策，为英国统治殖民地、夺取世界霸权寻找理论根据，是当时对于政治影响力最大的经济学家。柯克的贡献代表了英国的司法独立以及对公民权利的强调，司法独立方面选择了柯克所判决的两个最经典判例的判词，这两份判词对英国的政治思想史的影响是巨大而深远的。

美国卷，《美国建国时期法政文献选编》，柯岚、毕竞悦主编。美国卷共分五编，内容分别围绕殖民地的权利和地位、联邦政府、财政和联邦主义、司法权和司法审查、《权利法案》等来组织。收录的人物著作涉及托马斯·潘恩、杰弗逊、约翰·马歇尔、詹姆斯·威尔逊、汉密尔顿、麦迪逊、约翰·杰伊、乔治·梅森和理查德·亨利·李等，荟萃了《美国危机》《常识》《联邦党人文集》等为人熟知的经典著作。此外，附录中还选编了《五月花号公约》《独立宣言》《弗吉尼亚权利法案》《美国联邦宪法》《权利法案》《葛底斯堡演说》等。

以上涉及的人物不仅是当时法政领域内的著名思想家，而且很多同时是政治参与者，有些长期担任国家领导人，在当时美国的政治舞台上举足轻重，他们的思想和理论经受了美国立国实践的考验，有着建国创制的独到经验。美国宪政史中的重要人物与事件基本都为国内法政学界所掌握，本卷的选编在参考前人文献的基础上，尽量突出立宪文典的特色。从 1776 年美国发表了《独立宣言》，到 1787 年制定《美利坚合众国宪法》，正式成立美利坚合众国，在这个过程中，始终存在着两条主线：一是强调统一国家的重要性，构建一个统一的政府；二是注重基本的权利和自由。本卷选文围绕着上述两个主题，凸显了美国立宪中的核心话题。

法国卷，《法国革命时期法政文献选编》，施展主编。法国卷分为两部分，包括革命时期和后革命的复辟时期。法国卷选编的人物和著作有西耶斯的《第三等级是什么？》与《关于宪法评审团之授权及组织的意见》、罗伯斯庇尔《革命政府的诸原则》、贡斯当《恐怖的效果》、斯塔尔夫人《论国内和平》、特拉西《对孟德斯鸠〈论法的精神〉的评论〉;迈斯特的《宪政生成原理》;基佐的《论政府及其反对派》、圣西门的《论加强政治力量和财富的制宪措施》。

近代的法国是欧陆宪政发展的策动地，也是各种宪政思想的实验室。在大革命时期及其后的复辟时期，多种宪政思想之间有着激烈的交锋，并且多有付诸实践，给后世留下了诸多遗产。故而法国卷选辑书目即集中在这一段时期。西耶斯所代表的"1789年原则"是法国大革命初起的温和阶段，其理性共和国主张奠立了法国大革命的整体基调，并且是嗣后法国共和派的精神渊源。罗伯斯庇尔是雅各宾派的核心人物，激发了后世各国激进革命的想象力，而贡斯当是著名的自由主义者，他对雅各宾派思想的分析相当精当。特拉西是督政府宪法制定过程中的重要参与者，"空论派"的代表人物。他的这部作品写于复辟时期，是写给美国的杰弗逊的，对北美宪政思想影响很大，奠立了法兰西第三共和国的宪政理论基础。他此时既有实际的政治经验，又有足够的反思时间，故而其思考兼具学理性与现实性，奠定了法兰西第三共和国的宪政理论基础。迈斯特的著作是其政治思想的导言，从中可以看到欧陆保守主义的主要理论诉求。基佐著作中所论述的思想，在七月王朝基佐当政时期获得推行。他面对一个充满意见冲突的社会，对于秩序的思考是相当值得重视的。圣西门号称三大空想社会主义者之一，还是个执迷的工业主义者和精英主义者，他在19世纪前半叶提出的工业立国，工业家和法学家依凭理性治理社会，以此来建设现代国家的诸多想法，在相当程度上规定了法国嗣后的政治人物进思方向，并在实际上成为拿破仑三世所统治的法兰西第二帝国的官方哲学，推动了法国的工业革命。

日本卷，《日本明治前期法政史料选编》，张允起主编。日本卷由五部分组成：政治背景编、著述学说编、建议建言编、论说论争编和宪法草案编。日本社会转型时期的法政选择既有现实的利益纷争，又有东西碰撞的深厚历史背景，需要发掘其历史脉络和内在逻辑，从而揭示出选择方案的多样性及其时空局限，还历史以本来面目。

本卷试图通过对相关历史文献的译介，从政治背景、学说论争、建言建议、制度设计等多重角度，全面展示明治初期政治转型过程中学界、政界、舆论界对立国法政新秩序的构想与谋划。入选的人物有四十多位，加藤弘之、西村茂树、福泽谕吉、穗积八束、中江兆民、岩仓具视、木户孝允、大久保利通、山县有朋、黑田清隆、井上馨、伊藤博文、大隈重信、板垣退助、森有礼、中村正直、马场辰猪、井上毅等星光灿烂的人物被编译者一网选入。这么多人物，相应的文献著作和文章达到七十多篇，很难一一列举，张允起等编译者所耗费的心血汗青可鉴。例如建议建言编中那些给天皇提出的立宪政体建议，特别是宪法草案编所收录的五部宪法草案，既是立国法政理论浓缩的精华，更直接地反映了当时朝野重臣的宪政认识水平。又如政治背景编入选的法律、诏令和制度有五条誓文、政体书、废藩置县诏书、太政官职制、议院宪法颁布之诏、地方官会议开会之诏、爱国公党之本誓、立志社设立趣意书、大阪会议约定之草案、渐次树立立宪政体之敕谕、元老院开院典礼之诏书、命元老院起草宪法之敕语、进呈国宪草案之报告书、赐告开设国会之敕谕、为调查宪法诸制度派遣参议伊藤博文至欧洲之诏敕、内阁改制之奏议、内阁职权、内阁改制之诏敕、伊藤枢密院议长进呈上奏宪法稿案之表等 19 部文献，多为国内学界以往所未引介。

俄国卷，《俄国 19、20 世纪之交法政文献选编》，郭春生主编。俄国卷分为自由主义、激进主义和保守主义三编。自由主义派文献有政治改革的推行者、当时的大臣会议主席（即首相）斯托雷平在国家杜马等公开场合的 17 篇讲话，立宪民主党人米留科夫的两篇公开讲话，自由主义"左"派人士司徒卢威的选集摘译。激进主义派文献有革命恐怖主义者涅恰耶夫的《革命者教义问答》——涅恰耶夫的纲领被马克思称为兵营式社会主义的典型，民粹派革命家、布朗基主义者特卡乔夫的《恐怖是俄罗斯精神和社会复兴的唯一手段》，还有切尔诺夫为社会革命党撰写的纲领；坚持俄国传统的保守主义阵营的文献则有波别多诺斯采夫的《莫斯科文集》，吉霍米洛夫的《我为何不再当革命家》与《君主制国家体制》（节选）。他们大都亲身参加了俄国 1900年前后大变革时代国家道路选择的政治实践——甚至是以反政府的恐怖主义方式，因而著作文献中有着不同观点和实践的激烈交锋，是对那个时代法政思想资源最精准最浓缩的反映。

当时俄国激进主义特别是马列主义的著作，已经大量地出现在中文文献中，因此限于篇幅，该卷着重选译了当时保守主义思潮的代表著作。正如该卷主编郭春生在该卷"导读"中所说："保守主义之对俄国近现代政治发展影响之大，是其他思想流派所无法比拟的。在沙皇专制制度下，保守主义属于为专制制度辩护的思想流派，自然也就受到专制制度的庇护，二者相辅相成，力量强大。从十二月党人武装起义开始，俄国的专制制度开始受到质疑，但是，在整个 19 世纪，专制制度从来也没有遭受到重大冲击；哪怕是进入 20 世纪之后，1905 年革命也并没有否定沙皇专制制度，沙皇政府只是颁布了一纸准备召开国家杜马的宣言，就轻而易举地扑灭了革命的火焰，沙皇的权力没有受到多大损害。直到第一次世界大战前，专制沙皇仍然牢牢地把握着国家政权。正因如此，整个 19 世纪一直延续到'一战'前，作为专制权力保卫者和辩护者的保守主义也一直占有优势。"

阅读俄国卷书稿期间，我也深切体会到郭春生教授的灼见——保守主义并非是完全固守传统，它往往也是主张变革的，只不过其所主张变革的程度较低罢了。作为思想精英的保守主义者，不可能对周围快速变化的世界无动于衷或抱守残缺，他们也会适时提出变革主张，来应对时代变革所造成的挑战——只是自后世看来，历史在很多关节点上是"时不我待"而已。

德国卷，《德国魏玛时期国家法学文献选编》，黄卉主编。德国卷的编译围绕着魏玛时期的立国宪制思想展开，内容是富有德国特色的国家理论和国家法学。从人物上可以分为三组人物，第一组是在魏玛共和国诞生前的第二帝国时代就奠定了德国国家理论和国家法学基础的两位重要思想家奥托·冯·基尔克和格奥尔格·耶里内克；第二组包括被称作魏玛宪法之父的胡果·普洛斯、格哈特·安许芝、瑞查德·托马以及马克斯·韦伯等人，他们的思想直接关系到魏玛宪法精神的生成，可以部分解释魏玛宪制后来的得失成败；第三组是魏玛共和国建立之后宪政论辩中最重要的几个法政人物，他们分别是汉斯·凯尔森、鲁道夫·斯门德、卡尔·施米特、海因里希·黑勒和艾里希·考夫曼。由于韦伯、施米特和凯尔森的重要著作都已翻译成中文，该卷除了节选若干已有翻译外，选择了尚未有中译的几篇重要文献，比如施米特的《国家的价值与个人的意义》，凯尔森的《民主的本质和价值》。其余作家的所选文献均是德国国家理论和国家法学发展史中的经典文献。

魏玛宪法的制定，不可谓不是精英荟萃、思潮汇集；魏玛宪法的条文，不可谓不是博大精深、条缕详尽；但是魏玛道路上的实践，却是功败垂成，天才与群魔共舞，德意志国家与民族陷入浩劫。其中曲折隐忧，处于大变革时代的国人不可以不处变不察。

演进之道

翻译是一件苦事，但百余年来，一代代前贤不辞劳苦，克尽厥功，不外乎是为了中西思想与文明的交汇融合，为中华文脉与制度转型寻找一线生机。早在筹划组织这部立宪建国之文典的翻译时，我就知道这份私家功业之艰难，因为它既没有国家资助，也不是单独一部外文作品的翻译，而是一项纯粹的志业，是传承殷鉴他国立宪建制之薪火得失。而且就学术来说，也非现有大学专业体制之所限，涉及政治学、公法学、历史学和法政哲学等多个学科，就外文来说，涉及英、法、德、日、俄五个语种。因此，组织起这部"文典"的翻译学术团队，其实本身就是法政思想学术共同体的一桩事业。好在经过九年的大浪淘沙和相互砥砺，其间也经历沉潜打磨与修葺重订，终于逐渐凝聚起这支翻译队伍。尤其是各位分卷主编，历经漫长的年轮岁月，经受住坚韧与清贫的煎熬，较为圆满地完成了各自承担的遴选文本、组织翻译、校对勘误等工作。由于国内业已翻译出版的著述，如商务印书馆的《汉译世界学术名著经典丛书》等，与"六国立宪文典"的主题存在某些方面的交叉叠合，故各位分卷主编经过审议，对于已经翻译出版的某些篇章，如能择善而从，就尽可能采用，而问题较多者，则根据原文重新翻译。此外，各位分卷主编根据我的要求，还为每卷撰写了相关国家立宪建国文献编译的"导读"，将选辑诸文献的内在线索、价值等予以梳理辨析，并将其放在一个更大的政治历史背景之下，展示这些文献作为立宪文典的重要意义。

在组织编译"六国立宪文典"的过程中，我的学术思想研究，从某种意义上可以说是与这部"文典"同时俱进，生命相系，其中的一个重要标志，就是我形成了一套自己的政治宪法学的主张和理路。应该指出，中国政治宪法学的兴起，虽然发轫于中国百年的立宪建国之道，但其彰显的还是古今之变的文明立宪之构建，属于人类普遍的事业，其中蕴含着普世治道的内在诉求。因此，西方诸国的立宪文典对中国所仍身处的古今政制转型，就不是外在的，而是可以内化蕴包的，中华文明的传续与这个政制之道的交通就不是敌意的，而是相契的，所谓中西政制的立宪之道具有若合符节之功。故而，我所服膺的政治宪法学，就不属于极端的激进主义，而是演进论的改良主义，虽然政治革命在此具有推动的作用，但宪法出场，革命退场，立宪建国是一项宏大的政治守护事业，属于我所揭示的"革命的反革命"之国家创制与运行的机理。因此，虽然"六国立宪文典"洋洋洒洒，汇编了政经法之众多国家建设的议题，但在我看来，它们均没有超出政治宪法学的圭臬，都可以纳入政治宪法学的立宪建国的法政逻辑之中。虽然有些国家的立宪创制，囿于环境、民情以及天意，而步入或保守或激进的褊狭路径，因而为此付出时间和血泪的代价，但通观整部"六国立宪文典"，我们便不难发现，在忠实于客观史实文献的梳理编选之下，依然凸显出一条立宪建国的正道。之所以最终把这份法政资料选编命名为"六国立宪文典"，这从一个层面表明了我基于政治宪法学的一个预见，那就是尽管各国立宪建国的道路不尽相同，但并不因此就否定世界各国普遍性的历经古今之变的立宪建国之正道。正道即文典，能够揭示出这个正道之万一，就不枉我们矻矻八载之甘苦矣。

他山之石，可以攻玉。"六国立宪文典"从一开始，就不是仅仅为了翻译而翻译，而是取其薪火，传诸华夏。自鸦片战争以降，尤其是历经甲午战争，中华大地纷扬改制立宪之风潮，虽然百十年来屡遭坎坷挫败，但一直前赴后继，不绝如缕。中国的政治宪法学，旨在接纛风旗，再辟途径。其中，探索现代国家的成功立宪建国之道，便成为迷津中的指路灯塔。我认为，六国的立宪建国史，尤其是其历经的立宪创制的非常时刻，对于我们的制宪转型具有重大的逻辑提示意义。因此，"六国立宪文典"的编选迻译，就蕴含着一个强烈的中国意识，即在英格兰宪制孕育、美利坚合众国全新缔造、法国革命轮回、俄国 20 世纪初国家道路选择、日本明治维新之崛起和德国魏玛宪制走向失落之"六国立宪文典"中，挖掘可供我们借鉴的观念价值与立国技艺，甚至辨析其中致使某些国家失败的种子。百年中国的历史烽烟去矣，我们面临的依旧是一个没有完成立宪良制的政制状态，国家转型依然是我们无法摆脱的非常时期，在此，借鉴西方优良政体的立宪建国之正道，就越发显得格外重要与严峻。中国的政治宪法学不是凭空制造出来的，而是伴随着中国立宪建国的政治实践所生发出来的，是在中西政治文明的激荡中孕育而生的。唯有如此，我愿把这部"六国立宪文典"的编译视为中国政治宪法学的积薪之业，期盼它们能够在不久的政治大变革中薪火相传，发扬光大。

最后，我要指出，这部"六国立宪文典"的编译及其出版，绝非我一人之功，而是凝聚了众多至爱亲朋、志同道合者的心血、襄助和友情，是我们大家协力同心、共同奋斗的结果。首先，我要感谢上海的能近公益基金会——在徐友渔、朱学勤两位教授的引荐下，这家由 9 位中欧国际工商学院校友组建的纯粹民间的基金会出于对中国学术事业的质朴情感，给予了我一笔虽不大但十分关键的资助，使得我的宏大设想能够真正启动，开始了为期九年的编译事业。其次，我要感谢参与立宪文典翻译的数十位译者，尤其是担任分卷主编的毕竞悦、柯岚、泮伟江、施展、黄卉、张允起、郭春生诸君——他们克服了众多困难，最终与我一起并肩走完这段路程，没有他（她）们的参与和付出，很难想象这部文典能够编译出来。此外，我还要感谢张千帆、李强、刘苏里、谈火生等学友以及田飞龙、张绍欣两位年轻学人——他们或者为此文典的编选出谋划策，或者为文典的出版介绍推荐，或者为译文的编辑加工定制，总之，九年来他们为此项工作费心费力，襄助巨大。我相信，这部记录了风雨沧桑、古今之变的"六国立宪文典"将成为我们合作推进中国学术出版之新机的最好见证。

山有蕨薇，隰有杞桋。

君子作歌，维以告哀。

2013 年 4 月 17 日　于北京西山寓所

2013 年 8 月 18 日　修改

2015 年 10 月 5 日　改定

编 者 的 话

黄 卉

高全喜教授对我国的宪法学事业有着热切的展望，于 2006 年开始策划编译几个现代民主宪法国家在建立时期形成的法政文献，经泮伟江先生引荐，我也加入到了编译队伍中，着手德国卷的工作。高老师当时也许看中我在德国待过。那时我刚刚动了将法律自习重点从民法学转向宪法学的念头，以为可以通过这个项目，熟悉德国宪法发达史以及在德国一波三折地转向现代国家的过程中宪法是如何被利用和质疑的。我没有受过政治哲学方面的学术训练，"法条主义"的专业背景致使我顺应自己的兴趣，花了很多时间去查看德国思想家如何在法学范式内安置宪政思想，即如何设计宪法文本，如何解释和适用宪法规定，等等。

德国宪政发达史一般分为三个阶段讨论。第一个阶段操弄"君主宪政"，类似于晚清帝国立宪，德国地连西欧，自然是主动"顺应潮流"，像清朝为了强国富民的被动因素相对小些。第二个阶段即"一战"后的魏玛共和国，1919 年的《魏玛宪法》显示现代意义上的人民之主权，可惜理想未能主宰现实。第三个阶段为"二战"后德意志联邦共和国时期的宪政发展，在修正魏玛宪法基础上与魏玛宪法保持了一定的连续性。德国卷把目光锁定在魏玛共和国以及魏玛宪法，似乎既保险又方便。我先翻译了魏玛宪法文本，又找到魏玛宪法三父（普洛斯、安许茨、托马）关于领命、设计、起草和反思魏玛宪法的论著，作为理解魏玛宪法的铺垫，再以已经"文本化"的宪政思想为起点，挑选关于议会、总统特权、平等权、社会权等重要条款并以当年国家法方法论讨论为背景，编辑当时的思想家和国家学学者（如斯密特、凯尔森、斯门德、黑勒、考夫曼）关于解释和适用这些条文的文献。德国卷的读者群，最初被设想成偏向宪法解释论的宪法学者。

这一想法幸好不成功。不仅因为不合高老师对译丛的整体定位，我们的读者首先不是宪法学或政治哲学的专业人，而是更加广泛的国家理论爱好者，还因为所选思想家都有很好的宪法教义学能力，一旦围绕宪法条文写作，便条文来条文去，引注浩繁，对非法教义学尺度上的读者来说会不堪忍受。我接受了高老师的建议，文献选编当远离琐碎、注重国家理论，但也即刻迷失了工作方向，因为在德国近代思想史的线索上有根有据地选择法政文献，完全不在我的能力范围内。德国志士哲子就国家制度留下的重要字据，很大程度上是彼此照应的战斗檄文，想到作为编者需要在序言中揭示作者之间和文献之间的关系，便好长一段时间寝食不安而且注定徒劳无功。2009年夏天，在柏林碰到了中国政法大学中德法学院德方负责人汉马克（Marco Haase）教授，他是法哲学和国家学专家，我请他给德国卷写一个详细梳理魏玛国家学和国家法学脉络的导读，他答应了下来。实际上，汉教授不仅撰写了缜密的导读，还对本卷的文本选译和体例安排提出许多建设性意见，好些年轻译者也是他推荐的。如果没有汉教授加入，德国卷一定黯然失色。

魏玛时期的宪政思想和形成条件，汉马克教授的长篇导读已经分析清楚，无须我凭管测画蛇添足。这里交代一点翻译和统校方面的困难和妥协。

- 关于"Reich"。"Reich"本意为疆域广阔之国，通常译成"帝国"。魏玛之前的"Deutscher Reich"翻为"德意志帝国"没啥问题，但把共和国性质的魏玛国称作"帝国"显得不妥，让人联想到"帝王国家"（Kaiserreich）。对此在统校时我尽量使用"魏玛共和国"、"德意志国"或者"国家"等词以避开"帝国"歧义。然而，"Reich"更多时候是指与地方邦国（Länder）相对的德意志中央政府，连接着很多需区别于邦国机构的中央国家机构名称，如帝国国会、帝国总统，这时候想要干净地回避掉"帝国"这个词，几乎不可能，因为无论替换成"宗国"（张君劢）、"民国"（刘小枫）或"联邦"（台湾魏玛宪法译本）都不理想。编者决定留用"帝国"，取其"大国"之意。
- 关于"Volk"。"Volk"多数时候译为"人民"，比如"人民主权"，"人民选举产生"。但它也有"民族"的意思，比如说到德国精神时，显然翻译成"民族精神"更恰当一些。有时候"人民"和"民族"的分界不明显，意识到这种区别的译者在同一文本中都交替着使用两种翻译，故编者未对所有的"Volk"作仔细分辨。
- 关于"Nation"。"Nation"原意是民族，因为西方世界把国家建立在民族基础之上，有点类似"Volk"，很多时候译成"国家"或"民族"都行。但凡涉及德意志民族及其精神，就该翻为"民族"才对。比如德国纳粹党，"Nationalsozialistische Deutsche Arbeiterpartei"，应该翻为"民族社会主义德意志工人党"，我们约定俗成译成"国家社会主义德意志工人党"或"国家社会主义德国工人党"，译名战胜了原名。"Nation"的翻译统校没能贯彻统一原则，在此提醒读者注意上下文。

- 关于"Verfassung"。"Verfassung"相当于英文的"constitution"，基础含义是人、物、事的一般的、基本的状态，比如询问某人的健康情况，便可以问某人之"Verfassung"如何。"Verfassung"进入法律范畴后——尤其加上"Recht"（法）后构成"Verfassungsrecht"一词——便转换成"关于基本状态的法"，通常情况下就是指代成文宪法。但正如"constitution"即便没有后加"law"，也会翻译成"宪法"，德文"Verfassung"也常常可以指代"宪法"。斯门德作品的标题就是"Verfassung und Verfassungsrecht"，这便给翻译出了难题；编者虽有意翻译为"组织和宪法"，但还是尊重泮伟江的译法，保留为"宪法和宪法法"。

- 值得仔细分辨和解释的词汇远不止这些，比如各种有关"人类集合体"的表达，"Verband"、"Gemeinschaft"、"Gemeinde"、"Gesellschaft"、"Genossenschaft"、"Verein"、"Vereinigung"、"Körperschaft"、"Köperation"，等等，如能推敲出相对固定的翻译，比如"Verband"翻为"团体"，"Gemeinschaft"翻为"共同体"，"Genossenschaft"翻为"合作社"，对我们的理解和参考很有帮助。编者不具备这样的超级能力，译者有自己的个别主张，原作者的用法其实并不一以贯之，最后就呈现出部分统一的样子。就我们熟悉的一个例子来看，精确之不可能似乎也具有某种功能，"juristisch"，准确的翻译应该是"法学（的）"，而不是"法律（的）"，但法学界内部至今没有完成关于"juristisch"的确切分辨，不少学者用"法律方法论"代替"法学方法论"，表述重点的偏移好像适应了观测局势的角度。

一晃八年过去，不管怎样，德国卷现在终于交稿，编辑、翻译、校对的辛苦和烦恼，已经化为昨日拖沓。要感谢的人真是太多，除了署名的译、校者曹茨、陈昊明、方博、Marco Haase、韩毅、刘刚、泮伟江、齐松、秦静、任宏达、王苗建、谢立斌、晏韬、袁镜淇、翟明强、张陈果、张小丹、张龑，我还要感谢 Heiko

Holste、李君韬、李忠夏、田丽春、王歌、张绍新等师友，他们在文本的选译方面给我不少启发性的建议，我要感谢 Philip Kunig 和 Otto Hennig 两位德国知名教授，他们读了最初的文献目录以及编辑计划后，给出了详细的意见和忠告，使我很快意识到项目的复杂性。谢谢我的三位研究生晏韬、夏晋和辛亚，他们承担了大部分文字通读工作，尤其晏韬正在德国撰写博士论文，在学业繁忙之中为德国卷做了很多资料补正和补译工作。最后，谢谢高全喜教授对我的盲目信任和持续支持，也感谢他的耐心和不耐心，否则我可能交白卷的。

二〇一四年七月三日
于北航如心楼 311 室

德国魏玛时期国家法政文献选编

14

本卷导读·魏玛共和国的国家与宪法学说
Staats–und Verfassungslehre der Weimarer Republik

余可·汉斯（Marco Haase）　著

　　1933 年,魏玛共和国（也即"魏玛帝国"）的宪法随着希特勒掌权而寿终正寝——其实际生效时间尚不足 14 个春秋。在此期间，德意志帝国由君主制转向民主制，充满了各种政治动荡和经济危机。这同时也引发了紧致而深刻的宪法反思：君主制下贯行的法律与政治制度应当怎样适应一个以"人民主权"为旗号的新国体的原则与要求？正是这般政治与宪制的动荡促使宪法学者们重新审视和考察"国家"与"宪法"等既有的基本概念。

　　魏玛共和国的宪法本身并不完善，包藏着内在的弱点。经验证明，仅规定国家元首改由人民选举并将政府任期与议会信任机制挂钩，尚不足以完成君主国向共和国的转型。但只盯住魏玛宪法的制度本身不够完善显然是片面的，其失败的主因毋宁说是整个共和国对外无力承担第一次世界大战的失利所造成的物质和精神上的负担，对内则既对恶性经济危机束手无策，又无力调和社会各派的利益冲突。注定魏玛宪法失败的另一个重要因素，是德国战后的精神危机——国民们原本大体同心同德，如今突然被打碎分散成各型各色的意识形态，彼此冲突，无法调和。

　　因此，魏玛宪法并非一部堪为其他立法模板的"理想宪法"。但当时国家法学者和宪法理论家们围绕宪法进行的探讨，却即便不称典范，也至少可以用作理论渊源，供后世从根本上反思国家组织。因为魏玛时期最主要的制度问题，即议会在一个"法治国"中的角色定位，驱使各门各派的学者重新考证宪政的法学基础，并为此对"宪法"和"国家"的概念以及对国家法学科的方法进行了前所未有的深究。正是基于上述认识，黄卉先生为"六国立宪文典"中的德国卷选编德国宪政文献时将目光集中到了魏玛时期。笔者也有幸多次参与到本卷选编、翻译工作的讨论中，并受托为本卷撰写导引。

编者事先制定了作者和文献的甄选标准：其一，仅从试图解读议会民主制的新国体并以新定宪律为基础反思魏玛时期宪法问题的作品中挑选文献，那些从原则上质疑魏玛宪法的人民主权和议会思想的作者不属于本文的考察范畴；其二，旨在提供一个魏玛时期国家学说的概览和引论，而无意全面重述此间的相关讨论；其三，首先选择当时参与最主要问题讨论的文献，同时兼顾当时或事后引起了重大反响的学说；其四，尽量选择尚未翻译为中文的文献进行编译，以补充国内读者的研究和阅读资讯。从本卷所选编的文献可看出，既定标准基本得到了遵守。其中奥托·冯·基尔克（Otto von Gierke, 1841—1921）和格奥尔格·耶里内克（Georg Jellinek, 1851—1911）的著作在第一次世界大战之前便已完成，且代表了当时迥然相对的两种基本观念。基尔克遵循亚里士多德和黑格尔的传统，将国家视为伦理和风俗的共同体，法学则被认作一门用于评价的科学。与此相反，耶里内克站在认知批判主义的立场上，主张将个人与国家、法律和权力割裂开来，并反对用科学论证任何价值评判。格哈德·安许茨（Gerhard Anschütz, 1867—1948）和瑞查德·托马（Richard Thoma, 1874—1957）成了耶里内克反评价的实证主义信徒，汉斯·凯尔森（Hans Kelsen, 1881—1973））则干脆将其极端化为形式主义。艾里希·考夫曼（Erich Kaufmann, 1880—1972）、鲁道夫·斯门德（Rudolf Smend, 1882—1975）和赫尔曼·黑勒（Hermann Heller, 1891—1933）对此进行了反击，因为他们或多或少都秉承了基尔克的思想或遵循着黑格尔的传统。卡尔·斯密特（Carl Schmitt, 1888—1985）是魏玛时期重要的思想家和理论家，他虽然也猛烈地还击了上述实证主义者，认为他们没能领悟"法"的深层结构，但斯密特本人的决断论立场却建立在理性批判的基础之上，这反而拉近了他与实证主义者的距离。

对魏玛共和国深入理解依赖读者的文献阅读，笔者作为导引者只能在下文对共和国及其宪法的历史背景和主要争议做一个概要介绍。

一、历史背景

1. 革命性国家建构

第一次世界大战的失利颠覆了德国的立宪君主制。逝去的政体是各邦诸侯与民族主权（Volkssouveränität）之间的妥协产物：尽管议会经普遍且平等的选举产生并享有立法权，但政府成员与军队统帅均由德皇任命，所以不需要对议会负责。究其本质，第二帝国是吏治政府。

1918 年 8 月，德军预计很难再打赢这场战争，最高统帅部便提议拟定一份停火协议，但按帝国宪法协议只能通过一个享有议会支持的政府作出。这一事件导致德意志帝国在当年 10 月彻底实现了议会化。经过接下来的哗变与暴乱，德皇威廉二世逊位，举事者于 1918 年 11 月 9 日在柏林宣布成立共和国。时任帝国总理（即巴登亲王马克西米利安宣布皇帝威廉二世）以违宪方式将政府事务让渡给了社会民主党主席弗里德里希·艾伯特（Friedrich Ebert，1871—1925），但作出授权的帝国总理本人好歹是依宪产生的总理，所以帝国政府和军方统帅认可了艾伯特的权力。

现在，德国走到了在苏维埃布尔什维克和议会民主制两种宪法模式之间做出抉择的岔路口。后者的信徒战胜了前者。1919 年 1 月 19 日，通过普遍、平等的选举产生了国民议会，但鉴于柏林局势动荡，议员们便避到了小城魏玛召开大会。经过长时间的讨论后，会议以 262 票赞成对 75 票反对的结果通过了主要由胡果·普洛斯（Hugo Preuβ，1860—1925）起草的《魏码宪法》。

2. 魏玛宪法的结构：宪法有新气象，但问题是总统权力太大！

按照新宪法，帝国总统每届任期为 7 年，由国民直接选举产生，因此具有了与国会同等的民主正当性。总统成了国家的外交代表和军队最高统帅，尤其值得一提的是，他拥有任命国家总理并根据其提名任命各部部长这一重要职能。与皇帝时期的立宪君主制不同，现在的政府必须取得国会的信任：如果国会对国家总理投不信任票，那么后者必须辞职。此外，在紧急（"戒严"）状态下，总统享有很大的处置权，尤其可以越过国会立法权而自行签发紧急条例；他还可以解散国会，以及无须国会决议而将法律草案付诸全民公决。以此观之，现在的帝国总统胜似一个经民主程序选举产生的立宪君主，他作为超越一切党派的机关，对国会中受各党约束的议员实施监督。

国会经全民平等、直接、秘密的选举而产生。需要注意的是，皇帝时期的多数选举制（Mehrheitswahlrecht）如今变成了比例选举制（Verhältniswahlrecht），这使得那些把持着候选人名单的各大党派，如今可以极大地影响到国会的构成。一切法律必须应当通过国会决议。国会可以对帝国总理投不信任票而迫使其下台。

帝国参议会（Reichsrat）是各邦的代表机构，由各邦首相组成。参议会有权对法律草案提出反对意见，然而它在魏玛共和国时期自始至终都不曾发挥过重要的政治作用。

此外，魏玛宪法不同于旧时期的帝制宪法，它依照帝制时期的几个邦国宪法的模式，以很长的篇幅规定了自由主义的基本权利目录。魏玛宪法在内容上的创新，是在"基本义务"之余新增了"基本社会权利"。

3. 魏玛共和国简史

魏玛体制下的国会主要依靠"德国社会民主党"（SPD）、天主教"中央党"（Zentrum）和"左"倾市民自由主义的"德意志民主党"（DDP）三家撑持，而极"左"和极右的两翼政党均以废除魏玛宪法为目标。接下来的数年中，各党内部又不断分崩离析自立门户，造成了政党数量的一路飙升。

因为居中的"主流"党派无一能在国会赢得多数席位，彼此结盟便成了产生下任国家总理的唯一出路。然而事实证明，出于此等目而搭建的党团并不稳定：国会中虽然暂时形成了多数，但其目的仅限于对当局政府投不信任票而使其倒台；各党之间却经常无法就新总理的人选达成一致，而且还互不妥协。如此背景之下，国会对许多亟待解决的事项完全无从下手。为填补议会立法的空白，帝国总理和帝国政府不得不频频动用《宪法》第 48 条规定的总统紧急权（Notstandsrecht）——这在魏玛共和国最初和最后的几年里尤为屡见不鲜。

时至 1930 年，国会中已无法形成足以组建政府的多数，新任帝国总理海因里希·布吕宁（Heinrich Brüning）也弃置国会的多数信任，仅以总统保罗·冯·兴登堡（Paul von Hindenburg）的紧急权为根基执政。然而，由于害怕自身被总统解散，国会中竟也无法形成多数来反对布吕宁，直到 1932 年兴登堡在权力斗争中亲自罢黜了他，并在未经与国会协商的情况下，径以弗朗茨·冯·巴本（Franz von Papen）取而代之。新总理也自有一幅蓝图，即将魏玛共和国变成一个不依附于国会信任的"总统权威制"国家。在民族社会主义德意志工人党（NSDAP，其政敌即后世称为"纳粹党"）接连在国会选举中取得重大胜利后，阿道夫·希特勒于 1933 年 1 月 30 日被任命为帝国总理，魏玛共和国开始分崩离析。尽管前者从未在形式上废除后者的宪法，但几个月不到的时间里，其主要规定便纷纷失去了现实意义。1933 年 3 月 24 日，《消除国家与人民痛苦法》（俗称"授权法"）将立法权分派给帝国政府，使其从此可以不受宪法约束而自行颁布法令。最迟从这一时刻起，魏玛宪法从此也彻底成为过去时。

魏玛共和国并非在正常条件下孕育生成，而是战败与革命的产物。因此大多数民众根本无法接受这个新国体，这也注定了其先天缺失抗御危机的能力。而在政界，左派认为是自己按照苏维埃模式进行了社会主义革命，现在却被窃取了果实；而在右派眼中，魏玛共和国自始就是赤色暴乱的孽种。而在此之前，霍亨佐伦皇朝统治的合法性根基直到第一次世界大战末期也不曾动摇，较大的共和主义运动从未产生或存在，甚至 1918 年秋季，身为社会民主党头目的艾伯特甚至还曾试图保持当时的君主制。可现在，帝国一夜之间变成了共和国，这一晴天霹雳惊了太多人一个措手不及。因此无论普通市民还是帝制时代的吏员、法官——其多数均为"帝国遗老"——对共和制自始怀抱拒斥态度。此外，《凡尔赛条约》规定由德国独力承担第一次世界大战的全部罪责，肢解了德意志的大片领土，并责令其偿还倾举国之力也无力承担的战争赔款——作为抵押，剩余领土的一大部分又须交由法军占领。这在时人眼中当然就是丧权辱国，但魏玛共和国却于 1919 年 6 月 28 日在此"和平条约"上签字画押。这使更多人丧失了对新政权的信任，结果便是此起彼伏的武装起义、政变阴谋、政治谋杀、分裂运动以及随时可能爆发内战的危险。

此外，魏玛共和国还须面临诸多严重问题。第一次世界大战停火后，战时经济必须转回和平时期的经济轨道；除了负担巨额战争赔款的负担，数以百万计的士兵也有待安置，以回归平民生活。由于对战时公债的偿还请求权瘫于国难，恶性通货膨胀又在 1923 年达到高潮，中产阶级的大部直接陷入赤贫。在对外关系中，历届政府都试图重树德国的国际形象，并修正《凡尔赛条约》对德国的经济掠夺与外交孤立。作为报复，法军却伙同比利时部队，于 1923 年占领了鲁尔区——德国重工业的心脏，以作为勒索其继续偿还战争赔款的"人质"。

1924—1929 年之间，魏玛共和国的经济和政治都进入了一个相对稳定期。但即便在这样的条件下，其议会体制依然未能有效运转。各政党是"顽固的经济与政治利益团体"，几乎从不懂得妥协，并且既没有能力也没有意愿彼此进行长期合作。这样的结果便是产生出一届又一届的缺乏决议和执行能力的少数派政府。

1929 年 10 月 24 日，世界经济危机爆发，导致大规模公司破产、物价失控和银行崩溃。在德国，失业率截至 1933 年 1 月一路飙升至 600 万名的失业者大军。原本就缺乏民意支持的共和国在这一灭顶之灾面前彻底崩塌了下去。

二、魏玛共和国的精神危机

在斯密特、斯门德、考夫曼和黑勒等反实证主义者看来，魏玛体制下围绕国家与

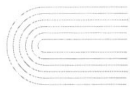

宪法的种种冲突绝不仅是当今政治与社会困境的产物，而是一场普遍性"精神危机"的表现：君主制的终结不但打乱了各种政治和社会力量，以至于重新形成一种制衡状态成为必要，而且更昭示了以个人自我负责以及历史进步观为基础的市民自由主义世界观，已经完全崩溃。实际上，德意志民族在经过了伤亡不断、缺衣少食的四年时间后，已没有什么能够抚平战争对其造成的精神创伤。毋宁说，战事的残酷、战败的恐慌和战后的乱世将人们曾经对历史具有"理性"的信仰打碎成了一地瓦砾。因此，帝制的谢幕对时人而言不仅是一起政体颠覆，而且更是一种原本人人各得其所的整体世界秩序的破灭；1918 年的第二帝国的崩塌，只是终于揭露了一场意义消失危机，而该危机早在 19 世纪进程中已逐渐形成、沉淀，却被帝制时期的国家机制掩盖住而没有凸显出来。

19 世纪初，德意志的精神生活充斥着市民自由注意和理想主义的世界观。到了 19 世纪下半叶，这一世界观虽然还是官方文化，并依然左右着市民阶层的生活态度，但当时的学界却愈发皈依于精密的实证主义、经验主义和唯物主义，而这些新思想给市民理想的根基画上了一个大大的问号。原本的进步乐观主义部分转变成了悲观主义情绪，"正义就是力量"（Macht des Rechts）的信仰让位于"强权就是真理"（Recht der Macht）的认知。发生在 20 世纪第一个十年里的"价值判断之争"（Werturteilsstreit）构成了转变标志，其代表人物马克斯·韦伯（1864—1920）宣称：不可以对价值判断进行科学论证；克煦只能回答诸如"为实现特定目的需要哪些手段"的问题，而探寻最终的目的与价值，却非科学的题中之意。

无论如何，理性怀疑主义、唯物主义、经验主义和悲观主义本身也遭到了批评。早在 19 世纪下半期，便有人回归康德的理想，将自然科学探索真知的追求与个人自由结合起来，并以此维护自由主义的人像图（Menschenbild），史称新康德主义。尤其以社会学、历史学和心理学为代表的经验学科一度自诩能够界定什么才该被视为真、善、美。新康德主义者指出，效力问题更多的是规范问题，而非经验所能解答的。然而，他们又不甘于像韦伯那样干脆把这些问题干脆从科学当中排除出去。于是，新康德主义者采取了典型的二元思维，对现象与意念、实然与应然、内容与形式、客体与方法、经验思维与普遍理性、现实与价值、自然与文化作严格区分。正是研究对象与研究方法的对立，使新康德主义者专注于方法论的反思。然而对价值判断作用哲学论证，却亦非他们所能顾及的。

时至 20 世纪前期，新康德主义催生了新黑格尔主义。新黑格尔主义试图跨越新康德主义二元论的藩篱：理想与现实、应然与实然、方法与对象的离析而带来的种种问题，使他们致力于思考，该如何利用辩证法把上述种种重新联系起来，并在日常现实中洞悉其内在价值。

人们重燃探索人生真谛的热忱大大带动了现象学的发展。在 20 世纪 20 年代的德国，现象学作为一种新的哲学方法论，成为了德国哲学辩论的中心。埃德蒙德·胡塞尔（Edmund Husserl，1859—1938）在 20 世纪初引发了这场哲学进程。其认知起点是：逻辑和数学所进行的真理诉求不仅可以通过经验性心理学来求证；现象学研究也可以帮助人们，在川流不息的现象中洞悉经久不变的本质。胡塞尔利用经验实证科学的"危机"，即它们无法回答"何为人的存在意义"这样问题，论证了现象学的合理性。

20 世纪前三分之一的乱世氛围迫使人们花费更多的精力来对价值评判问题进行哲学探究。1911 年，马克斯·谢勒（Max Scheler，1847—1928）出版了《伦理的形式主义与物质价值伦理》（*Der Formalismus in der Ethik und die materiale Wertethik*）一书，试图借助于胡瑟尔现象学的方法，驳斥康德关于"哲学无法从内容上为伦理问题提供答案，而只能对自由意志的表现形式作出一般化规定"的观念，进而论证人类存在的普世价值。1926 年，尼古莱·哈特曼（Nicolai Hartmann，1882—1950）的《伦理》（*Ethik*）面世，沿着谢勒的轨迹，发展出了一套"价值的内容分析"学说。这两部作品对德意志的法学，尤其是国家法学说产生了重大影响。

此外，探索人生存在的意义，也是海德格尔（Martin Heidegger，1889—1976）的"存在主义哲学"的核心课题。与新黑格尔主义和胡瑟尔的现象学不同的是，海德格尔的哲学保留了尼采的理性怀疑论传统，所以会提出这样的问题：人被"侵入了""虚无之中"，他的存在有什么意义呢？

这种精神上的困扰早在 19 世纪下半叶便开始发酵，而经过"一战"失利、帝制解体，终于引爆了关于应该如何重塑德意志政治和社会力量的、波及广泛民众阶层的大辩论。这就是国家法学者之间展开论辩的精神背景。如果说，基尔克及其门徒普洛斯还或多或少地沿袭着 19 世纪上半期的理想主义传统，那么，以耶里内克、安许茨、托马和凯尔森为首的实证主义者们则认定，价值评判的问题不能用科学来解答，因此法律科学在应对评价问题上应投"弃权票"。耶里内克和凯尔森们的理论，从新康德主义关于实然与应然、现实与价值、对象与方法等的二元区分中获得了不少灵感。与之相反，考夫曼、黑勒、斯门德等反实证主义思想家们主张人文科学方法，都直接或间接地与黑格尔的哲学一脉相承，局部也涉及现象学。斯密特的决断主义则不然，它与海德格尔存在主义哲学中的"非理性主义生活态度"更具亲缘关系。但除此之外，斯密特还作为天主教徒提出了一个在思想史上占据独特地位的学说，即20世纪初的精神危机也反映了现代世界与天主教的冲突。事实上，斯密特深受诸多天主教"反启蒙思想家"的影响。

三、魏玛时期宪法学的主要问题

1. 方法论争论

宪法学者探索的主要问题是，在新的国家结构中该如何确定议会的权能和界限。这一讨论动摇了人们迄今为止对"国家"和"民主"的理解，并引发了核心命题：价值判断可以予以科学论证抑或只能是非理性认识？这一问题导致了德国国家法学的方法论反思和辩论。

对于何谓国家法学的"正确方法"的追问，学者们各持己见，最迟在1926年的国家法学者大会上公然爆发的彼此间的意见冲突。大会原定的议题是《魏玛宪法》第109条规定的平等基本权。具体问题是："所有德意志人在法律面前一律平等"这一条文，在拘束法律适用之外是否还能拘束立法者？艾里希·考夫曼直言，立法者应当受到约束。其论据不仅有《宪法》第109条的文本和制宪者的立法意志，还援引了法律史、其他国家的法律秩序和国际法，用来证明这些不同实证法律秩序背后普遍适用的关于"平等"法律观念。但实证主义者则反驳道，对魏玛宪法只许进行文义、历史和体系解释，其他域外法律秩序不具有说服力。

显然，这一交锋的核心问题在于，哪些论据可以用来论证法律问题。其中，实证主义者力图将一切目的论（尤其是关于国家目的）的探讨作为政治性问题而排除在法学之外，并将法学研究局限在所谓的"法学方法"的框架内，也即对国家颁行的法律条文进行解释。反实证主义者——其下又有斯密特独树一派，考夫曼、斯门德和黑勒另立一派——则不然，他们的观点是：应当追寻法律背后的精义，对于"寻法"（Rechtsfindung）来说，这些深层价值比起律典条文更为关键；价值评判即使不是法学的核心问题，也至少是其重要组成部分；伦理学、政治学和社会学问题并不是外在于法学的问题，相关学科的知识应当被引入到法律论证中。

这场冲突的爆发，可归咎于概念法学遇到了"法学方法"的危机。概念法学本身是19世纪中期历史法学派的衍生物。历史法学派的正源坚称，"法"只能从社会现实的既有制度中提炼得出。然而，萨维尼后期却投身于罗马法的研究，试图将其素材按照人的伦理属性进行梳理。后来的概念法学割断了"法"与人伦的关系，唯求借助罗马法律素材搭建一个逻辑通顺的概念体系，认为：关于何谓"法"（Recht）、何谓"不法"（Unrecht）的问题，既无须取自现实社会的风俗与习惯，也不必从人的伦理属性中萃取，而只需从主观权利、法律行为、债的关系等法学概念中导出即可。

在德意志第二帝国（1871 成立）的初期，拉班德将概念法学的这种"法学方法"从民法引入到公法领域。按他的意图，国家法学从今以后也应该借助逻辑思维活动来整理法律素材；他将一切历史的、哲学的和政治的考量都排除在法学之外。

尽管遭到基尔克等人的批评，拉班德还是将"法学方法"搞成了国家法学领域的主流方法，并使这种状况持续到魏玛共和国。代言实证主义的安许茨便直言："没有实证以外的法。"实证的国家法应当与政治性和哲学性问题区分开来，因为后两者并不容许客观判断。国家法的渊源仅限于现行法律、国际公约和公认的（国际）习惯。尤其在解释制定法的过程中无须关注立法目的问题，因为对条款的意义和目的进行考察并非主要任务。"对于解释具有决定性意义的，[很大程度上] 主要是已经颁布的法律文本，必要时也可参照立法材料，查明立法者的意志。"当然，利益权衡属于政治性价值判断，取决于意志而非逻辑，因此"不可避免地会在一定程度上遭受主观主义的牵累"。

无论如何，到了 20 世纪初，概念法学的这种"法学方法"已然变得很可疑。即便只在民法领域，人们也不再像先前一样迷信仅凭逻辑性思考就能将一切法律问题迎刃而解。19 世纪后期，耶林"背叛"了概念法学，转而在社会效用中寻找法律基础。这就是利益法学，它将法律争讼都看作利益对立，并从法律选择的价值判断中提炼出解决法律冲突的标准。对于耶林这样的利益法学者来说，法律中价值判断无法回溯到逻辑性概念，而必须考察利益。更为激进的自由法学派则认为，法律裁判的最深层理由源自法官的非理性的意志行为。总之，对逻辑所具规范力量的质疑，迫使民法学科在 20 世纪初回过头来寻找客观的、超实证的价值标准，以求公正解决利益冲突。

此外，政治和法律能否真的一分为二也要画上大大的问号。耶里内克意图把一切政治性问题从所有科学（因此也从法学）领域中驱逐出去，认为法学在本质上只关于实定法律的适用，立法则属于法律政策的范畴。这种思维其实延续了帝制时代的传统观念，彼时认为在帝制和官僚体系下，议会可以通过法律对君主官僚式的司法裁判和行政管理进行监督乃至引导。然而，最迟在民法于 1900 年被全面法典化改造后，人们终于认清，任何一部法律都必然有其漏洞，因此，也并非所有法律问题都是能从实证法中导出答案。

除此之外凯尔森还指出，即使在理论上将法律创制与法律适用彼此界分也是不可行的，因为"司法裁判和立法一样，也是创制、发明、制造法律的行为，毋宁说，它们就是造法过程的两个阶段"。 就此而言，法律适用也是创设法律的一种情况，因此也包含着政治性价值评判。但凯尔森此间所为，无非是将其实证主义思考推行到底，然后试图把法律适用中的不可避免的政治判断从法律学说理论中剥离出去。面对这般实证主义和形式主义，反实证主义者们提出了异议。斯密特便指出，法学无法括除法律与宪政秩序的价值评判问题，这些评价又并非理智可以考量的，而是以非理性的决断为基础。这使得斯密特的决断主义接近了实证主义。但是，斯密特又将宪法基本决策（Verfassung）从单个的成文宪法文本（Verfassungsgesetze）中萃取出来并置于后者之上，这便是他与实证主义者的区别所在。相较于凯尔森的形式主义，斯密特认为基本决断并非虚拟的基础规定，而是相关民族（Volk）在历史中实际创制法律的行为。

对于黑勒、斯门德和考夫曼等人文科学的信徒而言（其中黑勒的立场虽然与斯门德和考夫曼的人文科学立场相近，但更加强调社会的阶级冲突），价值评判并不是无理性的决断，而是要从由宪法秩序、法秩序和社会秩序组成的总秩序，且进而从作为起基础的整体文化中推导出来。评价从来不是主观的，因为个人都是受其所在社会价值评判的影响的。在这样的"人文科学方法"的指引下，无论诸般单个法律规定还是单个宪法条文，其解释都不能脱离整个法律秩序，因此必然受制于作为整个法律暨社会秩序基础的理念和价值。考夫曼在解释所有权、平等原则或宪法等概念时，不应囿于各条规定，而更应关注"制度"，即以某一共同的"伦理内容"为基础的规范整体；而这一"伦理内容"既非个人创置，也不是抽象的原则，而是客观存在的"民族精神"——在历史进程中衍生而成的、超越个体的民族文化——的组成部分。

2. 议会民主制的本质与价值

国家法学者们试图理解和评价魏玛共和国这一新国体及其议会民主制，并以不同方式对"民主"、"议会"等概念下了定义。此间差异缘于学者们对"国家应当怎样代表其民族"各持己见，而这些迥异的民族与国家概念又要追溯到各大学者对个体与集体关系的不同理解。

（1）个体与集体

德意志的自由主义在 19 世纪的进程中分裂成了个人派和民族派两个方向，双方不同的人像图是造成分裂的主因。对个人主义者来说，"个人"是一切法律与国家思想的出发点；而集体导向的思想者后者则认为，每个个体都联结在家庭、国家和民族的团体本位当中。斯密特、斯门德、考夫曼和黑勒们批判实证主义，很大程度上归因于他们都拒绝纯个人主义的世界观。

基尔克是团体导向的自由权利观的集大成者。根据他的学说，每个人都根植于家庭、乡里、民族等社会集合体，而这些集合并非"个体的杂烩"，而是"自有品性的独立整体"、"兼具实体和精神的生活统一体"。一方面，社会集合体系经由人的行为而构成，用黑勒的话说："社会现实就是人们按照特定意念行事造成的社会效果。"但另一方面，社会集合体的目的却并不等同于其个体成员的欲求。正如斯门德所言，社会集合体是个"客观的意义架构"，该"客观意义"可能迥异于参与者各自追求的目标；在这个程度上，可谓这个"构架"是有着自身的"固有法则"的。黑勒则提示道："日常生活教给我们，尽管罕有察觉，但我们主观发出的行为（例如说话、问候）实现的却是客观的表意系统（例如语言、交往礼节）。"同理，社会集合体通过每个成员的行为，实际上形成了一种"意义构成物"，该"意义"不以各个行为主体的意愿为限。

在反实证主义者看来，个体只有参与社会构成体中，才能激活自己作为精神语言生物的强能。在这个意义上，参与社会集合体对个人而言可谓既是自我实现又是伦理义务。人正是作为社会集合体的组成部分，才成为真正的人。个人难以独立于其所处的精神和社会环境。甚至可以说，"只有过上精神生活，认识自己、表达自己，以及分享精神世界，亦即在无论何种最广泛的意义上成为共同体成员、进而有意识地面向他人"，每个人的"自我"才有所依所指（斯门德语）。由此观之，个人只有通过参与社会和精神生活才能满足自己的属性。或者又如黑勒所言："我们必须认识到，个体只能以整体为母体和依托而被唤醒为人，而整体也只能以个体为载体和媒介而变得生动——这种水乳交融、缺一不可的交互关系，才是个人与社会的正确关系。"

因此，反实证主义者认为，社会集合体拥有自己的权利，并且这种超个人的、社会的集合体并非虚构，而是实在。这一观念对法学也产生了影响。本来，时下甚嚣尘上的"法人拟制说"宣称，法人只是法律的一种虚拟，因为法律主体资格是国家的法律秩序随意授予授的，用于监控结社活动。现在，基尔克却针对性地提出了"实在社团人格（权）"学说：社会集合体是一种实在，国家的法律秩序必须认许它，就像必须认许每个自然人的法律主体资格一样。同理，民族也是先于国家和法律而生的社会实在，基于这一事实，民族应当成为国家最该认许的法人。

（2）民族（或人民）作为民主的主体

不同流派的人像图也影响到了"民族"（Volk）的概念。帝制终结与民主转向使"民族"成了国家的合法性与实在基础。然而问题是，"民族"应该怎样理解。持个人主义人像者会否认一切群体性主体，因此也自然会否认民族的主体性。与此相反，社会思想与国家思想则肯认，社会集合体有其自主意义并且独立于成员的意愿。但问题是：如今作为国家合法性与实在基础的民族，它只是国民的总和，还是一个超乎个人的集合体？

该问题在关于邦国（作为组成部分）与帝国（作为统一整体）的讨论中尤其明确地凸显出来。在普洛斯和安许茨看来，民主的德意志帝国自然在身为一种社会实在的德意志民族中拥有现实基础，而该民族的意志为新国家秩序提供了合法性来源。与此不同，像普鲁士和巴伐利亚的邦国缺乏一个特定的"民族"作为自己的合法性与实在性基础。

耶里内克则唱起了反调，宣称民族无非是隶属一个国家的人的"全体"。托马也持类似观点，认为将积极国民、即有选举权的国民累加即为民族。凯尔森则认为，民族是"各种人类作为与不作为的统一体"。这种统一体不是可以感性认知的实体性存在，不是事实，而是必须对人们的各种作为与不作为进行解释，进而将其归划为民族统一体。凯尔森的这种解释必须以法律秩序为基础，因为唯有后者方能规定，人们的哪些行为才被视为民族成员的行为。换言之，法律秩序之外没有民族。

（3）民族的代表

在民主制度下，国家行为代表其民族。因此，国民应当得到通过代表制度而在国家机构中形成意志并付诸实施的机会。但正如"民族"概念，对"代表"的概念，魏玛共和国的国家法学者们也莫衷一是。托马便指出，只有如实反映选民的观念与利益，议会才堪称其"代表"。虽然议会成员实则无法一五一十地反映民族构成（在这个程度上可谓任何代表都是"拟制"），但比例选举制度毕竟使议会能够尽量匹配积极国民的利益与愿望。

斯密特另持一种"代表"概念。他首先将民主区分为直接和间接两种，前者遵循同一性原则，后者才用代表原则。在斯密特的词汇中，"代表"意味着对某种"看不见的存在"进行"可见化再现"和"当前化再现"。故此，"代表"并非复制某种既存事实，而是"呈现"某种并不成形的存在，也即民族的政治统一体。这一民族统一体的代表，是那些掌握了政府统治权的人。因为他们代表的并非民众意志，而是民族政治统一性，故此，斯密特——不同于托马的观点——认为代表们行使统治权的合法性并不取决于多数国民的事先同意，而是以能够确保该民族政治的统一性为前提。

考夫曼的代表概念，也是以超个人的民族意志为本源的。民族意志并非指国民的经验性意愿，而是一个规范的、理智的意志。通过代表，超个体的民族意志将凝成一种事实有效的意志。民族意志的代表，则化身于具体个人，例如君主、国家元首、官吏、军人，而议会成员也在此列，其或还包括民众集会，只要其参与者能全票通过某项决议。因此，直接或间接民主之间的对立，在考夫曼看来也并非是"同一性"与"代表性"之间的对立，而只是代表的不同表现形式而已。至于哪种代表形式方为合法，考氏认为这并不取决于"积极国民"的多数意志，而应遵循代表的普遍法则、民族的历史形势及其"个体的精神"。

这些迥然有别的代表观念导致了针锋相对的结果：托马咬定，只有通过比例选举产生的议会才特具代表性；斯密特的意见是，认为帝国总统才是全民族的最重要代表；考夫曼则认定，只有多数选举产生的议会，才有能力通过讨论形成合理的民族意志。

（4）国家的概念及其目的

"国家"的概念界定是上述各种人像观念和方法观念的另一处战场。实证主义者和反实证主义者的共识是，应将国家理解为意志与统治的联合体，旨在形成统一的国家意志并在必要时通过武力予以贯行。然而，面对不同国家代表采取的行动是这般迥异纷杂，到底什么才是"统一的国家意志"呢？对此各方意见争执不下。

耶里内克将"国家"区分为社会学和法学意义上的两个概念。前者将国家描述为一种历史-政治性事实，后者则将国家设定法律主体，意在借此将国家法规则整理成一个没有内部矛盾的体系。耶里内克的作为社会事实的国家已然分解，因为经验并不能确认其统一性。国家法学者只能按照某一共同目的将不同的行为与意志关系归纳成某种社会集合体。至于这一目的是否能在现实中得以证立，抑或只是学者的假说，耶氏却并没有做出回答。

因此，凯尔森摒弃耶里内克对国家概念的二分，强调作为社会现实的国家根本不存在。国家法学者能做的，只是按照法律秩序将议员、臣吏和法官的行为归入国家统一体。至于什么属于国家而什么与国家无关，唯法律秩序之马首是瞻。这样，"国家"和"法律秩序"就是同一概念。在凯尔森这里，国家的统一性问题也便成了法律秩序统一性的问题。法律秩序由各色规范搭建而成，只要后者是按照统一的宪法规则颁行事实的；宪法本身的有效性和统一性，则源于一则唯一的、最高的授权性规范，也即所谓的基础规范。以此观之，法律秩序就是由不同规则构成"层级式体系"，而所有位阶的规范，其效力渊源均出自金字塔尖顶端的基础规范。因为凯尔森将一切评价问题斥为非科学问题，所以他的基础规范不含任何伦理内容，而只是一句陈述："这部宪法应当生效。"此外，该基础规范也不是实在的、源自历史性制宪权的意志行为，而只是一个法学者——如果他们不想陷入虚无，便不得不信其有的——的思维前提。本来人们认定，民族意志才是法律秩序的最高效力来源；但经凯尔森如此一番拆解，"基础规范"便只是一具形式的虚拟规则而已。

与此相对，反实证主义者将国家理解为一种历史—政治性事实。国家代表们不同的国务活动与意志行为构成一种统一体，而这与国家学者或法律专家的解释无关。因为对于反实证主义者而言，代表们的这些事实的、心理的意愿，便是超个体的国家意志在事实和心理上的体现。

认可超个体国家意志的存在，实际上便是确信存在一种超个人的意志内容；它是有一种"国家目的"，不受制于单独个人的恣意决定，而是一种虽独立于个体意愿，却通过国家组织的活动得以实现。由是可见，反实证主义者认为，有一种先验的国家意志存在，它奠定了国家的统一性。持着这种观念，他们便不再追问众多个人的诉求怎能凝聚成了统一的国家意志，而只需探究国家机构应当怎样组织，以确保其中活动的个体效命于先验的国家目的。

因此，国家目的，也成为魏玛时期各大国家学者和宪法学者们所争论的中心和重心。国家目的问题必然带出以下问题：是什么把国家和其他联合体区分开来？国家作为政治性联合体的专属特征何在？而政治性又当如何定义？在这一论争中，各门各派方法上的冲突彰显得尤为强烈：实证主义者欲将探讨国家目的的问题排除在法学之外，可对于反实证主义者而言，"政治性"的概念却恰是解释一个国家宪法的准绳。

依照亚里士多德－黑格尔传统，国家目的在于公众福祉，而让个体过上好日子正是公众福祉的题中之意。必须指出的是，这里说的"好日子"指的是一种政治性市民生活，具体说是那些为公众福祉工作的市民的生活。人作为政治性生物，只有通过置身于国家之中并为国效力才能实现这一本质属性。国家的公益与个人的利益并非互不相干，而是合理的个人利益实则也对公众福祉有益。因此，伦理、法律和政治是紧密相连的。基尔克身为这一传统立场的续道者，将公民参与国家事务视为一件具有伦理意义的大事：各个阶层的国民拥有参与国家事务的权利，而并非仅作为国家权力的客体而存在。国家更有义务保护社会弱势群体、制衡社会公正、维系（发扬）文化、保护国民的权利与自由，并确保国家的内部稳定与外部安全。因此，国家应当同时具备法治国、社会国、文化国和强力国的属性。但反过来，国家的伦理属性也决定了，个人有义务在战争中为其牺牲生命。

在19世纪的进程中，人们越发确信价值评判问题很难再用科学来解答，无论其探求对象是个体还是整体的生存目的。但与此等量齐观的是，对公众福祉、国家目的和政治属性的考察也面临愈来愈多的问题。结果，耶里内克和凯尔森直接断言应该免谈一切价值评判问题。政治性考察的意义不在于证明客观事实，而只在于价值评判；而对人们的行为与制度进行评价，又须以设定某种目的为前提。但放之四海而皆准的"人类共存的最终目的"却又何在并有何等科学凭据？对此，两位犹太专家并未出具答案，而只宣称政治性以及国家的目的对他们而言都是与学术无关的信条。

但偏偏有人不买他们的账。在反实证主义者却看来，只有兼顾国家的目的才能理解宪法。斯密特便强调，根据自由主义的法治国思想——这一点在魏玛宪法中的基本权利规定和三权分立原则体现得尤为明显——国家得主要目的当为保障个体的自由。

值得注意的是，保障个体自由并非斯密特理想中国家本该追求的目的。其1914年的著作《国家的价值与个体的意义》首先指出，国家的目的在于贯彻法律，而此时的斯密特认为法律是一种高于个体的价值。但是，随着德意志帝国在第一次世界大战的战败和祖国的多处领土被强占，斯密特的立场也发生了变化。他开始认识到，国家的首要任务是保障自己民族的存续，政治的属性在于区分敌人和朋友。一个民族唯有具备维护自身统一并将自己与其他民族区分开来的意志——简言之：（懂得）区分敌友——时，才成为一股政治性力量。通过这种自我认同与敌友界分，一个民族才具备政治属性；只有当一个民族有意愿和能力为了捍卫自己的生存而进行战争，并为此在必要时不惜以牺牲子民为代价，这个民族才成了一个政治性的统一体。对于斯密特而言，这个作为政治性统一体的民族恰是"国家"的定义之所在。正因如此，国家的本质性目的便在于使自己的民族具备保全自身独立与自我认同的能力——不得已时可以动用战争手段。因此，斯密特认识到，战争权和作战能力正是国家的本质特征。对于现在的斯密特而言，国家要维护法律，须以确保其民族能够抵御外来干涉、创制自身秩序为实力前提。

在此，斯密特将同时代其他国家法学者共有的一个立场推向了极致：本来，普洛斯、安许茨、黑勒、斯门德和考夫曼的民族性思想并不逊于斯密特，安许茨甚至直言对"死敌"法兰西的"仇恨"。但对于安许茨这样的实证主义者而言，创建并维系一个实力强大的统一民族国家本是与科学无关的"信仰"，不应当被牵涉到对宪法的解释中来。与之不同，对斯密特而言最具标志性的却是，他不仅把国家的目的定位为抗击本民族的敌人，而且还把它与个人的权利尖锐地对立起来，并宣称前者就是政治性活动的全部。

与此相比，斯门德、黑勒和考夫曼虽然也认为作为国家目的的"政治性"是法学无法忽略的问题，但像斯密特这般将个人与民族、权利与权力不可调和地对立起来，对于恪守黑格尔传统的他们而言，却是绝无仅有的。在斯门德看来，国家的目的在于形成统一的国家意志。因此，政治性及不断自行代谢更新的国家性统一体，并非获得特定集体利益或维护法律权利的手段，而是作为目的本身与后两者并存。该"自身目的论"可以回溯到斯门德的另一核心观点，即个人只有在"政治性整合过程"中才能发扬其精神和社会属性。

黑勒和考夫曼原则上和斯门德一样，也认同将个人整合入国家生活的伦理意义，但绝不像斯门德那样以此为自身目的。根据考夫曼的理解，"政治性"就是根据特定民族文化的价值取向来架构其内政和外交秩序。黑勒也认为，政治的任务是"整顿社会关系"，即根据特定的道德理念进行"社会形塑"。在此，国家的一项重要任务，是通过推行积极的社会政策来弥合阶级分化造成的裂痕。

（5）议会制与民主

学界关于民族意志与国家目的的纷争，也波及了关于个体自由与议会之间、议会制与民主之间是否相容的问题。时下的多数意见是，自由主义与民主制度是相伴相生的；然而在论及议会制度与民主政体是否对立时，问题就来了。争论的核心是：民主有没有确定的内容或形式？

对托马而言，民主就是一种形成意志的形式：只有各个阶层群组都享有平等的投票权，且居民的多数参选产生了政府，一个国家才堪称民主。但民主本身却可以用于追求不同的政治目标：平等或自由。在托马眼里，魏玛共和国的议会体制是一种自由主义民主，它通过教育和选举实现遴选，为个人发挥能力创造自由条件。而这种自由只能通过一个有限的议会统治予以确保，因此，在托马的观念中，个体的自由权利与民主之间并无冲突。

凯尔森将民主与个体自由的关系描述得更紧密：民主的基础是一种人人平等的自由观念，并且自由具有消极和无政府属性。在社会或国家的框架下，这种无政府式的自由当然不能完全实现，但议会制民主政体却能最大限度地保障个人的自由空间。凯尔森将议会制民主定性为一种"形式"，一种"创造社会秩序的……方法"；由此，法律秩序无涉任何社会理想，而只是圈定一个空间，供各种利益与社会力量在其中达成妥协。凯尔森指出，议会制民主倚赖于一种只承认相对事实和相对价值的世界观，由此可谓民主是一种相对主义的国家形式。

斯门德和斯密特持有相反观点，即民主制度和自由议会是针尖对麦芒。他认为，民主的特征并不是形成意志的形式，而是施政者与受治者共同遵守某些价值，由此国家进行整合时，须以符合国民普遍价值观念的民主为基础；然而在议会制中，这种公认的价值观却退居幕后，"整合"主要通过程序性手段进行，如选战、辩论、投票等。

3. 宪法的概念

（1）规定性或描述性宪法概念

关于国家概念的争论也持续到了关于宪法概念的争论中。19世纪的自由主义宪法运动追求的是，通过宪法来限制君主本来以军队和官僚为支撑的绝对权力。因此，宪法国家应该是一个君主的权力受到法律制约的国家：国家不得违反法律，并且只有在法律授权的情况下才允许干涉公民的自由和财产，而法律本身却是通过代表民众意愿的议会颁行的。在这种程度上，"宪法"是一个规定性概念，以特定的人像图和国家理念为基础。

但19世纪末的实证主义思潮冲淡了这一宪法概念。因为历史发展到这个阶段，任何一个能形成统一意志的国家都要制定一部宪法。而之于实证主义者，只要该宪法是以成文形式存在的，那么何为违宪何为合宪的问题，就只能依据宪法文本的文意意思或制定者的意志来解释。

实证主义的表现形式远非仅限于此。在达尔文主义或费尔巴哈和马克思的唯物主义的局部影响下，但最重要的是在俾斯麦积微实干的事功政风下，在19世纪最后三分之一的时间里逐渐形成了一种新的国家科学，主要通过现实权力关系来解释国家的秩序。时下在君主国家的对立面，各种社会团体的兴起使另外一个问题凸显了出来：哪些社会或经济力量在形成国家意志的过程中发挥着实际作用？具言之：工业业界、产业工人、官吏系统、军队及其他群体各自对国家意志的形成施加了哪些影响？以此观之，一个国家内部的权力关系才是其实际上的宪法。亦即说，一个国家的宪法并非规范性的指令，而是对其内各种力量的一种综合描述；这些力量的对比发生了变化，宪法便随之发生变化，尽管其形式条文并无改动。

这种描述式的宪法概念在耶里内克那里得到了体现。他首先声称，每个国家都有一部宪法。因此，宪法学只应该研究，宪法是怎样随着"存在事实的规范力量"和正义观念而变迁的。对耶里内克而言，它不再具有规范效力。

凯尔森更进一步，对宪法下了纯形式性的定义：宪法就是指定如何创制法律的规则。也就是说，宪法只须写明立法的权限与程序，为以"律"（Gesetz）造"法"（Recht）提供框架。对立法的内容性指令虽然可以有，但这并非宪法的必要组成部分。至于评价一部宪法的好坏，对凯尔森而言是不成体统的，一如援引特定的内容性指令用作解释宪法的准绳。

对卡尔·斯密特而言，民族是一股现实存在但本身变动不居的力量，将通过国家的宪法获取其政治形式。宪法当是一个民族"关于其政治性统一体的性质和形式的总体决断"。对此斯密特区分宪法基本决策（Verfassung）与单行的宪法法（Verfassungsgesetz），前者是"关于政治性统一体整体的一次性决断"，同时也是后者的原则、核心、"实质"和"先决条件"。与此相比，单行宪法法只是前述总体决断的个别方面——若果从法律史的角度考查，其中有一些甚至可能只是偶然（形成）的方面；只有通过宪法本体"性命攸关的总体决断"，它们才被统和成一个整体。通过这种区分，斯密特最想表达的意思是，尽管宪法法可以修改限定，但宪法本身从未改弦更张。具体到魏玛宪法，斯密特便指出，魏玛共和国宪法的奠基性决断有：采用共和制（摒弃君主制）、联邦制结构（摒弃中央制）、立法与政府的议会民主制（摒弃总统制、苏维埃体系或独裁）以及建立市民主导的法治国家（摒弃社会主义模式）。

作为"基本决定"，斯密特所称的宪法既是规范又是事实。它不仅描述事实权力关系，而且也构成各部宪法法的价值与解释基础。但另一方面，宪法自身却也以一个决定（Entscheidung）——术语也可叫做"决断"（Dezision）——为前提。就此观之，宪法并非脱胎于诸如理性、历史之类更高或绝对的价值标准，而无非也是一种人为创置而已，因为："事实上，宪法能够生效，只缘于它源于立宪者（也即权力或权威）并尤其制定。"

与之不同，斯门德试图把规范性的和描述性的两种宪法概念结合起来。其切入点是，不能只把国家权力理解为需要用宪法来限制的既存权力，毋宁说，这种权力首先是要在持续的整合进程中逐渐形成的。故此，宪法也不仅是规定国家意志的形成程序和成员各自的法律地位那么简单，而应被理解为"国家的法律秩序，更准确地说是国家在现实中赖以存续生活秩序，也即整合过程中的法律秩序。"故此，宪法不仅规范的实证法性质的的指令，而且也是表述现实力量和权力关系的媒介。

黑勒对宪法的理解，也包含了这种法律和政治、规范性与现实性的调和。他将宪法理解为"基础规范，具言之，是一个民族的社会内部各种力量共同发挥政治性作用的基础规范"。此处所称的"基础规范"并非凯尔森意义上的毫无实体内容的拟制性的效力原因，而是一种伦理性的正当性基础。此外，黑勒所称的基础规范也并非纯粹的应然，而是各种社会力量和权力的现实秩序。因此，决定一部宪法质量的因素便是，它能在多大程度上"生动地反映"现实社会权力关系，并同时根据特定的价值标准架构这些经济与社会力量。

（2）宪法的认同

关于宪法概念界定的各种问题在关于宪法统一性标准的讨论中凸显出来。实证主义者从形式角度出发，声称一切提高修订难度的法律便都是宪法性法律。这样一来，事实上便也不再有实体标准可以将宪法和普通法律区分开来。安许茨更是把制宪权和立法权等同起来，以此强调宪法和（其他）法律并无原则性的区别。

凯尔森的做法稍有差异，他从形式上区分了宪法和普通法律，并且让前者凌驾于后者之上。原因在于，宪法是一种"委任性规范"（Delegationsnorm），即创制其他法律的规则；所有在立法过程中应当遵守的规则，都属于宪法的内容。但在凯尔森的体系中，此类规则并无任何实体标准。

反实证主义者反对上述观点，他们坚持认为宪法的统一性只能依附于某一特定的实体标准。为此，斯密特区分宪法和宪法文本，并将前者界定为一个民族政治形式的、不可改变的基本决断。斯门德则指出，不成文宪法是颁行宪法性法律的价值守则。

（3）宪法的妥协性

对宪法统一性的要求牵涉到了另外一个问题，即宪法是否能够恪守一个基本的价值判断从而确实保持自身统一，还是其实更多地作为各种利益和价值评判妥协的产物而存在的？对于安许茨、托马等实证主义者而言，宪法的妥协性格并非什么原则性问题，因为他们自始便未把宪法视为某一个统一宪法理念的表达。对于安许茨而言，魏玛共和国的民主性国家形式是"（有产）市民与（赤贫）工人之间的……（一种）妥协"。因此，他一方面拒斥布尔什维克主义要求的"无产工人对资产阶级实施专政"，另一方面却也不苟同受过教育的市民阶层对工人大军参与分割国家权力的"怨恨"。凯尔森则从价值决断的相对性和主观性出发，认定妥协本来便是势所难免。斯门德在魏玛宪法中窥见的，是市民自由主义与无产阶级革命之间的妥协：一方面，魏玛宪法规定了各项基本权利，以确保"迄今市民法律秩序的核心制度（合同自由、所有权、婚姻、继承权）”；但另一方面，诸如《魏玛宪法》第 22 条放低参选年龄的门槛并允许妇女参与选举，则与前述的市民秩序无关，而是暗示了无产革命的价值体系。在黑勒看来，魏玛宪法自由主义、民主、民族和福利国家等多方理念互相妥协的结果。斯密特则觉得，魏玛宪法主要是自由（主义）的基本决定和民主性决断之间的妥协产物——前者旨在保护个体自由，后者则以巩固民族的实权政治行为能力为己任。

其实，只要认为宪法应该保持统一性，那么，其成败必然取决于，人们能否能够将那些调和冲突的基本决定、价值评判和理念追求看作统合全部宪法的指令，还是只是宣称它们的暂时妥协，而无力从根本上解决的冲突。在此，斯密特预感，个人自由主义与民主的集体主义之间的冲突最终会崩裂魏玛宪法的统一性。斯门德却觉得，整合各种不同恰是政治活动的目的。黑勒最终认为，将自由的、民主的、民族的和社会的理念联合起来，正是宪法留给政治的"作业"。

（4）修宪的界限

关于宪法统一性的争论，最终又牵涉到了下一个问题：宪法的修订有没有限制？《魏玛宪法》第 76 条允许通过立法途径修改宪法，其必要条件仅为"绝对多数"（qualifizierte Mehrheit）。实证主义者们就此认定，修宪的界限仅限于该宪法条款的明文规定。安许茨指出："根据德意志……的观念，宪法并不是比普通法律位阶更高的规定，盖前者并非一个偏离甚或凌驾于立法之上的国家意志的表达，而只是立法本身的内容之一。因此，宪法也并不超然于立法权之上，反而是后者得处分的对象。"以此推之，制宪权与立法权也是一体的，修宪与普通立法行为的区别仅在于其特定程序。修宪的权力掌握在帝国国会、联邦参议院和民众手中，三者行使修宪权均"不受标的上的限制"。为支撑这个论点，安许茨又拿出了其典型的实证主义论据：《魏玛宪法》第 76 条的文本本身并未划定宪法修订的界限，而宪法的制定者也没有通过任何其他方式暗示还应对修宪做出其他任何限制。

托马也认为魏玛宪法并未对宪法的修订做出任何限制："从民主和自由主义的立场出发，只要多数民众通过合法途径形成了决议——即使它会颠覆现行宪法的根基——也不能被视为政变或叛乱。"

作为反实证主义者的代表，斯密特抗辩道，对宪法的修改不得触及其基本决定，亦即宪法的本质。因为基本决定是由民族制宪权做出的，若欲对此改弦更张，便还需制民族宪权出手。然而，修宪权却是通过宪法的颁行才确立的，因此无权修改宪法的基本决定。

4. 国家组织

国家目的与国家概念问题，对于国家组织机构的设置同样起着决定性的作用。如果存在关于如何形成国家意志也即民族意志的客观标准，那么，国家意志的形成就应必须与之一致。因为魏玛体制下的议会不仅掌控着立法权，而且还有能推使政府倒台，所以关于如何约束议会权力、避免"议会专制"的问题便凸显了出来。尤其具有说明意义的问题是：议会的立法是否受到宪法规定的基本权利的限制？法院是否可以对此进行审查？而国家法学者们的讨论的其他核心问题，例如例外状态下总统的权力、法律的概念和联邦制原则等，也都涉及宪法机关之间的权力制衡，但这些问题此处略过。

（1）议会的角色

争论围绕的核心问题是议会所应扮演的角色。在帝制时代，议会并不直接行使权力，它只是通过立法来限制君权。但现在，魏玛宪法将政府组成与议会的信任挂了钩，一下子把议会推到了国家生活的中心位置。此外，新国家还需负起调节社会公正的任务，也即国家变成所谓的"社会国"，为此必须以前所未有的力度插手社会事务并限制个人自由。在这样的背景下，德国的权力结构发生了很大的变化。

问题核心在于，议会能否切实代表民意以切实实现公众福祉。对多党制国家的批判与辩护也由此一触即发。在帝制帝国时期，全国（成年并精神正常）的男性均已享有普遍和平等的选举权，议员则通过多数选举制产生。而在魏玛共和国，宪法也赋予了女性以参选资格，并把程序切换为比例选举。等于说，比起帝制时代的每个选区各产生一名议员，而今在共和制下，各个政党根据自己在等值普选中的得票数推举议员。结果便是政党权力的膨胀。

无论前帝国宪法（第二帝国宪法）的第29条还是《魏玛共和国宪法》的第21条，都规定议员是整个民族的代表，不受任何指令的约束。比起布尔什维克委员会体系下的"拘束性议席"（gebundenes Mandat），德国的自由议席（freies Mandat）更能体现议会制下的代表思想。议员不受任何指令的约束，因为德国的议员不应像在苏维埃体制下作为特定利益的代表，而是作为全民族的代表——从这个意义上，他甚至也不代表他的选民或政党。亦即说，议员不应担任何现存意志的传声筒，而是作为形成民族意志的媒介。唯其如此，自由议席才能完成其代表整体的使命。与此相反，受约束的议席不仅会使议员沦为（特定）利益的代表者，而且客观上还会要求议员之上还有更高的层级以代表整体。后者可能是国家元首，也可能是——如在苏维埃体制之下——一个政党。

然而，比例选举制的引入却导致政党的力量空前膨胀，而这恰恰削弱了议员的独立性。在（帝制时代的）多数选举制下，议员经多数选举产生，因此具有直接的和合法性基础，这确保了议员本人对其所属政党的独立性。但在比例选举制下，想当选议员，必须先登上自己所在政党的候选人名单，而与此同时，各种利益集团对政党的影响日益增大，很快也控制了榜单人选。这种局面逐渐滋生了批评，指出国会议员已既非全民族的代表也不再以公众福祉为己任，而是早已沦为局部利益的传声筒。

凯尔森也为多党制国家辩护，因为他只认可局部利益，斥一切公众福祉都是空谈。对于凯尔森来说，由政党控制的议会无非只是各方利益更坦诚的表达而已；现在有不同的党派代表它们，恰好为达成妥协提供了可能性。

卡尔·斯密特的立场与此完全相反。他指出，议会制是个人自由主义的结果。自由主义者一度以为，通过公众意见的讨论和议会的谈判可以达成最佳解决方案，但现在，这种迷信早已灰飞烟灭。议会已经变质成了赤裸裸的利益代表场所，进而对国家的统一性构成了威胁；国家本身则沦为了各种社会团体争饱私囊的猎物，以至于其作为全民族政治工具的使命早已无法达成。作为对策，斯密特直谏强化帝国总统和执法机关的权力。

（2）基本权利对议会的限制

质疑议会并不具备超越局部利益而代表全民意志的能力，还导致了司法和行政权力的强化。对此最具说明意义的，便是关于基本权利及其意义的讨论。帝制时期，帝国宪法并没有专章表述基本权利，倒是各邦的宪法设有相应条款，以确保邦国行政接受议会立法的制约，未经后者授权不得干涉公民的自由和财产。在这一背景下，安许茨在与奥托·迈耶合著的介绍第二帝国宪法的教科书中写道："个人的自由权利为国家行政活动设定了界限，尤其是对于内政管理而言"；"但前者并不能约束立法，相反，还可能被立法约束甚至剥夺。"后一点在当时看来是如此理所当然，以至于安许茨对此只加了一个脚注。

其实，胡果·普洛斯拟定的《魏玛宪法第一草案》也没有规定基本权利。在国和国的最初几年里，宪法学者们也没有对基本权利予以太多关注。安许茨干脆把其帝国时代对基本权利的理解照搬到了当世，只加了一句：从现在起，基本权利也可以是无约束力的纲领性条款；只有当关于一项基本权利的条文已然改变了法律状态，它才具有约束力。直到后来的教材再版中，安许茨才听从托马的意见，至少承认了在有疑义的案件中应当推定宪法规定有效。

对议会能否公正权衡各方利益的质疑，驱使议会批判者们在宪法中设置限制议会立法权的可能性。这一问题典型地体现在《魏玛宪法》第 103 条规定的平等权利。"法律面前人人平等"的戒条只拘束行政和司法，还是作为普遍性原则连立法者本身也一并约束？作为实证主义者，托马和安许茨强调唯其先有"法律"才能人人平等，所以立法者自始不该受到约束。反实证主义者考夫曼、斯门德和黑勒则视基本权利为宪法的普遍性价值原则，人人须得遵守，即便是立法者也概莫能外。

（3）基本权利作为制度保障

《魏玛宪法》第 129 ～ 131 条规定了公务员的权利，在解释这些条款时，需要保护行政机构免遭议会干涉。在第二帝国期间，社会民主党曾打着"促进行政民主化"的口号要求废除职业公务员系统。到了魏玛共和国，随着政府体系的议会化，行政的角色也发生了变化。在这种背景下，凯尔森强调，贯彻议会的决议需要运作有效且而独立的行政部门。这在客观上要求一支受过职业训练的官吏队伍——并恰好反"行政民主化"之道而行之。

以斯密特为代表的议会批判者更进一步，指出行政尤其必须免受政党的影响，而只有行政保持了帝制时代的传统，还坚守着公众福祉代理人的身份。因此，斯密特借助《魏玛宪法》第 120 ～ 131 条以强化执法：因为议会已不再代表整体的利益，所以至少应当保存官吏体系作为没有党派倾向的公益承载者。为此，斯密特把前述条款称做"制度性保障"——其主旨不在于保护公务员的私人权利，而是为了树立一个职业化的官僚系统。因此，试图以法律手段废除这个职业官僚系统的行为，在斯氏眼中是违反宪法的。

（4）宪法诉讼

魏玛宪法并未设置可兹裁判议会法律是否合宪的宪法法院。虽然有一个国家最高法院（Staatsgerichtshof），但其管辖权主要限于起诉部长诉讼、各邦之间冲突以及各邦内部机构权限冲突的案件。

然而，宪法法院的缺失并不意味着单行法律的合宪性问题不受任何司法审查。在魏玛体制下，毋宁是各个法院可以自行主张审查法律合宪性的权能。但在现实中，他们却只极少宣布法律为违法或违宪。无论如何，议会于 1926 年和 1928 年两番尝试，想将宪法法院的立法审查权收归国家最高法院，但均告失败。

魏玛时期的法律学界也围绕宪法审查权展开了激辩。需要注意的是，司法审查的拥护者与反对者的阵营划分，却与前述"方法之争"的对垒双方并不一致。实证主义者中的安许茨和托马与反实证主义者中的黑凯及斯密特一并反对宪法司法审查权。后来，托马虽然转而支持由法院行使对法律合宪性审查，但他质疑这是"法学者的猜疑战胜了民主之下为政者（包括帝国总统在内）对宪法的忠诚"。同样"反戈"的还有安许茨，他后来主张将审查权划归国家最高法院，主要为了防止普通法院也纷纷行使这一权能。黑勒坚持反对司法审查权，因为他担心，议会本来基于民主而获得了以干预经济和社会来克服社会分化的合法权力，但如果议会立法须接受是否符合基本权利的审查，那么该权力就会被削弱。斯密特则不想看见帝国总统在例外状态下颁行紧急条例的权力受到任何限制，因为在前者看来，后者才是公众福祉、国家统一及宪法的真正守护者。

同为反实证主义者的斯门德和考夫曼却坐镇拥护审查权的阵营。但身为"奥地利宪法法院"的法官，实证主义者凯尔森也倡导对法规合宪性进行司法审查。

四、魏玛国家学说对后世的影响

魏玛共和国时期关于宪法的讨论不仅影响了战后德意志联邦共和国的宪法（以下简称《基本法》），而且也对其联邦宪法法院的司法裁判和宪法理念产生了深远影响。此外，当欧盟为重构欧洲秩序而争得不可开交时，也从当年的宪法讨论攫取了息讼定纷的概念。

1.《基本法》的制定

《基本法》在许多问题上承袭了魏玛宪法的传统，但也引入了一些规则，以矫正魏玛共和国那样的错误发展。首先，议会的作用被强化。为此，《基本法》基本剥夺了联邦总统的实权，使其实质上只还能履行一些代表性的职务。同时，全民公决的可能性也大大受到了限制。为了防止党派林立纷争不止，也为了确保议会有决策能力，所以设定了政党只有得票超过 5% 方能进入议会的"门槛"。虽然明确承认政党对于意志形成过程的重要性，但《基本法》坚持议员享有不受拘于被代表人意见的"自由议席"而。为加强议员的独立性，选举不再只按比例原则进行，而是也引入了个人选举的元素（及多数选举制）。为确保政府的稳定性，特规定议会若想遣散一届政府，必须先就下一任总理的人选达成一致（所谓的"建设性不信任票"）。总理的地位也得到了加强，因为从现在起，政府成员均由其任命，以至于议会不能再直接对各个部长"开刀"。

魏玛时期国家法学的讨论以及接下来民族社会主义的经历，对《基本法》产生的最主要影响，反映在对政治与法律、立法与司法关系的重新评价上。第二次世界大战后新兴的主流观点是，法律实证主义没能提供足够用的保护以防止希特勒上台以及1933 年以后大部分居民被剥夺权利。因此，联邦宪法法院援引先于实证法存在的自然法。这种对实证主义的怀疑实则也是对实证立法的怀疑。于是，议会的地位相对于执法部门得到了加强，而司法权相对行政权的地位也得到了强化，两方面的作用达成了平衡。在这种程度上，新宪法背离了法律实证主义。

在魏玛共和国时期，人们经过很长时间才逐渐确信基本权利不仅约束行政和司法，而且也约束立法本身。当时关于平等基本权的争论甚至一直持续到 1933 年。而现在，《基本法》第 1 条第 3 款明确规定，包括但不限于平等在内的所有基本权利，对立法机构产生拘束力。

法院是否可以对法律进行合宪性审查、进而审查其是否符合基本权利条款，魏玛时期在这一点上也是争论不休。在这个问题上，《基本法》直接规定由宪法法院对法律进行司法审查。这样，整个立法都受到了司法的管辖。

此外，《基本法》还摒弃了实证主义的宪法概念。早在安许茨和托马们还坚守魏玛宪法的明文规定而认定宪法修改不受任何限制时，斯密特已区分"宪法"和"宪法法"，指出前者是后者的基础，后者的修改不得触及前者的基本决定。《基本法》将这一学说据为己用：根据第 79 条第 3 款的所谓"永恒保障"规定，《基本法》关于"人的尊严"的保护（第 1 条），以及民主制、联邦制、法治国和社会国原则（第 20 条）的内容不得被修改，因为这些规定构成《基本法》的本质属性，所以相应条款也凌驾于其他可以修改的条款之上。以此观之，触及宪法基本认同的修宪行为是不被允许的；若想改动宪法的基本认同，那么就除非废除当前宪法而另立新宪。总之，先于宪法法的宪法基本决策，宪法机关是无权修改的，有修改权的只能是制宪权力，也即德意志民族。因此，制宪与修宪概念并非像安许茨认为的那样，原则上可以等同视之。毋宁说，修宪只能在既存宪法的框架下进行。

这种宪法观念在实践中的结果是，不仅普通法律，而且每次修宪都要受到宪法法院的审查。亦即说，即便联邦国会和联邦参议会（由各州代表组成）均以全体成员的三分之二多数通过了一部修宪性法律，宪法法院也仍得审查其合宪性。或曰，宪法法院可以审查，修宪认同是否得到了维护。

2. 联邦宪法法院的裁判

魏玛时期国家法学的讨论在战后联邦宪法法院的司法裁判中也留下了痕迹。这体现在后者的基本权利观念和法律概念中。自从所谓"吕特判决"以来，基本权利已不再仅被视为主观性防卫权，而且也被解释为"客观价值秩序"的表现与制度保障。由此，宪法法院兼采了斯密特和斯门德两家对基本权利的理解。基本权利不再仅服务于保障个人自由、限制国家权力，而且同时宣示意了个人的哪些生活及自由领域置于国家的特殊保护之下。作为总体法律秩序的客观原则，基本权利的作用贯穿整个法律秩序。如此一来，就是在民商法和劳动法中，基本权利条款也通过概括性条款和不确定法律概念辐射到私人之间的关系中，这便是具有客观法属性的基本权利所发挥的第三人效力原则。

作为制度保障，各项基本权利的保护对象不仅限于个人，而且包括特定的社会制度。例如，新闻自由（权）便不仅是个人的防卫权，而且还应保障整个媒体事业的自由，以确保意志形成程序的民主化；学术自由（权）也不仅保护单独的学者，而且也保护身为教研机构的大学。但需要注意的是，如此解释基本权利也可能导致为特定机构的利益而限制个人自由。

3. 宪法学研究

第二次世界大战后，德意志的法学界被斯密特派与斯门德派的对峙所笼罩。实则20世纪20年代中期，两位"宗师"还是一起批判实证主义的"盟友"，然而到魏玛共和国末年，他们的差异愈发尖锐地凸显出来：决断"和"敌友区分"等二元思想已成为斯密特的核心主张，斯门德却凭借自己的"整合"概念追求一种平衡与和解。时至战后，斯密特学派将思考重点转移到了如何保护国家作为全民福祉载体的统一性、以对抗社会各种局部利益的冲击的问题上，斯门德的信徒们则试图在新形势下将各种社会利益"整合"到国家中去。

斯密特本人的决断主义与斯门德学派的价值思想也形成对立。斯密特虽然拒斥像安许茨那样唯"立法"之马首是瞻，但对他本人却是"法"实证主义者（Rechtspositivist）。亦即说，宪法的基础并非某些价值，而是一个或多或少非理性的决定。此外，斯密特学派对宪法法院权力的膨胀——尤其是针对行政和立法——持批判态度。联邦宪法法院的判决声称基本权利是客观价值秩序，这当时就招致了斯密特的批评，其门徒福斯特霍夫（Forsthoff）将这一立场持续下去。以至于时至今日，对联邦宪法法院德"价值秩序说"的批判依然不绝于耳。

但在最近的几十年中，实证主义又悄然复兴了起来。"法治国"的法律秩序在民族社会主义年间的崩溃，不再认为是实证主义导致的结果，而是归咎于纳粹党在意识形态层面对法秩序进行了颠覆性解释的缘故——按照这个逻辑，危险的反倒是根据特定的价值观对法律秩序进行解释。其实，如今的社会日渐多元化、超民族化，因此，法律的价值定位也愈发迷茫、犹疑。这样的时代需探寻一种不以特定文化的价值评判为根基的宪法与法律观念。而这，就是近年来魏玛时期的法律实证主义"死灰复燃"的背景。

4. 宪法的民族认同与欧洲整合

魏玛时期的宪法思想影响的不只是今日之德国的宪法。联邦宪法法院的"评价性裁判"不仅影响了欧洲其他国家宪法法院的裁判，而且还被写入了欧盟的章程。《欧州人权宪章》的序言以此开篇："欧洲人民决意在共同价值的基础上分享一个和平的未来，为此，他们将把自己联结在一个愈发紧密的同盟里。怀着对自己的精神、宗教和道德遗产的觉悟，本联盟兹以人类尊严、自由、平等和互助等不可分割的普世价值为基础，宣告成立。"斯门德、考夫曼和黑勒等反实证主义者曾经呼吁，将这些作为实证法律基础的不成文价值作为解释前者的指导思想；如今，欧盟法已将它们作为单行法律的基础而转化成了实证立法。

当年的另一个议题，也即斯门德的"整合"概念，也成了当今欧盟法中的核心概念。斯氏在 20 世纪 20 年代指称的"整合"，是指德意志各邦国融入德意志帝国；而今日所欲，则是指欧洲各国归入欧盟。无论是欧洲法庭还是德国联邦宪法法院，欧洲整合目的都是进行裁判的指导原则。

此外，人们关心"欧洲整合"允许推进到何等程度，以及如今的"德国"又能把多少主权交割给欧盟；而提出这样的问题，其实也正彰显了魏玛时期宪法讨论的结果。按照联邦宪法法院的判决，《基本法》第 79 条第 3 款的"永恒保障"为德国向欧盟机构出让主权划定了界限：在"融入欧洲"的过程中不得丧失宪法"认同"。因此，以割让国家主权的核心权能为内容的议会决议属于违宪；议会若仍欲推行，则须废除本法另立新宪。宪法机构无权放弃德意志主权的核心部分——唯一享有这个权利的，是拥有立宪权的德意志民族。

欧盟采取邦联制还是联邦制，对欧洲各国是一个存亡攸关的问题。在此，"宪法认同"与"整合"的概念举足轻重。而这，是魏玛时期的那些基础性讨论，对今日法学发挥着深远影响的又一例明证。

（韩毅 译 黄卉 校）

目 录

人类社团的本质

奥拓·冯·基尔克[*]　著

尊敬的来宾们!

诸位阁下!

亲爱的同仁们!

　　按照传统,今天我要以一篇就职演说来正式接受诸君委以的重任。当一门科学面对她的姊妹学科而必须自问,她究竟从他们那里传承了什么,又可以回馈什么,那她就必须回答一些最高级别的问题,并一一宣示她对此的理解。因为回答这些问题,将要直逼一门学科整体上的根本意义之所在,她因此而深邃;凭借这些问题,一门学科下属的各个部门将不再支离破碎、画地为牢,她因此而广博;透过这些问题,这门学科下属部门共同的人类智识上的障碍,那些阻止我们穿越表面假象而抵达真知彼岸的屏障,将要被逾越,她因此而强大。

---

[*] 奥拓·冯·基尔克(Otto von Gierke, 1841—1921),著名法历史学家,曾执教于 Breslau 大学、海德堡大学和柏林大学。他的最重要的著作是四卷本的《德国合作社法》(*Deutsches Genossenschaftsrecht*)(1868—1913),因此被称为"合作团体法之父"。基尔克建构了合作团体(genossenschaftlicher Verband)(如家庭、宗族)与统治团体(herrschaftlicher Verband)(比如公法机构、国家)的二元结构,他的团体人格实体说(Theorie von der realen Verbandspersönlichkeit)更是突破了罗马法"社团乃合同关系"的理念,认为社团可以作为权利关系、权利交往的独立主体,这一理论对德国乃至欧洲社团法、公司法以及商法影响深远。此外,作为日耳曼学研究者的基尔克反对民法和公法之间严格区分,认为两者可以通过社会法(Sozialrecht)和人类社团(menschliche Verbände)联系起来。不仅如此,基尔克站在历史法学派立场反对民法和公法中的概念法学方法,因此他一方面批评《德国民法典》第一设计稿所呈现的浓烈的个人主义色彩,另一方面也批评在帝国时代(Kaiserzeit)占支配性地位的国家理论。

　　《人类社团的本质》(*Das Wesen menschlicher Verbände*)系作者 1902 年 10 月 15 日就任弗里德里希·威廉皇家大学校长一职的就职演说,反映了基尔克的基本观点。该演说当年由柏林古斯塔夫·沙锋出版社[Buchdruckerei von Gustav Schade (Otto Francke) in Berlin]出版。该文收入《基尔克论文与小专题论著》(*Aufsätze und kleine Monographien*),Julius Springer 出版社,柏林 2001 年,第 695-726 页。文本参照此文本翻译。

今天我邀请诸位和我一同关注一个根本问题，这也是法学学科的一个首要问题，这个问题深深植根于所有的人文学科之中，并且和众多的自然学科也联系紧密。我这样做是出于内心的原动力使然，因为这个问题多年来既是我学术生命的出发点，也是我所有工作的中心点。此即人类社团单位之问题：那些我们统归到"社会机体"（gesellschaftliche Körper）这个概念之下那些千姿百态的人类组织体究竟有何共性？这是一种特性，一种大到国家（Staat）、教廷（Kirche），小到乡镇社区（Gemeinde）或是松散的合作组织（Genossenschaft）都共同具备的特性。

法学学科出于两大动因而必须研究人类共同体的本质这一问题。首先，法律是共同体生活的一部分。因此，不去回溯共同体诞生的源头，法学就无法应对法律的诞生这一问题；法学必须立即回答的一个问题是：是否只有国家，还是某个通过自治形式组织的社团（Verband），或是习惯法上哪个无组织的共同体，都可创设法律；法学需要对那些在孕育法律过程中有所劳动的个体的较之共同体的地位给出交代；它最终还需对法律孕育过程中内部环境与外部环境之间的关系、理性论断与意志行动之间的联系作出解释。只有这样——如果说法学追逐的乃是法律的生命的话——法学才能一步一脚印地前进，以探索它在共同体的总体生活中的功能以及它与总体生活的其他功能之间的关联。如果没有一个对人类共同体本质的根本认识，法学的这一使命恐怕很难达成。但共同体概念在此并不是一个独立的认识目标，而只是达到洞悉法律本质这一目的的手段。所以，今天我不再循此老路。这里我想讨论的是另一个问题，法学中的共同体问题便是由它而起的。以前我说，法律是共同体生活的一部分。法律秩序涵盖的不仅仅是各个个体的外部联系，它还要调整国家生活、教会生活以及社区和合作组织的生活。对于这些社团，法律的能量绝不像调节个体生活那样仅仅限于外部规制，不是！法律将控制和渗透进它们的内部生活。因此，关于何谓社团本质这一问题对于法律而言不再是一个前问题，而是一个核心问题。法律构成了社团生活秩序的一部分，若要理解和评价它，就必须试着去了解，究竟社团的哪些内容进入了法律并由此成为其秩序规则。

众所周知，我们的实证法将组织化的共同体——只要实证法对此概念完全认可的话——视作某一统一体并赋予其人格。它们被称为"法人"（juristische Personen），和所有自然人一样，属于享有权利并承担义务的主体。这已经被确定下来了。疑问就在于，这一法律现象所依据的现实性（Wirklichkeit）何在。在这一点上，法律理论界有所分歧。

一个很长时间处于支配地位的观点——个人主义社会观的基本追随者们迄今还坚持这一观点——认为，法人是法律为了特定目的而创设的拟制物（Fiktion）。一个虚构出来的实体！一个从无到有的创造！他们认为，现实展现出来的是一个个作为内部闭合的主观统一（subjektive Einheit）的个人。任何社团都仅仅是彼此存在一种特定联系的个体的集合。对于社团，人们在客观上想要附加多少统一体（Einheit）都可以，但它无论如何都缺乏那种自然人与生俱来的，能够成为法律主体的从肉体到精神的一体性。自然人具有人格，因为他是一种具有自由意志的生物；与之相反，社团本身既没有意愿也不能行动。这就是现实。这太不寻常了！法律无法对付这一现实。这时它需要一个为了共同利益而建构出来的集合了权能（Befugnisse）与义务的统一的承担者，它是维系从个体势力范围抽离出来的共同体领域的枢纽连接点。在自家的屋檐下，社团行使自主权（Souveränität），使用作为拟制物自带的各种手段，以创造其所需的主体性社团统一体（subjective Verbandseinheiten）。法人是一个臆造出来的人！在此，我不想对这一设想的全部细节做过多论述。以这种架构，拟制人格理论（Fiktionstheorie）将社团这种新的法律主体解释为一种人造个体，它立即以第三人的姿态全然独立于结社在一起的自然人。作为一种纯粹的概念性假设，这是一种影子式的存在，社团在意思能力和行动能力上无异于一个孩童或是无法治愈的疯子，必须通过自然人的监护代理才能赢得行动能力。另外，这一拟制物又被涂抹上一层生命创造（Homunkulus-Schöpfung）的诗意色彩。意思是，我们要像对待一个人那样对待一个非人格体。或者说，在法律上应该把一个多样体看做一个单一体。不管如何掩盖或弱化社团的拟制性，都不会改变其法律人格只能经由法学艺术品才能诞生的事实，唯此，在法律上社团几乎是无中生有地具有了某种主体性。

　　很显然，对于这样一种假设，理性批判之精神必然一触即发。一个声音高喊着：让法人走远些吧！在法律世界里——这是一个现实的世界——社团难道不是个没有血肉的幽灵，一个被抽空了的稻草人吗？我们还是尊重现实些吧！然而，抛开这个假设，能用什么理论填补这个空缺呢？人发明了社团这个没有主体性的目标体（subjektlose Zweckvermögen），仅凭此，人便凭空变出一个拟制物来，因为没有主体的权利本身就是一个矛盾，于是社团就被赋予了一个创造出来的本来没有的主体性。我们冒险走了这一步，似乎别无选择。如果只认可单个的自然人是有意志力的单位，那么意味着也只有他们才能享有权利和承担义务。所有的共同体权利，最多就不过是众人的共同权利；所谓共同体规则，也不过是个体之间的关系网络。当然，鉴于立法明确规定了法人概念，个人主义理论没有能够将其从私法中径直删除，但该理论只认可了法人概念作为技术辅助手段、一个集合名称或一则缩简公式的价值。对公法而言，那时的处理路数很自由：首先，持这一基本观点的学者在国家法领域对国家法人概念（Staatspersänlichkeit）展开了歼灭战攻势；而新的国家法理论呢，则恰恰认为在这一概念上找到了支点。事实上，对于国家这一最高世俗化暴力（irdische Gewalt），拟制主体人格的设想显得格外不可接受。试问：臆造的概念物最没有资格被赋予血肉之躯？君王当像一个疯病的无行为能力人的监护人那样治理国事？帝国法院当以一个影子的名义做出判决？可不是么！如果说在个体的人（Individuen）之外没有真正的人（Person）存在，那么国家也只能是这么一个——如果它是人的话——虚拟的人。然而，胜利似乎属于那些根本不承认国家法上有国家人格（Staatspersönlichkeit）这回事的理论家了。国家是一种状态，或许也是一种法律关系，或许还是一个法律客体。法律主体，它却不是。国家权力的主体是掌权者（Herrscher），无论是一个人掌权，还是若干人共同执掌。还有一些主体是雇佣来代表掌权者做事的人，它们中的一些在宪政国家（Verfassungsstaat）则是为了限制国家权力滥用而被雇佣的。相对于掌权者，臣民们已经确立的权利受到保障。但是，法律调整的多样性只有经由掌权者的主体地位才得获得统一性，除此之外别无其他主体可担当。

这就是最后结论的智慧么？又或许，这一结果正确的、对个人主义社会观的贯彻，恰恰是在国家法上证明了另一个猜测，即整个理论建构的基础实际经不起推敲？在我看来，完全撤除国家人格的尝试必定是要失败的。这一尝试在发展史上是不可能取胜的。如果说国家人格论被彻底清除，那将是公法的倒退，也意味着文化的退步。年轻的民众对国王和国民大会（Volksversammlungen）背后的国家（Staat）自然毫无了解，他们看到的仅仅是可见的掌权者和可见的代议总体。直到今天，这仍然是孩童、一些未受过教育的人，甚至是某些受过教育的女性对掌权者及其臣仆的国家观念。然而，只是在表面上做到个人主义化的国家建构，才退化到那种幼稚的简单状态。因为原始的意识层面对脱离开共同体的个体的认识，就像对具体承担者身后的自主化了的公众那样，实在太有限了。单个人格（Einzelpersönlichkeit）也尚未被发现。根本缺乏的还有抽象的能力，借此分离出人与人不同的法律地位，发现他的个体存在（Einzeldasein）的中心何在，这种存在对公共生活（Gemeinleben）的中心又有何意义。两大法律领域（Rechtskreis）的分离过程成为进前的法制史的主要内容，在这个过程中孕育着的是渐趋完成的个体人格概念和社团人格概念。只有付出极大的努力，经受百般的挫折，组织化整体的独立人格概念才会在思想的尖峰上达成。然而，国家人格往往不是泯灭在在位的掌权者手中，便是泯灭在占统治地位的民众（Volksgesammtheit）手中。集权主义的先锋路易十四（Ludwig XIV）曾说：“朕即国家（L'état c'est moi）。”人民主权的传道者倾向于将国家定性为公民总和。在思想决斗中最后越来越鲜明和强大的是这样一种观点：真正的主体是不死的国家主权本身。这种观点满足了自称为国家第一仆人的绝对君主弗里德里希大帝的灵魂（Seele des grossen Friedrich）。当他借助从持续不可分的、在宗姓甚至组织更变中自我同一化的国家整体中得出的所有结论，创设关于现代国家的法律时，他成了法学的泰山北斗。当19世纪的宪法和法治国家（Verfassung-und Rechtsstaat）号召民意性机构组织起来参与掌管国家权力时，这位君主又充分展现出了他的创造力。今日我们所有的公共机构都深深地浸染了他的理念，它成为我们今天文化的核心内容，任何逻辑推演都不可能攘取走它。

社团人格（Verbandspersonen）是不愿意软化和屈服的。即使它是幻象，我们也必须容忍。而且，它坚韧的反抗力是否在宣示着，它其实并非一个幽灵样的影子，而是一个活生生的造物？法律将组织化的共同体当做人来看待，是否并不是逆现实而行而反倒是现实的逻辑表达？人类社团也许真的透过对其人格的承认而获得了与其真实本性相符的东西？

我说了这么多就是想给出如下回答：对！而且在我看来，只要打破了个人主义社会观，并将人类的整体生活视为一种融合了个体生活的、更高秩序的生活的话，那么每个人都必须这么回答。

自从有了国家和法律，就出现了另一种观点，它反对把所有共同体都看成是个体的叠加，而是主张这种社会机体是具有自己天性的独立整体。古典哲学时期这一观点拔得头筹，并渗透进基督教中世纪的社会理论。它在自然法社会理论——该理论认为所有社团存在都来自个体联合——取得胜利之后受到很大压制，但没有死亡。18世纪国家与法的思潮得以复兴，这一观点又获得新的力量。费希特（Fichte）的社会理论经历了从自然法个人主义到承认共同体的实在性和独立性的理论转变，人们喜欢将其分不同阶段加以研究，以便测量这一过程的深度。从此以后，学术界对于人类共同体的这一特性的确信逐渐被传扬。在从黑格尔（Hegel）到冯特（Wundt）的整个哲学进程中，无论是历史法学派的理论还是新近的文化史、大众心理学和社会学研究，这一观点的踪影都随处可见。在自然科学中获得胜利的发展论反过来又巩固了它。当然，这一观点并没有使它的反对派们偃旗息鼓，不仅如此，在早期的社会理论序列中很少看到统一性理论。迄今为止，对于超个体单位的本质的思考，时而充斥形而上的臆测，时而又被或多或少带着点幻象的观察与设想纠缠，其形态几乎是完全不一的。一方面这些超个体设想大搞唯心主义，认为具体的宇宙现实与根据柏拉图教义形塑的抽象的种属概念之现实早就两相融合，从而可能经由唯名论而跌入现实主义的深坑里；另一方面又强烈地倾向唯物主义，以至于用对待珊瑚虫积淀成的珊瑚体这种自然机体的方式来处理社会机体。仍值得注意的是，从如此对峙的立场出发来也总能窥见社团单位的某些实在性，虽然这不能排除错觉的可能。仅凭此便会这样的鼓励，即先在假设层面，将现实的社团统一体单位导入到法律上的社团人格问题中。

让我们假定法律规定的共同体是一个蕴含实在统一体的整体，然后以权利为出发点去探究，究竟该如何打造该整体才能使实在性在法律中得以反映。法律赋予社团以人格，如此一来社团必须和人一样成为有灵有肉的生命体，有意愿而且能把所想所愿付诸实现。但法律也规定并穿透到社团的内部构造和内部生命中，因此，与个体人相反，社团人必须是这样的生命体，即人类形塑意志时可以通过相关的外部规范，识别其整体统一性和法律规整的局部多样性之间的关系。

这些就是产生所谓的社团有机论的基础思想。它贯穿了古代的国家理论和中世纪的社会理论；陪伴了自然法世界里想克服原子机械性结论（atomistisch-mechanische Schlussergebnisse）的所有尝试；但直到 19 世纪在关于人类共同生活的新理念的驱动下，它才正式以学术的方式得以立论。

有机论把国家和其他社团都看成社会性组织，并宣称一种整体组织（Gesammtorganisation）的存在，其组成部分是作为单个有机的个人。由此，这种理论首先就把呈现共同特征的现象归总到一个种类概念（Gattungsbegriff）之下。但由于有机体（Organismus）这个概念源头上出自个体生物（Lebewesen），所以该理论认为有必要将社会有机体（gesellschaftliche Organismus）和自然生命有机体加以比较。这个譬喻很古老了，是独立于所有的人类意识反映而自生自发出来的。这一比较在我们今天所使用的语言中留下了不可磨灭的痕迹，构成技术化的法律表述的基础。我们常说到的社会机体（gesellschaftliche Körper）或实体（Körperschaft），某社团的首脑（Haupte）及其成员（Gelieder），社团的组织（Organisation）、器官机构（Organanen）、功能（Funktion），吞并（Einverleibung）以及入伙（Eingliederung）等词语，就是例子。总之，社会有机体和生物有机体总会有些相似之处。这也便可以解释，为什么现代自然科学喜欢做反向比较，即当它们想更好地理解某个生命有机体时，常常喜欢用国家来做比较。我仍然记得，1899 年 1 月 27 日，我的同事赫尔特维希（Hertwig）就在这个位子上作关于有机体学说与社会科学的关系演讲，演讲开始就明确指出，生物学家在国家组织中看到了有机体的最高形式，在报告结束时则指出自然生命过程和社会生命过程存在必然的并行样态。

尽管如此，比较方法仍然只能作为认知的辅助手段。它可以解释（verdeutlichen），但不能说明（erklären）。如果将从对比物的某些共性特征得出的结论生搬硬套到那些相似性其实并不明显的性征上，那会出错。有机论并没有彻底预防这种出格的危险。比方说神人同形同性论国家理论（anthropomorphische Staatskonstruktion）从柏拉图时代就开始尝试把国家理解为大的人，借由灵魂力量（或灵魂部件 Seelentheile）的关系创立理想型国家的三阶层秩序（Dreiständeordnung），从中还形成了一些变种形态。人们认为从国家机体中可以看出单个人的肢体部分，比如将外交部部长等同于国家的鼻子，或者赋予国家以男性性别，教会以女性性别，并乐于谈及他们之间并不总那么和谐的婚姻。从另一思想世界里诞生出一种神学－法学的设想（theologisch-juristische Vorstellung），认为教会是基督的神秘的躯体。这种设想可以追溯到一篇寓意深刻的箴言，使徒保罗（Apostel Paulus）曾把人性化的基督描述成一个由神意支配的统一的躯干。这躯干有很多器官，每个器官都在各自位置上以特殊的方式为整体贡献自己的微薄之力，他们之间彼此需要，同甘共苦。然而，这个譬喻被用到了外部的教廷机体上：使徒通过圣餐仪式将基督的血与肉奠基成的共同体，被教廷的密宗解释为，每个信徒和教会首脑之间产生一种特殊意义上的联系。这样，Corpus Mysticun 这个概念获得了一种法学意义，借此教廷及其成员的本属于世俗层面的法律主体资格，却造成了它们在神性层面也像是统一体的表象。对于国家也不乏类似的理论，即将其特性解释为一种具有超验灵魂的有机体。晚近一些时候，有机社会论（organische Soziallehre）更多地拐上了一条单向的自然科学路径：由于和自然机体混为一谈的类比，人们受到迷惑，将社会有机体完全当成纯粹的自然造物，大谈其生理结构和心理特征，甚至尝试用自然科学的方法探寻其本质所在。因为所有的社会生命都有一定的自然机理，因此这种方法也能在一定程度上获得成功。但倘若把在自然机理之外还具有精神和德行的团体一概套用社会自然学说（soziale Naturlehre），或者把由活生生的具有意愿的人构成的社会机体解释为动物或植物的细胞，那就逾越了底线。

有机论的批评者们在概念上抓住的首先是这一譬喻的出格之处。对于出格论调的反对，他们有理。但如果他们认为将自然和社会机体进行比较便不可避免地导致出格，那他们就错了。正确的理解应该是，比较的功能仅仅在于让我们能够从社会机体中看到一个由部分组成整体的生命统一体的存在。我们不要忘记：由人组建合成的整体，其结构必定具有自然界绝无先例的特性，那就是社会机体有一个精神纽带的存在，这纽带通过心理动机支配的行动而产生、构造、运转和消解，在这里，自然科学王国到了尽头，而人文科学的帝国则刚刚开始。唯独我们会将社会整体类同于单个有机体的生命体，将共同体（Gemeinwesen）和个体（Einzelwesen）都视同为生物体（Lebewesen）的下位概念。除此之外需要借助图解（das Bildliche），一部分是源于视觉直观感受的需要，另一部分则是出于语言本身的困境。所有思想上的进步都是借助图画和比喻才完成的，我们使用的抽象概念最初也是由图画产生的。如果图表不是指向物件，而是用来表达我们的意识，那么图解也可以服务科学。但是，如果要求用语言表达的方式来描述事物，而相关的图表式表达还没有得到精练的话，那么我们就必须努把力，从图表混合体中整理出概念性的内容。

尽管如此，即使有机论者把持住了底线，反对者依然会诟病他们超出科学的边界。认为在个体的生命体之外还存在社会生命体，这被反对者认为是在搞神秘主义。我们的感性认识展现给我们的只有一个个的自然人。谁要是赋予看不见的社团以独立的生命，其实就等于给看得见的现实世界添加了超感官元素。

上述论据经常听闻，但它并不是从任何一个角度上看都是绝对清晰的。第一个错误是，认为感官知觉不能向我们传达任何关于社团实在的观点，因为从社团外部形态上也可以看出社团生命（Verbandsleben）是作为有机体整体运作的。我们看到过军队高调前进，也看到过选民把选票投入投票箱，更看到警察毫不留情地驱散游行示威的人群，无数像这样的感性印象都让我们立即认识到，这些过程都是国家生活（Staatsleben）组成部分。当然，我们看到的这些表征往往只是国家躯体的某个部分。我们通常会把个人的人作为整体看待，而对于国家，我们却不乐意将其看成一个整体。即便是艺术也不能轻易把国家等同于个人加以生动地表现，结果艺术运用了象征性比喻，即用一个崇高的女性形象来代表日耳曼或普鲁士。但从上述现象并不能导出一种对社会机体的现实性的反诘，因为对事务整体的感知不足，并不能等于说不能了解它的外部性征。我们毫不怀疑地球是球体，虽然我们直接感知的只是其微小零碎的细节。与此相反，一个不争的事实是：我们或多或少可以看到社团的外部特征，但无法看到它是一个生命同一体！我们的感官所传达的，往往只是机体的外部活动。如果我们把这归结于生命统一体的效果，那其实就是从可见的现象导出了关于不可见对象的结论。当我们赋予社团以人格，等于是把某种不可见的物体与具有恒定的主体性特征绑在一起了。其实这一点对于个体的人来说也没什么区别，因为个体人的生命同一性几乎也是来自感知，其人格是我们无法看见的、从其外部效用推断出来的一种属性。认为用肉眼可以看到自然人人格，这种观点大错特错。当人的可见的身体发生变化时，其人格保持不变，肢体的残损也不会导致人格的残缺或分裂。至少这一点可以让我们认识到，人在多大程度上是一个内部闭合、完整的个体，又是在多大程度上作为社会整体的成员或器官。当我们再想想某种具有生命特征的、由不同部件构成的统一体时，我们其实是在处理一个看不见的世界。但我们是不是因此就离开了现实性地基呢？现实和感官认识的内容会不会重合呢？谁要是在思考这些问题，那么他就还没有跨出科学反省的门槛。

有机论的反对者最后还提出一个论据，即认为有机论通过导入一个解释不清的中介，使得阐释对象更加复杂和不易理解了。因为有机体本身还是一个解不开的迷，自然科学迄今为止探究自然有机体本质的尝试基本都是徒劳的，所以，如果人文科学趟这浑水，自然得不到什么好处。

这一论据也不足信。凡我们认为是现实的事务，即使它的本质尚不明确或无法明确，我们也必须将其纳入我们的思想之纬中。有机体之谜和生命之谜是相重合的。我们不知道生命到底是什么，但不能因此就把生命概念从科学世界中撤除出去。因为我们知道，生命存在，我们也可以对生命现象加以描述和界分。这样我们就建构出一个生命的概念，人文学科和自然学科都可以加以研究。只要我们认为有生命的地方，无论哪里，我们都能找到具有独特性征的生命载体。我们注意到，生命是一个有组织的、会吸收也会排除其组成成分的、各部件基于某种目的而统筹运作的整体。该统一体具有恒定性，不会受元部件的替换的影响，其统一运作是由各部件运作促成的，但不等于是各部件运作的叠加。这一包含了多样性的统一性本质何在，我们并不了解。但我们不能因此就将生命进程中的各种主体从科学中删除，因为它们的存在是确凿无疑的。现在我们又会有能力，对生命载体的特殊性征加以明确和描述，这样便建构了生命载体这一概念，并为此使用一个能指明生命整体的独特结构的称谓，即"有机体"。就像其他那些将可识别要素进行恰当抽象化而得出的符合现实性的概念那样，有机体概念在科学层面非常好用。它的合法性并不取决于它是否能解释清楚它所对应的现实性。因此，如果我们认识到社会整体层面存在一个统一的生命载体，那么我们在描述社会整体时有权也有义务使用这个概念。

然而，这种认识的根据在哪儿呢？有机论能否不仅击败反对者的反诘，而且在学术层面给出其合理性的正面证据呢？有机论能证明事实上确有社会生命统一体的存在吗？

要求拿出存在社会生命统一体的直接证据，显然不可行。想举出个体生命统一体存在的直接证据，也是十分困难的，但我们可以尝试从该统一体的外部效果间接推论出它的存在。这样举证的可信程度因人而异。这里面世界观起着一定作用，而那些看上去坚固的由学术理解力所建筑的基础，最后也不过是经过良好论证的假说罢了。

最初阶段当是外部经验促使我们认为存在有效运作的社团统一体。观察交织着我们的生活的社会进程，尤其当我们深入到人类历史中去时，会发现是民族和其他人类共同体建构了权力关系世界，酝酿了物质文化和精神文化。因为共同体是由个人组成的，所以这一切其实是经由和依靠个人所为的。只要个人成功属于社会联系网的一部分，那么这种联系会透过他的肉体和灵魂作用于他。我们注意到，有一些杰出的个人创造性地点亮历史，用他们独特的天分改造了社会。然而，只有当他所在的社会至少接纳和包容他，并且与其展开良性互动时，这种成功才能达成。在公共生活经历重大变动时期，究竟是个人还是集体拥有更为活跃的力量，对此人们可能各有各的观点。人们可能一心祭奠英雄文化，也可能沉迷于单纯的集体历史观，但不能忽视的是，上述这两种因素往往是相互为用。无论如何，社团发挥着某种作用。然而，现在我们必须赋予某团体的某种效用，不是靠个体力量的简单叠加所能解释的。因为这种效用不是由孤立的个人局部产生，或者累加各个部分的同类成绩而达到的量上的提升，而是由特殊方式产生。权力组织、法律、道德、国民经济和语言，就都是这样一种显而易见的效用现象。这样一来，发生效用的人类共同体便不可能等同于组成它的个体数之总和，它毋宁是一种具有超个体的生命统一体。当我们从文化史的事实中追寻现实中社团统一体的存在时，我们完全停留在外部经验的框架内。我们有权利从已发现的现实内容中提炼出一个抽象的社团统一体概念，并且将其作为整个社会科学领域的基础性概念加以使用。

从外部经验获得的认识，会得到内部经验的映证，因为我们在自己的意识中也能找到共同体的现实。将"小我"融入更高秩序的社会存在中，对我们而言是一种内心的历程。我们每个人都觉得自己是一个内部相对独立的自我，但同时又是某个正作用于我们的生命整体的一部分。设想如果我们不属于任何民族或国家，不属于任何宗教团体或教会，不属于任何职业共同体，不属于家庭，不属于任何其他协会或合作社，我们在剩下的那点贫乏的"自我"中恐怕再也认不出自己来。对这一切深思熟虑后，我们便会明白，这些不仅仅是外部羁绊我们的锁链和绑带，更是一种作用于我们的内心世界的心理上的纽带，是我们精神世界的具有创造力的组成部分。我们会感觉到，我们的行动受到某种冲动的支配，而这种冲动来自于我们深陷其中的共同体。我们也会意识到，我们的生活属于某种共同体生活。如果我们从内部经验认识到了一个"自我"的现实，那这种认知不仅仅限于我们形塑了个体生命统一体，更在于认识到我们是更高层的生命统一体的一部分。这更高的生命统一体本身，我们在自己的意识里发现不了，因为我们是整体的一部分，整体必然不能蜷缩进作为部分的自我中。我们从内心经验中获得的直接认识仅仅是社团统一体的存在，而不会是它的特征；与之相反，我们可以从共同体的效用来间接地体会到，那些社会整体具有灵肉天性，因为这些效用存在于由身体传递的心理过程中。由此，我们谈及的不仅仅是社会机体及其躯干部件，还有民族灵魂（Volksseele）、民族感情（Volksempfindung）、民族确信（Volksueberzeugung）和民族意志（Volkswillen），阶层精神（Standesgeist）、集体精神（Korpsgeist）和家族精神（Familiengeist）等。我们将这些情感称做生动之极的心理力量：至少当我们运用个体性抵抗它们时，会清晰地感觉到这些力量的存在；在日常生活中，则需要仔细的自我观察才能意识到这些精神实在。有那么一些时刻，集体精神会以超乎寻常、不可抗拒的力量迸发出来，占据并征服我们的内心，以至于我们无法意识到自我个体的存在。1870 年 7 月 15 日，在柏林的菩提树下大道（unter den Linden），我就亲历过这种勇于献身的瞬间。

在我看来，我们在科学层面可以认定人类社团是实在的灵肉统一体。科学不能提供更多的认知，社团这种生命统一体的真实本质仍是个尚未揭开面纱的秘密。这里需要幻想和信仰的介入：人类渴望一个统一的世界图景，这种形而上的需求混合着知识和信仰，促使人类进行揭开这一世界之谜的尝试。单个科学门类无法干预关于这一超验命题的推测，它所担负的使命仅仅是，用符合各自学科特质的方法在其各自领域内，研究人类社团现象的背后的成因，直至挖掘出最后一个可认识的效用元素。鉴此，在各种不同的但均隶属于文化或社会科学大范畴的科学中，社会生命统一体这一概念扮演着不同的角色。不同的学科根据各自需要处理相关社会现象，在追溯集体力量如何作用于该现象时必须使用社会生命统一体概念，并根据各自特殊的学科任务建设的需求标准来加以展开。

法科学是我撰写本文的出发点，现在我要回到这上面来讨论社团问题。法学只研究那些以具有法律结构的共同体，因为只有这样的社团，在法律层面才被邀请或

人类社团的本质

有资格被视为"人"。基于这个原因，许多很有能量的社团组织不得不退出法学的视野。首先出局的是那些没有国家的民族或超越了国家的民族共同体，因为只有以国家形式出现的民族才是法律上的人。与之相反，这些共同体里的社会生命统一体（soziale Lebenseinheit），以及民族属性，对于法律而言，就如同对于语言、道德以及所有精神和物质文化一样，是充满力量的具有效用的元素，法学必须予以重视。法律主体不是唯一的标准。民族共同体（Voelkergemeinschaft）不是法律上的主体，但会凸显法律。处于类似情况的还有那些未以有组织的社团出现的等级集团、职业群体和利益群体、政治和社会党团。当社团作为一个法律规制下的整体出现时，在法律层面便提出了如下问题：社会生命统一体是否以及应当以何种效力被承认为社团法人。而但凡有社团法人存在之处，法学便负有使命，将适用于外部和内部的社团生活的法律规范看作对社会有机体的灵肉统一性的描述，对其加以理解、规制和展开。

须得设问的是：法人问题究竟如何解决，对于法学来说有什么所谓呢？此处难道不是关乎一个纯粹的理论之争，即相关解决方案对于所涉之法律的纯粹的法学理解并非必要、对于相关法律实践也意义不大？

当然不！法律的整个系统性建构、那些最为重要的法律概念的形式和内容，以及大量的实践性很强的具体问题的裁判，都和社团法人的型构息息相关。有机论恰恰在这里证明了它的正确性，即只有它才能帮我们找到合适的、与我们的法律意识及生命需求相匹配的东西。对此，我今天难以一一尽数，请允许只我做一些提示。

如果说社团法（Verbandsrecht）是对社会生命体的一种生活秩序，那么社团法中调整社团内部生活的法律，就必须区别于调整其外部关系的法律。人类具有同时为个体人和社会人的双重属性，法律与之相应，也分为个人法（Individualrecht）和社会法（Sozialrecht）两部分。国家法（Staatsrecht）、其他公法以及涉及私社团法人内部生活的私法规则，都必定显示有社会法样式。社团法需要处理的有些概念，在个人法中肯定找不到蓝本，因为有些权利义务从个体视角看是不受法规支配的，而在社会法上却受规范的约束。

因为只要社会机体的内部生活，同时是人的或者说紧密联系着的人类社团的外部生活，那么法律便可以对这一由诸多局部构成之整体的结构，以及这一体现了局部多样性的统一体的行为进行规范性调整。于是出现了"组织法"（Verfassung）概念。社会机体如何组织其所属成员的问题，便由法律来规范。于是又出现了"成员资格"（Mitgliedschaft）的概念。成员资格是一种以相应权利和义务为内容的法律状态。作为社团成员的生活和功用与作为个体人的生活和功用两相区别，这一区别由法律来界定和调整。透过成员资格的取得和丧失，机体部分的融合与割裂上升为一种法律过程。透过法律规制，机体的内部划分进一步被明确：每个社团成员在社团整体中的位置被一一界定、导入了成员上下层级制度、对成员之间的复杂关系做了有序安排、其中某一个社团成员可能被赋予社团首脑的地位。法律规范首先对社团的组织，即社团各要素如何建构成一个统一体进行规定。具体是，法律规定，在何种前提下，当社团的有些成员或成员整体（Gliederkomplexe）有一些外部动作时，社团整体会作为生命统一体而成为一个法律现象，由此，"社团器官"（Organ）被认证为一个法律概念。不计其数的、通常已高度发达的法律规范对各种种类各异的社团进行规范，其内容无非是：界定社团器官的数量和形式；划分各个器官的权限；调整器官之间的关系；确保社团器官之间的协力合作，即下级器官由上级直至最高级器官领导，以及确保彼此相互监督；规定器官发挥功用的程序和形式；调节其功能的内容而使其目的相匹配。此外，法律还调整以下内容，即社团器官如何由那些有器官资格的个人或个人集合体推选产生；社团器官主事资格的取得和丧失；社团器官的人格与成员个人人格之间的关系。"社团器官"是一个非常特殊的法律概念，不能和个体法上的"代理"概念相混淆。它表达的不是一个内部封闭的个体人代理另一个内部封闭的人，而是可以比作这样的情况：当人用眼睛看、嘴巴说和双手触摸时，等于人也由此看见、说话和触摸；当各个社团器官各为其用时，作为生命统一体的社团整体便由此直接运转了。透过这些器官，原本看不见的社团人格变成一个可以感知、可以判断、有意愿也有行动力的统一体。在我们的法律中，法人并非一个需要法定代表人的未成年人，而是一个独立的、参与到外部世界的主体。法律是有行为能力的（geschäftsfähig）。它也有侵权能力（deliktsfähig）——这一点虽然受到拟制论者顽固的批判，但近年来已经以不争的事实在法律生活中获得承认——能够为自己的过错负责。然而，因为社团是一个受法律调整的整体存在物，因此它的内部的精神过程——这些过程对作为其组成部分的人而言则是外部进程——也要受到法律的规制。法律介入到社团意志的每一个阶段：最初受某种启发而形成某种意志，然后受到驱动力量的抵抗，之后对各种动因进行权衡，最终作出决策并付诸行动。在相关的咨询、表决、决策以及各社团器官如何达成一致意见的问题上，法律需要作出规定，而相关的法律机制在个体法上也都是没有先例可循的。合同概念在这里是无效的，因为"合同"表达的无非是，特定主体之间就某一意志内容达成的合意并以此作为彼此行为的基准。而社团意志指向的合意，是指统合局部不同的意见后形成统一的整体意志，所有经过内部争执的意见最后成为社团整体的统一意见。任何一项机构之间的彼此抵牾，若得不到妥善解决，都可能威胁到社会有机体，比如瘫痪、分裂甚至解体。倘若这个社团能通过既有法律赋予的权力战胜这场危机，那么该社团正好就证明了它是一个现实的统一体，换言之，它并不由法律创设而生，法律只是对其加以规范。

社会法的一个特点在于，它将一个统一的整体与其组成部分之间的关系作为法律关系来调整。我们无法想象一个人和他的局部肢体或器官产生法律关系，与之相反，社团法人相对于它的成员或机构可能存在权利，如国家权力是地球上的最高权利。这种权利可以多重分级，直至最下层级的私社团权力。社团的成员、机构对于社团整体而言，也有自己的权利，例如，分享社团设施和物品的权利；参与社团形成整体意志的权利，如投票权；担任社团内部的职务的权利，最高可以是掌握世袭君主的统治权。这种法律关系的结构与个体法上法律关系的结构截然不同；后一种法律关系可能存在于相同的主体之间，只不过它们主事的领域不同，且在这种关系结构下，甚至国家和公民都可以任意的私人身份彼此面对。但是，如果个体法上的法律关系交织进了社团内容，那它就需要在社会法层面上进行重组，从中产生特别形式的所有权、物权或债权等法律关系。

社团的生与死都是法律上的程序，这也是在个体法上的生死概念无法囊括的，因而又造就了一个社会法概念的新世界。促使一个社团法人诞生的自由意志行动不是一个合同，而是一种创造性的整体行动。北德意志联邦（Norddeutscher Bund）和德意志帝国（deutscher Reich）的建立是如此，任何一个小的协会的建立也是如此。社团的解体，其"遗体"的分解，其"遗愿"的执行，是由特殊的法律来调整的。社会机体的分解和合并也会产生一些特殊的法律概念。

一个内容充分的社会法规范体系，还需要调整较低位阶的社会机体如何融入较高位阶的社会机体，直至最高一级的主权性质的共同实在体。社团自身是一个独立的整体，它和个体人有相通的特点，即一方面拥有自己的生命统一体，同时拥有自己的成员和机构。当整个社团机体在法律上还能影响到社团成员或机构成员的内部生活时，仅凭这种现象，又一个法律概念新世界诞生了。

法律调整的社会机体形式千姿百态，有了它们，我们的文化发展才呈现为一个既多样化又相互融合的过程：社团的规模有大有小，形式有简有复杂，或自主强大或弱小依赖，或长寿或短命，或由土地催生或由财产设立，或拥有全方位目标，又或仅追求单一的理想目标或经济目标，不一而足。理所当然的是，规范这些社团的法律原则上不会千篇一律，而是形态多样。

在这些社团中，国家作为行使主权的最高权力主体，自有一套效力位阶最高的规则来调整其组织和运行，并只允许被认定为公共机构的社团可以在一定范围内享受到公法的优惠。教会基于其特殊职能而要求适用自己的法律。地方性公共实在体由特别法来调整。不同的公共实体类型对应有不同类型的法律。按照所调整的社团之设立目的和形式特征的不同，私社团法（das private Vereinsrecht）也做相应的区分。最后，对于每一种社会生命体类型，还需要根据具体实在物的特点适用相适应的特别法。是的，那些规模巨大的社团人（Gesammtpersonen）——其组织形态构成了世界历史的主要内容——将各自的生活规则塑造或改造得如此特殊，以至于每一部国家法或教会法，其背后都有一个独特的法律思想体系支撑着。它们是如此多元多样，以至于谁想尝试比较研究都会觉得难以下手。然而，就算是更加千姿百态、种类多样的自然生命，自然科学也会从其结构中总结出一些共同的基础性原则。所以，我们有理由认为，如果我们在法学层面观察各种社会生命实在体，也会从它们的法学结构中识别出某个共同的贯穿于社会法的基础性原则。

综上所述，我几乎可以肯定，社团有机论是经得起法学论证和推敲的。只有当社团在法律中发生效用时，法律科学和社会生命统一体才发生交集，因此它和社团的关系是单方面的。因为法律生活只是共同生活的一个方面，且绝不是最重要的方面，所以法学要对自身的片面性有自知之明。法学界要时刻提醒自己，社会机体生生不息的力量恰恰不是基于法律，而是因着其他的权力和文化运动而得到表达，它所实现的巨大效果往往无关乎法律，甚至与法律背道而驰。法学必须留给其他学科去发现这里普遍存在的内在联系，去体会社团统一体及其效用。

法学关于共同体现实性的结论总会从其他科学领域得到确认，同理，法学对该现实性的法律建构，在任何围绕这一核心问题进行社会事实研究的领域那里也总会赢得重视。

尽管如此，有一个领域是法学家们当仁不让的：指出在观念上将人类共同体视作现实统一体的伦理学意义。只有从这一观念出发才能设想，共同体自身也是充满价值的。只有认为集体的价值高于个人的价值时，才能论证个人具有为集体而生以及在必要时为集体而死的道德义务。如果一个民族在现实中仅仅是所有单个族人的集合，一个国家（Staat）仅仅是为已出生了的和未出生了的公民谋福祉的组织，那么个人就会被迫为国家为民族献出力量乃至生命。

仅凭道德义务是不能实现这样的强制的，此时，那种个人为了祖国随时可以赴汤蹈火的道德理想的光芒就会暗淡下来。因为，如果你是你，我是我，形同陌路的人缘何要为别人去牺牲呢？关于人与人之间道义行为适用以下戒律：像爱你自己一样爱你周围的人！极端的个人主义者，比如托尔斯泰，想要在这个博爱诫命上找到人类社会生命的依托，但是看看他接下来干了什么！他毁掉了国家，转去为无政府主义去布道！对于上述博爱诫命，宗教提出了另一个诫命加以补充：爱上帝高于一切。宗教首先创造了一个神的帝国，它完全有别于我们所处的世界。但是，神的诫命也适用到了世俗世界，其含义就是：爱集体要超过爱你自己！这一条，只有当集体比简单的个体集合更高远、更具价值时；只有当我们的共同体（Gemeinwesen）不仅仅是服务于个人目的手段时；只有当有人不是为了空洞的名声去生去死，而是为了他的民族和国家的荣誉和福祉、自由和权利去工作去斗争时，才有意义。

诸位，我亲爱的同学们，此刻，请你也畅怀感受：你是一个活生生的集体的活生生的一分子。作为学术的子民，你属于我们这个大的共同体，这个将教与学合二为一的共同体。在这种彼此联系中你会感受到一种共同体紧密联盟的力量。你要做好准备，作为我们这个共同体的一名承担者走向世界，多数时候在某种特殊的职业岗位上服务国家或教会。请永远不要忘记你内心的那个自我，它既是一个有独立人格的个体，同时在面对最高的世俗力量时，要像一个男人一样去听取良心和道义的安排。你要时常听从博爱精神的力量感召，但从现在起，直至永远，一定要用真正的集体精神来完善你自己。你要唤醒并保持意识清醒，即在你的生命中，你也是更高秩序的生命体的一分子；这个更高秩序的生命体，远远超越了个体生命的短暂存在，人类并因着千千万万人的奉献得享其历史和尊严。请认识到你作为这个共同体的一分子应该有怎样的担当，并请拿出你的热情投入其中吧！

（张陈果　译　黄卉　校）

国家的本质

格奥尔格·耶里内克* 著

一、国家的认识类型

在解决国家学上最重要和最困难的基础问题，即对国家本性的认识之前，必须先要找到可以作为认识国家的出发点的可能的立足点。

首先,国家在所有事件（Gesamtheit des Geschehens）中占有一席之地,相对于我们,它属于世道常情，属于客观意义上实在的、外在于我们的世界的一部分。[1]国家是空间和时间之内发生的一堆事件（Geschehen）。这些现象，就连那些对人及人之目的所知不多者也能够感知到，因为外在于我们而存在的、实在的东西是一种没有任何内部性的存在。在低等动物的关系之中，我们就是这样观察和认识某些动物物种的社会行为的。我们可以观察到蜂箱、蚁群内发生的事件，但并不能由此给予正确的解释。迄今为止，科学还远没有弄清楚，动物以社会方式集聚生存的本能，是基于何种有机的或者心理学的动力。也就是说，我们能够准确把握的仅仅是那些外在于我

---

* 格奥尔格·耶里内克（Georg Jellinek，1851—1911），德语世界最著名的国家学和国家法学者之一，曾经分别在维也纳大学、巴塞尔大学和海德堡大学教授国家学和国家法。他于 1900 年出版了他最重要的著作《一般国家学》（*Allgemeine Staatslehre*），将 19 世纪关于国家概念的各种思潮进行了综合陈述，并试图在对法学和国家学的各种参差不齐的流派和观点进行比照分析后找到两者间的平衡。耶氏受到新康德主义影响，区分应然和实然，对象和方法。他与海德堡时期的同事马克斯·韦伯持相同的科学观，认为一切价值判断都是非科学的；鉴于政治研究不关于实然事实认知，而是关于应然也即价值判断，所以将政治排除在国家学之外。耶氏的国家学也坚持实然和应然之区分，并认为国家不是单纯的社会现实，而是法律机制，所以他的国家学当归入"社会国家学"（soziale Staatslehre）和"国家法学"（Staatsrechtslehre）中。

    耶里内克 1900 年出版《一般国家学》，1905 年出版第二版，1914 年出版第三版。本译文译自第三版第二编"一般国家社会学"（Allgemeine Soziallehre des Staates）第六章"国家的本质"（Das Wesen des Staates）第 136—183 页。

[1] 追问客观事务之超验意义这一终的认识论问题，不在本文论述之内。

们的事件，至于那些由内而发的、作用于每个社会成员的力量，我们还是一无所知。我们只能通过类比我们的内部，才能对动物界的内部做出非恣意的解释。如果不存在这样的内部系统，那么我们看到的这些非人类的有机组织，只是一片色彩斑斓的、无意义的混乱。

这种仅仅从外部来——我们称之为客观的——观察国家的方法，只能给出一个极其可怜的、在科学上完全没有用的国家图像。对于所有的社会过程，只有当我们认识了那些引发并伴随着它的自然行为（begleitende physische Akte）时，我们才能加以研究。因为社会中一切外在事件，犹如一切由人而发的改变，均由人的意志所决定，其方向和内容取决于人的全部精神状况和精神影响。基于这样的认识，国家便从客体的世界转入到了主体的世界。在人类社会数量众多、数不胜数的行为中，其中一部分会被抽取出来并根据某种特定的、可以被综合的现象，在国家行为者以及研究和判断者的意识中，组合成一个统一体。一切行为，只有借助于我们的内部经验才能给予解释。此处，自然研究的方法，即度量衡方法派不上用场。统计调查只能给出外在的客观材料，其唯有通过心理学解释后才能获得其价值。关于国家的这种科学研究方法，被称做主观的研究方法。[1]

这一主观的观察国家的方法，并不与客观的观察方法相对立，前者是后者的补充与解释。它决定了国家的实在性不仅仅是一个自然的，而是一个立基于人的内部关系的心灵的实在性。对它来说可能有两个必须被彼此严格区分的类型。

第一类方法将作为研究对象的国家看成一种社会现象。它关注那些实在的、在主观和客观层面上构成国家的、具体生活的事件。这种观察国家的方法，习惯上被称做历史－政治的（historisch-politisch）方法。它是研究国家历史，国家产生、变革和消亡的学说，是国家之社会前提及其影响，以及国家单个元素和内部关联的基础。这一类科学所要研究的就是国家在外部和内部世界的存在和作用。

第二类方法指向国家的法律方面。法律具有双重意义。其一，作为事实上的法律实施，这样的法律是一种建构民族的具体文化生活的社会权力。其二，法律等同于旨在付诸实施的规范的综合。后一种意义上的法律不属于实然的领域，而是由概念和命题（Sätzen）构成的应然领域，这些概念和命题并非是对既存事务的认识，而是服务于对现实性的评价。通过法律规范并不能认识实在的存在。法理学（Jurisprudenz）的任务并不是规定国家的自在存在（An-sich des Staates），毋宁说是为了某个特定目的按照确定的视角安置既存事实，并根据抽象的法律规范给予评价。法

[1] 门泽尔（Menzel）反对做这样的语言使用，见 Hanbuch der Politik Ⅰ, 1912, S. 36。

学（Rechtswissenschaft）因此是一门规范科学——就像逻辑那样——不传授某事物是什么，而是教授如何思考才能获得互相不矛盾的认知。即便现实性构成了法律的前提，以及法律在其之上必须要不断去验证自身的地基，法律本身还是纯粹理想性质的，这样的法律规范往往只是思想上的实存。此处，基于法律规范而获得的裁判，提供的不是对一个实体（Substanz）的认识，而是一种教导我们如何认识存在与规范间的关系的关联性知识（Relation）。法与非法从来不是附着于事物自身之上的谓词，它们不是属性，而是关系。由此，关于客体的法学认识在根本上不同于对发生于客体内外的实在的事件的认识。关于国家的法学认识所关注的对象是：对由国家出发、被规定去支配国家的制度和功能的法律规范的认识，以及实在的国家事件与法律的评价规范之间的关系。由此，关于国家的法学认识方法是对国家的社会认识的补充，但两者决不能融合在一起。[1] 法律认识的方法仅仅是法学的方法。没有认识到以及混淆两者的区别，即将国家及其各种机制设置的法学本性与相关社会现实混淆起来，是迄今为止最严重的认识错误。应该说，人们还没有清晰地意识到存在着多种认识国家的方法。[2]

为了明确地解释关于国家的观点，首要任务是借助前文取得的方法论成果，对迄今为止的国家理论给出一个批评性的概述。我们应该将不同理论根据不同的国家认知方式予以安排和检验。这些理论中的许多理论是"联合理论"（Vereinigungstheorien），其中大多数是把不同类型的元素并列在一起，或者毫无规则地连接在一起。对于这样的混合，有必要将不同的理论缩减到它们的共同的元素，然后根据上述分类方式加以审查。

鉴此，很多国家学说被排除在外，即那些不是将既存国家，而是将某一形式的国家的理想型作为研究内容的学说。[3] 乌托邦以及任何类型的政治理想型国家，都不是

---

[1] 最近律宁（Edgar Loening）声称只可能有一个关于国家的法律概念（Der Staat, Handwörterbuch der Staatswissenschaft, 3. Aufl., Ⅶ, 1911, S. 694），他忽略了法律概念的规范性质，规范性不可能直接转化为规范的真实基础。律宁也不能坚守自己的观点：他一会儿提到国家是历史 - 政治统一体（S. 709），一会儿又评论说（S. 703）国家和法是可以互换的概念以及国家由此是法律的前提，因此国家不能完全从法律中推导出来。与之相反，赛德勒（Seidler）（Das juristische Kriterium des Staates, 1905, S. 17 ff.）接受了国家分离为社会现象和法律概念的观点。门泽尔（Menzel）也反对律宁（Leoning）的观点，见 Handbuch der Politik, Ⅰ, 1912, S. 40。

[2] 本人在以前的著作中已经提出这两种国家的认识方法，在此基础上，Kistiakowski, Gesellschaft und Einzelwesen, 1899, S. 67 ff., 出色地坚持了这一区分并对此予以了深入的分析。Bierling 试图对这种针对同一客体采用不同认识方法的处理予以反驳，参见 Juristische Prinzipienlehre, I, 1894, S. 226, N. 1。有观点认为，对于某个问题以及同一问题，可能存在无数不完整的、不正确的答案，但完整而正确的答案只有一个。完美主义者可以这么认为，但我们不能，因为我们的经验认知从来就不是完整的。因此，若想集中起关于某事物的所有知识，从而对何谓该事物本质的问题给出一个完整的答案，这是一种理想型的诉求。对于我们来说，科学对于满足该诉求是无能为力的，必须求助通常充满信仰力的臆测。

[3] 在思辨哲学的影响下，将国家概念做理想国和经验国两分法的做法流行了很长一段时间，但已为现今大多数国家学理论家所摒弃。除了比如 Brie 继续声称国家概念存在上述双重本质外，见其 Theorie der Staatenverbindungen, 1886, S. 2，雷姆（Rehm）（Staatslehre, S. 11）也提到了某种哲学上的国家概念。

理论国家学的研究对象。当然它们可以在其他学科，比如历史学、伦理学和政治学中获得意义。这些理想型可以作为既存国家的评价规范，但这样的规范和法律规范之间存在本质上的区别。因为法律始终是实证的，即普遍被承认的既存的标准，而国家的理想型则尚在争取认可，但从未获得成功。这些关于何为政治理想型国家的理论，主要内容就是不断地对人进行区分。

二、各种国家理论

（一）偏重于国家的客观存在的理论

在科学层面，不可能存在贯彻始终的不顾及任何主观要素的国家的客观存在理论。但这并不妨碍依然有很多理论坚持认为，可以认识一个完全外在于人的内部性的国家存在。我们将这些学说称做偏重于国家的客观存在的理论。

1. 国家作为事实

国家是某种事实上的既存事物，即国家不是某种抽象物，也不是纯粹的思维之物。在新近的文献中我们经常可以看到这一观点。[1] 它与任何一种清晰的思考都相去甚远。这种国家的实在性学说并没有说明被称做国家的事实是什么样子的，它是自然的（physisch）还是精神的（psychisch）类型或者两者兼有，也没有说明人们应该将国家理解为一种实体（Substanz）还是一个事件（Geschehen）。所谓的国家的自然此在（Naturdasein des Staates）[2] 是这一理论的变体，当它将国家的法学面向与国家的自然此在相对立之时，便多了一点明晰性。由于自然此在通常被看做不是发生于人的内部，

---

[1] 比如 Jordan, Versuche über das allgemeine Staatsrecht, 1828, S. 15 ff.; K. S. Zachariae, Deutsches Staats- und Bundesrecht，Ⅰ, S. 51：“理所当然……国家是并继续是，根据其种类概念应该和必须的那样，事实或者实际关系，即所有的或者多个人，服从于某种法律权力”；Zöfpl, Grundsätze des gemeinen deutschen Staatsrechts，Ⅰ, 5. Aufl., 1863, S. 1：“定居的家庭以部族联合的方式在某一特定领土内存在这些事实，就被称做国家。”Seydel, Grundzüge der allgemeinen Staatslehre, S. 2, “对于我们的科学来说国家就是事实”；Bornhak, Preußisches Staatsrecht, 1888, Ⅰ, S. 65 ff.（其第二版则稍为平和一些，Ⅰ, 1911, S. 64 f.）；Rehm, Staatslehre, S. 11。这一思想的另一个变化则在 Rotteck 那里，Lehrbuch des Vernunftrechts und Staatswissenschaften, Ⅱ, 1830, S. 45：“对于我们，国家是既存的现象。”狄骥（Duguit）（L'État Ⅰ p. 15）：“无论国家源自何处，它都是一个实体力量；这一力量是一个简单的事实，现在是这样，以后也会是这样。”同样是狄骥，Traite, Ⅰ, p. 23, 49. Stevenson, American Law Review 38. Bd., 1904, p. 551：“一个独立的主权国家——是一个政治和自然的事实，而非理论。”

[2] 比如 Schleiermacher, Die Lehre vom Staat, hrsg. von Chr. A. Brandis, S. 2, 给出注释：“我们要将国家作为自然产品看待”；C. F. Frantz, Naturlehre des Staates, S. 10 ff.；关于 Planta 及其类似观点可比较 van Krieken, Über die sogenannte organische Staatstheorie, 1875, S. 75 ff.。最近 Bruno Schmidt, Der Staat, S. 1, 2, 认为：“理解国家，须将对象性质的事实（Faktizität）和自身存在（Eigensistenz），看做客观存在的自然物体。”这些物体是由通过自然的实在之力连接在一起的。该观点的基础是将自然现实（physische Realität）与心灵现实（psychische Realität）做对立识别，当属于实在论的形而上学领域了。

而是发生于外部世界的客体，所以也逃脱不了事实理论（Tatsachentheorie）固有的不明晰和肤浅。最后，所有在社会事实和社会权力关系或者类似关系中寻找国家的实在本质的理论，都可归为此类。[1] 它们往往满足于关键词的使用，并将国家产生的原因与国家混淆在一起。此外，在这样一种观察中，不可能发展出思维正确的国家法，因为事实要素与法律要素已经被等同起来了。[2]

2. 国家作为状态

"国家"一词在词源学上已经指出，国家事实论首先是一种表面上以不同形式呈现于自然法中的学说。国家被自然法视为与自然状态（status naturalis）相对的公民状态（status civilis），或者索性被说成是每个处于国家之中的个体的质（Qualität der Einzelnen）。由此国家自身成为一种状态，进一步说，成为一种统治状态。[3] 作为这一学说的一个变种，有一种学说则将国家理解为统治之关系。[4]

状态理论（Zustandstheorie）有两种变种，它们再次以法学理论面目出现。这一理论在这里只能作为一种关于国家客观存在的学说加以检验：统治状态或者统治关系当描述国家的真实存在，这种存在则是国家观念的基础。[5]

状态理论的错误在于没有认识到，那种所谓真实的状态，从来就不是简单的客观

---

[1] 比如门泽尔（Menzel），Handbuch der Politik Ⅰ，S. 43："由此，国家表现为机构设施的整体，其目的是将一个民族形成为一种集体力量并支配之。"类似观点见 Berolzheimer, Philosophie des Staates, 1906, S. 23 f.。

[2] 法国的狄骥（L'État, Ⅰ, p. 9 及 Traite, Ⅰ, p. 49）钟情于这理论，他把国家解释为"一种由特定地域维系的人类社团，其中强者的意志可以强迫弱者服从"——据此，战争中敌人入侵已经勾勒了国家图像。（该理论和统治理论汇合，见下文）狄骥的基本观念在法国受到排斥，但 Jèze 持相同意见，Les principes généraux du droit administratif, Paris-Nachy 1904, p. 15 ff.。对于这两位作者奥拓·梅耶（Otto Mayer）有所评论，见 Festgabe für Laband Ⅰ，1908, S. 5 f.。反对狄骥的意见参见 D. Gusti in Schmollers Jahrbuch ⅩⅩⅩⅢ 1909, S. 1770, –Hauriou, Précis de dróit administratif et de droit public general, 5ème ed., Paris 1903, p. 2, 类似观点见 7. éd. 1911, p. 106，以及 Principes de droit public 1910, p.100，赋予国家以"公共有机体"（organisme public）和"生活环境"（milieu de vie）的双面性。同样，Polier et de Marans（Haurious 的学生），Esquisse d'une théorie des États composés, Toulouse 1902, p. 34, 将国家 – 人格（État-Personne）或者国家 – 权力（État-Puissance）与国家 – 介质（État-Milieu）做了区分；但从中找到国家社会本质的这种环境（milieu）具体存在于哪里，读者不得而知。L. Michoud 对 Duguit 和 Haurious 的理论做了详细的评判性评论，见 Festschrift für Otto Gierke 1911, S. 493 ff.。亦可比较 K. Strupp, in Archiv des öffentlichen Rechts, ⅩⅩⅩ, 1913, S. 488 ff.。

[3] 比如康德，Metaphysische Anfangsgründe der Rechtslehre, 第 43 节："人民之个体之彼此关系所构成的状态称做公民状态（status civilis），人民之整体相对其个体成员，则称做国家（civitas）。"哈勒尔（Haller）在他的与自然法针锋相对的理论中也是同意这一观点的，因为他称国家为"自然的服务与联合关系的最高等级"，见 Restauration der Staatswissenschaften, 2. Aufl., Ⅰ, S. 463。此外，Zöpfl, Grundsätze, Ⅰ, S. 17：国家 = 统治状态；H. Bischof, Allgemeine Staatslehre, S. 31：国家 = 在社会的、定居于某个特定区域之内的要素的总体性之中的一种独特的、所有意志服从于一个意志的状态。

[4] H. A. Zachariae, Deutsches Staats-und Bundesrecht, Ⅰ, S. 43：客观国家 = 状态（狭义的状态），一种整体及其成员间的法律关系；E. Lingg, Empirische Untersuchungen, S. 6：国家 = 某一区域之内的人民的统治关系。

[5] Lingg 在上述引用著作中做了这样的努力。

存在，它往往是无法划定边界的各式各样的意志关系的集合体；它不会是具体物，只能是由无数的个体的意志关系构成的抽象体。从这等模样的所谓的现实立场出发，则既不能理解作为统一体的国家，也不能理解国家的持续性。很大程度上，该学说将国家撂在一堆无法看清全貌的、各种各样的、或并列或序列的统治关系上：有多少被统治者，便有多少统治状态；统治个体与被统治个体间的统治关系，细看之，其实是一系列的单独的统治行为。除了我们之外，所有这些关系统一体都不是真实的，它们的产生，来自我们的感性观察和主体内部进行的综合活动，就像一个单独的统治关系从来不会是纯粹的客观存在，它往往是主体内部的反映。至于连接起各种意志关系的联合协会现象，状态理论的代表者从来没有提及。

早期的自然法上的状态理论从没有单独出现过，总是和其他理论捆绑在一起。

3. 国家等同于它的一项要素

若有人想避开法学拟制，识别出先于法学之国家的自然此在，那他便很容易就会在构成国家的、看上去实在地存在于此的元素中，寻找国家的客观本质。这些要素是土地、人民和统治者。从领土与国家一致的观点中发展出了世袭国家理论，但并没有获得深入阐述。另外两个构成性的国家元素，则经常被视作国家要素。

（1）国家等同于人民。国家等同于组成它的人，乍一看是理所当然的，所以人民等同于国家的观点存在于最早的国家理论中。关于古代民族的通俗看法就建基于这种观点，它也在中世纪国家学中占有重要位置，后者往往将人民看做所有国家组织的来源。后来的各种人民主权理论也以此为基础。它还影响到了新近的制宪权学说（Lehre vom pouvoir constitutant），即国家权力出自人民，而人民已经虚拟地包含了国家权力的所有功能。[1]

这一理论的错误不难发现。它混淆了并列存在的个体与被看做统一体的人民。欲使群体转变为人民，唯有通过统一起来的组织。[2] 而组织之所以可能，其能够倚仗的只能是一些得到认可的、关于群体如何形成法律意志的规则，此处，具体指群体通过法律意志结合为一个统一体。人民，乍看来是一个自然而然的现实，近观之，其实是

---

[1] 美利坚合众国各州的宪法前言对此做了最生动的表述，它们往往这么开始："我们……的人民……特制定此宪法"，而联邦宪法也是以此开头的："我们合众国人民……特制定此美利坚合众国宪法。"Le Fur 也做了非常清楚的论述："'国家'这是一个方便的表述，有了它，当我们每次提到比如说法国时，就无须说'当前生活着的四百万法国人'……"；参见 Zeitschrift für Völkerrecht und Bundesstaatsrecht Ⅰ, 1906, S. 222 ff.。

[2] 自然法国家理论受到普芬道夫（Pufendorf）学说的长期而深入的影响，将仅仅通过社会契约统一起来、但还组织化的人民，即在人民对基本组织形态（Verfassung）做出决议之前，已经看做统治主体了。卢梭（Contr. Soc. Ⅰ, 5）仍持这一观点，他在引进一切政府之前，使人民在社会契约中决议出多数原则。

一个法学概念，其客体并不是由所有个体合并而成。它不受制于当前活着的个体，因为个体成员的变换丝毫不影响它的存在。人民的意志不会死亡，从而逝去的一代人的决议可以束缚当前以及未来的一代人，直至相反的一个意志行动取消既存意志的羁束力。人民意志本身不是某个统一体的自然意志，而是从自然的意志行动——凭借法律规则——转化出来的法学意志；因为众多人的意志在心理学上永远不会产生出一个统一的意志，至多是多数人排斥了持相反意见的少数人之后的意志。我们不能将不同人的意志行为进行相加和扣除，然后将这种计算行动看做一个符合实际的形成人民意志的过程。与之相反，必须先有一个法律规范做出规定，将相对多数、绝对多数、三分之二多数或四分之三多数等同于整体意志看待；因为这类规则从来不是自然生成的，在历史上多数原则是缓慢发展而成的，它们在许多时候根本不作数。总之，乍一看很现实的"国家＝人民"理论，近看之，则是一个没有想清楚的法学理论。

（2）国家作为统治者或者最高当局。这一理论也源于一个通行的观念，即将国家和政府等同起来。感性上可感知的最高当权者，在任何时候都被很多人看做国家的化身，从而看做国家的真正的实在性。该概念在基督教世界里获得了很重要的支持，因为新约通过某种表述传达了只重视国家最高当局的意思。[1] 它又通过绝对主义理论（absolutische Theorie）渗透到这么一种认知领域，即将人民和土地仅仅作为诸侯活动的客体，而国家的整个效力则仅仅包含于其中。这一转变在霍布斯那里体现得最为激烈：国家由某种契约所建立，基于该契约，人民得以统一并将共同意志转让给统治者，进而必须臣服于诸侯或者统治集团。尽管霍布斯还是将国家宣布为一个集体人，但该集体仅仅是统治权力可以对其行使权力的外在的对象，所有国家权力和公共法律都专属于最高当局。[2] 法国的绝对主义理论，犹如波舒哀（Bossuet）表述的那样，直截了当地指出整个国家存在于诸侯，由此对于诸侯国，全体人民（Volksgesamtheit）便升华成一个超世俗的存在者。[3] 在19世纪，哈勒尔（K.L.v.Haller）最早以新的形式展示了这一理论，他甚至将诸侯解释为在时间上先于国家的存在，并将人民视为诸侯的作品。[4] 最近这一统治理论又被人提了出来，为了最终论证国家的实在论的观点。其中

---

[1] Röm. 13, 1-7, Tit. 3, 1, Petr. 1, 2, 13 – 17。国家秩序＝皇帝的秩序，Act. Ap. XVII , 7。当耶稣用比喻方式说到尘世之国时，称之为 βασιλεία（国王统治），意思是某诸侯的个人统治，Matth. XII, 25, Mark. III , 24, 25, Luk. XI . 17, 就像上帝之国被设想成一个王国。

[2] Elementa philosophica de cive VI , Leviathan XVIII .

[3] Bossuet, Politique tirée des propres paroles de l'Ecriture-Sainte III 2, 1：爵们作为上帝的仆人和上帝在地球上的代理人进行统治……所以我们看见，王位不是一个人的，而是上帝的御座；VI 1, 1：我们看见，整个国家化身为侯爵一人。

[4] Restauratin der Staatswissenschaften I , 2. Aufl., 1820, S. 551.

最为著名的代表是赛德尔（Max.v.Seydel），[1] 而伯恩哈克（Bornhak）也附和了他的观点。[2] 赛德尔认为自己终结了国家学说中的所有的虚构和错误图像。他认为实在的国家表现为——作为统治者活动的客体的——土地和人，而国家的所有主动方面一律来自超越于包括制定法在内的一切法律的崇高的统治者，这里统治者之于国家是主体对客体的关系。伯恩哈克将统治者直接解释为国家，从而幸运地克服了赛德尔学说所包含的国家 – 统治者二元论。[3] 如果人们问统治者和统治是通过什么产生的，那他们将被指引到既存的统治关系的事实上面去。[4]

无须多少深入的考量，便可看到上述理论存在根本性错误。它提到的统治者，看似罩着"经验 – 实在性"（empirisch-realistisch）外衣，实际上不外乎是一个法学上的抽象概念。因为只有将统治者看做不受个体更替所影响的某种统治机构时，它才能避免它所不想看到的结局，即国家随着任何一个统治者的死亡将不再存在；如果统治者被理解成自然人（physischer Mensch），那就意味着国家生命的连续性随时都会被摧毁。对于以自然法形式存在的统治者理论（Herrschertheorie）的支持者来说，用他们的先天论建构来遮蔽这一理论的不足，是极为容易的，虽然他们的整个理论大厦就建立在这样的建构基础上。然而，最近的实在论者们（Realisten）在运用他们的方法时陷入了无法解决的矛盾中：他们指责法学拟制，自己却虚构了一个可以跟其自然基底分离的人；具体的方法是，通过一个国家法上的这个无生源理论（generatio aequivoca），即统治者颁布的并借此成为统治者的《王位继承法》，制造出了统治者身份。

谁将一系列并存的人当做一个统一体，他就犯了统治者理论的错误；而谁将一群比邻而居的个人视为一个个体，那他就已经站在实在论的地基之上了！此外，统治者理论还想将人民当成一个统一体来对待——它只是不知道该怎么说，这一统一体是从何而来的。就像上文关于状态理论（Zustandtheorie）的探讨中所提及的那样，如果成千上万人被一个人所统治，那这成千上万人就仍然是彼此孤立的个体，从实在论的

---

[1] 详见 Grundzüge einer allgemeinen Staatslehre, S.1 ff.。

[2] Preußisches Staatsrecht Ⅰ, 1888, S. 63 f., 在第二版里面就不再那么明确了，见 2. Aufl. Ⅰ, 1911, S. 64 ff.; Allg. Staatslehre, 1. u. 2. Aufl., S. 13。

[3] Preußisches Staatsrecht Ⅰ, S.65, 2. Aufl. S.67.

[4] 统治者理论以新的形式出现在狄骥那里，只不过比以上所说的那些人更不清楚，L'État, Ⅰ, p.19:"对我们来说，国家是这样的一个人或一个人群，即在一个社会中，他或他们事实上有着比其他人更强的实力。" Traité Ⅰ, 1911, p. 49:"所以我们不应说国家的权利和义务，而是说统治者及其代表的权利和义务。"与法律相对应，这一强者的意志只有在以下情况下才能存在，即只有当它表达了社会团结，而且每一个明确的客观标准在此都已被衡量，依据这一标准人们可以在具体情况下认识到法律规则是否存在的时候。在普通市民里面比较接近于统治者理论的是 Hölder, Natürliche und juristische Personen, 1905, S. 192 ff. 和《耶林年鉴》（Jherings Jahrbücher）, 53. Bd., 1908, S. 54 ff.。

立场上看，他们的统一性始终是"被虚构"出来的。从根本上说，上述学说中实在主义和经验主义无非是一种流行的，对现代逻辑学、心理学和认识论研究一无所知的思维，对其而言，感性上可感知的东西是唯一真实存在的东西，但在论述中又毫无例外地不能一以贯之地坚持这一立场。[1]

4. 国家作为自然的有机体

在有机论国家学说（organische Staatslehre）的数量众多的变种中，在此有必要提及其中的一种，它将国家视为一个自然意义上的有机构成体，这一构成体独立于个人之外，拥有受自然法则所支配的此在。[2] 有机论国家学说还包括这样一些学说，它们虽然强调国家的精神 – 伦理的本性，但是仍然赋予国家一个外在的、等同于自然有机体的形态；具体说，那些沿着柏拉图路径将国家看做大写的人（als Menschen im großen）的拟人化理论（anthropomorphisierende Theorie），当属于有机国家论。[3] 对有机论国家学说进行的过度抨击，统统来自于对有机体的粗略的感性理解。这无须做单独研究，而是需要在有机论国家学说的整体框架中加以批判性分析。

（二）偏重国家的主观存在的理论

1. 国家作为精神 – 伦理的有机体

所有时代的国家学（Staatswissenschaft）都曾断言过，国家是一个有机体。在古代，柏拉图也曾沿着这一方向将国家理解为大写的人，即他在国家中再次发现了在个人身上所认识到的精神要素。在中世纪的学说中，继从萨利斯伯里（Johann von Salisbury）[4] 之后学者就拿国家与人类有机体做类比了，这比起关于教会的学说显得更易于理解：教会——作为国家的对立物——表现为所有信徒在基督的肉身中的统一体，一如保罗所言，"我们都是同一肉身的一部分"，[5] 这对于共同体关系的有机论的理解有着巨大的意义。[6] 与之最为针锋相对的是自然法层面的国家学说，虽然有诸多细小分类，但都认为抽象的个人具有优先性，并以此为出发点将个人看做国家的原子，国家则被视为一个巨大的、人为的、由个人自由组成的社会。即便在这些学说中偶尔——如在

[1] 也可以参见耶里内克，System der subjektiven öffentlichen Rechte, S. 27 f.。

[2] 参见前面第 142 页第一个注（即本文脚注 7——译者注）

[3] 比如 Bluntschli, Psychologische Studien über Staat und Kirche, 1844。大量的其他作者可以参考 van Krieken, Organische Staatstheorie, S. 81 ff.。

[4] 参考基尔克（Gierke），Genossenschaftsrecht Ⅲ，S, 549 ff.。

[5] Röm. 12, 4-6; Korinth. Ⅰ, 12, 12-31.

[6] 关于基督神秘肉身的观念对中世纪的国家和社会学说的影响，请参考基尔克（Gierke），Genossenschaftsrecht Ⅲ，S. 517 f, 546 ff.。

霍布斯那里——会出现有机论影子，但对它们来说国家仍不过是一个人类创造的复杂的机器。在对自然法的回击中有机理论一再以新的形式出现。与原初的自然状态学说相对，亚里士多德关于国家具有优先性的命题（Satz von der Priorität des Staates）一再以这样的方式重现，即将国家解释为没有开端的、因此独立于个人的反思意识的机制，甚至国家的发展、繁荣和消亡都被视为独立于人类意愿之外的力量的作用。后来这一观点受到了历史法学派的重力推动，后者的创立者将法的形成过程追溯到以本能方式发挥效用的民族精神之上。

最新的有机理论以不同的形式出现。首先，上文提到的旧学说——主张国家是一个自然的、也即类似于人的有机体——卷土重来了。这给那些最任意和最离奇的断言提供了契机，于是一种更易于理解的国家有机论的特殊类型被设定了出来：精神的、伦理的集体有机体，也是更高秩序的有机体。第二种学说直至今天还拥有声名显赫的支持者，他们甚至是拥有丰富的自然科学知识的学者，在德国比如冯特（W.Wundt），也追随这一学说。[1] 在今天仍可以归入其主张者之列的还有一些法哲学家、国家法学者和政治经济学家。[2]

为了能够详尽地评价这一理论，需要注意的是，国家并非是唯一的被解释成有机体的社会现象。法律、经济、各个民族以及整个社会甚至全人类都应该描述为有机体，与此相应，除了有机论的国家学说之外，还出现了有机论的法律学说、有机论的经济学说和有机论的社会学说。[3]

所有这些有机论的共同点是，都反对那些与此相对的、将上述社会构成体（soziale Gebilde）仅仅理解为一些聚合体的学说；根据后者，这些聚合体毫无例外地均由个人作为最小要素而构成，必须从个人的本质入手才能解释它们。因此，对于它们的共同之处在于，人类共同体被理解为一个原初的统一体，与此相应，作为其中一员的各个个体的行动，只有从整体的本质出发才能被完全理解。由是，在关于人类共同

[1] System der Philosophie, 3. Aufl., Ⅱ, 1907, S. 192 ff..

[2] 关于更早的一些文献请参考 Krieken（a. a. O., 101 ff.），关于 19 世纪的详细文献请参考 F. W. Coker, Organismic theories of the state, 1910. 更新的文献具体可以参考 Lasson, a. a. O., S. 289 ff.；基尔克（Gierke）, Zeitschrift für die gesamte Staatswissenschaft, XXX, S. 170 ff., 也可参考其关于合作社法的著作以及 Deutsches Privatrecht Ⅰ, S. 137 ff., 更进一步的还可以参见其大学校长致辞：Das Wesen der menschlichen Verbände, 1902; Preuß, Gemeinde, Staat, Reich als Gebietskörperschaften, 1889; Über Organpersönlichkeit, Schmollers Jahrbuch, XXVⅡ, S. 557 ff.; Stellvertretung oder Organschaft, Jherings dogmatische Jahrbücher, 1902, S. 429 ff.; Das städtische Amtsrecht in Preußen, 1902; Schäffle, Bau und Leben, Ⅱ, S. 434, 但其仅仅赋予有机论的现象以类比的价值；E. Kaufmann, Über den Begriff des Organismus in der Staatslehre des 19. Jahrhunderts, 1908; Errera, Notions modernes de l'État, 1908, p. 13 ff.; Trespioli Ⅰ l concetto di stato（Ⅱ Filangiri, XXX, 1905, p. 599); Menzel, Handbuch der Politik Ⅰ, S. 38 ff.（带有非本质性的限制）。

[3] 关于有机论社会学说请参考 Barth, Philosophie der Geschichte Ⅰ, S. 90–166; Kistiakowski, S. 19 ff.

体的学说中，有机体理论表现为个人主义学说的反对。然而，该学说无论表现为何种形式，都犯有一个严重错误：它使用了一个它无法定义的概念，因为关于有机体的本质，并不存在一个在科学上令人满意的解释。所有那些将有机体预设为客观存在的定义，即将其定义为一种独立于我们的观察方式的现象，都没有超出改写、同义反复，其中那些并不恰如其分的一般化处理算得上最优手法了。具体地说，几乎不可能在有机体和机械体（Mechanismus）之间确立一个可靠的区分标志——冯特（Wundt）所给出的最新定义也证明了这一点。[1] 只有借助目的概念（Zweckbegriff），才能对何谓有机体给出一个稍微让人满意的定义，换言之，有机体的本质绝对具有目的论性质。[2] 有机体的所有功能都在整体层面具有某个目的，而整体之于其部分则又具有一个持续的目的关系。但是，我们想掌握客观目的的愿望，已经超出了我们的认知能力。对于经验性的自然认知而言，有机体的运作过程只能被看做是最为混乱的机械过程。依据多数自然研究者的见解，自然科学的目的在于将各种看似为有机目的论过程（organisch teleologische Vorgänge）归纳为机械－原子论过程（mechanisch-atomistische Vorgänge）。[3] 与此相反，生物学新开拓的研究方向倾向于认为这一目标毫无实现之可能，生命现象看似无法从哪里推导出来，它受某种用特别的、机械论研究方法所无法进入的原则所统治。生物学新方向没能带给我们任何关于有机化动力（organisierende Kraft）的启发：它面对的是一个自然之谜，利用严格的自然解释方法是无法解开这个谜团的。

鉴此，有机体概念是一项通过某种特定的观察方式得出的结果：通过目的论观察方法，某个由外部的、在空间和时间上连续存在的现象和过程构成的事物类型，被统合为一个统一体；而我们好像在没有充分理由的情况下就能够声称，这一存在于我们

---

[1] Wundt, System, Ⅱ, S. 192 f., 将总体有机体理解为："每一个由部分所构成的统一体，这些部分自身是具备相似特性的更为简单的统一体，同时也是为整体服务的局部或者器官。"但他自己必然要承认，这一定义也可以适用于无生命的物体，并且"甚至一个机器，一个人造物，科学的一个作品，也能被称做有机体"。关于在有机体和机器之间做出区分的特别的困难请参考 Brücke, Vorlesung über Physiologie Ⅰ, 1874, S. 1 f., Brücke 将前者与后者的区别仅仅设定为能够吸收消化陌生材料的能力。进一步的还可以参考 Bütschli, Mechanismus und Vitalismus, 1901, S. 72 ff.; Mach, Die Analyse der Empfindung, 6. Aufl., 1911, S. 81 f., 比如，与这些专业人士的阐释相比显得不够深入一样，Preuß——其安于接受科学对一个令人满意的有机体解释的无能为力——的阐释就是一个必然会令不信奉有机论的人感到绝望的声明。

[2] "一个被有机化了的自然产品是这样的东西，即所有的目的可以和手段互换"，康德，Kritik der Urteilskraft，§ 75。关于有机体的概念与目的表象的关系请参考 Sigwart 的出色而深入的阐释，Logik, 4. Aufl., 1911, Ⅱ, § 78, Ziff. 4 ff. 以及 Ziff. 4 ff.; 详请参考 Wundt, System Ⅰ, S. 312 ff., Ⅱ, S. 104 ff.。

[3] 参见当代生理学家群体，比如 Hermann, Lehrbuch der Physiologie, 14. Aufl., 1910, S. 6；Landois-Rosemann, Lehrbuch der Physiologie des Menschen, 13. Aufl., Ⅰ, 1913, S. 5 f., 8; J. Steiner, Grundriß der Physiologie der Menschen, 9. Aufl., 1905, S. 1 f.。

之内的综合体，在我们之外还对应存在着一个可资类比的客观统一体。[1] 当我们将这样的客观统一体放置于存在者之列，便早已经站在形而上学的地基上了。声称在我们的判断意识之外还存在这样的有机体，其真实可信度就好比认为独立于我们的感觉之外还存在着一个颜色和声音的客观世界一样。

这一质疑在评判社会有机体学说时出现了成倍增长的现象。我们继续将在混乱繁杂的社会进程中展现出来的多样性串联成诸多各式各样的统一体，这样做并不是没有理由的：如果我们没有进行主观综合建构的能力，那对我们来说，就不存在一个感觉的、认识的、行动的世界。然而，只要我们给这些综合体贴上客观真实的标签，就意味着已经完成了一次从经验到形而上学的跳跃。

当我们基于有机论假设将国家理解为一个内在统一体，并断言该统一体属于客观的、独立于我们的认知而存在时，无论如何这都是一个形而上学的判断。因为这里虽然可能留有随心所欲的空间，但有机体学说必须从有机体身上始终看到一个存在物（Wesen），也就是说一个实体（Substanz），一个可作为出发点的功能载体。然而，当有人认为一个被称为国家或者社会的事物是某种实在实体，那么不论这一实体现在被设想为粗略的感性层面的还是观念层面的实存，这只能是发生在形而上学的信仰王国的事情。[2] 伦理的或精神的有机体以及有机体人格，只要人们不将其仅仅理解为一种综合各种现象的辅助手段，都将变成神秘的存在。比如就像民族精神（Volksgeist）或是民族心灵（Volksseele），如果忘记了它们的价值只在于为极为混乱、根本无法深究其细节的大众心理学过程提供了简缩符号的话，它们便表现得像真实的幽灵一般。因此，从认知理论角度来看，有机体理论并不是纯粹的关于国家之客观此在的学说，而是关于国家在主观目的论观察方式下——该观察方式的超验意义超越了我们的认知能力——呈现为何种事物的学说。

一个建基于既存事物的科学批判理所当然地会完全拒绝在超验层面上将社会构成

---

[1] 生物学在其开端之时使用了作为客观有机化要素的生命力的概念。最新的生物学早已将这一有机化原则放逐到了幻想的领域。请比较 Hermann, a. a. O., S. 5 ff.。即使是当代的新活力论的尝试，离在生命力的基础上重新建立起整个有机论还差得很远。与之相反，Br. Schmidt(Der Staat, 1896, S. 2, S. 111, 116）仍然将这一动物和植物的有机体，并且接着将国家建立在这一被科学所抛弃的所谓的力的基础上。

[2] 我对有机论学说的反对同时也是对关于教义学的认知批判的反对。即使没有明确说出来，基尔克（Gierke）针对我而做出的最新阐释，即 Das Wesen der menschlichen Verbände, 1902, 根本证明不了一个社会有机体的客观实存的可能性，而仅仅是再次做了一个信仰告白，并且回避了整个认识论的问题。同样，Preuß, Über Organpersönlichkeit, S. 575, 也是将生命解释为一个大写的 X，但却认为人们必须接受这样的观点，即在有生命的有机体和死亡的机械之间所存在的概念性本质区别是一个事实（Tatsache），由此他就成了非批判性的形而上学家，通过一个教条让研究工作结束在真正科学问题的起点上。也可以参考马克斯·韦伯出色的阐释，Schmollers Jahrbuch, XXVII, S. 35, 他一针见血地指出，基尔克物化了感觉内容（Gefühlsinhalt）。

体假设成实存有机体的观点。这里能够被纳入该批判检验对象的仅仅是，有机理论提出的将有机体作为对外在于我们的社会进程的综合形式的假设，是否成立。

显而易见，将有机体观念扩展到对社会的解释的做法缺乏必要的正当性。[1] 最主要的理由是，社会缺少有机体必须具有的可以与外界界分的封闭性。一个社会机体（soziale Körper）从未存在于抽象之中，因为社会的边界远远超出了国家边界，以至于根本无法确定其边界终点。此外，社会缺乏内在统一性，而对此内在统一性的解释和把握正是有机体理论的实质目的之一。在我们看来，社会有机理论缺乏所有的实体性要素。

与社会对应，国家以及以国家形式结合起来的民族，情况殊为不同。对我们而言，国家表现为一个内在的、受某种意志引导的民族统一体。现在，有机论假设将自然有机体的某些关系和特征移植到了国家和民族之上，误以为由此不仅国家和民族概念更易于理解，还为自然和政治现象找到了一个更高的综合式。以下情况可以归入上述情形：首先当推国家和民族在多样性中保持统一性的说法，即认为该统一性使得国家及其民族任由其成员更替而保持不变；其次指国家和民族在历史进程中的缓慢变迁的情况；再次便是指某种整体与局部之间的相互作用，其间整体之部分及其个别功能以这样的方式彼此相待，即整体为了个别，而个别反过来又为了整体而存在；再接下来是指处于相互关系中社团成员之间的持续的互决（durchgängige gegenseitige Sichbestimmen）；最后是指非反思的、所谓自然而然形成和发展出国家机构的情形，具言之，国家机构并不是由有意识的、深思熟虑的个人意志推导出来的，毋宁说它们是由某种凌人之力铸造的，对其人类的意愿只能作出微不足道的改变。

上述情形的描述仅仅是对存在深刻区别的相互对立事物提供某种类比。我们日常可以感知到的，除了社会机构的非反思（unflektiert）的形成之外，还有意识。国家这一建筑体可以在瞬间经历最为暴力的重构。国家并没有遵照有机体榜样而生长和消亡，它们不必服从发展与退化法则（Gesetze der Entwicklung und Rückbildung）。[2] 此外，它们缺少可以算作生命核心的东西——这是有机论才持有的特色观点——即代际更替中的更新：它们不能自我繁衍。将新国家的出现描述成某种繁衍过程，这种设想

[1] 对此恰当的评论请参考 Rümelin, Reden und Aufsätze Ⅲ, S. 263 f.。

[2] 为了理解国家的增长、繁荣和消亡与有机的自然现象根本没有什么一致的，人们在此只需要去回想德意志民族的国家历史就可以了。德意志国家何曾繁荣过？在霍亨斯陶芬（hohenstaufisch）还是霍亨索伦（hohenzollernsch）家族的治下？空位期（Interregnum）、30 年战争或是《鲁内维勒合约》（*Frieden von Luneville*）是否意味着衰落？德意志的国家有机体是否已经在 1806 年死亡了？如果最后那个问题的答案是"是"的话，那么有机理论必须成为一种不把一切生物学的类比当一回事的复活学说！比较 W. Haecker 的相关评论，Die ererbten Anlagen usw., 1907, S. 66 ff.。

只有在那些只能进行最为模糊的类比的脑袋那里才可能产生。只需要想一下最新阶段的情况就可以知道，德意志帝国和意大利，巴尔干半岛上的国家和古巴，它们的此在必须归功于长剑——它可绝对不属于有机体的生产工具。丰富的想象力最多是在殖民过程——随着整个地球的开发，殖民进程在可预见的时间内必将走到尽头——中可以看到一种有机性的生产过程。

有机理论的支持者习惯于将他们所批评的国家制度和制度更新说成是无机的，殊不知，仅仅"无机的"这一术语就已经包含了否定整个有机学说的意义。因为在有机体生命中不可能存在任何无机物。疾病、残疾、缺乏工作能力等，统统都是有机过程。认为只有典型的完整的有机体才有存在资格，以及认为存在一个关于有机体的应然状态，这都是任意的、非科学的臆断。

有机学说习惯于和某种标准有机体认定紧密联系在一起，并由此发展出了一个政治理论：它将一个理想型国家标示为判断既存国家状态的目标。[1]至于何为理想型国家，给出标示时往往十分任意。鉴于无法给出一个明确的有机定义，"有机"这一词汇便被广泛地填补到任何缺乏合适词汇的地方。由此有机论文献也让人产生疑虑：有机论不是去一步步地拓深学术道路，而经常用命令句式傲慢地打断讨论；它不去解释自己的理论，而只是沉溺于提供一幅图像。由此，没有任何一种学说，会像有机论那样显露出如此泛滥的主观臆测。此外，有机论还缺乏任何一种清晰的理解何为方法论研究之本质的洞见，它将方法论研究等同于运用类比和图像。最近一段时间，有机论习惯于借用自然科学的方法，而它完全无视自然事件和社会事件之间的深刻区别，并且完全陷入了——其实早就被人反驳过的——"自然科学的"（naturwissenschaftlich）和"经验的"（empirisch）或是"精确的"（exakt）等语汇的混淆中。[2]

鉴于有机理论将类比作为其根本工作方式，而这并不能获得实在的认知，所以最好完全抛弃这种理论，因为错误类比造成的危险远远大于正确类比得到的好处。除此之外，有机论还忽视了对于国家来说，存在着进行持续的、反思性的、充满目的意识

---

[1] 在自然科学方面也会发生这样的事情。Hertwig 也并没有克服对国家和普通有机体（Normalorganismus）的最模糊的类比，Die Lehre vom Organismus und ihre Beziehung zur Sozialwissenschaft, 1899, S. 18 ff.。

[2] 一如有机学说自身，它的错误的一元论研究方式也是如此。因为借助实验、感性观察、数值、重量和工具进行工作的自然研究，已通过客体和认知手段一劳永逸地与社会科学分离开了，而社会科学中的所有被其归功于自然科学方法的东西，均是靠不住的、今天创造出来明天就可能被毁弃的假设。对于社会科学来说，并不可以通过"精确的"研究方法而得到唯一一站得住脚的命题——我敢宣称这一断言是无可辩驳的。对事件的观察和确认是所有社会科学的出发点，这并不需要认识最新的自然科学知识，这一定理源自于对作为经验事件的整体存在的理解，一切人类科学均以此理解为基础。建立起与思辨方法（spekulative Methode）相对立的经验方法，至少并不是现代哲学的杰作：巴康、洛克、贝克莱、笛卡儿、斯宾诺莎和康德已经对所有经验科学都极为有意义的方式发展了经验科学的普遍原则。

的活动的必要性，若不然，国家一刻也不能存在，或者说它（有机理论）至少并不能从自身的原则出发去解释清楚这一活动。然而，最需要去拒绝的是，有机论声称诸多社会有机体并列存在着，而所有这些有机体，也就是国家、教会和合作社，它们的成员应该由同一些个人组成，因为这本身就与生物学上的类比——它认为某个整体的组成部分只能唯一地归属于该整体——相矛盾。即使是能够避免这一错误的总体有机体理论（Gesamtorganismus）——它包含有不同的部分有机体——也不能应用到社会关系上，因为根本无法找到这样一个最高形式的社会有机体。因此，决不能将教会仅仅理解成国家的一部分，也不能将国家理解成教会的一部分。如果将人类设定为那个最高形式的有机体的话，那人们将由此有幸将某属种进行了拟人化，这甚至可能超过经院哲学的唯实论水平。

有机学说的历史也清楚地说明该学说只有微乎其微的价值，因为有机体概念源自机械体，也就是说，来自人类有目的的设置，而且器官概念（Organ）最初也无非表示工具（Werkzeug）的意思。有机体概念的渊源取自一个拟人化概念，即人类一开始就将自己理解为配备有合目的装置的个人。[1] 之后的科学才逐步前进，将所有生命存在物都解释为有机体，并且在充满谜团的生命现象中找到了有机体区别于机械体的不同标志。有机论提供内在目的论知识，同时它也是生物学上的一个重要的生发性原则（heuristisches Prinzip），我们是通过从我们的具有目的意识的行为中抽取出来的类比方式才了解到的，因为目的对我们而言，是唯一通过我们的意识过程所传递出来的原则。人类想通过与合成物和功能做比较来认识人与人的关系，这种尝试意味着至少绕了一个多余的弯路，因为这些比较对象对我们而言，只有通过将我们的意象移植到外在于我们的存在物之上才能被理解。

综上所述，关于国家的科学性思考需要一个不同于有机论的范畴：一个自足的和独立于一切类比的范畴。

2. 国家作为集体统一体或社团统一体

国家是一个持续的、统一的人类社团，因此是一个共同体（Gemeinwesen），自古以来就是这么断言的。传递这一观念的范畴，κοινωνία（联合），societas（联盟），respublica（国家，共和国），coetus（团体），其渊源均出自古代思想。然而，古

---

[1] 进一步的阐释可以参考我的著作，System der subjektiven öffentlichen Rechte, S. 35 ff.。关于"机械 - 有机"（mechanisch-organisch）这一表述和概念的历史，还可以参考欧肯（Eucken），Geistige Strömungen der Gegenwart, 4. Aufl., 1909, S. 126 ff.；具体来说比较有趣的是这一证据，即直到进入19世纪，"有机的"和"机械的"并没有被设想成对立概念。当 Preuß, Über Organpersönlichkeit, a. a. O., S. 558，说器官（Organe）只能是有机体的时候，说明他对器官概念的发展全然不知。

代时期这一考察基本上转向了社团目的（Verbandzweck）；如果不使用器官学图像（organologische Bilder）的话，那么追问社团结构的问题将完全不会浮出台面。中世纪的团体学说（Korporationslehre）和新近的自然法在其国家构建问题上尽管始终以社团思想为出发点，但其理解只停留在法学层面；而在法律意义上追问何为国家的历史－社会基础（historisch-soziale Substrat）时，这些理论不是没有意识到这一问题，便是意识不清晰。毕竟自然法将国家中的人设想成一个"联合"（unio），也就是许多人组合成一个统一体的集合。[1]

新近的大多数国家法学者或多或少地明确表示，在何为国家社会本质的问题上，他们的观点都是以集体统一体（Kollektiveinheit）思想为基础的。[2] 然而，深入型塑了这一理论的学者应当是基尔克（Gierke）。即使他没有明确地区分社团理论（Verbandstheorie）和有机体理论（organistische Theorie），而且他多半还将自己当成了器官论学者，甚至他还没有完全意识到存在上述两种彼此对立的国家学说，在他的极为重要的关于合作社的论述中已经蕴含了一个完善的前法学的国家存在理论。在理论中，国家表现为一个通过固定的组织和持续性目的而联合起来的社团，一个有别于个体的、只有通过多样性并且取决于个人多样性才存在的统一体。[3] 随后博纳茨克（Bernatzik）以明确的形式区分了共同体（Gemeinwesen）和法人（juristische Person），并且将前者当成后者的可能的基底。[4] 海内尔（Haenel）进一步将作为实体社团

[1] 在 Althusius 著作（Politica, V1）中出现了"公共联合"（consociacion publica）的概念，而在格劳修斯（Grotius）那里则出现了 coetus 的概念（国家是自由人通过法律的联结和为了共同利益的联合，civitas = coetus liberorum hominum iuris fruendi et communis utilitatis causa consociatus）。一些后来的学者（比如 Böhmer, 1. c. S. 184）接受了后一概念。从霍布斯起人们开始强调个体在国家中实现联合，这一点后来在卢梭那里表现得更为鲜明。通过社会契约产生了一个取决于成员的联合团体（associaion）（Ⅰ, 6）。这一思想再次出现在康德著名的国家定义里面（国家是一群人在法律法则之下的联合，a. a. O., § 45）。许多政论家在谈及国家结合体（Staatsgesellschaft）时，也同样认为它是多样性以联合的形式成为统一性的组合。由此可以推出，恰恰是自然法极为积极地强调国家的法学人格，因此在明确区分国家的法律概念及其社会基础时必然也要将其设想为一个统一体。

[2] 比如 Albrecht 将国家称为共同体（Gemeinwesen），参见 Göttische Gelehrten Anzeigen, 1837, Ⅲ, S. 1491; H. A. Zachariae, Deutsches Staats-u. Bundesrecht Ⅰ, S. 41; H. Schulze, Einleitung, S. 121; G. Meyer, Staatsrecht, S. 3 ff.; Brie, Theorie der Staatsverbindungen, 1886, S. 3。

[3] 具体可以参考他的犀利的阐释：Die Genossenschaftstheorie und die deutsche Rechtssprechung, 然后是 Deutsches Privatrecht Ⅰ, 1895, S. 456 ff.。依据他的有机论的基本观点，基尔克将国家的社会基底理解为实在的总体人格（reale Gesamtpersönlichkeit）或社团人（Verbandsperson）。但因为他（参考 Privatrecht, S. 471）认为社团人的法学人格，如同个人人格那样，只有通过法律规则才能产生，因此这些团体被随意地赋予社团人以人格，也能取消之，因此根据基尔克的理论，人们就能够将国家解释为一个双重的人，一个实在的总体人（Gesamtperson）或是法人（juristische Person）。此处的模糊性可归结到有机学说头上，但只要我们用在认识论意义上唯一可行的社团统一体概念取代社团人概念，该模糊性是可以避免的。与基尔克完全一致的是 Regelsberger, Pandekten Ⅰ, 1893, S. 289 ff.，然而，他在第 303 页上却将机体（Körperschaft）的社会基础更为清楚地称做人的联合（Personenverein）。Rehm, Staatslehre, S. 159 ff.，也主张国家的双重人格学说。

[4] 其极为出色的阐释请参考 Kritische Studien über den Begriff der juristischen Person, Archive für öffentliches Recht, Ⅴ, S. 242 ff.。Bernatzik, S. 275 ff., 还以极为贴切的方式证明了所有有机理论中能够站得住脚的要素都已被共同体学说所包含。

德国魏玛时期国家法政文献选编

（Korporativer Verband）的国家和作为法律人格（juristische Persönlichkeit）的国家区分了开来。[1] 对于海内尔，实体社团统一体是一种特殊的类型。"它仅仅存在于此，即一群人类个体在精神上由一个共同目标维系着，这一精神联系自身仅仅是参与者的同一意志的表达，它通过领导机构（leitende Organe）及其成员的意志权力（Willensmacht）而获得其实在性。"当海内尔将实体社团的统一性视为一个实在的有机体的特点并对之加以研究后，他便认识到，这样的整体和这样的有机体仅仅存在于精神的、由伦理决定的能力范围内，也就是说存在于人类个体领域，而它们始终只能在心理学意义上互相影响、彼此联合。这一独特的、通过生物学－生理学的类比无法解释清楚的联结方式，并不比生物学－生理学的方式本身更不实在。[2] 在我们所考察的所有作者中，海内尔在认知论方面对这一问题做了最为详尽的论述，他也认为，那种在一个共同精神体或类似的抽象体基础上建立实在统一体的尝试超出了我们的认知能力，所以加以拒绝。

对于共同体理论的所有支持者来说，国家被理解为一个存在物，除此之外再别的可能。换言之，我们需要在思维上强迫性地将每一个实在统一体进行实体化处理（substanziieren）。这样的实体化传递了正确的认识，只要我们避免以下错误，即将一个感官客体（sinnliches Objekt）放置于基底位置，然后将它假定为社会统一体的个体成员建立彼此关系的基础。当我们向社团统一体索求一个统一载体（Träger），即一个个人时，我们并不想进行拟制，甚至也不是从事实既存物中提取一个抽象体；我们只是应用一个对于现象综合而言在思维上必然的、在认识论上具有正当性的范畴，只要我们不赋予通过该范畴而认识到的事务以超验的实在性。[3] 这些被设想成存在物的统一体，就像颜色和声音一样同属于我们的主观世界。然而，我们只能将意识中的主观的事实构成，而不是拿我们只能在极度局限中认识到的事物的客观实在性，作为我们行动世界——国家在其中占有一席之地——的基础。科学的慎思有一个任务，就是让我们意识到该观察方法的相对性，[4] 而不是拒绝它；否则我们很容易去要求获致一些不可企及的事物。

集体统一体或社团统一体理论解释了国家在其成员多样性中显示出的统一性、国家机构之于整体和部分的地位，以及国家此在在代际更替的连续性。以此为出发点，

---

[1] Staatsrecht Ⅰ, S. 81 ff.。但是对于国家的非法学基底使"共同的"（korporativ）这样的表述来取代"集体的"一词，是很误导人的。

[2] Deutsches Staatsrecht Ⅰ, S. 101, 102。愈加令人惊讶的是，Haenel 在国家的法学人格学说中倒退回了旧的虚构学说那里。

[3] 关于作为综合形式的物的概念（Dingbegriff），请参考 Sigwart, a. a. O.，Ⅱ，§ 72。关于将物的概念应用于集体事物之上，比较好的阐释请参考 Kistiakowski, a. a. O., S. 126 ff.。

[4] Kistiakowski, S. 144，极为切中肯綮地评论道："社会的实体（Substanz）在于每个个体及其共同的心灵生活。我们没有任何理由去假定其他任何一个社会的实体和心灵。"

不仅对于国家的自然产生出现和变化，还有其任意的改造和颠覆，都可以作出毫无矛盾的解释。它并不是一个政治理论，而是一个纯粹的科学理论，换作恰当的表述就是，它是一个避免了其他理论的错误的理论。但它仅仅提供了一个必须将国家归摄其下的上位概念，因为社团统一体并不仅仅指国家，还应包括国家中的数量众多的社会构成体。关于国家社团的独特本质，将在比此处更合适的其他关联性中加以讨论，在这里我们只是想概览一下那些国家理论可以追溯到的各种不同的基本范畴。

（三）国家的法学学说以及国家作为法律概念

法律对于国家来说是根本性要素，所以，在不了解国家的法律性质的前提下想要对国家有一个完整的认识，是不可能的事情。国家通过法律调整其秩序，同时又是法律的维护者和续造者，必然会在法律本身中有其地位，从而也必须要有一个关于国家的法律概念。[1] 那些客观的以及在主体内发生的社会事件，尽管作为基底而服务于法律，但法律始终必须从实在的事实构成出发，因为它——如它一直所是的那样——始终都持有一个目的，即被应用到实在的事实构成之上。仅仅是这些实在的事实构成本身，并不能成为法律概念。它们毋宁说是一些出自既定法律规则的抽象物，它们的目的在于将规则的多样性整合到统一的视角之下。因此如前所述，通过法律概念决不能认识到实在的存在，而只能认识到借由人的行动才能实现的规范。存在于我们之外的实在性并不对应这样的法律概念。

在我们之外有物质的机体（materielle Körper），但是没有法律意义上的物（Sachen），没有所有权（Eigentum），也没有占有（Besitz）。法律意义上的物是一个抽象概念，取自被法律所规制的人与外在世界的物体（Dingen）以及人与人之间的关系。所有权和占有的概念都是从规制人与物的关系的规范那里提取出来的。然而，与我们的观念相反，所有权和占有从未是可触摸的或是可见的物体，而仅仅是由规范表现出来的物体（Dinge）之间的关系——制定这些规范的目的就是专门用来支配这些关系。因此，当我们把法律看做存在物而谈论它时，它其实仅仅是一个极为复杂的过程的缩写；对此法学家应该始终保持清醒的意识，以防混淆，但不需要过多关注相关细节，就好像画家没有必要为了操练他的艺术手法而将色彩还原成以太振动（Ätherschwingungen）。尽管如此，这些法律概念也并非拟制，而是建基于一个坚实的既定世界，即法律规范

---

[1] 关于这一命题的更详细的论述参见 A. Affolter, Über das Verhältnis der Rechtsbegriffe zur Wirklichkeit, Kap. XI, Archiv für öffentliches Recht, 21. Bd, 1907, S. 410 ff.。

的世界。拟制是一个被限界很窄的辅助建构的工具，它的用处是，使得法律规范得以扩展到它们的原初目的之外，法律严格产生的强硬得以弱化，以及使得诉讼证明更加容易。只有当人们为了区别于物质世界而将所设想出来的事物都称为拟制时，才能把抽象和拟制等同看待——但这样的话，整个科学就变成了一个拟制总和了。

　　由此，法学层面的国家认知并不是想把握住国家的实在本质，而是让国家在法学上成为思考的可能，换言之，是要找到一个可以毫无矛盾地思考国家的所有法律属性的概念。有关国家之现实此在的认知必须作为国家的法学概念的基础，但两者不能相提并论。在国家法科学中，"拟制"的反对者们曾试图将他们断定为国家的现实此在的东西，同时建构成国家的法学本质。然而，进一步的观察表明，他们经常会把某个对他们来说当属法学层面的"虚构"出来的元素，放入关于国家的实在－经验（realistisch-empirisch）观念中。这一情形也存在于那些将国家视为状态、民族和统治者的理论中，因为这些理论并不能从经验中获得状态、民族和统治者在个体更替过程中依然保持统一体的结论。每一个法学概念首先都必须要将那些被它所规整的法律事实理解为一个统一体，因为它本身无非是这些事实综合的表现形式。所有权（Eigentum）、质权（Pfandrecht）、义务（Obligation）都是概念上的统一体，它们只能从法学事实给出的既有材料中才能获得，而从这些概念统一体那里，又必须能够通过演绎方式获得——作为后果——所有构成它们的法律事实。因此，正确的国家法学说从一开始就确立了这样的标准，即它能够解释清楚国家的统一性问题。

　　如果下面要将国家的法学理论一一阐明的话，那理所当然只能从目前所发展出的国家学的立场出发。每一个时代都有其特殊的法律概念，如果用其他时代的标准来衡量的话，它们并不能经得住检验。尽管我们可以全面承认我们的法律思维存在历史局限性，但对某个特定的时代来说，只能有一种关于一个现象的法律见解是有效的。此外，有人对于那些业已消失的法律观念，不仅对其进行辨析，而且还将它们放置于它们源出的整个法律体系中对它们进行深入的教义学阐释，这种做法实在是不值得。

　　关于国家的法学观念，目前已经给出三种可能，即国家要么是法律客体，[1] 要么是法律关系，要么是法律主体。

　　（1）要一以贯之地将国家理解为客体是不可能的。因为每个法律客体都预设了一个主体前提，而只有主导国家的人才可能成为这一主体。也就是说，国家客

---

[1]　对于如此之观念的可行性当然要保留有批判性检验。然而 Menzel 忽视了这一点，Handbuch der Politik Ⅰ，S. 41，N. 25。这里主要只涉及将一般的法学范畴实验性地应用到国家概念上。

体说的产生源于将国家分裂，并将其实质性要素之一置于它对立位置。这一学说已经无法完善了，因为根据该学说，臣民将基于国家认可而成为法律主体，这种观点只能出自谬论。如果人民和一切人民成员仅仅是国家的客体，那它们就不能同时又是国家主体。可以把一群奴隶建构成奴隶主的所有物，但不能又把奴隶和奴隶主建构成一个共同体。曾经有过这样的时代，那时人们相信可以以此方式来理解国家；绝对制和世袭制的国家学说从其甚嚣尘上之时一直到进入我们的世纪，都是这么干的。但即使某种国家统治关系和物上支配关系（Sachherrschaft）极其相似，也不能就因此完全抹杀国家具有共同体特征这一观念，因为在任何地方都存在一个将统治者与被统治者联系起来的、与客体国家理念无法相容的法律秩序。在赛德尔（Seydel））的文本中，统治者理论将国家树立为客体，[1] 并想借此同时解释国家的实在本质和法律本质。这一理论让法律从实在统治中产生，却没有解释清楚，为什么一个客观事实可以从其自身直接产生出像法律这样的精神力量。此外，未曾发展充分的国家机构说——即将国家视作机构（Anstalt）——也属于此类建构的学说，[2] 因为此处机构需要追随的意志并不是从其自身产生，机构本身毋宁说就

[1] Grundzüge einer allgemeinen Staatslehre, S. 4; Bayerisches Staatsrecht Ⅰ, S. 170.

[2] Rotteck, a. a. O., Ⅱ, S. 56，将国家同时解释为机构（Anstalt）和团队（Gesellschaft）。Stahl, Die Philosophie des Rechts, 4. Aufl., Ⅱ 2, 1870, S. 140，同样将国家理解为机构和共同体（Gemeinwesen）；此外 H. A. Zachariae, Ⅰ, S. 43，将国家理解为道德人、状态、整体与部分之间的关系，此外还作为一个伦理机构（sittliche Anstalt）。但是机构到底是什么，这些作者里没有一个论述过，这就好像回到了基尔克对机构概念作出解释性的、但并非终结性的研究之前的情况，机构概念属于整个法理学中最混乱的概念。甚至到了今天，那些著名的法学家仍在对我们保持沉默，不肯说出他们到底是怎么理解机构这一词的。比如 Dernburg, Pandekten, Ⅰ, 7. Aufl., 1902, § 62（第八版主编是 Sokolowski,1910, § 50）就是如此处理机构一词的，他一点都没有尝试过要去定义这一概念，与此相反，他最近（Das bürgerliche Recht des Deutschen Reichs und Preußens Ⅰ, 3. Aufl., 1906, S. 181）将机构纯粹否定性地称做非社团（Korporation）的法人。Crome, System des bürgerlichen Recht Ⅰ, 1900, S. 233, 甚至从根本上否认机构作为独立的概念，而只是将法人绝对地区分为社团法人（Korporationen）和财团法人（Stiftungen）。与此相似的是 von Tuhr, Der allgemeine Teil des deutschen bürgerlichen Rechts Ⅰ, 1910, S. 454, N. 12. 即使是在 Regelsberger（Ⅰ, S. 291 ff.）那里——他在他的详细的阐释中基本上是紧跟着基尔克的——人们也找不到一个对机构完全清楚的定义。关于当今德国民法里的各种不同的机构理论请参考 Endemann, Lehrbuch des bürgerlichen Rechts Ⅰ, 9.Aufl. 1903, S.176, N.4；关于特别法中的机构概念请参考 Dorner-Seng, Badisches Landesprivatrecht, 1906, S. 30；以及 Hatschek 在 Verwaltungsarchiv 19. Bd., 1911, S. 306 ff. 中的文章。进一步可以参考 Fr. Fleiner, Institutionen des deutschen Verwaltungsrechts 2. Aufl., 1912, S. 99——基尔克, Deutsches Privatrecht, Ⅰ, S. 474 ff., 谈及过机构概念中的德国诸侯国的根源（Wurzeln des deutschen Territorialstaates），他更在早一些的时候（Genossenschaftsrecht, Ⅱ, S. 861）甚至干脆将拥有独立治权的邦国（obrigkeitlicher Landesstaat）称为机构人（Anstaltsperson），而他那时候并没有详细地考察这一思想。机构国家的国民与机体国家（Körperschaftsstaaten）国民相比具有何种权利和义务，应该如何理解机构国家中的成员资格，这都是些尚未被讨论过的问题。基于我们今天的认识，人们虽然能和基尔克一起在国家中或在它的部分中找到个别的机构要素，但不能将整个国家归置于机构范畴之下。——机构理论最近的代表人物是奥拓·梅耶（Otto Mayer）（Die juristische Person und ihre Verwertbarkeit im öffentlichen Recht, Festgabe für Laband Ⅰ, 1908, S. 54 f.)，当然梅耶自己显然会反对将他的学说与我们这里所说的等同起来。根据他的观点，国家并不能成为法人，其理由是缺乏一个能够将国家规定成这样的超国家的法律规则（a. a. O., S. 58, f., 66）。但梅耶终归是将国家称为"超越人"（Überperson）（a. a. O., S. 63, 83），由此明确表述了这一存在物的原初性。然而，根据这里所讨论的学说，原初性也是被赋予国家的（下文 S. 180 f., 364 ff. 此处数字为原著页码——译者注），也就是在一些基本点上其实是一致的。

是一个外部意志力的对象。[1]

任何一种理论若要给出一个关于国家的令人满意的法律解释，就必须满足以下条件，即它须得证明存在一个超国家的、统治者可以从中获得对国家客体享有统治权的法律秩序。君权神授说——世袭制学说很大程度上以此为基础——就断言了这样一种超国家秩序，它将所有权秩序理解为前国家和超国家的秩序，其最后强制力只能诉诸于一个超自然力量的意志。

（2）将国家理解为法律关系，这一观点乍一看好像是正确的。我们看到一个国家会有统治者和被统治者，而我们所认识的国家，就是在他们的相互关系中被阐明的。[2] 法律拟制论的一些反对者相信，在这一事实关系（Sachverhalt）——通行的国家观就以此为基础——之中已经找到了关于国家的正确的法学概念。但所有这些学说都不能解释清楚国家的统一性以及国家任由个体更替而保持不变的问题（之前业已详细分析过的道理在这里也有效）。如果人们将国家理解成统治关系，[3] 那意味着上述关于该关系的统一性和持续性的断言已经偏离了经验基础。国家并不仅仅具有一个统治关系，而是具有无数的统治关系。有多少被统治者，就有多少统治关系。每一个新的统治者都要添加新的成员到这对平衡关系中，统治形式中的每一个变化都必然会摧毁国家并用一个新的统治形式取而代之。因此，这一质疑同样适合于这样的尝试，即试图将国

---

[1] Rehm 毫无例外地将机体特征（Körperschaftscharakter）赋予主权国家，除此之外还想在非主权国家和客体国家以及机构国家中间做出区分（Staatslehre, S. 161 ff.）。从我们的现代的法律概念立场出发，那些关于该法学建构——它是这些国家观的基础——的批评，针对的就是各种想将国家归入某些范畴的尝试；这些范畴，比如关于客体国家的范畴，它与业已进步的科学知识的结论相矛盾，或者就像机构国家的范畴，它不清晰而且没法被思考到底。即使用 Rehm 的国家定义来衡量，这些客体国家和机构国家仍然有别于国家，而他也没能再提出一个可以将他的三种国家类型毫无矛盾地结合到一起的更高的概念出来。就像他所给出的例子所表明的，他的那些并不拥有机体特征（körperschaftliche Charakter）的国家，如保护区（Schutgebiete）、阿尔萨斯－洛林（Elsaß-Lothringen）、保护国（Protektionsländer）等，事实上并非国家。Rehm 自己现在也承认了这一点：Kleine Staatslehre, S. 18 f.；还可以参考原著下文 S. 493, N. 3.。

[2] 这一观点最先出现在英国国家学说里，但它并没有完全发展出机体（Körperschaft）理论。布莱克斯通（Blackstone），Commentaries Ⅰ, 2（1765 年第一版，第 146 页），区分了公共的和私人的法律关系。整个国家法被他论述成了仅仅是最高当局（Obrigkeit）与人民（Volk）之间的关系。他从未谈论过同时作为权利和义务主体的国家自身，而这样的国家在同时期的德国文献中业已出现了。直至今日，中世纪将国家分成国王（rex）与政府（Regnum）的观念在英国尚未消失，这两者互相作为权利主体处于对立的位置，因为它们不能统合成一个统一体。此后的文献可以参考 Hatschek, Englisches Staatsrecht im Handbuch des öffentlichen Rechts Ⅰ, 1905, S. 81, 249.。

[3] 可以归入此类的还有上面第 142 页（指原著页码——译者注）所提到的它的法学方面的状态和关系理论。也可以参考 System des subjektiven öffentlichen Rechts, S. 34.。

家的所有法律关系分解成国家机关以及每个个人与个人的关系。[1] 这些理论里面没有一个能够解释，领导国家的意志从何而来，为什么国家在法律上不是一个关于诸多行为的毫无关联的并列或相继关系，而是表现为法学意义上的一个行动统一体。这些理论就其出发点来看，要么根本不能解释这样的现象，要么必须在它们矛盾的拟制观中寻求避难所，但这一避难所决不能构成最终的解释法学事实（juristische Tatsachen）的基础。将国家的统一意志称为一个拟制，这几乎等于承认，人没有能力在法学层面上把握国家。

不仅如此，这一学说最为严重的错误是，它不能说出国家的法律关系从何而来。每一个法律关系都需要规制它的规范，这些规范又必须使各种法律关系互相联结，这便等于预设了这么一个前提，即存在一个产生并且高于这些法律关系的权力。这一权力在国家法律关系说中当然不可能是国家，于是法律关系说就陷入了之前所说的那种尴尬：为了能够前后一贯地被贯彻，它需要一个超国家的法律秩序。

即使是在实践上这一理论也是处处碰壁，因为它不能解释国家的对外行动力。国际法上的关联（Beziehung）并不能被分解成法律关系（Rechtsverhältnis）之间的关联。法律关系不能有权利和义务，不能解释战争，也不能签订协议。依据关系学说，联邦国家法（Bundesstaatsrecht）就是一个谬论。依据《德意志国宪法》（*Deutsche Reichsverfassung*）第76条，联邦参政院（Bundesrat）应州的请求负责解决各州之间的公法纠纷。一个法律关系是如何能够与另一个法律关系陷入争端？第三个法律关系又如何能高于两者法律关系的裁判者？当国家内部的各法人团体（Körperschaften）对它们的相互权利产生争端时，同样的问题又产生了。

---

[1] 参考 Bierling, Zur Kritik der juristischen Grundbegriffe Ⅱ, S. 215 ff.；Juristische Prinzipienlehre Ⅰ, 1894, S. 309 ff., 以及 Haenel, Staatsrecht Ⅰ, S. 96 ff., 他们两个以不同的方式，但都将国家理解为一个总体关系。连 Br. Schmidt（a. a. O., S. 94 ff.）也试图将公法分解成个人之间的法律关系。国家作为法律统一体的理论正在消亡，它的支持者要么求索于国家的社会基底理论，如 Haenels 的联合社团（korporativer Verband），Schmidt 的意志有机体（Willensorganismus），也就是混淆国家的社会本质和法律本质——这只是掩饰而不是解决问题，要么就像 Bierling 所做的那样，放弃对国家概念做全面研究，甚至将对国家概念的追问视为多余。Bierling 对于国家学说的基本问题持有如此消极态度，对此我只能解释出某种——可能他从未意识到的——不可能性，也就是说从他的立场出发根本不可能对国家的基本问题做出一个清楚的研究。此后更为深入的将国家理解为法律关系的尝试，可见 Loening, a. a. O., S. 702 ff.。此外还可以参考安许茨（Anschütz）极为贴切的评论，参见 Enzykl., S. 457, 以及 Prueß, Über Organpers., a. a. O., S. 560 f.。最近有学者不仅仅是将国家，而是将每个法人都理解成了诸多法律关系（Rechtsverhältnisse）、法律上的联系（rechtliche Beziehung）的总和，参见 Hölder, Natürliche und juristische Personen, 1905, S. 184, 206 f., 210, 213 ff., 以及 Binder, Das Problem der juristischen Persönlichkeit, 1907, S. 144。此外还有奥拓·梅耶，Festgabe für Laband Ⅰ, 1908, S. 7 f.；G. Schwarz, Kritisches über Rechtssubjekt und Rechtszweck, in Archiv für Bürgliches Recht, XXXV, 1910, S.10 ff.; W. Wieland, Die historische und die kritische Methode in der Rechtswissenschaft, 1910, N. 27。

（3）由此，能够对国家作出令人满意的法学法律解释的，现在就只剩下第三种可能性了：将国家理解为一个法律主体。[1]

法律主体概念是一个纯法律概念，因此并不指称任何附着于人的实在性，而是像所有法律概念一样，依其本质是一个关联（Relation）。人是一个法律主体，这意味着，他与一种由特定的、被法律所规范或者认可的法律秩序之间构成某种关联并身处其中。法律意义上的主体因此并不是存在者（Wesen），不是实体（Substanz），而是一个被赋予的、由法律秩序的意志所创造的资格（Fähigkeit）。尽管权利能力（Rechtsfähigkeit）往往以人为前提，因为所有的法律（alles Recht）都是人之间的关系。然而，仅仅通过逻辑绝不能推出只有个体人才能被赋予法律主体性的结论，也不能说任何一种对人类整体或某个集体进行主体化处理都属于拟制领域。此处必须将法学认知与将国家作为实在现象的认知结果联系在一起。如果国家是一个带有集体统一性的社团（Verband），那么这一统一体并非拟制，而是一个对我们的意识来说具有必然性的综合形式，它就像我们意识中的任何的事实那样，构成我们各种制度的基础，于是，这些集体统一体便并不比人类个体更缺乏法律主体性能力。因此，将一个集体统一体提升为法律主体的做法，并非是对一个并不实存的实体进行虚构，

---

[1] 这是目前的支配性观点。它是产生于自然法、格劳修斯、更具体地说是 17 世纪的英国国家学说。首先是霍布斯（Elementa philosophica de cive，Ⅴ，9，10），然后是洛克（Two treatises on government，Ⅱ，Ⅶ，95 ff.），在德国则通过普芬道夫（Pufendorf）成为国家的法律建构的出发点，莱布尼茨有时候也主张这一观点（对此可以参考 E. Ruck, Die Leibniz'sche Staatsidee, 1909, S. 41 ff.），在法国被卢梭称做社会契约的结果（参考 1. Ⅰ., ch. Ⅵ）。与思辨的不明晰性相反，它首先是被 Albrecht (a. a. O., S. 1491) 和 Bähr (Der Rechtsstaat, 1864, S. 27 ff.)，之后是被 Gerber 在他的第二版的 Grundsätze des deutschen Staatsrechts (S. 219 ff.) 中，不可动摇地理解为国家的法律认识的出发点。所有没有陷入拟制人（persona ficta）的旧错误，不认为还能给国家概念找到其他基地的学者，都会支持这一观点。目前在各个国家的出版文献中，但凡涉及国家概念研究，那些最优秀的研究者都持这一主张。它在法国占有统治地位，在此不一一列举，而只需提及 Esmein, Eléments, p.1 ff., Michoud, La théorie de la personalité morale, Ⅰ, 1906, p. 265 ff.; Salleilles, De la personalité juridique, 1910, p. 658 f.; Hauriou, Principes, 1910, p. 100; 在意大利需要提及的是 Orlando, Principii, p. 16; 英国是 Holland, The Elements of Jurisprudence, 11 ed. Oxford, 1910, p. 124 ff., 365, 382 f., Brown 在 The Law Quarterly Review, Vol.21 (1905), p. 376 ff. 以及在 The Juridical Review, Vol. 18 (1906), p. 16 上的文章；在荷兰是 Krabbe, Die Lehre der Rechtssouveränität, 1906, S. 197 ff.; 在比利时是 Delwaide, La personalité de l'État, 1906, p. 3 ff.。在美国人们一般习惯于将国家定义为政治体（body politic）（比如 Story, Commentaries on the Constitution of the United States, § 207; Cooley, Constitutional Limitations, 6. ed., p. 3）。D. J. Hill 明确地谈论到 "法人"（juristic person），参见 Word organization, 1911, p. 26 ff., 36 ff.; 在那里联邦（Union）和单独的州（Einzelstaat）之间的法律关系就已经迫使人们将国家（Staat）理解为法律主体了。联邦高等法院（Obergericht der Union）如此宣示："一个国家是自由人组成的躯体（body），为了共同的利益，为了和平地享受他们所应得的，以及为了公正对待他人而联合在一起。"（参考 Holland, p. 48）。但是最重要的是，所有国际法文献始终一致地将国家称为法律主体，并且由此将其定义为人（Person）。关于人格学说的发展请参考 Bernatzik（a. a. O., S.185 ff.）极为出色的阐释。

进而将其宣布为与之联系的法律秩序中的存在物。很大程度上所有被法律提升成主体的统一体，都以上述方式存在。对天真的思维来说，人类个体好像理所当然的是一个实体性的、始终与自身同一的统一体。但事实上人在从童年到老年的生命进程中，其灵肉始终处在不间断的变化之中。人类个体为客观的科学观察提供了一个由内在和外在状态构成的不间断的序列，而这些状态通过一个在我们内部完成的综合过程被统合成一个统一体，一个个人的统一体。然而，我们不能因此断言，这一统一体以同样的方式具有实在性，换言之，把我们之外存在着的——因为一个持续进行着交换行为的自我——一个精神变化和精神状态的载体当成一个实在存在物，这便已经意味着在宣告某种形而上学的、在科学上无法严格证明的理念。人们不能为了该实在性诉诸意识层面的统一性——该统一性在心灵进程的更替中将作为恒常要素的各种个人内部体验相互联结了起来——作为论证基础，因为这一统一性并不绝对存在。个人关于童年的认识来自零碎的记忆和类推；他的大部分体验一般是从他的记忆、从而是从他的意识中显示出来的。现代心理学已经很好地认识到，当它论及心灵（Seele）的时候，它仅仅是在应用一个对心灵行为的主观综合来说实属必要的实体范畴，而并不是基此赋予任何客观实在性。将个人的肉身理解成，就像任何在奔流不息的长河中的有机体那样，仅仅是一个始终进行着细胞更替的构成体集合而已，这并不需要更进一步的详细分析。对自然研究者来说，个人同样仅仅是一个集体统一体，而这一统一体也同样是一个对由人的肉体生命现象所构成的总体的综合形式。个人在肉体上和精神上是一个目的论上的统一体（teleologische Einheit），因此属于主观统一体（subjective Einheit），一个存在于我们的意识之中、而其客观价值是无法被认识的统一体，因为我们没有能力去认识客观目的。[1]

由此，将国家理解成法律主体，并不比将人理解为法律主体更缺乏科学性。只有从这一学说出发，才能将国家统一体、国家组织的统一性及其产生的意志统一性引向

---

[1] Ed. Loening（a. a. O., S. 702）反对这一命题，他在其著作第697页上刚刚引用完康德关于有机体的目的论本质的著名阐述之后，提出了反对意见。他认为，精神统一体毋宁说是我们的心灵生活的基本事实。然而，这种论断并没有说出任何关于该统一体的特征的内容，很大程度上只是提出了对该统一体至关重要的个体化原则（principium individuationis）的科学问题。如前所述，统一体的概念是有多重含义的，不存在唯一的统一体。现在的问题是，如果意识统一体（Einheiten des Bewußtseins）不是归入与有机体的观念紧密联系在一起的目的论统一体之列的话，它需要归入哪一类统一体之下？此外，法律秩序将个人当成一个统一体来评价，这与终极的认识论观点毫无关系。实践的生活不能被建立在物（Dinge）的终极关联关系之上，而只能建立在一个时代的平均观念之上，对此我业已强烈提出了几乎不可能有错误的观点，参见 System der subjektiven öffentlichen Rechts, S. 15 ff.。因此 Hold v. Ferneck 的辩论，Die Rechtswidrigkeit, I, 1903, S. 253，必须以判断不恰当为由予以拒绝。

法学层面的理解。[1]

　　对上述关于国家的法律观念进行进一步论证，就是否存在国家法的问题进行解答，这项工作将在别的场合进行。

　　综览过全部国家理论以后便会得出这样的结论，即所有试图解释国家的努力，要么是个人主义的，要么是集体主义的。那些自喻为实在论或是经验论的学说，概莫例外地源于一种将个人视为唯一的、实在的、独立于我们的主观综合的巨人的观念。而所有试图从纯粹的个人主义观点出发去解释国家的努力，都是失败的并且必须失败，因为它们并不能把握国家的统一性。它们的失败毫无疑问当归于以下认识，即个人在生物学上自喻为一个集体统一体。与此相反，将整体统一性与部分独立性结合起来的集体主义统一体，构成了有机国家学、社团统一体理论和法学层面的国家法律主体理论的基础。对于最后一个理论我们无法赋予其普遍主义理论的认知价值，因为希望将社会世界追溯到它的终极要素，这是我们的理智决不可能实现的公设；想认识一个独立于人类理智的关于人类事物的客观本质，这已经超出了我们的认知能力。

　　对整个国家科学来说，一个极具意义的结论是，国家理论中存在的原则性对立，必须要追溯到双方的大世界观中的对立："个人主义－原子主义观"（individualistisch-atomistisch）与"集体主义－普遍主义观"（kollektivistisch-universalistisch）之间的对立。

---

[1] 还需要提及的是，新近也有人在尝试将一系列国家学说彼此合并起来。Eltzbacher, Der Anarchismus, S. 28 ff.，就是将国家同时解释为非自愿的法律关系和法人，但他没有透露强制权从何而来，是什么建立了这一关系，以及这众多的关系是如何变成人的统一体的。此外，雷姆（Lehm）业已断定，今日之德意志君主制成员国中，一半是世袭制，也就是说客体国家，一半是机体国家（körperschaftlicher Staat）；参见其 Modernes Fürstenrecht, 1904, S. 58 ff.。但是事实上，依据这一学说它是纯粹的世袭制国家（Patrimonialstaat），由此可以推出，雷姆在某些特定的情况下，具体说是在继承联姻（Erbverbrüderungen）的情况下（S. 49 ff.），基于法律而要求国家予以分割。然而，对于国家来说，即使它的国民在某个时刻依据对他们生效的法律可以像牧群那样被分割开来，依其内在本质它仍然只是一个客体，而不是主体。伴随着国家的分割，整个附带的国家宪法当然也随着湮灭，而只受帝国法律约束的诸侯们就可以作为不受限制的主人治理他们的祖产了。这一学说是非历史的。它完全忽视了各王朝的独立的法律根源于旧的帝国法律并且被后者所保护，这些法律伴随着帝国的解体，就像所有源自于旧秩序的法律一样，被纳入今后变成主权者的国家之内，并因此如同所有别的法律一样听凭国家的处置，自此之后就不再存在与国家法（staatliches Recht）并列的悬而未决的诸侯法（Fürstenrecht）了，不管这些王朝是否意识到这一点。此外，雷姆对于整个世纪的毁灭性的力量一无所知；这一世纪已经为政治可能性和政治现实性——如前所述，这一可能性和现实性必须始终构成法律思辨的界限——消灭了与雷姆的正统主义意欲完全不同的其他事物。想对德意志诸王朝的法律关系做一个真正的历史理解，必须对每一个个别国家中以其自己的方式研究各种亲族权利（Agnatenrechte），并将其——只要这些权利涉及国家秩序——当做国家职权来处理（参考 System der subjektiven öffentlichen Rechts, S. 187 f.）。此外针对雷姆理论还可以参考 Anschütz 关于 G. Meyer 精辟的让人不得不赞同的批评，Staatsrecht, S. 257 f., 274, N. 1。雷姆在其论文（Die überstaatliche Rechtsstellung der deutschen Dynastien, 1907）中已经详细地论证过他以前的观点了；与此相对的是耶里内克, Der Kampf des alten mit dem neuen Recht, 1907, S. 38 ff., 59 ff. (Ausgew. Schriften und Reden, Ⅰ, 1911, S. 187 f.)；之后终于等来了雷姆的反驳（in Hirths Annalen, 1908, S. 89 ff.）——某种程度上整个论战仅具有历史意义，因为雷姆后来已经明确地放弃了所争论的观点，参见 Archiv für öffentliches Recht, XXV, 1909, S. 398, N. 1 u. XXVI, 1910, S. 372。

三、国家概念的发展

虽然我们在批判的道路上已经赢取了最为重要的成果，但是从现在起，我们必须再次全面地、从根本出发去明确国家的本质。[1]

（一）社会的国家概念

为了认识社会的国家概念，首先须得返回到国家生活的最终可论证的事实构成问题上。

可以认为，国家的最终客观要素是人与人之间特定的、在活动中表现出来的社会关系的总和，更确切地说，因为总和这个概念已经意味着一种主观综合形式，所以应该是特定的、在人与人之间的关系中表现出来的并列或相继的活动关系。因此国家在任何意义上都不是一个实体，而是一种功能，而构成且维持该功能的基础的实体则是人类。

然而，上述功能仅仅是一种精神功能，而且当它引起自然效果时，后者也始终需要借助精神媒介。由此，国家的功能可以归入大众精神现象（psychische Massenerscheinungen）。

稍加思考就可以看到，所有其他的社会现象也都有这样的情况。首先是语言，除了被说出来和被写出来的词汇——这一词汇始终只能在人类的某种内在性中获得实在性存在——之外，并没有任何此在。因为没有被读到或者以其他方式传递给意识的词汇，不具备任何独立的存在。语言是通过音符和字符来中介的精神功能。同样地，人类也是维持着它的实体。不存在一种脱离于人类而被压缩出独立性的语言此在。

接下来讨论宗教。宗教也是纯粹的功能，而非实体。它所表达的也是人类个体的一个特定的意识内容和建立在它之上的人类关系。佛教、犹太教、基督教都是人类的观念、关系和活动。宗教的历史与宗教观念及其活动的历史是同一的。宗教并不与人类并列，而是植根于人类。

艺术、科学、法律、经济的情况也没有什么不同。这些名词不能诱使我们在它们之中寻找客观实在的力量，即使是它们从个体看具有这些面向。它们总的来说是人类内在性的现象，这些现象虽然能够影响到客体世界的变化，但主要还是位于精神行为之列。它们也是功能，而不是实体。

---

[1] 接下来的内容也可以参考耶里内克，System, S. 28 ff.。

这一洞见对所有社会科学的本质认识都有重大的意义。它们是关于人类关系及其外在作用的科学，人类的全部意识内容由它们分而治之，并构成某些具体学科的工作基础。它们统统是关于特定的、通过其客体结合起来的精神功能的科学。

凭借这一唯一正确的出发点，即将国家理解为人类共同体的功能，就可以指出一系列存在于国家科学的基础学说中的错误。首先是那些将国家理解为与人类并列的或是在人类之上的自然构成体的学说。该学说认为，在各种具体的国家状态中，为数不小的一部分状态并非产生于当下时刻，而是源自对过去的传承，也就是说，各种政治制度绝对不是被任意创造出来的。这种观察经常会导致思维不清，会将国家看成一个与人类脱离的、超脱于人类意愿的权力。但是所有的传统，不管其多么强大，就算所有的社会事件都浸染其中，也并不是作为外来力量而发生作用的，而要借助于每一个时代都会经历的内在的创新。并不是那些模糊的、无意识地发生作用的力量，在以什么神秘的方式塑造着一切人类关系的连续性。在很大程度上，关于过去的整个知识和能力，都必须通过每个新生代的内在体验，通过学习和经验而重新产生，而这些过程主要发生在意识领域。我们很少会去关注这一无可争议的事实，即持续性的个人实存，不仅是无创造意识的自然力量的效果，而且还是有意识的、理性的意志活动的效果。饥饿与性欲望都是自然力量，但是它们的满足要取决于意志行为。一个新生代的繁衍和成长不能仅仅追溯到盲目的自然冲动的作用，就像在很多自然民族那里所发生的禁欲，对繁殖的人为限制、杀戮，对儿童的虐待和遗弃等现象——这些现象显然已经造成了一些部落的灭绝——所证明的那样。没有任何持续建基于人类意志之上的东西能够称为单纯的自然暴力，或称为纯粹的自然构成体，除非人们完全否认外在的机械性事件和内在的精神性事件之间存在区别，进而站在形而上学的地基上作出判断。

更进一步说，国家取决于大多数人的意志关系（Willensverhältnisse）。发号施令的人和服从命令的人构成了国家的基底。无论如何，国家也会具有一个疆域。当时，如果我们想刨根问底地探个究竟，那就会认识到，所谓疆域也是附着于人类之上的要素。定居生活是一种属性，是身处国家之内的人的一种状态，而疆域的所有法学效果，就像下面还会详细分析的那样，都源自于人类的内在性而发生。完全脱离于人类主体的疆域是不存在的，那仅仅只会是地球表面的一部分而已。

由此，构成国家的最后的客观构成要件的是统治者和被统治者的意志关系，两者都处在时间上，通常来说还有（在连续的国家区域内）空间上的连续性之中。理论观察表明，在统治和被统治的个人之间存在持续的更替，甚至基本上有多少个人就存在多少统治关系。如果人们将这些关系分离开来并且仅仅考察意志之间的关系的话，那么这些关系将是完全同一的，以致它们能够被归摄到更高的概念之下。[1]

存在时间统一体和空间统一体。我们所理解的统一体，是那些对于我们来说可以在时间和空间上与他者划开界限的东西。这样的外在的、机械的统一体，对于定性国家并不充分。一个与其他的人类群体通过疆域分界而区别开的人类群体，尚不能说是一个国家。此外还有因果统一体（kausale Einheit）。所有可以追溯到同一个原因上的东西，对于我们来说都是统一体。这样的基于因果关系化统一起来的要素存在于国家中，但是并不足以使国家表现为一个持续的统一体。民族对我们来说是一个固定的统一体，因为其构成也是通过民族同胞的血统传承的因果过程；但在新建国家或者国家扩张时，这一因果过程不是被消除，就是其意义被削弱，一如后者——在更小程度上——在迁徙进程中通常会发生的那样。第三类统一体是形式上的统一体。若具有坚固的形式，那么一个多样体任由其部分进行交换和变化，也还能表现为同一个客体。国家也具有如此坚固的形式要素。国家制度通常在很长的时间范围内表现出某种不变的形式，借此在时间变换中就产生了统一体观念。借助于恒常的或者仅仅是缓慢变化的形式，我们将内阁、部委、军队等理解为在其历史变迁中的统一体。大学、学校和团体就是这样庆祝它们的百年庆典的，因为即便它们的组织结构、章程和构成部分发生了变化，但其某些形式要素还是特点鲜明地保留了下来。然而，这一形式统一体范畴并不足以规整国家关系的复杂多样性。

最后还有目的论统一体（teleologische Einheit）。一个通过固定的目的结合到一起的群体，对我们而言必然就是一个统一体，而且对我们的意识而言，如果这些联合目的的数目越多、作用越强的话，其统一体特征就会更加明显。在我们的思维中，自然界的目的论统一体构成了被我们通称为有机组织的整个生物学过程的基础。而社会世界目的论统一体，则构成了我们的行为秩序和行为评价，精神和经济交往，以及对由我们所创造且为我们而有所规定的事物进行个体化处理——个体化所采取的方式是，使得该目的被视为一切人类事务的个体化原则（principium individuationis）——的基础。

---

[1] Stoa 最早对统一体原则（Einheitsprinzipien）问题进行了详细的研究，对此 Göppert 做了详细介绍：Über einheitliche, zusammengesetzte und Gesamt-Sachen, 1871, S. 10 ff.。新近的国家学也对民族和国家的统一体原则有所探索，首先参看 Grotius，Ⅱ，9, 3 ff.，其次是普芬多夫（Pufendorf），Ⅷ 12。Sigwart，Ⅱ § 65, § 72 Ziff. 4 ff., § 78，对这一认识论的基本问题进行了彻底的、体系的研究。关于统一体概念的关系的最新文献可参见 Simmel, Geschichtsphilosophie, S. 108 ff.; 也可参考耶里内克，System, S. 21 ff.。

通过目的范畴的运用，我们将有价值的行为与无关紧要的行为分离开来，并将众多的个别行为结合成一个统一体：法律行为（Rechtsgeschäft）与侵权行为（Delikte）经由目的论观察而被浓缩为一个统一体；通过目的，我们自己将众多在空间上分离的物（Dinge）结合成法律意义上的物的统一体（Einheit der Sache）；通过目的，我们将我们一系列连续的活动、我们的行为所产生的不间断的后果划分成多种多样的统一体，这从心理学视角看意味着一堆精神行为。

从根本上来说，国家统一体也是目的论统一体。当一群人通过恒常的、有着内在关联的目的彼此联系起来时，它们在我们的意识中就化而为一了。这些目的越紧密，统一体特征就更为强烈。然而，这些统一体也是通过一个组织，即通过人——它们被赋予行动义务以维护统一为目的——才能对外表现出来。这样的组织化的、由人所构成的目的统一体(Zweckeinheit)就叫做人类的集体统一体或是社团统一体。进一步说，国家的目的统一体也就是一个社团统一体。

在社团统一体中整体统一性与部分多样性互相结合。换句话说，统一性完全限制于社团目的，据此个人获得了双重身份：作为社团成员和作为社团外的个人。社团的紧密度，其强度和意义有别于构成社团的目的。它在私人社团那里体量最小，在公共社团那里有所增强，在国家那里则达到最高程度，因为在所有社团中，国家拥有最大量的恒常目的和最精细、最全面的组织。国家是包含其他一切社团且是任何社团所必需的社团统一。在现代国家中，任何一个其他社团都可以被排除，而国家中的所有强制性社团（Zwangsverbände）自身都有国家强制力，以致国家强制力仅仅在社团中就可以得到贯彻。但是，国家自身决不能实施自我排除，即使是移居外国的人或失去故乡的人，他仍要臣服于某个国家权力；他可以换一个国家，但不能持久地逃脱于国家制度，尤其是在地球上无国家空间越来越小的情况下。

国家的社团统一体矗立在地球上的一块间隔出来的表层土地上。它有一个疆域，也就是一块在空间上被界分出来的、唯一的统治区域。据此，它应该进一步被规定为常驻人群的社团统一体。尽管那些驻留在国界外的国民也属于国家社团统一体，即使他们服从于国家的程度不同于留住在国内的国民，但是对于国家来说，本国国民居住于外国并不是一个根本的现象。

被结合成社团统一体的各种国家意志关系，从根本上来说是统治关系。国家的本质并不仅限于统治，但统治关系的存在对于国家来说是如此必要，以致无法想象一个没有统治关系的国家。国家具有统治权力，而统治意味着一种能力，能够强迫他人意志去无条件地实施自己的意志，能够对抗他人意志而无条件地贯彻自己的意志。违背他人意志而无条件地贯彻自己的意志，这种权力只有国家才有。国家是唯一一个凭借其内在的、原初的权力——它在法律上并不是从其他权力那里推导出来——而实施统治的社团。

鉴于这一理由，不能允许将国家列入政治共同体——作为更高范畴的上位概念——之下。[1]政治共同体要么是国家，要么是由国家赋予统治者权力的社团。"政治的"意味着"国家的"，在政治概念里已经预想了国家概念。在国家中的任何统治者权力都只能从国家自身出发。一个共同体，如果它在任何某个向度上都拥有独立的、非衍生的统治者权力，那么在此向度上它就是国家。

然而，只要某一社团尚不能确定其所拥有统治者权力属于原初权力还是衍生权力，人们就无法避免谈论——作为临时性辅助概念的——政治社团、政治共同体和政治构成体，只是这样的辅助性观念不能被授予更高的认识价值。[2]

由此可以做如下推论：国家是配备有原初统治者权力的、定居人群的社团统一体。[3]

凭借这一综合，即我们将无数的意志关系整而为一，由此这些关系自身就获得了双重的资质：那些自然的、在个人间发生的意志过程，将在同一时间被我们的思维关联到社团统一体身上。在统一体视角之下，个人的行动以统一体为出发点并反映出统一体的存在，所以应当被归结到社团统一体的名下。那些生产统治性意志的人们，只要这些意志是他们形成的，就变成了意志工具，也即成为了整体的器官（Organe，机关）。[4]如果将人类统一体综合成目的统一体的做法具有逻辑必然性，那

[1] G. Meyer, Staatsrecht, S. 2 f.。Meyer 将那些拥有不受事务限制的、涵盖人类生活的方方面面的影响区域（Wirkungskreis）的共同体称为政治共同体。如同迈耶尔自己所分析的（S. 42 u. 47）那样，只有国家才有这样的区域，任何地方社团（Kommunalverbände）或是任何形式的国家联合（Staatsverbindungen）——他视其为政治共同体——都没有。

[2] 这一学说对 G. Meyer（S. 3, Note 2）的批评提出了反驳。

[3] 接下来的研究将会进一步论证这一命题，而且将回应反驳意见。在此需要提及的仅仅是，雷姆（Lehm），Staatslehre, S. 114，针对原初统治者权力的必要性所作出的反驳，是建基于一个不正确的、接下来我们还将详细驳斥的国家产生学说（Lehre von der Entstehung des Staates）。一个国家在历史上可以通过另一个国家来构成，但是在法律上它总是仅仅通过自身而拥有权力。保加利亚的国家权力在1908年的《独立宣言》（Unabhängigkeitserklärung）之前并非源自土耳其，而是原始的保加利亚权力，也就是说，保加利亚权力并不是潜在地包含于土耳其国的权力之中；这与乡镇（Gemeinde）的权力情况是不同的，后者拥有自己的权力，但该权力是从支配它的国家权力那里派生出来的情况。那些被雷姆引用的外交文书中的语汇，对解决这样的基本问题来说是无关紧要的；《柏林议会法案》（Berlineer Kongreßakte）的编纂者对保加利亚升格为国家这一问题的设想，对于科学而言没有意义。然而，土耳其并不能把它的一个省"在法律上改造成一个国家"，因为即使依据土耳其的国家法，一个国家也不能创造出另一个国家来。

[4] 对机关概念（Organbegriff）的使用并没有导向有机的（organischen）国家学说的轨道，也可以参考耶里内克，System, S. 37，及上文第158页（指本文原出版物的页码——译者注）。Zorn 在对这一著作的评论中并没有正确认识到这一点，Deutsche Literaturzeitung, 1904, S. 880。

么出于同样的此一归于彼一的逻辑要求，就该将机关意志产生的关系归结为社团统一体的关系。

如此一来，我们已经从国家生活的最不易被感知的事实构成上升至这些事实构成的最高综合形式。然而，这一综合是否具备超越于我们的内在经验世界的意义，是否在事物的客观本性中有所对应，以及我们出于思维必然而运用目的概念所构成的那些统一体，是否也以某种形式独立于我们的思维而存在，对于这些问题我们都一概不知，并且即使借助科学研究的辅助手段也仍不能确定。[1] 我们所能够确定的知识在这一点上就达到了极限，而形而上学的思辨则从此开始。这一界限在这里是不应该被跨越的。

（二）法学的国家概念

国家概念的法学认知，有必要续接此处已经开发出的国家概念。关于国家自身是否并且在何种程度上可以被描述成法律构成体的问题，将在别的地方进行阐释。国家在法律上进行自我约束的可能性——借此国家得以置身于法律之下而成为权利和义务的载体——在这里必须被预设成业已证立。

根据之前的批判性的阐释，国家在法学面向上只能被理解为法律主体，该主体接近于能够涵摄出国家概念的机体概念（Körperschaft）。该机体的基底始终是那些构成社团统一体并有社团成员发布领导意志的人。然而，机体概念是一个纯粹的法学概念，与所有的法律概念一样，它并不对应于事实世界中的任何可被客观感知的东西；它是一个法学上的综合形式，旨在表达社团统一体的法律关系及其与法律秩序的关系。

---

[1] 律宁（Loening, a. a. O., S. 701 f.）在长久的论战中好像反对我上面的分析，但事实上反对的恰恰是它的对立面。我何曾提出过这样一个命题，即要赋予我们的抽象以一个存在于我们的意识之外的实存？倒不如说，我始终将对这样一个实存的断言以确定无疑的方式留给了非批判性的教条主义（Dogmatismus）。律宁支持这样的观点。对于律宁来说存在一个确定的、有待探索的客观世界，而我们完全可以通过自我反思（Selbstbesinnung）将这一客观世界与那些仅仅在心理学上的、毫无强制的逻辑必然性的、在我们内部基于某些目的而进行的抽象区别开来。律宁甚至认为，法律概念仅仅存在于我们内部，但法律关系却在我们之外实在地存在。然而在他的分析之中他所遵循的恰恰是他所拒绝的方法。对于我所提出的追问国家的统一体类型的问题，他是如此作答的（S. 702 f.）：我们仅仅是在我们的观念中将一堆法律关系组合成一个统一体，但在对待这一主观的统一体时，却完全好像它是一个实在的实体。他谈论到国家作为独立于个别的法律关系的客观事实的同一性，他赋予国家任务，让国家面向未来发生作用，他研究了国家的功能，以实体范畴来观察国家的纯粹的思维运作。他因此确认了，并非是无数的意志关系——对我们而言这些意志关系是我们能够深入其中的关于国家的最终要素——而仅仅是那些我们从现象出发、依据我们的综合思维的需要而构成的概念，才必须被作为我们关于国家所知道且必须知道的有用的知识基础。所有试图将社会的、尤其是法律的事件的最终可认识的要素，直接作为对生活的无限复杂的现象的解释基础的努力，最多只能通向毫无结果的经院哲学（Scholastik）。一个对此强有力的例子可以参见 Hold v. Ferneck, Ⅰ, S. 267 ff.。

如果人们如同对其他机体那样赋予国家以法学人格（juristische Persönlichkeit），那么这一做法在任何一个向度上都不算拟人化或是拟制，因为人格无非就是法律主体，从而如上所述，意味着一种单个的或集体的个人与法律秩序的关系。法人（juristische Person）学说中的绝大多数错误的根源在于，天真地将"Person"（人）等同于"Mensch"（人类），尽管任何法学家对不自由历史（Geschichte der Unfreiheit）稍作阅读就可以知道，这两个概念绝非一致。

综上所述，作为法律概念的国家，是一个配备有原初统治者权力的、一个定居民族的机体，或者为了运用一个最近流行起来的术语，可以称做是一个配备有原初的统治者权力的区域机体（Gebietskörperschaft）。

这里所获得的国家概念，将会有一系列的个别研究对其进行更为深入的论证和补充。关于国家的正当性、国家目的的本质和范围——它们对国家概念具有建构性意义——的问题，以及关于主权学说，将会专章探讨。

（方博 译 黄卉 校）

纪念 1919 年 3 月之帝国宪法总则草案

胡果·普洛斯[*]　著

一

德意志迄今实行的政治体系已经瓦解，这使得在国家法层面上重新构造德意志成为必要。重构任务不是仅仅变更某些具体制度，而是应当在全新的国家法基础上构建新的政治组织结构。俾斯麦的帝国宪法根源于普鲁士的对外政策，尽管期间经过种种转变却难以擦拭这一渊源的痕迹。这部宪法著名的组成部分和核心，是由民主选举产生的帝国议会，但这对于当时的宪法缔造者来说仅仅是些辅助手段，是一项工具，用来维持当局政府的地位，以及使普鲁士政府在变动不居的时代关系中居于首要位置。因此其与德国诸侯（Deutsche Fuersten）间的"永久联邦"（ewigen Bund）极有相似之处，这一"联合政府"（verbuendeten Regierungen）只是联邦参政院（Bundesrat）的中央机构，除做了些许变更之外，完全沿用了旧的德意志联邦制度。联邦参政院的构建被视为俾斯麦国家艺术方面的杰作；因此可以说，他通过运用联邦体制巧妙地确保了

---

[*]　胡果·普洛斯（Hugo Preuß，1860—1925），是奥拓·冯·基尔克（Otto von Gierke）的学生，深受基尔克合作共同体思想（Genossenschaftsgedanke）的影响而极其重视自我管理（自治）和民主的价值，积极参与了地方性政治活动。普洛斯 1806 年获得柏林商学院（Berliner Handelshochschule）教授职位，1918 年任内务秘书，1919 年出任帝国内部部长，但不久由于《凡尔赛合约》而辞职。普洛斯在政治上属于自由左派，是德意志民主党（Deutschendemokratischen Partei; DDP）的建党发起人之一，但他和社会民主党也保持着很好的关系，本书收录的《民主共和对社会福利观念的意义》一文就是佐证。
　　　普洛斯于 1918 年着手起草第一部《魏玛宪法草案》，但该草案后被多处修改。《纪念 1919 年 3 月之帝国宪法总则草案》（*Denkschrift zum Entwurf eines allgemeinen Teils der Reichsverfassung*）系对它负责的第一部草案的解释。该文最初发表于《德国通讯》（*Reichsanzeiger*），1919 年 1 月 20 日后被收录在普洛斯文集《国家、法律和自由》（*Staat, Recht und Freiheit*），1926 年，第 368–394 页。

普鲁士的霸权地位。通过普鲁士皇室与德意志王国的结合，其霸权又被赋予了亮丽的光环和豪华的外衣。同时，联邦参政院的设置也可有效地确保普鲁士在事实上的权力（Macht）以及实力（Kraft）。但这并非依靠于宪法赋予的总统权限，也不是通过普鲁士在联邦参议院的票数得以实现的，更大程度上是通过联盟政府与帝国议会的地位之设计及其相互之间的关系而加以付诸现实。在所有的重要问题方面，普鲁士邦国自身的实力及其地理位置促使各小邦国对它有着相当的依赖，尤其普鲁士国家铁路政策更进一步强化了这种依赖性。从普鲁士的角度来看，它所做出的妥协也是值当的，即赋予大的邦国——如巴伐利亚州——较大的地方独立性。这也可以解释俾斯麦为何在最初制定帝国宪法时不进行明确和统一规定。1866 年和 1870 年的战争胜利证明他并不缺乏实力，也无须考虑对联邦同仁（Bundesgenossen）的体恤。可如果他不打算根据整个民族国家（Volksstaat）的自由决定以创设新帝国，则必须通过联合各个政府以建立帝国，其中通过民主方式选举的帝国议会是必不可少的。这也是唯一可保证普鲁士政府在新的帝国中处于众多政府首要地位的方式。这将导致的必然后果是，这些人工的设计并不能去除帝国政府对普鲁士的依赖，且其他邦国纷纷感到，其独立性的丧失并非是为了德国的联合，而仅仅是使普鲁士以及其掌控的力量得利。随着自然的发展，德意志集体生活重心越来越转移到帝国层面，且越久越深，而由于政治生活的自然发展和人为政府体系构建之间的矛盾造成了永无停息的摩擦和争执，致使其内部政治毫无建树，对外策略也屡遭不幸。

作为统一的民族国家，新建的德意志共和国无疑必须建立在德国民族的自由决定权基础之上。德意志民主共和国的本质，并不仅仅局限于将由人民选举产生的、备受民众信任的代表放置于执政地位。在更大程度上，德意志民主共和国建立了一种将城邦国团结在一起的国家整体，其坚固的精神基础和极强的道德动力在于，一种通过自我组织而产生的国家民族（Staatsvolk）的民族意识（nationales Selbstbewußtsein），取代了曾经的从属于王朝的属国地位观念。这一思想也可通过先进的社会主义理论得以加强，而社会主义只能在国际层面获得彻底实现。为此，各个国家可在其领土范围内为它的实现进行准备，而首要的政治前提就是需要有一部自由民主的宪法。社会主义体制只能建立于政治民主的土壤之上，这得到了社会民主党（die deutsche Sozialdemokratie）的极度重视，从其党名中便可见一斑。

德意志帝国的兴建必须建立在俾斯麦所未涉足的土壤之上。因此新建的帝国不能是诸侯和各邦国的联盟，当然也不能是来自于当今各成员国新的形态——自由国家

（Freistaat）——组成的联盟。在这里，对德意志人民的政治生活方式重要的并非是具体成员国的存在，既非君主制形式，也非自由国家形式，而更多的是德意志人民作为历史存在的政治统一体的本质。这里出现的不是一个普鲁士民族或者巴伐利亚民族，而是仅仅只有一个德意志民族，由其塑造德国民主共和国的政治生活。作为这一政治基本原则的主要因素，邦国及其当局的历史地位在革命中已经被清除殆尽，但同时革命也为走其他符合此政治条件的道路带来了新的威胁。

帝国和各州进行的革命排除了旧的势力。这使得德国上下在全民意愿的基础上对其国家法状态进行新的塑造成为政治领域最紧迫的任务。在中小型的邦国，其政治改革的步伐显得简单而快捷。因此许多邦国立宪大会（konstituierenden Reichsversammlung）都在帝国国民大会（Reichsversammlung）之前得以召开。在此，我们不能忽视政治需求的推动方向，即反对民族统一的趋势已经基本不复存在。尽管如此，反对声音依然对为民众创建恰当而必要的政治实存形式造成了严重的威胁，也将危及整个德意志民族的政治前景。因为如果现有的 25 个邦国在其地域范围内和宪法中巩固其独立地位，且不考虑革命之后帝国的创设，则将会使革命最伟大的功绩，即全德意志人民根据其内部的生活需求独立组织现代民族国家的可能性，毁之殆尽。如此看来，最好的方法是让 25 个自由国家组成联盟（Bund），从而克服诸侯联盟（Fuerstenbund）的一些缺点，但这也可能出现更多新的弊端。在成功废除 22 个王朝之后，如果未对其政治命运进行新的塑造，这将会是德意志人民历史上灾难性和悲剧性的错误。同时，现存的危险是不可低估的，因为即使原有各州国的"分立精神"（Sondergeist）的核心内容已经被废除，但大小州国较强的独立倾向性依然具有相当的威胁。

毫无疑问，德意志人民从内心上强烈反对所有公共生活的集中化，反对所有行政事务都由唯一的机构来领导。因此德意志人民以其固有的坚韧守护着地方和种族的特性，并维护了文化的多样性。根据他们的价值观，他们更倾向于通过地方和州的大大小小的联合会来进行独立自我管理的方式。因此新的德意志民族国家（Volksstaat）不能违背其民族精神的这一特性。通常情况下，它应当更多地在各州的自我生活实践中寻求力量的强大渊源。在有关整个德意志民族的重大政治决策方面，统一的国家是不可或缺的，但各州独立的生存并非与之形成对立，尤其表现在文化领域和自由发展的独立行政方面。但现有邦国流传下的构造与它的对立却是几乎难以避免的，因为各州之间的划分并非是根据其地域或种族与其文化独立性之间的自然联系来完成的。这些邦国之所以连接在一起，更大程度上是由于历史家族的家族政策（Hauspolitik）将其随意切割成不同的自然属地，将共同的成员分开，使不同的成员结合。其所谓的历史发展是难以经受严格的历史审判的，往往还是新近才形成的。其共同特点则可从德意志整个领域范围内的历史演变中予以发掘。它从一开始就是德意志人民政治统一最可恶的敌人和摧毁者。在德意志邦国产生时期，有着自由政治体系的西南和西北边区——荷兰和瑞士共同体——从德国群体中脱离出来。哈布斯堡家族的政策也渐渐将奥地利德国人从德意志民众共同体中分离出去，而这种违反自然的民族分裂，也只有德意志民族借其王朝式的基本特征才维持至今。在此，唯共和国有能力并由此负有义务，将共属之成员重新统一；这一判断也同样适用于以下情况，即德意志疆域（deustche Landschaft）及其族落（Stämme）转换成统一帝国内的自治生活。对于这一内部划分，不能根据历史上的那些恣意行为（Willkür）来界定，比如通过家族政策的随意性，通过繁衍后代、婚嫁、通商或者侵略等行为来划分。虽然德意志邦国及其官僚在组织管理那些恣意组建的人大大小小的宗主国时立下了不可磨灭的功劳，并确立了文化中心，但它们在国家构建方面却再三阻碍了德意志人民的政治统一进程。德意志共和国只可部分继承该遗产；如果共和国让这种"德意志自由性"（deutsche Lebertät）在对各州——它们处于不自然的状态中——进行联盟的进程中死而复生，那无疑亵渎了它的首要任务。只要德意志统一体尚未从王朝政府联盟中独立出来，就必须忍受这一恶果；在未治愈德意志政治生活中的毒瘤之前，废除君主制总体上来讲变得毫无意义。

目前那些最小的邦国在独立的空壳下仍然依赖于普鲁士王国，显而易见地，它们不能以这样的面目进入德意志共和国；对此，在公共讨论中渐渐产生一股强大的思潮，促使建立起统一的具有政治生命力的组织。但是，对汉萨同盟各城市，尤其是汉堡市和不来梅市继续保持独立地位须做另样的评判，因为汉萨同盟在德国对外和越洋贸易方面所享有的好名声对德国经济繁荣有着不同凡响的价值。此外，一些自然相邻的小国（如著名的图林根）合并成为地域、文化和经济大共同体的可能性，却由于普鲁士地域的嵌入而受到阻碍。这将直接成为未来德国内部构造设计的核心问题，即在德意志共和国内是否继续存在一个统一的普鲁士国。

这是一个很难抉择的问题：一方面历史记忆及其关联的强烈的情感无法磨灭，另一方面作为德意志国家中的"巨国"，普鲁士稳固的行政体系虽然经过革命有所松动，但仍未解散。尽管革命铲除了反对派，但在对德意志统一具有威胁性的地方独立主义方面，却又产生了新的障碍。当然，如果新的宪法文本放弃对这一棘手问题进行规定，其本身虽"如释重负"，却意味着新宪法文本的失败。因为无论是从国家法、政治或经济方面都无法使有四千万居民的普鲁士继续存在于一个在组织上与其分离的并拥有七千万人口的德意志共和国体系中。

普鲁士王国（Königreich Preußen）在本质上是运用其手中的权力创建了德意志帝国（das deutsche Kaisertum）；只要帝国是建基于这一权力手段之上的，那么该政治现实在普鲁士帝国宪法的结构中——其最具活力的生活原则或明晰或隐蔽地表现为德国霸权——就找到了它的国家法层面的表述。这一基本原则是不可能成为德意志共和国的创立基础的；将德国和普鲁士的上层结构加以合并也是不可能的；当然在未倒退回旧体制——革命已经将我们从那里解放出来——的情况下，也不可能恢复任何曾经存在于联邦参政院结构中的保障普鲁士霸权地位的措施。一个占有全德国七分之四的邦国只能以霸权国家（Hegemoniestaat）的形式而存在。若普鲁士霸权不能存在于德国，那么统一的普鲁士也将灰飞烟灭。从政治现实逻辑来讲，像对待其他小邦国那样平等地对待这样一个在各方面都无比强大的邦国，是完全不切实际且与生活相脱离的设想。由此，德国和普鲁士之间的抗争不可避免，这也将导致德国的彻底瘫痪，或者导致普鲁士霸权及与之相应的其他体制的重新恢复。鉴此，将 1848 年的普鲁士崛起视为产生德意志民族国家的理所当然的前提条件，是非常正确的政治觉悟。

解散普鲁士邦国将会破坏其内部必然的联系，这样的观点是不正确的。因为普鲁士邦国的组建更大程度上类似于历史上的家族政策。普鲁士邦国作为一个统一体并非基于经济因素或者文化因素，更不是基于种族的联系，而是通过强大而成功的扩张政策将所有不同的地域联合起来的。这一长达数世纪的历程拥有着辉煌的政治贡献和历史意义，即使在其瓦解之后，仍然不容小觑。但这个帝国仅仅是一个被迫建成的、在各方面都不完整的德意志国家，并非德意志人民达成的一致协议。由于当今的国家构造是由普鲁士决定的，因此不可能建成德意志民族国家；如要组建，则必须背离普鲁士的临时机制（Notbau）。普鲁士已完成了它的任务，它在履行任务中幸存了几十年，但这却成为我们近代政治灾难的根本原因。在当时，强而有力的普鲁士王国对于德国巩固其对外地位和内部联合是不可或缺的，但现今在已完全变更的环境下，它却可能成为内外共同的阻碍。普鲁士霸权的消失只能靠解除普鲁士邦国来实现，该过程可为承担着重大国际负担的德国减轻压力，重要的是，它亦可缓释德国内部地方分权主义的紧张局面。普鲁士联合在本质上是建立在其当局政府的统治体系之上的，当它瓦解之后，德国显示出强大的分离倾向。而其内部力量所追求的目标仅体现在反对普鲁士上，而非抵制建立统一的帝国。民族共同体的维持、巩固和加强一直都是德意志人民生死攸关的问题，因此也是关乎德意志共和国存亡的问题。如果共和国无视邦国联盟未完成的协议，而仅是将其束之高阁的话，则将会令自己陷入永无翻身的困境。德意志的统一必须脱离于普鲁士人为的统一方式。基于普鲁士的种族不同以及文化和经济之间的相互关系，直接屈服于帝国要比附属于受普鲁士领导的统一国家好很多，并且更具有联邦性。因此只能通过解散普鲁士邦国，才能维持其与南德各州之间的平等，才可将中部和北部的小州国联合成具有生命力的共同体。东部和西部的均衡以及农业和工业地区的均衡必将为未来德意志的统一奠定基础。因此，整个普鲁士大邦国夹杂其间不仅没有任何好处，反而会造成大量的资源浪费。

德意志国家议会和普鲁士议会的并存是违背自然和政治规律的，正如四百万普鲁士人组成的不完整的统一体与七百万德国人组成的完整统一体无法并存一样。虽然各邦州议会都强调过对德意志宪法文本的忧虑，但如果整个德意志民族的代表和包含其七分之四人口的普鲁士民族继续并存的话，这一忧虑同样会成为最严重的危机。在1848年，法兰克福德意志国民议会和柏林普鲁士国民议会同时存在，这直接导致当时宪法的失败。然而，人们好像未从这一经验中吸取任何教训。代表了多数德意志人民的"国民议会"（Nationalversammlung）体量过于庞大，以至于没有办法在不威胁整个德意志事业的有效的宪法秩序的前提下获得一个与其相称的地位。在两个国民议会的关系中，冲突必须被提前消除，否则两者之间的争斗将长期存在。

同时，普鲁士国家的存续将威胁到柏林作为首都的地位。且不谈论任何有利或不利的感情因素，迁都无论如何都是毫无意义的浪费行为，这点是不容怀疑的，即这样的浪费就我们目前的财政状况而言是绝对需要避免的。不仅如此，首都的迁徙还必定会破坏首都作为交通枢纽和工商业中心所固有的巨大经济价值。在人烟稀少的国家发生的迁都情况不能照搬到德国来，这不符合德国的国情，我们必须节约使用财政预算。基于上述理由，如果希望保留柏林作为帝国的首都，则需通过废除其作为普鲁士大国的首都地位来使该问题得以解决。帝国很多地方甚至包括普鲁士都在不断高呼"离开柏林"（Los von Berlin）的口号，这在政治上意味着"与普鲁士联邦脱离"（Los vom preußischen Einheitsstaate）。维护并保障和巩固帝国的统一优先于一切其他参考因素。如果柏林只作为帝国的首都并且受帝国的领导，这一目标即可实现。这样我们既可保住柏林纯粹作为帝国首都的地位，同时还可以避免因为另寻其他城市作为帝国首都而带来的巨大经济损失。

最后，将奥地利纳入帝国中来也成为同等重要的目标。当前，整个世界都在高呼民族性原则（Nationalitätsprinzip）得重新划分，奥匈帝国也在同样的口号下被彻底摧毁，这种情况下否定德意志人民的自决权的做法是完全不可接受的。

对于帝国通过实质合并而增强实力这一问题，人们评判时自然抱谨慎和迟疑的态度。这里的重点在于一种理念和道德价值，它体现的是整个大德意志民族的联合。这是新建的共和国为德意志人民带来的唯一晨礼（Morgengabe）。但只有当构成德国的各个州具有均等规模和实力时，才能顺利完成每一个合并过程。同时，也可以像对待当时帝国首都维也纳一样，赋予柏林帝国直属的地位，进而大大减轻过渡的难度。

对帝国领域的划分不能简单通过自上而下的命令来完成。更多程度上，这要靠民众根据其经济和文化上的需求倾向，通过自我决定的方式采取相应的行动来实现。在此过程中，帝国只需起到领导、调解以及最后的制裁作用。至于制宪国民大会如何通过宪法决议推动和影响该改造进程，我们可以在下文附录的宪法草案具体规定中探知一二。

二

通过这种方式的划分，德意志各自由邦国可以根据其规模、联系和经济实力在其所属的德意志共和国（Reichsrepublik）的共同生活中以最佳状态履行相应的职能。对于最具有潜力的自我行政职能来说，目前小的州过小，大的州（如普鲁士）则太大，且共和国本身又过于种类繁杂。所有属于国家共同体的职能必须集中在共和国中央组织层面上履行，且应当比现有的帝国宪法规定得更加清晰，更具有专属性。与此相反，全体人民分成一些紧密的联合体（Verbände），它们拥有的来自乡镇单位的自治和自我管理职能，在自由邦国——它们必须是根据各自的居民的属性和经济结构而组成的统一体——中获得最高和最完满的发展。

在对外关系中，德意志共和国只能以共同体的形态出现。目前部分州现存的——不仅具有危害且可笑的——"外交高权"（auswärtige Hoheit）必须全部清除。前几周的经验也证实了这一点，那些残存的外交权力尽管从来没有人使用过，但在关键时刻也会对其所有成员造成致命伤害。德意志各成员国新建的政府在这方面不想继承君主制的自负和嫉妒。这同样适用于军事组织法（Wehrverfassung），其未来的设计只有经过以后的和平协议（Friedenschluss）才能确定，但必须统一适用于整个国家。

庞大交通体系的统一，毫无疑问成为当今的头等大事。当时拒绝建立德国铁道系统的严重错误必须加以更正。国家铁路系统的建立无法脱离于帝国政治的统一。现今普鲁士霸权已被摒弃，当前的阻力大体上来看已被克服。凡是适合于最大范围内的国家铁路管理方式也必将适用于小规模的管理。财政方面的争论现今也无法阻碍这一必要性的存在。与铁路方面相关，只要其涉及多个州的领域，都须将有关水路交通方面的事务交由帝国行政负责。另外，现代的汽车交通仍然属于州管理，而空中交通则受帝国的统一规定和管理。同时，商业、银行证券业等相似行业也都被纳入帝国的管理范围。目前绝大部分已经受帝国统一管理的邮政、电报和电话行业也彻底排除了各州的保留性限制。忽略普鲁士霸权带来的反射效力，比如南德的保留权益（Reservat），现如今巴伐利亚州和巴登符腾堡州的保留权益也已被废除。这些州事实上所遭受的损失只能在财政领域寻求赔偿。所有公务员直接成为帝国公务员，同时也不排除直接任用州成员。这也适用于海关体系，有关其统一的专有性立法必须由帝国操作，且受帝国行政直接管理。

除了上述由帝国集中管理的领域外，将来还有一些领域，其立法权尽管归于帝国，但未排除各州在帝国法律框架内享有次级立法权（sekundäre Gesetzgebung），以及也未将各州的行政权直接纳入帝国行政之中。属于这些职权的首先是诸多目前已经如此归属的领域。鉴于社会关系的改变，即便在未进行宪法变更的情况下，有些领域基于其关系本性也将重心向帝国层面转移，比如财政事务。巨大的财政负担对德意志共和国造成了强大压力，使其自建国伊始便不能找到合适对象来减缓国家财政负荷。帝国生存毫无疑问成为首要课题。自由州国及其他地方自治团体必须在国家财政体系的框架内调整其财政和税务制度，从中央国未征收的项目上征收税款，并依靠中央国的税收获得特定的补贴。在不排除各州的补充事务之外，帝国通过社会化政策组建较大的垄断形式，从而不断扩张帝国事务管辖范围。在社会政策的其他领域，帝国领导也必须通过各州的参与使其领导的权限越来越广。这同样适用于非常重要且更加必需的社会土地政策（soziale Bodenpolitik）方面。这很大程度上要依赖于地方各州和自治团体的参与，又不可缺少帝国的立法和指导。最后，也适用于国家与学校和教会的关系。在这方面，不同地方和种族的独立个性绝对不能因中央统一化的立法和行政受到侵害，各州对文化价值的侵犯都非常敏感。故而在这些领域，须严谨以待。但鉴于教育的根本性作用，尤其是所有阶段的全民教育，即从小学到大学，教育会对整个生活共同体和帝国精神以及道德价值的延续有着非常重要的意义，帝国对此不能束手不管，而应当为其设定原则性的适合整个德意志人民的共同方针，该方针应当为小集体的自我特征和独立生活留下自由的调控空间。

若帝国以符合民族国家的结构方式自上而下地加以建构，并将其内部事务建立在地方和各州成员的组织之上，则全体意识的立法对各州及其乡镇的影响是不可或缺的。这种不可或缺性须受到一定限制，即将其限定在保障帝国体系和其各州及其地方成员的共性方面。只要这方面不存在问题，帝国就可根据州和地方的关系扩张其宪法和行政的自由。

人民国家（Volksstaat）的性质决定了地方自我自治的地位及其进一步发展，这与君主制国家的限制和管治态度截然对立。同时，地方自我管理也为行政机构的选举及其组建脚踏实地的行政机构开辟了道路。根据德国的发展，未来训练有素且地位稳固的职业公务员制度（Berufsbeamtentum）将在更大范围内是不可缺省的。当然，该公务员队伍应服从于由人民或人民代表的信任而产生的国家机关。但由选举进行任命的方式仅限于各共同体的政治领导机关，包括帝国政治性机关。地方自我行政影响范围越广，通过选举进行的任命意义就越重大。这也保证了内部行政人员的绝大部分具有属地性。即便地方自我行政团体从外界聘任领导人员，但他们也基于其自由的意愿与地方共同体建立了联系。

另外，帝国只能在上述自我行政和直接行政的领域内拥有自己的中层和底层机构，而对于其他根据帝国立法受其管理的对象，帝国也应当仅限于中央机构，中级和下级的行政事务由州和地方机构执行。帝国在各州和乡镇设立受其独立领导的行政机构完全是一种浪费，且不符合目的性。但同时必须确保帝国法律在现实生活中的落实执行，其中包括通过监督法（Aufsichtsrecht）的规定，以确定帝国中央机构在其职责范围内对地方行政机关进行监督的权力。目前帝国总理和国务秘书（Reichs-Staatssekretäre）对于帝国法律的合理执行须向帝国议会负责，但这只是形式上的规定，毫无实质内容可言，因为帝国政府相对于各州行政来说实质上是相当软弱的。国家形式上的规定和政治实质内容之间的对立性在新共和国中是难以延续的，因为议会在众多实际的重要问题上完全排除了这种对立性。因此必须加强帝国政府对各州行政执行帝国法律的监督权力，并加以机构的有效设置，将其责任落实到位，这样使形式上负责的机关也具有真正执行立法者意愿的实际权力。

三

如何设置作为人民代表（Beauftragte des Volkes）的最高帝国机关，在未规定必须由全民进行公决（Referendum）的情况下，有以下三种方案可供参考。

人民代表通过选举直接决定内阁成员，其成员由各部领导人员组成。他们在履行职务时对人民代表负责，但并非通过议会体制的方式，即在其政治提案未获得多数的情况下必须辞职；更大程度上，议会和政府之间信任关系的基础是，政府是由议会选举产生的，他们的职位仅限定在相对较短的任期内。正如瑞士的联邦同盟（Eidgenossenschaft）一样，其作为历史榜样在组织民主体制方面具有诸多优点。这一组织与德国大部分地区已形成的城市结构具有相似性。排除或多或少具有代议性质的国家元首和责任导向的政府所构成的二元结构，对于民主的发展是相当有利的。此外，这个体系还有政治方面的优势，即可避免一党专政，因为政府官僚都是由多党根据其自身的选举实力达成的妥协组建而成的。至此全国的政治生活可以和平进行。然而这一优点也容易被大的成员国加以利用，从而成为一大劣势，因为它需要一个因政治共性凝聚周边且强而有力的政府为依托。大国政治对内和对外的需求导致国家统一体应由一个领导人来代表，即共和国国家元首。对此，德国在组建政府官僚时必须考虑到更多因素，比如成员的地方属性、政党的多样性，以及宗教信仰的差别等。这些情况为德意志帝国增加了相当的难度。仅凭议会选举是完全不可能将上述所有因素结合起来考虑的，更不用说仍需兼顾到衡量成员个人作为承担重要责任的帝国部委领导人的个人能力。这一体系适合推荐给德意志成员国的宪法构造，但不适于具有庞杂任务的帝国构建，因为在此必须推选出一位负责任命帝国政府的总统。

有关总统和人民代表之间的关系，也存在两种可能性：二元制体系和议会制。

在二元制体系下，总统是政府的直接首脑，政府其他部门的首领只是他的助手，在政治上仅对总统负责，而不是人民代表。根据议会制，总统需根据人民代表的多数意见组建内阁。各部长必须拥有人民代表的信任，得履行职责，并承担政治责任。

第一个体制主要在美国表现强势，但也有较大的缺点和不足。它坚持权力分立理论，立法仅由议会执行，行政只由总统及其助手执行。但事实上相对于实际政治生活中的需要，该原则的执行完全不可能。因而在美国的实践中，越来越多地通过其他途径被规避。同时，二元制体系也导致人民代表精神的空乏和政治的荒废。另一方面，行政官员组成的分立体系将直接导致行政权最后集中在由人民大选推举出来的总统手上以及由于选举造成的权力更迭。排除这一权力变换，我们德国在帝国和各州也拥有二元体制，在普鲁士即长期存在，却在变化的重组中难以承担社会发展的需求。德国独立于议会的行政机关并不随着任期而变更，而是依赖于具有共同政治方向的永久性职位。议会在二元制中的功能仅仅局限在抽象的立法、批评以及协商方面，力量远远不及在现实生活中起决定作用的行政机关。议会政治外部的无力也将导致其内部政治的无能，比如政党林立以及其他在旧制度中被经常谈及且被批判的弊端。如果人们在革命之前即期望通过议会化（Parlamentarisierung）来解救整个社会，那将是正确的道路，但由于旧势力的统治，该条道路未得到有效的贯彻。革命现在终于清除了所有障碍，但如果它偏离现有的道路不走，而试图重新恢复旧的二元体制，则将会摧毁革命的重大政治成果。那些扬言议会制和民主是对立的人都是错误的预言家。当然也存在亚里斯多德和柏拉图所倡导的议会主义。它是否根据其中一种方式进行设计，与宪法的条款关系不大，而更多地依赖于社会的福利、经济结构。但对于伟大的民族和帝国来说，议会制是目前来说最好且最富有成果的政治民主的组织形式。纵观我们的历史和人民的现状，我们德国人急需通过人民代表和政府在议会体制中的相互作用而达到政治教育目的，我们的任务不是抛弃由民主产生的议会制，而是发展和稳固议会体制下的民主。

但这并不像在法国那样以议会选举总统为前提。恰恰相反，法国的这一体制不能被视为真正的议会制。真正的议会制是以两个地位平等的最高国家机关为前提的，而与二元制的区别在于，这两个机关不是相互对立的，而是由议会内阁作为两者之间的连接纽带。在议会君主制中，国王与议会并存。而在议会民主体制中，所有国家机关的权力来自人民，因此当总统不是由人民代表举荐，而是由人民直接推选时，总统则拥有与由人民直接选出的代表机构同等的地位。总统的选举和再选与议会无关，但其所有行政职能的履行要依赖于由其提名且受议会信任的帝国部长。帝国总统在选举帝国部长以及总理时不限于议会会员，因为国家领导人必须是议会的成员并非议会制的核心要件。重要的是，他们必须拥有议会多数的支持来执行相关职能。当多数不信任他们时，则必须辞职。联邦总理对政府的总体政策承担责任，另外根据总理的建议，总统任命帝国部长。在这里，部长们并非总理的助手，而是对其相关部门的行政独立向议会承担责任（Ressortverwaltung）。帝国总理对每个部门行政的责任只是一个拟制，否则将会弱化真正的政治责任原则。政府政策的总体方针要获得议会多数的同意，但并不一定要求所有部门行政主管的决定都要得到许可，更多时候，议会可以通过在不变更整个政府的情况下更换具体部门领导人，从而加强其对实际行政运行的影响。基于总理和部长之间的这种关系，德国行政实践中更多的是政府的集体合作，但宪法并未从形式上规定其集体责任制（Kollegialsystem），这有利于政治责任的明确划分。

帝国总理和由其认可的其他政府成员的任命是联邦总统最重要的职能。由此，他维护了其政治首领的特质。由人民选举出来的领袖在政治方面应当有着卓越的预见能力，可以对各种形形色色错综复杂的政治观点和专业问题进行更好的权衡，最后做出决定。这应当优于通过议会直接选举。由人民选出来的总统可以更清楚、更正确地洞察不同的社会关系和人物角色，不像与人民绝缘的君主，只能看到其周围窄小的社会阶层，只能了解到他周围发生的事情。

鉴于帝国总统和议会的政治权力都来自人民，有关两者不能平衡的政治冲突的决定必须交由人民做出。因此总统有权利解散议会，对人民代表提起上诉。如果只是针对某一单行法有不同的意见，而不是对政治的总体方向提出疑义，总统则可以通过全民公决的方式提交人民投票，进而对这一特定问题做出决定，而无须解散议会。另一方面，帝国议会也应当在严重的政治冲突中有权利请求人民对总统的政治态度做出抉择，具体做法是须经过议会三分之二多数的决议，请求人民对总统是否继续履行职务做出全民公决。如果人民肯定了总统的政治态度，则为了防止此类行动的频繁发生，将由人民做出的信任投票视为总统再次当选的信号，从而使总统再履行新的一个任期。在特定严肃重要的情况下，可以在总统任期内请求人民延长其任期，从而通过总统职务的行使确保国家机构的长期稳定。

另外，联邦总统在帝国立法方面的权限仅限于，在特定期限内将法律草案驳回，由帝国议会再次讨论并做出决定。他还有义务对符合宪法的法律加以公布。帝国总统签订国际条约的国际代表权限通过帝国议会的参与被加以限制，而宣布战争和缔结和约都须通过帝国法律得以履行。

帝国总统的政治责任性体现在每个由帝国议会决议促成的人民表决中，正如帝国总理和部长的政治责任性依赖于议会多数的决议一样。与政治责任性不同的是法律责任。政治责任性审查的是政府行为的合目的性，而法律责任是指其合法性，即是否违反宪法或者法律的问题。只有这类问题才可通过法院程序和判决解决，且不受政治程序的约束。因此，对于帝国总统或者帝国总理以及部长的违宪和违法行为，议会通过三分之二多数可以做出决定，将其提交国家最高法院加以裁决。

四

除了前述通过全民公决的情况之外，宪法还规定了对宪法变更进行全民表决的情况。一个民族越是尊重其政治集体生活的基本法，就越是会从机制方面将宪法立法加以特殊对待，将其与一般性立法相区别，从而保证一般法的合宪性。向人民提交的变更宪法问题必须经由帝国议会得以清晰表述，使人民可以简单地用"是"与"否"进行表决。本宪法必须设计一套新的法律制度，这是社会关系的剧烈变化所要求的。基于此，我们有必要在此特定的过渡期内规定可以通过修宪的方式对宪法条款加以变更，修宪性法律仅仅需要议会的有效多数赞成。若新宪法得到实践的考验，则可以将进一步的变更交由人民表决。赋予全民公决较大的空间——如立法者的动议权——在大国中并不符合其目的。如果相对少数的人民被赋予请求人民表决的权力，将会导致政治生活的不断动荡。所以这个数字必须至少达到一百万，但这却要求具有一套庞大而昂贵的国家机器，这对于人民大众来说确实毫无意义。

帝国立法权主要由人民代表行使。

人民代表由经过民主选举的人民组成，这是理所当然的。但从传统的观点来看，选举法的毫无限制扩张——正如它经由革命发展出的那样——是极易受到批判的。因为据此，国家赋予一定成熟的人民阶层行使选举权，而国家为何人？是何物？在现代的民主制中，国家只能是由人民组织而成的人民整体，代表了人民的共同意愿。通过对选举制度的规范，尽可能地考虑具有共同意愿性的公众意见，并将其合理予以表达，这才是选举制度最重要的任务。目前，只有平等原则和禁止一切剥夺权利或者赋予特权的规定符合此目的。议会体制所需要的政治成熟性只能由议会制自身促成，而对于完美民主制所要求的人民的政治成熟性则只能通过以民主方式平等对待全民来予以实现。因此过渡期内可能存在的令人失望的情况并不能作为批判民主原则的理由。要尽可能地扩展选举权，终结政治生活中永无停止的选举争斗，这将是一种令人欣慰的进步。但这样扩张的选举权要求具有一套符合比例选举体系的组织机构与之匹配。选举法的具体制度和比例体系并未对宪法造成负担，而对于特殊的帝国选举法来说，是完全应当予以保留的，这是基于国民大会（Nationalversammlung）选举经验得出的富有价值的方式。

其中有争议的问题是，是否还需要在帝国议会旁设置第二个机构。民主制本质上反对所谓二院制（Zweikammersystem）的存在，但在此问题上，这并不能作为判断的重要条件。因为在这里，绝不是在人民议院之外设定一个特权阶级的代表。这个问题更多程度只涉及是否将所有德国自由邦国纳入帝国组织中来，从而设计一个新的国家议院，或者保留旧的联邦参议院的构造。对于认为具体邦国的参与完全是多余或者是有害的人来说，这一问题根本不存在。宪法草案未对统一国家的原则或者联邦体制予以评价，而是坚信基于德国的形势和人民的大量投票以及不同的种族，将具体邦国从帝国组织中予以排除在政治上是完全不可能的。在此条件下，国家议院体制（Staatenhaussystem）对帝国和具体邦国来说都显得格外适当，且对于帝国和具体邦国之间的团结也比联邦参议院的体制更加有利。

国家议院由各邦国人民根据其意愿推举的代表组成。而在联邦参议院内，主要由邦国政府的代表组成，即来自于由政府任命的公务员组成。根据革命出政权的政治观点，由政府指派的公务员组成的集体完全不能成为与人民议会平等的立法机关。对于具体邦国的人民来说，最重要的是在对其生活具有重要影响的帝国立法方面发挥相应的作用。联邦参议院从未、也不能担当民主联邦体制思想的载体，它只会永远一成不变，始终是联盟政府的守护人。只有国家议院由各邦国人民的代表组成，作为由整个人民代表组成的人民议院的并列机构，才符合联邦民主制的性质。只有这样才能合理分配具体邦国根据其人口数量的选举权重，而在联邦参议院体制中，却并不能脱离人为设定的票数比例。在重组德国各邦国之前，必须适用暂时草案中有关国家议院选举的规定。

当然，联邦参议院体制的重心并不在于参与立法，而是行政履行。即便如此，也是颇有顾虑的。如同之前宪法的原则，联邦参议院是政府所在地，并非议会选举的帝国政府，所以对议会负责的部长并不能实际履行行政事务。这可能也是俾斯麦设计联邦参议院的重要原因之一，使议会难以有效运作。这使得帝国政府难以根据统一的政治方针履行其职务。而只有权责相一致，才能使责任得以落实。

同时，整个大国的行政由众多政府指派的公务员予以履行也是不恰当的。这可以从之前帝国的实务中可以看出，当时行政的重心有不断向帝国政府转移的现象，但其政治责任却因宪法的设计而被掩盖。普鲁士通过联邦参议院、帝国政府以及小邦国的共同影响而行使其霸权。而德国民主共和国如果将这一发展再次带上崎岖的道路，则是令人无法理解的。我们可以通过创设一个机构，并赋予具体邦国平等参与帝国立法的机会，使政治内容得以符合国家法律形式。该机构作为帝国议会应当由人民议院和国家议院组成，而帝国行政的实际领导权应当由向帝国议会负责的帝国政府行使。

当然，帝国政府在履行其职能时需要与各邦国进行不断接触。而为了从组织层面加以保障，完全可以通过摆脱联邦参议院的机制获得实现。例如，通过任命各邦政府的常务代表，使他们作为帝国参政院成员，对帝国政府的事务进行咨询和评议，从而达到兼顾各邦国具体情况及利益的目的。这样也能将中央与地方从组织上联系起来。由此，可以将联邦参议院委员会的有利作用适当运用，也避开了联邦参议院体制的不利方面。

本文主要在于强调宪法草案中有关组织条款的主导思想。对于具体条款的辩证还有待以后进一步探析。人民和政府的团结是国家繁荣不可缺少的重要一环，但这不能通过任何一部宪法的条款加以创设；这主要是人民不断受教育的产物，也是政治觉悟发展的结果。但宪法可以也应当铲除与该团结思想相对立的障碍物，设定特定的机制，从而加快这一发展。希望宪法草案的建议能为这一重要的立法任务作出贡献。

（翟明强　译　袁镜淇　校）

民主共和对社会福利观念的意义

胡果·普洛斯[*]　著

1925 年 6 月 15 日到 17 日，慕尼黑召开了泛自由职业者联盟（Der Allgemeine freie Angestelltenbundes）第二次工会代表大会。会上原帝国部长胡果·普洛斯教授做了一个关于民主共和对社会福利观念的意义的报告。以下是该报告的会议记录。

对于共和与民主的一般意义上的价值和地位，在此我相信不必多做介绍。虽然我知道在某种意义上泛自由职业者联盟是一个"非政治性"组织，但如果说"非政治性"表示民主的价值和尊严没有贯穿该组织，不需要把这种价值赋予该组织，那么泛自由职业者联盟就不是这种意义上的非政治性组织。（赞同）它在政治上处于盲目状态，它还看不清新的历史时期的发展方向，还不知道历史正借由其自身的内在必然性往哪里发展。如果我们回顾一个半世纪以来的历史——从历史长河看这是一小段时间——便可以看到，在这样一个短暂的时期，特别是近几十年，民主的胜利战车史无前例地驶过我们居住的大地。这一历时 150 年的时期始于美利坚合众国的《独立宣言》，止于世界大战的结束。那时候，在一个半世纪之前，当北美各个国家加入美利坚合众国时，合众国成为第一个也是唯一的一个现代民主共和大国。一个半世纪过去了，

---

*　胡果·普洛斯（Hugo Preuß, 1860—1925），是奥拓·冯·基尔克（Otto von Gierke）的学生，深受基尔克合作共同体思想（Genossenschaftsgedanke）的影响而极其重视自我管理（自治）和民主的价值，积极参与了地方性政治活动。普洛斯 1806 年获得柏林商学院（Berliner Handelshochschule）教授职位，1918 年任内务秘书并起草第一部《魏玛宪法草案》，但该草案后被多处修改，1919 年出任帝国内部部长，但不久由于《凡尔赛和约》而辞职。普洛斯在政治上属于自由左派，是德意志民主党（Deutschendemokratischen Partei, DDP）的建党发起人之一，但他和社会民主党也保持着很好的关系，《民主共和对社会福利观念的意义》一文就是佐证。
　　《民主共和对社会福利观念的意义》（*Die Bedeutung der demokratischen Republik fuer den sozialen Gedanken*），系作者 1925 年 6 月 15—17 日在慕尼黑召开的泛自由职业者联盟（Der Allgemeine freie Angestelltenbundes）第二次工会代表大会上的讲话整理稿，被收录在胡果·普洛斯：《国家、法律和自由》（*Staat, Recht und Freiheit*），1926，第 481—497 页。

最后的三个反对民主的强大势力在世界大战中崩塌了，不幸的是，我们属于其中之一。具有历史意义的是，不仅仅是德国和奥地利在民主势力联合的优势下垮台了，还有沙皇俄国——尽管沙皇俄国站在战争胜利者的一方（协约国）。在某种意义上，西方各民主国家的联合并不能证明，它们——就像它们在战争宣传中所说的那样——是为民主而战的十字东征军。但是从另一个意义上而言，它们的联合证明更多其他问题：在到处都是群众运动、到处充满矛盾与抉择的当代世界，这场战争不仅决定了胜利者和失败者，而且决定了整个社会的所有民众的社会精神强度和技术力量，当下，反民主的国家形式已经无法再与各大民主国家抗衡。总而言之，整个历史朝着有利于民主强大、牢固、广泛的方向发展，民主已经渗透到各个角落，这已经是毫无争议的事实。

然而有人会说：即便上述论调可能属实，但是民主国家不适合德国，民主与德国的民族特性相悖！民主制度是"西方的一套"（Werstlertum）。是的，先生们，就像我在开头说过的，我不需要进一步去反驳这样的论点。如果德意志民族不能跟上其他开化民族的政治发展历程，那么它将会变成一个古怪的民族。（鼓掌）这样的论点不禁使人想到那些不靠谱的沙皇赞美者们，他们希望保护"神圣的俄国母亲"不受"懒惰的"西方人的影响。一般而言，对于那些由于历史原因或特殊情况获得优待和特权的权力拥有者，没有比让他们的臣民投身到政治和社会运动大潮中更可怕的事情了。德国的那些站在官僚立场的邦国贵族和王朝的当权者以及追随者当然会主张，统一的民族国家与德意志民族特性以及真正的德意志民族意义相悖。按照他们的观点，德意志的民族情感在普鲁士体现得最为美满，巴伐利亚也有较多反映，然后依次再向下直到利珀河（Lippe）和罗伊斯河（Reuß）。人们会充满苦涩地想起莱辛在君主邦国（Landesherrliche Souveänität）全盛时期说过的这句令人绝望的话："真正的德意志民族特征就是没有民族特征。"但是，感谢上帝，这个时代已经过去了。民主自由和民族统一是相辅相成的，对此还要进一步阐述。但是，难道事实不是已经向我们证明，正是以民主和民族统一为基础，才使我们在恐怖的旧权力瓦解的过程中幸免于难，并度过了一样恐怖的六年和平时期。对于这个问题，在此我真的需进一步阐述。

然而，对于在这个致力于社会福利工作的圈子里的人来说，需要回答一个紧迫的问题，即就像我的演讲题目所说，民主共和国对社会福利的意义是什么？在此我不认为，您会狭隘到仅依据对社会福利政策或者工会目标的个别问题并依其优点来衡量整个国家共同生活的大原则及其历史发展。我知道，你们的反对者也这样指责你们，然而这些指责并没有使你们受到打击。从另一方面，如果民主思想没有与社会福利思想紧密联系、互相影响，如果我们在民主共和下实现的民族国家并不意味着自由，并不能为人民——此处至少指那些生活在自己国家中的劳动人民——带来精神和物质生活的提高，那么共和以及民主思想事实上只是华而不实的装饰品。对此观点，那些主张民主与共和对社会福利观念及其进步没有意义的反对者通过以下两个对立观点进行了阐述。

大家都知道"形式民主"这个抨击性的词。有人认为：只要资本主义经济制度还没有垮台，那么"形式民主"——很多人使用这个词是特别针对魏玛宪法的——对社会福利没有任何意义；没有生产资料的社会化，国体（Staatsform）的民主化只是一个没有实质内容的表象；国家公民享有的民主自由之平等权利只是一个谎言，就像是生产资料所有者和只有劳动力的劳动者之间所谓的自由签订劳动合同的私法自由一样；就像劳动者在自由的劳动合同下继续遭受剥削一样，公民在民主自由和共和宪法之下仍然不自由。此处，更激烈的反对者们认为：不，在民主共和下，公民不仅仍然没有自由，而且他们更加不自由，更加无助；因为在民主共和下，生产资料占有者可以毫无顾忌和毫无约束地行使统治权。在资本主义经济体制下，只存在一种有效的社会福利改革和进步的可能，那就是强大的王权，换句话说，强大的王权在享有经济统治权的阶级之上，可以中立地起到反对阶级利己主义的作用；它必须有制约享有经济统治权的阶级和群体、强制推行社会福利政策改革的权力。在此不能不提的是霍亨索伦王朝时期社会福利王国（soziales Königtum）所付的特殊代价，因为老弗里茨（der alte Fritz）曾经说过，他希望国王成为乞丐，诸如此类。以上就是两个敌对立场，民主共和宪法就生活在它们对社会福利思想的交叉火力下。

"形式民主！"——是的，在某种意义上任何一部宪法，甚至任何一个法律秩序，都是形式的。它规定了个人或者群体的意志范围。比如说苏联宪法，如果可以称之为一部宪法的话，不也是从形式意义上来讲的吗？首先，它仅仅规定了国家形式、选举以及表决权。从某种意义上来说，当它单纯从形式上在享有特权的少数人和其他大部分人之间划出一道无边的鸿沟时，它甚至更加具有形式意义。无论如何，宪法划出的就是一道形式上的界限，因为，就像任何一部法律那样，任何此类宪法所呈现的也都是形式元素，没有一部宪法可以实现社会福利的创新。这就是说，如果人们声称某一部宪法可以直接建立一个社会福利的新国家，它只会激起某种错误的期待。然而对于社会福利观念来说，一部宪法会具有非常不同的价值。我认为，评判宪法对社会理念是否具有价值，其标准是看这部宪法所给出的国家组织结构（这个结构当是"形式上的结构"）是否有利于并能促进社会向上发展，是否能从法律的角度为社会发展提供一个自由的环境，还是通过赋予一部分特权、剥夺其他人的权利、人为地制造障碍而阻碍社会发展。评判宪法价值不能看，一部宪法（即便它是一部民主共和制宪法）是否能够创造一个——此处用一下古典措辞——"未来的社会福利国家"。这不是一个法律问题。但无论如何，从社会福利的角度衡量宪法的价值，就要看该宪法包含的法规范及其划定的关于权利的意志边界和限制，是如何处理与那些规定了先进的社会化内容的立法之间的关系。可能因为我不是社会主义者，所以我能够心安理得地说出"先进的社会化"（fortschreitende Sozilisierung）这个词。这已是不可否认的事实了。人们当然不可能突然理解社会主义的模式。但是随着地球空间日益狭窄、人口不断增长，以及人类克服空间距离的能力不断提高，人的联系日益紧密起来，立法需要支持社会化发展已经成为本质的需要。这一结论可以从交通工具、光源以及能源的发展及其必然结果中看到。世界大战后的发展现状为以上论点提供了反面的证明。最初人们期待、希望同时害怕战后会引来社会主义高潮。事实上我们看到的是完全相反的结果，那就是社会化的低潮（尽管社会主义拥有不少支持票数）和反社会福利的超资本主义的兴起。因为战争暂时拉大了人们之间的距离，不仅是精神上，还包括经济上的差距。战争使得国际交流和交通变得困难，从而增加了空间的距离感。只要这种状态持续下去，就会阻碍甚至中断支持社会化发展的法律的实现。无论如何，眼下极其重要的是看法律秩序是否通过人为的限制、法律的区别规定、授予特权和剥夺权利，为社会化立法的发展——换句话说，给共同生活的进一步强化——设置了障碍；或者反向观之，看法律秩序是否通过民主平权为社会化立法铺平了道路。即使是铺平了道路，也不可能马上到达理想的终点，任何障碍也都不可能永远阻挡目标的实现。这只是发展时间长短的问题：或者是健康、和平的发展，或者是在斗争与挣扎中发展。这就是所有的区别。但是对于生活在其中的人们，这一区别是个非常重要的问题。

在此我想通过一个例子来说明这个问题。自由劳动合同在某种意义上只是形式上的平等。雇佣者和劳动者以平等的身份签订了法律上的自由劳动合同，但事实上他们的经济和社会地位并不平等，经济和社会地位的差别并不因为形式上平等的劳动合同而有所改变。我们这里看到的劳动合同这个例子，会在很多类似的关系中重复出现。

曾经有过这么一段时期，当时人们一度把自由劳动合同当做经济层面和社会层面的终极智慧而欢庆，并且说：孩子们，你们还想得到什么，千年帝国理想在此刻已经实现了。这是多么的愚蠢，这是对政治的无知。因为对自由劳动合同没有意义的高估只能导致反对者的攻击：诡计！除了谎言，什么都不是，所谓自由的劳动合同没有任何社会价值！先生们！对于社会政策来说，自由的劳动合同既不是终极的智慧结果，也不是毫无价值，它甚至对社会福利有显赫的作用。因为您可以扪心自问，对于整个推动最新的社会政策运动而言，其出发点难道不就是自由劳动合同吗？如果没有自由劳动合同这样一个"形式上的"法律前提，这一切还可以想象吗？在奴隶制（Sklaverie）、隶属制（Hörigkeit）、农奴制（Leibeigenschaft）、强制性雇用－行会制（Gesinde- und Zunftzwang）的关系下，推动整个社会政策发展还可以想象吗？不，这些法律关系都已过时，它们必须给新的"行使的"自由劳动合同法腾出位置，只有这样，才能为你们现在认为理所当然的事情创造条件，使其成为可能，例如，结社权、工会运动、集体合同等。现在请安静地思考一下，实现这些目标不可或缺的前提条件是什么？它就是自由的劳动合同！当然，不是自由劳动合同，而是其他的运动和斗争导致了社会的前进。但所有促使社会政策进步的现代斗争手段都是以自由的劳动合同为前提的，都根植于被世人所轻视的规定自由劳动合同的"形式"的法律中。刚才我只是举了一个随处可见的例子，宪法规定的"形式的"民主则是在相似的且更大更高的意义上为社会福利理念提供了基础、出发点和前提，以使其能够得到丰富而有力的（即使是缓慢的、渐进的）发展的。

民主宪法在社会福利的进步方面没有直接作用吗？那些旧观念的追随者说：难道不是那些追求社会正义的君主（das soziale Königtum）做了更多直接的贡献吗？民主宪法不愿意过多地谈论那些生活必须得到改善的"穷人"。是的，先生们！您，至少年长一些的人，可以很清楚地回想起，那些为实现"社会福利政策"不遗余力工作的大雇主们，制定了倾向于工人的规章，建立了大量的社会福利机构，并且他们在任何场合都强调社会政策的重要性。但是很奇怪，那些本来应该因此受益的人，却感到这只不过是雇佣者压迫工人的工具！想想那些君主所做的类似的蠢事。没有一个公平的思想者会驳斥那些杰出的实质贡献。但为什么那些受益的人——我们说只要他拥有稳定的人格和清醒的头脑——至少会怀有一种恐惧之感呢？原因是，他们这样的感觉是正确的：这一切都不是目的的本身，这些社会福利政策不过是强化和巩固统治的工具。就是站在社会主义者的角度，即使社会主义走过各种弯路，犯过种种错误，人们也不应该忘记，他们在指出物质的重要性的时候特别强调，人，包括劳动者，不仅仅是为面包而活，对理想和自由的追求对于他们而言也是重要的生活需要。人们在享受任何所谓的"社会的"照顾时，有理由相信，有些不错的生存补助和其他物质资助是需要人用个人的自由、尊严和独立来换取的（热烈的掌声）。对于那些单个的大雇主而言，此处涉及商业政策以及他们的个人好处的地方——大而言之的话——就是持幸福论的夜警国家的社会福利政策（Sozialpolitik des eudämonistisches Polizeistaates），它们是以包装在现代形式之下的由皇帝制定的社会政策。我不否认，就自由和社会民主而言，在对待这件事时犯了政治上的错误。但是，以下主张属于无稽之谈，即认为那些被人用优美词语赞美的所谓的真正的社会进步，是一个真正的社会和解（其实我不愿使用"和解"这个词），可以通过自上而下的社会政策促使统一民族间不同部分人群相互接近。因为就像上文阐述过的专制的劳动政策一样，专制的社会福利政策只是实现权力目的的手段。很明显的一个证据就是，社会立法（Sozialgesetzgebung）被装进了社会主义者立法（Sozialistengesetzgebung）的框子中，在制定法中属于例外。它不是以提高社会福利为目的，不是为了把社会福利的思想引入到国家组织、国家生活中，而是作为实现权力目的的手段。我们不需要像马克思和恩格斯那样毫不客气地指责说，这不过是普鲁士国的政府社会主义的花招；但是如果进一步研究就会发现，与俾斯麦在占领路易·波拿马王朝后参观当地学校一样，这也是一种实现权力的社会政治工具。在此，一个反对社会民主，摆脱上述窘境的借口就是，在德国存在着一个令人惊奇的事实，就是作为拥有最先进的社会福利政策立法的国家，同时也是一个与工人阶级联系最疏远的国家。在战争中，我作为帝国战时救济委员会（Der Reichsausschuss für die Kriegsbeschädigtenfürsorge）的成员，曾经受当时比利时总督冯·比辛（v. Bissing）的邀请访问过布鲁塞尔。一些人可能还记得，当时冯·比辛先生不遗余力地对比利时人宣传，德国作为实行社会福利政策的国家，比比利时先进很多。他相信，这是一种向比利时广大工人宣传德国的聪明的、慎重的方法。必须承认，比利时在社会福利方面没有德国先进。但是这种宣传并未生效。尽管德国的社会福利政策可资可鉴，但比利时的工人阶级并不想了解德国的统治状况。原因在于，在政治上比利时工人阶级与其国家的联系，比德国工人阶级与其国家的关系更为紧密，因为德国尽管自上而下实行社会福利政策，但遗憾的是，直至战争年代，德国的专制制度将最广泛的群众排除在国家生活之外。

共和观念属于所有民众共同的事业。在它还处于萌芽状态的时候，共和观念已经与社会福利思想有了紧密的联系。大致看来，存在两种对立的国家结构。社会主义者相互之间以同志相称，这是一个自下而上的合作社性质的组织，共和和民主原则以此为基础。它的权威不是自上而下引导出来的，而是来自于所有成员、所有市民的联盟，从小社团到大社团，自下而上引导出来的。这就是合作社性质的国家构成。与此相对的就是自上而下的专制统治的国家构成，国家权威具有优先地位。马克思·韦伯把国家权力定义为"合法运用权力的垄断权"。当这种合法运用权力的垄断权不是掌握在所有人手中，而是掌握在某个皇帝、某个阶级、某个特权阶层或者某个专制者手中时，他们一定会出于一切生物都拥有的自我保存本能，运用手中掌握的权力，以获得并保持这种垄断地位。他们必然推行这样一种政治：它不是所有成员共同意志的体现，而是为维护自己的生存，为实现他们自己的统治而服务，并通过形式的法律规定以及与之相应的行政实践得以实现。

诚然，即使是民主的平权思想也不等同于某种人与人完全平等的理念拟制。首先人与人不能完全一样，相反，不同的人完全不同。就像俗语所说，任何一棵树上没有两片完全相同的叶子。以此类推：犹如任何组织，不同的政治组织具有不同的工作分工方式，总而言之，没有完全相同的两个政治组织。这里的问题是，为什么平等选举权、政治平等权依然能够成为所有民主国家的基础呢？原因在于，处在目前的社会、文化、经济关系发展阶段，在形式法律上对个人政治权利采取任何形式的区别对待，都将导致恣意专断，形成特权者和无权者；也就是说，目前不可能做到根据个人差异进行合理的权利分配安排。对此有些人会主张实行一种——他们经常喜欢称呼为——"有机的"（organisch）选举权，就是说，推行一种不平等的选举权：最高的法律原则不是人人平等，而是相同者相同对待，不同者不同对待。但是，应该用什么标准对政治权利做出合理权衡呢？

根据等级进行权利划分曾经盛行一时，但是这一时代已经一去不复返了，时代不同了，不能再通过狡辩和强权来维持它的存在。在等级划分还有生命力的时候，等级划分给不同的等级确定不同的标准，法律可以根据这些标准对各种普遍现象做出合理评价。当然也会出现个别例外情况，但这不过是例外现象。总体而言，根据性质和种类，骑士就是骑士，农民就是农民，商人就是商人，计时工就是计时工。当然，个体所属的阶层可能会向上或向下移动，但这都只是少数的例外现象。然而，就在这样的观察角度下生发了现代社会，对此我用一句时髦的话予以概括：个体区分和阶级融合。我知道，这一判断不符合这个圈子里的一些人的现实感受，但我必须坦诚地说出我的科学确信：我们的发展特征不是阶级对立的深化，而是各个阶层的融合。

不同阶级类别间的心灵差别和精神差别正在消除；不同阶层彼此趋同的程度，类似于个体彼此区别的程度，也类似于个体在精神上彼此区别的程度。如今，先生们，工人不再是作为群体现象的工人了，而是作为一个个单独的个体存在。我所知道的"工人"，根据他们的个性和心性，应该是政治家（Staatsmänner）。而过去那些根据法律规定被提升为国家领导地位的各阶级成员，根据他们的心性，并不缺少政治家的品质。如果他们不是工人，绝不是说明他们从事工人职业过于可惜，因为根据他们的精神和心性理当被选择从事其他职业。对此我不想继续展开阐述。任何友善地追随我并安静地根据自己的经验思考过这个问题的人，都会想到很多可以证明上述观点的例子。如果他认识古老的家族历史的话，他会看到，在短短几代人的时间内发生了多么大的转变：个体从他所属的阶级和阶层中独立出来，而不同阶层和职业则彼此融合、彼此平衡。另外，经济关系也促进了这种界限的消失。因为这是现代社会发展的本质，所以，法律不应该再把人们分成固定的几个大的群体，然后根据群体的不同给予他们不同的权利。由此，民主是平权且是无所不留的平权意义上的民主，这不是教义上的怪念头，也不是学者们策划出的一个教条，而是根据经济、社会、文化以及精神的新发展而自然产生的法律结论。（太正确了！）

人们已经完全意识到，在民主制下对不同的政治价值作出区别权利对待纯属恣意妄为，因为现在已经不存在据以评估的固定的、广泛的文化和精神群体。个体差异已经无法通过"形式上的"法律加以评估。那么，民主就意味着把人分裂、孤立成一个个毫无联系的个体吗？不，不是毫无联系，只是不能通过不正义的法律，人为地把人们强行错划成不同的群体。

在现代社会的发展地基上，在民主平权思想及其基础上存在一种对抗上述分裂和孤立的工具，它对于新的国家实体而言也是必要的、不可或缺的，这就是：享有平等权利的民众自由地自行组织成各种政党。它防止分裂，使民众在民主意义上具有政治行动能力。或许有人会插话：停！在我们德国，真的只有民主的政党才具有政治行动能力，还是我们由此应该得出关于政党相反的结论？目前我们还处于民主自治的幼儿园时期，我们的政党是从旧的专制国家时期传承下来的；在专制时期，政治角逐或多或少还只是用来消遣时间的把戏（大笑声），政党没有把为民众的命运承担起真正的、严肃的责任作为己任。政党必须进行改造，才能履行为实现人民自治而必然承担的艰巨责任。由此，我们的旧的政党制度事实上已经分崩离析了，它必须重新建设自己。人们在某些方面想利用社会的利益对立，即将其看做社会问题的祸根，以达到分散政治发展方向的目的，而这些政治方向按照其内在必要性，对我们民众的未来而言本应属于同一个整体。

所有自由的政治发展方向，如果它们不想自我否定的话，必须根植于社会理念。当下已经有很多关于自由与民主彼此对立，也即关于社会民主的讨论。先生们，这种对立不是源生的、根基性的。请读一下古典自由经济学鼻祖亚当·斯密的著作，认真读过的人一定都会说，这个人绝对不是曼彻斯特资本主义模式的开拓者，这个人——就像我们今天所说的——至多是个社会自由主义者（Sozialliberal）。他是个彻底的社会自由主义者，而社会自由主义就是最早的自由主义。因此，随着一般前提条件的发展，社会自由主义必然归入含有社会理念的民主制。另一个发展方向，是自由主义被扭曲后，也就是在经历了阿尔弗莱德·韦伯（Alfred Weber）所说的经济制度从竞争资本主义转为垄断资本主义的经济时刻之后，才出现的。那时候很多事情都发生了变化：自由运动理念不再服务于所有人；在现实中追求以对抗国家为目的的经济发展自由，已不再是主导性动力；曾经的理念都已经变成了宣传和广告。事实上这一方向上的经济，直至今天，都是为私人经济利益服务的，而这种私人经济利益超越了整个国家利益，超越了整个公共利益。也就是说，垄断资本主义必然与自由资本主义——只要它还是健康的、清新的——不同，它必然是反民主、反社会的。与此相反，民主观念与社会观念共同根植于共同体的也即民主共和国家的合作社原则（genossenschaftliches Prinzip）。先生们，正是在帝王时代的社会政策的庇护下，有着反社会、反民主天性的垄断资本主义才在德国变得日益强大起来。也正是垄断资本主义，曾经与其他原因一起，催生了通过特别立法实施惩罚这一权力工具，因为它不想让社会立法给予激励这一制度工具发生政治效果。所以，垄断资本主义是越来越广泛的民众脱离国家生活的原因之一，它也是最终导致整个国家分崩离析——就像我们战战兢兢所经历过的一样——的原因之一。

德国人民都被旧的统治者制造的安全保障所麻痹，以至于它的大多数重要部分都在毫无准备的情况下遭遇了彻底的毁灭。若对此进行思考，会更加认识到这种滞后了的历史发展视角：正是那些没有与旧系统的生死存亡联系在一起的、与之对立的方向和潮流，令人惊异地将国家从分崩离析的命运中解救出来。（鼓掌）我一直强调，在那些可怕的充满质疑的日子里，正是因为我们坚持多数社会民主才给德国带来了幸运。它是国家的智慧，是"民族"这个词的真正意义；"社会"和"民主"这两个词，给自己挣得了声誉。至于应该按什么顺序使用"社会"和"民主"，即应该是"社会民主的"还是"民主社会的"，这并不重要。重要的是，不要让民主原则与社会原则发生内讧，以免被反民族、反民主的反动派和垄断资本主义所利用。自从所有的旧神邸在世界末日掉下了神坛、旧制度在恐怖的战争法庭呈现一派无能之后，事实证明在这样的危机时刻，只有在民主、社会以及民族观念联合起来（三者密不可分）的强悍的共同体基础上才能建立起国家的新秩序。

一个民族国家（Nation），它已不再能够通过臣民臣服其所属王朝而实现团结，它不是一个合作者性质的共同体，不是一个其民众拥有共同历史经历、共同语言和共同文化的民族同志社共同体；民族国家中的民族（Volk），其民众按照自己的个性、自己的特质和自己的天赋发展，就像是享有完全权利的国际组织的成员一样。以我们目前已经建立的文化和精神发展水平看，如果这个民族国家共同体（nationale Gemeinschaft）想强有力地、稳定地联合在一起，那么就必须生活在一个法治国家。在法治国家中，不会通过过时的、"形式上"具有法律效力的特权和权利不平等规则阻碍和损害人们的自然发展，由此，人民的每一个成员都可能且容易得到提升以及自由发展的机会。就像我之前说过的，民主的平权思想正是实现这个法治国家的必要条件。

建设民主国家是人民自己的事业，需要民众共同劳动；它同时也为不同的经济和社会利益群体和阶层创造了一个共同的平台。但这不是一曲实现永久社会和平与和谐的赞歌。我们应该知道，即使是在最美好的民主国家体制下，经济斗争和社会斗争也不会消失，政党斗争也同样不会消失。这也是一种内耗，在这样的经济萧条时期，它会毁了一切。但是，如果享有民主平等权利的社会成员有着共同的事业，成为政治共同体，那么上述斗争的坏处就会被削弱很多。共同的政治事业、相互间的了解以及并肩作战，这种政治上的同志般的关系会使各个成员之间互相尊重，并减少那些尖锐的矛盾和对立。广大的享有表决权的民众会以他们的力量——占有优势地位的力量——来对抗垄断资本主义的进攻。

尽管我们知道，在德国发生了许多不令人满意的事情，但是当我们想到德意志民主共和国是在怎样的内忧外患下复活并度过了它的第一个年头，我们还是必须说，它干得不错。如果不是民主的、社会的共同精神，德意志国将不复存在。如果没有这种共同体精神，如果民族原则、民主原则和社会原则没有联合起来，那所有的一切都会坠入深渊。纯粹的强权政治和纯粹的专制权力在德国已经无法实现对人民的统治。人民保持了对国家的忠诚，并不是他们应该受到自上而下的权力统治，而是因为他们想自下而上进行统治。从另一个角度而言，如果德意志国在民族原则的、民主原则的和社会原则的时候，不是尽可能和平地开展社会斗争，而是煽动社会愤怒和仇恨，那么德国恐怕早已毁灭了三次了。

当然，现在，特别是今天，这个国家呈现出的是虚弱、严重的状态。眼下，所有的所谓的"市民"（das Bürgerliche）都在害怕社会主义的红色浪潮会向他们袭来，而事实上，垄断资本主义正在为此而狂欢。（热烈地表示赞同的声音）我还记得在最初的几天里，那些我所熟悉的小镇充满了哀号和战栗，人们坐在拉下的百叶窗后，战战兢兢地盯着眼前的灯笼走过，（大笑声）我当时就说，上帝啊，我不害怕社会主义，我害怕的是这种社会反动（soziale Reaktion）。导致这种社会反动的不是那些已经发生的事实情况，是你们的恐惧。（很好）遗憾的是，这种事情发生了很多次。我们很多市民阶级在魏玛宪法的实施下变得贫穷，但导致这个结果的原因不在于魏玛宪法本身及其推行社会理念的内容；原因也许也不是社会主义，尽管社会主义做了一些错事，并且有些正确的事情却没有做。（很好！）正是垄断资本主义的那些疯狂行为，应该对上述问题承担责任。最近，垄断资本主义似乎并不好过：它曾经与那些反民主、反共和的反动势力紧密联合在一起——这么做也正好体现了它反民主、反社会的本质；现在，人们意识到这种联合其实是一种妥协的姿态。显而易见，人们想要开始从"形式上"去承认共和制了。人们可能会记得，以前经常充满讽刺地说，这只是形式的民主，对于这种统治方式既不需要给予尊重，也不需要害怕它。从某种意义上，这似乎暗示着一个巨大的交易：承认共和是形式上的宪法模式，以此来换取"市民的"反社会主义的统一战线。做这样的交易，并不是毫无危险的。我必须说，以此来换取反对方的承认，民主和共和付出的代价也太高了。（热烈的掌声）因为如此一来，民主和共和的内容完全被掏空了，连整个宪法也干涸了。（非常正确）任何不希望发生这种情况的人，不管他的政党基础有多么狭窄，我相信，都必须与所有希望在现实生活中维护魏玛宪法、维护共和的人站到一起，防止有人从共和形式中夺走民主和社会的内容。

所有追随民主、民族和社会共和国，追随它们的真正精神的人，应该团结起来，反对以各种形态出现的妄图谋求统治权的反民主、反社会的垄断资本主义。对政治自由、民族统一和社会进步的追求，在细节上可以有所差别，但它们所追求的目的却存在最为内在的、最为密切的联系。无论如何，在我们这个现代时期及其条件下，不可能在放弃其中一个目标的同时却能够实现另一个目标。我们必须同时为以下三项目标而工作和斗争：根据事物的自然发展要求，争取在国际社会中完成民族统一、政治自由和民主平权，以及社会进步。先生们，我理解，并且会对你们可能和我有着同样的理解而高兴，那就是：民主共和对社会理念的意义是多么的重大。（雷鸣般的、持久的掌声）

（王苗建　译　袁镜淇　校）

魏玛宪法的三大主导思想

格哈德·安许茨[*] 著

　　亲爱的同胞，按照我们母校古老的传统，在今天这样一个庆典上，校长应该就他教学与工作内容做一个演讲。然而作为一名德国国家法老师，即使他已经找到一个合适的题目，也仍旧不是一件简单的、令人愉悦的事情。

　　过去的几年里，我们在惨痛的命运重压（指第一次世界大战——译者注）下生活，德国的法律如同德国一样，陷入了混乱无序的状态。对于战前施行的德国公法，这场革命（指德国十一月革命——译者注）既没有予以全部废除，也没有进行统一的革新。我们可以看到，在旧法的残余和废墟中长出了新法，但部分新法本身就如同一幢尚未完成的毛坯建筑，自身和废墟没什么两样。一群头脑发热的立者者，基于危急状况以及眼下的刺激，制造出大批摇摇晃晃、结构松散的法律，它们经常还未生效就必须再次修改。这是个不容乐观的状况，至少对于科学研究来说是这样的：在国家法和行政法的很多领域，想跟上持续不断的素材变动，保持某种全局观，以及对法律概念有一个清晰的有条理的把握，几乎是不可能的。遗憾的是，面对这样一个混乱的局面，没有人知道何时以及如何可能建立起秩序。

---

*　格哈德·安许茨（Gerhard Anschuetz，1867—1948），是卡尔·弗里德里希·冯·盖尔伯（Carl Friedrich von Gerber）和保罗·拉班德（Paul Laband）的学生，所以采用实证方法。安许茨身上刻有很深的普鲁士国家法和行政法学家烙印，但 1899 年接受了图宾根大学教职，一年后去海德堡大学，1908 年又回到柏林大学，但最终于 1916 回到最后任教地海德堡大学。希特勒上台后主动要求退休，因为他不想在讲台上教授民族社会主义国家法（nationalsozialistische Staatsrecht）。安许茨参与了魏玛宪法的起草工作，支持议会民主，但同时也主张魏玛共和国继续采纳皇帝时代（Kaiserzeit）的国家法理论，尤其坚持将法律和政治做明确区分的观点。他编著了著名的《魏玛宪法评注》，在 1919 年至 1932 年期间出版了 14 版，在各种关于魏玛宪法的学说中占绝对性支配地位。
　　《魏玛宪法的三大主导思想》（Drei Leitgedanken der Weimarer Reichtsverfassung），系作者于 1922 年 11 月 22 日海德堡大学校庆时的演讲，J. C. B. Mohr（Paul Siebeck）出版社 1923 年出版。

德国魏玛时期国家法政文献选编

对于我们的公法来说，所有这一切都还不是最糟糕的。上述全部状况，自然只是我们的国家由于战争失败及其后续影响而产生的病症。我们的更深的、经常让我们绝望的，是已经病入膏肓的国体本身（Staatswesen）。必须先问清楚的是：我们身处何种环境？

现实是，一则以嘲笑战败国为目的的、披着合约外衣的霸权和约（Diktatfried）（指《凡尔赛和约》——译者注）——不比任何一个强加于一个大国的和约来得更尊严——使我们的国家和人民变得软弱、贫穷和悲惨，因为它对我们的国家和人民极尽掠夺，使得我们不堪重负。我们的敌人所组成的联盟，我们的西方的世敌和死敌，继续将我们的财政、国民经济以及全部政治生活置于他们的控制和监管之下，以至于我们必须借助区分法律与事实的这种法学艺术才能主张德意志国依然是一个主权国家。德国不仅对外软弱无能——它还能有其他作为吗？——而且对内也不再享有最高统治权。在此我并非专指那些被占领的地区，而是指这样一个普遍存在的现象：国家内部存在一些国家权力的对手，无须为其做形式上的斗争，它们就可能威胁到国家权力；还有那些人资结合的社会组织和经济组织，工人协会和企业家协会——它们也是国家权力的对手！——甚至普通人也会加入到它们的行列。将所有这些联系在一起，便能画出一幅浑浊不清的、反映出国家理念危机的图画来。在此我并不想把我们推入某种毫无顾忌的悲观主义情绪。让我们想一想，在国家所经历的全部苦难和不幸中，我们仍然有最后一笔财富，一笔最为宝贵的财富。对此，有着自我觉悟的，但饱受内部分裂和对立的德意志人民可以宣称：这笔最高的财富就是我们民族拥有的统一的国家组织，也就是我们的德意志国。当然，在某种程度上这笔最后的财富也并非没有受到威胁。法国政治一直不遗余力地从事破坏，他们一会儿偷偷摸摸地，一会儿虚伪地掩饰他们的目的，一会儿又公开地嘲讽挖苦，他们的目的就是将我们在凡尔赛条约中没有被分裂的国家继续粉碎掉。不能否认，就是在德国本土内，也存在让人感到不齿的败坏贬低国家观念的思想，因为他们不喜欢现在的国家宪法，对他们而言，单独的个别利益高于整个国家（Nation）的兴亡，所以他们希望将这种统一的国家观念连根拔掉。这些我们都知道。但是我们更知道，这些国家败类只是一小群人，只要我们其余的人齐心协力地站在他们的对立面，只要绝大多数德国人民拥护我们的国家（Reich）以及化身为国家的民族统一，法国人便无法实现他们这个由来已久并不断推进的目的，即使在它的东方附属国（östliche Vasallenstaaten）——法国人背着我们建立这些附属国，以伺机帮助其强大盟国来攻进我们——的帮助下，也达不到分裂我们的目的。

德意志国家必须存续；只要我们团结一致，它也必将存续。

今天，我将根据 1919 年 8 月 11 日生效的现行基本法，即《魏玛宪法》所描述我们国家的政治类型及其在国家法上的性质进行演讲。我演讲的题目是——某种程度上我还不确定这个题目是否正确和完整——"魏玛宪法的三大主导思想"。

在过去的 70 年中，德国人民曾两度改变他们根深蒂固的民族偏好，凭借历史的、合法的力量，试图通过他们自由选举的宪法会议，即国民大会，自上而下地改革自己的国家体制，在危难中进行自我拯救，将命运重新掌握在自己的手中，使整个民族重新振作起来。第一次尝试没有能够实现国家意志（nationaler Wille）：众所周知，在法兰克福保罗教堂举行的国民大会制定出了一部帝国宪法，但没有建立起该宪法所欲服务的帝国。1849 年的《法兰克福宪法》仅仅成为一部历史文献，一座值得尊敬的法律里程碑，但从未成为法律。第二次尝试便是 1919 年的《魏玛宪法》，这一次国家意志成为了现实。无论如何，这一次宪法尽管有接连不断的阻碍和困难，但相对于 70 年前而言，情况有了很大的改观。这一次不需要先建立一个统一的民族国家，因为在 1866 年到 1871 年这段时间内，德国民族已经实现了统一之梦。魏玛制宪会议的任务就只是给已经成立的帝国——鉴于旧帝国的宪法已经被革命粉碎——制定一部新的宪法。

1849 年的《法兰克福宪法》和 1919 年的《魏玛宪法》的主导思想——尽管两部宪法所处的时代背景差异迥然——有着很多相似之处。这两部宪法的近似程度，要比其中任何一部与介于两者之间的第三部德国宪法，也即 1871 年制定的《俾斯麦帝国宪法》——该宪法一直实施到 1918 年帝国瓦解——更为接近。站立在法兰克福保罗教堂的政治家们与魏玛剧院（Weimarer Schauspielhaus）的政治家们之间的，是俾斯麦这位帝国缔造者。相对《魏玛宪法》，他与《法兰克福宪法》的制定者在时间上更为接近，但是二者的差异是如此之大。那些《法兰克福宪法》希望达到的、《魏玛宪法》已经实现了的内容，于《俾斯麦宪法》则极度缺乏，甚至是截然相反。它们之间的对立性，任何一个希望对德国国家法有一个清晰把握的人，都不得不谈起。

《魏玛宪法》与其前身《俾斯麦宪法》相比，最重要的差别表现在以下几点。

（1）与《俾斯麦宪法》相比，《魏玛宪法》更明确、更着重地强调共和国的国家性（Staatlichkeit des Reiches），以及作为独立的民族国家（nationales Staatsgebild）——它或多或少不同于成员邦国的叠加总数或联盟——的特性。

（2）在国家与邦国，即各州的关系上，从前与现在不同，是在偏向后者，即在联邦意义上建构的。如今秉持的标准不再是联邦，而是与联邦相反的原则，即中央集权的理念。

（3）当我们观察过去和现在的国家形式时，会发现两者存在特别深的鸿沟。过去的君主制国家，现在已被崭新的、按民主原则构建国家与各州关系的、共和的德国所代替了。

帝国的国家性、中央集权主义和民主，这就是《魏玛宪法》的三大主导思想。接下来我们会进一步对此进行阐释。

一、魏玛共和国的国家性

如同我之前已经尝试阐释的，所谓"德意志共和国是一个国家"，意思是：它不仅仅是指那些孤立分散的权力——它们在过去的几百年里是德意志民族实现统一的绊脚石——的联合。德国不是邦国这样的独立权力的统一体，也不是德意志人民的统一体。它是超越邦国界限、由最高统治权力统一起来的德意志民族。即使人们仍然将各州看成一个国家体（Staatsgebilde），看成在级别和规模上都比国家低一级的国家体，将德国整体看成各个单独的邦国的联合体，它的属性依然是国家（Staatswesen），其本质和其他的大民族国家，比如英国、北美、法国、意大利是一样的。德意志共和国提供给德意志人民的不是一个国家的代替物，相反，共和国本身就是德意志国家。这并不只是一个政治愿望，而是一个国家法上的既成事实，是我们的宪法毫无争议的目标。为了对我们在实现民族统一方面所取得的进步做出更正确的评价，我们必须回望过去在统一发展道路上的各个阶段,特别应该重新审视《俾斯麦宪法》关于帝国之"国家性"这一问题上所采纳的观点。

19 世纪，在那些包括德国在内的内部分裂的国家中发生了大规模的人民运动。这些人民运动的意义是什么？ 我们追求统一的目的又是什么？这里的意义和目的就在于，从各个小国家和中等国家，即从德意志民族的众多国家中或在它们之上产生出一个统一的国家，一个民族国家，一个帝国。人们没有忘记,四分五裂的德国曾经是国家，一个强大的王国，这个王国没落了，人们希望将它重新建立起来。然而统一的愿望并没有被实现，而是被狭隘心理毁坏了：无能的德国诸侯把民族观念摆弄成换取诸侯主权的小小祭品，他们在 1815 年组成德意志联盟（Der Deutsche Bund），一个保护和反抗联盟（Schutz- und Trutzbund），其目的在于通过相互支持而保障自己的邦国安全，与德意志民族的统一，也即帝国观念毫不相关。苦难的德意志人民起先满足于这种状况，但到1848年终于忍无可忍而奋起反抗了。当年的革命运动催生了——酝酿于保罗教堂的——法兰克福国民大会。国民大会希望建立一个德意志帝国并制定宪法为其服务，而帝国——与德意志人民的民族统一愿望相吻合——在各方面都必须具有国家性。也就是说，帝国不应该也不愿意仅仅在各邦国之间建立起合约关系，至少不是诸侯联盟，而应该是一个由德国人民组成的国家组织，一个民主宪政的帝王国家。当然，人们可以讨论，这个国家曾经是或应该是联邦国家还是中央集权制国家，但它无论如何都是一个国家。然而，正如前文所述，这个创建统一国家的壮举并未成功，德意志联盟重新登上历史舞台。大约50年后真正摧毁这一德意志国计划的，不是人民运动，而是普鲁士政治和它的天才领导人俾斯麦。俾斯麦拿什么取代了德意志联盟？1867年的北德意志同盟（Der Norddeutsche Bund）以及该同盟的扩张即1871年的德意志帝国又是什么呢？它是一个国家，还只是各个邦国的联盟（Bund der Einzelstaaten），或者是在某种程度上与国家功能相近的邦联（Staatenbund）？

　　1871年宪法对这个问题并没有给出明确的答案。有些人在文章中称，这是一个邦联。一些从中获得利益的人很中意"邦联"这个称谓，由此引出另外一些词，比如将帝国称为德国诸侯和自由城市的"永久联盟"；所谓的"保留权"（Reservatrechte）规定中有类似的联合；还有便是有些诸侯依照宪法与巴伐利亚结成同盟（Bündnis）。就连俾斯麦自己，对他的国家作品的基本构思——即他的帝国到底是一个国家还是只是一个联盟——也只做出过一次回应，而且明显故意地表述得模棱两可。俾斯麦在1866年关于制定北德意志联盟宪法的方针中指出："在形式上必须理解为邦联，但实际上应该用灵活的、不明显的方式赋予它联邦的性质。"这就是说，德意志统一大业应该是邦联，至少看起来应该像是一个邦联。原因是，在此请允许我们揭开它的面纱，当时帝王思想和小邦分立主义仍然盛行，而对此我们必须妥协和顾忌。俾斯麦将帝国的国家性用邦联掩盖起来，用这种充满骑士风范又十分诡谲的联合满足各个诸侯国的口味。无论如何，真相被罩上了面纱。这就不奇怪为什么学术界也注意到，德国真的沿着面纱指示的邦联方向而非朝着它背后的实质去发展。引领方向的是慕尼黑的马克思·冯·赛德尔（Max v. Seydel）教授，在俾斯麦时期的德国国家法学者中，塞德尔教授属于最极端的联邦主义分子；也有其他学者——其中部分学者其实没有特别的政治主张——续借了他的观点，比如冯·雅各曼（v. Jagemann）和奥拓·梅耶（Otto

Mayer），新近的还有奥地利学者利奥·维特迈耶（Leo Wittmayer）。但是德国学术界的大多数学者并不承认这种看法。早在 19 世纪 70 年代初，阿尔伯特·汉纳尔（Albert Haenel）就竭力主张帝国的国家性，另一位学术大师保罗·拉邦德（Paul Laband）在同一时间创立了很快成为权威学说的联邦国理论。根据这一理论，尽管各邦国保留国家性，但这并不影响帝国的国家性：帝国是一个联邦国家（Bundesstaat），是由一些没有主权的邦国组成的完整的主权国家。在学术上我们学习到并讲授这些内容，从我个人的角度讲，我并未怀疑过，拉邦德和汉纳尔反对赛德尔甚至反对俾斯麦是有道理的。但是我同时不得不承认，因为宪法没有做出明确规定，所以驳斥对方的观点并不容易。有人不满足于将帝国看做邦联，但他们从这部旧宪法中可以看到的就是一个纯粹的邦联，其中有些崎岖和矛盾并不仅仅是所谓的"美中不足"（Schönheitsfehler）。简而言之，1871 年德意志帝国，即使它是一个邦联，它同时也是一个国家，而不仅仅是单纯的诸侯国联盟；但这一切不无争议，并没有形成共识。

　　现在有了《魏玛宪法》，它在由革命带来的新的政治基础上具有了前所未有的明确性。旧宪法消失了，随之消失的还有其饱受争议的所谓的"合约性质的"元素和基础，其中包括南部各德意志诸邦国于 1870 年 11 月签署的合约和联盟。这部新宪法不再是各邦国之间的合议，不再是建立在合约基础上，而是一项以统一的民族意志为基础的行动，它是根据享有制宪权的国民大会——该大会即便面对各邦国也享有完全主权——所做的决议产生的。我们对比两部宪法的"前言"部分便可以看到，旧宪法与新宪法之间存在巨大差异。旧宪法在前言中宣称：普鲁士国王以北德意志联盟的名义与南方各诸侯国的君主缔结"永恒的联盟"，目的在于"保护联盟共同的疆域，适用于联盟的法律以及维护德意志人民的福祉"。与之完全不同，新宪法前言规定："德意志人民同族同心，为重建与巩固自由、公正之德国……兹制定此宪法。"对于各邦国，也即此时已经成为共和国的各州，宪法前言只字未提。它们不再被看做建立国家或制定宪法的基础，它们只是构建帝国大厦的砖瓦。魏玛帝国已不是各个诸侯国的联盟，而是全体德意志人民的共同体，可以理直气壮地称谓"人民的帝国"。德意志帝国，是臣服于帝国自身权力之下的德意志人民；它所描绘的就是一幅国家图像，符合人们对国家本质的理解。关于共和国的国家性，如今已无须争议。

　　直至现在，我们已无须再贬低俾斯麦及其帝国的影响而坦然承认：在经过国家变更和宪法转变之后，我们毫无疑问地抵达了民族统一的程度；以此为基础，我们作为一个大民族国家，我们享有永久的请求权，即请求成为"国家性质的统一体"（Staatliche Einheit）。直到现在，缠绕在德意志帝国的国家性观念上的残渣余孽才得以完全清除。赛德尔（Seydel）曾经主张，任何德意志邦国可以任意从帝国分离出去，这不是叛逆罪，充其量只是违反了一个盟约。基于同一观念，冯·雅各曼（v. Jagemann）认为，帝国只是一个由各州签订的合约，所以德意志各州政府有权解散该帝国合约，并代之以重新制定的宪法。诸如此类的观点在今天完全失去了立足之地。在此我们要感谢《魏玛宪法》，它给我们带来了长足的国家政治进步。

我们取得的这个进步当然无法逃过我们的死敌的眼睛，自然也就逃不过法国人的眼睛。前不久在巴黎，颇有名望的法国法学教授波特雷米先生（Berthlémy）用他充满仇视的锐利眼光揭示战争目的的真面目，警醒他的国民道：从政治的角度看，法国已经输了这场战争，因为俾斯麦没有达到的目标，即将意志民族融合成为一个统一的国家，却通过德国革命的失败达到了。不光是波特雷米教授，很多其他人也同样持这一观点。

二、中央集权主义和联邦主义

我们德国人向来以善于理论思考著称，喜欢用理论的力量去解析我们国家在理论层面的基本原则。就像以前人们讨论帝国的国家性一样，现在又开始讨论帝国成员，即各州的属性问题。讨论的争议点是，各州是否具有国家属性，还是仅仅是享有自主行政权的德国的省份。这一争论当然不是没有意义的，但它的答案有赖于如何回答另一个问题，即帝国究竟是一个由多个国家拼凑起来的复合国家还是一个单一国家：如果人们承认了各州的国家属性，那么帝国就是一个复合国家；如果人们否定了各州的国家属性，那么帝国就是一个单一的国家。这个问题很重要，但是在此我不想做过多阐述，因为如同俾斯麦所说的那样，这种讨论过深的话便会陷入"教授争议"的泥潭。在我看来，新宪法留给各州的权力足以在学术上给各州贴上国家属性的标签，除此之外，对于我们不久前所经历的巴伐利亚与帝国之间的令人生厌的冲突，即巴伐利亚特别希望它的国家属性可以得到帝国的官方承认，我认为这里没有必要去断言这么一个无解的问题。现在的帝国是一个分割成许多小国的国家，与旧帝国没有差别，它仍旧是一个复合国家，现在我们要审查的是，这个复合国家是否是联邦国家的概念界定。确切无疑的是，帝国与各州的关系有着明显的中央集权的特征，并且远比俾斯麦时期的帝国更具有中央集权特征。在此我们将要进入《魏玛宪法》第二大主导思想的讨论。

中央集权主义和它的对立概念即联邦主义之间的区别，取决于复合国家，尤其是联邦国家的组织类型。在中央权力和地方权力的关系中，当前者的权力远大于后者的权力时，则倾向于单一国家的组织形式，人们称之为"中央集权主义"；与之相反，当地方权力大于中央权力，整个国家组织形式倾向于邦联的组织形式时，则被称为"联邦主义"。值得注意的是，中央集权主义与联邦主义并非彼此完全排斥的两个属性，在联邦国家尤其不是这样；中央集权主义和联邦主义往往就是一个"度"的问题，所以很可能在一个联邦国家的宪法中同时规定有反映"联邦主义"和"中央集权主义"特征的内容。我们的宪法就是这样一个例子。

这次革命的基调就是中央集权主义，制定宪法的国民大议（Nationalversammlung）中的绝大多数成员也倾向于中央集权化；对于《魏玛宪法》来说，只可能是中央集权主义取得胜利。国家立法权的范围相对从前明显变大，一些重要的行政部门和行政事务，比如外交、军队、铁路和水路、邮政和电报，都从各州转到了帝国权限范围内。各州的财政权被极大地削弱，几乎所有的重要税收来源都落入帝国手中，帝国按照自己的法律，由自己的机关部门使用税收收入。即使是帝国的组织机构，很大程度上也是按照中央集权原则进行设置的。三个中央机构，即帝国议会（Reichstag）、帝国总统和参政会（Reichsrat）中的两个，即帝国议会和帝国总统，都由人民直接选举产生，地方权力并没有参与权；只有权力较弱的参政会保留给了地方权力，也就是保留给了各州政府。此外，宪法第 18 条也体现了绝对的中央集权主义，因为根据该条规定，国家享有支配各州疆域和边界的主权。国家享有对各州的划分以及对德国境内边界划分的决定权。为了重大的国家利益，各州边界可以通过修宪性的帝国法律，或者通过经由各州同意的国家基本法律实现变更；如果相关法律未获得各州同意，则可以通过全民表决获得实现。由此可见，宪法没有承认各州保持其疆域和边境完整性，也即对抗帝国保证其存续的权利。国家利益可以如此毫无限制地对抗地方权力，这可谓是史无前例。

毫无疑问，中央集权主义是我们宪法的基本原则。但在另一方面，宪法也不缺乏倾向地方权力的机制（Einrichtungen）：只要它们依据并不过分狭隘的自治原则考虑各州利益，同时又以同样恰当的方式支持各州参与到控制着州利益的帝国意志的形成过程中，那么这些机构——暂不论依其形式是否应该称其为联邦主义——依其事务本质看，便是向联邦主义做了妥协，甚至是很大的妥协。

反映联邦主义元素的机制首推帝国参政院（Reichsrat），它的前身是旧时期的邦联参政院（Bundesrat），在帝国立法和帝国行政领域内享有众多的职权；它的职权——如果我悉数的话就太多了——虽然明显小于当时的邦联参政院，但是即便如此，它已足够强大到使各州的特别利益得以实现。紧随其后的反映联邦主义元素的当属以下宪法规定：根据宪法相关规定，实施国家法律属于州事务，由各州相关机构负责，只有在例外情况下（比如税收），可以根据法律由帝国政府部门实施。这样各州政府就有了解释和适用帝国法律的可能，它们可以根据本州的特殊情况适当地运用这些法律。第三处反映联邦主义元素的地方是，《魏玛宪法》规定一般情况下，帝国派遣在各州的机关负责人应当由本州人员担任，在组织国防过程中应当考虑到该州的特殊情况。

　　对于某些人来说，《魏玛宪法》给出的上述倾向各州利益的机制还不充分，还不足以涵盖真正的联邦主义的精神。在联邦主义观点盛行的巴伐利亚，存在越来越高的呼声，要求修改宪法，引进真正的联邦主义。这些要求，因为缺乏一个轮廓清晰的纲领而变得很难实现。与此同时，他们似乎忽视了这样的问题，即这些诉求究竟要走向何方？他们会把国家带回到倒退的状态，这是《魏玛宪法》不愿意也不应该做的事。按照他们的要求，德意志国家将变成德意志各邦国的联盟，也许并不是国际法上的邦联，而只是国家法上松散的同盟，就像赛德尔以及他的追随者所歌颂的俾斯麦帝国一样。这样的同盟关系，其第一位的目的既不是为了同盟自身的利益，也不是为了德意志民族的利益，而是为了同盟成员，即各邦国的利益，这样，首先是他们可以从同盟那里获得利益与好处。不需要过多论述就可以看出，这样一种国家观念，无疑是对《魏玛宪法》的全面颠覆。我们今天的国家不是一个同盟，也不是由各个邦国联合形成的同盟。它是根据全体德意志人民的愿望而产生的国家实体。它是一个国家，它的最高权力持有人是人民统一体，而不是众多的诸邦国联合。

　　反对者提出的上述修宪主张，所涉及的并非微不足道的事情，而是关于修改现有基础的原则性问题。对此，我的看法是：现在还不是修宪的时候。现在我们要做的是，拯救自己于危难之中，而不是去修改宪法条款，更不是去改变宪法基础。当前我们的任务不是修改宪法，我们需要做的是——尽管这么做宪法的反对者们自然会感到很不自在，他们会给它冠以"紧急时期宪法"（Notverfassung）的名称——在宪法之下达成一致，把宪法看做全体德国人民缔结的，同时也是服务于所有德国人民利益的最高秩序。当然，这里并不排斥对宪法基本原则进行非官方讨论，比如我们现在正在进行这样的讨论。

我在这里反对信仰联邦主义国家观，本身也是一种信仰。

我承认，在帝家和邦国关系问题上我属于坚持"帝家就是一切、邦国什么都不是"的一派。对我而言，德意志国家首先是帝国，而不是州的化身。帝国不是各州的联合，不是托拉斯组织，不是小邦分立主义组织（Partikualrismus），它所表示的是一个民族统一体国家。帝国于我们是生命攸关的，它的存在关乎生命，对此没有讨论余地。与此相反，国家是否划分为州、如何以及何时划分，这些都是可以讨论的范围。

重要的是先要表达上述观点。此外需要明确的是——这里我又回到第一个题目去了——不存在任何理由去改变现有的国家与各州的关系。因为在现有秩序下，国家和各州都能够存在。上文提到的《魏玛宪法》对联邦的规定，即州政府组成参政院以及实施帝国法律，就是很好的证明。我认为各州没有理由埋怨，而是应该充分意识到各自的地位，即州不是享有主权的邦联成员国，而是联邦国家的组成成员。

基于另外一个原因，也必须拒绝联邦主义提出的倒退式的修宪主张。《魏玛宪法》是一部灵活的、有足够应变空间的宪法，即使不对宪法做形式上的修改，随着时间和情势的发展，这部宪法也有能力调整国家与各州的关系。此处我可以毫不犹豫地说，宪法不会阻碍有益于民族利益的国家发展，而此发展便是：德意志国发展成统一的国家。

请不要误会我的意思，我也不认为通过修宪这样一件一夜间就能完成的工作，就能促使我们成为单一制国家。如果现在主张修宪，挑起不合时宜的政治对立和高涨情绪，那便会受到和我反对联邦主义分子那样的谴责。因为我们必须承认：大部分德国人不愿意主张，至少不愿意公开主张单一制国家。不可否认，对于这一问题，在普鲁士尤其是北德意志国，与南部各州尤其巴伐利亚之间存在很大差异。北方更倾向于中央集权主义，而南方则更倾向于联邦主义。这种对抗在1919年普鲁士制宪会议上格外引人注目。当时会议做出了一个或许并不策略的，但很有纪念意义的决定，就是公开拥护单一制国家，并要求国家政府实现这一主张。不仅仅是在普鲁士，我相信在北部和中部其他各州，人们都开始乐意接受单一制国家这一观念。但在我们南部，特别是巴伐利亚则不一样，单一国家——人们反对这一词汇更胜于反对单一国家本身——的观念在这里并不盛行。目前，很难取得共识，至少不能通过武力或其他类似的方式——我反对这么做，相信议会和参政会员的大部分成员和我一样——达到目的。

任何坚决支持民族单一国家这一伟大理念的人，都需要有耐心。即使自己无法等到实现这一理念的那天，也要克制。我必须有等待的能力，我们也确实有这个能力。

因为我相信时间会证明我们坚持的一切。任何事都会发展，这不仅仅是指我们周围的环境，也指我们内部自身，而我们自身的改变是决定性因素。将会带给我们单一国家的，不是立法者的命令，而是我们的思想意识的转变。越来越多的人，即便是那些生活在我们当中的不可瓦解的顽固分子也会明白，只有通过整个民族的团结，通过所有力量的联合，才能重新索回我们失去的一切。而这样的团结和联合只有通过单一的国家——而不是联邦国家——才能实现。这种统一的思想要通过各州自身的转变，而不是通过宪法文本的改变来实现。各州所秉持的自身的国家性必将会慢慢失去光泽，即便今天有些人认为它有很高的价值。

总而言之，我认为走向单一国家的过程，就像之前乔治·耶利纳克（Georg Jellinek）所称的"宪法变迁"（Verfassungswandlung）那样，它不是不同于宪法修订（Verfassungänderung），即不是通过立法者决定对国家法做出形式上的改变，而是人们的观念及其关联的政治动力逐渐向前推移。这种变迁不会使州消失。对于那些反对单一制国家的人，尤其是那些担心单一制国家形式会使德国丰富多彩、五花八门的生活方式消失，从而变得单调划一、死气沉沉的反对者，这里——虽然已经多次讲过——必须再次重申一次：单一制国家并不等同于中央集中制（Zentralisation）。单一制国家可以尽可能地去集权化，从而给各部落和地区的特性保留一切合理的生存空间。各州须在《魏玛宪法》第18条给出的权限范围内承担去集权化的任务。在单一制国家的体制下，各州可以拥有不少于现在的权利和自由：帝国赋予了更大的自治权，使其可以通过参政院参与立法和国家行政，在国家的监督下实施国家法律。各州虽然放弃了——现在其实仅仅是形式上的放弃——自己的国家性而成为帝国整体的一部分，但是以其现有地位，各州将成为更大、更强、更自由的行政自治体（Selbstverwaltungskörper）。

我们在这里设定的目标并不是新近出现的，它已被曾在海德堡大学就读的伟大的海因希·冯·特莱施克（Heinrich v.Teitschke）明确地表述过："民族单一制国家和高度自我管理的自治省份并肩而立。"像特莱施克一样，就像他和他的那些充满理想的右派所谈论的一样，我在此讨论的是一个正在到来的事物的理念。

三、民主

后来我们成为了一个国家，再后来成为了人民国家（Volksstaat）。民主思想取得了胜利，它在世界各地推翻了无数的王朝，使得君主王朝变成了共和国，或者使君主在很大程度上仅仅作为一个装饰品而存在，他们的权力和尊严则被来自下层而非来自上层的夺取政权的国家首领所取代。民主的胜利战车在德意志国家的大门前不得不长久停留。早在 1848 年，德国君主王朝的根基就已经被动摇了，在法兰克福保罗教堂里，人们想在形式上建一个帝王国家（Kaiserreich），但依其本质却想建一个人民国家（Volksreich）、一个民主国家。然而当时的君主国，通过铁血宰相俾斯麦以及帝国与各邦的诸侯同盟（Fürstenbund），顶住了一切蜂拥而来的民主思潮。当然，他们也只是通过君主立宪这样的把戏在一定的时间保护了君主王朝。现在我们知道，所谓德意志王朝（das kaiserliche Deuschland），不是什么大时代，而只不过是历史长河中的一段小插曲。在战争中旧王朝的政治和军事力量全面崩溃，陪葬的还有旧王朝的中心机构，即君主制。至于它是如何覆灭的，此处我们没有必要多争论。正确的看法是，王朝既不是通过外部的也不是通过内部的力量，既不是通过外部敌人的进攻也不是通过自觉的人民革命覆灭的，它不是被有计划、有预谋地消灭了，而是因为它自己的弱小，在世界大战的艰巨任务前，在关键时刻，它分崩离析了。事情就是这样的，在昏昏沉沉的十一月，德国人民度过了他们离开君主和贵族的第四个年头。我们必须自己拯救自己，而不是依靠国王和君主，我们也的确做到了。这就是所谓的革命的意义，特别是《魏玛宪法》的意义所在。

根据其产生和内容上可以判断，《魏玛宪法》是一部民主的宪法。

从其产生来看，《魏玛宪法》不同于 1871 年宪法，它并非源自各德意志邦国之间的合议，而是像 1849 年《法兰克福宪法》那样，产生于全体德国人民的行动。这就像宪法序言所写的那样："德国人民制定了这部宪法。"当然这句话不能从字面上理解，认为宪法真的是由全体德国人民通过全民公决制定的；事实是，这部宪法是由德国人民选举的、获得全权委托的议会，即魏玛国民大会制定的。我们还记得，这次制宪会议的选举是建立在完全自由的选举权上进行的，所有的政治党派都参加了这次选举，包括那些反对建立新国家的党派。即使是这些反对派也承认民主，也承认没有比人民通过自己组织，推举人民制宪代表表达人民意志更好的方式，来建立一个全新的德意志国家。事实上，在制宪国民大会上，《魏玛宪法》以四分之三的多数赞成获得了通过。这表明，那种认为《魏玛宪法》是违背大多数人民的意志、通过非民主的方式获得了通过的观点——如果不是不久前有一位在其他方面值得认真对待的政治家（Heim 教授）还这么声称，我并不愿意在此重提这个话题——是多么愚不可及。

《魏玛宪法》的内容与它的产生一样，反映了民主思想。宪法第一章就一语中的：
"国家权力出自人民。"此处的国家权力是指帝国权力，它并非是人民之外或人民之上
的权力，而是产生于人民的权力，它等于全德意志人民的共同意志。国家最高权力机
构中的两个机构，即帝国议会和帝国总统，承担着形成、解释和实现人民共同意志的
任务；它们都是由人民直接选举产生，也就是说，不仅仅是立法机构，还有最高行政
权的持有人，也是人民直接代表。只有第三个最高权力机构，即位于众议院和总统之
后的，但也并非没有实权的帝国参政院，不是由人民代表，而是由各州选派的代表组
成的。参政院并不意味着对反民主势力的妥协，而是体现了联邦主义与另两个极具中
央集权色彩的帝国机构之间的抗衡。在所有这三个机构之上，还有一个特别的最高的
国家机构，即选举委员会（Wählerschaft）：它可以通过总统、一定数量的选举委员会
委员或者帝国参政院召集会议，对一些特别的案件——比如违背帝国议会的意愿修改
其通过的法律，或者遭到帝国参政院反对的法律获得了通过，或者在总统任期届满前
被免除职务——做出最高的终局裁决，也就是常说的"人民裁决"（Volksentscheid）。《魏
玛宪法》还要求各州也应建立相应的民主共和制度，不仅禁止倒退回君主统治，就连
诸如劳动者阶层或者无产阶级的专制统治也是被明确禁止的。由此便十分明确，《魏
玛宪法》所体现和贯彻的建设民主国家的理念，是多么有力而正确。

　　所有人都会承认，我们抱着严肃的态度对待人民国家（Volksstaat）这一主题。但
是对于民主是否真正适合德国这一问题，会出现不一致的判断。民主与否的判断取决
于每个人的政治立场，会随着政治立场的不同而不同。

　　大家不要期待我在这里会对所有有关民主的问题进行全面的阐释，但是有些问题
是必须要说明的。

　　民主应该被保留还是应该被取消，这个问题通常应该和另一非此即彼的问题，即
"选择共和制还是君主制"等同在一起。这种等同对待是不正确的。因为一些共和制
国家非常不民主，而有些君主制国家却相当民主。根据布尔什维克主义的国家法，社
会的一个阶层对另一个阶层实行绝对的专制统治，毫无民主可言。另一些国家如英国
和意大利，人们可能会被国家的外在形式所迷惑，认为它们是君主国家，但是其本质
却是不折不扣的民主国家。在这里我不想对这种不一致性多做讨论，因为在我们德
国——很幸运地——不可能出现像布尔什维克那样的统治。至于重新采用君主制国家
形式，即便有人这么希望，比如议会－民主性质的君主制，或者不同于曾经被我们推
翻的其他君主制，目前也存在不可逾越的障碍。那些认为之前被我们推翻的敌人及其

帮凶会允许我们用民主式皇权制（demokratisches Kaisertum）取代旧皇权制的人，都是政治幻想家而已。即便从纯粹的内政角度看，想要通过合法途径而非君主制德国对抗共和制德国的市民战争来实现帝制复辟，在可预见的时间里也是完全没有希望的。所有这些煽动内部斗争的举动，都有可能将我们建立起来的一切，将民族的统一与和睦彻底毁掉，所以我们必须以同样的甚至比反对联邦主义修宪理念还要大的力度，坚决抵制任何以复辟旧王朝为目的的举动，不管他们使用什么样的游戏手段。即使是民主帝制，目前在德国也没有生存空间；民主帝制的追随者应该告诉自己，除了个别技术性问题外，现在不是展开宪法辩论的时候。《魏玛宪法》历尽艰辛，但最后以值得尊敬的、令人印象深刻的多数票获得了通过；这是一部在各大建国势力之间、在市民阶层和劳动阶层之间实现了妥协的宪法，我们应该尊重这个伟大的妥协，它对内保障了各方面的利益，对外则维护了民族统一。前不久，一位右倾政治家再一次提到这样的国家形式是"我们所需要的"。我们需要且今天唯一需要的国家形式，就是能够尽可能体现大多数人意愿的国家形式，对于今日而言，就是以共和形式出现的民主制。在危难当前的此时此刻，我们国家无力承受任何关于"要共和制还是要君主制"的斗争，即便是竞选之争，因为，事实上很明显，所谓的争斗看似一场关于共和制和君主制的斗争，其实真正的是关于"要共和制还是要无政府主义"的斗争。对于现有国家形式的反对者，我们要求他们承认并且停止将已经存在并且有着合理的存在理由的决定继续视为悬而未决的问题来看待，这样的要求并不过分。

从其他方面看，上述要求也算不上过高的期待。如果我上面提到的这些反对者们认识到，我们不仅必须适应民主原则，而且能够适应民主原则，那么，这将是一个巨大的政治进步。

我在这里提到的仅仅是原则，也仅仅关乎原则，而未涉及《魏玛宪法》对该原则的具体细节的安排。关于细节问题，如果现在不谈，便是想留待一个更心平气和的时候来讨论。但是关于已经席卷整个德国的民主精神，关于民主的国家思想，今天便可以，也应该达成共识。

诚然，我们离达成上述共识还有很远的距离。在较广的范围内，也即包括学者在内的受过良好教育的市民阶层，直至今日面对民主仍然抱有拒绝的态度。然而，他们难道不应该用更多的理性，而不是凭借一时的激昂情绪来判断这个问题吗？难道他们不应该放弃对抗民主，转而对抗拿民主做幌子的民主傀儡吗？反对民主政治往往和阶级压迫感引发的社会阶级仇视有关，但是这种仇恨不应该针对民主，而是应该针对催生了民主的环境。对于上文提到的民主傀儡——这么称呼是有一定道理的——我会想到一些关于民主国家原则的通行观点，这些观点对于那些被信以为真的政治主张来说，并没有提供可靠的证据。

人们可能听说过，民主意味着国家权力的减弱，而君主制则意味着国家权力的强大。老天知道，在那场正好可以看做民主国体和专制君主国体之间的力量角逐的世界大战中，难道不正是民主的西方势力在任何方面都占据了优势地位么！难道人们可以认为，现在德国国家权力如此弱小是由于实行民主制，而不是由旧帝国年代的战争造成的么！接着人们会说，这样的"人人参与"的民主制，阻碍了统一的强有力的国家领导，妨碍了杰出的领导人才的发挥。对于这个观点，西方国家再次证明相反的判断才是正确的：当我们回望过去时，可以看到那些不仅仅在战争年代，而且在更早的时候就已经实行民主制的西方国家，它们拥有强大而稳定的外交实力；而回望同时期的君主制德国时可以看到，在号称统一的、永久的、严格的最高领导和精英统治下，我们却经历了一页惨痛的历史篇章。

最后，有人还试图将民主国家原则置于不正义的境地，更准确地说，就是诋毁民主原则，斥责它不民族（unnational）或者反民族（widernational）。这种尝试使用了卑劣手段，所以注定会失败。此处分析的民主反对者，大多数受到了在德国颇为流行的、令人遗憾的不良风气的影响，利用人们爱国情绪和民族情绪为自己的政党谋一己之利，打击其他党派。对于这种不良行径，我此处只是作为既存事实加以介绍，根本不屑做进一步阐释。民族主义和民主主义之间存在着内在联系，而那些试图诋毁民主的说法显示出诋毁者对这种联系的惊人无知；当我们回想起自美国发表《独立宣言》和法国大革命时期以来，民主思想是如何逐渐深入人心、广为流传起来的，就会对两者间的联系更加清楚。在世界范围内，民主思想正在缓慢而不可阻止地深入到以民族原则为基础的国家观也即民族主义中。民主主义和民族主义如此紧密地并肩而立，使人很难分清哪个是因、哪个是果，换言之，分不清是民主化进程影响了民族化进程，还是各民族逐渐成长的民族意识促使他们建立一个民主的国家。在我看来，后一种看法是正确的，对此我稍做解释。并不是任何族群（Volk），而是只有具备同一性和共同特征的族群，才会成为民族国家（Nation）。这种民族意识并不是一开始就被人所认识到的，而是随着人们政治才能的逐渐提高在某一时刻变成了大家的共同愿望：按照大家的共同愿望建立一个独立的国家。这种自我意识通常不会总是停留为一个认知（Wissen），各族人民的政治能力迟早会得到提高，直至形成一个志愿（Wollen）：按照人民的希望和志愿建立一个独立的国家。这其实就是民主的精神。君主制国家的各种制度和民主制并不是绝对不相容的——在这里我要重申一遍，民主国家并非一定要是共和国——当然其前提是，国王倾向于服从人民的意愿，愿意成为人民的仆人和民族志愿的执行者。现在我们认识到：民主思想和民族思想不是对立的，而是一对姊妹，是由人民的自我觉醒产生的自决权的孩子。这种意识一旦觉醒就会成长，不断向前发展，最终导致一个国家的诞生，这个国家的最高权力，不是来自人民之外或人民之上，而是来自人民之中。

现在我们可以看到民主国原则的核心，那就是国家和民族的统一。国家不再是人民之外的组织，与之相反，我们自己，也即全体人民的合作社，就是国家；而国家，也就是我们。君主制并不必然阻碍国家和人民合二为一，但根据历史经验，君主制可能构成障碍，尤其在我们德国，很遗憾，它就是障碍。我们的君主国到最后还是有不可克服的专制主义和世袭制的残余。君权神授制使我们的国家变成了一个超验的组织，在其掩盖下，统治阶层不是执行人民的意愿，而是貌似执行来自外部的，来自上天的使命。在这样的国家里，人民不再是独立的有自我意识的主体，而是被看成国家组织外部的事物，国家失去了它的威望和道德，这样的国家状态和国家观念必然走向灾难的深渊。

现在转折点到来了：国家，就是我们。人民不再是国家权力——它来自某个不可知的"上端"——的客体，而是国家的主体。国家权力是人民的意愿，而"当权者"（Obrigkeit）是为行使国家权力而产生的群体，是执行人民意志的，其权力根植于且只能根植于人民的机构（Organ）。对我们而言，国家不再是超验的，而是一种内生的权力；我们每个人都参与和服从该国家权力，国家事务就是每个人的事务，所以在这样一个国家里，我们每个人都要有公民的责任感。

国家产生于人民，在这样一个国家里，每个人都尽职尽责，有责任感，这就是民主的价值和真谛。民主终究会到来，很幸运，民主已经到来。只要我们还想坚守国家理念，还坚持认为国家就是集所有人利益为公共利益的、拥有主权的权力单位，那么国家权力就只能通过民族联合被全体民众自己所拥有。我们的国家必须是一个民主的民族国家，否则它什么都不是。

我们反复看到民主思想和民族思想之间存在亲缘关系——我都无法克制不去这么想。两种思想就其根本来说可以合二为一，它们共同的渊源就是实现民族统一和人民自治这一伟大而值得自豪的思想。民族主义将在人民的自我意识中建立和巩固统一观念，而民主将通过人民意志使民族统一得以实现。我们可以引用鲁特利山谷牧场宣誓（Rüthlischwur）中的一句话来传达这里的精神："我们要一个由兄弟组成的统一民族。"这里的"兄弟"意味着——请允许我在民主意义上做点补充——他们不是父权之下的臣民，他们将通过共同的决议决定和管理共同事务。

各位尊敬的听众朋友，特别是你们这些年轻的学生，我给你们阐述了我们的宪法之父们精心设计的几个伟大的主导思想。这些思想不是我强加于宪法的，而是我从宪法中读出来的。

我不认为《魏玛宪法》是最智慧的宪法。它在细节上也许还存在许多不尽如人意之处，有些应该规定的还没有规定到。但是它的主导思想是好的，当然说好是附条件的，是指它在政治价值判断方面是好的。它之所以好，是因为它恰如其分地体现了我们内部权力关系，准确地反映了大多数人民的政治观念。对于目前以及将来一段时间，这就是最重要的。然而我们不可以将《魏玛宪法》看做我们趋利避邪的护身符。我们不想过高地估计这部宪法的作用。一部好的宪法，必须是为国家所需的宪法，使国家繁荣昌盛的宪法。我们所需要的，不仅是好的宪法机制（Verfassungseinrichtungen），也要有好的能够实施和实现这些机制的人才。也就是说，重要的不是规则，而是人才。好的宪法可以保证选出正确的国家领导者，换言之，通过政治力量之间的竞争能够将能干之人推举到合适的位置上。能做到这一点就已经很了不起了。这样的选举包含多重因素，比如说物质、被选举人、广泛的可以推举出反映各种利益需求的社会阶层，以及能够进行政治思考和感觉的全体人民。这些元素所构成的各种关系，不是由哪部宪法制造出来的，更大程度上，宪法，尤其是民主国家的宪法必须以这些关系为前提。

我们的任务是要实现建设这些宪法前提。你们这些年轻的德国人，你们是我们的未来，你们有义务比前辈们做得更多更好。你们的前辈——我必须说——在很多事情上是完全失败了。

你们不仅仅是要把自己培养成一个人，更要把自己培养成一个公民（Bürger），一个国民（Staatsbürger）。你们应该具有以下三种优良的品质：牺牲精神、国民责任感和热爱祖国；其中爱国是最重要的品质。你们对德意志祖国的热爱应该高于对其他一切的热爱，高于对你们自己的热爱，也高于对你们的家乡的热爱，因为最重要的不是狭隘的家乡，而是民族国家（Nation）。这里不存在巴伐利亚民族或者普鲁士民族，只存在德意志民族。就像施泰因男爵（Freiherr vom Stein）曾经说过的那样："我只认识一个祖国，那就是德国；所以我只能全身心地忠实于整个德国而不是其中的某个部分。"

爱国是一种不附任何条件的情感。有些人将爱国与是否喜欢这个国家的宪法和统治者联系起来，这些人是糟糕的爱国者，因为他们爱他们的政党教义胜过爱这个国家。你们应该为你们的德意志祖国感到骄傲，因为你们的祖国并没有因为别人的破坏而变得糟糕，变得病态或颓丧。你们应该怀有慷慨激昂的民族自豪感，就像一个人应该有自尊心一样。就好比俗语所说：脸皮薄远远好于厚颜无耻。没有对死敌的爱恨交加，就不会有爱。爱国也是一样的道理。爱有多深，仇恨就有多深。但是不要把你们的仇恨转向自己的国人，而应该转向你们应该仇恨的敌人，它不在左边，也不在右边，而在莱茵河畔，与它我们既不能和平相处，也不会相互和解。在这里我不需要指出它的名字。

　　我们海德堡大学经常遭到谴责，有些人很不友好地贬斥我们过于国际化。我认为这些指责是不公平的，因为它们只针对一些表面现象。总之，这些指责常常是不公正的。之前我提到过施泰因男爵，他在谈论我们的浪漫派诗人，特别是阿西姆·冯·阿明（Achim von Arnim）和克雷蒙斯·布兰塔诺（Clemens Brentano）的作品时——这些作品在解放战争前的那段时间里对德意志精神和德意志意识的觉醒做出了很大贡献——曾经说到，相当一部分的后来将法国人吞噬了的火种，是在海德堡大学点燃的。这一天必将到来，因为这个火种又重新燃烧了起来。我希望，当人们今后提到我们的海德堡城市，尤其是提到我们海德堡大学时，可以理直气壮地说，正是他们用忠实的双手保护和捍卫了这一神圣的火种。

（王苗建　译　黄卉　校）

民主的帝国

瑞查德·托马[*] 著

一

《魏玛宪法》开篇即道：德意志帝国是共和国，国家权力源自人民。

这句话表达了两个庄严的、具有象征意义的概念。与此同时，它还提供了一个意义精确的、具有法律约束力的规范。"共和"（Republich）意味着拒绝任何权力操于一人之手的制度，世袭君主和终身制被选举和换届所取代。不仅如此，共和还意味着确认和建构！"共和"一词明确的、原初的意义是"人民的公共事务"（res publica）以及"共同体"（commonwealth）的意思，在这个共同体中，所有的公民都是参与者，人人为我，我为人人。在这个意义上，共和国家使得公民成为主体，使公民怀有弗里德里希·诺曼（Friedrich Naumann）所说的"我们即是国家"的情感与心理——它们既是权利也是义务。这句话表达了一种洋溢着自由情怀的自豪感，与此同时，也表达了一种谦逊的责任。

---

[*] 瑞查德·托马（Richard Thoma，1874—1957），最早大学选修专业是数学、化学和物理，后来再转为法学，先后就读于弗赖堡大学、慕尼黑大学和柏林大学。自 1909 年在汉堡的 Kolonialinstitut 教授两年公法，1911 年得到海德堡大学教授职位。自 1928 年到 1945 年退休在波恩大学教授公法和国家学，之前曾任教于汉堡殖民学院（Kolonialinstitu）和海德堡大学。和安许茨一样，托马也是实证主义法学者，关注宪法解释问题。他和安许茨一起合编了两卷本《德国国家法手册》（Handbuch des deutschen Staatrechts）。托马参与了《魏玛宪法》和《德国基本法》的起草工作，在魏玛共和国和德意志联邦共和国都列位于最杰出的国家法学者行列。

《民主的帝国》（Das Reich als Demokratie: Sinn und Gestaltung des deutschen Parlamentarismus）原文载于由 Richard Thoma 和 Gerhard Anschütz 主编的《德国国家法手册》（Handbuch des deutschen Staatrechts）第 2 卷，第 186—200 页，Tübingen Mohr 出版社 1930—1932 年出版；本文译自 Peter C.Caldwell 之英文翻译，载 Arthur J. Jacobson 和 Bernhard Schlink 主编：Weimar: A Jurisprudence of Crisis, University of California Press, 第 157—170 页。

人民，所有国家权力均被认为来源于此。它不仅仅意味着某种关于人民的概念，也不意味着任意圈定的、可能根据其不同的政治权利而被划分为三六九等的积极公民（active citizenry）。"人民"一词意味着所有的成年德国人，包括那些身无分文的处于社会最底层的人，也包括那些富有的、受过良好教育的上层社会人士，他们都作为一个统一共同体享受平等的权利。[1] 因此，"人民"意味着享有普遍、平等的投票权并有权参与选举全过程的全体积极公民。宪法第 2 条第 1 款中的"人民"，指的是民族国家（nation），就其本身而论，也就是德国，没有什么方法能把这两者区别开来。

因而，宪法第 1 条揭示了下文将要论述的主题：民主，伴其而来的是人民主权[2]，如果有人愿意这么称呼的话。

宏伟的民主！目前参与其中的女性和男性公民已经超过了四千万人。

贫穷的民主！在 1928 年对家长和个人的联邦所得税评估中，只有大约 370 000 人在 1927 年应纳所得税超过 8000 马克。其中，只有那些年应纳所得税超过 50 000 的人才能被认为是小康（well-to-do）或者是富有。但是，这些人还不到 17 000 人！战前，有 15 547 个拥有至少一百万马克的人被课以财产税。这个数字已经降到了 2 335。[3] 此外，货币购买力缩水了约 30%，税负却增加了。就别提经济上自主的"绅士政客"了——以他的社会地位而不是政治倾向为特征。无论过去还是现在，在社会民主党中依然能找到"绅士政客"的身影，在英国工党中也大量存在，但在德国民主政体中却已日渐稀缺了。

---

[1] 因此，根据宪法第 1 条第 2 款以及重复出现在第 21 条、第 41 条和第 73 条中的"人民"概念，可以判断，帝国和国家立法机关无论在过去还是现在都负有保证"所有德意志帝国的女人和男人"（第 17 条）享有平等、直接、秘密的投票权的义务，即便是在宪法没有专门规定的情况中（总统选举，全民公投，在帝国、州的公民创制权和通过第 17 条第 2 段，自治市）。普鲁士的宪法也持同样态度，因为其他因素可能会渗入国家宪法结构之中（第 63 条），普鲁士州的部分"州权力"并不源自人民，根据第 1 条第 2 段的意思。

[2] Hermann Heller, Die Souveränität (Berlin: de Gruyter, 1927)；再版 Gesammelte Schriften, ed. Drath et al (Leiden: A. W. Sijthoff, 1971), 2: 95—96。一旦放弃了严格的——也是唯一准确的——专门术语，专门术语只把主权这个词用在国家上，就会陷入反复无常和混乱的语言学用法之中。在这种情况下，根据某人的观点，可以把至高无上的人民等同于国家（"议会主权"是与英国理论中"法治国"类似的概念）或者，按照卡尔·斯密特的说法，主权是在国家紧急状态时做出决断的机关。卡尔·斯密特：Die Diktatur，第 2 版。（Berlin: Duncker & Humbolt, 1928）。Gerhard Leibholz 认为国家主权和人民主权的概念是同义词，参见 Gerhard Leibholz, Das Wesen der Repräsentation unter besonderer Berüchsichtigung des Repräsentativsystems: Ein Beitrag zur allgemeinen Staats- und Verfassungslehre (Berlin and Leizip: de Gruyter,1929), S. 131；但是，他预先已经做出解释，即必须通过人民理解"政治理念共同体"，而这个共同体与国家是完全相同的，这种解释仅仅是同义反复。本质上讲，在语言学上允许把主权国家的人民叫做主权人民，把主权国家的立法者叫做主权立法者，把国民议会（National Assembly）叫做"最高统治者"。

[3] Statistik der Vermögensteuer - Veranlagung, published by Reich Office of Statistics, 1929. 关于相关结论参见 Walther Kamm, Abgeordnenberufe und Parlament: Die berufliche Gliederung der Abgeordneten in den deutschen Parlamenten im 20. Jahrhundert (Karlsruhe: G. Braum), 1927。

压迫的民主。男人和女人们经济生产活动必须用以维持成百上千的战争遗留下来和工作事故中的伤员、幸存下来需要帮助的受养人（dependents），此外还有大约一百万的失业者和无数其他的贫困受害者。剩余的社会产品还要被战争赔款这台真空泵抽至国外。日常经济困难的痛苦，只能在电影和体育赛事中得到精神抚慰，通过出版和集会认真地进行政治训练的时间少之又少。

恐惧的民主。为了自身的延续，帝国（Reich）必须通过血腥的内战镇压 1920 年和 1921 年的社会革命暴动。今天的帝国（Reich）已经看到了自己要面对在公众中发展起来并秘密地武装了自身的法西斯叛乱。

二

无论在帝国（Reich）宪法还是在各州宪法中均无"民主"一词的踪影。实证法没有确立民主的定义。长久以来，"民主"一词的意义变幻不定，在国家理论和实际运用中也呈现出不同的色彩。它可以意味着更多的形式或内容，更多点"最少"或更多点"最好"或"最坏"。任何政治家或理论家都能通过玩弄民主这个概念去宣称，在目前的宪法架构中或政治现实中，德意志帝国根本不是人们所理解的民主政体或者至少不是货真价实的民主——不论这意味着批评还是表扬。[1]

因此，至少对研究和描述德国实证国家法的学者来说，争论当下宪法之下的德意志共和国是否是真正的民主国家就显得多余了。指出民主的概念在整个西方文明中已经含混了几十年就足够了，"民主"这个概念仅仅涉及掌控国家权力的人是否由人民选举产生（不论是直接还是间接）和选举是否是在真正普遍和平等的选举权的前提下进行的。[2]这样适用民主概念的意义在于，一方面，给予较低层社会原本不具有的政

---

[1] "两个都在谈论'民主'的人说的很可能是两个完全不同的东西。"Tomas Mann, Betrachungen eines Unpolitischen (Berlin: S. Fischer, 1918), trans. by Walter D. Morris as Reflections of a Nonpolitical Man, New York: Ungar, 1987, 205 – EDS。亚里士多德之后广为流行的用法仅仅把民主定义为彻底的、直接的民主机制。因而，Wilhelm Hasbach 在他的两部旁征博引的著作中，即 Der modern Demokratie: Eine politische Betrachtung (Jena: Fischer, 1921) 和 Die parlamentarische Kabinettsregierung: Eine politische Beschreibung (Stuttgart: Deutsche Verlags-Anstalt, 1919)，倾向于把真正的民主当做愚蠢的机制（选举法官，专断的授权，获胜党派的支持者们充斥着所有部门等），对此请参阅我的更多相关评论：Archiv des öffentliches Rechts 40, 1921: 228–42。举例来说，卡尔·斯密特也有相同的倾向，凯尔森和其他人那里也有类似的术语。参见下注。

[2] 相关参见我的论述：Der Begriff der modernen Demokratie in seinem Verhältnis zum Staatsbegriff: Prolegomena zu einer Analyse des demokratischen Staats der Gegenwart, in Hauptprobleme der Soziologie: Einnerungsgabe für Max Weber, ed. Melchior Palyi (Munich and Leipyig: Duncker & Humbolt, 1923), 37–64。尤其值得关注 Karl Landauer, Die Wege zur Eroberung des demokratischen Staates durch die Wirtschaftsleiter, in ibid., 111 ff.。进一步可参见我的论文 Zur Ideologie des Parlamentarismus und der Diktatur, Archiv für Sozialwissenschaft und Sozialpolitik 53 (Tübingen: Mohr, 1924), 212 ff.,

治权和平等权；另一方面，任何牢固的、不能撼动的政府权威均被废除，取而代之的是有任期的或可以罢免的，基于全面参与选举过程的民主权利的政府。

　　民主化是西方文明冒险事业的代名词，在世界历史中意义深远，民主化基于平等的权利把工人阶级引入国家，尽管——或者说由于——工人阶级的人数日益增加，超过了所有其他阶级和团体。民主化是一次在被不同利益所分裂的社会中从地主和雇主

以及 Karl Schmitt, The Crisis of Parliamentary Democracy, trans. Ellen Kennedy (Cambridge, Mass., and London: MIT Press, 1985), 77－83－ENS；以及我的文章《国家》（Staat），in Handwörterbuch der Staatswisenschaften, 4th ed., Vol. 7 (Jena: Fischer, 1926), 724－756。Carl Schmitt 仅仅把民主当做一个特定的、激进的意识形态，他在他的聪明但偏颇的著作 Die geistesgeschichtliche Lage des heutigen Parlamentarismus (Munich: Dunker & Humbolt, 1926)[The crisis of Parliamentary Democracy,Trans. Ellen Kennedy-EDS] 第二版前言的评论中直接反对了我，但没有对我的概念上和研究上的路径给予真实的描述。此处关于斯密特参见 Werner Becker, Demokratie und moderner Massenstaat, Die Schildgenossen 5 (1925), 459 ff.。卡尔·斯密特在其《宪法学》（Verfassunglehre, Berlin: Duncker & Humbolt, 1928）中，尤其第 221—282 页，对民主所做的有趣评论一直是在强调只有一种完全反对自由主义的民主，其本质体现在一系列被毫无疑问地认为是虚构的"特征"之中。一个与斯密特对立的有关思想史和政治史的批评，与下列作者一样是不可能且不合适的，在此我不加评论地引用他们对民主概念及其本质的研究：Friedrich Naumann, Demokratie und Kaisertum: Ein Handbuch für innere Politík, 2nd ed. (Berlin: Buchverlag der Hiilfe, 1900)，以及 Der deutsche Volksstaat: Schriften zur inneren Politik (Berlin: Fortschritt, 1917); Gustav F. Steffen, Das Problem der Demokratie (Jena: Diederichs, 1912); Hugo Preuss, in several of the articles included in Staat, Reich und Freiheit: Aus 40 Jahren deutscher Politik und Geschichte (Tübingen: Mohr, 1926)；还应包括另外一些文献（ibid., 583－588）以及总结：Reich und Länder:Bruchstücke eines Kommentars zur Verfassung des Deutschen Reiches, ed. Georg Anschütz (Berlin: Heymann, 1926), 39ff.; Theodor Heuss, Die neue Demokratie (Berlin:Siegesmund,1919); James Bryce,Modern Democracies(London: Macmillan,1921),1:23ff.; Leo Wittmayer, Die Wiemarer Reichsverfassung (Tübingen: Mohr,1922), 44ff,; Hans Kelsen, Vom Wesen und Wert der Demokratie, Archiv für Sozialwissenschaft und Sozialpolitik 47 (1920): 50－85，以及做了很大改动的同名第二版：Vom wesen und Wert der Demokratie (Tübingen: Mohr,1929) [同上，pages 84－109－EDS]; Moriz Julius Bonn, Die Krisis der Europäischen Demokratie (Munich: Meyer & Jensen, 1925) [The Crisis of European Democracy (New Haven: Yale University Press, 1925－EDS.]; Reinhold Horneffer, Hans Kelsen Lehre von der Demokratie: Ein Beitrag zur Kritik der Demokratie (Erfurt: Stenger, 1926); Max Adler, Politische oder soziale Demokratie: Ein Beitrag zur sozialistischen Erziehung (Berlin: Laub,1926); Edgar Tatarin－Tarnheyden, Kopfzahldemokratie, organische Demokratie und Oberhausproblem, Zeitschrift für Politik 15 (1926): 97－122; Adolf Grabowsky, Formal－ und Realdemokratie, Zeitschrift für Politik 15 (1926): 123－125; Ferdinand Tönnies, Demokratie, in Verhandlungen des fünften Deutschen Soziologentages (Tübingen: Mohr, 1927), 12－36; Hans Kelsen, Demokratie, in ibid., 37－68; Otto Koellreutter, Demokratie, in Handwörterbuch der Rechtswissenschaft (Berlin: de Gruyter, 1927), vol.2; Heinrich Triepel, Die Staatverfassung und die politischen Parteien (Berlin: Otto Liebmann, 1927); Leo Wittmayer, Demokratie und Parlamentarismus (Breslau: Hirt,1928); Wilhelm Stapel, Die fiktionen der Weimarer Verfassung: Versuch einer Unterscheidung der formalen und der funktionalen Demokratie (Hamburg: Hanseatische Verlagsanstalt, 1928); Arnold Wolfers, Vorwort, in Probleme der Demokratie. Erste Reiche: Schriftenreiche der Hochschule für Politik in Berlin und des Institus für Auswärtige Politik Hamburg (Berlin－Grunewald: W. Rochschild, 1928), v－ix; Carl Schmitt, Der Begriff des Politischen, in ibid., 1－34; Herrmann Heller, Politische Demokratie und sozile Homogenität, in ibid., 35－47 [同上，页 256－65－EDS]; Max Hildebert Boehm, Volkstum und Demokratie, in ibid., 48－66; Ernst Michel, Die Demokratie zwischen Gesellschaft und Volksordnung, in ibid., 68－87; Fritz Berber, Die Dezentralisierung des Britischen Reiches als Problem der demokratischen Selbstverwaltung, in ibid., 88－97; Gertrud Bäumer, Grundlagen demokratischer Politik (Kalsruhe: Braum, 1928); Abbott Lawrence Lowell, La Crise des gouvernements represantifs et parlementaires dans les democraties modernes (Paris: Giard, 1928); Ferdinand Tönnies, Demokratie und Parlamentarismus, in Soziologische Studien und Kritiken, vol.3 (Jena: Fischer, 1929), 40－84; Otto Preffer, Mensch, Volk, Staat, in Arthur Krause, ed., Wissen ist Macht: Ein Handbuch des Wissens unserer Zeit und der Kulturfortschriffte der Menschheit, vol.3: Technik.Staat, Volkswirtschaft (Nordhausen: Volkshochschul－Verlag, 1930), 577－610, 604ff.；关于反民主思想参见 Hermann Heller, Eurpo und der Fascismus (Berlin: de Gruyter, 1929)。

手中夺取统治权的尝试，也是将统治权给予被统治者和仆役的尝试，并以某种方式概念化为民主的基本的、稳固的内涵。[1]民主化是最丰富多彩的元素和发展的结果，其中待展开的自由、平等和兄弟般的团结等思想分量不轻，如果不是最重的话。基督教伦理学和形而上学的诞生，转化为对人类尊严和幸福的内在的世界性的激情，民主勇于通过个人、阶级、国家的自由的自决中寻求民族、社会、文化问题的解决方案。

人们可以在该意义上将达到这种程度的国家定义为民主国家：法律赋予所有社会阶层的人民平等、全面地参与选举过程和必要时直接诉诸公民投票的平等权利；所有统治权都直接或间接地建立在一个以出版、集会、结社为必不可少之要素的基础之上。

人民代表议会（Council of People's Delegates）的多数在数月的革命中决定了这个意义上的民主方式，反对工人和军人委员会的少数专治。在这个意义上，魏玛国家议会（Weimar National Assembly）确立了民主的结构[2]，反对世袭君主式政府的复辟，反对限制或削弱全面参与选举过程的权利和通过基于行业甚至出身的上议院麻痹议会民主代表等。

民主政体或人民的国家意味着对"集权国家"（Hugo Preuss 所言）的绝对排斥，"集权国家"意指一种被权力稳固、不可更迭的"专制政府"统治的国家，与之相对的是"责任政府"。

现在，根据宪法，所有最高立法权和行政权的持有者都要从人民的投票或公民投票委任的国家机关的选票中产生，除非社会中自由产生的一些团体把他们的领袖推向不同选任职位（议员、总统、部长）的候选人的位置上，否则掌权人不可能执掌或继续执掌权力。因而，任何一个基于"责任制政府"的国家都必须设计一个"政党国家"（普遍意义上的，不含任何价值判断）并依其行事。并且不论是在代表或国家首脑的选举中，还是在议会投票或全民公决中，多数的决定有必要也是不证自明的总是必须受到少数的限制。正如弗里德里希·尤利乌斯·施塔尔（Friedrich Julius Stahl）早期所断言的那样，权力不变的集权国家与政府合法换届的"政党国家"的区别不在于"威

[1] 参见 Hermann Heller, Politische Demokratie und soziale Homogenität, in Probleme der Demokratie, 1. Reihe, Politische Wissenschaft, Schriftenreihe der Deutschen Hochschule für Politik in Berlin und des Institus für auswärtige Politik in Hamburg, H.5 (Berlin: Walter Rothschild, 1928), 35–47, 后被收录于 Hermann Heller, Gesammelte Schriften, zweiter Band: Recht, Staat, Macht, 2nd ed., ed. Christoph Müller (Tübingen: Mohr, 1922), 421–33 [同上书，页 256–65–EDS.]。在这种情况下，尽管有建立在经济基础上的阶级斗争，无产阶级也能纳入民主之中。

[2] 即："德国人民作为一个政治联合体的民主的自我组织"（Hugo Preuss）；Hugo Preuss, Denkschrift zum Entwurf des allgemeinen Teils der Reichsverfassung (3 January 1919), in Hugo Preuss, Staat, Recht und Freiheit: Aus 40 Jahren deutsche Politik und Geschichte, ed. Theodor Heuss (Tübingen: Mohr, 1926), 370 – TRANS。

权或是多数"。二者之间的区别仅在于权力究竟掌握在一个不可更迭的少数人团体之手还是在一个为多数人所信任的政府手里。只有"精英"才能统治。问题在于，谁或者什么在挑选"精英"。

政党国家也能以一种极其不民主的形式建立。只有当它尽最大的可能性拓宽其根基时，也就是达到真正普遍和完全平等的选举时，政党国家才是一个民主的国家。换句话说，它必须避免选择那些一旦掌权就不再撒手的个人或小团体，摒弃集权国家的特权特征。此外，它还必须在宪法上摒弃种种特权，比如基于出身的特权、以资格审查为前提的选举权、根据收入划分的不同等级的权利等。然后，这个国家才算是个民主国家而不是建立于特权之上的国家，不再是一个"等级制国家"而是一个真正的共和国（commonwealth），并至少为永远地清除财阀政治和暴民政治保留了希望。

如果德意志共和国以此方式展示了民主的宪法形式，那么下一个问题就是它是否不打算进入实质，直接导向目标、受政治伦理思想的指引。事实上，关于如何组织和运行一个正义的属于德国人民的国家这个问题，在国民大会（National Assembly）和它的宪法委员会中充斥着不仅仅是高度的分歧与互相矛盾的观点，毋宁说，主张这种观点的团体取得压倒性的胜利，相反的团体就难以得到承认。激进和平等主义烙印的民主和以自由为标志的民主，在作出更为精确的分析和找到更恰当的表达之前，这两个错综复杂的思想很难得到区分。我把这两种趋势的特征归为以下几点 [1]。

激进式民主的基本趋势是平等主义（egalitarian）。民主被带到一种极端的境地，它在宪法中将体现为一种侏儒型民主，随之而来的是毫无节制的民粹决议和要靠继承和碰运气得来的公职；经济上走向共产主义。现代宪法政治的实践中，激进民主更喜欢全民公决而不是通过代议机关立法；在代议机关中，激进民主喜欢威权式的命令胜过自由的委托；在人满为患的机关和法庭中，激进民主倾向于民众的选票和反应而不是受委托作出合法的决定等。所有这些刻画了这种类型的民主。

自由式民主的基本趋势是反平等主义的。自由式民主确定了平等的权利作为政治和社会生活的基础，在自由式民主中人类生而不同的天性会根据特点和能力最终完全地自我实现，而不会被基于出身和财富的特权所干扰。一个人可以把康德（Kant）甚至伊曼努尔·赫尔曼·费希特（Immanuel Hermann Fichte）定义为他的哲学家。但"自由"一词不应因此就意味着是"社会主义"的反义词。

---

[1] Richard Thoma, Der Begriff der modernen Demokratie in seinem Verhältnis zum Staatsbegriff, in Hauptprobleme der Soziologie: Erinnerungsgabe für Max Webber, ed. Melchior Palyi (Munich and Leipzig: Duncker & Humbolt, 1923), 39−41.

民主的帝国

相反，在约翰·斯图亚特·密尔和费边社的知识世界中，可能没人能比瑞典社会主义者古斯塔夫·弗里德里克·斯蒂芬更为尖锐地描述自由式民主的原则了，他说："根深蒂固的贵族阶层是生机勃勃的民主的保鲜剂。"[1]

当然，仅仅需要排除基于世袭、等级和财产的贵族阶层；但是，它强调个人受过教育以有更高的能力胜任公职（马克思·韦伯《教育审查（Bildungszensus）》）。选拔必须是民主的，但并不一定是直接的：它包括被选民选择的可能性。此外，直接或间接民主选举将会最大限度地提拔有能力和值得尊敬的人——这经常是被拔高到乌托邦的愿望，通过代议原则和其他民主选举原则不能解决这个问题，但能"使其变得高贵"（J.C Bluntschli）。然而，自由式民主的精髓在于对个人自由的保障。

在这些概念的意义下，德国民主被证明为一种自由为主导特征的民主，带着一些与激进民主协调的对公民投票的承认。此外，宪法结构中的直接民主元素并没有过多地源自意识形态和劳动者阶层（劳动者阶层部分漠不关心，部分易受蛊惑人心的政客的诱惑）拥有更高智慧（出于纠正议会主义畸形和僵化政党的需要）的迷信。直接民主元素源自期望偶尔关于重大问题和能普遍理解的问题的公民投票有促进公民政治兴趣的作用。社会主义者或"中产阶级"（bourgeois）——所有德国民主都承认少数对多数的政治和法律压迫不是一个自由和文明的国家应当做的，这种基于暴力的统治不能解决社会变革、经济重建、帝国统一和民族统一体意义上的文化展开等重大问题，并且不能真正控制阶级仇恨、经济生产的分部、宗派和排他主义。

正如弗里德里希·迈内克（Friedrich Meinecke）所展示的，正如如何解决特殊和近乎分崩离析的历史和政治状况这一课题的实践所反映，没有那么多的原则曾决定德国宪法的精神和细节，并被广为接受。[2]

这些分析和提示由浅入深地对德国民主精神和运作方式、它的社会和政治前提条件、堕落的危险、成功的机会做了一深层次的学术性的洞察。这不仅仅是政治科学、社会学和国家学的工作，还包括解决这些问题的重要的法律研究。但是这不是这本书的任务，本书致力于描述实证的德国国家法。对把握一个民主的政党国家的法律来说，也就是关于它的政党的形式和意义的法律，最重要和必不可少的预备性问题是研究并分别进行描述。在此将讨论德国共和国的法律结构的基础和蓝图。

---

[1] Gustav Fredrik Steffen, Das Problem der Demokratie (Jena: Diederichs, 1919), 101– TRANS.

[2] Friedrich Meinecke, Die Revolution – Ursachen und Tatsachen, Handbuch des deutschen Staatsrechts 1 (1930): 95 – 119 – TRANS.

三

民主的宪法宣称其建立在"人民意志"的基础上。只有在宪法和掌权者均依靠全体公民充分自由地做出的决定时，基于"人民意志"的宪法和掌权者才算是正当的。自然，该决议在实践中可以只基于多数成年公民的同意。《魏玛宪法》基于这样一种直接民主，产生于 1919 年 1 月 19 日，在德国人在帝国和各州响应他们的革命政府的召唤，选举国民大会并授予其全面而不受限制的宣告国家新政治组织的权力之时。这是新的、具有民主合法性的德国政治生命的开端。

只有从法律的视角才能认识是什么决定了国民大会多数决定成为德国人民的决断。对于所谓通过委员会或个人"代表"来代表不在场多数，它始终只是个理想和故事。事实上是 262 个代表签署了宪法，是国民大会的宪法委员会在与帝国政府合作并与州政府沟通下草拟了宪法，并充分考虑了它们的愿望；它们想要宪法并制定了宪法。但是有三点考虑显示在这种情况下，故事异常地接近真实。宪法序言和第 181 条宣示——德国人民通过国民大会制定宪法并遵从之，这符合事实。首先，每一个投票给所谓魏玛同盟中三个政党之一的都完全知道这些政党致力于制定一部完全民主的宪法。其次，比例投票法确保国民大会中每一个政党力量得到表达，这当然不是一种镜像，而在本质上是他们在行动公民的力量的真实反映。最后，通过宪法修正要求三分之二多数的规则，国民大会（National Assembly）为了稳固新秩序的目的给未来的帝国议会（Reichstags）戴上了敏感的枷锁。但是，在这条普通的宪法修正路径之旁，也开出第二个不寻常的制宪权（pouvoir constituant）之门，其始于公民创制，如果国民议会拒绝，就付诸公民投票。（宪法第 76 条和第 73 条）当然，这种宪法修正方式需要投票者半数以上的同意。实践中，这种修宪方式甚至比普通修宪方式还要困难；对于一个有太多反对者的法案来说，它不可能在国民议会中获得三分之二的多数，它也难以得到两百万参与投票的群众的赞同，他们中的有些人十分懒惰。但是，原则上国民议会将宪法付诸公民投票，虽然这是一种简单化的公民投票，但是确保了明确、积极和多数。

因此《魏玛宪法》不仅仅历史地建立在国家多数权威之上，也建立在当下的可自由废除的同意之上。第 76 条规定的双重制宪权不可能没有限制，一个人不可能"在魏玛共和国真正发动看起来合法的政变"，这种观点不赞同自由、民主的自我决定的思想，这种思想虽然勇敢，但贯彻到底可能会走向极端。[1] 当然，这种自由可能会被煽动性地滥用。但还有别的通往自由之路吗？然而，从民主和自由主义的立场出发，解释必须从这里开始，而不可能评估人民意志的毫无疑问的多数性和坚定性以及合法的政变或叛乱，即便这会破坏目前宪法的基石。

双重制宪权（pouvoir constituant）和普遍的立法程序，正常情况下这些就会形成国民议会（Reichstag）的终局决议，但在非常情况下会导致全民公决，目前的法律理论中存在的困境直到现在也没有得到讨论，即便它们是州宪法和帝国宪法都有的特征并在实践中与两者都有关联。问题留给了关于国家功能的理论……去决定公民投票批准的事项的效力是否、在何种程度上、通过什么样的程序高于议会投票决定的事项。仔细观察，后者根本就没有得到批准，而是仅仅借着时间流程（在这段时间中可以决定或组织公民投票，帝国参议院和普鲁士国家委员会 * 提出反对）变成了公布的渠道 [2]。

就目前而言，宏伟的魏玛的宪法柱石——它的"政府方案"（plan of goverment）（这是一种轻蔑并带有难以翻译意思的说法）还在稳固地伫立着。任何曾经理解稳定发展的有益力量并把握了任何可以想象的宪法体系之不可靠本质的人，不论这些宪法体系是在时间长河中产生还是被创造出来的，都会希望它能够持久稳固并对其报以敬意，即使他不能分享我个人对宪法相对优越性的坚定信念。

四

"政府方案"，即统治权的组织以及国家机关之间合作秩序，"政府方案"以一种把代议机关，帝国议会置于权力中心的方式建立。因此，德国是一个以间接民主为主

---

[1] Carl Bilfinger, Nationale Demokratie als Grundlage der Weimarer Verfassung; Rede bei der Feier der zehnjährigen Wiederkehr des Verfassungstags, gehalten am 24 Juli 1929 (Halle a. d. Saale: Max Niemeyer, 1929), 18.

* 1920 年《普鲁士宪法》第 4 章第 40 条保留了普鲁士国家委员会审查任何法案的权利，包括在公布之前审查帝国法案，但是它没有权利修改任何法案。——译者注

[2] 原则上，全民公决所接受或确认的法案并没有更高的效力，它们依然能被帝国议会中止或修改。因而，Gerhard Anschütz 和 Carl Schmitt 以及其他一些作者的观点是一致的；参见 Gerhard Anschütz, Die Verfassung des Deutschen Reich vom 11. August 1919,14 th ed. (Berlin: Stilke, 1933) 385-87; Carl Schmitt, Verfassungslehre (Munich and Leipzig: Duncker & Humblot, 1928), 98。但问题依然是，在公民决策以不严格方式动议宪法修正并经过复决通过的情况下是否还应持有相同的观点。对此的全面介绍请参见 Erwin Jacobi, Reichsverfassungsänderung, in Die Reichsgerichtspraxis im deutschen Rechtsleben: Festgabe der juristischen Fakultäten zum 50.jährigen Bestehen des Reichsgerichts (Berlin: de Gruyter,1929), 233-77。在对国民大会（National Assembly）及其委员会的作出讨论分析后，Jacobi 得出以下结论，即公民复决对当下的帝国议会决议具有优先性，但任何未来新选举出来的帝国议会可以修改或替换人民批准的法案。这种理论能够把《不莱梅宪法》第 8 条表达的规则解释进国家宪法，在此我拒绝对这种理论作出最终评价。

的民主国家，换句话说，是议会制代议制国家。然而，与此同时，德国民主却是一个名副其实的分权型民主，并且通过整个系统的相同比重去平衡帝国议会。有些源自联邦权力下放，其他则通过直接选举的总统。还有一些来自公民创制和复决。再加上议会少数的重要权利和官僚系统的间接平衡力以及执行"法治"的机关。德国共和国是被人肯定地称为"混合式"的民主政体，由于国家和州均建立在议会（间接民主）和公民投票（直接民主）的相互作用之上，只有"议会－公投－联邦制－官僚系统－法治混合体"一词才能说明它十足的复杂性。

在对其进行详细描述之前 [1]，在此将提供一个德意志民主国家结构的一般简明图景。

1.国家（Reich）和各州的代议机关以及各自治市的比例代表制。所有以上这些赋予德国民主以独特的个性，从而区别于其他大国的民主。在英国、法国和美国（情况有点不同），由于它们的多数投票制、存在少数派政党（由于它们的相对多数）数年之内获得执政权和立法权的可能性——并且经常成为现实，这些少数派政党可能会控制多数的反对者。如果民主政体应该通过"领袖的个人魅力"并且通过和获取领袖背后的多数的信任和赞同来领导国家，那么一旦人民的政治意愿汇聚为一些政党和利益集团（并且不仅仅是一种双重性，正如现在的美国，美国民主现在逐渐只关注眼前的经济、文化和外交政策），民主就不可能实现，除非通过比例代表制。比例代表制也有它的黑暗面，在今天的德国已经执行到必须要改革的地步……但是废除比例代表制将会摧毁民主！人为地执行两党制将会加深阶级分裂并导致一个社会主义者占多数的国民议会，这个国民议会可能吸引无产阶级，把一个"中产阶级"多数的国民议会诱向法西斯独裁。此外，它将几乎不可避免地与废除公民直接立法齐头并进。为了反对这个真正的（而不仅仅是所谓的）少数政府和立法机关，公民创制将会多得让人难以忍受。现在，在德国的一些中、小型州，公民创制和复决已经在实践中发挥相对重要的作用，重新选举表面上不再遵循真正多数的州议会。

2.帝国议会是正常的立法者（第68条）甚至是立宪者，如果有足够的多数的话（第76条）。此外，在给定时间下的政党联合团体组成的多数决定大致的政治方向并在很大程度上决定国家政府的领导者。宪法第54条建构了所谓的议会政府体制。根据这

---

[1] 参阅相关拙文：Sinn und Gestaltung des Deutschen Parlamentarismus, in Reicht und Staat im neuen Deutschland, vol.1, ed. Bernhard Harms (Berlin: Reimar Hobbing, 1929), 98–126; Graf zu Dohna, Das Werk von Weimar, ibid., 68 ff. 另请参阅我的关于基本法的重要法律意义的文章：Die Grundrechte und Grundpflichten der Reichsverfassung, vol. 1: Kommentar zum zweiten Teil der Reichsverfassung, ed. Hans－Carl Nipperdey (Berlin: Reimar Hobbing, 1929), 1 ff.。

个体制，议会多数可以罢免整个内阁和某个内阁大臣，并因此可以间接地迫使国家元首任命一个多数接受的政府，在没有元首的州，则直接选举一个这样的政府。这种体制有多重含义。首先，它产生了一个一元的联合权力，保证立法机关和行政机关的统一，反对权力分立，这是特殊意义上的"宪法"，正如德国立宪主义的君主制特征和美国的总统制特征一样。同时，该体制也保证了多数统治的民主原则。最后，有人希望通过加入政党、在议会任期内或其他职位上证明通过征召、训练、筛选可以成为负责任的治国之才的政治才俊。

然而，在对议会政党国家堕落的清晰洞察之外，国民大会为多数统治设置了贯穿于整个系统的保护性措施、限制和制衡力量。下文将会分六个部分对此进行概述。

3. 多元直接民主的制约——宪法和州宪都已经设立人民创制和复决制度，并希望该制度能够有效地纠正"一边倒"的议会和政党统治。直到现在，它们几乎完全被煽动性地滥用并且始终没有发挥作用。但也不应该就认为这个制度在本文的讨论中是轻率的并且没有继续存在的价值。在可以想象的不同环境下，公民创制和复决被证明是可行的政治难题解决方式和政治自由的可贵保障。

4. 由全体人民每七年选举一次的总统制衡帝国议会。总统保留了大量最重要的政府权力，但是所有这些权力只能在部长附署的条件下行使（第 50 条），因此他也应该受限于政府，而政府又依赖于议会多数。以这种方式，总统多多少少还是被议会所限制，就像历史上议会第一次降临到英格兰国王头上一样。总统由人民选举，比如美国总统，他切实地统治并且极力冲破障碍独立统治，诸如由议会选出的法国总统。胡果·普洛斯设计的是名副其实的民选国家领袖与议会制政府的联合，这也因而是一次冒险的赌博。只有经过几十年的风雨才能判断它是否成功。总统拥有强大的否决权（举例来说，到目前为止，他否决了总理的委任提名），专横的行动方式，解散议会，提请公民投票，批准国际公约或赦免犯人。他可以独自采取的政治行动是在解散帝国议会的同时解散一个多数政府（第 25 条）并且自己选择提名部长以附署整个行动。这取决于新选举的部长是否握有实权。

此外，总统作为合宪性法案的独立保护人的功能也事关重大（第 70 条）。* 最后，最至关重要的是总统的无形影响力，这些影响力并不体现在法律条文中，这能让他行动起来像一个拥有卓越个人魅力和万里挑一的人。

5. 州政府的民主意志具有平衡帝国议会多数的力量，并因而形成联邦层面的制约。

* 根据第 70 条，总统公布所有"已经通过的合宪的法律"。——译者注

6. 通过丰富发展的"德国人民基本权利和义务"体系，宪法寻求对公民、自治市和教会最重要权利和自由的保护，部分使国家和各州能致力于特定的保守或改革目标。权利和义务体系首先意味着对新秩序国家的实质的全面确定与合法化。[1] 但是，由于许多规则都具有宪法约束力，因而不能被议会的简单多数修改或违反，这些规则同时也成为了议会权力藩篱中的最重要元素。在这种程度上，它们构成了少数人权利保护机制的一部分，同时也是法治（国）的一部分。魏玛宪法在"实质的统一"（鲁道夫·斯门德）领域的"天才"作品最为清楚地表现在第 151 条和第 162 条[2] 的社会－自由目标之中。这两条确认了个人的经济权利，但只限制在符合"为了一个为了全人类的正义目标"之中。交织在世界经济中和国际法（第 4 条）中的压力也迫使德国奉行遵守国际劳工法的外交政策，国际劳工法"为了全人类的工人阶级而致力于普遍的社会权利最小化"。

7. 当然，并不是普遍意义上的民主都能将多数决民主和少数人的保护联系起来，而是带着自由烙印的民主。考虑上文，这种混合首先在一定比例代表之中实现。通过第 76 条确立的三分之二多数障碍，少数人保护获得了最为重要的补强，这不仅确保了涉及国家机构的条款，而且，正如上文所言，也保障了大量的实体条款。另外一个至关重要的少数人权利是调查委员会权（第 34 条），调查委员会在特定的情况下可以曝光多数政府的不法或不公行为。最后一项少数权利是作为立法程序一部分的搁置公布法案权（第 72 条和第 73 条）。*

8. 法治原则要求公权力机关的权力和公民以及他们的团体的权利与自由都得到尽可能清晰的描述，最为重要的是，国家生活的合法性要靠任何法律争议都能诉至独立的法院来保障。可以确定的是，这个原则在德国国家法和行政法中保存得并不完整，但是它曾经在如此广泛的领域、以如此多的方式实施，以至于甚至稍微提及它曾经的实现方式的工作也无法开始。然而，法治的加强和保障是德国民主的法律结构的基础并对议会多数统治的系统性限制意义重大，尤其是在考虑到下面几种情

---

[1] 参见 Rudolf Smend, Verfassung und Verfassungsrecht (Munich and Leipzig: Duncker & Humbolt, 1928), 108, 158ff.; Richard Thoma, Die juristische Bedeutung der grundrechtlichen Sätze der Deutschen Reichsverfassung im allgemeinen, in Die Grundrechte Grundpflichten der Reichsverfassung, vol.1: Kommentar zum zweiten Teil der Reichsverfassung, ed.Hans-Carl Nipperdey (Berlin: Reimar Hobbing, 1929), 9–11. 不仅对现代民主的开始也包括对民主在当代的发展，包罗万象的基本权利和自由权利种类都是至关重要的；关于所有当今世界各国宣布的基本权利的重要汇编，请参阅 Les Declarations des droits de l'homme (Paris: Payot, 1929), edited by Alphons Aulard and Boris Mirkine-Guetzevitch。

[2] 第 151 条规定了"经济生活"，第 162 条要求统一的劳动法。——译者注

* 第 72 条允许许法律延期公布 2 个月，如果议会（Reichstag）三分之二这样要求的话；第 73 条则要求在 5% 的选民要求下，进行全民复决。——译者注

况的时候。

a. 由已经设立的独立法院处理国家法上的争议（尤其参阅第15条、第19条、第108条）。此外，法院宣称依照宪法自己有权力审查国家和州由简单多数通过的法案，并且在必要的时候拒绝适用之。

b. 民主不仅仅要维持——还要扩张——国家和各州的为数众多的"自我管理"的自治市和其他团体，还要充分地发展官僚系统，不仅仅要通过承袭和壮大从集权国家那里得来的行政部门和它的法律，也要在宪法精雕细琢的保护之下（特别是第129条），以一种强化的方式，适当地赋予公职人员职能所需的经济权利和其他至关重要的权利，在此对议会和议会制政府自行决断的自由有一个重要的、有时候可以感知的政治限制……在自治市和各州的宪法之中，德意志共和国已经彻底地民主化了。在明智的自我约束下，只在"行政事务"[1]的相关领域民主化到一种精确限制的程度。

所有类型的少数人权利、基本权利和权利保护机制，包括对多数规则的审查，经常惠及民主的反对者，这是带有自由烙印的民主自愿加于己身的限制，出于一种理想主义的动机：保护公民和政治自由并致力于法治理念。更为困难的宪法修正——这难以在教条上判断，只能在实践中检验——也在同时服务于国家生命的延续。

这就是"制约与平衡"机制，通过这个机制，宪法禁止超越特定限制的多数统治。如果有人全面地考察这个丰富发展的制衡与限制体系，将会发现抱怨猜想中的帝国议会专制实在过于顽固不化了。"帝国议会"——这是一个有近500名代表了极其不同的政治趋向的议员的议会，分为六个稳固的大党和诸多浮浮沉沉的小党——在任何它的普通政治任务中都是重要和充满争议的，最多也就是能产生简单的多数，并且通常要以痛苦的结盟和妥协为代价。但是，简单多数——帝国议会在平常的行动中——也要受限于多种观点；宪法中也有限制，而且内容如此丰富，还要受到被法律武装到牙齿的对手的限制：帝国参议院、全民公投、总统、法院和议会自身的少数派。除非多数联盟，联合组建政府，能说服立法需要的足够的反对派或三分之二的多数能联合起来。那么，可以确定的是，藩篱将被淹没，宪法能被中止或修改，帝国参议院被压制，总统被弹劾或通过公民投票罢免。但在这种形式下，帝国议会也不是绝对的；议会解散和全民公投依然在它之上，总统、帝国参议院、人民创制可以诉诸此二者。因此，"剩余的主权"，正如17世纪的一位作家所言，在任何情况下依然存在于直接的全民投票之中。但是，作为惯常手段，全民公决根本没有必要。

---

[1] 参见 Thoma, Begriff der modernen Demokratie, 58 ff.。

因为，作为比例代表制的结果，根据各党团对其支持者的观点和声音的依赖，这些观点从媒体、议会以及联盟的决议中呈现，通过帝国议会三分之二作出的决议根本不可能发生，帝国议会的权宜之计或积极公民的最低数也难以达到。

本质上讲，议会简单多数决议的一致性难以维持。但是，这却正好是德国自由式民主中议会主义的恰当感觉，在决定普遍政治方向、选拔官员、颁布法律、制定预算的普通国家事务程序中应当取得相对人数较少的议员的信任，而不是广大的没有经过训练和易受鼓动的积极公民的信任。

本质上讲，无论做出决议的是议会还是全民公决——在这两种情形中无论决定在宪法上是正常的还是超常规的，通过足够的多数修改或中止宪法——被多数否决并因而在某种意义上被"侵犯"的少数人权利依然存在，尽管不是所有权利。因此，对议会主义或民主最为流行的控诉之一就是二者皆为多数人的暴政和对少数人的侵犯。

通常，这种批评仅仅是由于没有脑子，可以不予理睬，因为这是国家考虑和决定的本质，任何一种方式都会触及某些利益和压制反对意见。毕竟，在民主下，只有多数人才能统治少数人，少数也能在某一天成为多数。另一方面，在特权和专制国家，少数决定性地统治着多数，因此这种不民主几乎不可避免地成为被社会主义者控诉的阶级国家。

这种批评也能在更深层意义上来理解；它不但引起人们对民主引发社会革命的失望，也引起拥有资产和受过更高教育的上层阶级怀有的对平民国家的经济和文化后果的深深恐惧，在任何事件中，这就是民主所呈现出来的东西。作为文化精英所接受的这种恐惧是少数人将逐渐被侵犯，贵族将被平民所取代。

认清这些危险，并以国家团结和休戚与共的精神和行动根除之，这是国家－民主社会和文化政策的艰巨任务。

（晏韬　译）

民主的帝国

国家的本质

汉斯·凯尔森　著*

第一章　国家与社会：国家学作为社会学

第一节　"国家"一词的含义

"国家"一词系一般国家学（allgemeine Staatslehre）的研究对象。而一位才华横溢的语言批判者毛特纳（Mauthner）曾以它为例来说明：成为科学主题词（Hauptwort）的往往是已经失去内涵的词汇；最空泛的词语才是最好用的词；就像一个南瓜，在去除了其天然内容之后才成为一个容器。[1]如果有人从专业学科的角度主张说，此处并

* 汉斯·凯尔森（Hans Kelsen, 1881—1973），出生于布拉格，曾在维也纳大学攻读法学专业，是德语世界最著名的法理学家之一。早年就与其学生建立了法理学的"维也纳学派"，1918-1920年参加《奥地利宪法》的起草工作，至1929年担任奥地利宪法法院法官。因为犹太人身份在第二次世界大战期间受到迫害，遂于1940年移民美国，先后任教于哈佛大学和加州柏克莱大学。凯尔森最著名的成就是建立了一套严格区分应然和实然，并且不受意识形态也即政治因素影响的法学理论，即著名的"纯粹法学"；根据该理论国家不是社会现实，而是一种法律秩序，而该法律秩序是由一系列规范按分层结构而成（Stufenbau），其顶端是所谓的基础规范（Grundnorm）;对于凯尔森来讲，基础规范既不是最高价值也不是事实上的规范，而是法学者分析法律问题必须借助的一种形式上的前提，是诉诸某法律秩序效力时的出发点。

作者1925年出版了《一般国家理论》（Allgemeine Staatslehre）, Springer-Verlag, 1925, 包括第一编"国家的本质"，第二编"国家秩序的效力"（Die Geltung der Staatsordnung），第三编"国家秩序的建构"。本译文根据马克斯·格伦博士出版社（Verlag Dr. MAX Gehlen）1966年翻印本选译了其第一编中的第一章、第二章（第1～9节）和第三章中的第14节、第15节。此外，原著在书尾根据章节做了不排序号的注释，译校者按本书体例调整为连号脚注，并对脚注所引文献的大量摘录及其评述做了部分删节。

[1] 开篇引问引自 Fritz Mauthner, Wörterbuch der Philosophie. Neue Beiträge zu einer Kritik der Sprache. Ⅱ. Bd., 1910.（关键词：res publica）；文中第323—324页："在普鲁士拥有特别宪法的省份和地区——如同在荷兰一样——被称做国家。《普鲁士国王所辖诸国法律汇编》（Gesetzsammlung für die königlich preußischen Staaten）至今仍然是该法典的正式名称（其中含有'国家'字样——译者注）。弗朗茨二世在1804年建立奥地利帝国的令状中也提到我们的王国（Königreichen）和其他国家（Staaten）。"

不是词义缺乏使得"国家"一词的运用变得容易，而毋宁是过多的词义加大了该词的运用难度，甚至使运用近乎不可能，那么人们也一定无法反驳这一悖论。科学的国家学目前之所以在诸多方面不能令人满意，还须归因于其主题词的多义性。因为此处面对的问题完全不同于通常的情况，即某个科学概念为了克服摇摆不定的、通俗的用语习惯而与之对峙。更主要的原因在于该术语空前的不统一，使得关于国家的各种理论疑义丛生。即使在科学领域内，"国家"一词的意义至今也未能足够贴切地确定下来，造成这种情况的主要原因在于：与其他社会科学研究的对象相比，国家学的研究对象更多地涉及研究者个人的兴趣，以至于此种研究对象所面临的偏离本质知识（die Wensenserkenntnis）而趋向价值判断的威胁比其他研究对象更大。研究者从事关于国家的研究时很容易受制于事先的结果假定，所以在描述作为研究对象的词汇时会无意识地吸收那些与预期结果相匹配的意义，以至于这个新意义与最早假设的意义相矛盾，因为后者表达了一种共享了对立价值观的立场。价值冲突只有相对于同一个价值客体（Wertobjekt）时才是有意义的。

所以无须惊讶，只需浅显地观察一下国家学中对"国家"一词的语言运用，便会发现该词包含了众多的彼此大相径庭的意义。在这些最流行的意义中有一种观点认为，"国家"一词描述的是所有社会现象的总体，在有机整体意义上且被有意识地区别于各个部分现象时，该总体被称为社会（Gesellschaft）。从上述关于国家的最流行的用法中有人尝试提出了最新变种意见：通过——更多出于激情而非讲究科学精确性地——将国家理解为静态的历史、将历史对应地理解为流动的国家，而干脆将"国家"直接等同于历史进程的总体。[1] 与此相对，"国家"一词在仅仅作为个别构成要件的意义上也能够寻找到自身，国家作为个别构成要件，与其他要件组成了整个社会，这样社会就成了广义的概念，而国家成了狭义的概念。不过，人们也经常区分这两个概念，且使国家与社会相对立。然而这一对立意义却没有清晰地规定。尽管人们经常将社会与国家的对立寓于自由与强制的对立之中，但是社会与国家却经常变换角色。有时，人们将国家看做强制秩序，因此是一种恶（尽管是一种必要的恶）；将社会与之对立，看做各种力量的自由的共同作用，因此是一种想要实现完全和谐的理想（尽管可能无法完全达到）。有时又完全掉转过来，认为国家是"真实的"（wahren）、合乎道德的自由，也即是法律上的自由，是一种理想自由；而与之相对，

---

[1] 比较 Oswald Spengler, Der Untergang des Abendlandes. Umrisse einer Morphologie der Weltgeschichte. Ⅱ. Bd., S. 446："国家是静止的历史，历史是变迁中的国家……从一个民族的生存之流中抽取的形式即是它的宪法，它是关于该民族以其历史或在历史当中所进行的斗争的。"

无政府状态带来的表面的自由则实际上是真正的奴役,是社会的恶。作为自由的原则,国家或者被表述为对个体自由的必要保护,没有国家,个体将落入其他强权者的统治;或者认为,假如将自由理解成是参与国家意志形成的自由的话,那么这种自由只有在国家之中并且通过国家才能实现自由。"国家"在此成为利他——普世主义原则(altruistisch-universalistisch)的象征,而"社会"则成为利己——个人主义原则(egoistisch-individualistisch)的表达。这两个概念交替地扮演着圣奥古斯汀的上帝之城(civitas dei)和魔鬼之城(civitas diaboli)的角色,由此,时而带有现实色彩,时而又带有理想色彩。

国家概念不仅在涉及社会概念时呈现如此多的歧义,即使在国家学这一局限于研究局部现象的社科专业中,这一词语的意思也在两种极端之间摇摆不定。国家在被看做通常由各种"要素"构成的、与各组成部分相对的整体的同时,又被分别等同于以下三个要素,即"国家"或者被描述成某个共同体的特定权力,或者被用来指称某个民族(Volk),或者某个特定区域。这样一来,"国家"一方面是所有机构(Organe)的总体,另一方面又仅被用于特定的机构,如仅仅被用来指称所谓的政府。在被有些国家学理论视做研究对象的统治关系中,被称做"国家"的有时是统治关系本身,有时则是其组成部分(Gliedern)。也就是说,统治的主体和统治的客体都是国家;人们有时候让国家统治,有时候又让国家被统治。国家在根本上被看做为一个人格体(Person),同时又在根本上被看成是一个物(Sache),换言之,国家既是一项功能的主体也是其客体。不仅如此,国家只是一些特定功能的主体,比如人们只在国库意义上谈论国家,有时甚至宣称只有在(上述)这种意义上国家才是一个人格体。法语用来描述国家的词汇是"Etat",它在德语中经常被当做外来词使用,它的直接含义就是国家预算(Staatsvoranschlag)、国家财政(Staatsfinanzen)。通过时而强调国家里的动态要素、时而强调其静态要素的方式,国家有时候被解释为一种功能,而有时候又被解释为一个实体。对于那些将国家作为最高级的共同体的人来说,主权(Souveränität)则是国家的本质特征。而对于另一些人来说,那些隶属于更高、更广泛团体的共同体也是"国家",但是又试图将之与单纯的自治团体、自治地区相区别开;因为有时候,尤其在早期的语言运用中,"国家"一词甚至指称那些实施绝对专制和集权统治的地区。偶尔有些阶层(Stände)也自称"Staat"(国家)或者"Generalstaaten"(三级阶层会议)。并且人们也经常将君主的不同等级的仆从关系称之为"宫廷国家"

（Hof-Staat）。[1]

    国家概念与法律概念的关系，正如它与社会概念的关系一样，其意义也是不明确的。有时候国家是法律的前提和保障，有时候法律是国家的前提；两者彼此之间，国家时而是广于法律的概念，时而又窄于法律。大部分情况下国家是一种现实、一种实然存在，与作为一种规范、一种应然状态的法律相对；但有时又好像法律才是一种社会实在，国家仅仅是一个规范，或是与自然法相对的实证规范，或是与实证法相对的伦理－政治的公设。"国家"一词可以指法律秩序的总体，也可以指这种秩序的——人格化的——统一体，进而它是一种逻辑的原则；国家也可以仅仅指法律秩序的实证法基础，即用"国家"来指称基本制度（Verfassung）。在此可以发现这样一种趋势，即"国家"对应的只是某种特定的基本制度；它或者是民主制度，或者是专制制度。尤其是在国家与法律这对特定的对立概念之中，民主秩序经常更多地以"法律"的形式出现，而专制秩序则以"国家"的形式出现。所谓"国家"服从于"法律"，通常不外乎就是指从专制立法向民主立法的转化。更加重要的是，"国家"一词有时在形式意义上，有时又在完全实质的意义上被使用，因此它有时指法律实质概念（Rechtswesensbegriff），有时则是指法律内容概念（Rechtsinhaltsbegriff）（绍莫罗/Somló）。[2]

    鉴于国家概念目前的状况，没有任何一种国家理论——不管它是从何种立场发展出来的——其结果能够真正契合国家，也没有哪种理论能够达到全方面令人满意的程度。任何一种国家理论总会存在这样的情况，即它不符合众多"国家"中的某个"国家"，或者更为准确地说，不符合在众多被描述为"国家"的对象中的某一对象，而这个对象在另外的这个或者那个研究者那里恰恰受到特别的关注。鉴于"国家"这个词具有近乎无限的意义多样性，因此试图将上述所列举的诸多（而且还很容易增加的）国家概念中的一种证明为唯一正确、唯一可用的意义的尝试肯定是徒劳的。对阐释一般国家学来说，其关键毋宁在于通过对这一学科中经常处理的问题的研究，来确定一个能作为它们全部或者大部分或者最主要部分的基础的国家概念，这个概念就是国家概念（Staatsbegriff），它是国家权力理论、国家领土理论、国家公民理论、国家宪法理论、国家形式理论、国家机构理论、国家联合理论等理论的前提。现在是该确定一个

---

[1] 关于国家名称的极富教益的详述可参见 Georg Jellinek, Allgemeine Staatslehre（《一般国家学》），1992 年第 4 版（Walter Jellinek 编），S. 129 ff.。另外参见 Orazio Condorelli, Per la storia deI nome "stato"（TI nome "stato" in Machiavelli）. Modena 1923。

[2] 关于法律实质概念和法律内容概念之间的区别，可参见 Felix Somló, Juristische Grundlehre, 1917, S. 26 ff.。

一般国家学的国家概念的时候了。而这只有在以下条件下才可能实现，即接受这门科学——犹如它在历史发展中呈现的那样——是由诸多特定问题集合而成的统一体的这一现实，并且，这门学科最终要实现的成果，只能是将最合目的的，也即将最符合这个在历史中产生的问题集合的目的的词义上升为概念。人们可以期待这样的尝试不会无功而返，而不必陷入缺乏批判的教条主义。否则人们就必须承认，由于缺乏统一的研究客体而不存在作为统一学科的一般国家学了。即使最终产生的不是一个，而是多个，且相互之间存在相互关联的国家概念，这也无伤大雅。

第二节　国家社会学与国家法学（Staatsrechtslehre）

对国家本质的追问与对以下两对概念关系的追问不可分割，一是国家与社会，二是国家与法律。这两对关系之间——正如下文所揭示的——并不是相互孤立的。

国家与法律是两种不同的客观实体，这在所有将它们作为研究对象的学科中属于主流观点。[1] 虽然关于这两个认识客体及其相互关系的观点在细节上有所分歧，但是总体上当今的权威理论都围绕着一个共同的确定的内核，这个内核可以表述为：国家作为人之联合（Verband von Menschen）从属于社会的范畴，并且，只要人们将社会理解为与自然一样的或者属于自然一部分的因果联系，那么国家就具有某种精神的（psychisch）或者自然的（physisch）现实性；与之相反，法律（Recht）作为指称规范（Normen）的概念，也即作为应然命题（Soll-Sätze），它只能主张某种理念性（Idealität）的特征，即便只是将法律理解为实证法，它也只具有一种相对的理念特征。

如果人们将国家与法律放置到实然（das Sein）与应然（das Sollen）的对立之中，这种实然与应然的对立是观察方向的对立、认识方法的对立，因此也就是认识对象的对立，那么人们原则上——正如其经常发生的那样——将以社会学也即因果科学（kausalwissenschaftlich）为指导的国家学与——这里请允许重复一下——法学的也即规范的（normativ）法律学说区分开来，就是一种必然结果了。前一门学科探寻人们实

[1] 乔治·耶里内克（Georg Jellinek）在其典范之作中将一般国家学划分为两个部分，其一是以因果科学为导向的社会理论或者叫国家社会学，其二是规范法学的国家学；这一划分在今日已经被广泛接受。比较这部著作第 1 章、第 2 章的《导论》（Einleitenden Untersuchungen），第 3—52 页。此外还可参见拙作 Der soziologische und der juristische Staatsbegriff, 1922, § 1, S. 1 ff.。以及比较 C. F. von Gerber: Grundzüge eines Systems des deutschen Staatsrechts, 2. Aufl . 1869, S. 1：“一个民族的国家包括了其共同生活的法律制度”；S. 2：“这就是一个民族共同生活的法律形式，并且这种形式属于人类道德制度的原本的、永久的类型。”

际上如何行为、哪些原因决定了人们的行为、人们依据哪些自然法则行为——并且相信它可以以国家为专门的对象。另一个学科探寻人们应当如何行为，也即人们应当如何依照法律、依照实证法行为以及出于何种原因人们应当采取这样而非其他的行为，这样它就从特殊不断走向普遍化的法权规律（Rechtsgetzen），并且由此确定了它的特殊的研究对象，即与自然（或者自然性的社会的）因果联系不同的、自成一统的、系统联系的法律。

前文描述了将国家与法律作为两个不同对象来从本质上加以区分，然而，从这种区分中所必然产生的（社会学的）国家学说和（法学的）法律学说却又被通过以下方式自相矛盾地放弃了，即人们同时承认国家——人们本当因为国家与法律有所区别而必须为它建立一种与法律学说不同的、以因果科学为导向的国家学——也是规范性的，也即以法律规范为导向的法律学说的研究对象。于是，在国家社会学，也即采取因果科学方法进行研究的关于国家的社会学说之外，又出现了规范性的国家法学说。这两种学科认知方向不同，因此研究对象也不可能相同，而人们通过以下这样一种最为肤浅的理念来掩盖一种客体成为两种学科研究对象的方法论上的不可能性：国家刚好是一个具有两面性的事物，一面是通过因果科学的认知可以理解的自然面（Natur-Seite），一面是面向规范－法律认知的法律面（Rechts-Seite）；在此处于自然因果联系之中的国家通常与作为权力要素的国家是一致的，并且自然与法律的对立在此也吸收了权力与法律对立的意思。这个两面性学说必须被视做当下的主流。然而，这一两面性学说[1]因以下这一认识论上的见解而不能成立，即认知对象的一致性只能由认知过程，也即认知方向、认知方法的一致性来保障。

仔细观察之下可以发现，国家法学是一般国家学最有意义、内容最丰富的部分，它通过国家社会学而与在方法上值得高度怀疑的一般国家学相联系。这个学科通过有意识地公设了其方法上的双重性，通过研究视域和提问方式的原则上的不同而取消了其对象的统一性，由此也取消了它本身。因为法律学说的对象只能是法律，所以国家就必须成为并且仅仅作为法律，才能成为法律学说的对象。在此可以先不论国家是法律秩序的全部还是仅为其一部分，但无论如何，在当今理论界中占统治地位的关于国家与法律彼此对立的说法是不成立的。即使退回到这样的程式化议论中，

---

[1] 特别关于国家的双面理论（Zweiseitentheorie）可参见拙作 Das Problem der Souveränität und die Theorie des Völkerrechts, 1920, S. 10 ff.；此外还有拙作 Der soziologische und der juristische Staatsbegriff, §§ 18–20, S. 105 ff.，以及该文引用的文献；以及拙作 Hauptprobleme der Staatsrechtslehre (1923, S. XIXff.) 之前言。

即认为国家法学处理的是那些以国家为内容、规范国家机构设置和国家行为的法律规范——这种表述类似于说私法理论的研究对象是调整单个人行为的法律规范，但并不去质疑把人作为因果性科学的生物学、心理学的对象——上述国家与法律相对立的理论也是不成立的。通过国家社会学来补充国家法学的做法，比起将私法学与生物学、心理学联系起来而形成一门统一的科学的做法更加有意义；即使完全不考虑上述判断那么也不能够忽视以下一点，即不是那个通过生物学、心理学建构起来的"人"（Mensch）的功能，构成了法律规则——作为法律科学判断——内容。当传统法学意识到不是"人"（Mensch）而是"人格体"（Person）处于法学研究的视野之中时，那么人们就会认识到，生物学 - 心理学上的"人"（Mensch）和法学上的"人"（Mensch），也即人格体（Person），是不同的实体，它们之间的差异被词义的模糊所掩盖了。只有作为一个特别的法律上的人格体，国家的行为才可能成为法律规范的内容。并且因为法人（juristische Person）（所谓的"自然的"人格体只是"法学上"（juristisch）人格体的一种特殊情况，在法律上只存在"法学"的人！）只是法律规范集合的人格拟制（Personifikation）（参见［原著］第 62 页以下），因此刚刚提到的那套程式化说法也会导致这样的结论，即国家作为法律科学的研究对象，必须要么是整体法律秩序，要么是部分法律秩序。

第三节　国家作为社会现实

一、交互作用 [1]

然而在人们的理念之中，国家的行为与人的行为一样可以作为法律规范的对象，他们暗中假设国家是某种人，也即与生物学与心理学的客体具备同样的自然现实性（natürliche Realität）。这种观点被以生物学，尤其是以心理学为指导的现代社会学所接受，然而现在是对其关键点进行批判性检视的时候了。

人们试图通过这样一种方式来证明国家是一种自然现实，即将构成国家的各个要素之间的统一性理解为一种交互作用（Wechselwirkung），也即心理学上的交互作用。当人们相互之间存在心灵上的交互作用时，也即当一个人的心灵对其他人产生影响

---

[1] 第三节第一至三点的内容可参见拙著：Der soziologische und der juristische Staats begriff, §§ 2–4, S. 4 ff.，以及该文引用的文献，尤其是 Georg Simmel, Soziologie, 1908，其交互作用理论是文中论述的基础。

并且也从他人处受到影响时，众人就成为了统一体（Einheit）（西默尔，SIMMEL）。很明显，在这种情况下，不仅仅是所有的人，而且——如果人们忽视"特殊－精神的"（Spezifisch-Psychischen）情况的话——所有一切都是相互联系的，因为交互作用的原则是综合的原则，据此在自然科学上整个世界便可以被理解为一个统一体。如果国家在众多的通过精神上的交互作用而结为统一体的客体中具有特殊性，那么在发生交互作用的时刻必然还产生了其他事物。为了解释它，人们冒险宣称：存在着不同程度的精神交互作用，相应地也存在紧密程度不同的人与人之间的联系。国家的元素——即国家的公民——之间存在着最密切的精神交互作用，也就是说国家表现为最强程度的交互作用。这里涉及的其实是人们关于交互作用的度的设想。可以确定的是，这种心理学的或者——人们愿意的话也可称之为——社会心理学的国家定义是明显有悖于事实的。构成并同属于某一国家的人，他们相互之间并不必然，也不总是处于最强的交互作用关系中，也就是说，他们之间心灵能量的互相交换并不比他们与某个不属于该国的个人之间的交换更为紧密。归属于一个——与国家共同体并不重叠的——民族、宗教、阶级或者信仰共同体，往往能塑造出紧密得多的精神联系，但这并没有使国家的统一性受到质疑。对于真正针对心灵交互作用的研究来讲，归属于同一国家的人们可以划分为为数众多的群体，并且可以与其他国家的人因不同因素而联系起来。即便这样，如果人们仍然相信国家的统一性，那么它肯定是基于别的标准而非现实的心理交互作用。无疑它是一种法学的标准。因为所有社会学的问题都指向此，即法律上一国的属民之间——他们被暗中假定为最关键的单位——是否存在着一种交互作用，根据它，国家也必须被视为实在精神的（real-psychisch）、社会学上真实的统一体。这一提问已经清楚透露出虚构的倾向，即将只能论证为应然的事物宣称为实然事物。

然而交互作用理论已经不适合用于揭示被称为国家的社会统一体的本质，因为所有社会单位的本质都是"联系"（Verbindung），而"交互作用"只有当它通过"联系"得以触发后才可能进入研究视野。毫无疑问，无疑还是有一些关系应当在交互作用的范畴下加以研究的，但它们并不表现为联系，而是表现为"分裂"（Trennung），如仇恨、竞争、斗争等。然而如果人们要研究"联系"，那么必须注意这一术语的双重意思。两个人彼此相互关联在心理学上意味着这样一幅生动的画面，即一个人的观念在另一个人的心灵中以特定方式产生情绪影响。只有当存在这种情绪时才谈得上两个个体之间的"联系"，这种情绪绝对只存在于个体心灵内部，因此具有严格的个体内在特征（der intraindividuelle Charakter）。所有心理学——因为只存在于个体心灵——都是个体心理学。因此从心理学来讲，"联系"不可能是超个人的综合，而这却正是所有社会产物的本质，尤其是国家的本质。在这个——所有社会理论明显追求的——意义上"联系"是由规范或者规范系统建立的，同样在这个意义上，也即在它将众人的行为与一个更高级别的整体、一个共同体的系统相联系的意义上，它将个人在赋予其义务的条件下"联系"起来；还是在同样的意义上，共同体作为以人类行为为内容的规范体系、一种超越个人的秩序而存在，也即它是一种超个人存在，其存在场域（Existenzsphäre）不是心理学的，也即个体－精神的（individual-psychisch）现实，而是规范的，并且只在此意义上是超个人的观念；还是在此种意义上，"联合"（Verband）与"规范"（Norm）或"秩序"（Ordnung）之间不存在区别，联合就是秩序，因为只有在秩序中，在形成秩序的规范中，才存在联系，它是所有社会的表现形式。

二、精神过程的平行性（整体意志、大众心灵）

当有人——作为社会联系的一种形式、作为真实的社会统一体——在假设多数个人的意志、情感或者思维的某种统一性的前提下，将多数的个人解释为共同体时，说明他是想驻留在心理学领域，但同时又想去理解那些"社会的－超个人的"东西（Sozial-Überindividuelle）。在此就涉及精神过程的平行性（Parallelität der psychischen Prozesse）。当谈及"总体意志"、"共同情感"、总体的或共同的意识或利益时，这种平行性总会出现。对于国家人们经常会贴上"社会－心理学现实"（sozial-psychologische Realität）的标签，确切地说，将国家描述为一种特殊的"总体意志"（Gesamtwille），其本质高于隶属于它的个体，不同于构成它的个体的意志和人格（die Persönlichkeit）。这种观点显然是基于一种拟制。所有归属于同一国家的人，应当就何种意志内容取得一致呢？这样的一致性可能只是对适当小的团体并且也只是在非常模糊的程度下才是可证实的。对于真正的心理学研究而言，要进行总体意志的建构，只可能去考虑这样一些人，即他们在所谓的总体意志现象发生时真正显示了内容上相一致的意志。这里只可能涉及那些转瞬即逝的、总不能持久的现象，它们基于其范围而具有波浪式的、不稳定的特征，明显不同于国家所特有的持续性、稳定性特征。此外，人们称之为"总体意志"的只是多数个体意志在某些内容上达成一致的简化表达，而绝非是某个与个体意志不同的、超个体的意志。与之相反的主张——社会学和法学理论强烈倾向于此——认为"总体意志"其实是对一个思维抽象（gedankliche Abstraktion）进行了错误的实体化处理。这一错误是与去假设一个（不被允许的）群体心灵（Massenseele）的错误是一样的，后者建立在以下谬误的基础之上：因为在大众群体中的个人，也即在相互作用条件下的人们，会采取与其在孤立情况下不同的行为，所以在大众中个体趋同与趋异行为的"承载者"（Träger）就是大众本身，或者说就是"大众心灵"本身，同时"大众心灵"就是每个各异的个体精神的一种。此处便从个体的特殊行为的条件中产生了一个独立的事物（Ding），从一个特殊功能之中产生了一个新的实体（Substanz）。如果国家被认为是超越个体意志的总体意志，那么它就应当被视为一种规范体系。其前提在于规则的应然性应当被视为脱离了主观心理活动的欲求（Wollen）以及决不会被客观化的意志（Wille）。这种规范体系是以诸多各式各样的人类行为为内容的，并由此——也仅由此——使之成为一个统一体，即一种恒定的、具有确定效力范围、由应然命题构成的系统的统一体。然而，只要通过"之上"和"之下"这些空间性的形象描述可以表达出人们通过规范而被赋予义务或者受到拘束的状态，那么在个人意志之上，便还存在一种与个人一直有着本质区别的体现国家秩序的"意志"。

三、动因（统治）

　　除了精神过程平行性的模型，人们在论证国家的社会真实性时还试图援用精神动因（psychische Motivation）的模型。根据这一模型，国家是一个统治关系，也即在这种关系中一个人的意志成为他人行为的动机，前者的意志指向他人的行为，或者说一个——以某种方式获得资格的——统治者，其意志在提供动机的意义上对于服从于他的个体具有约束力（并且同时也是约束他？）。从事实性角度加以观察的话，只会看到形式多样的动因关系；对于现实主义者来说，所谓统治者统一体，如同被统治者统一体一样，在现实中是不存在的。如果人们接受国家统一体的假定，那么实际上是以心理学上还有待研究和证明的事物为前提，而作为前提的国家统一体明显地具有非心理学的性质，而是具有——就像它一直所展现出来的那样——法学性质。这一点在国家作为强有力的统治者的理念中表现得尤为清楚。此外，只有国家秩序能够基于其毫无例外的适用效力（Geltung），将众多人证立为一个统一体，由此，关于该秩序理念的绝非毫无例外的、短暂的、时断时续的实效性（Wirksamkeit），便被推入了个人范畴之中，而国家秩序效力作为一种"力量"被以人格化的方式固化为统治者或者统治权力。

此外还必须注意到，当我们在说一个人"统治"其他人时，其中的特殊意义是不能通过因果关系——它会表现为动因关系（Motivationsverhältnis）——而达到的。当有人说一个原因引发一个效果（Wirkung）时，亦如说一个人的意志表达会导致影响另外一个人的特定行为，从根本上来看，并不是特殊"统治"关系（„Herrschafts"relation）想要表达的东西。否则的话，人们就可以说，酒精灯的火焰"统治"着水银柱的上升，并将这句话中的"统治"与"诸侯统治其臣民"这一说法中的"统治"看做同一个意思。然而在"统治"的思想中所包含的理念是，一方应当有权力发布命令，而另一方有义务服从。统治的概念所欲表达的并不是在发出命令和与命令相符合的行为之间单纯的因果联系。通过更进一步的分析，这个概念的绝对规范意义（der durchaus normative Sinn）会一步一步得到揭示（请参阅［原著］第99页）。

四、有机体理论 [1]

将国家描述为"意志"（Wille），这一比喻的功能仅在于达到形象化效果。如果人们从字面上——也即在一个特殊的个人精神范围之外的，从而属于社会精神现实的意义上——来理解该比喻，那么——无论是否愿意——除了这个"欲求"（Wollen）之外，还必须假设国家的感觉（Fühlen）和思维（Denken）。因为，仿照个体心灵所创造的集体心灵（Kollektivseele）若只具备意志能力（Willensfähigkeit）的话，那么它便处于碎片状态，从而不能够持续存在。人们还必须让国家心灵（das Staatsseele）像所有心灵一样寄居于一个躯体之中，尤其是考虑到以某种神秘方式构成国家心灵的个体心灵，若没有一个共同居住的躯体便不能"属于国家"或者"构成国家"时，更应该这么做。国家是有灵的身体（beseelter Körper），或者说，是根据其他有灵的有机体类型而被赋予躯体的心灵：这就是有机体国家理论（organische Staatstheorie）的结论，也是被神话了的国家理论。在社会心理学之外，现在又出现了社会生物学。当然，从相

[1] 对此比较拙作 Der soziologische und die juristische Staats begriff, §§ 2–5, § 6, S. 37 ff. 以及该文引用之文献，尤其是 Ratzel, Politische Geographie, 2. Aufl., S. 3–23。

反的方向也可以推导出这一怪诞的结论。除了给国家心灵虚构出一个国家躯体外，人们还认为或多或少与土地连为一体的人们，也即相对定居的人们，组成了一个生命体，并相信必须为这个生命体添加一个心灵（Seele）。不管人们怎么去否定有机体理论的成绩——比如说它仅仅是一个被误解的比喻——相对于一般理论而言，它无疑具有结论上的优先性。此理论坚持"国家意志"具有现实精神的本性（realpsychische Natur），却不露痕迹地试图用法学方法确定它所假设的"国家器官"（Staatsorgane）的本质，尽管如此它还是不敢将国家假定为一种与生物有机体相并列的有机体。关于有机体理论我们在别处还会谈到（对比［原著］第 267 页）。

在此还须确定，国家作为自然有机体的观点最近又重新被经常提起，其目的多半在于借鉴"科学的"客观性的表象，即借鉴自然科学认知的特点，来进行高度主观的、极具伦理 – 政治意味的思考。[1] 典型的思维过程是这样的：人们宣称，从自然生物学者的视角出发，将社会发展过程作为普遍的自然过程，国家则作为特殊的自然过程加以客观观察，并且希望发现这一自然过程的自然法则；这一点之所以可能，是因为国家是与其他生物有机体相同的生命体，尤其是它与人类属于同样的有机体；虽然国家生命体比人更大、更强，但是国家毕竟与人类更相似，是具有身体和心灵、集合感性与理性于一身的生命体，它可以思考、交谈，可以去爱、去恨，可以奋起斗争也可以忍受痛苦，并且国家不仅被承认具有意志，而且有时——像人一样——还被承认具有意志自由（Willensfreiheit）。最终人们还探究国家的性别，并且确定：国家是一个男性。当然对此惊人的结论进行生物学的论证是不可能的，也是多余的。因为从中产生了一个纯粹政治上的公设：如果注意到国家为男性的论断与教会为女

---

[1] 作为道德 – 政治结论外衣出现的机体理论的经典代表是 Bluntschli, Allgemeine Staatslehre, 5 Aufl. (Lehre vom modernen Staat, I. Teil), 1957；该书十分出名，在以前广为传播，尤其参见该书第 22 页以下和第 34 页。国家有机体理论的新代表人物是 Otto Gierke，他虽然拒绝将社会有机体视为一个自然实体，但是相信可以将物理和社会的有机体归结为生命体这一统一概念，参见其《人类社团的本质》（Das Wesen der menschlichen Verbände），1902，第 12 页以及第 15—18 页有详细论述；关于自然有机体和社会有机体之间的区别，Gierke 在其论文 Labands Staatsrecht und die deutsche Rechtswissenschaft（Schmollers Jahrbuch, 1883）中天才地强调（第 1104 页）："至今国家法上的论著都拥有一项特权，它可以停留在一种含混的语境中，在这里法学论述和政治、道德或经济上的考量的边界并不清晰。"Gierke 在《人类社团的本质》中将伦理 – 政治辩护达到顶点，揭示了其有机体理论的最终动机；对此参见 Fritz Sander, Staat und Recht. Wiener staatswissenschaftliche Studien, Neue Folge, herausgebeben von Hans Kelsen, I. Bd. S. 245 ff. 最近瑞典社会学者 Rudolf Kjellen 尝试重述有机体国家理论，其作品《国家作为生活形式》（Der Staat als Lebensform, 4. Aufl., 1924）当是国家学领域最成功的著作之一；对其理论可参见拙作 Das Problem der Souveränität und die Theorie des Völkerrechts, 1920, S. 19, 20；还有 Marck 对 Kjellen 作品的书评：Kantstudien, Bd. 23, Heft 1，以及 Fritz Sander, Zeitschrift für öffentliches Recht, Bd. 1, Heft 3 u. 4, S. 338 ff.。一位重要的生物学家也写过同种类型的作品，参见 Oscar Hertwig, Der Staat als Organismus, Jena 1922；在其生物学著作中 Hertwig 就已经指出由细胞组成的细胞生命现象和社会生命现象之间的共同点。关于有机体理论还可以参见 Richard Schmidt, Allgemeine Staatslehre, 1. Bd., § 18, S. 156–166。

性的假设之间的联系的话，那么从这个社会生物学的性别研究中推测出一种法律政治要求的话，即按照女性与男性之间传统的从属关系去构建教会与国家的关系，大概不会犯错。因为，就像马上会揭示的那样，关于将国家视做生物有机体的所谓的自然科学的，从而也是价值无涉的理论，完全就是一张承载着某些道德－政治性价值判断的面具，因此这种社会生物学并不在乎这样的事实，即自然－精神有机体与国家有机体之间的类比——这里升级为一种虚构的一致性——在关键的一点上是不成立的：在前者中细胞是处于固定联系中的，而在后者中"细胞"，也即组成国家的人，是能够自由行动的。国家生物学承认，也必须承认，组成"有机体"的这些"细胞"之间的"联系"只是"精神和道德上的"，但是没有注意到它因此便否定了自我，因为它的有机体正是存在于这些联系之中，如果这些联系是精神－道德的，也就是说是具有规范性质的，那么它们就必然不同于因果法则支配之下的生物有机体的联系，就必然是另一个意义上的存在。只有融合因果与规范的视角的"自然科学式的"国家理论才可能实现其原本的目标，即建立特定的伦理　政治假定，并且对具体的国家机构进行价值判断。在此，既指因果性的自然法则又指应然规范的双关语"法律"（Gesetz）可以提供相应的帮助。在社会发展的事实中所观察到的自然法则，比如持续增长的劳动分工、分化法则（Differenzierung）或者自然界中的不平等法则，都被重新解释成为规范，此间特定的社会制度因为"符合"这些自然法则而获得正当性，另一些制度则因为"违反"这些自然法则而被拒绝。那么从方法论上来讲下面这样做好像就是允许的：当某条自然法则可以确切地证明，社会出于刚性的必然性必须向某个方向发展，而一项针对未来社会关系的政治要求却主张向另一方向前进，那么该政治要求就可以被视做不可行而加以拒绝。然而在社会领域当中，人们不可能运用这种指向未来的、用于反对某种政治假定的自然法则，因为唯一可能与自然法则相关的事实材料是人的行为，它在本质上是由观念所决定的，这些观念也在人们心中孕育了那些关于人们行为的政治公设。即使能够证明迄今为止的社会发展都是在日益增长的分工和分化的意义上进行的，也无法证明那些或多或少以放弃分工和分化为前提的、可能会引起社会关系某种程度简化的政治要求完全没有成功的希望。的确，当人相信自己的可能性的时候，那些"最不可能的"、对人的"本质"和社会法则来说看起来最相矛盾的东西也能够成为可能。

　　此外，有机体理论的代表人物常常不满足于将政敌的某种政治要求论证为"不可能"并加以拒绝，而是还要将之批评为"不正确的"和"道德上腐败的"，并且相信从他们以客观方法认识到的自然法则中能够发现关于良好社会关系的正确且神圣的规范，或者说他们相信能从这些自然法则中推导出这种卓越的原则。因为从某事物的此在以及某事务基于自然必要性而存在，永远无法得出它也应当如此存在或应该以另外的方式存在的结论。所以对于所谓的有机国家理论而言，其实最重要的是特定的应然判断和价值判断。由此，这也解释了下面这个有点奇怪的事实，即有机国家理论的支持者自豪地相信他们的研究是在严格的自然科学意义上进行的，并超越了那些高度主观的、囿于党派政治之见的研究，然而他们研究的结果常常也只是囿于党派之见的认识或者引起针对特定政治体系的斗争。

　　尤其要说明的是，当社会生物学把那些已经实现的假设、已经成为实证法和历史事实的政治要求——如某个具体国家实行了民主共和或者君主制的宪法、普选权或者等级代表制度——评价为真实的制度时，这样的运用"自然法则"的方式是完全错误的。因为面对事实（Tatsachen），一个真正因果律的、真正以自然科学为导向的理论仅仅允许且仅仅能够做的，只是去解释这些事实，也就是说根据已经认识到的自然规律来进行证明。当新的、与已知的社会自然法则相悖的事物被发现时，自然科学理论就必须加紧修正自然法则的表述以使之适应新生事物——这在物理学和生物学中是不言自明的——这样一来新生事物就可以依照修正的自然法则得以理解。自然法则的"无可违背性"（Unverletzlichkeit）就存在于它对事实的适应之中。只是，有机体理论经常引以为傲的"客观的"自然科学方法相信，面对社会现实应当采取完全相反的行动：在此人们期待的不是——像物理学和生物学那样——自然法则的表述应当以事实为依据，而是事实应当以所谓的自然法则为依据。这意味着，那些事实，即人们无法完全否认其存在但又"违反"了某些社会生活"自然法则"的事实，同样也应当消失；所谓的自然法则只是以下要求的根据，即应该将那些事实——作为有害的、差劲的、败坏的等——清除并且代以"正确的"、"有用的"、"良好的"措施。在此，自然法则暴露了其本来的面目：事实上它是一种规范。即使这种理论重视通过自然科学术语表达价值判断，也无法改变上述判断。如果不平等被假定为自然法则，一个事实因为与这一价值原则不相符而被人们认为是不良的，比如共和－民主宪法或者普选权，那么这一判断的政治表述就是：它不是社会现实"原本的"、"真实的"表达，并且因此注定不会长久存在；"真实的"、"现实的"生活最终要将它推翻，"健康的"、"生气勃勃的"事物将会胜利，此等元素必然增加等。当然，其政治上的对手也能以同样的理由主张（事实上也主张了）：那些存疑的——但被他们认为是"良好的"并且"正确的"——事实才是社会现实的真实表述,在此事物中真正"有机的"社会才能实现等。

　　只要有机体理论将伦理－政治规范伪装成自然法则,试图将价值判断以因果法则的方式表达出来并且赋予其相应的高度效力,也即牢不可破、无法违抗的性质,通过此种方式把本来只能相对正当化的价值判断绝对化,那么人们就必须拒绝这种理论。"自然"作为最高的权威扮演着上帝式的角色,其戒律应当拥有绝对的效力,而人们却将它适用于与之相悖的社会生活。有机体理论的自然科学基本上只能表现为一种自然－法(Natur-Recht),它的意义会在别处谈到(参见[原著]第 30 页以下)。

第四节　国家作为思想系统(Der Staat als ideelles System)

一、心理行为与精神内容(自然与精神)[1]

　　为了接受一种国家心灵(或纯粹的国家意志),继而强制性地接受国家的躯干,人们可能受到误导,即认为那些统一被称为"国家"的事实、行为、过程等因素——就像所有社会事实一样——显然在人类心灵中占据一席之地。法律、判决或者命令的颁布、接受和被遵守都无疑是心理的过程,它们会转化成身体上的行动。然而对于国家本质的研究而言,重要的不是在自然的存在世界中并且因此依循因果法则进行的灵肉(seelisch-körperlich)过程,而是此过程所"承载"的精神内容。这就好比关于数学或者逻辑法则的思考是一项心理活动,但是数学或者逻辑的对象——被思考者(das Gedachte)——却并不因此而成为精神(psychisch)、数学或者逻辑的"心灵",而是一种精神上内容,这是因为数学和逻辑是从思考这些内容这一心理事实中抽象而来的。国家也是这样:作为一种有别于心理学的专门研究的对象,它是一种特别的精神内容,而非关于这些内容的思考和愿望的事实;它是一种理想的制度,一种特别的规则系统,而不是关于此种规则的思考和愿望。如果我们将研究指向任何一种思维和愿望的内心过程,就不可能理解被称为"国家"并作为一门科学课题的研究对象及其固有法则性(die Eigengesetzlichkeit)和固有本意(der Eigensinn);要获得上述这些,我

---

[1] 本节第一至三点可参见拙著 Der soziologische und der juristische Staats begriff, §§ 6-11 (S. 33 ff.),以及该处引用之文献,尤其参见 Simmel, Soziologie; Simmel 在书中(a. a. O. S. 558 ff.)对心理行为和精神内容做出了方法论上的基本区别。

们必须将我们的认知指向一个特殊的所想和所愿，此间心灵活动似乎是一个必要条件（conditio sine qua non），而非充分条件（conditio per quam）。国家并不处在自然－精神关系（pysisch-osycguscge Beziehungen）的自然王国中，而是处在精神王国（Reiche des Geistes）。

二、国家的规范性质

国家是一种精神内容，其特殊之处恰恰在于它是一个规范系统。并且国家的规范性质正好——不自觉且不恣意地——反映在那些作者的表述之中，他们相信国家是一个受制于因果法则的现实。他们必须且已经阐述了国家的属性，然而他们只想使之在一定程度上与那种在国家学中在一般与特别层面上都与国家相联系的理念相适应。这些属性只有作为规范系统的属性才是可能的。如果国家、国家意志或者国家心灵仅仅表现为主观意志活动的集合，那么在各种不同措辞中反复出现的国家客观性的论断，即该声称国家的存在与组成国家的人们的主观任意性毫无关系，就是完全不可能的。因为，在与主观因素如此紧密的联系之下是不可能产生出什么客观事物的。然而，国家存在的客观性可以毫无困难地表现为构成国家秩序的规范的客观效力，此种效力之所以是"客观的"，是因为它就像所有真正的规范效力一样，独立于其对象的主观希望和意愿。最重要的是毫无例外地假定：国家依其本质位于组成它的个人"之上"，以其权威使他们负有义务，所有拘束力都以国家为前提。在此国家社会学家们绝不像他们所申明的那样，仅仅主张人们认为国家具有权威这一事实，他们并不满足于发现人们受某种以权威为内容的理念所驱动，而是通过刻画国家具备赋予人们义务的权威特征来使此种理念成为他们自己的研究对象。如此一来，他们使国家具备了价值要素，而此要素不可能存在于以因果科学为导向的社会心理学或者社会学中。国家只能作为赋予人们义务的权威，否则不能表述国家的本质，它是一项价值或者一项规范，更确切地说是一个规范体系，并且与关于规范的价值无涉的、现实的理念或愿望有本质上的区别。

三、国家与个人

国家作为超越个人的统一体，其规范性质尤其清楚地显示在一种对立之中，包括那些认为国家是社会现实的作者们在内的所有人都接受这种对立，即一般意义上的共同体（Gemeinschaft）与个体（Individuum）的对立，或者在此特殊语境下也就是国家（Staat）与个人（Einzelmensch）的对立。如果国家是由自然法则决定的现实，与个人存在于同一个层面，那么对于指向此方向的研究而言根本不可能存在此种对立及其问题。如果问题仅是国家与个人间的因果联系，那么以下这个平庸无奇的答案也就足够了：国家——在此种观点中被假冒为优势权力——作为原因决定了个人。这一观点的空洞性一般体现在这句话中：法律仅是权力；此处它忽视了隐藏在法律和权力的对立中的问题，并且从纯粹指向自然存在的因果联系的观点出发，声称某种原因引起了某种效果。只有在国家被假定为规范时，个体与国家的对立才可能成为一个问题，国家的应然性与个体行为和愿望的实然性处在一种悲剧性冲突之中，这也是所有社会理论和实践的核心问题。只要在这一矛盾中，个人一方面表现为作为整体的国家的一部分，另一方面他自己又是一个整体，这一矛盾就失去了逻辑上的对立性，试想个人，更准确地说个人的愿望与行为，作为构成国家秩序的规范的内容，也即应然规范的内容，只是一个"系统－整体"（System-Ganzen）的构成部分，而与国家整体相矛盾的个体现实的愿望与行为则位于实然层面。"a 应当是 b"和"a 等于非 b"并不能构成逻辑上的对立，而是构成逻辑上的二元论（der Dualismus）。此二元论表现为两套互不相关的系统，它存在于应然系统和实然系统之间，也存在于国家秩序的系统和另一种可能是伦理－政治上基本要求的系统之间，同时个人也作为此种系统与国家相对立。后一种情况就是国家实证法律制度和个人自然权利的对立。（详见［原著］第 59 页，第 154 页以下）

四、国家与社会

国家作为社会构造物情况如下：不能按照因果规律去理解国家的特殊的统一性；国家不存在于自然现实之中，而存在于精神价值的世界之中的道理，同样也可以很容易适用于其他社会产物——共同体（Gemeinschaften）、联合体（Verbindungen）——它们被冠以"社会"这一总称（Sammelname）。国家只是社会世界的一部分，整个的社会世界是精神的世界，也即是价值的世界，完全是价值的世界。不同的社会产物，如宗教、国家和其他共同体，在其本性上只有作为特殊的价值体系才能够得到理解。因此，各种不同的社会产物和社会团体存在在先，而非先存在一个包罗万象的社会（Universale Gesellschaft）：一个将所有特殊共同体作为其部分秩序囊括其中的价值系统。一个关于唯一的、无所不包的社会理念是普遍的价值观或者世界观的问题，是所有规范系统的综合的问题。这个问题究竟是否有答案，社会在此意义上作为统一体究竟是否可能，在此可以先不去回答，因为纯粹的国家学局限于对一个特殊规范系统的认知上，它本质上应当被理解为最高的、无须考虑其他系统的自足系统。因此从尊重此种权利的国家学观点来看，被称为国家的规范系统与其他规范系统，如道德系统或者宗教系统之间的冲突问题是根本不可能产生的。而正是这一问题，给普世价值系统的理念——作为统一的社会——带来了最大的困难。它似乎是有别于特殊社会科学（Gesellschaftswissenschaft）的一般社会学（Soziologie）的问题。国家学属于特殊社会科学，据此它作为规范国家学说也是国家的社会学。古典思想将作为普世价值体系的一般社会学问题放在伦理学中研究，中世纪时人们将其放在神学中研究，而19世纪之前的近代则将其放在自然法中研究。19世纪是自然科学的世纪，在这个世纪里，所谓的社会学接手了这一问题。它试图以自然科学的方法来解决，也即它将社会的问题（das Problem der Gesellschaft）理解为自然的、事实性的，而非价值性的、精神性的问题，由此，社会学正好改变了这一问题的属性。然而，也许当现代社会学家不在规范领域中而在自然法则的领域中寻找社会的统一性，当他们将其研究指向实然而非应然，将社会置于自然之中并由此失去其专门对象时，他们只是在逃避由普遍价值观所提出的艰巨而无望的任务。对于现代社会学体系的批判研究已经揭示，这些社会学在对事实过程进行因果律解释的表象下，试图主张澄清自然的，也即因果律的发展规律并建立普遍的价值体系，它们这样做时，从事的实际上同样是伦理学、神学或者自然法的工作。（门泽尔／Menzel）[1]

将"社会"与"国家"进行比照的话，就能清晰地显示出社会这个概念所带有的绝对规范性的特征。仔细研究就会发现，在伦理－政治文献中，尤其在社会学文献中反复出现的国家与社会的对立，其实仅是两种不同价值或者规范体系的对立，不管这里的"社会"是作为自由主义的价值体系出现，还是作为反对历史－具体的国家的实证秩序的社会主义理想而出现。（见［原著］第27页以下）

---

[1] 关于现代社会学的自然法属性的优秀著作可参见 Adolf Menzel, Naturrecht und Soziologie, Wien 1912。

第五节 国家作为法律秩序 [1]

一、国家与法律的统一 [2]

如果能够认识到，国家的存在领域是规范效力领域，而不是因果的现实领域，我们赋予国家概念的独特的统一性不是处于自然现实的世界中，而是处于规范或者价值的世界中，以及国家依其本质是一个规范体系或者说是此种体系的统一性表达，那么我们其实就已经认识到，作为秩序的国家只能够是一种法律秩序，或者是该法律秩序的统一性的表达。国家与法律有一种本质上的联系，这已经是普遍的认识。但是人们不认为这种联系意味着一致性，原因是他们没有认识到国家本身就是一种秩序。如果人们认识到了这一点，那么拒绝承认这种一致性就只能意味着两种规范系统的二元论，它们中一个可能是实证法律制度，另一个可能只是伦理－政治规范的集合。此种国家与法律之间二元论的维系越是依赖于这个未被接受的假定，它就越是因其彻底的自然法性质（在被称做国家的规范系统中经常出现自然法与实证法律制度的对立）而不能与实证主义的基本原则相协调，此种实证主义认为国家和法律是两种完全不同的客观实体。如果国家是一种规范系统，那么它只可能是实证法律秩序，因为它必然排斥其他秩序的效力。假如国家不是实证法律规范系统，那么人们就不能从一种立场出发并在相同的认知领域内宣称国家与法律并存或共存，就好像法学家主张道德的效力、伦理学家主张实证法的效力一样。无论如何，多义词"国家"还是可能包含伦理－政治的意义，这个意义上的国家与法律毫无联系。然而正是这种与实证法的联系，是国家学中少有的毫无争议的论断之一。

二、国家作为"强制机器"和作为"权力"

如果主流国家学将国家描述为"强制机器"，传统法学将法律描述为强制秩序，那么表明这两者——从根本上看——都想要理解同一对象，因为强制"机器"只是强制"秩序"的一个比喻。然而，当人们谈及属于国家本质的"强制"时，人们有时并

---

[1] 参见 Hermann Cohen, Ethik des reinen Willens, 3. Aufl. 1921, S. 64："国家学必须是国家法学。国家学的方法是法律科学的。其他科学必须合作以构建国家科学的概念，法律科学无可争议地构成方法论基础。如果将国民经济学及其辅助科学引入国家学的视野，那么就会意外地产生多种国家科学。国家科学及其概念、方法是由法律科学决定的。"

[2] 本节第一点至第三点可参见拙著 Der soziologische und juristische Staats begriff, §§ 17–19, S. 75 ff.。

不是指那些法律规范的特别内容：如刑罚（Strafe）或者执行（Exekution），通过这些特别内容人们将法律与其他规范区别开。

真正的权力不是作为规范内容的强制——正如那些专注于法律命题（Rechtssätze）效力的法学家眼中的强制那样——而是存在于某种规范观念的实际效果中的现实的、心理的强制；它是一种动机规则（Motivationsregel），决定人们的实际行为，当人们将国家称为强制机构时想到的也是这种权力。归根结底人们可以并且必须仅仅将法律视为这种"真实的权力"；由此人们想到的是法律秩序的实效、法律规范观念的实效。不能将此种作为权力的实效称为国家并使之与作为规范的法律相并列，因为那将使我们受到蒙蔽，认为好像两者属于同一个存在场域，从而产生了关于它们之间相互关系的伪问题；并且，由此忽视了两种对立的可能性，即作为权力的国家与作为规范的法律之间的对立，以及作为规范（国家秩序）的国家与作为法律权力（Rechtsmacht）之间相对立。认为国家作为权力在"背后"支持法律（法律因此得以实现），国家作为权力"承担"、"制定"、"保障"法律等，这些普遍的观念只是使认知对象双重化的实体化思维，一旦人们认识到所谓国家的权力只是法律的权力，它就立刻会破灭。此处所指的法律权力当然不是理想的自然法的权力，而只是实证法律的权力。因为涉及的是人类的行为，是作为与不作为原因的问题，所以这个如此起作用的"力量"（Kraft）或者"权力"（Macht）只能是精神上的，只能是一种动因。毕竟国家秩序规范可能包含不利威胁（Nachteilsdrohnungen），人类的观念可能接受包含强制规定的规范内容，这种观念可能只是因强制规范内容而具有驱策人行为的力量，所以心理学研究永远只能将国家权力阐释为包含规范内容的观念的动因。

然而，规范是法律，只能是实证的法律。正是在这种以规范为其内容的观念的实效性（Wirksamkeit）中，主流学说看到了规范的"实证性"（Positivität），也即法律的实证性。如果国家权力以及作为权力的国家等于法律的实证性，那么在秩序视角下的国家与法律的同一性就是主流学说的固有之意。然而在此不能同意这一关于法律实证性的传统见解。因为实证性应当具有法律的属性，并因此必然指涉的是作为有效规范（gültige Norm）的法律，而不是有实效的规范观念（wirksame Normvorstellung）。即使不应完全否定在实证性问题中存在某种与规范内容相对应的实然内容（后文还将详述），也必须拒绝将法律实证性（Rechtspositiviät）与法律规范观念的实效性相等同的做法，因为那样的话法律规范的特殊意义就会丧失。现在重要的是使法律的实证性与其规范性相协调。如果可以成功，那么"实证的"法律就等同于现实的、历史具体的国家了。

三、规范性与事实性（实证性）

如果人们将国家认做是法律秩序，或者认做是法律秩序统一性的表达，那么国家学就只有作为法律学，也即法律规范学，并且在此意义上只可能作为一门规范性学科。这门学科既不是法律本质之学（Rechtswesenslehre），也不是法形式之学（Rechtsformenlehre），它指向的是规范及其关系，而不考虑其特殊内容。它可能是一种法内容之学（Rechtsinhaltslehre），也即去确定法律规范的典型内容的学说。

内容研究一定也会遇到这样的问题：作为有效规范体系的法律和属于自然体系的、受制于因果律的现实发展过程之间，尤其是和以规范为内容的观念所驱策的人类行为之间，是否存在联系，又存在何种联系？在无损于这两种系统之间基本的、无限制的差异的条件下，人们必须无条件地承认，被人们预设为有效的规范，尤其是法律规范的内容，与实际行为的内容在某种程度上是相适应的，并且，只有那些具有有效观念（wirksame Vorstellung）的法律规范才在事实上被预设为有效的（gültig）。如果规范——尤其是法律规范——具有的内容，即那些规范所包含的观念完全没有效果（wirkungslos），那么法律理论（Rechtstheorie）也不会将这些规范预设为是有效的。然而，如果假设只有现实发生的才能在法律上被作为应然而加以规定，那又是错误的，因为这样就否定了所有法律。作为"国家"体系的应然内容，也即规范性的、作为法律秩序的国家的秩序的内容，与实然内容，也即因果的自然秩序系统的内容，两者之间必然可能存在对立。一个完全不会被实然的、实际发生的事情的内容所触犯的规范——比如，你应当做你想做的事情——实际上就失去了作为规范的独特意义。

关于这两种异质系统之间的关系的研究只会指出上下两条界限：两个系统的内容不会完全重合，但也不是完全不同。这二者之间的紧张关系不应该超过上限，因为如果那样的话，就丧失了"法律"这一自成一统的体系的所有意义；也不能低于下限，否则法律系统就不可能成为一个实用的、关于人的行为的解释－评价模式，服务于自然系统。在实证性概念中所表现出的正是这个由上下限共同决定的、在作为应然秩序而有效力的法律或国家的内容，与相应的实际事物的实然秩序（作为自然的一部分）的内容之间的关系。据此，实证性的问题看起来好像是——这一问题绝不仅局限于法律与国家理论内部——价值系统和与之相应的现实系统之间在内容上如何联系的问题，也就是说所谓的价值实现的问题。其中蕴藏的超乎寻常的困难在于一种看起来无可避免的悖论，一方面必须假定实然与应然、现实与价值之间存在着二元论，另一方面还必须承认这两种被假定为无关的系统内容之间存在内容上的联系。

四、社会学的国家与法学的国家

因为在国家或者法律秩序的应然效力（Soll-Geltung）与包含此种秩序的观念的实然效力（Seins-Wirksamkeit）之间存在真正的二元论，所以以下这种人们很容易想到的尝试必然失败：除了"法学的"国家概念还要区分出一个"社会学的"国家概念，前者作为法律规范体系，建立在应然层面上，后者作为某种对现实发生的行为的概括，建立在实然层面上。例如，这种最近由许多优秀学者所代表的观点的思路是：国家对于法学家而言毕竟只可能是规范的产物，只是一种法律秩序，因此对于法学家而言它只可能存在于应然效力（Sollgeltung）的领域内；对于以生活事实为导向的"社会学"而言——它将事实的、在因果序列中进行的人的行为加以理解，也即在因果关系层面加以解释——国家只是这种人类行为的过程和集合，是人类共同行为的特殊集合（韦伯）。然而从这样一种"理解的社会学"（die verstehende Soziologie）的观点出发，所有社会产物都必定是这种"共同行为的集合"。[1] 因此对于它来讲产生了一个任务，即需说明特定人类行为的集合在何种情况下能演变成国家的标准，指出基于何种综合原则能将无限的人类实际行为中某一特定集合上升为国家，以及能将一定数量的个人行为构成社会"产物"。当理解社会学——其自认为是一门因果科学——试图完成这一任务时，其研究却从实然层面转移到应然层面上来。因为将人类行为通过理解的社会学而联合成为特殊"集合"的标准，是人们用以指导自己行为的观念的意义内容。观念决定人类的实际行为，而塑造观念实质内容的思想秩序才是关键的解释模式（Deutungsschema）。只有将人类行为置于作为意义体系的、法学－规范的国家秩序之下进行理解，才能将人类行为视为"国家"。这种社会学理论指出，只要特定的人群按照"国家——规范－法学的秩序——是存在的"这一观念来指导自己的行为，也就是说法律规范的系统处在应然效力中，那么国家就"在社会学上"存在，也就是说作为特殊的共同行为的集合而存在。因此，"理解的社会学"既将处于应然效力之内的——

---

[1] 在本章中论述的"理解社会学"的基本思想是由马克思·韦伯在其鸿篇巨著《经济和社会》（Wirtschaft und Gesellschaft, Tübingen, 1922, S. 1, 6 f., 13 f.; Grundriß der Sozial ökonomik, Ⅲ. Abt.）中提出的；对此可参见拙著 Der soziologische und juristische Staatsbegriff, § 27 (S. 156 ff.)。

作为特定观念的实质内容的——规范－法学性秩序称为"国家"，又将承载此种实质内容并引起相应行为的观念的存在事实（Seinsfaktum）称为"国家"。据此这一社会学相信，国家在纯粹"法学上的"存在与国家在"社会学上的"存在是可以加以区别的。后者似乎仅存在于以下——时大时小的——"概率"上：一种依照其意义内容特定的，也就是说以规范效力意义上的国家法律秩序为指导的行为确实发生的概率。因为此种概率可能有不同的程度，所以国家的社会学存在也必须能够应对不同程度的区分。如果这种概率完全消失了，那么国家"社会学的"存在也就终止了。

在此实际上我们碰到的只是先前已经提及的尝试——即试图将"国家"理解为法规范观念的实效（Wirksamkeit）——的一种变种，其修正在于，将处于规范效力中的法律秩序也理解为"国家"。它用法学国家与社会学国家之间的区别代替了常见的国家与法律的对立。然而也因此完全暴露了其不合逻辑之处，揭示出其核心是一些不被允许的内容。"理解的社会学"有时自己也承认，当它谈到"国家"时——意指一种特定形式的事实事件的过程——把一种完全不同的意义强加给了法学概念，而它是为了精确性和习惯性才使用这一法学概念的。只是，为什么它使用了这样一个具有误导性从而不被允许的术语？为什么它依然称某事物为"国家"，即使知道这个词"在精确性和习惯性上的"意义指的是另外一个完全不同的对象？因为作为社会学，也就是说作为关于社会的知识，它无法当真放弃将国家这一特殊的"社会"产物作为它的研究对象。还因为只有法学的概念，只有关于规范意义上的有效的秩序思想才能产生专门的综合方法，由此可以将这一产物构建成一个包含多数各样的个体行为的统一体。法学概念绝不是单纯地因其精确性和习惯性而为理解社会学所用——在因果科学的认知领域以一个如此精确而且符合习惯的法学规范研究的概念其实能做什么呢？这一法学概念对于理解社会学来说是基础的和首要的概念，没有这一概念它就无法理解"国家"的特殊的统一性。理解社会学不仅用"国家"来表示那些单纯法学上的、塑造特殊社会联系的思维产物，还用它来表示那些看得见摸得到的（因为是精神和身体的）、在自然世界中发生的事实情况，这样它就维护了其表象，好像它——作为因果科学的、只面对现实事物的并因此总是研究个人行为的研究——依然可以理解那种作为特别的社会联系的、只能存在于法学综合理论中的"产物"；然而，因果科学的研究方法必然以从认知上消解所有此种"产物"为目的。确定某一种意义上的行为在何种概率上现实发生，尤其是研究关于法律规范的观念实际上有多大可能性具有实效（wirksam），这些肯定是重要的，也是有意义的。即使在现代还无法做到对具体案例中的这种可能性进行估算，人们不得不满足于事后断言某种规范观念已经失去其效力了。如果使用同一个语词术语指称两种预设为相同前提，但在本质上却不同的对象，那么没有什么能将这样的术语正当化；并且如果"国家"是某种观念不同程度地实现，那么人们将不得不在历史上各种不同的、具体的被称为"国家"的产物中确定不同程度的国家性（die Staatlichkeit），这将是对这一概念最好的归谬。

第六节　所谓"国家产生"之理论

一、这一问题的意义

如果我们关注的是法律或者国家秩序的特殊内容，那么就必须允许提问，特定内容的规范观念是在何种自然、经济和历史条件下产生以及生效的？这一问题的异乎寻常的复杂程度、解决它的困难性和至今为止在此方向上所取得的稀少成果，不能成为否定提出此问题的正当性。[1]它绝对是一个科学上的——如果人们愿意的话——也可称之为社会学上的问题。指向规范系统固有法则性的研究也可以被称做是社会学的，而且这可能是一个更为正确的称呼，因为我们面对的社会产物，尤其是国家，其统一体正是在社会学中被构建出来的。规范观念位于受制于因果律的现实心理领域，人们可以将它的产生条件称为"现实的下层建筑"，并将作为特定精神内容的规范和规范系统提升为一种上层建筑，它作为绝对自成一统的"意识形态"与下层建筑遵循自然法则的性质形成对立。然而这种描述借用了唯物主义历史观术语，自然系统被放到精神系统之前，"现实"的系统被放到"价值"的系统之前，在此特定情况中它所表述的也就是自然与社会之间的关系。如同其他社会产物一样，国家也作为一种特定的"意识形态"出现。如果人们要不假思索地同意那种一再出现的空洞套话，即是自然的、经济的，或者简短地说事实上的、由因果律决定的历史发展决定了法律秩序的内容（前提是尊重有效规范和实际的规范观念之间的区别，并且将这句话限制在前面讲到过的上下界限中）——其实只是提出问题而从未解决问题——那么依然可以肯定的是，此处所主张的规范系统内容与受制于因果律的现实事物发展过程之间的关系并未触及规范系统本身的独立性和固有法则性，人们依

---

[1] Richard Schmidt, Allgemeine Staatslehre, Ⅰ. Bd. 1901, S. 116 ff., Schmidt 明确区分了国家产生的问题和国家产生条件的问题，并否定了前一个问题而尝试回答后一个问题；参见 a. a. O. S. 123 ff.。

然可以在规范系统的固有法则性中，而非历史发展的因果法则性中，理解国家乃法律秩序的本质。

但是，如果将国家视为特定的社会意识形态，那么这个所谓的国家社会学或者国家社会理论的主要问题就被分裂了："国家产生"的问题被割裂为两个在方法论上完全不同的问题。首先是上文已经提及的问题，即以特殊的国家意识形态为内容的精神行为产生于何种自然条件，迄今为止对这一问题的回答不过是极为空洞的套话而已。人们得到的答案无外乎是，国家的产生以大量人群持续的共同生活为条件；然而这只说明了所有具有更高区分度的社会意识形态产生的自然条件，而非仅仅针对国家而言。揭示国家产生特定条件的尝试至今还没有成功。无论是人类定居习性的假定，还是人们必须有共同的起源或者语言才可能形成国家的假定，都无法被证明——哪怕是被近似地证明。即使在游牧民族和迁徙民族中也有国家性质的组织（也请参阅［原著］第147页以下），并且历史一再证明拥有不同起源和语言的人群可以持续地生活在同一个国家秩序之内。关于国家起源于家庭的学说还会专门讨论（参见第二部分）。只要民族统一性被宣称为国家产生的条件，那么在其背后多半隐藏着民族国家的政治假定，但其正当性在此不讨论。将国家之产生与特定经济形式相联系起来的努力也没有成果。无法证明只有农耕、或者只有畜牧、再或者只有狩猎文明才具备构建国家的性质，也无法证明不同经济形式的人类群体之间必须以战争的方式才能产生国家。（详见本章第三部分）论证土壤性质对国家产生具有决定性影响的尝试，也不能得出获得一定程度的确定性的结果。有一种观点认为，是土地使得大规模人群能够持续地共同生活在一起，所以雪原、沙漠等地区几乎没有国家形成；但这只是在重复一开始就发现的不言自明的道理。即使人们不断强调诸如山脉、海洋、河流等一定的"自然"边界对形成国家疆界有所影响，还是无法找到这种影响的固定规律。有一些国家，而且总是有这样的国家，其疆域突破了这种从自然科学视角看起来极其强大的自然边界，无论最高的山脉还是最深、最广的海洋都不能抑制其扩张，它的疆界与"自然的"边界并不重合，而且它们正是历史上最重要的国家。此外，"自然的"边界这一概念是一个非常相对的概念，与当时的交通技术有关。

有时人们将有意识的、旨在建立国家的人类行为与"自然的"条件相对比，并且提出疑问：国家是此种有目的的行为的结果，还是与人类意志无关、无意识的有机体生长的结果？某些自然法学家在前一种意义上提出了一种理论，将国家的产生想象成为契约缔结的结果。这一理论不能与其他契约学说相混淆，于后者社会契约的公设只是为国家的正当性提供论证，并且处于不同的语境当中。（参见［原著］第35页以下）如今可以确定，一般来讲，我们无法证明此种契约的缔结是有意识地建立国家的历史事实。与所谓有机的社会学说相联系的观点则正好相反，认为在国家产生的过程中丝毫没有必要考虑有目的的人类活动，在此只有符合本能的行为，然而此种理论同样无法证实并且看起来不太可能。如果终究要对这个问题做出推测，那么应当将有目的的、指向组织的行为和无意识－本能的行为都算做前提条件，在此条件下，逐渐产生了一种特定的国家意识形态。

国家产生的问题也可以在另外一种意义上提出来，如果这一问题不是针对那些承担特定国家意识形态的行为的产生条件，而是针对意识形态内部自身的发展的话。其意义大概在于对以下问题的确定：一般的社会意识形态是如何转变为一种特定的国家意识形态的；国家状态（staatlicher Zustand）和国家秩序是如何从虽然已经是社会的，但还不是国家的状态和秩序中产生的。如果人们将强制视为国家秩序的特征，并且认为从本质上国家就是所谓的"强制机器"，这便意味着人们认为国家秩序就是规定强制的秩序，在此秩序中，针对一定的有损于社会的事实规定了由人对人施加的强制措施，以此来尽量避免此种事实，这样国家产生的问题就变成了具备此种特殊社会技术特征的制度的产生问题。

然而，无法用历史上以某种方式可以确定的时间点来回答这个问题。因为如果人们只是在一定范围内——即人们从其相互针对的行为中获得一种意识，该意识在适当程度内不断自我而形成为一种规范意识，并由此作为规范，作为理性的、"人工的"秩序而与"自然"秩序中的本能行为相对立——才能讨论一般意义上的社会和特殊意义上的国家，如果因此所有社会秩序都仅被理解为与受制于因果律的自然事物相对立的、一个与由因果律决定的事实不同的意识形态，人们必须设想自己身处它的固有法则性当中，并调整自身行为，以认清"社会"而非"自然"，如果一般意义上的社会，而不是特别意义上的国家，为了显示其固有本意，就已经以"你应当"（du sollst）的句式——从一开始就必须与"你愿意"（du willst）处于可能的对立之中——为起始，那么这就说明，强制要素虽然对于社会的概念不具有本质上的意义，但是强制的倾向却是社会的实质形态所固有的，也说明正是因为只能以有限的财富总量来满足形形色色的需求，所以构成社会制度对象的、以满足需求为目的的个人行为必须加以限制。这是因为强制措施是一种特殊的手段，通过此手段使一开始与客观制度的应然性相违背的个人主观意愿变得与其相适应。客观来讲，"自由"与"强制"

之间的对立确实只是两种不同法则性之间的对立，即自然的因果法则性与社会的规范法则性之间的对立，也就是两种系统之间的对立，这种对立肯定已经存在于自然与社会之间的对立之中。主观所感受到的"内在的"强制就是应然本身。"外在的"强制（äußerer Zwang）是由规范所确定的强制措施，单独来讲，它只是在实现概率（Realisierung schance）的视角下的内在强制（innerer Zwang）的反映。如果强制倾向已经为最原始人群的社会持续所固有，那么此种还在萌芽中的秩序也已经是一个国家了，并且想要确定何时或者在何种外部条件下非国家的"部落"演变成为国家，也即社会秩序吸纳外在强制要素，是白费力气的。社会意识形态的演变只能作为连续的内容发展加以理解。

二、家庭理论

国家是从家庭中产生的，这是一个古老而且在当今也广为流传的观念，它可以简化为这样一个假定，即父母与孩子作为生物意义上的养育者和被养育者，他们的共同生活是社会秩序最初产生的条件，并且这一观念使该最初秩序看起来就好像已经是强制秩序。此种理论的前提与其说是历史经验，倒不如说是重构性的自我观察。事实上在孩子的意识中父亲正是第一个权威、第一个立法者，并且因此最终作为"应然"的承担者、作为社会秩序的承担者而出现。在此以后人们经历的所有权威都如同父亲，因为被信仰的上帝、令人钦佩的英雄和受人爱戴的君主都扮演着父亲的角色，这些权威确实只能作为父亲的代表，人们才能唤起所有那些在孩童时、没有自己意志时才有的心理上的情感（弗洛伊德）。这样一来当我们回头看时，父亲就成为了社会的建立者，家庭就成为了国家的"细胞"。在此范围内这种理论也确实有其正确性。只是这一理论——正如其经常发生的那样——不应该带有某种政治思想的假设，即认为家庭必须成为国家的"支撑"，并且特定的家庭法律秩序属于国家的本质内容。如果该理论提供了——属于政治领域的——关于合乎国家秩序的目的的建构观念（Anschauung）以外的内容，那么这种理论就成为一种谬论了。[1]

还有一种理论也建立在类似的前提条件上，即建立在男女之间特定的性别哲学

---

[1] 对此参见 Hermann Rehm, Allgemeine Staatslehre, 1899, §§ 66-69, S. 266-275；拙作 Der Begriff des Staates und die Sozialpsychologie, Imago, Ⅷ. Jahrg. 1922, 2. Heft, S. 97 ff., 以及该处所引用之文献，尤其参见 Sigmund Freud, Totem und Tabu, 2. Aufl.,1920, 以及 Heinrich Schurtz, Altersklassen und Männerbünde, 1902.；还有拙作 Gott und Staat, Logos Bd. 11, Heft 3, S. 261 ff., 以及该处所引用的文献。此外还有 Max Weber, Wirtschaft und Gesellschaft, S. 126。

上的价值区别之上，这种理论试图将国家和所有的"高等"社会联合体回溯到某种由不同于性欲的社交本能所产生的男性联盟（Männerbünde），而非回溯到作为父亲、母亲与孩子相联合而形成的家庭（舒尔茨 / Schurz）。在"低等"联合体中，比如在原始民族中也可以发现以男性住房（Männerhaus）*、年龄分组（Altersklasse）、秘密同盟（Geheimbünde）等形式出现的男性联盟，仔细研究之下会发现，单是这些低等联合体就已经表现出一种强制秩序了，因此显现出了国家的萌芽。原始人的社会制度以同样的方式对待男性和女性，因为它首先是两性交往的制度，并且在我们已知的历史中，针对违反规范的性行为往往规定有严厉的强制措施（乱伦将遭受死刑的惩罚）。在保护生命的范围内，它也规定了强制行动，然而那只可能是从主观上对于侵犯其利益的"复仇"——血亲复仇。其客观功能与此主观意义无关，法律秩序中的强制措施是对危害社会的行为的反应，然而没有什么会阻止利益受到侵害的人——被害者的父亲、兄弟、丈夫——擅自采取强制措施。然而如果依据共同体的决议，国家的强制措施不再由受害者自己，而是由专职的、特殊的机构来实施；在这一分工过程中，书面的、确定的、关于非法行为及其后果的规范代替了仅流传于口头传统中的规范，并且此后形成了特定的程序规则，确定如何查明应当被处罚的事实；如果有所分工的机构的程序规定也具备了书面形式，也即技术上称之为"合书面规定的程序"（aktenmäßiges Verfahren），那么这些确实都是社会技术上非常重要的进步。直至发展为此种社会状态，人们才称此种法律秩序为"国家"，这便引起了一种假象，好像在它与原始法律秩序之间存在某种本质区别。至少人们看到了此种区别，即在比较进步的共同体状态中存在共同体机关，然后由此才产生组织，国家则是借由国家机关而存在的。因为即使是作为所谓血亲复仇的执行者，被害人的儿子也是法律秩序的机关（Organ），也就是说他是此种法律秩序构建中的共同体机关。在他与施加"刑罚"的法官之间只存在一种渐进的区别，那就是他与有所分工的机关之间的区别。所以，原始的秩序——即使它是原始的——也是一种组织，它的执行者是各种机关（Organe）。尽管法律秩序仅仅来自一个参与分工的机关，但如果人们依然愿意称其为"国家"，那么对于这一国家术语——只要它只是想表达这个社会技术的因素——也没有什么好反驳的。

---

* 指原始部落中所有男性或所有未婚男性共同居住的房屋，通常还作为供奉偶像和聚会的场所。——译者注

三、阶级斗争理论

相比之下，必须拒绝另一种概念构成（Begriffsbildung），它只愿意承认"国家"是旨在维护剥削者对被剥削者的统治，简而言之，是阶级统治。[1] 基于道义而拒绝此种剥削关系，并不构成一种本质性认知（Wesenserkenntnis），而是成为一种政治上的趋势，这种趋势最终决定了阶级统治概念的构成并且在关于国家产生的理论中找到了表达方式。按照此种理论国家无外乎是通过两个不同经济结构人群之间的冲突产生的，即游牧、狩猎或者畜牧好战的部落和定居的、和平的农民之间的冲突，一方战胜了另一方，成为其主人，并持续占有被征服者的劳动收获的盈余部分（Gumplowicz）。或者不借助两种经济上异质的人群之间的冲突，而仅从起源相同的人群的内部发展来解释国家的产生，更准确地讲，阶级统治的产生：在一种经济形式向另一种经济形式过渡的过程中，比如从狩猎到畜牧，从原始经济到集约的土地和畜牧经济再到产业化生产的过程中，一部分人独占了生产资料并使社会秩序有了保障此种状态的内容（马克思－恩格斯）。

不应该否认的是，在历史上群体之间的征服和生产形式之间的转换对国家强制秩序的内容产生过决定性影响。阶级统治理论的错误在于，它认为国家强制秩序的目的仅仅是通过受法律保护的生产资料私人所有权对无产者进行经济剥削。被称为"国家"的强制机器是一种服务于各种目的的特殊的社会技术手段，既可以服务于维护剥削关系，同样也可以服务于削弱这种剥削关系，甚至服务于完全废止它，也即是说，服务于保护一种生产资料的共同所有。正是由于在国家的概念中人们首先试图表达强制与无政府的混乱之间的对立，所以国家概念必须限定在强制秩序上，并且必须剔除强制秩序所服务的所有经济或其他目的。此外，认为国家产生于两种人群之间战争冲突的理论无法否认这两种人群在冲突之前就已经显现出了国家强制秩序——尤其是好战的游牧部落。然而，那种认为国家产生于相同起源人群内部生产关系变化的理论，将国家产生之前的社会状况想象成无政府的、没有强制秩序的原始共产

---

[1] 阶级斗争理论是马克思主义的国家和国家产生理论。对此比较拙作 Sozialismus und Staat, 2. Aufl., 1923，以及该处所引用的文献，尤其参见 Friedrich Engels, Der Ursprung der Familie, des Privateigentums und des Staates, 6. Aufl., 1894，以及 Max Adler, Die Staatsauffassung des Marxismus, (Marx-Studien, Ⅳ. Bd., H. Halbbd.) 1922。Gumplowicz 和 Oppenheimer 的国家产生理论与马克思主义国家理论十分相似；参见 Ludwig Gumplowicz, Die soziologische Staatsidee, 2. Aufl., 1902，以及 Franz Oppenheimer, Der Staat, Die Gesellschaft, herausgegeben von MARTIN BUBER, 2. Aufl., 1902, Bd. ⅩⅣ / ⅩⅤ。马克思主义认为所有国家都是阶级国家，也即意味着在任何国家内部都是一个阶级统治着另一个阶级；与这一论点类似的方法出自 Oswald Spengler 的理论（Untergang des Abendlandes, H. Bd., S. 457）："只存在阶层国家（Standes-Staaten），其中只有一个阶层进行统治。"

德国魏玛时期国家法政文献选编

主义。单是此种想象就与已知的历史事实不同，并且它作为一种猜测性的构想并不是历史研究的结果，它立足于这样的前提：强制秩序只有为了维护一种不自然的并且不道德的剥削关系才可能存在，它与此种剥削关系同时产生，也将随之消亡。因此此种关于国家产生的学说只有在与其相适应的国家衰落学说（Lehre vom Untergang des Staates）中才能找到其结论：如果经由将生产资料私人所有再次转变为所有人的共同所有而克服了剥削关系，那么也就不再需要强制工具了，因为任何在主观意愿与客观应然之间可能的对立都已经被排除了。国家——在此种理论中本质上仅意味着强制秩序——就变成多余的了，它"消亡"（absterben）了（恩格斯）。但正是此种理论对将来所谓必然的发展做出的预测揭露了它完全的伦理－政治性，同时也显示出它的乌托邦性质，说明这种学说关于国家产生的假说并不像它表面上那样是"社会学的"、服务于过去的。而这只能通过接下来关于政治问题和它与国家学的关系的论述才能解释清楚了。

第二章　国家与道德（国家学作为政治）

第七节　国家的正当性学说[1]

一、政治作为道德及政治作为技术[2]

　　政治作为一门科学，是借着一系列判断加以表达的知识体系。作为一门独立学科，政治应当与一般国家学相区分。如果一般国家学追问什么是国家以及国家如何构成，即国家可能的基本模式和主要内容是什么；那么，政治学将探究，国家是否应该存在，如果是，那么在国家模式的所有可能性中，哪个是最优选择。这个问题表明，政治是伦理学的一部分，是一种道德认知，而道德是人类行为的客观目的，是作为应然内容被确立的。在这层意义上，政治是为了实现已经确立的、前设性的客观目的而寻找适宜手段的过程。也就是说，它按照经验，确定各个外在效应的原因及其内涵，使之从内容上符合该前设性条件。政治本身不是伦理，也不指向规范性法律。如果人们愿意的话，可以称它为——技术：一门社会性的技术，旨在阐释手段和目的之间的因果关系。

---

[1] 参见 Georg Jellinek, Allgemeine Staatslehre, 7. Kapitel, S. 184–229。

[2] 参见 Richard Schmidt, Allgemeine Staatslehre, Ⅰ. Bd., Einleitung, § 4, S. 25 ff.; Hermann Rehm, Allgemeine Staatslehre, § 2, S. 8–10；还有 Georg Jellinek, a. a. O. S. 13 ff.。

这里的规范性问题，即某一内容是否以及为什么被设定为应然（gesollt），必须与另一个目的论问题，即什么东西作为原因（手段）能带来与被设定为应然的内容相符合的实然状态（目的），清楚地区别开来。从方法论来说，伦理和技术相去甚远，即使双方可能互为指向。

但凡政治以伦理的面貌出现，设定客观目的，并主张某些内容之应然性（Gesolltheit），那么，它在论证其判断时就一定会走向越来越普遍、进而成为终极性的价值判断或者规范，而这些终极价值判断或规范的效力无法进行进一步的论证而只能被预先设定，唯此伦理－政治体系（ethisch-politisches System）才得以存在。面对那些最后的、根植于不同的政治体系的基础规范（Grundnorm），上述理论认知所能提供的只是这样一种尝试，即将历史上曾经出现的以及所有可以设想的体系加以类型化；借鉴基础规范所包含的内容以及被假设为最高价值的类别，将这些体系划分为两个或者两个以上的类型。此处主体与客体、人与物、个人与集体、自由与平等等对立划分可以提供不少可被采纳使用的划分原则。但这完全是一个教条历史的（dogmen-historisch）或教条批判（dogmenkritisch）的观点，而不是——作为划分基础的——伦理－政治学的，也即规范性的观点。从规范立场出发，那些被各种规范体系视做基础的最高原则，必须被看做是客观上无法论证的，也即必须被看做是仅仅主观的理念，更准确的表述是：它们仅仅具有假设的或者相对的有效性。伦理－政治学体系所有的判断都服从于这样一个——无法进一步证明的——基础原则的前提（Voraussetzung des Grundprinzips）：如果这一基础原则有效，那么所有其他的命题也有效。然而，这些基本原则是否适用，是无法证明的。这样的窘境可以借着对这些基本原则做出形而上的绝对化来克服。在这样的考量下，人们可以将伦理－政治体系根据世界观的概念性矛盾加以分类，这样的矛盾处在形而上－绝对性（metaphysisch-absolutistisch）以及批判性－相对性（kritisch-relativistisch）的路线之间，前者宣称绝对真理和绝对价值是可以被认知的，而后者却不这么看。

然而，但凡政治以社会技术的面貌出现，即政治为某些在自然现实性中被欲求的效果（即那些作为伦理学的政治学事先设定为应然的目的）寻找相应的原因（手段）时，它其实是放弃了关于手段是否合目的的判断。估算这些判断的真实度（Wahrheitsgrad）的方法是，有多大的可能性——这些可能性几乎不能通过实验加以证明——去检验那些被提出的手段的现实有效性（Wirksamkeit）。

二、无政府主义 [1]

在政治理论中，第一个原则性的相对概念是这样的：是否从本质上认可或反对国家作为一种强制秩序。有观点认为，国家秩序的效力（Geltung）以及个人对于某个国家共同体的归属，并不取决于人的愿望和欲求；而对于有所愿望和欲求者来说，他们自然主张国家秩序的实效性是通过外部的、属于国家秩序之特殊内容的强制行为来保证的。这样的说法可以从原则上来加以否定。当人们诉诸自由这一最高价值原则时，该原则的第一要义便是，它只具有一个负面的意义（negative Bedeutung）并且缺乏正面的正当性（Rechtfertigung）理由。这种从最开始也是从本质上以"无政府主义"加以描述的精神态度，意味着拒绝所有可见的、令人生厌的强制，拒绝外在意志强加于自我意志之上，即一种对他治的怨恨。在这样的原则下，即只服从自己的意志，只愿意服从于自己建立的秩序，其实等于完全否认了秩序观念，因为如果人连自己的意志都不能服从 *，就更不可能去服从一个由自己创造的且任何时候通过自己都可修改的秩序。这种个人化的无政府主义不是与国家——一个包含其他应然内容的存在——相对的一种秩序或应然状态；而是对所有应然的摒弃，对规则的否定，同时也伴随着对规则客观有效性（objektive Gültigkeit）的否定。如果社会本质上是一个客观秩序，社会世界是一个客观规范、客观价值的世界，那么坚守于主观性领域的无政府主义就意味着社会的虚无主义（sozialer Nihilismus）。无政府主义的惯有主张主要体现在对既存社会的"否定"和"破坏"，不过，这一点相对于其他特征来说是不太重要的。更为关键的是，无政府主义没有办法理解社会。无政府主义的主观社会性理论与认识论上的唯我论（Solipsismus）相对应，而唯我论将主体作为一切现实的出发点、原因和准绳，因此一切非主观的客观性世界都应当被摒弃。与认识论上的唯我论一样，社会理论上的无政府主义也不能做到逻辑自洽。正如唯我论已经在自己的——从本质上看是客观的——判断中放弃了否定客体的做法，使主体成为了判断的对象，由此沦落为那个最初被否定了的客体，无政府主义为了使自己的观点获得正当理由，便无意识地重新掉入了——之前想加以摧毁的——客观 - 社会的领域。因为所有"正当化"都意味着"客观化"。

---

[1] 比较拙作 Sozialismus und Staat, 2. Aufl., 1923。

* "服从"原文中单词为：untertan，不过作者特意在这一单词的 unter（意为：在下面的）部分加了引号，变成了 „unter"tan，意在强调，人不可能去设定一个比自己更低的自己去服从自己的意志。——译者注从个人主义式的无政府主义踏上所谓的"集体主义"的无政府主义道路，这就进入了一个理论拐点，这一转变在所有无政府主义理论家那里都或多或少有所实现。当把"自由"描述为客观的价值原则，也就是说，将自由描述为具有特定内容的规范和应然，由此自由仅成为一种法则（Gesetzlichkeit），即另外一种不同于自然因果法则的拘束（Gebundenheit），这就是从个人主义式的无政府主义向集体主义无政府主义方向转变的第一步。这意味着，无政府主义承认应然的存在，只是这种应然的内容以一种并不恰当的方式在表达，经典形式为："你应该做，你想做的事"（„du sollst nur, was du willst"），这种形式实质上已经挣脱了该学说的内容羁绊，其展示的趋势是规则化而不是对规则的否定。所谓的集体主义的无政府主义并不意味着无秩序，它承认社会性的世界。但是它却将这一社会的秩序等同于自然的秩序。当它拒绝对"自然的"社会状态，也即自然的自由状态施行任何"人为的"干预，当它声称"回归自然"时，就等于将社会秩序等同于自然秩序，因为此处表明该学说接受一个"有秩序的自然"（ordre nature），而人类社会也同时是一个自然秩序，且归属于这一自然秩序当中。集体主义式无政府主义并不否认存在一个社会法则（Gesetzlichkeit），但是对它来说，社会法基本上属于因果性的自然法则的下位概念。它也并不像否认道德、无视价值的虚无主义那样完全否认应然的存在，相反，它毋宁完全是道德和规范导向的，只不过它假设实然与应然相互重合，所有的存在都是善的或有必要向善演变。自然的、免于任何"人为"干预的秩序对所有人来说就是最好的秩序，因为它表达了一种自然的和谐，并保障了全体大众而不是单个人或特权阶层的利益。因此国家的强制意味着对该和谐的破坏。如果消除了国家强制，那么社会就是一个团结的共同体，其间一种正义的——因为它是自然的——在事物的本质中自发的自然秩序将得到保障；在该共同体内部，不再存在成员之间的对立，也不存在某个成员与——仅仅维护部分人利益的——秩序之间的对立。这样的秩序不需要强制力，因为它只要求人们遵从内心意愿行事。该秩序完全符合人自身的本性，因为人类——正如其他所有存在一样——从本质上而言都是好的。正是由于国家这种人为秩序，以及由此所衍生的必要的强制措施，玷污了人类的天性。因此无政府主义将历史性的国家视为一种罪恶（Übel），是一种病态的现象。

从这一社会问题，尤其是国家问题讨论的路径出发，会推演出一种极具特色的方法论层面上的结论。因为社会被看做是"自然的"，也就是说，被看做由因果律支配的自然的一部分，所以社会认识必须被看做为以自然法则关系为对象的因果律科学。因为实然和应然之间原则性的区别被忽视甚至被否定，所以因果法则和规范性研究之间的所有矛盾也将不复存在。对自然事件的认知以及对人类正确行为的洞见也应基于同样的标准。如果是这样的话，现实中实际发生的善和社会实然的价值处于彼此共生状态，前者内化于后者之中。这样的现实如果不是从开始便与善等同，就是处在一个从恶到善，从善到更善直到至善的过程之中。在道德意义上社会的演进势必呈现出一个从低到高发展的过程。19世纪自然科学史无前例的突飞猛进为人类的进步提供了样板，也促使社会科学去寻找人类社会进步的轨迹，由此获得的发现是：原初时并不存在国家，社会发展始于一个"自然的"，也即乐园式、纯真的自由状态；而当社会发展到更高阶段时，它又将回归到这种无政府主义的状态中去。然而，这种受到推崇的发展模式，只不过是一个行之有效的、能将伦理－政治性的基本观点投射于一个被建构起来的历史层面的手段。这一基本观点的错误在于，一方面它借着价值内驻于现实的论断否定实然和应然之间的矛盾，另一方面却宣称某种现实——如作为历史现实的国家——与价值相悖，是"人为的"恶与"自然的"善相对立。从一元论的角度出发，"人为的"在一定程度上也是自然的，应该作为"善"来理解。"自然"与"人为"、自由与强制等，这些对立概念并不表现同一系统中的两个不同主题之间的差异，而是两种不同研究方式以及两种不同的认识体系之间的对立，也即实然与应然、现实与价值、自然与精神之间的对立，尤其是自然与社会之间的对立。因此，不存在自然的还是人为的社会秩序这种说法，因为所有的社会秩序都是相对于自然秩序而言。它的人为性是与自然秩序相较所得出的结果。在众多可能的社会秩序中，如果其中有一项可以定义为"自然的"，这将意味着，它与其他秩序相较有着绝对的优越性；然而，"自然"的标签只不过是一个隐蔽的绝对化（Verabsolutierung）的尝试。这是"自然"法理念的基本特征，在现代伦理政治学的思想中占据着通说的地位。关于实然和应然相对立的二元论观点中，假设存在一种与人类本性完全一致并与自然秩序相符合的社会秩序，当然这种学说需要一种乌托邦式的前提，即人类本性的全善，以至于使得所有的强制都成为多余。如果人类主观行为的实然与客观秩序的应然不相冲突的话，客观秩序的确是多余的。这是因为强制的本意即在于使主观行为与客观秩序相调和。同样的情形下，当社会理论和自然事物的主观领域相分离，自身成为一个客观－自律的领域时，它的应然、规则性以及现实存在的个人行为和社会秩序之间矛盾的可能性将被认知。强制情形出于技术上的必要，在保护生命、利益的主旨下，这种规制在社会秩序中将会逐渐增加。因此，当考虑到不能排除由己而出的社会秩序适用的客观性与单个社会成员之间产生矛盾的可能性时，集体主义式的无政府主义最终不能完全拒绝强制行为，对此不必感到惊讶。它所要做的只是淡化与无政府主义最初假设之间的冲突，即不可或缺的强制措施作为无政府主义理论的"例外"而存在，这一强制与秩序违背者的意志相冲突。而且这种措施不能被解释为"强制"，因为这种"强制"是出于整体的利益而做出的，而他本人也是其中的一员，这种"强制"是为了保护他"真实"的利益，虽然披上"强制"的外衣，但实质上体现了他本人真实的意志，是他默许的愿望。这种对所有强制措施加以抵制的学说利用了以上的假设性观点，后来也同样在国家主义（Etatismus）和政治主义（Politismus）中为国家强制性的合法性辩护。

三、国家主义[1]

与无政府主义相对的是"国家主义"（Etatismus）或"政治主义"（Politismus），后两者的政治理论的基本方向是，国家总的来说是一个强制性体系。迄今为止，还没有一个普遍使用的、能够概括所有这些——对国家存在持有肯定态度——政治理论体系的术语。这种情形的出现不是偶然的，因为那种对国家存在持肯定态度的理论从根本上来说才算是政治理论，而最终否定国家的学说，如无政府主义，原则上应该被摒除在政治、社会理论之外。

1. 自由的、保守的和国家社会主义的理论。当集体主义式的无政府主义容许在它的社会结构中例外性地存在强制时，便出现了向国家主义的转折。因为这是容许使用强制和建立暴力机关的开始——即使只是针对那些明显盲目的、没有认识到自己"真正"利益的、因此被看做是社会病态的共同体成员——在这个社会中，国家不再被否认，但是它会简略为一个有利于自由社会利益的工具。这也是所谓的自由主义理论所持的态度。这种观点并不必然从乐观－乌托邦式的前提出发，即认为人的天性总的来说是善的，损害社会的行为只是一种病态的表现。因此，对这样的病态行为所采取的强制措施不是刑罚，而是医治，是改善和消除侵害影响的行为。这种观点进一步认为，在对人类本性更真实的认知基础上，使用强制措施对国家而言是不可避免的，这是一种必要的恶，它的存在是为了最必要的利益得以达成：对外抵抗敌人的入侵，对内保护国家成员的生命和财产权，但国家的存在并不见得会正面地促进公民福祉，国家尤其不应当干预经济生活和文化事业，因为这样的产业只

---

[1] 比较拙作 Politische Weltanschauung und Erziehung, Annalen für soziale Politik und Gesetzgebung, II. Bd., 1912, S. 1 ff.；还有 Marx oder Lassalle, 1924。

有容许各种社会力量自由竞争才会最大程度地促进繁荣。公民的自由受到国家强制性制度的保护，然而后者基于公民自由的内涵应当受到最大程度的限制。国家目的应当受到限制的观点可以在该理论的源头找到出处。这种国家制度形式在建立时的初衷和理想就应当尽可能地适应所有公民自由的需要。如果国家强制力作为法律约束力而言不可或缺，那么自由将会在决定者的自我约束和自我决定中存在，也就是说，国家的法律体系应该由适用该体系的群体制定，这就是自我立法、自我行政，即自由主义推动下民主的国家形式。（参见［原著］第 320 页以下）

还有一种政治理论从无政府主义和自由主义相互对立的观点出发，习惯上被称为保守主义。对它而言，不是单个的个人或自由，而是集体主义被视为最高价值。与个人主义不同，保守主义认为，个人并不独立于更高整体而存在，原则上不应对国家职能设置任何限制。国家和社会的关系简单归纳为社会为国家所吸收。这一流派的拥护者不但支持所有的或尽可能多的社会关系国家化，而且在他们的理论中存在清晰的趋势，即同化国家和社会。从方法论上来说，这种社会理论将带来认知方法上的客观主义，具体而言，存在一对这样的平行关系：一方面这种客观主义从客观理性、客观精神出发，与之相对的个人意识或多或少是一种非独立的、短暂的现象，甚至可能是一种假象。除了这种认知方法论外，与之相平行的社会理论也同样倾向于形而上的绝对主义。个人自由对这种政治理论没有任何价值，也不扮演任何角色，在这种国家秩序中，所有规则服从者的大众参与模式将会被摒除在系统外。事实上，这一流派的大部分支持者都倾向于专制式或贵族式的统治。需要强调的是，一个客观社会理论与一种关于国家目的（Staatszweck）扩张的政治论点以及专制的国家形态之间存在相互作用关系。从普遍意义上的社会本质及特殊层面上的国家本质出发，并不能完成一个构建特定形式和国家秩序内容的任务。从理论上说，人们可以站在一个客观主义国家论（objektivistische Staatsauffassung）的角度支持民主和对国家目的的限制，人们也可以把对民主的推动和社会的国家化趋势联系起来。

这种政治论点大致上可以被称为国家社会主义（Staatssozialismus），它和自由主义相对的保守主义有着共同之处。国家社会主义和保守主义之间的差别在于，它们的社会关系尤其是经济关系的构建不同，后者通过国家强制性规范寻求调和社会团体或阶层之间或多或少的差异，而国家社会主义通过全部生产的国家化和对消费的规范以及对商品的分配寻求平等的社会理想。专制社会主义（etatistischer Sozialismus）肯定国家，并认为国家是达成该理想最适宜的社会技术手段。因此，国家社会主义与无政府主义式的社会主义（anarchistischer Sozialismus）不同，后者认为，它的理想只能在一个自由社会中才会得以实现，或者通过革命推翻国家，或者通过社会进步使得国家逐渐消亡。

滥觞于 19 世纪初的自由主义，实际上继承了个人主义自然法的衣钵，本源上是市民阶层（Bürgertum）*的政治理论。在当时，资产阶级尽管经济实力雄厚，然而在政治上却无足轻重。因为国家权力在当时还掌握在君主以及与之息息相关的利益集团——贵族的手中。资产阶级在国家意志的形成过程中不具有决定性影响，因此，在他们的政治学说中国家被描述为恶的存在。但是，他们也看到，资产阶级的经济利益处于国家的保护之下，因此国家是一种必要的恶。与此同时，资产阶级致力于向社会各阶层宣传当时社会中缺失的一个理念，那就是：民主意味着对国家事务的参与，但同时，公民相对于国家而言是自由的，个人理想不受国家干预。无产阶级，不管是在政治上还是经济上都不享有任何利益，因此他们的政治理念更加彻底、坚定。社会主义作为无产阶级的政治理论起源于 19 世纪中叶，后来逐渐壮大，该理论——至少在它的主导思想马克思主义中——是完完全全"无政府主义"导向的。国家不论是在政治上还是在经济领域都无所作为，它不是一个必要的恶，而是迟早会变得多余的恶。这里应该指出的是 19 世纪具体历史条件下的国家，而不是这类政治理论所宣称的那样，国家作为一般性的存在。19 世纪上半叶的显学即保守主义的政治理论认为国家是最高的道德实存，并对此大加赞美，对它的维护和扩张被定义为最高的道德目的。

19 世纪末，一场戏剧化的转变在逐步酝酿。当资产阶级逐渐成为政治上的统治阶级或至少是联合统治的阶级时，他们在国家政治舞台上挤走了所有或者说大部分的贵族。首先，在君主立宪的国家议会中他们争取到了决定性的比例多数，从此，资产阶级视国家为资产阶级国家，是按照自身意志所统治的。相应地，资产阶级的政治理念也得到了更新，在代表资产阶级精神的国家学说中，国家不再是一个必要的恶，而是为了实现多元的社会目的中一个必要且实用的工具。资产阶级在进入 20 世纪时，决

---

* "Bürgertum"一词翻译成汉语时主要有两种意思，一为资产阶级，二为市民阶层。在中文的语境下，"资产阶级"这一术语主要是与马克思主义的阶级理论相联系的，而根据马克思主义的理论进路，"资产阶级"在这个术语通常无论是在理论上还是其唤起的读者情感上都带有贬义的色彩；马克思阶级理论意义上的"资产阶级"在德语里更常用"Bourgeoisie"来指代。而众多西方理论家自身（包括本文作者）在使用"Bürgertum"这一词时则并不带有这样的贬义色彩，而毋宁是相反，将"Bürgertum"作为近代以来西方自由民主政治、法治国家发展的决定性因素（正如在作者后文的论述中也会看到的那样）从而有非常褒义的色彩。为此本译文中将"Bürgertum"翻译为"市民阶层"，这一中文对应词虽不能说带有褒义色彩，但也不带像"资产阶级"一词那样的贬义色彩。——译者注

定继续推进这样的国家社会政策并致力于将公共利益占优势的部分经济功能国有化，尤其是交通工具。他们的政治理念与国家社会主义逐渐靠拢，那种旧式的自由主义作为政治理论在逐渐消失或被推到被人们戏称为"空想社会主义"（Kathedersozialismus）的角落。与此同时，资产阶级和贵族，也就是自由主义和保守主义之间的差别也日渐模糊。作为政治和经济上的统治者，中产阶级（Proletariat）与在政治和经济上都处于无权地位的无产阶级之间的矛盾逐渐突出。然而这种看起来只有通过灾难式的革命才得以解决的矛盾将通过以下两种方式得到缓解。一方面，无产阶级通过由资产阶级所推进的民主得到了普选以及平等选举的权利；另一方面，中产阶级迫于不断增加的无产阶级运动的影响，也在经济和文化上寻求一条中间路线，这意味着社会政策（Sozialpolitik）、平衡的税收立法、受限的经济自由以及国家的文化任务等。社会主义学说作为无产阶级的意识形态在思想的源头上本是极端的无政府主义，然而在如此构建的国家面前也无法继续坚持。社会主义的政党在日益强势的民主宪法的压力下，逐渐与资本主义的政党联手掌管国家政权，而在它最初的教义中，国家是应当被废除或逐渐消亡的。这种观点成为该阶级通往权力之路中的障碍，因此也最终导致了无产阶级对该教义的放弃。这种放弃不见得是通过公然的宣称，但该阶级的行动足以暗示这一点。社会主义作为一种以无产阶级运动为主线的政治理念逐渐从起初的无政府主义向中央集权的观点转变。

2. 权力理论。当社会期待对国家主义做出一个合理化解释，质问国家存在的正当性理由时，首先应当明晰的是，关于国家存在合理性的问题本身有何意义？（人们习惯使用"'法律'理由"（"Rechts"-Grund）这一表述，却没有发觉，该词汇默认了国家与"法律"（Recht）的同质性，将法律理由套用为国家理由）。因为国家作为一个特殊的社会统一体，只有将其看做一个规范系统时才能理解它，因此追问国家理由——除了关于国家意义的必要规定外——等于在追问应然之理由、规范之理由，换言之，是在追问应然和规范。从逻辑上而言，这里存在一个应然和实然不可调和的二元论，问题是：为什么任何一个被认为是应然或实然存在的内容，仅仅只能排他性地存在于这两个领域中的一个，对这个问题而言不存在一个逻辑上的桥梁可以将应然引向实然，或导致实然成为应然。因为"正当性"永远是对应然理由的疑问，因此该问题——正如它总是引向应然理由——只能从应然出发，也就是说，这个话题的讨论对象只能是规范。与之相反，实然的问题没有办法通过同一路径得到正当化，对实然的解释应当诉诸因果法则。如果国家的正当性问题是由客观事实加以回答的，那么，这里要么是一个明显的方法论混淆（Methodensynkretismus），要么是这样一种征兆，即没有把国家理解为一个规范系统的秩序，而是理解为一个"自然的"事实存在，理解为各种自然因素作用下的结果，以及没有把相关问题指向一个应然效力（Soll-Geltung）的规范层面的正当性，而是指向了关于一个现实效果（Seinwirkung）的因果层面的解释。然而这便意味着：一个理想秩序——该秩序独自便能够建构出一个被人们称为"国家"的统一体——所包含的特殊的精神（geistig）内容被精神心理元素（psychische Faktum）——作为所研究问题的对象——所取代了；也就是说，人们在观念、愿望中所包含的关于"国家"的精神内容，映射到以这些观念和愿望为动机的外在行为中。我们不应质疑上述问题的正当性，应当做的只是去确定，该问题本质上不是指向"国家"的。

当前最流行的理论试图通过援引国家"自身"的权力来论证国家的正当性，这在本质上明显是对问题的搁置性处理。对权力说（Machttheorie）的摒弃首先不是出于道德意义上的考量，而是逻辑–方法论上的，因为在正当性问题中存在这样一个预设，即需要加以正当化的对象在只能由正当性才可通达的规范领域中已经有其位置，也即这个需要加以正当化的对象本身就是规范。这是方法论统一的要求，即规范只能通过规范，法律只能通过法律来证成。将国家存在的原因归于权力的表达是不正确的，因为对于该原因探究不能通过因果法则中原因、结果这样的实然事实来解释。

如果权力被主张为国家的基础——也因此被主张为国家的本质，那么这意味着，通过排除规范性的思考方式，放弃对一般意义上的社会独特本性的认识，也放弃了对特殊意义上的国家的本性的认识。此处牵涉到的权力理论是，它想去证成国家的正当性，而用的却是否定国家的无政府主义理论。无政府主义理论相信可以否定国家，因为它并未能理解什么是国家；它在所有强制行为中只看到了权力（Macht），只看到赤裸裸的暴力（Gewalt），因为它并不承认那样一种规范性秩序，即通过这一规范性秩序，强制行为就能够被关涉到国家，就能被作为法律行为（Rechtsakte）来加以理解。而前述权力理论，尽管它也不能真正理解国家——因为它实质上并不承认国家是一种法律秩序上的统一体——但只要它在各种强制行为中只看到了权力，便相信应该肯定国家。鉴此，这一权力理论所肯定的不是国家，即作为法律秩序的国家，而是另外一种既不需要也不可能证成其正当性的东西，即某种类型的实然元素。然而，权力理论是如此显著地强调正当性——由此也否定了它自己的结论——这从它明确表现出的倾向使用规范性术语这一点上就可以看出，也即权力说穿上法学理论（Rechtstheorie）的外衣。它将自己打扮成一种关于"强者的法律"的学说，最终致力于让权力以法律的形式出现，正如源于否认任何规范秩序的无政府主义理论最终将自己与自然秩序相等同一样。权力理论试图去正当化本不可能被加以正当化的实在事实（Seintatsache），即人们拥有具有特定内容的观念和意志并由这些观念和意志所驱动，因此没能对这些实然事实做出充分的解释来。将国家权力陈述为这些实然事实的原因，这么做并不构成解释，因为那些需要被解释的实然事实就是"国家权力"本身。正如时常发生的那样，这里宣称提出了问题的解决方案，实际上只不过停留在问题提出阶段而已。从本质上来说，这里并没有去追问国家（或法律）意识形态具有实效性（Wirksamkeit）的原因，而正是该原因构成了该学说的核心，即国家的原因就是国家权力，或者换种表达：国家秩序之所以有效是源于它相应的实力。与之相反，这里涉及的也许是——已经在其他问题关联处强调过的——实效和规范效力、国家或法律实效性（Wirksamkeit）或有效性（Geltung）之间的关系。所谓的权力理论试图去表达一种特有的关联，这是——至少也是——一次失败的尝试；它之所以失败，是因为它基本上只考虑了事实性因素，而将规范性因素简化为一种简单语言形式，即强者的"法律"。

3. 契约理论与承认理论[1]。如果提问，"我作为服从于某一秩序的主体，为什么应该服从这一强制秩序"，那么由此问题出发并不会得出国家存在的正当理由（Rechtsgrund）。因为，如果这一问题从一开始就是指向主体，那么问题的答案就不会从主体领域上升到客体领域，不会上升到国家——它是一种独立于主体的愿望和欲求而存在的法律秩序。然而，只要客观有效性需要通过"我的"也就是提问者的理性，换言之主观理性才得以正当化，那么在提出正当性理由这个问题时，从根本上讲已经蕴含了一个悖论危险。值得说明的是，这里所说的不是那种随机提问者短暂而又无关紧要的主观理性，而是可以科学认知的客观理性，只有后者才可以消弭类似的质疑。当我们探究国家主体必须服从国家的原因时，便已经预设了其理由只能在主体意识中被寻见。这也导致了契约说成为所有自然法理论的坚固的组成部分。这些以各式各样面目出现的学说的基本思想是：国家秩序或者说社会秩序之所以有效，是因为且只因为我，作为服从于这一秩序的主体，欲求这一秩序，赞同它的内容，在我的意志中接受它的内容。只要整个社会秩序调整多数主体的相互行为，那么这一秩序就是建基于这些主体的一致意志，也即：契约。这——以及其他的——契约理论的表述给

[1] 关于所谓"承认理论"见拙作 Hauptprobleme der Staatsrechtslehre, XII. Kapitel, S. 346 ff.。

国家的本质

人这样一个印象，似乎主体意志行为（Willensakt）的实然事实构成了国家秩序的效力理由（Geltungsgrund）。事实上这种说法也常常被接受。此处涉及一个客观规范，它的公式是：你只应做你想做的。从这个公式来看，通过契约说来为历史－实证的国家法律秩序提供正当性理由将是一次多么绝望的尝试。这种学说必将导致这样的结果，即国家施加于个人的义务仅仅是个人所赞同的义务，不仅如此，义务的有效性仅仅存在于个人同意的时间段里，也就是说，个人享有随时撤回同意的自由。由于包含这样的后果，所以契约说只有在例外情形下才可以得到支持。因为，从结果来看，契约说和无政府主义异曲同工——尽管它有着相反的意图——不是证成国家，然而导致国家和所有社会结构的解体。据此，当契约理论寻求客观国家秩序的真实理由时，它在同样程度上接受这样的意义，那就是，个人对他曾经表示同意的观点不能单方面，而是需要在与所有其他缔结契约者取得一致时才可以解除该合约。这一观点的基础规范是：有约必守（pacta sunt servanda），即主体的意志，或者缔约者相互一致的意志表达构成了一个将服从义务联结于基础规范的事实要件。这是朝着实质客观性迈出的清晰一步。尽管该基础原则和实证法律秩序——该秩序产生于个人间的各种各样的利益矛盾并获得深入发展——之间存在足够大的差距，但是还没有一个契约理论的代表人物有勇气将那些非经契约而成为实证法律的内容宣告为非法（Nicht-Recht）和无效。为了克服这一鸿沟，就需要学理拟制。只有在极少的案例里，人们才会如此幼稚地把契约理解为建立国家的历史事实。人们通过契约理论只是为了给实证法律秩序提出这样的要求：实证法律秩序应该如此来加以安排，就好像它真的是建立在缔约者合意的意思表示之上一样。从本质上来看，这只是对一个公正的法律秩序的假设，对一个团结稳定的法律共同体的假设；如果人们在此采用契约的权利范畴的话，那么由此表达的是这样的愿望，即尝试将国家秩序理解为法律秩序，将主体之间的社会关系理解为法律关系、理解为义务和权利。契约是人们建构权利和义务最为常见的形式。如果人们只是停留在事实要件上，而不去追问其正当性理由（Rechtsgrund）、客观规范时，首位重要的便是契约建构的——将缔约者的意思和权利义务的法律后果联系在一起的——事实要件，若此，便是在这一方向上更进了一步。人们也不仅仅停留在对实证法律秩序提出诉求，希望依据团结稳定的－契约的安排建构法律秩序，而且倾向于——只是太倾向于！——认为，实证法律秩序在很大程度上实现了这一诉求。自然法意义上的契约说从历史上来看——或者总的来说——并不是以一种革命式的，相反是以保守的面貌出现的。然而一些重要的自然法学者却做如下论辩：实证法律秩序不具有契约特性，从而借此构建的共同体也不具有团结稳定性，所以，该秩序不能算法秩序（Rechtsordnung），恰恰相反，它是法秩序的反面。当然，这种明显的对互助关系的拟制有意无意地在追求一个目的，那就是：使大众隶属于国家制度并降服于统治阶级。这样的制度设计只是出于少数人受益的考量，与大众利益背道而驰。这一明显的关于社会团结稳定性的拟制——有意或者无意地——追求这样的目的，即让大部分人服从实证法律秩序——即使它是由少数人制定且有违自己利益——进而服从统治者群体的意志。契约论做出了明显的不实陈述，其上述政治目的背后隐藏着——这也是人类精神史的诡计！——它的法律逻辑功能：将实证法律秩序的有效性脱离开主体的愿望和欲求；这是认识法律秩序客观性的决定性一步，它完全消除了契约理论最初的出发点。因为，如果法律秩序必须假借隶属者的同意才能实现，而在事实上不存在合意时能够——通过拟制——假设合意存在的话，那么该法律秩序的有效性便与主体同意与否不再相关。

直至今日，就像自然法的意识形态那样，自然法的理念仍是不可逾越的学说。它在现代法理学者广泛推崇的承认理论中得到了传承，其间法律秩序的效力可以追溯到规范隶属者的明确的意思表示，若缺乏明确表示，则可追溯到通过行为推论出的默示的、间接的、从行为中可推知的承认上。

犹如唯我论指导下的承认理论（Anerkennungstheorie）所表现出的虚无无政府主义（nihilistischer Anarchismus）那样，契约和承认理论也同样是一种主观性的世界观。它虽然不否认客体、世界，但试图通过宣称说世界只是主体的观念来将客体定性为主体的功能而将其拖入主体的领域。由此，契约理论或者承认理论试图将价值领域、社会领域以及国家都囊括在主观意志之中，并作为主观意志来理解。

在社会理论中——如同被降格为主体之功能的客体，借助于认知的内在倾向而将自己从它的创造者那里解放出来，如同主体渐渐成为了部分客体、上升为客体世界整体的一个组成部分——主体也从国家存在的基础中、从一个将国家包含于内的整体中脱离出来，而成为了国家的组成部分。从社会认知来说，这是主观主义发展到客观主义的内在原动力。

契约理论的变体导致的——有点矛盾的——结果是：针对主体所提出的"为什么主体应该服从于国家的强制秩序？"这一问题，得到的回答是，"根本不应该提出这样的问题"。这里显露出来的，不是国家的效力基础是什么，而只是国家的效力基础不是什么。

4. 形而上学的理论。[1] 契约论和认同论的负面结果也说明，问题应该指向国家作为法律秩序的理由，换言之，问题实质是该客观规则——它向主体提出要求和服从义务——的正当性是什么，也即一个异质规范（heteronome Norm）以及存在于该规范的特殊效力中的社会的正当性，简而言之，针对的是对价值本身的正当性。这样的问题在逻辑上是无解的，是一个无穷的回归（regressus in infinitum）。因为应然永远是通过应然，而规则永远是通过规则，社会性事物永远是通过其本身才可以被诠释。应然规则属于整个推理链条的最后一环，在超越规范的基础上不可能论证其正当性。因此，如果人们把国家回溯到上帝的意志、回溯到另外的形而上学实体的存在，或者人们——如同长期以来的一个很主流的趋势显示的那样——将国家自身提升为一种形而上学的实体，甚至直接将国家神化（vergotten）的话，那么事实上这并不是对国家的正当性论证。通过这样的尝试其实并没有解决起先提出的问题，至多是把问题搁置起来，或者通过新的更为困难、更加无解的问题挤兑了旧问题。即使宗教界人士认可国家存在的原因是上帝的意愿，但这个答案却不能真正地消除另外的问题：上帝是否真的希望国家存在？在什么时间范畴内以及为什么他希望存在国家？相似地，还存在其他上帝意志的内涵，在上帝的世界规划内，那些对内涵原因的追问是不可避免的。上帝仅仅是一个"远因"（causa remota），它不可能完结一个对"近因"（causa proxima）的探求。在探索国家存在之合法性理由的过程中诉求于不可测的上帝意志，无疑等于放弃探索。这种形而上学的处理方式，重心并不在于进行社会认知，而是为了实现特殊团体的利益。这又是一次为了服务于政治意图而明显地对理论的滥用，更正确地说，是对理论表象的滥用。通过这样的观点，即认为国家的存在是建立在上帝意志之上的或者国家本身就是神圣的、超自然的和绝对必要的存在，国家规范的驱动力以及国家秩序的受益者的地位自然被大大地加强了。所以这个理论和刚才提到过的其他一些理论一样适用以下规则，那就是，即使它们不是真理，但却有把自身乔装打扮成接近真理的效果。

此外，对国家的正当性存在于上帝或一个超然存在的意愿之中的解释，这种试图从实然——此处因为承认自然实在（Natur-Sein）和应然的不同，转而变成诉求于一种超然实在（Über-Sein），即一种超自然的（übernatürlich），但只是在程度上区别于自然实在的现实——推导出应然的做法，是在更高层次上进行的，但同样徒然的尝试。然而最近人们再次钟情于这种向形而上学的逃遁的理论，相信借此能够克服——确实还不能令人完全满意的——实然与应然的二元论，能够逃离——包含着逻辑上两个相

---

[1] 关于形而上学的国家理论参见 Hobhouse, Die metaphysische Staatstheorie, Leipzig, 1924。

互分离极点的——理性－实证领域（Bereich des Rational-Positiven）。事实上，对于这种无法否认的、希望追寻终极而完整的统一性的需求，似乎也只有形而上学才能提供令人满意的方案。然而，这种一元论（Monismus）既没有自然经验的基础，也与实证法律或社会秩序无关，而只是翱翔摆动在主观愿望的幻空中。科学的认识不能脱离自然与精神、事实与价值以及实然与应然的二元论。

四、绝对和相对的正当性

所有形而上的推论都内生有将事实和价值绝对化的倾向，而所有科学认识本质上都有客观化的倾向，我们不能混淆这两种倾向。客观效力与事实和价值判断的相对性、自然规律与规范的相对性是完全相协调的。所有形而上学的本质是：把只在逻辑认知上成立的事实判断和价值判断的客观性，整合、实体化成为自然或超自然的具体客体（Gegenständlichkeit），从而模糊了事实和价值的界限。此处绝对的事实和绝对的价值是合二为一的。

因此，在科学的而非形而上层面给出的关于国家的正当性理由，只能是相对的，而不是绝对的。如果预设人们相互之间特定的行为含有应然规范（因为它能够保障最多数人的最大幸福或者保障由非独立的个人组成的集体的紧密协作和最大权力），那么，一个将违背应然规范的行为置于强制惩戒之下的秩序——只要通过强制力威慑，通过人的基于强制秩序理念而产生的驱动力，能够带来人们所期许的、最终能避免强制的行为——就是符合目的的秩序。因此，它不仅仅为强制提供了正当性，也为国家作为一个特殊的社会技术工具即强制机关正名。

肯定国家存在的必要性，是建基于一个古老的——不能用实验证明因而不能精确感知的——精神经验。任何国家具有绝对必要性的理由都没能得到证立，之所以这么说，是因为完全无法证明存在国家当为工具这么一项应然规范。也就是说，是否真的存在这样一个社会终极目的，换言之，是否存在这么个社会系统，什么是"正确的"、"真实的"目的，什么应该是该秩序的最佳内容，这些政治伦理上最为本质的问题——正如上文已经提到的那样——根本就是无解的。对这个问题给出的任何一个答案都是主观信念而非客观知识的产物。即使人们把这样一种在深层次上始终存在疑问的观念——即认为无论谁想追求人类"文化"、"福祉"或"幸福"，他必然追求国家存在——假设为不证自明的前提，那么在对国家"是否"存在的问题之后，还必须回答国家"如何"存在的问题。因为，"文化"、"福祉"和"幸福"这样的词汇包含有众多不同的理念以及众多相互完全排斥的价值，它们只能抛出问题，绝不可能——如人们经常认为的那样——回答何为国家目的这样的问题。这里可以援引个人主义伦理和普遍主义伦理之间的差异为例子，来说明一些被视为文化、福祉、幸福等理念的前提从而加以主张的内容，其实隐含巨大的对立。对个人主义伦理学来说，个人是最高的价值，个人的"幸福"或者"福祉"是社会秩序的目的。可是，当问及个人的幸福或福祉存在于何处时，作为社会理论的个人主义便面临自我消解的危险。因为如果只有那些个人所赞同的东西——而无其他的东西——才能被视为是主体的幸福的话，那么这一不加限制的自由便意味着对社会秩序的否定。因此个人主义要离开它的学理起点，移向客观的规范，具言之，只有当个人的幸福、自由和福祉需要与他人的幸福、自由和福祉相协调时才能被接纳。至于如何判断是否协调，这完全取决于幸福、自由和福祉的内容，而这不能由个人的主观恣意，而必须由一个客观标准来决定。由此个人主义变成了普遍主义。可是普遍主义又遇到了新问题，即它应该从何处取得这一必要的客观标准？如果个人主义消解了自身，那么普遍主义也失去了基础。

如果普遍主义将社会秩序的逻辑客观性固化为一个形而上学的实体，并且在众多单个个人——其行为由社会秩序加以管理——的位置上设置了一个超个人的集体——其现实存在以某种方式吸收了个人的现实存在——从而该虚构的集体的福祉取代了个人的福祉，那么，这种理论建构其实是在尝试无视问题的实质。正也将问题复杂化了！

第八节 国家目的理论 [1]

一、国家自为目的、国家目的和法律内容

何种目的应当借由"国家"这一社会技术手段来达到，这是一个政治学而非一般国家学所探讨的问题。后者似乎认为国家就是目的本身。这并不意味着它主张国家没有目的，而是说它并不追问何为国家目的。

从一般国家学的角度来看，具体的国家强制秩序看起来是一个封闭的、逻辑自洽的系统，它无须通过更多的秩序外因素来做进一步说明或给出正当化论证。这一国

---

[1] 参见 J. C. Bluntschli, Allgemeine Staatslehre, V. Buch, S. 45—358; Georg Jellinek, Allgemeine Staatslehre, 8. Kapitel, S. 230—265; Richard Schmidt, Allgemeine Staatslehre, I. Bd., § 17, S. 145 ff.。

家理念——只要国家被主张为一个相对最高的、不能做进一步推导的秩序，也即被主张为一个相对最高的从而不存在更高效力的价值——便是国家"主权"概念所表达的意思。国家主权理论中的否定性内容在本质上与——使得国家学区别于政治伦理学的——实证主义内容有所重叠，根据实证主义原则，法律秩序可以直接主张其有效性，对此它无须通过更高的正义规范来提供正当性理由，也拒绝诉诸自然法的做法。自然法只不过是存在于法律术语中的政治学。国家目的这一客观上完全无解的难题之所以能够进入一般国家学领域，是因为"国家目的说"被植入了以下前提，即国家总是存在一个特殊的与之特别相关的特定目的。可是，这个前提预设隐藏着某种将各种彼此差异、历史上彼此交替的目的——这些目的是通过使用或者滥用国家强制机器来实现的——进行绝对化的处理。国家的本质里并不包含什么特定的目的，虽然国家作为强制秩序只有借此才得以正当化，即国家具有某种通过国家机器得以实现的社会目的。将国家与某种特殊的目的等同起来，意味着对国家概念施行了某种不可接受的限缩，具体说来，在国家概念中加入了除了强制因素之外的某些其他的内容要素。那些从超验性的——相对于一般国家学而言——政治学视角看似国家目的的事项，于一般国家学而言则是国家强制秩序的可能的内容。有些事实构成要件（Tatbestände），政治以其实现为目标，但在法律秩序中则构成预示着否定性后果的条件，与之相联结的国家强制行为将被看做不法后果（Unrechtfolge）。由此可以看出，正是在这当中体现出了国家只是一种实现某些社会目的的手段，换言之，法律只是某种内容的形式。

二、国家权能的限缩与扩张（国家目标的限制与扩张）

如果针对国家强制制度的内容做出限缩，应当对可能性的内容加以类型化，在这一限缩的过程中，必然会引出以下问题：哪些事实构成要件在国家的强制措施中可以被采纳；或者说，在政治上哪些事实构成应当被采用；或者更形象地看，在社会生活的哪些领域国家权力可以或应该干预，这将意味着国家秩序的适用范围的或紧缩或扩张的趋势。人们称之为受限的或扩张的国家目的——它们作为术语不是很成功——即对国家职能限制或扩张原则。在政治学说的观点下寻求对这两种选项或此或彼的决定——正如之前说过的那样——在客观上是不可能的，很大程度上需要在主观的世界观和价值观领域进行。个人主义的自由理念处于一端，而普遍主义的平等理想则处于另一端。免于国家干预的个人是一极，将个人完全吸收的集体则是另外一极，而自由主义政党和国家社会主义政党则在两极之间选择它们的——彼此之间忽远忽近的——立足点。

从国家本质或个人本质出发去推演国家职能的最大值或最小值，对此理论家们乐此不疲，但都是无功而返的尝试。究竟在哪个点上国家权能的扩张必须在个人自由面前止步，这是一个难解的话题。过去和现在的尝试都被证明是徒劳的。选择以下哪种路径是无关紧要的：或者选择旧式的自然法学者的观点，即以个人与生俱来、不可转让的自由为国家权力设限，或者还是选择现代国家学及法学家所努力的方向，即认为特定的国家干预和法律秩序的职能以及与强制措施相结合的事实构成，与个人作为自由、自决的个体的本质不符。上述两种理论都主张存在一个必需的、免于国家干预的个人自由领域，而且获得这一结论也都基于相同途径，即把实证法的国家秩序与那种相对超然的、从另外一个效力渊源中所推导得出的"自然的"法律秩序对置起来，并试图用一种秩序去限制另一种秩序；但此种二元主义理论由于宣称两种体系同时有效而陷入了逻辑矛盾，也导致所有为这种宣称所做出的辩护归于无效。人们会基于某些理由——比如认为国家秩序的某些内容和个人的法律人格体不相符合，或者国家只是一味赋予公民义务而不赋予任何主观权利，或者国家及国家秩序让所有公民成为某个统治者的奴隶——而宣称国家不再是"本来的"（eigentlich）、"真正的"（wahr）国家，那么这就是在彰显自然法的、很容易使人沉溺其中的显著特征。

在纯技术的观点下，人们不止一次认识到某些针对国家暴力（Staatsgewalt）（这里采用通用术语）的绝对的——或者如人们更倾向于说的——"自然的"限制。人们经常主张说，国家强制只能针对外在行为，而不能针对某种思想或内在态度。相反的观点认为，国家对外在行为也不能强迫：尽管属于国家本质的强制措施的目的在于通过强制威胁来引导个人行为，但任何一种通过强制而实现的行为都不是基于"强制"。如果人们更仔细地观察就会发现，根本没有一个行为能够在违反行为人的意志的情况下而得到实现，也即在其本来的意义上被"强制"。而另一方面，通过国家秩序的特殊手段来改变行为人的动机，从而实现某种内在行为得到改变，也绝非不可能；甚至，要是没有外在行为的内在对应，也即观念和意愿，要引导某种外在行为是完全不可能的。如果从国家学－法学的立场来看待——可以构成法律规范（Rechtssätze）的内容的——事实构成要件，那么毫无疑问，这些构成要件不仅体现了外在行为，而且也体现了内在行为。刑法里的所谓的主观过错因素（Schuldmoment），特别是在故意和可预见结果的案件中，只有满足构成要件的由内在行为转化为外在行为的那部分条件，才算完全具备国家强制措施的所有条件。另一个问题是，在哪个程度，采用什么样的技术条件下，才可以确定这些内在的事实构成要件是否达成。如果认为，确定刑法构成要件中纯粹的故意或者预见（Voraussicht）是完全不可能的事情，那么那些与国家的强制措施相关联的、特定的宗教及科学所确信的思想，将因为上面的理由被推翻，以至于导致国家超越它的自然限制。这种尝试也会因为采用方式的不恰当而失败。人们可能会出于道德的原因而坚决拒绝这样的针对个人自由的限制。人们可能宣称不能接受此类限制，这只意味着将应然虚构成了实然。

三、法律目的与文化目的

确定何处是国家职权不可或不能超越的界限，是一件困难的事；同样困难的是，为国家的权能确定最低限度的内容。国家学中流行的说法是：国家应当努力实现法律目的，保护或落实公民权利。这一思维也可以不同的方式表达，关键在于对待法律是否独立于国家而产生这一问题持有何种态度。一种可能的表达方式是，将建设法律秩序宣布为国家的本质属性。与这一极其流行的观点相反的意见——在别处已经阐释过了的——则在国家中看到了手段、在法律中看到了目的；这一观点的问题在于，它的观察视角也是来自——不允许的、逻辑矛盾的——使得国家和法律相对立的二元论观点。此处还需注意的是，当法律被看做国家本质的、必要的、不可避免的目的，被看做保障国家本质的最低限度的内容时，那么国家与法律之间的不可避免的统一性——虽然是以间接的方式——也可以用来对抗国家－法律二元论的错误看法。然而，如果人们认识到，法律不是国家秩序中的——与其他内容并置的——特殊内容，而是国家秩序本身，那么想去确定国家最低限度的权能的设想，其本身就是错误的。不过，主流国家学与上述理论相去甚远，但它采取的论证方式对其自身逻辑结构来说十分危险：它将法律仅仅看做是国家秩序的可能的一部分内容、国家秩序的最低限度的内容，以及——正如它表述的那样——国家众多目的中的一个目的；由此，将受限于并又服务于法律目的的国家看做"法治国家"（Rechtsstaat），将职权限缩到最低程度的国家类型，与追求其他目的即追求权力和文化的权力或者文化国家（Macht-und Kulturstaat）相区别。在这一占有现代国家学通说地位的概念框架中存在一个非常严重的错误，那就是错误地认为：法律并不是国家秩序的一项特殊内容，而是国家秩序的形式——更准确地说——国家秩序以其所有的内容构成法律本身；国家只能以法律的形式来实现其目的；如果能在手段和目的之间建立某种关系的话，那么法律以及法律中的国家就总是手段而从来都不是目的，由此，那些在通常术语中被称为法律目的者只是实现某一目的——该目的不是法律，它具有超越法律的性质，可被随心所欲地称为权力目的或者文化目的——的手段。仅仅将"法律目的"这一术语中的"法律"称做法律，实质上是以一种不被允许的方式将法律概念进行了限缩，它仅仅指向那种最古老、最原始的法律形式，即仅仅指由法院适用的刑法或者民法，也即法院法（Gerichtsrecht）而已。然而随着国家的进步，这种法律观念不再能够满足社会需要，因为现代社会所需要的不仅仅只是惩治偷窃、谋杀或欠债不还者，也包括管理工商业，并照顾公民的教育健康，简而言之，需要去实现文化目的；此处需要借助普遍性法律规范（成文法）手段，即制定手工业法、教育法、卫生法，简而言之，制定文化法（Kulturrecht），而国家机关将督促个人依据这些普遍性法律规范实施法律行为（Rechtsakte）、决定以及处分。总的来说，这种文化法被称为行政法——那种认为法律所追求的目的与"法律"目的处于相互对立关系的理论也是这么称呼的——在技术上和旧式的民法、刑法是一样的。为了实现预期的社会状态，使人们循规蹈矩，那些违反规范的行为最终将被置于强制制裁之下，而这一强制行为与旧式法院的刑罚（Strafe）或者处罚（Exekution）并无二致。国家通过惩罚那些没有安装特定安全设备的企业主来保护手工业企业中的工人。国家通过用它的执行机关强制地隔离那些受瘟疫感染的人，销毁那些与之有接触的器具和衣物，来保护其公民的健康，使其免受传染病的侵袭。如果国家想在某个方面主动地提供某些照顾，那么它能够做的也只是使人们负有从事某些行为的义务，也就是说，当有人不履行行为义务或以违反规定的方式完成义务行为时，国家就以不法后果（Unrechtsfolge），也即采取强制措施威胁之。如果说依其本质将国家看成一部强制机器，那也是因为国家在本质上是一个法律秩序，由此国家所有的对外表示都只能是法律上的行为（Rechtsakte）。国家的"文化"目的，但凡它是国家之诉求，那么就只能够通过法律规范予以实现，因为国家目的就是在法律规范中实现的——这看起来是一种同语反复——而这又是因为但凡在法律中来得以实现的事项，它就只能是国家目的。与此相同，法律目的——此处"法律"是人们通常使用的狭义和本来意义上的"法律"——和立法目的，即制定由法院予以实施的普遍性民法和刑法规范的目的，只能是那些被非常模糊地称为"文化"的东西。如同在文化法领域，其本来目的并不在于刑罚或处罚，而在于——通过国家具有伤害性质的干预来保障的——公民的生命、健康、名誉、经济，简而言之即公民福祉。

四、法律目的与权力目的

将法律目的与权力目的对峙起来，比起将国家的法律目的与文化目的对峙起来的做法，更加站不住脚。此处又只是那些普遍性法律规范以及以此为依据的个人的法律行为（Rechtsakt），构成了被主流学说称为权力目的的基础。"国家拥有可以发动战争的军队"这一表述，比起"国家拥有可以暴力剥夺个人自由的法官和监狱"的表述，同样都可以成为法律上事实构成要件（Rechtstatbestand）。规定了兵役义务的兵役法，以及规定了战争行为的国际法及其具体化规则，这些都是实现超国家权力目的的手段。它们也绝非唯一的手段。从无产者的伦理－政治学立场来看，那些保护特权阶级生命和财产的民法和刑法完全就是压迫被剥削阶级的手段，完全是确保统治阶级权力的手段。的确，从特定立场出发必然会把国家的整个强制秩序——无论国家的权能具有什么样的范围——视为权力组织（Machtorganisation）。但是，在将法律目的与权力目的相对立，从而在法律国家与权力国家相对立的语境下将权力与法律对立起来的做法，非常不适用来对国家秩序可能的内容进行划分，因此也不适合用来对国家自身进行实质上的类型化划分。因为国家的本质就在于，在国家中权力将转化为法律。这一判断的理由是，只能基于某个规范秩序——而该规范秩序就是法律本身——才能把某种行为理解为国家行为（Staatsakt），把某种事实构成理解为国家的也即归责为国家的事实构成。从一个不会通过自然法而将法律绝对化的实证主义视角来说，国家就是迈达斯国王（König Midas）*，凡是国家所触及都会变成法律。因此，从法律实证主义的立场来看，所有的国家行为都是法律行为，在此意义上则每一个国家都必然是法治国家（Rechtsstaat），只要这些国家行为是为了实现一个被定性为法律秩序的秩序。如果我们考虑到法律秩序和其达成的目的之间的关系的话，那么所有的国家都是权力国和文化国。

五、法律目的与自由目的

国家目的论的问题在于，除了法律、文化和权力以外，另一种事物（Gut），即自由，也被作为国家目的、作为肯定国家存在的理由而被褒扬；然而，也正是自由构成了否定国家的理由。面对同一个"自由"，有些人认为国家意味着自由的终

---

* 希腊神话中能够点石成金的国王——译者注

结，而另一些人却期望通过国家实现自由。现在，不管是把国家限制于单纯的"法律"目的，还是赋予国家无限的文化和权力目的，国家才可能使自由——那个"真正的"自由——获得实现。如果人们认识到，自由只是某种关于价值和精神的规范法则（Normgesetzlichkeit）的表达，以区别于且有意识地不同于自然现实性的因果律，那么人们甚至可以说——也可能是更正确地说——国家不仅仅以自由为目标，而且国家就是自由，因为国家就是法律（Rechtsgesetz）。

第九节　政治学和一般国家学 [1]

一、正确的国家、可能的国家与现实的国家

政治学作为社会伦理学，最先提出的一个问题是国家存在的必要性，紧随其后的疑问将是国家存在的原因和目的。在探究最佳国家模式的过程中，还需要进一步回答一系列的问题，例如询问什么是最好的国家形式（君主制还是共和制？）——对此本文也会对一两种形式加以阐释。然而，无论这些问题是以何种对象为其出发点，伦理－政治学理论本身给出的问题方向最终都又导向了——上文已经描述过——主观－形而上学的领域。

此外，必须将作为科学的一般国家学和政治学严格地区分开来。这种区分也反映在两种学说的不同的提问方式上。政治学的问题是，国家是否应该存在、为什么应该存在以及应该如何存在；与之相反，国家学的问题是，国家是什么、国家如何是其所是。政治学是一门探讨什么是最好的、"真正的"、"正确的"国家的学说，它不同于作为探讨国家可能性学说的一般国家学，也不同于作为探讨具体的、现实的国家的学说的特别国家学；正如所谓的法哲学是一门探讨什么是最好的、真正的、正确的，也即公正的法律的学说，根据当今常见的观点，它不同于——作为探讨法律可能性的学说的——一般法律学（Allgmeine Rechtslehre），也不同于——作为探讨实证的、具体的法律的学说的——特别法律学。国家学一方面区别于作为社会伦理学和社会技术的政治学，另一方面也区别于自然科学以及以自然科学为导向的社会学，只有在这种清晰的区别中，方法的纯粹性（Reinheit der Methode）的要求才能够得到实现。然而，这

---

[1] 参见 Richard Schmidt, Allgemeine Staatslehre, I. Bd., §§ 3, 4, S. 19 ff.; Georg Jellinek, Allgemeine Staatslehre, 4. Kapitel, S. 71-125。

看起来难道不像是在将国家学从政治伦理学中分离出来的同时，却又把它推入了自然科学的领域吗？政治难道不是国家应然性的学说，而相应的国家学应当是国家实然的学说吗？这种反对意见——它为了与众不同而实在太流于表面了！——忽视了：实然不见得必须是"自然"实然，一个国家的"实然"可以是一系列存在（Existenz）、实存（Realität）和现实（Wirklichkeit）的集合体，它们不见得是自然实然；实然和应然的对立不是绝对的，而是相对的；国家或法律秩序作为应然和在因果法则指导下依照自身规律运行的实然相对立，与此同时，作为"现实的"国家以及作为"实证的"法律秩序，它们与作为实然的——是应然的实然（das Sein des Sollens）——政治学的主观－道德公设相对立。如果人们将国家视为法律秩序，那么国家的"现实性"和"实存性"——它们与伦理－政治学的公设相对立——就能显现为法律的实证性。"现实的"（wirklich）、"存在的"（seiend）国家是实证的法律，它区别于政治所诉求的正义（Gerechtigkeit）。"实证性"问题——如之前已经谈过的——是规范认知领域内的现实性问题。每一个认知领域都有其独特的现实性问题。

二、国家学在法学领域中的地位

法学中国家学的地位问题同时也是一般国家学与法学的关系问题。如果国家是法律秩序，那么——如同作为探讨何为正确的国家的政治学，与作为探讨何为正确的法律的法哲学重合一样——国家学与法学也相互重合。即使按照传统学理划分，"一般"国家学中的一些特别问题也的确具有法学的属性，也就是说，从文献术语的表达来看，由于道德－政治性以及自然科学－社会性的观点在这些文献中被混合使用，因此掩饰了这些问题作为法学问题的属性。通过方法论的统一必须让这些问题的法律属性再次呈现出来。

然而，当人们探究上述哪些法学问题倾向于被作为"一般国家学"问题来研究时，便可以看到，被纳入一般国家学的是某种最为普遍的法学理论（eine Art allgemeinste Rechtslehre）。那些问题是——除了国家本质（因此也是法律本质）的问题外——关于国家秩序的效力及其产生的问题：首先是关于法律秩序效力的意义问题，具言之，关于法律秩序在空间上、时间上和对人的效力范围的问题；其次是关于法律秩序的产生阶段、产生机关以及产生方法等问题，它们构成一般国家学的主要内容。然而，那些传统的术语——借由这些术语上述问题被表述为关于国家权力、国家领土、国民、国家联合、国家职能、国家机关和国家形式的学说——并没有表达出法律的内核。在传统的"'国家的'法"("Staats"–Recht)这一概念中——此处国家法概念与宪法概念是重叠的——国家概念被涵盖在"宪法"概念中，国家法是根据法律产生原则（Rechtserzeugungsprinzip）从多样性中提炼出的统一体，由此，"一般的"国家学实质上也就是一般宪法学。一般国家学是一门探讨何为可能的宪法的学说，与之配套的是特别国家学（die Besondere Saatslehre），它探讨的是"现实的"、具体的国家，换言之，它是一门探讨具体的实证宪法的学说。不管是一般国家学还是特别国家学，法学所扮演的角色都是一样的。只是人们对这种"现实的"法律与前者"可能的"法律相较有着更强的意识，因此，比起一般国家学，特别国家学更强调伦理－政治学的分离；尽管特别国家学探究实证法的可能性，从而本质上也是一种实证法理论。

正如"宪法"（Verfassung）——其概念下文还将进一步讨论——是创制法律秩序的根本原则一样，宪法法（Verfassungsrecht）也是其他法律的基础，一般宪法学和特别宪法学也试图联合其他法学——民法学、刑法学、行政法学、诉讼法学——成为一个系统的法学，完成这——通常的——法律系统是没有问题的。只是为了确定国家学在法学体系中的位置，这里还需指出，国家学或者宪法学是关于法律秩序的创制及其本质的学说，而刑法学、民法学、行政法学则与法律秩序的事实构成内容相关。

当然，法律的创制规则（Erzeugungsregeln）也是法律秩序的"内容"，但是它只具有相对的形式特征。这里的——相对的！——对立性，是在"实体法"和"形式"的程序法之间的区别中体现出来的。民法学、刑法学、行政程序法学与宪法学在系统上有着非常紧密的关系。这些法学也是法律的创制规则，只不过它们涉及的是低等级法律的创制，而只有那些较高等级和最高等级的法律创制才能被作为宪法。

第三章　国家与法（国家学作为国家法学）

第十四节　"法学"之人 [1]

一、法人作为规范人格拟制（Normenpersonifikation）

所谓的"法学"之人（"juristische" Person）属于法学认知对象，其基础也是某种

[1]　比较拙作 Das Problem der Souveränität und die Theorie des Völkerrechts, S. 289 ff.。

法律规则（Rechtssatz），是一种法律规范的集合，它将有着共同目标的大部分人的彼此行为予以了规范。如同所谓的自然人（physische Person）一样，它也是一个法律部分秩序中的人格拟制，只是在此处更容易被识别出来，因为在此是多数人的行为构成了规整对象，而于自然人则是一个人的多个个人行为被当成一个统一体。即使是法人，它也依然是基于它的法律内容上的标准，才得以证明这一法律部分系统在法律总系统中的、相对并且暂时的统一性和独立性。

契约只对两个人之间的某一次交往行为做出规范，但它也已能够构成上述——可以进行人格拟制的——部分秩序，并基于它在法律总秩序中的位置而具有法律约束力。由契约开始便发展出一系列形态多样的部分秩序（Teilordnung）或者部分联合体（Teilverbände），从合伙（Gesellschaft）、"团体"（Korporation）、联合社团（Verein）、合作社（Genossenschaft）、"市镇"（Gemeinde）直至法律总秩序，也即"国家"这一人的总联合体；只要人们承认在单个国家法律秩序之上还存在一个将所有单个国家法律秩序作为其部分秩序而容纳的国际法律秩序的话，人类彼此间的拟制联系还可以进一步发展为国际联合体（Staatenverbindung）或者国际法律共同体（Völkerrechtsgemeinschaft）。不管怎样，此处不会论及从属于国际法律秩序的"国家"以外的领域，国家被暂时假设为人格体序列中的最高阶段，被假设为一个绝对法律秩序（Totalrechtsordnung），一个包含其他所有联合体的总联合体，也就是说它被预设为是具有主权的（souverän）。这一系列最终汇入总秩序、总共同体的部分秩序或部分共同体，同时也是一系列法学人格体（juristische Personen），它们最终在国家人格体（Staatsperson）中、在法律的总体人格（Gesamtpersönlichkeit）中、在法律人格体（Rechtsperson）中达到顶点。自然人也可以被安置在这个连续的序列里，前提是这一序列的目的是以自然人为起点而以国家人格体为终点，进而使得个人人格体和国家人格体、个人与国家以相同的方式被视为拟人化了的规范集合。正是上述两点才保障了人格体概念（Begriff der Person）所公设的统一性，也才实现了下述思想，即个人在国家和法律认知领域中也只是"人格体"（Person），也即像共同体——从契约共同体到国家——一样的人格体；由此，个人和共同体这两种无关系统所形成的二元对立，转变成了同一种系统内部的内容上的区别，从而消解了个人与共同体之间表面上无法解决的矛盾。

当然，在普遍观念中，不仅存在着自然人与法人之间的本质对立，而且在此被认为具有法人资格的共同体或者部分秩序的序列也是断裂的，因为并不是所有的共同体都被赋予了"法人"的性质。人们从本质上区分合伙（Gesellschaft）和团体（Korporation），并且只将后者承认为"法人"。然而，这种区分是建立在对人格拟制本质缺乏认识的基础上的。人格拟制是一个有助于进行形象说明的对统一性的表述（Einheitsausdruck），是一种法学认知用来理解其自身材料也即法律规范的，换言之，可以借此将这些材料整理为某个统一体的辅助观念（Hilfsvorstellung）；法学可以利用这种拟制手段，但并不是必须的。对于与部分体系这一统一体建立起来的关涉，人们可以完全抽象地、不借助任何人格拟制思维地进行描述。可以肯定的是，处理复杂关系时比起处理简单关系时更容易使用拟制这一使某种简化表达得以可能的思维辅助手段。即使是一个简单的契约共同体，或者是一个通过简单合同而形成的关于具体法律行为的秩序，就说明需要人格拟制。人们也经常利用这一人格拟制处理合同事务，通常以合同的名义——也即让合同充当执行者，充当这一客观秩序的机构——去要求对自己最有利的东西。尤其当约定的合同秩序规定了违背道德规范、正义规范、仁爱规范等的行为时，更是这样。合同，而非夏洛克 *，才是冷酷无情的。在此肯定有其一般的动机才导致了人格拟制。

如果人们将任何行为不再归责于自然行为人，而是——基于一个由这些行为以特殊方式所实现的秩序——归责于象征秩序统一性的人格体（比如国家）的话，那么实现这一秩序的人，就能借此拒绝所有本应对他的冷酷而不公正行为所承担的所有责任，并且将它们推卸给了匿名的人格体，也就是说推卸给了全体人员——他们通过人格化秩序而组成了共同体——的肩上；而即使只有秩序实现者参与了这一秩序的内容构建，或者这一秩序只是服务于行动机构的利益，情况也是这样的。

如果人们特别让法律秩序所规定的强制措施和统治行为，也即国家权力（Imperium），不直接来自行为人，而是来自国家人格体，那么这也便意味着，国家人格拟制的面纱掩盖了"人统治人"这一违反民主平等理念的事实。人们愿意被国家而非被与我同类的人（von Meinesgleichen）所统治，就好像国家并非仅仅是"与我同类的人"的面具似的。（参见［原著］第 325 页）

二、法律共同体的人格拟制

人格拟制是法律认知的辅助手段，法律认知可以在任何规范集合（Normenkomplex）、

---

* 莎士比亚剧作《威尼斯商人》中的角色，代指敲诈勒索、冷酷无情的放债人。——译者注

任何部分法律秩序或者总体法律秩序中使用它，所以根本无法将共同体，也即建构共同体的秩序或者规范集合，区分为本身就是法人的共同体与本身不是，但具有或不具有法学人格的共同体。法律共同体本身根本不会是法人，它们从一开始就不具有法学人格，而只能被描述成具有法学人格。整个问题看起来好像产生于一个不被允许的类比，即将诸共同体——根据它们与法律秩序的关系——类比为单个个人。就像人可能被法律秩序授予或不被授予法律人格（Rechtspersönlichkeit）——某些人像动物一样并未被赋予法律人格——法律秩序面对诸多共同体也可以授予或不授予法律人格。这大概就是导致以下这个变得过分重要的问题的前提条件：共同体具备哪些条件才能拥有法律人格？这是一个伪问题，它由于之前已经简述过的人格体概念（Begriff der Person）的双重意义（参见［原著］第64页）而更加复杂化了。法律秩序"赋予"人或仅仅一部分人以法律人格，这意味着只有人或只有特定人的行为以某种特殊方式成为了法律规范的内容。在此种意义上，法律秩序只能"赋予"人而非共同体以人格，因为只有具体的人的行为才能成为法律规范的内容。例如，如果一部法律规定关于一个共同体也即一个社团（Verein）能够进行诉讼，那么它只是对下述规则做了一个简化表达：法律授权某一特殊的部分秩序也即社团秩序（Vereinsordnung），对那个可以提起诉讼的人做出相关规定。因为最终出现在法庭上的依然是一个具体的人，即使他的意志表示被视做该社团的行为，并且基于该部门法秩序而归责于该社团。然而这一人格（Persönlichkeit）只代表某一秩序、某一归责体系的某一单位（Einheit），它不是由法律秩序授予（verleihen）的，而是一种法律认知思维上的辅助手段。法律秩序之所以不能赋予法律共同体以法律人格特性，是因为法律共同体并不像人（Mensch）那样与法律秩序对立。它根本不与法律秩序"对立"，而是——像作为部分秩序的自然人（physische Person）那样——处于法律秩序之中。也就是说，是法律秩序制造（erzeugen）出了各种共同体，但是法律秩序不能制造自然人（Mensch）。将共同体类比为自然人至少是不恰当的。情况也不是像人们所习惯想象的那样：一边是法律秩序，另一边是各种不同的共同体，法律秩序对这些共同体做出规整。实际情况是：这些共同体全部是由法律秩序建构的，它们存在于法律秩序之中，与法律秩序共生；共同体在法律秩序之外根本没有生存之地，或者说，法律秩序之外的现实——只要人们注意到共同体和该现实之间的关系——是不能被一个针对法律秩序，进而针对法律共同体的认知所包含的，也就是说，不能在法律上理解为一个存在事实。此处部分法律秩序的问题，只是重复了——相对于总体法律秩序来说——法律与国家之关系的问题。法律秩序的功能不在于是否赋予与之相对的诸共同体以法律人格，而只在于它构建了共同体；然后法律认知——首先是以缩略的、名词化的、拟人化的法律语言——将它们人格化了。

对于"人格体"（Person）概念，如果人们接受的是它原初的、最常用的——对于国家法学理论来说具有决定性意义的——含义，那么它绝不具有法律内涵的品质。一般来讲，人们在以通常方式将意志和人格拟人化的同时会认为，只有当存在一个不同于自然人——他们构成了各种共同体——所谓社团意志（Verbandswille）或者整体意志（Gesamtwille）时，才会出现一种特别的、与共同体成员的自然人格不同的法律人格。这尤其可以从以下这点看出，即单个共同体成员的意志可能陷入与团体意志的矛盾中。可是，单单具体的、规定双方当事人一次性交互行为的合同秩序，就已经揭示出这种"整体意志"，它凌驾于构成合同共同体的自然人的——精神的——意志之上。这个"意志"只是表达了一个关于合同的部分秩序。其客观效力——这一客观效力在一个他者意志的拟人化的图像中来加以描述——表现在：部分秩序中的主体——部分秩序主张其有效性的意义在于服务于该主体——也即合同当事人，即使改变了自己的意志，但仍然受这一秩序的约束；因为主体意志虽然不能建构秩序的效力基础（Geltungsgrundlage），但是设定了相关规范的直接的效力条件。如果人们将合同约束力的效力基础也视为一种客观意志，换言之，人们在合同中也发现了与当事人意志不同的、凌驾于当事人意志"之上"的、作为"他者的"法律秩序的意志，那么这就说明，对于这一超个人的"意志"的存在而言，以下这一事实也是无关紧要的，即法律秩序规定共同体成员义务的条件是一致同意（einstimmig）还是多数同意（mehrstimmig）而生效的共同体成员的决议。如果秩序的内容是由多数人决议所决定的——依据客观的法规则（Rechtsgesetz）而做出如此决定——那么在部分秩序的内容，也即所谓的整体意志与单个的共同体成员的意志之间，产生差异的概率看起来会更大一些。然而只有当共同体的建立是以多数人决议为基础时，上述判断才是正确的。对于共同体意志的存续而言，多数决原则可以使个人和集体意志之间出现差异的概率降低到相对最小值。如果要求一致同意，那么当某共同体成员事后改变了他在表决中所表达的意志时，他就必须为该改变赢得所有其他成员的支持，由此才能取得符合整体意志的改变，而在多数决原则下他只需要获得其他一半成员支持就足够了（对比［原著］第 322 页以下的详细论述）。因此，鉴于存在一种凌驾于成员之上的、不同于其个人意志的、超个人的他者意志，以及存在一个客观的、体现了所有个人的法律约束力的效力基础的秩序,在实行多数决原则的情况和通过所有成员一致同意来决定部分秩序的情况之间根本不存在差别。此外,即使这一超个人的"意志"或者整体意志是由特殊机关来实现的,或者从这个共同体中发展成一个"机构化的"(organisiert),即由各种机构分工运作的共同体,那也不会改变以上的结论。这些机关能够更加清楚地显示超个人的总体意志的存在;然而它们只是可见的表征,而非这种整体意志的基础和原因。这种总体意志只是全部法律秩序中的一个部分,它终究只是——对于某个特定的"构成要件 – 综合体"(Tatbestand-Komplex)有决定性意义的——法律意志。

三、法人作为责任限制

正因为如此,以下这种观点是一种未能深入实质的短视的观点,即认为此类整体意志或法人只存在于这样的共同体:它们特别清晰地呈现出某种法律内容上的特征——如实行多数决原则或者具有责任分工的组织——这些特征指向的是客观的、使共同体成员受制于法律拘束的效力基础。其实在具有经济目的的共同体中,当实证法规定共同体成员承担有限的财产责任,或者建立一种与共同体成员财产不同的、似乎独立的财产时,那么该共同体也就是这样的一种法律内容要素。此处的人格拟制无疑显得特别清楚,因为它使得一种极为复杂的法律关系得到了极为简化的表达。然而,人格拟制不是必要的。因为任何人都可以随便使用"法人"这一人格拟制术语,因此,只能在类似上述情况下才必须使用"法人",而且,一旦使用,就必须保持前后的一致性;然而,由于这一术语有着非常宽泛的语言运用含义,所以要保持这种前后的一致性,基本上是不可能的。如果人们将法人理解为一种财产法上的责任限制制度,那么就有理由认为:是法律秩序建立了"法人",或者赋予了"法律人格",只要在此只涉及法律内容安排的问题,以及只要在法律秩序中规定了共同体成员的责任义务的条件和范围。可是这样的法人概念在法律内容上只是次要的。[1]与之相对,人格体(Person)的本来的、用以描述法律体系统一性的法律形式或者法律本质概念,才是一以贯之的。所以法人制度也能够超越所有财产法制度而传播。有人认为法人概念不能通过类比运

---

[1] 关于法人的法律内容概念参见 Max Weber, Wirtschaft und Gesellschaft, S. 439:"在不赋予团体任何财产的地方,法律人格的概念从法律技术上来讲就完全不是必要的……"。只有法人概念是这个意义上的法律技术概念。作为法律制度单位表达的人格的法律实质概念对于法律材料的阐述而言在一定程度上是"不必要的",它是一个辅助,人们可以使用它,但不必如此。

国家的本质

用到私法领域之外的领域，这一观点源于将法人与财产法上的责任限制错误地等同起来了，以及源于对在此发展出来的各个不同的法人概念缺少区分。随着所谓公法理论的发展，人格体的概念在其中找到了切入点。公法理论显然将其基础和柱石建立在国家法人（die juristische Person des Staates）的概念上。

四、法人、人与法律秩序的关系

有种观念认为，法人像自然人一样也与法律秩序相对立。或者更准确地说：像自然人是一个生物学上的现实一样，法人本身也是一个超越法律的现实，例如社会学上的现实；这两者只是被法律赋予某种资格，但这并未改变其基本性质。这种错误的观念导致人们没有认清一个生物人（Mensch）有权利和义务而被赋予权利和义务，与一个法学人（juristsche Person）有权利和义务而被赋予权利与义务之间的原则性区别。那些已在自然人身上强调过的特质，在所谓"法"人身上则变得更加清晰：只有生物人（Mensch）的行为可以特定的方式成为法律规范的内容，在此意义上只有生物人而非人格体（Person）能够被施与义务和赋予权利。法律规则包括的只是自然人的行为，也即个人的行为。

只有将此类行为联系到法律规范的部分或整体系统的——临时或最终的——统一性上，才会导致"人格体"的产生；并且，这个人格体之所以"拥有"这些义务和权利，只是因为义务权利系统正好包含它们。人格体拥有特定义务和权利，这一判断所表达的只是，这些义务和权利——作为自然人的义务和权利以及包含自然人的行为的义务和权利——在这个部分或总体系统中占有一席之地，并与其他义务和权利构成了一个或临时或最终的系统统一体。从这一观点中可以发现以下两点。

首先，法人的义务和权利永远只是自然人的义务和权利，将法人的义务和权利与——"构成"这个法人的——自然人的义务和权利相分离是不可想象的；其次，与自然人拥有权利义务相比，法人在非常不同的意义上"拥有"那些只是自然人的权利义务的权利义务。因此，法人不可能像人那样被施与义务和赋予权利，自然人的权利义务只是归责于（zurechnen）法人。

第十五节　国家作为法人 [1]

一、国家人格体作为归责的终点

只要"法人"作为统一体所表达的只是部分法律秩序，而此部分法律的效力来自于一个包含了它以及其他部分秩序的整体法律秩序，换言之，只要法人的"意志"——法人作为"意志"——之上还存在一个"更高的"——它和其他法人都从属于它，并且在法律上它们的意志也都从它那里推导而出——意志，那么该法人所体现的就不是最终的，而只是临时的归责统一体关系（Einheitsbeziehung），它不是归责的终点，而只是其过程中的某一点（Durchgangspunkt）。在此，国家被首先假定为这个归责的终点：它是最高的意志，不存在比它更高的意志。而对超越单个国家的、将所有单个国家联合成为一个普遍共同体的秩序的可能性的研究，则留待下文进行（对比［原著］第 102 页以下）。在此还是先将国家的"意志"——只要这个法学上的欲求仅仅是法律应然（rechtliches Sollen），由此其他法人的"意志"都只是部分法律秩序——预设为总法律秩序，并将其人格化地预设为整体意志或者总人格体（Gesamtperson）。

在国家秩序作为最高存在的思想中，在没有意志高于国家意志且国家意志效力并不从更高的意志中推导而出的观念中，主权（Souveränität）概念显示了它的纯粹的法律理论内涵。关于主权概念，尤其关于主权的法律政治意义还会在其他地方谈到。在此必须坚持的是，作为法律概念的主权体现的是它的法律性质，也即在其特殊的效力存在中的、被视为是法律秩序的国家意志的性质，而非如通常所认为的那样，体现的是某种"自然－现实"的、作为效果动因的国家权力（Macht）或者国家暴力（Gewalt）特性，而这里的国家是一种被拟人化的——错误的心理学比喻——法学上的国家意志。如果以法律规范为导向的法学认知，将被人格化为国家的法律秩序预设为最高的、其效力不可再从其他更高的效力中推导出来的的秩序，也即将这

---

[1] 对此参见 C. F. von Gerber, Grundzüge eines Systems des deutschen Staatsrechts, S. 219 ff. ；Gerber 已经看到法人的法律实质概念和法律内容概念之间的区别（第 2 页）："将国家理解为一个人格实体是所有国家法的法学构建的前提。但是国家法律人格的概念是本源性的，并希望在其本身的特点中被理解。如果人们将国家内人民的法律人格概念当做一个由其他概念推导出来的概念，并将国家纳入私法以在私法中寻找其类型，那么就错误地认识了处在人类道德制度意义中的国家的位置。人们要么被迫赋予私法制度一系列与其目的不符的要素，要么剥夺国家的特殊性直到它被安排进团体的序列中。在此必须重复强调，法学区分执行自身特有功能的国家和处在国库位置上的国家，并只认为后者是私法上的法人是完全正确的。"此外，参见拙作 Hauptprobleme der Staatsrechtslehre, XIV. Kapitel, S. 395–412; Grenzen zwischen soziologischer und juristischer Methode, 1911, S. 59f f.; Das Problem der Souveränität und die Theorie des Völkerrechts, S. 16 ff. ；以及 Der soziologische und der juristische Staats begriff, §§ 22, 23, S. 132–140。

一秩序作为一个完整的法律秩序而不仅仅是部分的法律秩序，那么国家就具有主权。这完全不是内容上的品质，因此也不是法律内容上的品质。主权问题是一个归责问题（Zurecnungsproblem），因为"人格体"意味着归责点（Zurechnungspunkt），所以这也绝不仅仅是国家人格体的问题，而就是人格体本身的问题。人格体或意志的自由问题，也存在于自然人的场合。

二、国家人格体的主权和意志的自由

如果人们将"意志"——主张意志的自由是一直以来都存在的一个趋势——理解为所谓的"现实－心理"的，因此也是运行在受因果律支配的自然领域中的行动（Akt），那就根本理解不了自由。将意志行为（Willensakt）看做启动行为（Handlung）——它是某一原因的结果——第一动因，这种观点违背了因果范畴所预设的意义。如果"意志的自由"终究应该有某种可能的意义，那么就不能将"意志"理解为现实－心理上的事实（因为这样一来它就预先设定了因果关系的存在），而必须在规范的意义上理解意志的概念——对于这点本书已经多次指出。意愿（Wollen）存在自由可能性，是因为应然规范（Sollen）；"人格体"之所以能够自由，原因不在于自然人，而在于被拟人化了的应然秩序。假定人格体有自由，这意味着：首先，需纯粹消极地拒绝因果定律，因为它对于应然领域来说是一项完全陌生的法则；其次，需要积极地肯定蕴含着归责关系的主张。人们可能已经认识到了"自由"和"归责"之间存在某种相互关联。只是必须将这种关联的习惯性表达进行调整：人们习惯于认为，只有当且仅当人格体是自由的时候，才能将某事归责于它；这一观点必须逆转过来，也即必须看到，只有当且仅当人格体是可以被归责的归责点，并且是归责终点时，它才能够是自由的。这个看似无法解决的世界历史性的关于意志自由的二律背反难题，下述认知可以给出解答：有一些人主张意志的因果定律就是不自由，而另外一些人主张意志的因果定律是自由，这是因为这两种主张处在不同的认识领域，处理的是不同的对象，进而各具不同的品质。即使如此，"意志"在成为两个如此不同的对象时还保留着使用的"意志"这一词语的相同性，还是足以让人惊奇的。

即使意志自由在规范归责点的意义上，具有一种善的、与心理学意志上的因果定律完全协调的意义，它也只能从一种伦理学研究的视角来主张个体人格的绝对自由，而这种伦理研究在个人本身中发现了最高价值，并且只承认个人为所有道德规范的"承载者"。置于这样一种个人主义的伦理学是否并在何种程度上是可能的，该理论并不做质疑。在法律秩序面前，只要个人人格体也即自然人应该被置于法律秩序这一秩序统一体关系中，并且根据它在此关系中只能活动在法学认识层面，也即被视为是法律并且是部分的法律秩序，那么无论如何，该自然人格体只能被视做是相对自由的，也就是说，它只是一个暂时的归责点，而非最终的归责点。所以，如果人们主张个人人格体在法律秩序面前是绝对自由的，如果放弃了从法律秩序的意志中推导个人人格体的"意志"，放弃了将个人人格体理解为一个无所不包的总人格体的一部分，放弃了进行超越个人人格体直至国家的总主体的归责，那么这便意味着，人们在个人人格体制度中设立了一个独立的规范系统——其承载者是一个拥有主权的个人——与实证法律秩序相对立；而一个与实证法律秩序相对且只具有道德性质的规范系统，只要它还自称为"法律"，它就只能是自然法。从具备主权的个人角度来看，在这实证法和自然法两种系统之间建立统一性的需求必然会导致实证法律秩序被归入个人的独立规范系统之中的结果，具言之，就是将法律秩序的效力经由众所周知的方法建立在个人意志之上，即建立在个人的"承认"之上。对于这一点在此也不会继续深究。重要的是需要认识到，个人意志的绝对自由、自然法上以个人绝对自由对抗国家的假定，以及政治自由的理念，这三者具有相同的意义；由此，规范意义上的意志自由——暂且不论它在原则上拒绝因果定律的纯粹消极的意义——只能从一种在法律理论认知领域中无法成立的、主观主义的立场出发，被解释为绝对的自由。从客观主义的角度来看，个人法律主体只是相对自由的，如同它只是相对地存在。（只要自由和作为法律拘束力的国家无法协调，那么在政治学上自由也是相对的）绝对自由的只是主权国家，因为归责的终点只能是国家的总人格体。人格体自由的理念在法律领域并未丢失，只是国家的主权取代了个人人格体的自由。如果人们想要将"人格体"只理解为归责的终点，那么在绝对意义上国家——因为它是最高归责点——是法律上的唯一的人格体，就是法律人格体。

如果人们将某一法律行为（Rechtsakt）作为权利行使或者义务履行而归责于一个自然人或者法人，那么这只是暂时的而非最终的、部分的而非完整的关于法律行为的规定。只有当人们理解了这个法律行为在法律系统整体中的位置时，当行为与规范的关系上升到总法律系统的统一体，上升到包含这个行动的"意志"的最终效力基础时，以及只有当它被视为国家的意志、被归责于国家时，才能发现关于这一"法律－行为"（Rechts-Akt）的最终且完整的规定。对于这条归责所经过的逐级上升的途径还将详细论述。一个狭义的国家行为，也须区别于这里发展出的最终归责于国家人格体的、广义的也即等同于法律行为的国家行为概念。（对比［原著］第 231 页以下、第 238 页以下和第 265 页以下）

三、国家的法律义务和权利的可能性（国家和人）

如果人们将国家人格体理解为法律秩序的统一表达，而该秩序包含了人类行为并且规定有法律义务和权利（Berechtigung），那么国家如何能够"具有"义务和权利，它又如何能够——即使是在另一种意义上——赋予国家以赋予给自然人的同样的义务和权利，也就不言自明了。在其他任何"法"人甚至"自然"人那里，情况也完全一样。只有当人们将"人格体"（Person）等同于自然人（Mensch），从"规范－法律"的层面滑入"因果－自然"的、心理学层面，而将国家人格体理解为不同于法律的、像人一样与法律对立的、像人一样自然真实的、在其功能上受制于因果法则的客观实体（Wesenheit），或将其理解为心理上或者自然－心理上的权力、暴力或者拥有权力和暴力的有机体或其他相似体的时候，才会出现问题。

按照这一符合当今学界的一般意见的观念，那个无法绕过的追问国家与法律间关系的问题，必须在以下意义上得以解决，即国家一方面是法律的前提条件，另一方面却又服从于法律，如同同样服从于法律秩序的自然人一样，通过法律被赋予权利与义务；国家学作为国家法学，必须成为关于国家的义务和权利的学说；人与超人（Übermensch）之"国家"之间的区别仅在于，前者是被国家——它以自己的意志并以某种方式规定了法律秩序——赋予权利，尤其是施与义务的，而后者是自己赋予自己以权利和义务。这就是现代国家法学说的基本思想。然而，这一学说是站不住脚的。

四、国家作为法律的前提

从刚刚阐述的传统理论出发，正是国家建立了法律秩序，而国家本质上是建立（aufstellen）一套法律秩序，"拥有"（haben）一套——它自己的——用来制定法律的法律秩序。这当中明显存在一种循环论证（der logische Zirkel）。如果制定法律的行为应该被认为是国家行为，那么它就必须以某种规则作为前提条件才可能，按照这种规则，那种人们将其理解为国家行为的立法行为，如同任何作为国家行为的人类行为，从而被关联到国家统一体上那样，不应该被归责到——仅仅对以自然现实性（Naturrealität）为导向的心理学－社会学视角来说——自然行为者自身，而是应该被归责到一个被预设为这个自然行为者"背后"的主体也即国家那里。这种归责规则（Zurechnungsregel）只能是这样的法律规范或秩序，也即涉及的行为必然处于这种秩序中，以此才能关联到那个特殊统一体上；这样的归责规则只能是法律秩序。这种行为必须被设想为法律规则的内容，也即必须被设想为法律行为（Rechtsakt），这种行为也必须能够被关联到法律规范的统一体上；而这可以在将这一统一体进行拟人化的语言中表述出来，即将这一行为认做是国家的行为，是国家行为（Staatsakt）。然而，如果一定要将法律秩序预设为前提条件，并由此认为立法行为是国家行为——因此这里所涉及的只是法律秩序根据自身规律的存续问题——那么就不可能将国家宣布为是法律的前提条件。（在追问法律起源意义上追问谁最先建立了法律秩序——它在自然发生论（generatio aequivoca）*上属于伪问题——是毫无意义的）

五、国家自我约束的学说

以上所阐述的观点是不可能成立的，这一点是非常清楚的，因为将国家作为——由它首先制定的——法律的前提条件的学说，在其后续发展中必然导致自我否定。对于国家不同于法律的假设，以及法律实体（Rechtswesen）与超法律的国家实体之间的二元论假设，国家学说通过以下方式予以证立，即它最终必须以某种方式将国家——对该国家学来说，国家体现为人类行为的统一体，而人类行为被定性为国家行为——理解为法律实体。因为国家学——不管其怎么扩大或者变化——只能将这些国家行为理解为法律行为。这正好表现在以下事实中，即国家学无论如何不能放弃至少也是国家法学的论断，也就是说，不能放弃将国家作为法律认知的对象。

当主流国家学说将国家说成是行为的主体———般来讲，主流学说总是这样来认为的，除了它正好将国家看做规定义务的、以权威的方式将作为国家"臣民"的自然人联合起来的秩序，也就是将国家作为实证法律秩序来对待时——也即将国家作为人格体时，它毫不犹豫地将这个国家人格体承认为法律人格体。这是一个声名狼藉的学

---

*　自然发生论（generatio aequivoca）是一种关于生命起源的古老学说，发源于古典时期，认为低等生物是从非生命物质中自然产生的。——译者注

说，它从所谓的国家自我约束论（Selbstverpflichtung des Staates）——自我否定地——被迫改成了法律和超法律国家之间的二元论。这种学说认为，国家不仅建立了一种法律秩序，而且它自己也服从于"它的"法律秩序，并且由此成为法律人格体，也即成为法律义务和权利的主体。上述理论构成了现代国家学和国家法学的主导思想（Königsgedank），但它存在明显的荒谬。对此加以反驳的主要有以下论点：首先，国家作为超越法律的实体而构成法律的前提条件，而同时法律作为国家——它已经变为法律人格体，也即已经变为法律实体——的前提条件，已经是行不通的；其次，国家作为——请注意，这里是"最高的"——一种权力而在本质上不受限制，也无法被限制，所以它不可能同时受到由它自己制定的法律的约束，因为它可以随意使自己脱离这种约束力；尤其这种理论还宣称，国家可以任意决定是否服从于它自己的法律，以及可能存在不服从于自己法律的国家。如上所述，不管人们用什么方法来反驳国家自我约束论，对主流国家学理论大厦中的这一部分的批判性质疑从未完全停止过，然而错误的根源却并未因此而得以完全澄清。如果国家真的可以在法律上施与——不管是否施与它自己——义务，如果国家可以作为法律约束力的出发点（这一点是整个理论赖以建立的基本前提条件），那么国家就不可能是异质于法律的权力，它必然是法律。因为法律不能来源于权力，而只能来源于法律。这句话不是在某种伦理－自然法的（ethisch-naturrechtlich）意义上说的，而是在绝对的实证－法律的（positiv-rechtlich）意义上说的。根据主流国家学，国家建立法律秩序，并首先施与他者——自然人？——以义务，旨在随后也使自己服从于这个法律秩序，换言之使自己负有义务；这一主流国家学的方法上的错误在于，将自然－心理上的产生法律规范观念的行为以及这一规范观念作为动机的实效性，与规范的效力、基础规范的前设条件、按照法律逻辑制定其他规范、其他法律规范或义务的"导出"相混淆了。前者根本不属于指向国家或者法律统一体的研究视域。法律规范——它对于理解臣民（也即除了国家以外的所有人格体）或者国家义务来说是最为关键的因素——与包含这些规范的观念程序（Vorstellungsprozeß）的制定和生效原则，必须区分开来。国家与法律的二律背反——自我约束论深陷其中——主要建立在将心理学－自然科学研究和法学研究进行混合的基础上。在此必须重点强调，只有在后一种研究中才能理解"国家"这一对象，才能理解这样一个特殊的统一体。然而，此时自我约束论犯了一个对于整个法律理论来讲非常典型的错误，即尽管它将作为义务和权利主体的国家人格体设想为由法律认知或者至少部分地由法律认知所构建的事物——就像法学（Jurisprudenz）建构了法律人格体（Rechtsperson）那样——但是又使该建构物以某种方式脱离了独立构成法律认知基座的法律秩序，并与法律秩序相对立。

　　国家人格体虽然一方面被假定为具有法律性的法律实体，另一方面又被假定为不同于法律秩序的、与之相对立的、以某种方式独立于法律秩序的自然实体。人们将"自然"人格体（physische Person）、"法学"人格体（juristische Person）以及尤其在国家人格体（Staatsperson）中的没有定冠词的"人"（Person），唐突地等同于"自然人"（Mensch），并且将国家人格体想象为一种超人。如果说自我约束论理论不惜付出自我矛盾的代价，历尽艰辛地找到了一条走出自然的实然领域而进入法律的应然领域的道路，但它却又——因为将混淆了人格体与人、法律学说与心理学的界限的人格体学说（Personenlehre）运用在国家人格体上——跌回到自然的实然领域中。无论是自然的人格体还是法学人格体，"人格体"都只是法律上的——法律绝对而单一地构成了法律科学的研究对象——人格拟制，也即法律规范的人格拟制。这意味着：国家作为人格体只能是法律秩序的人格拟制。国家本身"拥有"义务和权利，这其实是说，法律秩序规定了国家的义务和权利并能将其纳入相关的统一体中，由此国家能够像自然人（格体）一样拥有义务和权利，而这里的自然人（格体）也只是一个规范集合体的人格拟制。此处只有当人们将国家（人格体）视为是自然人（Mensch）时才会出现问题，且它其实是一个伪问题；然而，随后便会出现一个无法回答的问题：为什么国家也能像自然人那样拥有义务和权利，以及如何可能像对人那样也对国家予以法律约束。只有当人认识到，即使自然人在其自身意义上也不能被赋予权利和义务时，他才能够认识到国家自我约束的问题，即法律约束力如何能够在法律上被约束，是一个伪问题。

六、国家与法律二元论之认知批判性消解

　　国家与法律的二元论源于一个在思想史上极具典型性且在所有认识领域中经常发生的思维错误。人们为了方便阐释便将一个统一的系统拟人化并使这个拟制人格实体化，但造成的结果是，本来它只是一个思维辅助手段，一种关于系统或者对象的统一性的表达，却被虚构成了一个独立的系统或者对象。那些本来只是用来认识对象的认识手段或者工具的东西，其本身却成为独立的认识对象，与本来的对象并列而立。由此产生了关于这两种事物之间的关系的伪问题。在此有一种引人注意的趋势，

即将这个人为的二重性还原为统一性，而正是在此种统一性的趋势之中验证了所有真正的知识。

除了上述双重拟制外，还存在使两种系统相互融合的学说，由此国家与法律之间的关系问题被进一步复杂化了，这一问题由此也具有了它的特殊特征。作为有效规范系统的法律秩序被双重拟人化了，并固化成为了一个不同于法律的国家人格体，不仅如此，法律规范观念的实效也被实体化为一种"力量"（Kraft），也即国家权力，并且这两种双重化互相交织在一起。

（齐松　张小丹　秦静　译　黄卉　任宏达　校）

民主的本质和价值

汉斯·凯尔森* 著

前言

　　1789 年和 1848 年的两次资产阶级革命使民主近乎成为理所当然的政治思想：就连那些或多或少地阻挠过它的实现的人，面对这样的被普遍认可的原则，多数情况下也需要礼貌地掩饰自己的意图，或者小心翼翼地使用民主术语，躲在民主面具后面才敢冒反对民主这个险。没有记录表明，在这场大战前的几十年中，有哪位地位显赫的政治家或者著名的文学家，公开而直接地表示认同专制制度的。的确，尽管在这段时间内阶级斗争不断激化，但在采用民主国家形式这一点上，资产阶级与无产阶级之间不存在对立；自由主义与社会主义在这一点上也没有意识形态上的不同。民主制是统领 19 世纪和 20 世纪精神的流行口号。但是正因为如此，它失去了——正如一切流行语那样——它固有的意义。因为人们相信——源于（人们）臣服于某种政治时髦压

---

*　汉斯·凯尔森（Hans Kelsen，1881—1973），出生于布拉格，就读于维也纳大学法学专业，是德语世界最著名的法理学家之一。凯氏早年就与其学生建立了法理学的"维也纳学派"，1918—1920年参加《奥地利宪法》的起草工作，至 1929 年担任奥地利宪法法院法官。因为犹太人身份在第二次世界大战期间受到迫害，遂于 1940 年移民美国，前后任教于哈佛大学和加州柏克莱大学。凯尔森最著名的成就是建立了一套严格区分应然和实然，并且不受意识形态也即政治因素影响的法学理论，即著名的"纯粹法学"；根据该理论国家不是社会现实，而是一种法律秩序，而该法律秩序是由一系列规范按分层结构而成（Stufenbau），其顶端是所谓的基础规范（Grundnorm）；对于凯尔森来说，基础规范既不是最高价值也不是事实上的规范，而是法学者分析法律问题必须借助的一种形式上的前提，是诉诸某种法律秩序效力时的出发点。

　　《民主的本质和价值》（*Vom Wesen und Wert der Demokratie*）发表于 1920 年，载：《社会学与社会政治学》（*Archiv für Sozialwissenschaft und Sozialpolitik*）第 47 卷，第 50—85 页；对该文做较大修改后于 1929 年由图宾根 Mohr 出版社出版了第二版，本译本译自第二版（Scientia Verlag Aalen 1929）。

迫——无论出于何种目的以及何种动机，都必须使用民主这一词语，所以，民主便成为所有政治概念中最被滥用的词汇，包含了意义大相径庭，甚至常常互相矛盾的意思，就只差将它从一个日常的、毫无思想的庸俗政治术语退化到没有任何意义的、习惯性用语了。

在这种情况下，第一次世界大战引发的社会革命（soziale Revolution）也强烈要求重新审视民主这一政治价值。上一次声势浩大的群体运动以实现民主为目标，是迄今为止倾注了最大力量，同时也是获得最大成功的一次群众运动；它的核心精神一半是社会主义——正如领导这次运动的政党的名字所表明的那样——另一半就是民主。而这一次群众运动却在关键点上分叉开了，它不仅阻碍了社会主义的实现，更主要的是它还阻碍了民主的实现。当运动的一部分力量经过最初的犹豫不决，但最终还是遵循原来的方向前行时，另一部分力量却暴风雨般地、果断地走向了新的目标，即毫无顾忌地表明自己将承袭专制（Autokratie）的形式。

然而，不仅无产阶级专政——它理论上建基于新共产主义教条，现实中则通过俄国布尔什维克党得以实现——抵制民主思想，而且无产阶级运动——因为它给欧洲的精神和政治造成了巨大的压力——使得资产阶级也持有一种反民主的态度。这种反抗态度在意大利法西斯主义的理论与实践上都有所体现。

这样一来，民主这一曾经站在君主专制对立面、如今站在政党专制——无论左派政党还是右派政党专制——对立面的思想，便成了一个棘手的问题。

一、自由

在民主的思想里——这里强调的是民主的理念，而不是与它相近的其他的政治现实——我们的实践理性的两个道德需求，即满足人的自然需求与社会需求，达成了一致。第一个需求表现为对由社会状况导致的强迫的反对，体现对自身不得不屈从的他人意志（fremder Wille）和他治痛苦（Qual der Hteronomie）的反抗。这一表现为抵制社会（Gesellschaft）的自由诉求，完全出于自然本能。遵从社会秩序（soziale Ordnung）而服从他人意志（fremder Wille）的责任是一项压迫性的负担；当自我价值的原始直觉越是直接地表现为对他人价值的排斥，以及当被迫服从他人的经历越是涉及根本性问题时，就会越加重这种压迫感。人们不禁会问：他是与我一样的人，我们是平等的，那么他有什么权利来统治我！？由此，这一完全负面的、发自内心深处的反英雄主义[1]的平等思想便服务于同样负面的自由诉求的产生。

从这个"我们都是平等的"观点出发，完全可以推导出以下的要求，即一个人不应该统治另一个人。经验本身告诉我们，如果我们在现实生活中想保持平等的话，我们就不得不被统治。对此所有的政治意识形态都无法否认，自由与平等是彼此相连的。恰恰是这两个原则的组合成为民主的标识特征。政治意识形态学大师西塞罗（Cicero）把这一思想在他的名著中表达为："Itaque nulla alia in cititate，nisi in qua populi potestas summa est，ullum domicilium libertas habet：qua quidem certe nihil potest esse dulcius et quae，siaequanonest，ne libertas qudemest."［拉丁文］

被自由思想所否定的社会主义乃至政治国家主义思想（Politisch-Staatlich），若想要融合自由思想，便只有一种可能，那就是偷换概念（Bedeutungswandel），即将对一般意义上的社会关系乃至对特殊意义上的国家形式的绝对否定转为一种特别形式，而该形式可以在辩证关系中代表国家形式乃至社会形式的任一形态。两种辩证对立的形式便是：民主和专制。

如果社会（Gesellschaft）从根本上是一个国家（Staat），那么就必须有拘束人们相互关系的制度，就必须有统治。然而，如果我们必须被统治，那么我们宁愿被自己统治。从这样的自然自由发展出了社会的或政治自由。政治自由即是，如果人们必须服从，那么服从的也是自己的意志，而不是他人的意志。为此就揭开了国家形式（Staatsform）与社会形式（Gesellschaftsform）在原则上的对立。

从认知理论的角度来看，如果社会（Gesellschaft）真的是一个脱胎于自然的系统组织，那么在自然法则（Naturgesetzlichkeit）之外必然同时存在着一个特殊的社会法则（soziale Geetzlichkeit）。这一规范（Norm）与因果律（Kausalgesetz）相悖。"自由"的原意是指：从自然的角度看，自由是对社会的否定；从社会的角度看，自由是对自然（因果关系）规律的否定（即"意志自由"）。"回归自然"（或者是回到自由的"自然的"状态）只是表示：从社会的约束（soziale Bindung）中解脱出来。上升为社会（Gesellschaft）（或上升为社会自由（soziale Freiheit）），则意味着：从自然法则（的约束）中解脱出来。若需要解决这对矛盾，只需要把"自由"表述为某一种特定的法则，如"社会的"（soziale）——也即伦理政治的（ethisch-politischen）和法治国家（rechtlich-staatlich）——法则，以及把自然与社会之间的对立转变为两种不同规则间的对立，进而成为两个不同思考方向间的对立。

[1] Koigen, Die Kultur der Demokartie, 1912, S. 4.

民主的本质和价值

人们习惯于认为自由是公民的政治自决权，即可参与国家统治意志的形成。这一古典自由思想不同于日尔曼自由思想，前者认为自由可以摆脱统治，更是能够摆脱国家。这里的差别从根本上讲并不是历史－人种学上的（historisch-ethnographischen）差别。从日耳曼自由思想跨入所谓的古典自由思想，只是无法避免的转变过程的第一步，也是脱离原初的自由直觉的所谓"去原始化"（Denaturierung）——即认为人类意识中的自然状态应让位于国家强制秩序——的第一步。上述关于自由的意义转换（Beteudungswandel）体现了人类社会思想（soziales Denken）的特征，它对政治意识形态产生了巨大的、根本无法估量的意义。只有当这种思想转变来自于人类精神的最本源（letze Quelle der menschlichen Seele），来源于那种敌视国家——即认为个体是反对社会（Gesellschaft）——的原初本能时，我们才可能理解上述意义。上述（古典）自由理念在一种近乎谜一样的自我欺骗中，所要表达的正是个体在社会中要求占有一席之地的诉求。民主制的自由，是从无政府主义的自由中衍生出来的。

　　上述思想转变比它给人的最初印象要显著。卢梭，这位也许是最著名的民主理论家，在思考何为最好的国家时——这对他而言是民主问题[1]——提出这样的疑问："怎样才能找到一种社会形式，它既可以保卫和保护每个社会成员，同时社会中的个人虽然与所有其他成员联合为统一体，但依然可以只听从自己的意志，也即像以前一样那么自由？"[2]自由是如何可能成为其政治制度的基石，这一点从英国的反议会原则的结局可看出端倪。"英国的民众误以为是自由的，他们太自欺欺人了。（其实）他们只有在选举议员的时候才是自由的，选举之后他们依旧是不自由的，他们什么都不是。"[3]众所周知，卢梭推导出了民主必然是直接民主的结论。然而，即使国家统治意志通过公民决议而产生，个人其实也只享有片刻的也即表决时的自由；而且即使在这个时候，也只有当他的意见与多数意见，而不是与最终须服从于多数的少数意见一致时，他才享有真正的自由。由此，民主自由原则看上去要求将全体一致意见的诉求限制在最小范围内：最大多数决定制（qualifizierte Majorität）——有可能的话便要求一致同意——便被视做对个人自由的保障。经验表明，"意见一致"在利益冲突中对

---

[1] 显然此种对问题的阐释有失公允。如果我们探求民主本质，则不能一上来就假定民主式为最佳政体。而 Steffen（Das Problem der Demokratie, 3. Aufl. 1917）就是犯了这种错误，在他精美的描述中，他力求证明民主式为最佳国体，而同时又否定民主的一些基本特点，仅仅是因为——即便是相当有道理的——他认为这些特点没有好处。当然，走到另外一个极端也不对。如果我们要对民主做客观的政治描述，一如 Hasbach（Die mordene Demokratie, 1912）所做的一样，则不能认为君主立宪是最佳国体。

[2] Du contrat social. I. Buch, 6. Kapitel.

[3] A.a.o. Ⅲ. Buch, 15. Kapitel.

于现实的国家生活是如此的不值一提，以至于自由的倡导者，比如卢梭，只要求在国家成立的最原始合约上达成意见一致。因为全体成员意见一致才得以建国，这是一种假设，而对这种假设的限制绝对无法——正如一般人所惯常设想的那样——用"运气好"（Opportunitätsgründen）来解释。缔结建立国家的基础合同（Grundvertrag）时需要取得全体一致意见，这一原则的基础是民主自由原则；严格来说，全体一致原则相应要求的是，在持续建设符合基础合同的国家秩序时，也取决于全体成员的持续的同意，也即任何人都随时可以自由地离开他所生活的共同体，以及他可以通过他的否决使某个社会秩序无法生效。这里就凸显了一个无法解决的矛盾，即个体自由的思想要遵从社会秩序的思想，而后者对于个体内心而言，只有当它是客观的，也即不依赖于规范服从者的终极意志时，才可能存在。如果社会秩序的内容是由规范服从者制定的，那么该秩序的客观有效性对于针对该特殊社会所建立的认知本身就没有什么影响。形式上的客观性自身也要求内容上的客观性。在模棱两可的情况下，比如在一个社会，将"你应该"（"du sollst"）作为社会命令，以被命令人的"你想要什么以及何时想要"（"wenn und was du willst"）为先决条件时，那么该秩序也就失去了它的一切社会意义。所以在社会中，特别是在国家中，秩序的内容与秩序服从者的意志之间必须存在彼此区别的可能。如果在这两极之间，也即在"应然"与"实然"之间完全不存在差异的话，也就是说，自由价值是无穷至尽的，那么就没有"秩序服从者"这个概念了。如果民主在按照自由思想——我们先这样假定——通过契约，也即一致同意建立起秩序后，允许通过多数决来维持该秩序，那么该民主仅仅处于一种接近了原初民主思想的状态。当我们还在谈论人民自决，以及人人只服从于自己的意志，而国家意志只要求多数意见便能形成时，这便是我们在自由思想变形进程中又向前迈了一步。[1]

然而，即使是与多数意见一致的人，他也不再只听从于他个人的意志。当他想改变自己在表决时表达的意志时，他会马上意识到这一点。类似的意志改变在法律上可能微不足道，但会明白无误地提示什么叫他人意志（fremder Willen），或者简而言之：社会秩序的客观效力，意味着他必须服从。为了实现改变后的意志，他必须寻求多数人的赞同，然后作为个体的他才能重新获得自由。此处改变国家意志所要求的多数比

---

[1] 即使是习惯法也没有否定社会应然和个体实然间的矛盾，虽然它看上去很像那么回事。当然，它已经使这种差距缩到最小，为此习惯法要求每个人要像他周围所惯常的那样行事。不法行为或者说对法秩序的破坏，则从一开始就只被视为实然法的例外。由此，我们看到习惯法民主的一面，而这与法律规章是不同的，特别是在旧时代，那时的法律规章往往以神意、某个代表神意的牧师以及某个英雄国王的命令形式出现。政治专制时代的习惯法在理论和实践上都是有效的；习惯法通过这种方式，朝着权力制衡的方向，发展出与专制时代不同的原则和妥协方式。

率越高，那么个体意志与国家统治意志达成一致就越为困难，对该个体的自由保障也就越薄弱。如果国家意志改变要求绝对意见一致的话，则该意志修改就形同虚设。这里暴露了政治机制的最引人注意的双重意义：起先人们依赖自由思想建立起有执行力的、能够保护个体自由的国家秩序，但当人们后来想摆脱却无法摆脱这个秩序时，该秩序马上便成了自由的枷锁。国家的建立、法律秩序的自然制定或者是国家意志的自然形成，在社会经验中是如此理所当然，以至于不予加以考虑。大多数人都是在已经建成的国家秩序中出生的，他们不可能有机会参与制定国家成立的契约，所以对这些人而言，从一开始就必须要与他人意志做斗争。此处所需考虑的是既有秩序的续造和修改。在这一视角下，完全绝对的（absolut）——并不是指特定的（quaflifiziert）——多数原则必然意味着对自由思想的相对最大程度的接近。

多数决原则是从自由思想中推导出来的，而不是——像大多数情况下所表现的那样——从平等思想中推导出来的。人的意志彼此平等，这恰恰是多数原则的前提。单单这个"我们是平等的"（Gleich sein）只是一个意象（Bild）而已，并不能表示个人的意志或人格可以被有效地测量或推演。多数决原则的正当性，不能通过"多数赞成票比少数赞成票更具分量"来证立。单纯从一个否定性假设，即一票并不比另一票更有效，也无法得出"就该多数票意志说了算"这样的肯定性结论。如果人们试图只从平等思想中推导出多数决原则，那它就果真具有了机械的、无意义的特征，而这个特征恰恰是人们指责独裁所有的特征。认为多数人强于少数人，这是对于人类经验的一种并不令人满意的形式化表达而已；"权力高于法"（Macht geht vor Recht）这一命题，只有当它能自行升格为法时才能被驳斥。通往多数决原则的理性之路的思想是：应该使得尽可能多的人——即使不是所有人——是自由的，换言之，应当使尽可能少数的人的意志陷入与社会秩序的一般意志相对抗的状态。此处平等是民主的基本前提这一论点就体现在，不是说这个人或那个人——因为他的意志不能像其他人那样得到体现——应该获得自由，而是应该让他尽可能获得自由。同理，如果在修改国家意志时，越不需要考虑其他个体的意志是否与修改意志一致，那么提出修改的个体意志与国家意志之间的差距就越小。绝对多数决在此设置了一个最上限。少数情况下有可能国家意志在其确立时正好相悖于而不是相等于多数个人意志，而多数情况下，少数派可能决定了国家意志——通过阻碍其修改——而与多数派唱对台戏。

自由概念的变化，即个人不受国家统治的自由观念转变为个体参与国家统治的自由观念，意味着民主主义（Demokratismus）与自由主义（Liberalismus）分离。具体言之，只要国家秩序服从者参与到该秩序制定的过程中，就视为民主诉求得到了实现。由此民主思想不取决于国家秩序对个人——他们也正是秩序的制定者——施加了何种范围的影响，换言之，民主与否不取决于国家秩序在何种程度上干预到个人"自由"。于是，即便国家权力无限扩张而侵害到个人，也即完全摧毁了个人"自由"、完全否定自由的思想，但只要国家权力是由服从权力的个体形成的，那么民主依然是可能的。历史证明，民主制下的公权力与独裁制度公权力一样倾向于权力扩张与膨胀。[1]

个人意志是自由的出发点，而国家秩序对于个人来说属于即使在民主制度下也需要对抗的他人意志，此两者间存在无法避免的差异。该差异可以相互靠拢而使之降低到最小程度，此处政治自由观念也有了进一步的转变。从根本上讲，原本不可能的个人自由渐渐地退到后台，社会集体主义的自由（Freiheit des sozialen Kollektivums）则走上前台。人们抗议接受"像我一样的人"的统治，这在政治意识中导致了——在民主社会中这也是无法避免的——统治主体的移位：建构了一个匿名的"国家人格"（Person des Staates）。凭空就造出了一个由国家人格而非可见的人所掌握的帝国，一个充满秘密的共同意志（Gesamtwille）以及一个神秘的共同人（Gesamtperson）从个体的意志和人格中脱胎而出。这一拟制分离事件所针对的并不是臣民意志，更多是针对那些实际上行使统治权的人，后者现如今的身份是上述拟人化的统治主体的一个机构。在专制制度下，统治者——即使被升格为上帝——是有血有肉的人。在民主制度下国家似乎成为统治主体。此处，国家拟人化的面纱掩盖了一个对于民主情怀来说无法忍受的事实：依然是人统治人。国家拟人化奠定了国家法学的基础，毫无疑问它也根植于民主意识形态之中。

一旦排除了那种"被像我一样的人统治"的观念，人们就不会再去理睬"只要个人要听命于国家秩序，那么他就不是真正的自由的"这样的思想。随着统治主体的转变，自由主体也发生了转变。人们更加笃信，只要个体在组织性联系（organische Verbindung）中与其他个体共同制定国家秩序，那么他在且仅在这个联系中是"自由"的。而卢梭认为，被统治者为了重新取得国家公民的地位便放弃了他们所有的自由，这种观点之所以极为独特，是因为它对臣民与国家公民做了区分，而在此区分中，从社会观察视角看到的所有的立场转变，其实意味着提问方式的全面转换。

被统治者是被孤立的、个人主义层面的个体，国家公民则是一个非独立体，它是一个更高级别的有机整体的构成部分，在普遍化社会认知理论中被定性为国家这一

---

[1] 此处自由主义或者无政府主义向国家民主主义进行意识形态方面的转换，而该转换是如何与国家意义上承载意识形态的社会群体的态度相联系的，特别是如何与中产阶级和无产阶级在国家权力中所占的比例相联系的，对此参见拙著 Allgemeine Staatslehre, 1925, S. 32。

集体生物的肢干（Glied des Kollektivwesens）；而站在绝对个人主义的、瞄准自由价值的立场上，此处将国家视为集体生物，便充满超验的、形而上的特性。[1] 这一场景转换使得以下观点更加完整化，即归根结底，不能再认为单个的国家公民是自由的，或者至少不能声称可以得出这样的结论。由此产生的必然结果——一些作者也得出了正确结论——要求道：并非单个的国家公民（Staatsbürger），而是国家的人（Person des Staates）是自由的，因为国家公民仅仅在其整体（Inbegriff）也即在"国家"中才是自由的。这一点也可以这么表述：只有在自由的国家，其公民才可能是自由的。在个人自由的位置上，取而代之的是人民主权，或者这样描述：自由的国家，当是作为个体自由的基本要求而存在的自由国家（Freistaat）。

这是自由理念转变的最后一个层次。谁不想或不愿遵循这个凭借其内在逻辑得出的关于自由理念的自我转变，他就只能徘徊在原始意义和最终意义的矛盾中。他最终只能放弃对关于自由的结论的理解，而这一结论是由风趣的民主描绘者给出的。他（竟然）并不惧怕有人声称：国家公民只有通过普遍的意志才能获得自由；由此应当强迫那些拒绝服从该意志的人，即强迫他们实现自由。这已经超过了自相矛盾。当沾沾自喜的共和国在监狱的大门上和在橹舰上划桨的奴隶（Galeernskalven）的枷锁上书写"自由"（Libertas）两个字时，这也算是民主的一个标志。[2]

二、人民

自由思想的转型促使民主从理念走向现实。这些意义转变的本质无外乎是意识形态与现实之间的对立，而这一对立十分特殊，尤其对于民主问题来说尤其具有特色。对民主的许多误解总是反复于这样的原因：争论的一方只谈民主理想，另一方则只谈其现实中的现象，而双方都互相驳斥，但没有一方给予全面的观察视角，即谈论现实时须看到从现实中提升出的意识形态，谈论意识形态时则须看到其赖以支撑的现实。[3] 这种思想与现实的对抗不仅是对民主的基本原则和自由思想具有意义，它还体现在所

---

[1] 卢梭在《全民意志》（*volonte generale*）——该文章表达了人神同性同行的思想——一文中认为，针对客观的、来自个体意志的、所有人意志（volonte des tous）的、独立有效的国家秩序，完全不能和国际条约的理论一致，而国际条约是主观的 volonte des tous 的一种功能。相比康德和费希特，在卢梭看来，单是这种主客观构造间的矛盾，又或者是——如果我们愿意的话——这种从主观立场出发、到达客观终点的运动，并非那么有特点。

[2] 根据 Rousseau, a. a. O. Ⅳ . Buch 2. Kapitel。

[3] 思想与现实的二元主义对所有社会组织来说都具有典型意义，有关讨论请参看我的报告：Verhandlungen des Fünften Deutschen Soziologentages, Tübingen, 1926. S. 38 ff.。

有建设民主和自由的因素中，尤其反映在人民这个概念中。

从思想观念上讲，民主是一个国家形式或社会形式，在这个形式中共同意志，或者抽象一点说，社会秩序通过服从它的人得以产生，也即通过人民而产生社会秩序。民主意味着领导人与被领导人之间的同一性，统治主体与统治客体之间的同一性，意味着人民对人民实行统治。只是这个"人民"又是什么意思呢？通过"人民"这一概念使得大多数人结为一个统一体，这似乎是民主的一个基础前提。之所以为此把"人民"视做一个统一体的做法要更重要一些，是因为"人民"不仅是统治的客体，更是统治的主体，至少从理念上是这样的。然而以实际情况来看，再没有比这个以"人民"（Volk）的名义出场的共同体更问题重重的了。它是从民族对立、宗教对立以及经济对立中分裂出来的，它——从其社会性来判断——更像是将一组组人群捆绑在一起，而不是一个相互关联而不可拆分的聚集体（Aggregatzzustand）。[1] 此处只有在规范意义上才能讨论所谓的统一体。因为"人民统一体"（Einheit des Volkes）被视为在思想、感受与意欲方面完全一致的单位，是一个团结互助的利益体，这是道德政治上的基本假设；民族的（national）或国家的（staatlich）意识形态借助拟制（Fiktion）让这个假设（Postulat）成真，而这个假说已经被滥用了，甚至根本无须再去证伪。人民统一体基本上只是一个法学上的事实构成，在某种程度上可被精确地转述为：这是国家法秩序的统一体，它规范那些规范服从者的行为。[2] 在这个法律秩序中——作为由构成秩序的法律规范的内容——众多人的行为被构建为一个统一体，这个统一体把"人民"描述为国家的元素，描述为一个特殊的社会秩序的因素。作为这样的一个统一体，"人民"根本就不是——如那些幼稚的想法臆测的那样——一个整体（Inbegriff），不是平等地将人们集合在一起的集体，而只是由通过国家法秩序规定的单个的个人行为所组成的体系。因为作为整体的人，也就是说，综合其所有的功能、以其任何向度的灵肉意义上的生命而言，他从来都不属于社会共同体（soziale Gemeinschaft），也不属于与他最休戚相关的那个国家。[3] 个体的生命最不属于所谓按照自由理想而形成的国家。通常它只是个体的某个极为确定的、被纳入国家秩序考量的生活表现 Lebensäußerung）；通常人们

---

[1] 参见拙作：Der soziologische und der juristische Staatsbegriff, 2. Auf., 1928, S. 4 ff.。

[2] "以民主的眼光来看，则根本没有所谓的全民意志或者说能够理解的人民意志。人民这个概念实际上是由许多人的意志表达组成的。许多人以法定而合规的比例聚集在一起并维护法律，这其中的大多数的意志就变成了所谓的人民意志。在民主理论家看来，在维护专制的意志之外还能有一种特别的共同意志可以存在于具有创造性的法律效力之中，这件事并不特别稀奇"——Koigen, a. a. O. S. 142。这里也许想突出一种观点，即人民作为一个整体，只有在作为一个组织机构，特别是作为法秩序出现时才有可能。因此这里可以附带一下 Koigen 的问题："是人民和法律的概念掩盖了彼此吗？"出处同上，第 7 页。

[3] 对此参见拙作：Allgemeine Staatslehre, S. 149 ff.。

的大部分生活必须或多或少地存在于这个秩序之外，换言之，个人生活必须保留一个不受国家染指（staatsfrei）的领域。由此，这一切只是一个拟制：所谓的统一体是通过国家法秩序将众多的个体行为建构而成的，具体言之，它自称为"人民"（Volk），假装是"人类整体"（ein Inbegriff von Menschen），如此一来就造成这样的假象，即认为所有的人凭借人的全部本质一起构成了人民这一国家元素，但事实上，只有当人们的某些单个活动受到国家秩序的可为或不可为的规范时，他们才属于国民（Staatsvolk）。尼采在他的《琐罗亚斯德》（Zarathustra）中摧毁了上述幻象，他在书中谈到了"新偶像"（Neue Götze），"国家是所有巨人中最冷血的。它撒起谎来也很冷酷；谎言缓缓地从它的嘴中爬出：我，国家，就是人民"（Ich, der Staat, bin das Volk）。[1]

如果人民统一体仅仅是由国家的法律秩序所规范的人们的各种活动的统一体，那么——在这个规范领域中"统治"便表现为规范拘束力和规范服从——这个由人民构成的被寻觅良久的统一体内，人民依然被看做统治客体。只有当人们参与国家秩序的制定时，他们才能被纳入统治主体的考量。正是这个对于民主思想来说至关重要的功能，也正是"人民"在规范制定程序中出场是必要条件，才表明了此处的"人民"与那个被视为全体规范服从者的"人民"有着不可避免的区别。尽管人们作为规范或统治服从者都归属于人民，但并不是所有人都能以统治主体的身份构成人民，因为只有参与了立法过程——它是行使统治权的必然形式——才能成为统治主体。因此，大多数民主主义者压根没有意识到，把"此人民"和"彼人民"混淆起来，两者之间的鸿沟到底有多深。参与共同体意志的形成即为所谓政治权利的内容。人民作为政治权利享有者的整体，即便在一个极端民主社会中，也只是被国家秩序赋予了义务的人民中作为民主客体的少部分人。因为此处某些自然限制构成了阻碍，如人的年龄、精神或德行、健康状况，都可能影响政治权利，进而影响到积极意义上的"人民"范围的扩展；与此相反，对于"人民"概念来说，并不存在消极意义上的限制。值得注意的是，相较于对全体统治参与者的限制而言，民主之意识形态可以忍受更多的针对"人民"实施的限制。将奴隶以及直至今日依然将妇女排除在政治权利之外，这丝毫都不妨碍把一个国家秩序称之为民主。那些建立起国家公民资格（Staatsbürgerschaft）的机构享有特权，那也完全是理所当然的，因为人们将其视为——这其实是个误会，它刚好来自最近新兴的对于政治权利加以限制的趋势——一个对于国家概念来说至关重要的组织（Einrichtung）。[2] 最新的宪法发展经

[1] 参见 Nitzsche, Also sprach Zarathustra, Ⅰ. Teil。
[2] 对此参见拙作：Allgemeine Staatslehre, S. 159 ff.。

德国魏玛时期国家法政文献选编

验表明，政治权利完全不必与国家公民资格相连。比如苏维埃俄国的宪法保证——它打破了持续上千年的限制——所有外国人，若以工作为目的便都有权在俄国居留，他们也享有完全的政治权利。人类思想的进步极其漫长，在富有特征的法律发展长河中，最开始外来陌生人被视为被剥夺公民权的敌人（voglefreier Feind），稍后逐渐地在私法领域获得了一些平等权，但迄今为止他们依然是被排除在政治权利以外的。鉴此，这部苏维埃宪法确实很有历史意义。当然，它在其他方面的退步也就更大（比如，在阶级斗争视角下排除了一定范围的国家公民享受政治权利）。

如果人们想把目光从公民的理想定义转向其现实定义的话，那么就会对用很少数量的政治权利享有者取代全体统治服从者的做法感到不满意；那么人们就必须进一步知道，在享有政治权利的人数与真正行使政治权利的人数之间存在着差距；该差距会随着政治利益范围的不同而不同，但是通常差距非常之大，它只有通过民主的系统教育才能够被减小。因为作为民主基础的"人民"理应是统治者，而不是被统治者，所以从现实角度来讲，应该允许对人民概念做更进一步的限缩。对于那些真正行使政治权利、参与国家意志形成的人，还应该做进一步区分，即必须把那些缺少自己的观点、没有判断力、只是受别人影响的人，与少数的确实是通过自己独立的意志决定——这恰恰符合民主的观念——而参与到共同体意志形成过程中并能给出指导方向的人，区分开来。这样的研究会触及民主现实中的一个最为重要的民主元素的真实面目：政治党派——它们将志同道合者联合起来，以确保其对公众社会的构建起到实际影响。这类社会团体大多数特性不定；它们看上去是以松散的形式进行自由组合，通常不是一下子就成为某种团体，开始出现的时候往往不符合任何法定形式。尽管如此，在其发展过程中人们还会看到它们如何形成共同体意志的极其重要的部分：它们为决策程序所做的准备工作对该程序的发展方向起着决定性作用；而启动这些程序的推动力也是来自政党，它们就像来自地下的隐蔽的源泉，流到公民大会或议会上的表层后，就会被引入事先统一铺置的河床。现代民主正好是建立在政党基础之上的，政党的作用越大，实现民主原则的力量就越大。鉴于这种状况就可以理解这种趋势——迄今为止这种趋势无疑还比较弱——政党应该以宪法方式（verfassungsmäßig）被确定下来，并在法律上建构成——就像它们一直以来实际上运作的一样——形成国家意志的机构。

这里只能对该进程——有人恰如其分地将其定义为"权力的合理化"，[1] 认为紧随

---

[1] 对此参见 B. Mirkine-Guetzevich, Die Rationalisierung der Macht im neuen Verfassungsrecht, Zeitschrift für öffentliches Recht, Ⅷ. Bd., 2 Heft, S. 259 ff.。

民主的本质和价值

而来的是现代国家的民主化进程——的部分表现进行讨论。无论如何，对于这种一般而言的合理化以及特别是将政党置于国家的合宪组织的安排，存在不少的抵制意见。就在不久前，国家立法机构以及执行机构就堂而皇之地忽略政党的存在，甚至直接拒绝。就是今天，人们也没有足够地认识到旧王朝对政党的敌意以及尤其以君主立宪的意识形态所建构起的政党与国家间的本质对立，同样意味着一种被蹩脚地掩藏起来的敌视民主的态度。孤立的个体根本构不成政治上的现实存在，因为他不能对国家意志的形成产生真正的影响。很显然，民主得以真正实现的前提条件是：单个个体意识到各种不同的政治目的的存在，自己便以影响共同体意志为目的而融入到某个共同体中，由此形成了介于个人与国家之间的、联合了众多具有相同意志的个人的"集体组织"（Kollektivgebilde），该组织便是政党。[1] 认识到这一点，人们就不会再严肃地去质疑，君主立宪制的政治理论和国家法理论热衷于诋毁和攻击政党，其实质是躲在意识形态面纱下反对民主的实现。只有自我欺骗或者虚伪才会误以为，民主没有政党也是可能实现的。民主就意味着一定要——同时也是无法避免——建设一个政党国家。

这是个很容易查明的事实。仅凭这些事实——人们只需要回顾一下民主发展史就能被这些事实说服——就能驳斥以下至今还流传甚广的论断，即认为政党的本质与国家的本质不符，国家按其本性来说不能像政党那样建立在社会组织的基础上。[2] 政治

---

[1] 个体在政党内部，比在国家内部消失得更加彻底，国家的秩序由此让位于主观权利和法律的主体地位。如果我们认为这种党派内部集体合作趋势是由"原子式的个人主义"的国家观念所造成的话，那么必将误以为这是政党的本质。而 Triepel 就持这种观点，参见其著作：Die Staatsverfassung und die politischen Parteien, Berlin 1927, S. 31. 个人主义当然是反对这种政党本质的，比如卢梭、Triepel（a.a.O. S. 10）也强调这一点。

[2] 该教条的典型代表是 Triepel，在其上引著作中均对这种教条观点进行阐释。他说："我们怎么可能做到，将法秩序在形式上和将国家意志形成在中央上与社会组织的意志挂钩，而这些社会组织从存在本身、活动范围以及特征上看，根本就是最无法预期计算的乌合之众，它们有时突然出现又突然消失，或者不断改变其章程，甚至有时在短短数十年后该章程的基本条款就只剩下了原来的名称，而内容早已面目全非，并且在有些国家那些章程的制定干脆依照了完全无法衡量、有时在政治上完全是次要的原则。"我们无论如何也不能断定：在民主大国其政党特征就符合实际。比如在美国和英国，其执政党相对固定，美国那边是民主党和共和党，英国这边是保守自由党和工党。Triepel 说："两党制的政党本质是僵化的。"可他的描述既不符合德国也不符合奥地利的现实情况，更别说法国了。Triepel 对政党做了进一步描述："……政党出于天性只会自私自利，因此它从一开始就拒绝成为国家组织的有机部分，甚至永远不能赞同这样的国家，即国家的最优雅高尚的行为就是彼此的党派斗争。"关于政党本质是"自利"这一点，在之后的其他地方还会提到。此处只做一点评论：如果政党因其"自利"本质而不适合成为国家共同体的组成部分，那么政党的存在本身似乎并不会比国家的存在更困难。因为，人的天性也许就不那么无私甚至在更高的程度上明显是非常自私的。政党的自私自利来自于人类本身，因为是人组建了政党。或许根本没有否定国家的"政党"。无政府主义行动者有着类似政党的组织——暂且不论无政府主义者的意识形态——和所有非保守派的政党一样，它的目标是想重新结构国家秩序。Triepel 总结道："……总体而言，政党型国家的想法本身就有无法化解的矛盾之处。"他把这种思想描述成欧洲主流，而这也许可以看做 Triepel 表达他自己的一种形式：现代政党的本质是"一种疾病症状"，是一种"衰败"（Verfall）（第29页）。根据 Triepel 自己的描述，上述观点本质上为"德国彼德麦尔时期（Biedermeierzeit）的公民"所持的观点，他们"视政党为对国家安宁的威胁，且并不讨厌视政党为一种道德上的迷惘"（第10页）。这里的原因并非是因为那个时期的德国公民——像 Triepel 所认为的那样——"不是民主分子而是自由人"，而那个时期的自由主义者也是民主主义者；而是因为——很大程度上是由国家法学催生的——君主政体的意识形态仍在影响着"彼德麦尔时期的德国公民"！

现实却证明了相反的事实。这里所谈及的国家的"本质"或"自然属性"，事实上——经常是这样的——是一个特定的反民主思想。[1] 究竟什么使得政党表现出它与国家处于本质对立的状态？政党是——就像人们所说的——一个单纯的群体利益的共同体，它建立在自私自利的基础上，而国家代表整体利益，超越了利益团体，也即超越建构起国家的政党。首先，不仅存在利益型政党（Interessenparteien），还有世界观型政党（Weltanschauungsparteien），后者刚好在德意志国家制度（deutche Staatlichkeit）中发挥了重要作用。然而不得不承认的是，政党不能与利益团体的现实基础离得太远。尽管如此，关于国家的历史经验给出了一个突破了意识形态假象的现实主义认识，即任何一个权力机构为了自身的扩展，绝大多数都会发展成那种主要代表某个统治集团的利

---

[1] 如果有人为某种政治理论做辩护而从国家或者国家法秩序的本质开始演绎，然后得出政党和国家本质不一致的结论，则他肯定会陷入与现实情况——此种现实不仅包括社会事件，而且包括实然法和国家已经存在的这个事实——的矛盾中。Triepel 提出了一个他称为"命运问题"的问题，"现代国家，特别是德国，是否接受……政党国家的本质：政党是如此地深入到国家组织内部，以致在重要事项上政党的意志和行为总能决定国家的意志和行为"（第 7 页）。无论是在社会意义上还是法律意义上，这个问题都是指向现实的；然而它的回答却指向了价值，确切地说是指向一个与现实不符的政治价值。这么说是因为，Triepel 试图通过指出国家和政党在本质上的冲突，从而证明现代国家不是政党型国家，因为按照他的关于国家和政党的本质学说，这样的国家根本不可能存在！"在立法和政府领域，在国家'整合'领域——这才与我们真正有关——政党变成了一种超越宪法的存在。就法律观点来看，政党的决议对国家机构并没有约束力和权威性，政党只是一种不同于国家机构的社会团体。如果有人说现代国家就是'建立'在政党基础上的，则这根本是一个站不住脚的论断"（第 24—25 页）。就连 Triepel 自己也必须承认，迫于现实压力，国家的法秩序——在这之前是君主国家的法秩序——也已经改变了最初的敌视政党的态度（第 15/16 页），并且他自己还列举了许多实证法上的国家规定，它们确定政党是形成国家意志——尤其在选举过程中——的一个因素。Triepel 做出的此类发展不能继续的论断，是没法严肃对待的；他认为这其中的个别现象是"奇特"而"荒谬"的（第 22 页），也只是他的主观价值判断。上述判断根本无法改变任何实证法现实。这样的话，Triepel 如此斩钉截铁地断定政党是"一种超越宪法的存在"又有什么意义呢？特别是他还承认，就政党本质的现实而言情况可能更糟，因为法秩序明确表示，这种政党现象"并非任意和偶然"出现，而"完全是一种自然的过程"（第 27 页），但这些丝毫不能阻碍他随后又把政党现象说成是"一种疾病症状"和"堕落"的表现。是的，他甚至说："如果人们想要否认政治的实际运作与实证法所描绘的图景完全不符，那好比是把头埋在沙子里。而事实上，正是政党在任意摆布国家政府。"（第 26 页）难道就为了最终承认"这里（指德国）正在变成一个政党国家"（第 27 页），而对于 Triepel 来说政党国家自身就是一种"矛盾"？对这一矛盾他说：国家建立于政党之上，这是对"一种完全站不住脚的论断"的解释。可他却轻蔑地视政党为一种"超越宪法的存在"，是一种法律上不存在的东西（第 24/25 页）。莫非德国将"停止"国家属性，而政党也不再是政党，就因为德国是一个政党型国家？

有时 Triepel 为了反对我的纯粹法学理论而批评形式主义，他针对纯粹法学理论提出一种"关注生命"的国家法学说，该学说开始"将国家法律规范与政治力量做最内在的结合，而这政治力量是由国家法规范创造的并又由国家法规范所掌握"（Staatsrecht und Politik, 1926, S. 17, 18）。我所担心的是，Triepel 的国家法学说会比纯粹法学说更深地滑进漠视生命的形式主义深渊里——至少在对待政党问题上是这样的。因为他的那种国家法学说只是想成为一种关于实证法的理论；即使它包含了在理论家看来有害的内容，也依然可以确定有效。由此该学说涉及了"纯粹"（Reinheit），因为更喜欢批评形式主义——虽然该形式主义完全不值一提，并且他对形式主义的批评也没什么道理——而该学说珍惜生命。该学说"关注"生命，这显得它在政治上富有同情心，同时该学说也只是将国家法规范最大限度和那种主观上显得有价值的政治力量结合在一起。

然而，这是传统国家法学说的一种典型的方法！这种方法就是：把那些被认为有政治价值的东西都说成可以从国家的概念或者本质中演绎出来，而那些被认为没有政治价值而加以拒绝的东西就都证明为与国家的概念或者本质矛盾。这难道不是所谓的"概念法学"么？这种方法论总是致力于反对将国家法律与政治相分离，只是如此便无须惊讶，即政治对手也可以用这种方法来证明相反的结论。

益的机构。政党是代表了一个团结互助的共同体利益的整体利益的工具，对此最好表述为：实然服从于应然，在现实中寻找理想；然后通常情况是，出于政治动机将现实理想化，也即合理化。此外，认为可以超越自身所属的团体利益而追求"超党派"的共同利益，以及认为存在一个代表了所有共同体成员利益的不分宗教信仰、民族、阶级等的利益团体，这样的理想是一种形而上学，或者表达得更准确些：它是一个形而上学的幻觉，是由一个最不清晰的术语，即"有机"共同体或"有机"机构所表达的意见，它与所谓的政党国家和"机械民主"（mechanische Demokratie）背道而驰。还有其他什么社会组织能像政党一样参与国家意志的形成吗？对这个问题的回答就表明了这个反对政党的论据是多么的问题重重。在政党之外可以倚重的就只剩职业等级组织（berufständische Gruppe）了，而后者现今也拥有了自己的政党。这些团体的利益特征——其后我们要探讨其政治意义—— 并不小于政党的利益特征，甚至更强，因为它们只考虑物质上的利益。[1] 对于以往经验显示出的、此处无法避免的利益对立，共同体意志——如果它不应该片面地只强调一个团体的利益——可以做的，就是使对立的利益团体进行妥协。人们在现实中加入到不同的政党中，这便表明：达成此类妥协的组织条件得以成就，即可以创造一种可能性，使得共同体意志向对立立场的中间点

---

[1] Triepel 认定政党"自私自利"，所以视政党为国家的保守因素而加以拒绝。他认为，如果职业等级团体满足以下前提，即它们"必须作为一个单一的整体出现，其成员利益须建立在完全平等的基础上，从而使得政党找不到可以用来突破的弱点"，那么它们就可以被考虑纳为国家基础（第 30 页）。政党的本性是自私自利的，这意味着它是一个利益共同体。但政党其实和职业等级团体并没有什么不同，因为政党也是利益共同体。按照 Triepel 的表述，当职业等级团体所代表的利益共同体更加紧密团结的话，就会成为一个政党。

如果以 Triepel 所代表的国家法学家们全然拒绝政党型国家——政党国家事实上就是：现代民主——那么他们就有义务说明，他们到底想用什么来替代。实际上他们也真做出了说明。Triepel 认为，我们应该放弃"原子式个人主义的国家观念"——Triepel 误认为这是政党本质的根基——"而替代以有机的国家观念"。问题是，这种"有机的"国家观念的根基又在哪里呢？ Triepel 说，国家观的转变需要慢慢来，而政党型国家的暮钟已经敲响，已经有其他联合团体的力量在行动了。"顺着这种自然发展的趋势"——但在 Triepel 看来，"完全自然的发展进程"也还是会导致政党型国家的出现——"人民这个群体会出现新的分化，而人民本身也会由麻木无魂的大众群体变成一个生机勃勃的'多样性中的统一体'。"然而，将民主政体中的人民——Triepel 在这里只涉及政党型国家——描述成"麻木无魂的大众群体"，并不能有助于人们去设想未来国家的"有机"成分是什么样子的；而所谓"多样性中的统一体"也是说了等于没说。Triepel 认为，许多人称这种预言是一种浪漫的幻想。其实这没有什么好担心的，因为这种所谓的"预言"根本没有实质内容。Triepel 保证，他所说的"不是童话，也不是鬼怪传说，而是一个活生生的实体；它包含于概念当中，正要从当前的机械化社会向一个有机社会转变"。然而人们完全不能理解，Triepel 所钟情的这种正在成形的新型国家到底是什么。说民主社会是"机械的"，也并不能回答究竟什么是所谓的"有机型"国家这个问题。从以下这段话中，我们除了知道国家将是一个"有机物"外一无所知："如果能够通过更强的力量按照人口和领土重新划分国家，使人民基于物质和精神的自我管理而绽放出活力"（Selbstverwaltung）——此处"自我管理"完全是一种民主配置——"并让这种力量服务于国家，从而使得国家不会因此毁灭，反而会团结起来，换言之，如果国家不会因此毁亡，相反会从下而上新建起来，那么它就会真正变成有机体，所有的一切都会聚集到一起，相互作用相互依存。"Triepel 在结尾时这样希冀到：他"也许能够亲眼看到幸福时光，但是今天我们这代人，只能在想象中构建未来的美好图景"（第 31 页）。希望 Triepel 能够原谅：从他的这些话中，除了他对于民主政体的厌恶外，实在什么也看不到。但无论如何，这是一份非常有特色的反对民主、支持"有机"国家观念的文献。

移动。

　　反对组建政党的观点，最终就其本质而言就是反对民主，它——有意识地或无意识地——服务于某些政治力量，这些政治力量以实现代表某一个团体利益的单独统治（Alleinherrschaft）为目标，完全忽视对立方的意志，但依然在意识形态上将这个单独利益伪装为"有机的"（organisch）、"真正的"和"做出正确理解的"共同利益。恰恰民主作为政党国家只允许从政党意志的结果中产生共同体意志，所以民主可以放弃这个超政党的"有机"共同意志的假定。

　　不可阻挡的历史发展，促使"人民"在任何形式的民主社会中被划入不同的党派，或者因为以前人们作为一个政治力量还不曾存在过，所以可以做出更为确切的表述：民主的发展促使孤立的单个个体融入到政党中，从而展现出——某种程度上称之为"人民"的——各种社会力量的互相牵制。如果民主共和国的宪法——在这一问题点或其他问题点上仍然受到君主立宪思想的影响——拒绝承认政党的法律地位，那么这么做的意义不再是——像君主立宪制那样——阻碍民主的实现，而是不敢睁开眼睛面对现实。

　　在宪法中确定政党地位的做法，实际上等于创造了使共同体意志在宪法范围内得以民主化的机会。这是非常必要的，因为很可能当某个阶层刚好还没有固定的结构时，最容易在共同体意志形成过程中显示出贵族独裁的特征并从中获益。[1]上述情况也存在于那些内部制定有极端民主的纲领的政党中。在现实的政党生活中，那些重要的政党领导人很可能掌握非常大的权力，远大于民主国家的宪法所给出的限制。如果所谓的政党纪律在政党生活中仍然发挥着作用，但应当适用于政党间关系也即议会意志形成领域的国家纪律，却还没有提上议事日程，那么个人在这样的政党生活中只能享有很少的民主自决权。

　　相比自然"自由"到政治"自由"的概念转变，关于"人民"的定义从其的理想定义（Idealbegriff）到现实定义（Realbegriff）这一转变过程，同样意义深远。人们必须承认，在思想与现实之间存在着距离，甚至在思想及其最大的实现可能之间也存在着极大的不同。因此，对于卢梭的这段著名言论只能被看做修辞学上的夸张：民主就其根本词义来讲，从未存在过，也不可能存在，因为让大部分人统治而少部分人被统治的做法，是违反自然规则的。[2]

---

[1]　对此 Robert Michel 在他著作中有所介绍，参见 Michel, Zur Soziologie des Parteiwesens, 2. Aufl.。
[2]　参见上注，Ⅲ. Buch, 4. Kap.。

原始的自由通过多数决机制转变为政治自决权，人民则从其理想定义缩限到范围小得多的对象上，即仅仅指那些政治权利的享有者和使用者。对于这样的定义限缩，社会现实中的民主理念不得不予以容忍。因为只有在直接民主制中才可能做到，政治权利人通过在国民大会上行使权利以及多数决议来制定社会秩序，而鉴于现代国家的规模以及国家任务的多样性，直接民主无法成为可能的政治形式。现代国家的民主是间接的、议会制的民主，在这个民主中形成决定性的共同体意志所谓的多数派，只能是由享有政治权利的人中的多数派选举出来的代表构成。因此，这里的政治权利——这里就是自由——在本质上已经减弱为一个单纯的投票权（Stimmrecht）。目前为止在所有上文所提及的对自由思想、民主思想有所限制的元素中，也许议会主义（Parlamentarismus）最具意义。现今被称为民主社会的组织体，若想对它们的本质做出界定，那么首先就要理解什么是议会主义。

三、议会

18 世纪末 19 世纪初展开的反独裁斗争，就其实质看是为了实现议会制。[1] 当时人们寄望于一部宪法，它认可人民代表作为国家意志形成的决定性力量，废除绝对君主的独裁以及阶层法律秩序赋予的特权；人们期待这样一部宪法能够实现人们所有能想到的一切政治进步，能够建设一个公平的社会秩序，进而走向一个崭新的、更好的时代。作为 19 世纪及 20 世纪的国家形式，议会制取得了令人尊敬的成绩：平民阶级最先完全摆脱了那种出生阶层决定特权的状况；随后发展至无产阶级获得了政治平等权利，由此无产阶级开始摆脱有产者的压迫而获得精神和经济解放。尽管如此，当代的历史描述以及当前的政治思想对于议会制做出了负面的判断。极右和极左政党越来越坚决地拒绝议会原则，呼吁回归独裁或职业等级制的呼声也越来越高。即使从那些处于中间派的政党那里，也可以看到某种对议会制的冷淡。我们不应自欺欺人，当前人们对议会制已经疲倦，尽管也许还没有发展到那么严重的程度，即可以——像某些作者一样——将议会制称为"危机"或"破产"或是"垂死的挣扎"。

20 世纪中期或末期就已经有人对议会制度产生了质疑。然而在君主立宪制的统治下，这类反议会趋势没有什么意义。相对于发展缓慢但不可遏制的民主运动——民主运动通常在议会中找到主要支持——反对议会的意见毫无影响力。但如果在当前议会

---

[1] 参见拙作：Das Problem des Parlamentarismus, 1925, 以及该书列出的文献。

统治无处不在的情况下，议会制本身受到质疑的话，情况就会完全不同了。对于议会 -
民主制共和国来说，议会制就是个关乎命运的问题。议会制是否是一个适合用来解决
当今时代的社会问题的工具，关系到现代民主的存亡。尽管不能把民主与议会制完全
等同起来，但仅仅因为在现代国家中无法实现直接民主这一点理由，人们不大可能去
严肃地质疑以下观点，即议会是在当前社会现实中唯一能真正实现民主的手段。因此，
选择了议会制就是选择了民主。

　　所谓的议会制危机，最先是由一则关于议会制的批评引起的。鉴于该批评对何为
议会制这一政治形式的本质做出了错误解释，所以该批评没有什么价值。什么是议会
制的本质呢？议会制的客观本质不可以与其主观意义相混淆，后者是指尝试赋予给那
些出于某种有意或无意的动机而参加议会机构或对议会感兴趣的人的意义。议会制就
是：人民基于普遍及平等选举权，也即由民主选举出的集体机构，按照多数决原则形
成国家意志。

　　如果人们非常有意识地去规定议会制度，那么此处体现的是民主自觉的思想，也
即在此占主导地位的自由思想。为议会制之战就是为政治自由之战。当人们今天再三
地提出针对议会制的不公平的批评时，人们轻易地忘记了这一点。拥有了——已经成
为理所当然的从而不再加以珍惜的——只有通过议会制才能得到保证的自由后，人们
相信，他可以抛弃作为政治价值标准的这个自由。对于所有政治臆测，只有自由思想
是并且继续是永恒的基础特性，尽管——或许是恰恰因为——就自由最深层的本质而
言，它是否定一切有关社会福利和政治内容的，可以说它也是一切社会理论和国家运
转中的矛盾因素。因此自由不能——正如我们所见——完全被纳入社会甚或政治国家
领域，而是必须与一些对它而言比较陌生的因素融合。

　　因此在议会主义的原则下，自由思想就在一个双重的、阻挡其原生力量的联系中
显现出来：首先是多数原则，关于该原则与自由思想的关系已经被探讨过，下文还会
就其在议会制体系中的真实功用予以讨论。从关于议会制的分析中得出的第二个要素，
就是意志形成的间接性，这是一个事实，因为国家意志不是直接通过人民自身，而是
通过由人民选出的议会产生的。此处自由思想等于自决权思想，它与不可放弃的工作
分配（Arbeitsteilung）需求以及社会分化需求紧密相连；它也与一种站在民主自由思
想原始的基本特征对立面的趋势相连。因为按照原初的民主思想，整个国家意志的形
成——无论它多么的千姿百态——必须通过一个且同一个由所有有选举权人组成的大
会。国家组织（Organismus）做出的任何一种工作分配，将任何一个国家功能交付给

某个国家机构而非人民，这必然意味着对自由的限制。

一方面自由提出了民主要求，另一方面任何社会技术进步都需要社会分工合作，而议会制就是这两者的妥协产物。尽管如此，人们曾经尝试将那些并非不严重的、民主思想所经历的损害加以掩盖；所谓损害是指，国家意志不是由人民决议形成，而是由议会这一尽管由人民选举产生，但完全不同于人民的机构取而代之。也就是说，鉴于社会关系的复杂性，人们不可能认真地接受上述直接民主的原始方式，因为人们不能放弃社会分工的好处。国家共同体越大，"人民"就越难直接参与到形成国家意志这样的真实具有创造性的工作中去，也就更加容易出于社会技术原因而被迫做出自我限制，即将职能限制在设置和监督形成国家意志的国家机器（也即议会）上。然而，另一方面人们想造成这样的假象，即似乎在议会制中，民主自由思想，并且只有这个思想，获得了持续的表达。为这个目标提供服务的是所谓的代表拟制（Fiktion der Repräsentation）：议会只是人民的代理人，人民只有在议会中，也只有通过议会才可表达他的意志，尽管在所有宪法中议会制原则无一例外地被附加上以下规定，即议员无须受拘于他的选民的指令，也就是说，议会在履行其职能时完全独立于人民。[1]

正是这一使得议会独立于人民的独立宣言催生了现代议会。现代议会完全不同于旧的层级大会（Ständeversammlung），众所周知，后者的成员基于强制性代表（imperative Mandate）而须接受选民团体的拘束并对其负责。代表拟制应该站在人民主权的立场上为议会制提供正当性证明。设计如此明显的拟制产品，为的是掩盖民主原则因为议会制而受到本质损害的真相；但它也自然成为反对者大力攻击民主的理由，他们据此声称，民主明显是建立在一个谎言之上的。如此一来，尽管代表拟制无法持续地完成其根本任务，即从人民主权的立场出发证明议会的正当性，但它意外地成就了另一个计划外的功绩：它将 19 世纪及 20 世纪处于民主思想的巨大压力下的政治运动保持在一个理智的中间路线上。在此期间它使人们相信，人民中的大多数人可以在选出的议会中进行政治决策，这样它就阻止了民主思想在政治实际中的过度紧张局面；这种过度紧张对于社会进步来说并非完全无害，因为它很容易就和非自然的政治技术简单化手法联系在一起。

代表制理念的虚构特征当然不会引起政治意识的注意，只要民主还处于与专制做斗争的状态，以及议会制自身还没有完全抵制住君主和等级阶层的诉求。在君主立宪统治下，必须看到，人民选出的议会为从曾经的绝对君主手中夺取政治权利提供了最

[1] 有关代议制的虚构参见拙作：Allgemeine Staatslehre, S. 310 ff.。

德国魏玛时期国家法政文献选编

大可能性；只要这一点成立，那么以议会是否真的可以完全实现人民意志来批评议会制国家形式就没有什么意义。然而，一旦议会制原则——特别是在共和制度下——完全取得了胜利，一旦在立宪君主制中议会占有统治权并确立了人民主权基本原则的话，那么就不能再隐瞒对于这个露骨的虚构——在1789年法国国民大会中就已经发展出了相关理论，根据该理论，议会究其本质就是人民的代表人，人民的意志只在议会行动中得以表达——所进行的批评。那么这样的话就无须惊讶，在今天反对议会制的论据中首先揭穿的是，通过议会形成的国家意志完全不是人民的意志，因此议会也无法表达人民的意志，因为根据议会统治的国家的宪法，根本不能——除了议会选举这一行动外——形成人民的意志。

这个论据合乎实际情况。然而只有当人们试图通过人民主权原则寻求议会正当性时，以及当人们相信议会的本质完全可由自由的思想确定时，上述论据才能用来反对民主制；因为此时议会制承诺了它无法遵守，也从来都不能遵守的义务。由此议会制的本质，正如开头所讲，无须借助代表拟制技术来进行定位，代议制作为创制国家秩序的特殊的社会技术工具，其价值也无须借助代表拟制技术来进行正当性论证。

如果人们将议会制理解为政治自由的最原始想法与不同的分工原则之间的必要的妥协，那么人们就可以很明显地看清议会制改革应走的方向。但是，或许在这之前我们还要探讨一个问题，即在当今各种可能的政治形式中，是否能完全抛弃议会制。也就是说，应该研究一下，是否有可能将议会从一个现代国家的机构中分离出去。

在所有取得一定程度的技术进步的共同体中都存在着类似议会这样的机构，这当然不是偶然的，而是符合社会体的结构组成法则。特别要考虑的是，即使是一个完全的独裁君主也会为了获得支持而召集群臣大会，作为国家参议会（Staatrat）或类似命名的机构侍其左右，尤其为以君主名义颁布的一般性法令（allgemeine Anordnungen）和普遍性规范（generlle Normen）提供准备、咨询及鉴定意见。如果说在一个大规模的共同体中，人民基于人数众多而无法直接决策出共同意志，那么独裁同样由于力量单薄而无法胜任，这两者在部分方面具有同样的原因：知识与能力的欠缺，怯于承担责任。在上述两种状态，即集体机构（Kollegium）的成员一个是由独裁者任命的，另一个是由人民选出的，具有一定意义；但是该意义更多的是从意识形态角度，而不是从社会实际即该机构实际履行功能的角度认定的。这个机构具有咨询性功能还是决策性功能，自然也是很有意义的；然而，有时就实际情况而言，在民主政体中制定法律的议会和在绝对君主政体中的国家参议会其实并没有多少不同，尽管这更多的是从心理学效果上而非从法学形式上来看的；特别是当人们考虑到，立法工作中的一部分十分重要的、即使在表面上并不显山露水的内容，即使是在现在民主社会中也根本不是通过议会程序而是由政府完成的，也就是说，无论是在议会民主中还是立宪君主制中同样都是由政府直接或间接制定提案；另一方面，对于绝对君主来说，聚集在国家参议院中的各种人物所呈现的权威性，要比来自宪法的权威性强大得多。

在技术进步的社会团体内部，除去政府（及其下设管理机构）外，还能形成一个专门从事立法的集体机构。这是社会发展的必然现象，特别是在国家意志的形成过程中会自然产生。此处作为前提需要说明的是，那种人们通常在一般意义上形象地称为共同体"意志"、在特殊意义上称为国家的"意志"的现象，并不是真实的精神状态（real-pysychischer Tatbestand），因为在心理学意义上仅存在单个人的意志。[1] 所谓的国家"意志"，只是一个共同体理想秩序——该秩序分解成众多的单个个人的行为，而该理想秩序便是这些行为的意义——在人类学上的表达。共同体秩序作为这些行为所承载的意义，是一个由规范、应然规定组成的综合体，而这些规范和规定是用来规整共同体成员的行为并由此建构起共同体本身。共同体成员应该以一种特定的方式行为举止，而在这一精神内容中社会秩序得以建立。当我们说：某个——已经被拟人化的——共同体，也即国家——就像一个人或一个超人（Übermensch）那样——"意欲"（will）国家成员以一种特定的方式行为举止，那么就是在以最显而易见、最通俗易懂的方式，向众多百姓解释上述精神关系。国家秩序中的"应该"（Sollen）被表达为一个"国家人"的"意欲"（Wollen），因此"国家意志的形成"也无外乎意味着国家秩序的产生程序。

国家意志的显著特征是，它从最开始一个抽象的形式，然后经由或多或少的中间阶段转变为一个具体的形式，从一个由一般规范构成的综合体逐渐转变为个体化的国家行为（Staatsakte）。这一过程完全不同于人类心理意志的形成过程，它是一个具体化、个体化过程；在此过程中，作为两个完全不同的功能或阶段，形成一般的、抽象的规范，与形成关于具体的、个体化处分和颁布单个命令或单个决定的规范，是有天壤之别的。

阐明这些功能的不同是法学现象学（juristische Phänomenologie）上的问题。[2] 就是在一个完全原始的社会团体中，这两种不同的功能或阶段也会被察觉。毋庸置疑，当共同体意志形成从规范服从者的无意识的、习惯性服从上升到一个有意识的规范制

---

[1] 参见拙作：Hauptprobleme der Staatsrechtslehre, 2. Aufl., 1925, S. 97ff.，以及 Allgemeine Staatslehre, S. 65 ff.。

[2] 参见 Merkl, Allgemeines Verwaltungsrecht, 1928, S. 85, 157 ff.。

定程序时，才会刺激人去组建一个制定一般规范的特殊机构。只有非常肤浅地观察问题，或者其观察只局限于原始群体，才会误以为共同体意志——社会团体是基此共同意志建构起来的——的存活形式，是且完全是直接的个体化的命令或强制规则。这个观点忽视了，一个即使是无意识制定的，但是在所有或者部分团体成员中的意识中存在的、行之有效的普遍性秩序（generelle Ordung）是非常必要的，因为只有这样，立法机构才能履行其制定个体化的共同体规则的功能。现代国家的立法机构拥有自由的、不受普遍性规范（generelle Normen）拘束的裁量和决策权，相比之下原始群体中的这类机构权力小得多，需要在很大程度上体悟这种普遍性秩序，它越是具有宗教或神秘色彩，产生的约束力就越强。如果用来约束个人相互间的举止行为的规范是普遍性规范，那么生活在其中的社会共同体对于规范的意识，要比它生活在个体化的共同体规则中来得强烈。制定普遍性规范的功能越来越趋向于被赋予集体性机构而不是个体性机构（Einzelorgan）。

有人试图将议会从现代国家的组织机构中完全清理出去，这一尝试从长远来看是徒劳无功的。此处能讨论的基本上就是议会制的工作方式，即如何召集议会、如何组织议会，以及应该如何规定议会行使权限的方式与范围。此类仅仅涉及议会制改革的思考，最后都会致力于消除国家特权阶层以及独裁统治，正如特权阶层或独裁统治也呼吁要消灭议会制一样。[1]

---

[1] 卡尔·马克思曾做过这样的评论（Bürgerkrieg in Frankreich, 3. A. S. 47）：1871年的巴黎公社并非议会式的，而是工作式的团体；当时普选权代替了3年或者6年一次决议，这表示人民在议会中代替了或者打散了统治阶级成员，更大程度上是让人民服务直接参与政权管理。接着这段评论，列宁在其新共产主义理论的奠基之作中提出了废除议会制的要求（Staat und Revolution, 1918, S. 40）。列宁以为自己切中了民主的实质要害，而实际上却连议会的要害都没找到。在苏俄宪法中由布尔什维克所建立的代表制（Vertretungssystem）——根本不能放弃代议制，同时出于实际需要也并不想放弃代议制——在一些可疑的问题上根本不是民主的进化，反而是民主的倒退。很短的议员任期，各级人民苏维埃随时能罢免议员并随即举行完全独立的选举，议员可以最大限度地了解到人民的心声，所有这些是最真实的民主。必须满足这样的条件，即选民需要始终聚在一起，从而能实际监督人民代表，只有这样才可能保证人民代表和其选民之间始终有动态的联系。然而定期召开的选举大会却不能满足这个条件。但是，如果单个的经济企业、工厂和车间都成为选举单位，从而里面的选民可以因为同属一个工作单位的原因而每天亲密接触，以及如果单个的企业选举各级基层苏维埃，基层苏维埃选举各个省苏维埃，一届苏维埃又选举最高苏维埃，然后再选举全俄工农兵大会，该大会的立法和行政权力都授予由一届200人组成的中央执行委员会来行使的话，那么它不仅提供了产生持久的人民意愿的可能性，而且还能最大限度地保证人民意志不受选举大会的某次偶然决议的影响，而是始终根据内在的规律——这种规律是通过长期不断地和企业劳动单位的亲密接触体现出来——而产生。在单个企业里工人参与领导或者干脆自己担任领导，这无异于是经济民主化。这样的话，其执行力和有效性都不成问题。这里只需要强调，通过上述要求社会主义将民主组织原则带入到具体运用。

企业式选民组织构成了苏维埃宪法的显著特征，它所反映出的民主意义——正如苏维埃宪法史显示的那样——并非从一开始就有意为之。但多数的社会主义机构随着发展就偏离了原来的设计。同样地，这一组织原则也没有持续贯彻下去，而且也不可能持续。即使只有工作者（Werktätige）才有选举权——正如苏维埃宪法所称的那样——依然会有无数用不到企业上班的劳动者，如脑力劳动者、小手工者，特别是小农等。因此苏维埃宪法（Räteverfassung）一方面补充诸如工会等其他团体进来，另一方面为了农业经济选民而完全放弃了以企业为单位的选举模式，取而代之的是

四、议会制改革

我们可以试着在议会制改革中继续增加民主的元素。

即使由于社会技术原因不大可能将不同层面的国家秩序都交由人民来制定，但是人民在更高程度上——这便不同于将人民局限在选举行为上的议会制度——参与立法仍是可能的。不可否认的是，有些问题的决策可能会是另一种结果，如果它们不只是由议会做出决策，而是去征求了选民意见的话。此类倾听人民呼声的（Apell an das Volk）做法是否意味着能够改善国家意志的形成机制，这里不予讨论。对于那些

按地域划分选举，一个村庄就是最基本的选举单位。这种混合型的选举系统自然会产生非常多的缺陷，这里就不继续讨论了。还有一个比较重要的问题在此也不深入讨论了，即把将企业作为一个固定选举单位而导致的经济生产政治化，是不是很危险呢？俄国的教训已经证实了这种做法有多么可怕。所以这正是直接民主的短处，而直接民主只有在古代的城邦国时期才有可能实现，因为那时候政治上有选举权的阶层和经济劳动者——也就是奴隶——基本是分离的。

在经济和文化领域都比较先进的大国中，由于无法实现直接民主，因此只好尝试将人民意志最大限度地同人民代表稳定而亲密地连接起来，而这些人民代表的出现是不可避免的；也因此，这种至少尽可能擦近直接民主的趋势并不是废除或减少民主，而是——在某种意义上说恰恰相反——使得议会制得到了异常壮大（Hypertrophie des Parlamentarismus）。这一点从俄国的苏维埃宪法——它旗帜鲜明、目的明确地反对中产阶级的代议制民主——可以看得很清楚。本来会议是独一无二的由民众普选产生的机构，但在俄国它却变成了无数个、最后构架成为金字塔式的议会体系，在这种结构中议会被称为"苏维埃"（Sowjets）或者"委员会"（Räte），它们只是代表机构。议会制随着自身的扩展也越来越强化。新共产主义意义上的议会逐渐不再只是"闲聊晚会"（Schwatzbud）的娱乐对象，而是在现实中变成了真正的劳动团体。这也就意味着：它的活动范围不会仅限于立法，也即制定一般性规范和基本原则，而是还会接管行政权力，这样它就掌管了从法律制定到最后一步的法律具体化，再到具体的国家行为（Staatsakt），尤其法律行为（Rechtsgeschäft）的整个过程。这也可以追溯到这样的趋势：地方和专业议会（Fachparlament）从最高的中央议会到最下面某个企业单位的议会，其所能影响的地理范围和专业层级呈放射状递减效应。这里所呈现的无非是这样的一种尝试：除了立法民主外，还要实现行政民主化。这就是说，原来的官僚性质的，也即被独裁式任命的公务员——他们是有权在法律给出的、有时相当大的空间内强迫臣民（Unteranen）服从其有拘束力的意志——该职位迄今为止是由被管理的臣民担任。于是行政管理的客体变成了它的主体，但这不是直接实现的，而是通过选出的代表实现的。行政权（der Exekutive）的民主化首先是议会制化。对此请参见拙作：Sozialismus und Staat, 2. Aufl., 1923。

就连法西斯主义也已经展开了反对民主和议会制的斗争。如今它采用了公民表决式（plebiszitär）——可能是直接而激进的——民主，但迄今为止还无法废除议会，而只是改变了选举法，以便确保法西斯政党在议会里成为多数。对此参见 Robert Michesls, Sozialismus und Faszismus in Italien, 1925, a. a. O. S. 298 ff. 其中第 301 页指出，法西斯的反议会制倾向来自于 Vilfredo Pareto 的思想，其著作《政治遗言》（Testamento politico. Pochi puntid'un futuro ordinamento costituzionale, in Giornale Economico I Nr. 18）指出："统治需要的是群众的同意（Zustimmung）而非参与（Mitwirkung）。仅仅获得议会的多数支持是不够的，因为任何多数派都有分裂和倒台的危险。纯粹的暴力统治，也非良策。统治的基础除了依靠权力外还在于赢得公众舆论的支持，对此议会和全民公投都是很好的工具。因此，即使是 Pareto 也至少没有考虑过消灭议会，因为他认为，人民代议机构一旦建立起来，就应该保留它。政治家的任务应该仅限于找出手段和方法后努力地预防议会危险的出现。"Pareto 建议的方法是什么呢？那就是全民公决和新闻自由——这些都是激进的民主元素。这套支持贵族、反民主、反议会制的理论最终会在它进行实际政治操作的时候破产，就像这套理论的那些竞争理论一样。当 Pareto 写道（参见 Michel 第 302 页）："人民统治（Volksherrschaft）虽不是那么好的，但总是要比人民代议制好多了，所以关键在于，一方面需要保留代议制，好让在人民中还很活跃的民主意识形态起到装点作用，而另一方面要保证代议制本身也人畜无害"，这便不是——像 Michel 认为的那样——马基雅维利主义，而就是不诚实，因为这一政治理论也没有提供比受全民公决限制的议会制更好的国家形式。将代议制国体视为糟粕（Uebel）——即使很少一点这样的感觉——很明显是符合绝对自由的基本态度，这也是 Pareto 的典型思想。

反对议会制、认为议会制脱离人民（volksfremd）的观点，有必要给予以下提示：即使在根本上维持了议会制原则，全民公决机制（Institut des Referendums）也是有能力并且也有必要进一步发展。职业政治家，也即现今的议员们应当克制住他们的不难理解的、反感人民公决——并不仅仅指已经出现在现代宪法中的所谓的宪法公决（Verfassungsreferendum），也包括那种即使不是强制性的，但也是可供选用的法律公决（Gesetzreferendum）——的情绪，这也是议会原则自身的利益所在。根据以往经验可以提供以下建议：人民可以就议会决议（Parlamentsbeschluss）进行表决，但不要对已经公告的、生效了的法律再进行表决。举行人民公决（Volksabstimmung）需要符合一定的——迄今为止证明是行之有效的——条件：上下议院间的冲突，国家元首或者议会中特定少数派的提案。如果人们越来越强烈地要求人民能够对国家意志形成施加直接影响，而这一利益必须纳入考虑的话，那么当人民决议与议会决议背道而驰时，就必须解散议会，然后重新选举出新一届议会；对于新议会，虽然人们不能一直声称它就是人民意志的表达机构，但至少不能说它是与人民的意志对立的。

有一些机制在基本维护议会制的同时，依然能够使人民一定程度地参与国家意志形成过程，其中一项机制就是所谓的"人民动议权"（Volksinitiative）：至少一定数量的有投票权的公民可以提交法律议案，议会有义务按照工作章程对该议案进行处理。在这个领域可以给出比那些旧宪法以及当前的新宪法更大的发展空间。此处在技术上为人民要求得以实现（Durchführung des Volksbegehrens）提供便利，可行的方法是，人民提出动议时不需要提供一个现成的法律草案，而只需要提供一般性指令（allgemeine Direktive）即可。如果选民不可以向那些他寄托信赖的议员（Vertrauensmänner）下达约束性指示，那么至少应该给出可能性，使得人民可以直抒胸臆，而议会可以根据人民倡议确定其立法方向。

旧的指令性代表（imperative Mandat）形式已经不可能恢复了[1]。但是当前可以看到一种朝向这个方向发展的趋势，它会一直发展直至找到某种与现代政治机器协调一致的适当的形式。引入比例选举制（Proportionalwahlsystem）后发现，这一制度比起简单多数制（einfacher Majaritätssystem）来说，实行更加严格的政治组织结构是完全必

---

[1] 政治上的价值判断如何影响政治理论，这一点可以从 Steffen 和 Hasbach 对直接民主，特别是在对命令性议席（imperatives Mandat）的态度上看得很清楚。Steffen 认为民主政体是最好的国家形式，但不赞成直接民主和命令性议席，所以就把它们宣称为不民主（前述第 93 页）；因为 Hasbach 心目中的最佳政体是反民主式的，所以他急于将他自己也认为是有害的命令性议席视做人民主权（Volkssouveränität）的成果（前述第 332 页）。在这一点上，民主政体的反对者倒是将民主的本质看得更透彻。

要的。因此，由选民团体组织而成的政党不断进行议员监控，如今是不可避免了。实行此类控制在法律技术上是完全可能的。通过立法来保证议员与选民之间建立持续不断的联系，这一做法能够促使广大群众和议会制原则达成谅解。议员无须对选民负责，这一制度无疑是引起当前的反议会情绪的重要原因，但它在根本上并不是——像19世纪所信奉的国家法教条那样——属于议会制度的必不可少的核心因素。因此在当前施行的宪法中，我们会发现一些便于观察及有利于进一步发展的萌芽。

　　然而，首先必须去除或者至少限制那种被称为豁免权（Imuunität）的议员不负责制。这样的制度一直以来都是议会制的一个固定的组成部分，它针对的不是选民，而是国家政府机构，特别是对法院。具体言之，只有在议会同意时才能对涉嫌犯罪的议员进行审查，尤其是进行逮捕。这一特权产生于等级君主制时期（Zeit der ständischen Monarchie），也就是说产生于议会与皇室政府最对立的时代。这一特权在立宪君主制社会中得以维持，这也许具有一定的合理性，因为尽管此时议会与政府间的对立与等级君主制已经不同，但是议员被滥用权力的政府剥夺其议员资格的危险——虽然危险会因为法院独立而大大减弱——依旧没有被消除。与之相反，在一个议会制共和国家中，政府只是议会的一个委员会，它受到反对党以及公共舆论的控制，不仅如此，法院像在立宪君主制中一样保有独立性，那么在这种情况下还考虑去保护议会不受它自己的政府的损害，其意义就不大了。就是从保护少数派免受多数派专制的角度讲——有些民主共和时期的传统是从君主立宪时期传承下来的，但是其内在含义已经发生了变化——这个可疑的特权无须被认真对待，因为当多数人可以通过决议将议员转交给追究其责任的机关时，此类违背多数派意见的保护措施也就无所作为了。无论如何此处不存在一个正当的保护请求权，尤其是当人考虑到，这类豁免特权的本质不是别的，而是通过不正当的手段来削弱针对议员违法乱纪的司法保护。然而，在当前的实践中就是以下做法也完全不可能：议员在议会辩论中触犯了刑法，但因为他们美其名曰是在行使议员职能时实施的违法行为，所以只能采取为了维持议会正常运作而制定的议会议事规则所采取的措施予以制裁。由于无限制地滥用豁免特权，在很长时间里，议会制不仅不能获得普通民众的好感，而且使得有教养阶层对其的好感也降低了。

　　与议员无须对选民负责这一原则密切相关的是，一些新的宪法规定有以下内容，即议员不受选民委托的约束，但是议员一旦被选举，他或被他选举的政党开除了党籍或即将被开除党籍，那么他即刻失去受托人资格（Mandat）；这样的规定等于突破了议员不负责原则。在任何按照选举名单进行选举的体系中，就必然会做出这样的规定。因为在这样的情况下，既然选民不能对其挑选的议员的决策施加影响，那他的表决权在很大程度上就意味着他对某一政党的认可；从选民的立场上看，选举成功的候选人是基于他属于选举人选举的政党才获得他的候选人资格，所以正确的做法就是，如果议员不再属于将他派遣到议会的那个政党，那么他当然会丢掉其职位。无论如何，上述运作机制是以选民拥有一个确定的、相对持久的政党组织为前提的。如果一个政党只是为了一次选举而成立，在选举之后又解散，那么再做出议员受托人资格的存续取决于那个选举他以及他选举的政党存续这样的规定就完全不现实了。鉴于在有些情况下对某人是否还属于某政党可能存在疑问——比如，某议员是否会因为偶尔反对其所属政党的意图表决而被丧失党籍？——笔者建议，只有当议员明确无疑地退党或被开除党籍，他才可能丧失受托人资格。这里有一个不大不小的问题，即应该由谁来决定上述条件的成立以及受托人资格的丧失？这无疑最好由一个客观独立的法院来担此重任。更加困难的问题是：谁应该有权申请启动这一将导致代表资格丧失的程序？如果由代议机构（Vertreungskörper）自己申请，那么就会面临这样的危险，即当与候选人资格丧失相连的退党威胁到多数派利益时，甚至会导致形成一个新的多数派，那么本该提出的申请就根本不会被提出。从根本上讲，申请权应该赋予那个其利益会基于退党而受损害的政党。

苏俄宪法走得更远。按其规定，不同理事会（Räte）的成员可以被其选民随时撤职。恰恰是这个规定使得苏维埃宪法获得了外国工人阶级（Arbeiterschaft）的好感。如果人们下定决心，按法律组建政党，并前后一致地贯彻比例选举制思想，让那些依法成立的政党依据分配名额——该名额是根据其党员人数决定的——自己选举议员，那么就没有什么可以妨碍，将罢免议员的权利交予——已经成为宪法重要组成部分的——政党。如此一来就接近于这样一种思想了：不要强迫政党向议会派遣固定数量的——该数量是按政党强弱比例而确定的——被逐个逐个选出的议员，因为他们——通常是同一批人——一旦进入议会，就必须参与讨论所有的可能彼此南辕北辙的事务；与之相反，可以允许政党根据不同的法律咨询与决定需求，从他们的可资任用的人事资源中自行选派专业人士，而这些专业人士会以该政党所获得议席分配数额对相关决策施加影响。[1]

---

[1] 参见 R. M. Delannoy, Von der gebundenen Liste zur reinen Parteiwahl, Der österreichische Volkswirt, 17. Jahrgang Nr. 34, S. 930 ff.。

民主的本质和价值

上述方向的改革会遭遇一个类似指责其脱离人民（Volksfremdheit）的反对意见，在前一段反对议会制的呼声中用得最多的理由就是这一条。有人基于现代议会的成员构成，指责它缺乏所有必要的、用来制定良好的涉及公共生活不同领域的法律的专业知识。有人以所谓议会意志给出的是错误的人民意志为由，声称议会制没有或者没有充分地实现自由思想。而上述主张议会缺乏专业知识的意见，则是走向了一个完全不同的努力方向，即强调社会分工的不同。

相应地，人们希望继续在中央及全球的立法机构的位置上密切关注分工原则。鉴于根据民主原则选举出的立法机构并不具备特殊事务的专业能力，人们希望专业议会（Fachparlamente）代替这种大一统的立法机构参与到各个领域的立法当中；这些专业议会小组效仿了行政机构的职权分工，从中可以看到议会专业委员会的萌芽状态。因为它们承担了决定性工作，故而就将代表大会（Plenum）降格为了一个仅仅具有形式表决的机构。只要这些专业议会小组——它们并不能取代作为联合机构的普遍性政治议会（allgemeines politisches Parlament）而使其成为多余——不是通过全体成员的普遍选举而产生，而是由专业团体，也就是说由根据职业等级组成的选举团体推选产生，那么绝不能把希望专业议会小组的要求视为想废除民主，尤其是议会制度，而只是想朝着建设一个参与国家意志形成的职业等级机构的方向进行改革。特别要提到的是有关经济议会小组（Wirtschaftsparlament）的想法，这个想法目前正在努力寻求成为现实。它首先当然还是在旧的议会之外的作为鉴定人、咨询人的也许还拥有中止性的否决权（suspensives Veto）的机构，其组合必须在大量的对立关系中寻求平衡，比如像农业与工业之间的对立、生产与贸易之间的对立，当然也有生产者与消费者之间，以及资方与劳方之间的对立。

让一个普通的根据民主原则建立的政治议会与一个按职业等级原则组建的代表机构（Vertretungskörper）共同形成国家意志——此处两个议院（Kammer）原则上具有相同权利——这是因为方向不一致而问题重重。因为在大多数情况下根本无法分清何为"政治"视角、何为"经济"视角，大多数经济问题关乎政治，政治问题则关乎经济，所以所有的重要事务只能通过两个议院达成一致意见后予以规定。至于立法机构由两个子机构（Teilorgan）组成，且每个机构都是按照各自不同的原则建立而成，这么做到底有何意义，对此是无解的。这样组建起来的两个议院想要达成一致意见，或多或少只能是出于偶然。

五、职业等级代表

然而，人们所求的早已超出了单纯的改革范畴。保守派要求用职业等级组织（berufsständische Organisation）取代民主的议会制度，用"有机"（organisch）的部门代替"机械化"（mechanisch）的部门，国家意志的形成不能取决于偶然的多数决定，而是由所有——按职业等级组成的——人民团体按其相应的比例份额——该份额是由该职业阶层在人民中的重要性的大小所决定的——参与决定。[1]

很多人希望职业等级组织能够取代那些看起来已经幸存下来的议会制，但仔细观察后会发现，想实现这个想法就会陷入一个特别的、部分也是无法解决的难题。首先人们无法忽视这样的认识，即人民按照职业分类的实质是按共同利益分类，职业团体绝不能兼顾到所有被纳入国家意志中的利益。职业等级利益与其他类型的、通常极其重要的利益，比如宗教利益、伦理利益和感官利益（ästhetische Interesse）处于互相竞争状态。无论农业经营者还是律师都不可能只对有关农业或律师业中的利益感兴趣。任何人都希望有一个稳定的婚姻法，希望有特定的关乎国家与教堂关系的规则，也会对他的狭窄的职业之外的整个秩序——该秩序可能公正而合乎目标，也可能是让人勉强容忍而已——感兴趣。但是，哪个职业团体可能在职业范围内对所有这些生活问题做出判断呢？

此外——像前文多处已经揭示的那样——职业等级结构具有内生的进行最大限度的区分的自然发展趋势，因为只有当职业等级团体建立在一个完全的利益共同体基础之上时，职业等级的想法才可得以实现。发达的经济和技术部门可以划分出成百上千的不同职业，它们都要求拥有独立的组织；即便这样，每个职业的区分还可能或多或少是任意的。就其本质而言，这些职业等级团体彼此之间并不构成利益共同体，相反处于利益对立状态。而随着每个职业团体组建自己的组织，彼此间的利益对立就会加剧。对于这些形式千变万化的利益对立应该如何决策呢？毫无疑问，纯粹的职业问题可以相对容易地通过团体自治途径，在职业等级团体内部找到令人满意的解决方案；这里可以暂且不去讨论，是否——真像人们乐于传播的那样——同一个职业团体中雇佣者与被雇佣者之间之所以容易达成一致意见，是因为经济弱势群体的所有依靠都被其他阶级的成员剥夺了。许多问题，甚至有可能是大多数问题，不仅仅涉及团体成员的内部利益；相关的决定，除了直接参与的团体外，还会引起其他团体且多数情况下

---

[1] 参见拙作：Problem des Parlamentarismus, S. 21，以及该页所列文献。

完全是另外一种意义上的兴趣。所有的一切都取决于如何解决这些利益冲突。对于这一问题从职业等级原则的思想体系中是找不到答案的。

唯一获得答案的途径是，把职业等级团体之间的利益对立问题，交由一个按不同于职业等级原则的规则产生的权威机构，而该权威机构或者是一个民主的、由全体人民选举的议会，或者是一个或多或少具有专制色彩的机构。职业等级组织具有很强的不断划分职业直至最大限度的趋势，它的这个本质使得它无法提供自己特有的能够平衡利益的融合原则。一个完全正确的主张是，只要不涉及那些必须由等级团体理应按其自治权处理的内部事务，那么对于国家意志的形成而言，唯有全体人民或大多数有意参与者达成一致意见的做法才能成为职业等级团体形成国家意志的原则。当然，这在实践上是不可能的。正是这一点表明，人们经常用来表达职业等级思想可以取代民主议会制的思维程式（Formel），即按照每个职业团体在全部职业团体中所占的意义大小分配其参与国家意志形成的份额、是多么的空洞和不切实际。首先，职业等级思想不能——像有时候被宣称的那样——革除代表制以及议会制，而只是在民主位置上换上了另一个代理体系。全部的区别仅仅在于，选举主体在民主制里——或直接或间接——是政党，而在等级团体系统中选举主体是等级团体，因为即使在职业等级形成的组织机构中，也不可能做到直接形成国家意志。因此，这里谈论的其实是一个等级议会（Ständeparlament）。

于是首先必须确定，谁来规定每个职业团体的意义范围，谁来确定团体间的位序（Rangordnung），以及应该按哪些准则采取措施。然而，即便当这些——在现实中不可解决的——问题得到了解决，即使已经成立了一个职业等级性质的代表机构且该机构符合各职业团体间的重要性的比例，依然存在着一个问题，即在这样一个代表机构中可以按照什么原则达成一个统一的意志。难道这里最终不是必须采用"机械的"多数决原则吗？如果是这样的话，要求这样的一个代理团体必须在职业等级组织基础上形成的做法还有什么意义吗？如果在代表机构中多数派——全部的或者一部分成员——可以做出违背少数人意志的决定，那么更具意义的做法是按照下列程序组建议会，即每个选民不单单作为一个特定职业的从属者，而是将其作为整个国家的成员，由此他们不只对与职业相关的问题，而且对形成国家秩序的所有事务都感兴趣。正是这一点最终表明，为何一个职业等级组织绝不能完全取代民主的议会，而通常只是一个与议会并存的—— 或者与君主并存——咨询性的而绝非决定性的机构，它的作用只能局限于，当在制定法律过程中出现利益争执时明确地表达利益诉求，以及向真正的立法者提供情报。鉴此,职业等级思想并不能充分解决国家形式问题。决定性的选择依然岿然不动:或者民主或者专制。

鉴于这种情况便无须惊讶:迄今为止在历史上实现了的职业等级组织,始终只是一个由一个或多个团体试图统治其他团体的形式;由此也许人们有理由猜测,最近又被提出的所谓引进职业代表组织的要求,与其说是为了让所有职业团体都能公平地参与建构国家意志,还不如说是某个利益集团借此在做权力抗争,而民主宪法好像不可能让该努力获得成功。按照当前形势看,迄今为止一直处于少数派的无产阶级有可能会转变为多数派,而民主议会制威胁到了那个其政治优势地位一直受到议会保障的集团的利益。而就在这样的时刻,从市民那里传来的要求建立职业等级组织的呼声,难道不是很值得注意的吗?如果职业等级机构应该是一个建立在利益共同体基础上的组织,那么它就不能被指望会成为一个在国家意志形成中基本的、决定性的因素,而同时别的因素都要比职业利益更重要。

只要满足以下两个条件,只要不同行业的无产阶级雇员都感到——无论有理无理——彼此是一个非常亲密的利益共同体,且这种亲密程度要高于资产阶级雇主之间的关系,以及只要雇主因此被推入了一个打破了所有职业等级机构的利益集团,那么在现有的社会条件下就无法自发形成这样一种职业行会组织,即它既可以取代议会民主国体,且还不会或多或少地向专制——也即一个阶级对另一个阶级实行专制统治——靠拢。

六、多数原则

对于防止阶级统治,议会多数原则就是合适的方式。极为独特的是,多数原则与少数保护原则是兼容的,因为"多数"概念是依赖"少数"概念的存在而存在,由此多数派权利是以少数派的合理存在为前提的。虽然由此我们无法说,保护少数不受多数侵害是必需的,但起码可以说这是可行的。这个少数保护原则即为所谓基本权(Grundrechte)和自由权(Freiheitsrechte)或者是人权(Menschrecht)及公民权(Bürgerrechte)的基本功能,这些权利在所有现代宪法议会民主中得以保护。这些权利原本是对个人针对国家执行权(vollziehende Gewalt)的保护;而国家执行权的基础仍旧是绝对君主制的法律原则,即只要法律没有明确禁止,它便有权以"公共利益"的名义干预个人领域(Eingriff in die Sphähre des Einzelnen)。但是,一旦——在君主立宪国家或民主共和国中——行政权和司法权只是在获得特殊法律授权的情况下才可能行使，并且这个依法执行越来越明显地被意识到的话，那么有关基本权与自由权的立法获得意义的前提只能是：赋予其特殊的宪法形式[1]，换言之，允许执行权干预个人基本权或自由权领域的依据，必须是经由特别资质的程序（im qualifizierten Verfahren）而非一般程序制定的法律。相较于一般法律，宪法的特殊资质体现在：更高的法定人数以及特殊的，比如三分之二或四分之三的多数决原则。虽然理论上在直接民主中将普通法律与宪法法（Verfassungsgesetz）这样相区分是可能的，但实际上只有议会立法程序才考虑这样的区分。在公民大会机制中自然权力意识（Bewußtsein physischer Macht）还过于强大，以至于这里只剩下对绝对多数派的臣服，即使面对特定少数派，绝对多数也可以长期让步。如此理性的自我限制只有在议会程序中才可能成为合乎宪法的机制。它的意思是：保护个人不受国家侵害，变为对于少数派的保护，变为保护少数派，亦即保护特别资质的少数派不受纯粹绝对的多数的侵害；那些干预了一定的民族、宗教、经济或一般的精神利益领域的措施，只有在获得——具有特别资质的——少数的同意而不是违背其意志时，亦即只有在多数与少数达成合意的情况下才有可能被实施。如果它原来看上去体现了绝对多数原则——该原则体现了相对最符合民主思想的实现途径——那么现在它表明，特别资质的多数原则在某种情况下更加接近自由思想，因为它可以表示某种以一致同意方式形成共同体意志的趋势。

议会制程序教给我们的是：即使在多数原则下也要区分思想（Ideologie）与现实（Realität）。在思想上，亦即在民主自由的思想体系中，多数原则意味着：形成共同体意志当使其最大限度地与意志服从者的意志一致。当共同体意志与个人意志的一致多于分歧时——犹如前文所呈现的那样，多数决议就是这种情况——可能的自由价值的最大化——以自由作为自决权为前提——就可以被实现。如果人们不考虑这个假设，即多数也代表少数，以及多数意志等于共同意志，那么多数原则看上去就像是多数统治少数。但在现实中很多时候不是这样的。首先社会现实拒绝那种所谓的——有时候该称呼显得很贴切——"算学的偶然"（Zufall der Arithmetik）。在现实中所谓多数决并不是按数字统计的，它也可能是——在完全认同多数原则情况下——数字上的少数凌驾于数字上的多数：委婉地讲，多数只是某个统治集团通过某种选举技术在表面上达到多数而已；完全坦率地讲，比如在所谓的少数派政府（Minderheitsregierung）中，尽管它有违于多数决思想以及民主思想，但它符合多数决和民主的真实形态

[1] 参见拙作：Allgemeine Staatslehre, S. 154 ff.。

（Realtypus）。对于一个以社会现实为目标的研究而言，多数原则的意义不在于数字多数派的意志获得胜利，而在于这样的观点假设，即在这个意识形态的现实条件下，组成社会共同体的个人划分为两个明显的团体。这里的关键点在于：起初是倾向于形成多数，倾向于多数取得胜利，最后的发展效果是，两个、从根本上看只有两个团体为了角逐统治权而互相对立，具体是，在共同体内存在着不可计数的分工和分化动力，最后演变成唯一一对对立集团。这两个集团在数字上或多或少会有所不同，但在其政治意义和社会潜能上并没有太大的不同。这一社会融合力首先使得多数原则具有社会学特征。

对于多数原则的实现数字上的多数并非十分关键，其核心与以下事实紧密相关，即在社会现实中根本不存在绝对的多数人对少数人的统治，因为按照所谓的多数原则而形成的共同体意志，根本不是多数对少数的专制，而是两个集团的互相影响，是它们的政治立场相互博弈的结果。多数派对少数派实行独裁是根本不可能长久的，因为如果少数派变得毫无影响力，那么所谓的参与形成共同意志就变成了一个形式，对少数派而言，这种情况下的参与不仅多余而且反过来对自身有害，所以不如干脆放弃参与；这样一来多数派也就不具备多数派的特征了，因为在概念上无少数便无多数的存在可能性。正是这种可能性成为少数派向多数决议施加影响的工具。这一判断特别适用于议会制民主，因为整个议会程序所使用的技术就是，通过在辩证－矛盾律层面上（dialektisch-kontradiktorisch）进行演说和反演说以及正论与反论而获得一种妥协。此处体现了多数原则在一个真正民主社会中的根本意义，所以最好称其为"多数－少数原则"（Majoritäts-Minoritätsprinzip）：将所有规范服从者主要分成两个团体，即多数派与少数派，然后在共同意志的形成中创造出一种达成妥协的可能；妥协之前需要做的是，通过强制妥协为这一最后的融合（Integration）做好准备，而妥协使得只能形成多数团体和少数团体。妥协意味着：搁置争议，加强相互的联系。每个交换、每个契约都是一个妥协，因为妥协意味着：彼此谅解。在议会制度中多数原则证明为一则关于妥协的原则，一则关于平衡政治对立力量的原则，这一点在议会制实践中已经有所粗略呈现。全部议会程序都是为了找到一条能够平衡对立利益的中间线，为了获得一个社会力量相互作用的结果。议会程序保证了不同利益团体的代表在议会中都有发言权，能在一个公开的（öffentlich）程序中直抒胸臆。如果说这一特殊的、建基于辩证矛盾律的议会程序具有更深层的意义的话，那么它只可能是，从上述关于政治利益的主张与反主张过程中产生一种综合意志（Synthesis）。该意志蕴含的意思是：绝非——像人们将议会制思想与其现实混淆而错误地假定的那样———个"更高的"绝对真实，一个超越团体利益的绝对的价值，其实它仅仅是一个妥协。

在这个观点下就要判断一个问题，即应该基于哪种选举体系成立议会，从议会民主制的立场上哪个选举体系应该被给予优先权：多数选举程序还是比例选举程序（Proportional-Wahlverfahren）？必须选择后者。这样就有了对这个选举体系的政治意义的分析：如果人们要求，每个党根据它在选举结果中其所占的份额尽可能多地拥有议席，或者每个党派都有"自己"合乎比例的代理，那么，人们就得这么想了："人民"是一个整体，而人民创造的代议机构也是一个整体。当人们要求选举体系在技术上按以下方式操作，即每个政党在选举时按照其力量强弱的程度发挥某种作用，那么人们希望的选举主体就不是全体选民，而是部分选举主体；后者——与分区域的选举系统不同——不是按照非自然的地域原则（Territorialitätsprinzip），而是按照人格原则（Personalität）组成的。不是被任意划分的地区的居民，而是某个政党的党员，也即所有持相同政见的人组成各种选举人团体，它们被分配有议席数额，并通过其意志表示（Willensakt）设置议席。[1] 根据其组成，在这个选举机构内并不存在斗争。即使政党指派的候选人不必同时取得一致意见——对此不同的比例选举体系（Verhältniswahlsystem）允许各种不同的做法——单个候选人在同一个政党里会有不同数量的选票的事实，也具有不同于另一种选举制度，也即在同一个选举机构中遵循多数决原则所具有的意义。就像在比例代表制选举体系中，一个政党党员所提交的选票总数并不反对另一个政党党员给出选票总数，而是与其并列而立，因此同一政党投给其单个候选人的选票之间并不是截然对立的，而是平行的；它们对于整个选举结果来说是彼此增强的。在比例选举的理想情况下没有胜利者，因为不存在"票数多者获胜"的问题。为了被选上，同样也不必争取多数选票，而是有一个"最低票数"就足够了，计算"最低票数"构成了比例选举技术的特殊性。如果人们考虑到选举的整个结果，把通过比例选举共同组成的代表机构（Vertretungskörüer）看做一个统一体，并使其与全体选民相对立，那么人们在某种意义上可以承认—— 像有时被宣称为比例代表制的本质——这样的代表是得到全部选票的支持的，它不违反任何选民的投票意见，换言之：获得了一致通过。当然，这只是针对理想的情况。因为在现实中确实存在一些这样的少数派，他们的票数没有达到获得一个议席最少需要的数量。比例代表制原则要

---

[1] 此处看到了它们之间的内在矛盾：比例选举制（Proportionalwahlsystem）和选区划分制度（即按照选民的地域进行选区划分的制度）是被联系在一起的。多数选举制所必需的修正措施，对于比例选举制来说就是一种机构干扰。

想更好地被实现，相比所提交的选票就需要设置更多的议席。一个处于边界的例子是：只设置一个议席（Mandat）。如果认为这种情况下比例代表制根本无法实现，那这个观点是错误的。当所有选民将其选票投给一个人，它就得以实现了。这是最本质意义上的一致性。另一种处于边界的情况是：可以想象那些只由若干选民组成的最小的政党，也将按照比例地得到代表。这意味着从根本上毁灭代表制度，因为这样就会出现被选人与选举人一样多的情况。然而这就是直接民主的状况。包括上述这种边界情况在内，彻底检视比例选举制度的原因，不是为了论证它是荒谬的，而是因为只有揭示包含在这个想法之中的深意及最后目标，才能暴露其最内层的原则，而这些原则使得很多人认为比例代表制体系十分"合理"。它是一项自由的原则，是一项极端民主的原则。如果我只愿意服从一个我自己参与通过的法律，那么我所能认可为我的参与国家意志形成过程的代表的——如果有这么个人的话——必定是为了实现我的意志，而不是反对我的意志的人。

比例代表制的思想就是这样融合于民主的意识形态中，但它在现实中的效果却是议会制。这样就得出以下的考虑。

如果多数决原则在议会选举中纯粹地并非通过偶然的几何选区（Wahlkreisgeometire）模糊地（getrübt）得以实现的话，那么在议会中所被代表的只是多数派，少数派则不会被代表。比例代表制原则归根结底只意味着使某个方法合理化。这个方法是人们遵循多数选举体系与选区划分的组合，以便在议会中形成反对党。没有反对党议会程序根本无法实现其根本意义。如果人们正确地认识到了这个意义，那么起决定性关系的问题就不再是，只有一个少数派进入议会；此处极为重要的是，所有政治团体都根据其实力强弱而在议会中有代议席位，这样就能反映出真实的利益关系，这种利益关系是在议会中能够达成妥协的基本前提。这样一来,那种反对比例代表制的常用理由——即认为如果议会决议最终都是按照多数决原则通过，那么让所有少数派在议会中得到符合比例的代表的做法是毫无意义的——也就不攻自破了；因为，只有少数派在议会中的力量越强，它对多数派意志形成的影响才越强。无疑比例代表制增强了那种自由趋势，即自由应该阻止多数意志毫无限制地对少数派实施统治。

人们在反对比例选举制度时尤其认为，该制度会鼓励成立小规模的，甚至最小规模的政党，因此会导致政党分化（Parteizerspoltterung）的危险。这一认识是正确的，确实有可能产生这样的情况，即在议会中没有一个政党会取得绝对多数，由此给议会决议程序所不可放弃的多数决机制造成了极大的困难。更进一步考虑的话，比例代表制只意味着政党联盟的必要性，也就是说，对于选民们塞进议会予以讨论的问题，政党团体之间应该求同存异。在政党联盟中，基于多数原则而被迫达成的政治融合（politische Integration）是无法避免的，它从社会技术（sozialtechnisch）角度上看并不意味着是坏事，相反是一种进步。我们无可否认，这种融合自身在议会中进行会比在广大群众中进行做得更好。比例代表制促进了不同政治利益团体之间的广泛的意见分歧，只能被视为一种合乎目标且通过多数原则得以保证的政治融合的前提。比例选举制是以政治权利人被组织进各种政党为前提的，它在这一点上相比其他选举制度来说更加明显，并且对于那些组织还不够发达的政党，有绝对的加速和增强组织建设的趋势。在发展方向上起到决定性作用的一步——这在之前的总结中已经略提——是：政党根据宪法成为国家意志形成的机构。但是即使在比例代表制并未起作用的地方，它依然达到了这一实效，该实效是作为力量角逐结果予以认可的，它凸显了民主政党国家的本质。这里不是将一个单一团体的利益变成国家意志，而是通过一个特定程序确定国家意志，在这个程序中，多个类似政党组织的团体利益相互角逐直至达到平衡。如果国家意志不应只表达了片面的政党利益，那么必须尽可能地提供保障，使得所有政党都能表达其利益并可以互相公平竞争，唯此它们才能最终达成妥协。正是在比例选举制基础上建立起来的议会程序提供了上述保障。[1]

如果认识到主导议会程序的多数原则的根本意义，那么人们就可以正确地判断议会主义的最为艰难和危险的问题之一：拖延阻塞（Obstruktion）。规定议会制程序的条款，尤其那些赋予少数派权利的条款，可能基于拖延性阻塞技术而被滥用，具体来说，通过拖延时间使得议会机制陷入瘫痪，借此使那些不被赞成的决议很难甚或不可能被通过。当议员以符合议会程序的手段，如长时间演讲、挑衅、实名表决、提出必须先于在议事日程内容加以讨论的紧急提议等诸如此类，人们将此称为"技术上的"拖延阻塞；与之相对，"自然的"拖延阻塞是指以直接或间接地运用暴力手段，例如制造噪音、

德国魏玛时期国家法政文献选编

---

[1] 我们绝不可以忽视比例选举制带来的危险。当政党组织在选民中达到某种固定状态，以至于在可预见的时期内各政党间的势力对比都不会出现大的变化时，议会多数决原则非常有利于直接或间接地形成两党制，此时比例选举制程序就隐含着引起某种政治制度僵化的危险。一个哪怕它只占微弱多数的政党，也可以长期执政，而与之相反，其他党就算有很强的影响力，也只能命中注定长期在野。这种情况下缺少轮流执政的可能，它是一种所谓的"秋千制度"（Schaukelsystem），也就是两大党派轮流执政的制度。一个前不久才刚刚下野并且有希望很快上台执政的反对党，在对待现任执政党时会比那些长期在野的政党更宽容。在后一种情况下，少数党虽然不足以将多数党拉下马，但足以动摇其军心，造成多数党一定程度上的困难和不便。这种情况下，也就不难理解有些人为什么反对比例选举而希望回到"赢家通吃"的多数选举制（Majoritätswahlsystem mit Wahlkreiseinteilung）了。因为在这种党派势力对比下，基于一次偶然的不理智的投票会使得某些小党——它们在选民间只拥有不多的少数拥护者——却突然在议会选举中获得多数票进而执政，同理也可能突然又再次成为少数党变成在野党。还因为，即使各党派间的势力对比在全国范围内比较稳定，但在个别选区的势力对比也可因多种原因而发生变化。

破坏设施等，达到使议会瘫痪的目的。后者因为其形式上的违法性而不具备任何正当性；就是前者，只要它根本上是妨碍议会意志形成的，也必须被认为是违反议会活动原则和精神的。然而，只有把多数原则与多数统治完全等同起来——这么做无论如何是不可行的——才可能基于违反多数原则而杜绝技术性拖延阻塞的手段。事实上拖延阻塞这一手段，常常不是用来使议会的意志形成变得根本不可能实现，而是最终强迫议会实现多数派与少数派之间的妥协。

这里就可以明显地看出民主的现实模式与专制的现实模式的不同。其区别在于，专制现实模式在形成主导性的国家意志的时候，根本没有或者很少有可能在彼此对立的政治意志之间获得平衡，因为在这里根本不可能存在政治思潮或反思潮这样的对立。民主与独裁因此通过其精神－政治的（seelisch-politisch）不同而得以区分。民主体系机制的直接目的是，将提升民众的政治情绪，使其越过社会意识的门槛而有机会予以渲泄。与其相反，独裁制度的社会平衡（soziale Gleichgewicht）手段是将政治情绪压抑在一定范围之内，压抑到类似个体精神的中潜意识层面；这种做法——借助现代心理学的压抑理论来分析的话——就自然而然地加强民众的革命气质。由此可见，在专制体制下的个人对统治意志的服从，具有与在民主制度下的服从完全不同的意义，或者更确切地说，专制下的服从有着一种完全另样的感情色彩。

当服从者具有这样一种意识，即所服从的是由"我"选出的人参与制定的法律，以及这个法律的内容经过他同意或者至少或多或少经由他参与表决而成立，那么也许会增加服从者的服从自觉性；独裁制度也并非一定缺乏这种服从自觉性，但来自另外的精神渊源。卢梭的《社会契约》中的民主理论和国家契约学说，某种程度上是一种意识形态的虚构。然而在民主的心理现实中的社会平衡状态（soziale Gleichgewichtszustand）与现实中的专制独裁制度相比的话，也许真的具有更多的"彼此协议"（sich-gegenseitig-vertrag）的色彩，而专制独裁制度中的情况是，忍受（vertragen）统治所带来的共同负担。

多数原则的运用需受到某种自然限制的约束。如果多数派与少数派之间想订立契约，那么他们必须可以互相理解。社会意志形成的参加者取得相互理解的实际前提是：一个在文化上相对同质的社会（homogene Gesellschaft），特别是相同的语言。如果民族首先是文化共同体与语言共同体，那么多数原则只有在同一个民族团内部才能展开其完整的意义，那么相应的结果至少是，在超民族的（übernational）和多民族的（international）的共同体中，特别是在一些民族混合的所谓的多民族国家

（Nationalitätenstaaten）中，文化议题不应交给中央议会决议，而是留给自治单位，也即应交予根据属人主义原则（Personalitätsprinzip）组织的民族共同体（部分团体）来决议。有一个著名的论点认为多数原则将现今人类看成一个统一体，因此肯定会导致荒谬的结果，这一看法并不十分适用于采用上述多数原则的国家，它在更大程度上对应的是那些过度中央集权造成民族关系过度紧张的国家。

从这个立场出发也可以对马克思主义观点做如下评价：多数原则只能适用于这样的社会，即其成员必须全部同属于一个利益共同体，而不能因阶级对立产生社会分化；因为尽管多数原则适合于克服次要的，也即仅仅是技术上的观点分歧，但不适合于平衡重大的利益冲突。[1] 没有哪个人类社会从一开始就在各个方向上获得了本质的利益和谐，内部和谐只有通过一直更新的妥协来达成，因为即使是最次要的意见分歧也可能转化为重大的利益冲突。除此之外，之所以拒绝将多数原则作为民主的，尤其是阶级社会中的议会制的基本形式，其原因主要不是在于人们认识到很难取得多数原则所要追求的利益平衡，而是在于人们的意愿——它在理性上无法获得正当性——是不想借助和平解决的方式而想借助革命暴力，不想通过民主而想通过专制－独裁方式克服阶级对立。多数原则之所以被摒弃，是因为——不管正确与否——妥协被摒弃了，而妥协是多数原则的前提。因为自由理念要求秩序服从者在制定社会秩序的过程中达成意见一致，而妥协正是对这一自由理念的真实靠近，所以在这个意义上说明多数原则也是朝向政治自由的。如果唯物主义历史观给出的教导是真实的，即社会发展真的必然导致在社会中只存在两大敌对的阶级，如果在这一阶级关系中的两种阶级力量——就像最近一个马克思主义理论家证明的那样 [2]——真的能够以及——像它显现的那样——必然甚至已经达到了这样一种平衡状态，而且从经济的角度来看，干扰或取消这种平衡在可预见的未来几乎是不可能的，那么提给社会主义理论的问题就不该像经常提的那样：你要形式民主还是要独裁？因为这么提问的话，民主就成了关于真实力量状况的唯一自然而充分的表述，就成了这样一种政治表达形式，即不断探索合格的社会总体状况来与暂时可能占上风的独裁相抗争。这样民主就成了时而向左、时而向右而摇摆不定的政治观点必然不断回归的停歇点。如果就像马克思主义在批评所谓的市民民主（bürgerliche Demokratie）时强调的那样，重要的是看真实的社会力量关系，

---

[1] 参见 Max Adler, Die Staatsauffassung des Marxismus, 1923, S. 116 ff.，以及拙作：Sozialismus und Staat, S. 123 ff.。

[2] Otto Bauer, Die österreichische Revolution, 1923, S. 16；亦可参见我对该书的评论，评论收录于：Kampf, 1923, S. 50，以及 Otto Bauer 的答复：Das Gleichgewicht der Klssenkräft, S. 57 ff.；此外还可以参见 Max Adler, Politische oder soziale Demokratie, 1920, S. 112 ff.。

那么，议会民主的国家形式及其主要的二元结构的"多数－少数"原则（Majoritäts-Minoritätsprinzip）就是对如今分为两个阶级的社会的"真实"表达。要是真的有一种形式可能避免这一严重对立状况——人们可以对此觉得惋惜，但却不能否认——通过流血革命途径而走向灾难，取而代之以和平、渐进的平衡方式，那它只能是议会民主的形式，尽管它的意识形态是在社会现实中无法实现的自由，但其实质上却是和平。

七、行政

在事实上，共同体意志或社会秩序并非只在一个单独的层面运行，而是在本质上分层次且至少分为两层展开的：一般规则（generelle Normen）和个体行动（individuelle Akt）。在形成社会意志的过程中可以区分两个完全不同的功能，这一状况与在每个国家或类似国家的共同体内部的社会分工法一起，产生了——正如我们之前已经看到的那样——组建类似议会的机构的趋势，由此为意识形态假设的自由制造了限制。然而，分层制造共同体意志的这一特性还引发了一个更为敏感的自由阻碍，而这个阻碍长时间被忽视了。直到各民主政党为了获得政治力量而尝试在社会技术层面实现它们的理想即民主时，人们才意识到那些阻碍。在要求获得民主这件事上，人们到目前为止觉得设立一个专门的立法机构就足够了，这个机构被要求对总体的规则进行创设：普遍而平等的选择权，公投制度。然而现在，在满足这一要求后便产生了将国家意志构成过程中的第二个层次进行民主化的问题，也即人们要求将那些个体性的国家意志行为（Staatswillensakte）——它们统称为执行权（Vollziehung），下分司法（Rechtsreichung）和行政（Verwaltung）——纳入民主化建制。

十分显著的是，提出后一个要求的不是那些基于民主程序争取到统治的多数党，绝大多数情况下更主要的是少数党，后者在一般情况下不会那么强调民主程序。或者是这样的政党，即当它属于少数派的情况下就会要求执行民主化，而当它处于另一种情况也即多数派时，就会拒绝这种要求或犹豫不绝地、至少会有很大保留地处理这个问题。后一种态度并不意味着民主政党为了获得权力就违背民主的原则，而是正相反，它通过这样来保卫民主的原则。因为国家意志构建过程的独特结构，也即它的层级化以及这两个层级具有顺序性功能差异的特质，导致了其中一个层次的民主与具有相同构造的另一个层次的民主化完全不同的效果。其中一个层次——制定一般规则，即所谓的立法——是（相对）自由的意志构建过程，另一个层级也即所谓的执行

（Vollziehung），是（相对）受拘束的意志构成过程。执行在本质上处在合法性理念（Idee der Gesetzmäßig）之下，而合法性理念（Idee der Lealität）在一定的国家意志形成层面上与民主相冲突。绝不是像第一眼看到的那样，执行民主只是立法民主的结果，并且也不会是意志构成的民主形式越广泛地介入执行过程，就越能服务于民主思想。如果民主作为立法的前提，那么就绝对不能说保障执行合法性的最佳方式是民主。必须承认，最高行政机构产生于议会的民主选举并对议会负责，这一机制提供了某种——即使绝不是唯一的——确保该机构依法行政，也即执行人民意志的可能性。然而也要看到，对于议会负责来说，更为专制的部长负责制，也即由单独机关实施执行，比特殊的民主集体负责制更为适合；而后者不仅降低了单个机构的责任感，而且还提高了责任执行的难度。当一个更大规模的共同体组织出于社会技术考量而需要去中心化（Dezentralisation），也即对社会团体做空间上的分割时，会加剧合法原则与民主原则间的不一致，也同样会拉大国家意志形成的两个阶段所呈现的功能差异。

在所谓的执行领域从事个别的国家行为，比起国家一般意志的形成也即立法，更容易也更需要去中心化。对那些按照去中心化原则组织的中、低层行政机关进行极端民主化，这意味着将面临立法民主被取消的危险。

如果国家疆域被分成较大的行政区域和省以及它们又进一步被分为较小的行政单位或区，并且将这些领域的统治——与民主的理念相适应——交给由当地市民选举出的区镇议会（Kollegien），从而形成中央政府直辖省级代表、省级代表直辖区镇代表的结构，那么事实很可能是，这些自治实体——尤其当它们的政治构成和多数派比例关系不同于中央立法机构时——绝不会把依法行政看做其最高目标，相反更会有意识地反对由中央议会决定的法案。整体意志——正如它在中央立法机构中表达的那样——受到部分意志——在各个自治实体中——所威胁而有瘫痪危险。尽管自由思想已经将其自我决定原则转化成多数决原则，它还是保留了原初的无政府的、将社会整体肢解为个体单位的倾向。想必一定存在组织技术手段来对抗这种危险，消除以民主形式组建的自治实体的违法行为。所有这些手段都不是指向部分行政区域（Verwaltungsteilgebiete）按照民主原则形成意志，而是更多地表现为对民主的限制。毫无疑问，在中低层区域中由中央任命的对其负责的单个机构相较于那些自治实体，更能保证依法执行（Gesetzmäßigkeit der Vollziehung）——这对于民主立法来说意味着执行人民意志，进而意味着民主本身——的实现。这进一步表明，为了遵循合法性原则，基本民主的国家在其国家组织机构中也必须保留官僚系统。这也是为什么像美利坚合众国这样的民主原则已经超越所有党派之争而成为公理的国家，官僚化程度随着国家任务即执行功能的增加而增加的深层原因。但因此做出民主被削弱了的判断也是不对的。因为只有在纯粹的意识形态层面而不对实际情况进行考量时，才会觉得民主与官僚主义看起来像是完全对立的。[1] 官僚化在特定前提下更多意味着对民主的保持，因为民主原则主要作用于程序的最上层范围，而不会——在此不会对民主自身，也即一般意志的形成产生质疑——渗透到程序的更深的、在此国家实体被不停重新构造的层面上。立法民主与执行民主之间的功能对立，以及由此产生的民主立法权被并入专制官僚性质的执行权的倾向，表明执行权尤其是行政权民主化需以牺牲立法功能的内容强度为代价。如果结构民主的执行机构也即自治团体的活动，应该尽可能地退出违法的危险区域——此处可以想想那些根本不理会依法责任和保障的自治实体——那么必须对法律预留的自由裁量空间设定限制。只有赋予广泛的裁量自由时民主统治的有益功效才能被期待。但这意味着，行政民主本身含有一个去中心化的趋向。局部的意志要靠牺牲整体的意志来获得活动空间。如果将维护中层、基层机构的自由裁量界限的任务交由独裁性质的，也即通过上级机构任命或对其负责的并可以由其罢黜的机构，那么对于中层和基层管理组织来说就是接受了一个兼有民主与专制要素的制度。在此也体现君主立宪制的特性；只是此处，民主形式与独裁形式的混合发生在国家意志建构的最高层面上也即立法层面上，因此不排除依然存在独裁使民主瘫痪（或者正相反）的可能性；与此同时，如果这种国家形式混合原则只在中层和基层按纯粹民主方式形成国家意志，那它便不是对民主的威胁，而是对民主的加强。[2]

只要人们意识到，尽管合法性理念会导致对民主的限制，但实现民主也需要保持它，那么就必须为了民主而支持所有那些保障合法性的监管机构（kontrollinstitutionen），拒绝那些短时的与民主本质不相符的蛊惑宣传。在此应该首先考虑行政司法权（Verwaltungsgerichtsbarkeit）：要是行政行为受到民主化了的、进而政党政治的影响，那么行政司法的管辖范围必须以相同的程度得以扩展和加强。

然而并不仅仅是个体的行政行为，法规命令（Verordnung）尤其是法律（Gesetz）等普遍性规范，其合法性问题也都适合并必须予以司法监督；前者审查是否合法，后者审查是否合宪。这种监督正是违宪审查（Verfassungsgerichtsbarkeit）的任务。在立法程序中宪法要求——正如我们之前看到的那样——大多法定的合格多数决，由此保护

[1] 对此参见我的与此不同的观点，即我在该书第一版（第23页以下）表达的现在仍坚持的观点。
[2] 参见 Adolf Merkl, Demokratie und Verwaltung, 1923, 以及拙作：Allgemeine Staatslehre, S. 361 ff.。

了少数派的内在利益；但相比之下，违宪审查的功能具有的意义更为重要。若想要保证少数派——对于民主本质来说它是一股无比重要的政治力量——的存在和有效性，想要少数派不会受制于多数派的恣意妄为以及宪法完备有效，那么就必须给少数派机会，让他们能或直接或间接地提起宪法诉讼。现代民主的命运很大程度上存系于所有监督机构的系统化安排。没有监督的民主从长远看是不可能的。由于自我限制表明了合法性的原则，那么对自我限制的放弃，也就意味着民主的自行解体。[1]民主原则——为了自我维持——应主要限制于立法程序和最高执行机关的任命，它不应该涉足那个被称为执行（也即司法和行政）的国家意志形成阶段，若能做到这点，那么就等于画了一条分界线（Demarkationslinie），用来标示政党所能影响的范围边界。

合法性的原则——所有执行部门都处在这样的原则之下——排除了任何政党对法院和行政机构执行法律的影响。这一点对于民主制内部的——也是任何一个国家内部的——国家职能"去政治化"要求来说，是它所能拥有的唯一意义。民主唯有在这样的限制下才是有意义的。立法去政治化就等于自我取消，因为法律内容的确定不是来自一个集团利益的独裁就是来自多个集团之间的利益妥协，除此之外，没有别的路可走。如果能够做到只有通过法律决议某个特定的政治价值才能上升为实证法效力，某个特定的——也可能是片面的——政治方针才得以依照宪法被确定下来，那么在法律执行阶段就不需要再进行政治利益斗争。因此，在排除政党对法律执行施加影响的意义上提出去政治化这一合理要求，与给予政党以最广泛承认以及将其规定在宪法的做法是兼容并蓄的。正是基于上述理由，才能限制政党的违法行为。政党应该在立法阶段而不是执法阶段施加影响。

现代社会所面临的情况是，一方面独裁就和民主一样，为了实现各自理念而需要努力建设一个承担立法职能的集体性质的，从而类似议会的立法机构；另一方面独裁也完全和民主一样并且部分程度上出于同样的原因，无可回避地需要建设官僚体系以履行执行功能。于是，上述情况导致了在现代国家的实际结构中，一旦超出了那个最小的规模限度并且超过了特定的文明水平，独裁制和民主制就呈现趋同情形。两种制度在现实中彼此接近，但又保持了意识形态的多样性。这种取向统一的现象——就像宪法领域一样，而宪法是形成国家意志的方法或形式——在法律规范也即实体法领域也可以看到。这是因为，在今天几乎不可能弄错这一点了：现代国家彼此之间的民法

[1] 对此参见拙作：La garantie juridictionnelle de la constitution (Revue du Droit public et de la science politique en France et a l'Etranger 1928), Paris, Marcel Giard, 1928, S. 54 ff.。

和刑法制度越来越相似了。

八、选拔领袖

可以先想象一下那个通常被称为民主国家的现实图景，然后人们将之与民主国家关于自由的意识形态相对比，就会惊异地感叹，意识形态与真实之间的这种超乎寻常的张力是如何可能长期存在的。人们想要认为，这正是民主式的意识形态的特别功能：维持住那种认为在社会生活中自然而然会出现的幻想；相信当社会主流中压制自由的枷锁铮铮作响，但人们心中依然奏响着自由的旋律，因为这毕竟是人类永恒的追求。民主社会中的自由意识形态在面对现实生活中广泛存在的社会拘束时其所扮演的角色，类似于伦理学中的意志自由幻象所扮演的角色，后者对应的现实是，所有的人类意欲都受到某种已被心理学确认的、无法摆脱的因果拘束。

要是人们只从自己的意识形态角度尝试理解被称做民主的社会现实，卢梭那悲观的叹息无疑是正确的。不可以把眼光局限于意识形态的固有规律性和固有意义，然后最终认为它们就是受制于意识形态的现实的规律性和意义。人们必须更多地去尝试探究现实的规律性和意义——它们并不完全与意识形态无关，但很可能不同于意识形态——以及必须探索社会现象的主观和客观意义。

与民主理念相对应的是无领袖（Führerlosigkeit）。柏拉图深悟这一精神，当苏格拉底问他在理想国家中应该如何对待具有杰出才能的天才时，他回答说（《理想国》，Ⅲ，9）："我们会把他当做一个值得崇敬的、美妙无比的、可爱的生物来尊敬；但是当我们让他注意到，这样的一个人在我们的国家中并不存在而且也不可以存在时，我们就将他的头涂以油脂，并给他带上花环，把他送出边境。"民主思想中没有领袖制（Führernatur）的一席之地。

然而，民主的自由理想、无统治、无领袖从没有获得成功，连与之接近的成功也没有。因为社会现实就是统治（Herrschaft）与领袖制（Führerschaft）。在此只可能涉及，统治意志是如何被构建起来的，领袖是如何被塑造起来的。民主的特征是：统治意志，并不是指人民的意志，而是指一个广泛的规范服从者阶层，也即尽可能多数的共同体成员参与到意志建构的过程中，而且这也仅仅是——至少通常情况下——在一个特定的阶段，也就是人们通常称为立法的阶段，而且这也只是创建立法机构的阶段。这就导致了这样的结果：由民众选出的领袖所具有的特殊职能将被局限在

民主的本质和价值

法律执行领域。政府（Regierung）——这是领袖制的政法形式（staatlich-rechtliche Form）——肯定会在本质上影响立法。它必须启用另外一个机构以确立它的活动基础，仅仅这一点就说明政府的特质。然而，立法机关的运行机制的特点是多数与少数的对立关系，这对于一个以多数决产生的政府来说意味着一个有效的、真实的限制；这和那些执政者颁布法律并交由他或她下属的行政机构执行的区域，其政治状况有着不可忽略的区别。不管怎样，正如我们之前强调的那样，在政府机构之外建构一个集体性质的立法机构已经成为一种显而易见的普遍趋势，而它符合共同体意志形成的本性。如果从这样的议会机关和政府机关之间的差别中，以及从由此产生的政府的拘束和限制中，观察到了实际民主的特征，那么就真的能把民主形式视为现代国家政体的发展趋势。但在这一趋势中同时也存在着独特的机构分化，关于这一点在分权学说中也已经有所体现了。

　　三权分立是不是一项民主原则，这个问题从意识形态与现实之间的冲突角度并不能给予清楚的回答。站在意识形态的立场看，将立法与行政分配给不同机构的权力分立措施并不符合"人民只应由人民统治"的思想。[1] 因为从上述立论必然推导出这样的结论，即所有的权力或者说所有的国家意志构建的职能，应该由人民或是由代表人民的议会予以统一。而且自孟德斯鸠以来的三权分立信条所体现的政治意图也从不是为了给民主开路，而且在更大程度上正好相反，即它是为了给被民主运动逐渐驱逐出立法领域的君主在执行领域留有一些施展权力的机会。在君主立宪制的意识形态中分权教条处于核心地位。根据这一教条，国家法中的君主制理论略显古怪地认为，保留给了君主的执行权——就其概念和本质看与君主制理论根本不相容——与立法权处于平等、等价和相互独立的关系。这个理论在君主立宪的实践中成为最大的现实。因为，就像国家中不同权力相互角逐所曾经呈现的那样，分权的结果是，由诸多人组成的、仅代表人民的议会机构绝对无法实现自己是最高机构的主张。如果把执行权转交给君主——这与其概念是完全矛盾的——并且将其置于与立法机构同等的地位而不是隶属于立法机构，那么根据以往经验看，这位君主就会以更高的权力身份出现在参与立法的人民代表面前。此处显示出对立法功能的高估。当一个像美利坚合众国这样的共和国十分信任地采用了三权分立的教条并以民主的名义将其推向极致，这几乎是历史的讽刺。尽管如此，美利坚合众国的总统地位正是有意模仿了英国国王的地位。

　　如果在一个所谓的总统制共和国中将执行权移交给直接由人民而非人民代表选出

[1] Hasbach 在前引著作第 17 页已经指出，孟德斯鸠的分权学说与人民主权说之间存在矛盾。

的总统，而且被赋予执行权的总统也能够以另外的方式保持其不受人民代表干预的独立性，那么这就意味着——就像是一个悖论——对人民主权原则的削弱而不是加强。因为当数以万计的选民面对一个被选者时，民众代议思想肯定会丧失其最后的一个正当性表象。在一个容纳进了所有的人民政党的人数众多的议会中，也许可能做到，通过所有这些力量的共同作用而产生人民意志；但这一点，在一个通过人民直接选举而产生的并因此完全独立于议会的且不受大规模但并无行动能力的全体人民控制的总统那里，像世袭君主制社会那样是不可能做到的。有些情况下——即使只在有限的时间内——在那儿比在这儿有更多产生独裁政府的机会。任命形式在这里并不扮演重要角色。人们从中意识到，独裁也利用同样的虚构，从这里可以看到代表制思想与民主原则是如此不相近。正如君主，特别是绝对君主那样，任何一个由君主任命的公务员都可以看做一个机构，进而可以看做全体人民也即国家的代表。没有篡位者和暴君会放弃这样一个使他的权力合法化的机会，借助代表形式（Repräsentationsformel）获得正当性的世袭君主独裁制和通过选举产生皇帝的伪民主制（Pseudodemokratie）之间并没有太大差别。

无论如何，人们可以看到三权分立在民主方向上是有效的：首先表现为权力的分配，以及对集权导致的扩张和国家权力的恣意施用的限制；其次表现为努力通过在重要的形成一般国家意志的阶段排除政府的影响，并打开规范服从者可以直接施加影响的口子，而将政府功能降格为法律执行。

这并不意味着将统治"减小到最低限度"。人们更情愿相信，在政治统治中表达出来的社会能量的总量——如果允许这么形象化地表述的话——在国家形式从专制过渡到民主的过程中保持恒定；这里只涉及将之前集中的统治权重新分配，而这一点在主观上更容易被感受到。统治意愿通过多数人的共同作用而产生，这不会给统治意愿造成任何强度损失。如果原本一位领袖唯一而全权地代议统治事务，现在转由众多人履行这一领袖功能也即产生领导意志，那么领袖思想自然会暗淡下来。

多人领袖的产生成了实质民主（reale Demokratie）的核心问题，这种民主社会——与其意识形态相矛盾——不是因为缺乏领袖，而是因为有多个领袖而区别于实质独裁社会。因此，从被领导者共同体中选拔领袖的特别方法构成了实质民主的一个重要元素。

这个方法就是选举。在社会学分析中，此功能对实质民主的本质识别起着根本性作用。面对民主的这一特别功能，总会反复出现以下这个在前文讨论民主整体事实时已经提到的问题，即意识形态与现实之间的差异。在民主自身的意识形态中，选举意味着将意志从选民那里转移到被选中的人身上。出于这种意识形态，选举和以此为基础的民主——如人们所说的那样——存在"内部逻辑的不可能性"，因为意志实际上是不可转移的（celui qui delegue，abdique）。人们在意志这件事上是无法被代表的，这一点卢梭已经告诉人们了。这种意识形态上的对选举的解释明显照应了这样的目的，即维持关于自由的虚构。因为意志为了保持其自由，就只允许自我决定，即必须将当选人产生的意志当做选民意志来对待。这样就虚拟了选举人和当选人的同一性。对选举意义进行客观解释，不能受其主观意识形态的误导。这种功能实质上的意义其实是另一种功能。

仅仅从形式上看，选举的本质展现为一种机构创设方法，它与其他机构创设相比则具有以下两种要素以表明自己的特点：首先，它具有的并不是单一的，而是复合多样的功能，这是由多个部分机构共同作用形成的；其次，通过选举创设出的机构是立于产生它的那些机构之上的，因为通过选举生成机构，将产生让选民都需臣服的统治意志以及拘束选民的规范。在上述两种状态中，选举是与任命直接对立的，而任命是真实独裁所特有的机构创设形式。正是此前提到的选举的两个特点中的后一个，即被领导者制造出领导者以及规范服从者制造出规范权威，构成导致意识形态上的意志转移虚构的原因之一。因为社会权威——从心理学和心理分析的经验得出——被设想为父权式权威。社会权威也好，宗教权威也好，和其他任何权威一样，最初都是被当做那个对人一生都有影响的第一权威来体验的：作为父亲（Vater），作为国父（Landesvater），或者作为天父（Gottvater）。社会权威的这个心理学来历阻碍了由服从权威者制造权威的观念，该设想认为：父亲是由孩子、制造者是由被制造者产生出来的。正如在图腾主义的原始状态下，氏族成员在某些特定时候的狂欢节上会戴上神圣的图腾动物的面具，即氏族的祖先，为的是在短暂的时间里亲自扮演一下自己的祖先，撤去了所有社会制序的牵绊。与此类似，在民主意识形态中服从规范的人民大众所扮演的是那个不能出卖，但按照功能可以且反复重新转让给当选人的权威角色。民众主权理论也是——即使是被改良并被精神化了——一个图腾主义性质的面具。[1]

然而，除了上文已经勾勒出的形式特点外，社会权威的真实面相是：通过民主"选举"，领袖不仅由被领导者组成的社会共同体选举产生，而且还是从他们之中走向领

---

[1] 参见拙作：Gott und Staat, in: Logos, Internationale Zeitschrift für Philosophie der Kultur, Bd. XI, Heft 3, S. 261 ff.。

袖位置的。马克斯·韦伯很确切地称之为自治制（Autokephalie），在很大程度上就反映了真实民主的特征，这一事实构成就可借以与其他政治组织形式，也即被人们称为专制（Autokratie）——最近被更多称做独裁（Diktatur）——的制度区别开来。在此意识形态中，领袖相较于臣服于他的社会共同体来说，被看做一个完全另类、位阶更高的存在实体，他被神圣的光芒或是神奇的力量所包围。

而专制意识形态根本不认为领袖是一个由共同体推选出来的机构，并且他也不能被推选出来。领袖被设想成一种力量，共同体是由领袖创造出来的；领袖是一种以人们无法理解的方式存在的实体。在独裁的意识形态系统中，领袖的来源、任命和创造成为不可接近、无法用理性认识解释或解决的问题。领袖在此代表了一种绝对的价值，在领袖神化中得以表达。事实是：领袖的去世给这种意识形态提出了一个尴尬的问题，对此人们有时——确实是意识形态上的——以这种方式掩饰，即不把实际统治者看做一个会衰亡的普通人，而是例如在匈牙利的宪法中那样仅仅看做是一个代表永恒、神圣的王权的抽象体。然而现实展现的是：或者是篡夺领袖地位，这是一种统治机构的自我创制方式；或者是继承领袖地位，即如果迄今为止的独裁者没有指定继承者并且也没有世袭继位人的话，那么不是从自己的人民当中，而是从外族那里寻找统治者，即所谓的他治（Heterokephalie）。

在民主意识形态系统中创设领袖的问题处于理智权衡的中心地位。领袖并不是代表一个绝对的，而仅仅是一个相对的价值：领袖仅仅是在一个特定时间段内，而且仅仅是在某些方面被称为"领袖"；与此同时，他和同僚一样接受批评。因此，在民主系统下政务具有公开性，而在专制中政务则具有秘密性。领袖在专制制度中对于公众是超验的，而在民主中则是普罗大众的一员，这一事实对于专制社会的典型后果是，实施统治功能的人始终是高于而不是在社会规范之内行事，因此他在本质上是不需要负责的，而在真正的民主制中领袖负责却是重要的特征。然而最重要的是：在民主制中领袖只是一个普通人而不具有超自然的特质，因此领袖身份不能被一个人或少数人持久地垄断。在实质民主的图像中一个显著的特征就是或快或慢的领袖更迭。人们肯定可以在此看到领袖有主张自己长久在位的趋势，但这种趋势会碰上阻力，这些阻力同样出自意识形态，它作为人的行为动机而作用于人的精神之中。将领袖制合理化的结果必然是：公开化、批评、负责，以及领袖可以被自由制造的这一观念使得领袖身份不可能固定不变（amovibel）。然而在同样的程度上，正如他自己变成的那样，领袖制的意识形态也变化了。对于实质民主，这种持续的从被领导的群体中走上领导位置的上升潮流是典型的。（为避免误解，需特地指出，在此提到的主要是指国家领袖，而不是政党领袖，前者主要是在国家政府中得以表达）

通过这些对于实质民主来说相当突出的运动，就能将其与独裁政治明显地区分开，在独裁制那里没有或者只有很少的升迁可能性，并且在一种相对缺乏流动的统治关系中到处是僵化的限制。独特的民主的领袖选举方法相对于专制来说意味着极为广泛地传发选举所需的资料，也就是说，广泛地宣传那些竞选领袖地位者的资料。

无论民主还是专制，都仅仅是产生社会秩序的方法，这种或那种原则的理论家都相信自己选择的方法能够获得最好的秩序。所以，人们一直喜欢用来反对民主的论证是完全空洞而言之无物的；该论证声称，民主根本不可能优于专制，因为专制代表了一种唯一可能的原则，即应该由且仅由最佳人选来进行统治。所谓"最佳人选"，在这种情境下只能指那个能够指定最好规范的人；而所谓最好的规范，就只能由那个"最佳人选"来指定。如此一来，最佳统治者的口号就蜕变成一个悲惨的同义反复。是否应该由最优秀的人来统治，这本身不构成问题，对此无论专制代表还是民主代表也都是一致的；此处关系到的是一个政治的也即社会技术上的问题，即如何使得那个或那些声称能够统治的最佳人选走向统治地位。总之，问题的关键在于创设领袖的方法。正是出于这个立场，专制理想的代表者无法反对民主，因为正如上文提到过的那样，严格说来专制制度根本没有创设领袖的方法。在这个最重要的政治问题上，专制制度拿起了神秘的宗教面纱，在普通民众面前将神圣英雄的诞生真相遮掩起来。这在事实上意味着：将谁应该以及如何成为领导者的问题，实际上全都交给了偶然的暴力事件。然而即使对于民主制来说，在对选举领袖的既有方法进行仔细检验后也没能得出什么决定性的结论。[1]正如上文所断定的那样，民主会帮助吹牛大王和那些迎合群众劣根性的煽动者们走向权力的顶峰。相对来说，这恰恰是民主的方法，它将竞选领导权安置在一个最广泛的基础上，将领导权设置为一个公开竞争的标的。这样就建立了一个对于选举来说最有可能的基础，而专制原则，特别基于它的官僚化君主政体的实际构成，只能提供很少的保证以使得那些有才能的人有施展的空间。另外，民主——依经验来说——使得获得统治地位的途径变得容易了，而且同时也能够保证，如果一个领

---

[1] 本书并不是主张民主能选出最好的领导，而只是强调民主和专制对比所显现出来的特点。针对这一点，我在本书的第一版中提出的一个有利于民主的价值判断并未切中要害，Reinhold Horneffer 在其著作：Hans Kelsens Lehre von der Demokratie, Erfurt 1926，对其中的前后不连贯之处给予了正确评判（第 77 页以下）。如果我选择支持民主，那仅仅出于本书最后一章发展出的理由，即民主的国家形式与相对主义世界观之间的关系。这也是我在一般法国家学说所持的基本立场，而 Horneffer 似乎没有看到这一点。

袖无法证明自己是合适称职的，那么他马上会被换掉。而专制却是相反的，它的原则是终身制甚至是世袭制。在两者最紧密的关系方面，民主的主要原则是自我证明和自由批评，它们使得公共管理的缺点能被轻易并很快地发现。与此相对，专制的主要原则是维护一经任用就不变的行政官员的权威，它发展的是一个传统的掩饰体系。目光短浅的人在民主中看到比专制更大程度的腐败。如果有一个天才并道德高尚的人能成为能力无限的君主，这肯定是一个很大的恩惠。在历史上，除了内在腐朽的民主政体外还有比如在政治文化上力量强大的民主政体，但从后者的光荣的理想构建中也会产生恐怖的暴君图景，他们毁灭了自己的国家，将子民推向无边的痛苦。

正如对民主来说其根本概念是自由：所谓"没有人应该成为领袖"，在社会现实中应该形成这样的准则，即每个人都能成为领袖；由此人人基本平等这一次要原则就会演变成一个可能形成均衡的倾向。这个具有煽动性的前提，即所有市民都同样适合担任其喜爱的国家职能，最后会变成这样的可能性，即使得所有市民都适合担当国家职能。倾向民主的教育本身就是民主的一个主要要求。[1] 即使所有的教育关系都是教师与学生以及精神领导和精神跟随者的关系，依照它最内在的本质，在其褒义意义上也是具有独裁性质的，但民主问题在实际的社会生活中终究归于教育的问题。[2] 在此种观点下，就可以评判特定阶层是否有能力成为国家统治者或是统治协助人的问题了。这是一个问题，并且应该是一个问题。社会主义的无产阶级专政理论中有一个错误，它把社会革命——按照可以理解的方式——看做与 1789 年以及 1848 年的市民革命相似的革命，并理所当然地认为无产阶级会像那时候的资产阶级一样具有接受政权的能力。[3] 只有市民阶级——凭据它的经济状况——有能力准备获取政治统治权，这种权力原来是由贵族掌握而远离资产阶级的。这也许是一个悲剧，即政治统治权是由无产阶级夺取的，但它落入了未充分准备好的资产阶级手中，后者因此没有能力长久牢固地攥紧权力。这里所指的并非仅仅是俄罗斯社会主义共和国的统治灾难，也指在德国以及在奥地利的由资产阶级后代领导的社会民主党所面对的巨大困难，即它们在无产阶级内部并没有拥有它们所需要的合格的力量，从而能够在一个有限范围内使自己成为统治机关，以及符合加入市民社会主义政府联盟的要求。

---

[1] 对此参见我的论文：Politische Weltanschauung und Erziehung, in Annalen für soziale Politik und Gesetzgebung, 2. Bd., I. Heft S. 1 ff. (1912)。

[2] 参见 Steffen, a. a. O. S. 97。

[3] 参见 Steffen, a. a. O. S. 148, 149.。

九、形式民主与社会民主

对于马克思主义理论，在多数人表决原则的基础上建立起来的民主，属于形式的、资产阶级的民主，与社会的、无产阶级的民主相对立；后者被理解为这样一种社会秩序，它不仅赋予人们形式上的参与共同意志形成的平等机会，而且某种意义上也保障拥有相同程度的财产。这种对立性必须给予最坚决的否定。对于民主理念来说，具有决定性意义的不是平等价值，而是自由价值。当然平等思想在民主意识形态中也扮演着角色，但是就如我们所见的那样，这个角色只存在于一个完全消极的、形式的和次要的意义上。因为所有人都应当最大可能地一样自由，所以所有人都应当参与国家意志的形成，并且要以相同的程度参与。争取民主的斗争在历史上是争取政治自由的斗争，这意味着，争取人民参与立法和行政的自由。只要平等思想不同于在自由中的形式平等，即不同于政治权利平等，那么平等就和民主概念没有关系。这一点可以通过以下事实得到最清楚的表现：若要实现物质和经济意义上的平等，而非形式上的政治平等，那么在所有国家形式中，也即不仅在民主国家，甚至是非民主国家即专制独裁国家——也许在后者甚至比在民主国家更能够——也都能实现这种平等。

"社会的"民主意味着国家向所有公民以相同而富裕的程度提供财产，除此之外，平等概念可以有如此不同的意义，以至于将其和民主的概念从根本上联系在一起是绝对不可能的。此处的"平等"很大程度上等同于正义，并且就像正义一样具有许多意义。马克思主义理论或者它的某种新的政治方针，特别是布尔什维克主义，也恰恰想在民主的名义下用正义思想取代自由思想。这显然是对术语的滥用，即将民主这个词——它不论在意识形态还是现实中来看，指的都是一种制定社会秩序的方法——用于指称这种社会制度的内容，而这个内容与其制定方法没有本质上的联系。这种术语上的操纵控制，即使不是有意的，也有着令人忧虑的危险影响，即：专制独裁的政治形态将得益于辩护的强大力量和民主口号的情感价值，而这种价值是自由思想带来的。从这种与形式民主相对的社会民主概念的后果看，人们简单否定了民主和专制的区别，并将这种所谓的实现社会正义的专制当做"真正"的民主。其引起的副作用还有：以不公平的方式贬低了今天的民主和那些带来了与其物质利益相反的团体的功劳。

这正是社会主义理想，在其实现过程中必须抛开民主的方法。而这个社会主义理想使人感到如此不同寻常，因为自马克思、恩格斯以来的社会主义政治经济理论就一直以此为前提，即：被剥削和被贫穷化的无产阶级构成了社会被压迫的大多数，为了在社会主义政党中组织对逐渐没落的少数的阶级斗争，无产阶级必须对其阶级处境有深刻的认识。只有这样社会主义才能要求民主，因为社会主义坚信多数人决定的统治。19世纪上半叶产生的资产阶级民主，以及它在之后的时期中得到保障并且取得了进一步发展，这一切与社会主义的先决条件已经不再完全一致。为什么单纯的政治民主不能变成经济上的民主？这就是说，倘若受社会主义意识形态教育的无产阶级构成社会的多数，且多数人的普选权保证了议会统治，那么为什么是资产阶级团体而非无产阶级共产主义团体来统治社会呢？这个问题当然只适用于那些存在着真正民主的地方，那些毫无疑问地存在着政治权利的普遍性和平等性的地方。西欧和美国的民主政治是这样，其实在德国和奥地利也是如此。诉诸于选举制度中的那些伎俩，如选区划分、对某些选民选举权行使的困难化等，尤其是强调资本主义媒体的巨大影响力，这些根本不够为局势辩解。如果资产阶级民主只局限于单纯的政治平等，如果政治平等不能发展为经济平等，那么——像近来革命的世界观经验，尤其是俄国经验清楚表明的那样——其原因就在于，与几十年以来的社会主义理论所描述的不同，无产阶级热衷于经济平等以及经济平等所依赖的生产国有化和社会化，但在现实中它没有或者还没有构成人民的大多数，换言之，它在社会主义通过无产阶级真正实现无产阶级专政的地方还只是弱小的少数。这是为什么有些社会主义政党在政治方法上发生原则转变的原因，也是为什么取代民主的——这在马克思和恩格斯看来是与无产阶级专政协调一致的——必然是某种独裁的原因，而该独裁秩序表现为追求或代表某种政治教条的政党专政。因此左翼无产阶级政党想抛弃民主，因为他们认为，在这种政治形式下无产阶级还不能够或者说在可预见的时间里肯定不能够取得权力；而右翼资产阶级政党也想抛弃民主，因为他们认为，在这种政治形式下资产阶级将不能或者说肯定不能长久地保住其权力。一个明显的征兆是：左翼和右翼的力量接近于一个真正的平衡状态。[1]

十、民主与世界观

如果民主就像上文所表明的那样，只是一种构成社会秩序的形式或方法，那么其价值——若要追问价值问题的话——就极有问题。因为对于什么是国家秩序的内容这一显然更为重要的问题，用某种特定的生产规则（Erzeugungsregel），或者用某种具体的国家或社会形式都是无法回答的。社会问题解决方法的关键在于国家或社会制度应

[1] Anm. 44.

该如何安排它的实质构成，即采取社会主义制度还是资本主义制度，它是否应该广泛干预私人领域还是把国家干预局限在一个最小范围内。简单来说就是：关键不在于规范是如何产生的，而在于规范的内容是什么。如果任何政治讨论几乎都只围绕着民主和专制问题，那不就是在牺牲内容而过分看重了形式吗？民主主义显示出极其明显的重形式趋势，而专制主义——出于前文解释过的原因——使国家形式问题退居次要地位。假设国家秩序只能由那些适用该秩序的人来制定，也即国家形式问题已经做出这样的决定，那么现在就要面对真正的任务了：人民在这些由他们自己创造的法律中应该规定哪些内容？即便是极端民主主义者也不能一口断定其国家形式问题就能决定国家内容，也即声称民主方式就一定能制定出正确的以及最好的内容。若谁真的持有这种观点，那其实也只能说明他的世界观是，人民且只有人民掌握了真理，能够识别什么才是好的。这种观点只能通过宗教上的形而上学假设来证明，有且只有人民以某种超自然的方式掌握了真理。这意味着信仰某种人民的君权神授论，这是一种过分的主张，就如宣称诸侯君权神授一样是不可能的。

人民主权的众多辩护士勇敢提出了相似的主张，其中，当卢梭认为少数派会错误地理解公共意志，并以此为多数决议的约束力和多数的权威性进行辩护时，他的观点也离此不远了。几乎所有人都感觉得到，民主的捍卫者们在这里运用了一个与民主本性不符的论据。之所以能提出信仰人民的要求，是因为"人民"被赋予了那种个体而唯一的领袖所体现的克里斯马身份，其实质是指他作为独裁者（Autokrat）的使者、工具和儿子而与绝对的神之间建立起的那种极度个人的关系；但这种克里斯马是不能转移到人数众多且多得太多的匿名群众或者所谓的"每一个人"（Herr Jedermann）身上的。如果民主想要以此严肃地为自己辩护，那么民主就成为一头披着狮子皮的驴（狐假虎威）了。另一方面，我们不能仅仅是一个悲观主义者并相信这苦涩的断言：多数人总是错误的，人民对提出正确的观点是完全无能为力的。人们此处只需问一下，是否只是人民和多数人才能具有真而善的认知，由此表现出在民主要求问题上至少具有了一点怀疑精神。如果人们认为可能存在一个绝对真的认知以及绝对的价值观并以此为出发点，那么这个情形事实上对民主来说就变得毫无希望了。因为，人们面对这个可以托付一切的、代表着"绝对善"的权威所能做的，就是服从它提供的救赎方案，就是无条件地、心怀感激地服从这个握有绝对善并且知道且想要实现绝对善的人。这样一种服从只能建立在一种信仰的基础上，即认为立法权威掌握着绝对善，而大量的规范服从者没有能力获得这种绝对善的认知。

在这一点上，民主看上去没有任何辩护的希望，然而恰恰在这一点上又不得不辩护。

这是一个重大的问题：是否存在一个关于绝对真理的认知，一个关于绝对价值的洞察。这是一个世界观和人生观的原则性矛盾；专制和民主之间的矛盾深嵌其中：对绝对真理和绝对价值的信仰成就了形而上学的，尤其是宗教神秘主义世界观的前提。然而，对这种前提的否定，也即认为只有相对的真理，人类认知只能达到相对的价值，便使得任何一种真理和价值——正如发现它们的人一样——必须一直准备好让渡自己并为其他人腾出位置。这导致了批判主义（Kritizismus）和实证主义（Positivismus）的世界观：代表了这样一种哲学和科学方向，即始终以实证的也即以既已存在的、可以被理解的、可以改变并始终变化着的经验为出发点，从而拒绝承认超越于这种经验的绝对性。与这对世界观矛盾相应的是一对价值观矛盾，尤其表现在政治基本态度方面。独裁世界观当属于形而上学 - 专制主义的（metaphysisch-absolutistisch）世界观，而民主态度当归于批判 - 相对主义的（kritisch-relativistisch）世界观。[1]

如果有谁认为在人类认识中不存在绝对真理和绝对价值，那么他至少不能只认可自己的观点，还要认为他人的甚至相反的观点至少也有可能性。因此，相对主义就是一种世界观，它是民主思想的前提。民主意味着同等地看重任何一个人的政治意愿，

---

[1] 形而上的世界观与对专制主义的认知间的关系可以轻而易举地从思想史上找到。Adolf Menzel 在相关的文章（Demokratie und Weltanschauung, Zeitschrift für öffentliches Recht, Bd. 2, S. 701 ff.）中就说，在古代哲学中，一边是所有有名的形而上学者都赞成专制主义，例如赫拉克利特和柏拉图（与其说柏拉图是唯心主义者，不如说他是形而上学者，因为这两者是不能共存在一个人身上的），而另一边是诡辩论者，他们是用自然哲学的经验主义和相对主义来支持民主。亚里士多德则是中间派，走的是认识论和伦理学的路子。中世纪时期强大的形而上的经院派哲学更是和专制主义政治学紧紧连在一起。因为如果把人类社会组织想成普遍性的君主体制（Universalmonarchie）——无论是皇帝还是教皇在组织顶尖——都是通过类推上帝统治世界而来的。对此参见拙作：Die Staatslehre des Dante Alighieri, 1905。斯宾诺莎的泛神论（Pantheismus）被视为由形而上学转向经验主义自然认知的转折点，所以他也是民主派。至于形而上学者莱布尼茨，由于他鼓吹"上帝和谐论"，所以是专制论者。

康德的情况有点特殊。他的哲学系统一般被认为是"唯心主义"的，与实证主义相对。但这无疑是不对的。康德的唯心主义具有绝对的批评性，这一点就说明康德是实证主义的。超验哲学只有被看做经验理论才能被正确理解。因此我们仔细思考后会发现，它最终一定是在世界观领域拒绝形而上学的绝对主义，而走向了相对主义。高度强调康德自然主义哲学的反形而上，从而更多带有实证主义色彩这一特征，那么从传统看，应该把康德的伦理学和政治推理（Raisonnement）在最大限度上置于相对主义 - 怀疑主义世界观的对立面。此种见解无疑可以得到康德原话的支持。康德的伦理政治学则完全是形而上导向的，他的实践哲学与他的保守 - 君主制国家学和法律学一起则完全是建立在绝对价值基础上的（对此参见拙作：Die philosophischen Grundlagen der Naturrechtslehre und des Rechtspositivismus, in: Vorträge der Kant-Gesellschaft Nr. 31, 1928, S. 75）。

康德的纯粹理性批判系统也赞将认知看成一个永恒而没有尽头的过程，认为真理的探求是无止境的，从而原则上属于永不可及的，这一点和怀疑论的观点相同。

由于这种对物体的认知永远无法穷尽，所以康德哲学中的认识论把认知对象的问题转换成了认识方法的问题，而这两个问题也被等同起来看待。有学者对康德的这一方法论（Methodologismus），也即优先探讨方法的做法多有批评。这难道不是提示了一种政治上的平行情况，即在探索社会秩序的内容的问题上，以探索制定该秩序的道路也即方法问题取而代之？

也同样对待任何一种反映政治意愿的政治信仰和政治观点。因此，民主能赋予任何一个政治信念以同样的机会，表达自己并通过自由竞争而赢得人心。所以，人们不无道理地将人民大会或议会的立法准备程序——它采用辩证方式，对议题进行赞成和反驳的辩论——认定为民主程序。以多数决为特征的民主制区别于其他任何一种统治类型的地方在于，民主制有一个少数反对派，这一点按照它最内在的本质来说不仅仅是一个概念上的前提，而且在政治上也是被承认的，并且按照比例原则受到基本权利和自由权利的保护。

少数派越强大，民主政治就越倾向于妥协；这就像相对主义世界观最显著的特征就是，面对两个彼此无法完全或毫无保留地否认另一方观点的对立立场，它总是倾向调和均衡。任何特定的政治信仰所秉持的价值都具有相对性，任何主观努力和个人信仰都不能使得一个政治纲领或政治思想具有绝对有效性，这就强制性地要求必须拒绝政治绝对主义，无论绝对主义指向君主、牧师、贵族、武士阶层，还是指向一个阶级特权集团。谁能够将他的政治意图和行动建立在神的指示和超自然的点拨上，那么他可能就拥有了这样的权利，即有权堵上他的倾听民众呼声的耳朵，把他自己的意志当做绝对至善的意志，来对抗那些全无信仰之人、那些受蒙蔽的人和那些别有所图之人。

因此在基督教君主制中上帝的庇佑口号可能是：要权威而不要多数；而那个为了精神自由，为了排除圣迹和教条而建基于人类理智和批评怀疑主义的科学所提出的政治口号——它已经成为所有人的攻击目标——是：要民主。因为谁以世俗真理支撑，谁将社会目标只对准人类认知，那么他能够为实施必要的强制辩护的最好理由，就是说该强制秩序至少是经由服从该秩序的多数人同意的，因此强制秩序被推到了救赎位置。因为少数派并不是绝对非正义的，也不是绝对不受法律保护的，所以强制秩序必须使少数派随时能够自行转化成多数派。

这是被我们称做民主的政治制度的本来意义，它之所以被允许与政治绝对主义相对立，是因为它是政治相对主义的一种表达。

《约翰福音书》第18章讲述了关于耶稣生平的一件事。这段简洁、微言大义的描写算得上是世界文学中的伟大作品；并且，在不经意间，这段文字成为了相对主义——以及民主制度——的悲剧象征。当时正值复活节，耶稣受到自称为上帝之子和犹太王的指控，并被带到罗马统治者彼拉多（Pilatus）面前。彼拉多讽刺地问耶稣，后者在罗马人眼中不过是一个穷困的疯子：你就是犹太人的王？耶稣以最严肃的、充满神圣光芒的态度回答：你说得对。我是王，我为此而生，我来到这个世界是为了证明真理的存在，而任何来自真理之园的人，都能听到我的声音。于是彼拉多——他来自一个古老而疲惫的并因此变得多疑的文化——问道：什么是真理？因为自己不知道什么是真理，并且因为——作为罗马人——已经习惯了用民主的思维来思考，所以他召唤民众并组织了一场投票。他走到犹太人那里，向他们讲述了福音书并对他们说：我在他身上看不到罪过。但这取决于你们，即我会在复活节释放一个人，你们想要我释放你们的犹太王吗？民众的投票结果是反对耶稣。所有人再次叫喊道：不要释放这个，而是释放一个"Barabbas"吧——编年史作者补充道：Barabbas 是一个强盗。

也许人们、信徒们、政治信徒们会提出疑议，说这个例子恰恰是反对民主而不是支持民主的。必须承认该抗议有一定道理，当然只是在特定条件下：信徒对他们的政治真理——它在必要时必须通过血腥暴力才能抵达——了然于心，就像上帝的儿子那样。

（袁镜淇　陈昊明　曹茨　译　黄卉　陈昊明　校）

谁应成为宪法的守护者？

汉斯·凯尔森* 著

一、立宪君主制下的宪法保障

"宪法的守护者"：在原初意义上是指一个机关，其功能在于保护宪法以免受侵犯。因此，人们也称其为，确切地说通常称其为"宪法保障"。宪法系一种秩序，而且作为秩序，它乃是一种具有确定内容的规范集合。因此，对它的"侵害"意味着对违反宪法中诸规范的事实构成（Tatbestand）所做的规定，无论该事实构成是通过作为的形式，还是通过不作为的形式出现。就后者来说，仅仅是在不履行法定义务，而非——为宪法所授权的某一机关——未行使权利的情况下，才会被涉及。与每个规范一样，

---

* 汉斯·凯尔森（Hans Kelsen，1881—1973），出生于布拉格，维也纳大学攻读法学专业，是德语世界最著名的法理学家之一。早年就与其学生建立了法理学的"维也纳学派"，1918—1920年参加《奥地利宪法》的起草工作，至1929年担任奥地利宪法法院法官。因为犹太人身份在第二次世界大战期间受到迫害，遂于1940年移民美国，前后任教于哈佛大学和加州柏克莱大学。凯尔森最著名的成就是建立了一套严格区分应然和实然，并且不受意识形态也即政治因素影响的法学理论，即著名的"纯粹法学"；根据该理论国家不是社会现实，而是一种法律秩序，而该法律秩序是由一系列规范按分层结构而成（Stufenbau），其顶端是所谓的基础规范（Grundnorm）；对于凯尔森来说，基础规范既不是最高价值也不是事实上的规范，而是法学者分析法律问题必须借助的一种形式上的前提，是诉诸某法律秩序效力时的出发点。

　　本文系译自单行本 Hans Kelsen, Wer soll der Hüter der Verfassung sein? Berlin: Dr. Walter Rothschild, 1931. 此前该文发表在法学期刊 Die Justiz, Bd. 6 (1930/31), S.576-628。在该文发表之前，就宪法司法化问题，凯尔森已有专文论述，可参见 Hans Kelsen, Wesen und Entwicklung der Staatsgerichtsbarkeit, in: VVDStRL. 5 (1929), S. 30-88；该文是作者针对 Carl Schmitt, Der Hüter der Verfassung, in: Archiv des Öffentlichen Rechts, 16 (1929), S. 161-237（之后，卡尔·斯密特在该文的基础上进一步补充、加工，于1931年3月以专著的形式出版该文，参见 C. Schmitt, Der Hüter der Verfassung, Berlin: Duncker & Humblot, 1931.）做出的批判性回应。其他相关文献，主要可参考 Hans Kelsen, Verfassungslehre, Berlin: Verlag Julius Springer, 1925。此外，原文注释体例为页注，本译文改为全文统一脚注，对于一些简写的注释依据原文献做了适当的补充。另：本译文原刊载于许章润主编：《民族主义与国家建构》，法律出版社2008年。现译文在原有基础上略做修订，一是为了更符合中文表述习惯，二是个别语词更合乎学界当前通行的译法。

宪法也可能会被那些必须贯彻它的法规所侵害。这种侵害的发生可能是直接的或仅仅是间接的。举例而言，即便当依法贯彻法律是基于宪法的要求，一部根据宪法颁布的法律受到侵犯只属于间接侵犯宪法。至于说谈及的是为保护宪法而设立的制度，很明显所保护的当然只能是对宪法的直接侵犯。基于此制度而设立的机关就是宪法的直接机关，它们处于"宪法的控制"之下。

法政治上对保障宪法的要求，也就是对相应机构的要求，因为借助这些机构某些宪法直接机关，诸如议会或政府的行为合宪性就可以得到控制，是与法治国原则，也即国家职能机构的行为尽可能合法的原则保持一致的。对于这种要求的合目的性——从不同的政治立场出发，相对于不同的宪法——人们的态度迥异。可能存在一些特殊情形，宪法无法或者在一些根本点上不能被实现，宪法保障就此完全失去意义，因为此时再谈保护肯定是不现实的。而且，寻求最好的保障宪法的形式这种法技术上的问题，有鉴于宪法的特殊性和宪法所设计的政治权力分立，可能会得到非常不同的答案。特别是，是否人们优先考虑压制性保护，还是预防性保护；是否人们该将焦点放在消除违宪行为，还是放在做出此行为的机关的个人责任上，所有这些可能都是值得认真讨论的问题。只有一个问题似乎迄今为止仍处于争议之外，似乎它是如此理所当然的观点，以至于人们几乎不认为有必要在全面性讨论中将它特别强调出来，然而它却在最近一些年里发现了困难所在：如果确实应该创设一个机构，由此宪法的直接机关，譬如议会和政府，所实施的国家行为的合宪性可以受到控制，那么控制权就不应该委托给那个其行为也必须被控制的机关。宪法的政治功能就在于：为权力的运用施以法律上的限制。宪法保障意味着：为实现此功能提供安全机制，也即法律限制不能被超越。如果对此不存在疑问，那么就完成这一功能来说，还没有什么其他权威机关比这种机关更不合适了，即宪法将权力的运用——无论总体还是部分——转让给这种机关，它因此首先就有了法律上的机会和政治上的动机去损害宪法。理由就在于一个原则，再没有什么其他法律技术上的原则能比它更让人们达成一致：没有人可以成为自己的法官。

如果说，那些以所谓"君主原则"为导向的 19 世纪宪政理论的代表们由此提出这样一个命题，正确的"宪法守护者"就是君主，那么——对于任何一个对此持质疑态度的人来说——这简直就是一个再明显不过的意识形态，其体系构成很多所谓的宪政教义的意识形态之一。通过这些意识形态，宪法解释试图掩饰自身的发展趋势：重新找回那些流失的权力，那些国家首脑因从绝对的君主向立宪君主过渡后而流失的权力。[1] 人们实际上所想要得到的是：基于那些具有毋庸置疑的政治上的价值的理由，去阻碍对宪法的有效保障，这些保障使宪法免于那些至少来自它最常受到威胁的那一方的侵犯，也就是来自君主的侵犯，更为准确地说是政府，即君主加上与其行为唱反调的大臣们，因为君主一般来说是不可能对自己采取什么行动的。而且，这也属于君主立宪制的意识形态的方法：仅仅谈及君主作为首脑，事实上发挥作用的是辅助性机关，而君主则是它们所依赖的组成部分。因为一些人不便将自己真实的政治目标告白天下：避免有效的宪法保障，所以他们用如下学说来粉饰自己的这一目标：宪法保障是国家首脑的任务。

立宪君主制下的宪法具有明显的二元特征。它将政治权力分化为两个因素：议会和政府。就此，政府相对于议会从一开始就不可能有纯粹事实上的，而只能是法律上的某种优势。政府，特别是位于其顶端的君主，依照政治现实，譬如从宪法意义上来说，就同议会一样，在相当高的程度上都属于运用国家权力的机关，这是毋庸置疑的。很少发生的情况则是，转让给政府的权力处于同议会权力经常性地竞争当中。因而，为了使这样一种观点成为可能，即恰恰是政府也只有政府是既定的"宪法守护者"，必然要对政府的职能特征有所粉饰。某一著名的学说有助于此种粉饰：君主是——唯一的或者毕竟也算是——位于两个权力因素之间（通过宪法而有意设置的）对立的另一面的、客观的第三审级，一个中立性权力的持有者。因为，仅仅在这样一个前提之下，如下观点似乎才是正当的，即控制权力运用而使之不超越宪法的权力应归于中立权力的拥有者，且只能归于他。如果人们想到，在宪政教义的军火库里也陈列着这样的学说：由于君主是最高国家权力运用的机关，因此，它实际上是唯一的机关，尤其它还是立法权力的拥有者；法律命令来自于它，而非议会，人民代表不过是在确定法律内容之时参与一下而已。可君主真的就是部分或全部国家权力的拥有者吗？真的就是相对于权力运用保持中立的，因而为了控制国家权力运用的合法性唯一可呼唤的权威吗？对此所持的异议，认为这是一个无法忍受的矛盾，似乎完全没有受到关注。为此，人们可以利用科学（法律科学和国家科学）的知识来反对这一被视为政治意识形态的观点。在一个同神学有深层的亲缘关系、今天已无人再能将之掩盖的思想体系里，矛盾的定律在其中是找不到自己位置的。对于这样一个体系而言，起决定作用的不在于某一宪法理论的主张是否是真的，而在于主张是否已经达到了它们的政治目的。而且，这些

---

[1] 在拙著《一般国家法学》（*Allgemeine Staatslehre*）（Berlin: J. Springer, 1925）中，我已经在更多的命题中证明了这样一种宪政教义上的趋势。

主张已经做到顶了。在君主制的政治氛围里，君主作为"宪法守护者"的学说，相对于当时偶尔出现的呼唤宪法法院的要求来说，是非常有力的对抗理论。[1]

二、重构贡斯当之"中立性权力（pouvoir neutre）"的意识形态

在德意志帝国的民主议会宪法——不可避免——陷入的政治性处境中，在那种时刻，宪法——为了自身的保护，如它的朋友们所希望的——已经退守到可谓是它诸多条款中唯一的条款——第48条，也即退回到一个明显如此狭窄的法律空间，以致连躲避毁坏性危险的动作都施展不开，倘使确实处于这样一种状态下，那么寻找宪法的守护者在某种程度上还是可以理解的，如果有关宪法保障问题的讨论也将暂时搁置的话。然而，令人意外的是，一套新的国家法专论集《当代公法文丛》[2]出版了一系列论著，其中一本题目是"宪法的守护者"，刚好回答了宪法保障的问题。更令人意外的是，这篇文章从宪政剧院的废物储藏室里捡拾出最老旧的布景材料，为了重新运用这个对于民主共和国和魏玛宪法来说满是灰尘的道具，它提出了自己的命题：只有国家首脑而非其他国家机关才是宪法的守护者。最最令人意外的却是，这篇文章试图复兴本雅明·贡斯当（Benjamin Constant），这位君主立宪思想中资格最老且最可靠的思想家的学说，即君主作为中立性权力的学说，并且不加限定地就改头换面为共和国的国家首脑作为中立性权力。文章的作者是来自柏林商科学院的国家法教授卡尔·斯密特（Carl Schmitt）。作者的抱负是要展示给我们，"一些传统形式和概念是多么彻底地依赖于早期形势，今天，它们甚至连装新酒的旧酒囊都不算，干脆就是老化不堪的错误的标签"。[3]他毫不费力地就记起来，"19世纪君主立宪思想所处的环境，已经不复是国家与社会、政治与经济相分离"[4]，因此君主立宪意义上的宪法理论的范畴对于议会——全民参与的民主宪法，正如今日德国宪法，已经不敷适用。由此出发，他举例道，来自于19世纪君主立宪思想的形式法概念在魏玛宪法中已经失去了它原初的意涵，这种法最初是用于确保议会作为立"法"者相对于君主有权制定预算审核法。由此，尽管宪法第85条和第87

---

[1] 当人们宣称由议会作为"宪法的守护者"，这当然属于同样的意识形态，它不过是在履行民主的原则，因为正如布隆斯利（Johann Caspar Bruntschli）所言，"立法机构的躯体"所担负的最重要的保障就在于，"履行职责的时候不要违背宪法精神"。参见 J. C. Bruntschli, Allgemeines Staatsrecht, 4. Aufl. 1868, Bd. 1, S. 561/62。

[2] 此系列论著由出版社 J. C. B. Mohr (Paul Siebeck) 出版，参见 Beiträger zur öffentlichen Recht der Gegenwart 1, Tübingen, 1931。

[3] Carl Schmitt, Verfassungslehre（《宪法学》）, München: Duncker & Humblot, 1928, S. 9。

[4] Carl Schmitt, Der Hütter der Verfassung（《宪法的守护者》）, Tübinger: Mohr, S. 128, 也参见 S. 117。

谁应成为宪法的守护者？

条有明确规定，议会有权确定预算计划、信用授权（Kreditermächtigung）以及获取保证金（Sicherheitsleistung），帝国法的形式决不允许成为"绝对的且无条件"必要的，而只能采取帝国总统按照宪法第48条规定发布的法规（Verordnung）的形式[1]。类似的努力，即解除或弱化所谓的财政法上的宪法保留，很自然也已被君主立宪理论尝试过。而且，认为君主能通过发布紧急命令来确定预算计划以及取得信用授权的主张，并不会受到"形式法"概念的阻碍。譬如，就像奥地利（1920年联邦过渡宪法中）声名狼藉的第14条的理论与实践所证明的那样。但是，"历史批判"意识可以保护我们以免于"欠斟酌的形式主义"。帝国宪法之规定："财政预算计划由议会法制定"以及"这种（资金通过信用途径的）获取与由帝国承担保证金都须依照帝国法律之规定来进行"，可以作如下理解，预算计划仅能依据议会法取得，信用授权以及保证金的取得只能基于议会法——然而这种历史意识，并未能阻止我们接收君主立宪教义的意识形态，这种教义：国家首脑作为中立性权力的学说，所具有的时代依附性，即它形成于一个特定历史政治情境下，比其他任何一种学说都更为明显。显然，卡尔·斯密特正是将贡斯当的公式当成自己解释魏玛宪法的主要工具。借助于此，他才得出这样的结论："宪法的守护者"并非如人们按照宪法第19条之规定所推定的那样，是指国家法院或者其他什么法院，而是帝国总统，而且确切地说，对守护者的确定应基于现行宪法，而不应通过宪法改革。

贡斯当曾主张，君主是一个中立性权力的主体（Träger），他对自己主张的支持本质上完全基于如下假设，行政贯彻执行权分裂为两个不同的权力：一个是积极的，一个是消极的。君主所拥有的仅仅是消极的权力，此种消极性就意味着它是一个"中立性"权力。其中所含的虚构性显而易见，这种虚构性使得君主权力，包括宪法所授予他的对外代表国家，特别是签订国际条约、法律制裁、军队和舰船的最高指挥权、公务员和法官的任命以及其他一些权力，所表现出来的纯粹是"消极性"，与其相反，其他执行机构行使的则是积极的权力。[2] 至于说，尝试将贡斯当之君主作为中立性权

---

[1] 同上注，S. 128/29。

[2] 本雅明·贡斯当（Benjamin Constant），原初意义上地道的共和党人，在法国大革命之后变成君主制主义者，在拿破仑政权垮台之后，他写下了《论征服的精神和僭主的政治》（De l'esprit de la conquête et de l'usurpation），支持合法的君王统治。利用这篇文章，他成为正当性意识形态的共同奠基人。尽管如此，他也参与到尝试将贝尔纳多特（Bernadotte）扶上君主宝座的队伍中。但由于这一尝试的失败，他转而投向波旁皇族。在刊物"Journal des Débats"中，他撰文反对从爱尔巴（Elba）岛返回的拿破仑，说他是"匈奴王"和"成吉思汗"。但是，仅仅几周之后，他就"成了枢密院的成员，受拿破仑的委托起草帝国宪法的补充条款。在第二次复辟之后，贡斯当又成为大宪章和波旁皇族的支持者。例如，1920年，他在议会宣讲道：波旁皇族加上大宪章就意味着一个巨大的益处，因为这一巨大的益处就表现在一个古老的家族具有不可置疑的执政权。在卡尔斯十世（Kars X）受到驱逐之后，我们碰见的又是一个为路易斯·菲利浦统治的正当性辩护的热情的辩护者"。参见 A. M. Dolmatowsky, Der Parlamentarismus in der Lehre Benjamin Constants, Zeitschrift für den geschichtlichen Staatswissenschaften, 63 Jahrgang 1907, S. 602。

德国魏玛时期国家法政文献选编

力的意识形态挪用到民主共和国的国家首脑身上，则必定会特别让人起疑，当此尝试与如下趋势联系在一起的时候，也即使得国家首脑的职能扩展到超过立宪君主制中的君主所拥有的正常职权范围。为了使得国家首脑成为"宪法守护者"的合适人选，斯密特将国家首脑的中立性权力不是界定为一个超越"政治决断和影响权的享有者"的主管机关，或是"更高的第三方"，又或"国家的主权领导者"，而是一个与之"并肩而立的地位"，一个"不是超越，而是与其他依宪设定的权力平起平坐的"[1]权力。但是，与此同时，他通过更为广义地解释宪法第48条，试图扩大帝国总统的权限，总统正是国家的主权统治者，也即斯密特通过拒绝将其称为"专政"，使之得到一个权力不会变得更少的统治地位，然而按照刚刚所引用的表达，这一地位无论如何同宪法保障者的职能是不相一致的。

卡尔·斯密特竟相信，可以将立宪君主制下的中立性权力这一意识形态性的命题如此轻易地就转移给国家首脑，一个在对政党政治潮流实行高压而选举出来的民主共和国的机关，这实在是太不可思议了，因为他偶尔也清楚地看到一些真正的事实，它们清晰地暴露出君主为宪法守护者的立宪学说所具有的意识形态特征。他如此说道，在立宪君主制中，政府，也即"行政"的范围威胁着宪法，使之陷入被破坏的危险之中，正是这样一个事实，它必定从根本上摧毁那种支持掌控政府和行政的君主这样一个中立性权力及其担当"宪法守护者"一职的观念。但是，斯密特仅仅添加了19世纪就君主制政府这一面来说威胁宪法的危险，目的是表明，今天是20世纪且是在民主共和国，这种担心宪法被破坏的关切"首要是针对立法者"，也就是说，不是针对总统治下的政府，而是议会。[2]可是，追问宪法第48条所支持的由总统和部长组成的"政府"之职能是否合宪，似乎并不是在"当今"德国才成为魏玛宪法的命运问题吧！是的，假如说，在政府这一面确实不存在破坏宪法的问题，那么，呼唤国家首脑作为"宪法守护者"这一公式听起来再自然不过，确实不需要斟酌。之后，人们也无须进一步反对这一公式的不精确性，运用这一公式——正如它可能表现的那样，保障宪法的职责不仅可以向国家总统个人，而且也可向由总统以及与其连署的部长们所组成的团队（Kollegium）提出要求。但是，如果人们没有忽略，上面的论证中所涉及的仅仅是"好像"，那则是非常有益的。

---

[1] 同上注5，S. 132。
[2] 同上注5，S. 24。

三、通过法院的宪法保障

为了支持自己的命题：帝国总统乃是宪法的守护者，卡尔·斯密特必然要反对多次为人所要求的、在一些国家已经实现的宪法诉讼的机构，也就是说，他必然得反对将保护宪法的职能委托给一个独立的法院。这一法院担当的是中央宪法法院的职责，当它如此行为的话，即必须按照合政党比例（parteimäßig）设置的程序来裁断议会行为（特别是法律）的合宪性，也包括政府的（特别是行政立法）行为的合宪性，在确定前述行为违宪的情况下，必须取消这些行为，必须对因控诉而生效的某些机关的责任做出判决。就这样一个机关的合目的性来说，某种程度上还存在着争议。没有人会断言，它提供的是在任何情况下都绝对有效的保障。人们从法政治上讨论中央宪法法院的问题所牵涉的任何一个观点，并从这些观点出发判断对中央法院应该持赞成还是反对意见，都是无关紧要的，即是否这一机关是一个"法院"以及它的职能是否可算是真正的"司法"。然而，这是一个法律理论上非常有意义的分类（Klassifikation）问题。对这样一个问题给出的——可能是赞成性或是反对性的——答案根本形不成任何结论，对于将前面所说的职责委托给一个合议机关，给予它的成员以完全独立地位的保护，无论其以何种方式被任命，这一答案既说不上肯定赞成，也谈不上明确反对。其成员的此种独立地位乃是相对于议会和政府而言，因此它被称为"法官的"独立性，因为现代宪法都习惯于将这种独立性规定给法院。从任何一种意义上的"司法"概念得出结论，认为此处称为"宪法法院"的制度是不可能或者不切实际的，都是典型的"概念法理学"的伎俩，现如今人们早已将之摒弃了。

可以推定，卡尔·斯密特也并非有意进行这样一种论证。但是，他却将这种嫌疑指向了自己，在将反对的矛头冲向宪法诉讼的时候，即在一篇肯定是法政治学意义上的文章里，他又给予法律理论上的问题，即宪法诉讼是否属于"司法"，以最大限度地重视。而这一法理论问题中内含的关键性难题又在于，是否"司法可以担当起宪法守护者的重任"。颇有些古怪的是，他坚信必须以相对重大的成本来证明，对自身可运用的法律享有实质审查权的德国刑事、民事和行政法院在"精确的意义上"并不算是"宪法的守护者"[1]。很自然，出于几乎无法说清的理由，他没有就美国最高法院而谈及此事，尽管实际上这一法院与德国法院的作为并无二致，当德国法院运用自己的审查权的时候，也即法律由于违宪的原因而在具体的案例上不能被适用。相比起具有

[1] 同上注5，S. 12。

撤销法律职权的中央宪法法院，当然除非斯密特不想让它作为"法院"，否则应该不会拒绝运用"宪法守护者"的概念来涵摄*这一法院，那些执行审查权的法院也只是在量上有别于这样一个实际的"守护者"。这种量上的区别就表现在，宪法法院撤销违宪法律的效力不仅是针对某一个具体的案例——就像那些执行审查权的法院一样，而且是针对所有情况。于是，当卡尔·斯密特指出，宪法守护者在宪法性法律上的功能就在于，它使得在执行实质审查权中所包含的"普遍和偶尔的拒绝服从权和反抗权"被替代或者变得多余，试想这一功能还有什么价值可言[1]。倘使说，为了由此来获得"宪法守护者"这一概念的"精确意义"，那么这确实是不够的。但是，对于成功得出如下结论，即那些尽管可以运用审查权的法院却"不能被视之为宪法守护者"，却恰恰是足够充分的。这不过是一种纯粹字面上的确定。因为斯密特可能并不否认，一个法院如果拒绝运用违宪的法律，撤销该法律对具体案例的效力，事实上履行的正是保障宪法的职责，尽管人们并没有授予它"宪法守护者"的头衔，也即放弃了空洞的言辞，这种言辞的激情仅仅限于呼吁人们要警惕与之相连的意识形态的趋势。它取决于，是否以这种方式委托给法院以保障宪法的职能是合目的的，如果不合目的，那么是否还有必要授予那些法院以审查权。然而，指望从卡尔·斯密特那里寻找到对这一问题给出的明确决断，只能是徒劳的。

相反，人们将发现一堆论证，利用这些——非常不体系化的——论证，斯密特总是一再尝试去证明，经由独立的人组成的团队按照合政党比例而设计的程序——斯密特并没有注意到由法院监控其他直接宪法行为的可能性——所做出的有关法律的合宪性以及取消违宪的法律的裁断，并非"司法"。然而，这里所提供的论证不仅没有证明任何关键性的问题，即便有也不过是些法政治上的问题，在法理论上都是没有什么用处的。

四、司法和"政治性"职责

这些论证从一个错误的前提出发，即认为在司法的职能和"政治性"职能之间存在着根本的对立，特别是决断法律的合宪性以及取消违宪的法律都属于"政治

---

* 涵摄（Subsumption），在法学上是指一个法律适用的推理过程，也即法律规范在现实生活中的运用，其最基本的逻辑结构形式就是"如果，那么"。它通常包括四个必要的步骤：①事实性前提；②法律上的界定；③涵摄（如果，那么）；④结论。——译者注

[1] 同上注5，S. 21。

性"行为，并且由此导致了这些活动不再是司法性质的。假使说，一般而言，"政治性"这样一个多重歧义、极度被滥用的语词确实应该获得一定程度上的确切含义的话，那么人们只能就此所涉及的且与司法相对立的关系进行假设，即由此应该表明了一些诸如权力运用（与权力运用相对）的事物。"政治性"是立法者的功能，它使得人们服从其意志，与此同时通过运用权力，强制人们在遵从他们自身利益的条件下，将他们纳入通过规范而设定的限制当中，如此，现有的利益冲突就成为关键性的；而法官仅仅是作为法的产物，而非权力的主体，来运用由立法者所创设的秩序。然而，这种观念却是错误的，因为它（该政治）预设着权力运用的过程止步于立法程序。人们没有看到或者不愿看到，在诉讼中，不亚于在法律执行的其他分支，即行政这一政治非常根本性的延续中，政治才可能有了真正的开始。如果人们瞅瞅这一处于利益冲突的裁断（Entscheidung），或者——为了使用斯密特的术语——"决断"（Dezision）中的"政治性"，那么，在法官的每个判决中，都或多或少地隐藏着决断的要素，一个权力运用的要素。司法的政治特征越强，自由裁量的范围越宽，这一裁量究其本质必然允许司法的普遍性立法。认为只有立法，而非真正的"司法"才是政治性的主张，就如同认为只有立法是生产性的法律创设活动，而诉讼则是再生产性的法律运用活动一样，都是错误的。根本来说，这是一个且同样错误的两个不同的变体。通过立法者授权法官，在相互对立的利益的某种边界进行权衡，站在一方或另一方立场做出决断，立法者转让给法官一个造法职能，也即权力，从而使得法官的职责具有同立法一样的政治性特征——尽管立法的政治性程度要更高。在立法的政治特征和司法的政治特征之间所存在的只是量上的差别，而非质的差别。如果说设定诉讼的本质是非政治性的，那么国际性诉讼就是不可能的。更精确地说，国际法上对国家间争端所做出的决断肯定要经历一个名称上的变化，因为国家间争端通过其表现较之于国内冲突作为权力冲突更为明显而区别于后者。然而，在国际法理论中，人们却寻求在可裁决的与不可裁决的，在法律冲突与利益（权力）冲突之间，在法律争议与政治争议之间做出区分。这意味着什么？每个法律冲突都是利益冲突，也即权力冲突，每个法律争议因此都是政治争议，而且，每个被称为利益、权力或政治冲突的冲突都能作为法律争议而被裁断，只要就此冲突引发疑问：是否一个国家针对另一个国家提出的，而另一个国家拒绝给予满足的主张——每个冲突的表现形式——能够在国际法中被证立。这一问题一直都是按照国际法，也就是在司法意义上被裁断。因为这一问题是否获得支持及其主张被接受，或者它被否认及其主张被拒绝,都按照国际法来做出裁断。两者之间没有第三条道路(Tertium non datur)。"不可裁决"或者说政治性,之所以是一个冲突,不是因为就其性质而言,它并非法律冲突,因此也就不可能通过"法院"来裁断;而是因为,一方或双方当事人无论出于何种理由都不想让冲突通过一个客观的审级来裁断。面对此种需求,以及与此需求相应反对国际法诉讼发展的趋势,国际法理论由于"可裁决"的冲突和"不可裁决"的冲突的概念以及司法性和政治性等概念,为它们提供了必要的意识形态。斯密特不过是将此转移至国内法的范围内而已,当他——以及其他一些国家法学者——在"可司法化"和"不可司法化"的事物之间进行区分的时候,并且通过阐明如果扩张将"会使司法受到损害"[1],警惕人们不要将前者扩张到后者的范围中去。不可司法化照斯密特来看属于"政治性"问题。然而,人们站在以理论为目标进行观察的立场上所谈及的事物,仅仅是指,宪法法院的职能相比起其他法院在更为宽泛的程度上带有政治特征——而且,凡站在宪法法院机构立场上的人从来没有不承认或是否认过宪法法院的判决具有明显的政治意涵;而不是说,宪法法院不是"法院",它的功能不是"司法";最起码,这一职能不可以委托给具备法官独立性的机关。也就是说,无论基于何种近似"司法"的概念,都可以推导出对设置这种国家机构的要求。

五、司法的本质

因为斯密特着重强调了所谓的宪法诉讼并不属于司法,如此一来,人们就可以期待它提供一个清晰和精确的概念限定。这样的期待却令人甚为沮丧。他就司法的本质性规定所教给人们的实在微不足道,从而在根本上导致了长期以来就被视为谬误而加以认知的观念旧错重演。

如果人们概括一下他对有疑问的对象所做的支离破碎的评论,就可以得出如下结论:司法就其本质是受到规范约束的,也即那种规范,其可"使得基于事实的涵摄成为可能",而且"进一步在其内容上是无疑问和无争议的"[2]。因为,在裁断一个法律是否合宪问题上,从来没有涉及"基于事实的涵摄",大部分涉及的是"对内容上有疑问的宪法性法律之内容加以确定",所以并不存在司法。为了能即刻开始第二个品质,据此可以刻画出"司法"的特征,斯密特似乎认为,在他看来司法属性毋

---

[1] 同上注5, S. 22。
[2] 同上注5, S. 19, 36 ff.。

庸置疑的民事、刑事和行政法院，肯定一直运用的都是那些内容上无疑问和无争议的规范，在这些"法院"所必须裁断的法律争议中，涉及的一直只是事实问题，而从未涉及所谓的法律问题，因为这些法律问题只有当所运用规范的内容出现疑问和有争议之时才会形成。对此，人们也只能抱之以惊讶。举一例详说。在这一案例中，宪法性法律和简单多数法律（Einfache Gesetze）之间没有"明确的冲突"，有的只是"疑问和观点分歧"，即"该冲突是否以及在多大程度上存在"："当宪法性法律确定，保留神学系，而某一简单多数法律却规定，取消神学院"的时候[1]，由于是否"神学系"也可被理解为"神学院"无法确定，所以宪法性法律的内容明显是有疑问的。自身司法特征不可置疑也从未被怀疑的正规法院（ordentliche Gerichte）的司法实践意味着，在难以计数的案例中对内容上以完全相同的方式受到怀疑的法律的内容加以确定，就对此加以证明来说，凡服务于此证明的每个词都是多余的。当斯密特谈及"在程序裁断与对一个宪法规定的内容有疑问和有观点分歧之间所存在的基本区别"[2]之时，人们只能说，大部分程序裁断都是对一个宪法规定的内容产生疑问和发生观点分歧所做出的裁断。而且，有关司法中还从来没有听过这样的说法，且以这般口气，"当规范自身就其内容存在疑问和争议的时候，所有司法都受制于且止于规范"[3]，来完全否认司法的本质。若是把这句话反过来，恰好又返回到最明了、每个人都可看到的真相：如果规范就其内容带有疑问和争议的时候，通常大部分司法的大门才会开启，因为否则就只存在事实争议，而非实际上的"法律"争议。可能会有人产生疑问，将审定内容上受质疑的宪法性法律这样的任务转移给独立的法院，是否是合目的的；完全可以出于随便什么理由而倾向于让政府或议会来承担审查的职责。但是，人们不可能会主张，如果由它所运用的规范在内容上受到质疑，它的裁断因而是对该内容加以确定的时候，宪法法院的职责便不具有司法性；还因为人们不可能会主张，宪法性法律的规范内容有疑问不同于法律的规范内容有疑问，后者并不具有宪法性法律的特征。

另一个标准：能够被司法所运用的规范必须能够使得合乎事实的涵摄成为可能，却并非是不正确的。相反，针对有关法律是否合宪而做出的裁断表达的并非此种合乎事实构成的涵摄过程，这一断言却是尤为不正确的。遗憾的是，卡尔·斯密特就此止步，没有详加阐明何谓他所理解的"事实构成（Tatbestand）"。或许，人们可以假设，在刑

[1] 同上注5，S. 44。
[2] 同上注5，S. 4。
[3] 同上注5，S. 19。

事法院必须就侵权控诉做出裁断的情形中，斯密特以最简单和最明确的方式赋予合乎事实构成的涵摄以优先性。然而，如果一个刑事法院确定，被告人的行为符合那种事实构成，即刑法将其规定为违法行为，也就是确定的不法结果的条件的事实构成，那么肯定存在同样的情形，宪法法院怎样以及什么时候可以知道一个受到无论哪一方挑战的法律是违宪的。一个法律的违宪性——正如它最先表现出来的——可能不仅在于，它并没有在宪法所规定的程序内生效，而且还在于，它包含有基于宪法规定而不应该有的内容，只要宪法不仅规定立法的程序，而且也确定未来法的内容，无论以哪种方式，比如通过提出指针、原则等任意方式。然而，由于仅仅当实质性宪法规范以特定的宪法形式，也即复杂多数法律（qualifizierte Gesetze）*形式出现的时候，一个涉及法律的宪法诉讼才得以可能；因为否则的话，每个实质性宪法性法律都会被与其相悖的简单多数法律取消，或者确切说被改变，如此一来，一个违宪的法律也就根本是不可能的，所以，通过宪法法院而对某一法律所进行的合宪性审查，通常意味着对法律是否合乎宪法而成立的问题做出裁断。然而，尽管法律通常会因为包含有违宪的内容而成为违宪之法，但是这一法律之所以是违宪的，乃是因为它并非作为可修改宪法的法律而成立。而且，也存在这种情况，宪法完全排除了一个确定的法律内容，以至于规定有这一内容的法律一般来说并不能合宪地成立，譬如一个侵犯了联邦职权的成员州的法律（即便它按照州宪法而成立，但却不符合联邦宪法），在这种情况下，法律的违宪性就表现在它的成立上，确切说，不在于它是否恰当，而在于它确实成立了。"事实构成"，当它在就法律的合宪性进行裁断之时而被依照宪法涵摄适用的时候，并不是规范——事实构成和规范是两个不同的概念，而是规范的产物；真正的"事实构成"是那种由宪法规范所规定的事实构成，而且，因为只要它被宪法所规定，它就可以在宪法中涵摄应用，就同由其他法律所规定的任何一种事实构成一样。原因在于，只有当某一规范已经就事实构成做出规定，也即将其作为条件或结果而设定在规范里，人们才可以将该事实构成置于此规范中"涵摄"适用。是否民事法院可以就一个遗嘱或契约的有效性做出裁断，是否它解释一个法规是违法的，从而在具体的案例中不适用这一法规，或者是否宪法法院认定某一法律是违宪的：在所有这些情况下，反映的都是规范创设的事实构成，它基于规定这种事实构成的规范而被涵摄应用，而且还可由此判定，该事实构成合乎规范还是违反规范。宪法法院也对判定法律违宪的裁断做出回应，它所

---

* 特定多数法（qualifizierte Gesetzte）与简单多数法（einfache Gesetzte）相对，前者是指由议会特定多数（如 2/3 以上多数）修改或通过的宪法或法律，而简单多数法则是由议会简单多数（如 1/2 以上多数）修改和通过的法律。——译者注

采用的是一种起着反向作用（actus contrarius），就此与违反宪法的规范创设的事实构成相一致的行为，也就是与取消违宪的规范相一致，在个别意义上，它仅适用于具体的案例，在普遍意义上，适用于所有情形。

当卡尔·斯密特将法的合宪性审查的特征描述为，在审查过程中只有“某一法的内容同其他法的内容相对抗，某一冲突或矛盾被确定”，结果“在普遍性规则之间只能进行比较，而不可以彼此涵摄或是运用”[1]，他就破坏了真正事实上的观点：没有看到法作为规范和法的创设作为事实构成之间的区别。这并非简单的同音异义（Äquivokation）的牺牲品。而且，这其中所涉及的是他的带有全部变化的可能的论证：不存在“宪法性法律对简单多数法的司法”，没有什么“规范对规范的司法”，“一个法律不可能是另一个法律的守护者”，以及其他完全相近的论述。在宪法诉讼中涉及的并非正如斯密特对分析这一职能的“规范理论”所期待的那样，“规范应该在规范上保护自我”，也不是一个弱的法通过强的法或强的法通过弱的法来保护；而是在于，由于创设某一规范的事实构成与规定这一事实构成从而级别更高的规范相矛盾，因此该规范的效力，或者是在个别意义上或者是在普遍意义上，都应该被取消。

六、法律创设与法律运用

为了使得宪法诉讼不必作为“司法”而成立，为了能赋予其“立法”特征，卡尔·斯密特始终坚持自己对这两个职能机构之间关系的看法。然而，就此看法来说，现如今人们都相信，它早就被驳斥掉了已是人所接受之事。这种观点主张，法官的裁断业已在法律中有成形的规定，仅仅通过一种逻辑运作的方式，裁断才能从法律中推导出来：即司法作为法律的自动发售机而存在。也就是说，斯密特道出了他全部的真心话，法官的“裁断”“内容上是从另一个可测度且可计算的、已然包含在法律中的裁断推导出来的”[2]。这种学说也源自立宪君主制的意识形态：独立于君主的法官不该知晓法律所赋予给他的权力以及所必须赋予给他的权力——因为该法仅具有一般性特征。他应该知道，他不过是一个法律的自动发售机，自己并不创设法，而是运用已经创设出来的法，“发现”在法律中业已完全存在的裁断。然而，这在今日看来，不过是长久以

[1] 同上注5，S. 42。
[2] 同上注5，S. 38。

来就为人看穿之事。[1] 因此，毫不意外，斯密特——自从这一理论帮助他将司法作为纯粹的法律运用从立法作为法律创设中原则性地分离出来，自从这一理论建立了他在反对宪法诉讼的斗争中所使用的主要论证："法并非法官的判决，判决也不是法"——就没有再进一步坚持这个自动发售机理论，而是强调性地解释道："在每个裁断中，即便是由一个基于事实涵摄应用的、通过程序决断的法院所做出的裁断，都含有一个纯粹的决断，这一决断是无法从规范的内容中推导出来的"。[2] 然而，正是从这一观点可以推出，在法和法官的判决之间并没有质的区别，宪法法院的判决，由于是一个立法也即法律创制行为，却并没有就此不再属于一个诉讼行为、司法行为，也即适用法律的行为；而且不可忽略的是，由于"决断"要素绝不可能是立法的职能，而是——确切说必然是——包含在司法的职能中，此种司法就同彼种立法一样都具有"政治性"特征。因此，意图攻击宪法诉讼的"政治性"特征以使之无法证立的整个论证就成了无的放矢，找不到自己反对的对象了。唯一遗留的问题，即为什么像卡尔·斯密特这样一个具有如此非凡思想的作者竟会陷入如此明显的矛盾之中，从而只能坚持如下观点：宪法诉讼不是司法，而是立法，从他自己的观点只能孕育出，宪法诉讼可能而且必定同时既是司法又是立法。几乎再没有其他的解释比这个更具有可能性，对宪法诉讼不是司法的断言之所以如此重要，甚至可以一直与自己的理论观点相冲突，就因为它被认为是法政治要求的前提：因为就法是否合宪而依据合司法的程序所做出的裁断以及取消违宪的法律都不属于"司法"，同理，这一职责不可委托给独立法官，而必须委托给其他机关。当斯密特把国家以他一贯认为最重要的职能为标准划分为立法国和司法国 [3]，而且从一个国家——正如今日德意志帝国——是立法国而得出结论："在一个立法国不可能有宪法司法和国家诉讼作为真正的宪法守护者"[4]，他不过是将同一论证做了另一种运用罢了。这也就等于说 [5]："在一个并非纯粹司法国的国家，它（司法）是不能运用这种职能的"。不过，相比起从一个国家并不适合这种理论模式而得出在那里"不可能"有宪法法院的结论，或许可以更为正确地发现另一个结论，即一个宪法中设置了宪法法院的国家并不能算是"立法国"。这不过是一再出现的那种从按照预想的法律安排而预设的法概念得出的结论，一种典型的法理论和法政治的混

---

[1] 参见拙著：Allgemeine Staatslehre（前注 1），S. 231 ff., 301。
[2] 同上注 5，S. 45/46。
[3] 同上注 5，S. 75。
[4] 同上注 5，S. 76。
[5] 同上注 5，S. 28。

合物。[1]

一种以宪法司法化的可能性为对象的法律科学上的调查，不应忽略这样一个事实，已经有国家——即奥地利——的先例，在那里一个完美改建的、居于中央地位的宪法法院自从十多年以前就有效地发挥着作用。分析它的事实上的实效性，相比起质疑它同立法国的概念的一致性将会更加令人受益。斯密特止步于为"奥地利答案"加上引号，并且就此说明道，"自从第一次世界大战结束后令人厌倦的十年里，人们几乎不再讨论这种司法扩张所具有的实际意义，他们满足于抽象的规范主义和形式主义"[2]。假使说维也纳学派应被理解为"规范主义和形式主义"：现在，这一学派并没有阻止这种"抽象化"同时还承担一部分非常具体的创设法律的工作，此外也没有阻止奥地利宪法法院。就讨论司法扩张的"实际意义"来说，斯密特无论如何也没有从他的抽象化高度降落下来。

这种方法在理论上的不可能性，也即其内含矛盾，是显而易见的，因为斯密特在他文章结束的时候，着手从他的法理论的前提中推导出预想的法政治上的结果。也就是："当人们为了高度政治上的问题和冲突而设置一个法院作为宪法守护者，以及司法由于这种政治化而承受负担和受到威胁之前"[3]，人们当记得魏玛宪法的实证内容，

---

[1] 认为在立法和法官判决之间存在根本性区别的观点，还从未受到来自像斯密特那样的积极的反对，他反对的依据是，二者由于都是"决断"因而本质是一样的，而最奇怪的是，这一观点在斯密特看来却正好构成了反对由我所代表的"规范层级理论（Stufentheorie）"的争论基础，该理论由于认识到立法和诉讼在本质上是相同的，故而寻求二者之间在量上的差别。如果层级理论在立法上同在诉讼上一样看到的都是规范创设，那么它在方法上就是以同样的方式来运作，正如斯密特认为的那样，当他承认在二者中都共同包含着"决断要素"的时候。由此说明了他的论证的粗暴性，其中，事实性的论证很少，而强调感情的价值判断居多，譬如"无对象的抽象性"、"充满幻觉的隐喻"、"鹅腿逻辑（Gänsebeinlogik）"。基于激进的方法批判以及在激烈反对一切神的人格化斗争中而被我运用层级理论推出的结果，即"规范等级"被断然视做一种"未加批判且无方法论的对规范采用神的人格化"以及"即兴使用的比喻"，从而被以注释的方式否定（同上注 5, S. 38ff）。在那篇主要是法政治性论文的评论中，就其实为一种根本不想对法进行结构分析的理论来说，若是对之多加思考，几乎没有任何意义。因此，我只需指出，卡尔·斯密特讨论中所针对的学说与我所代表的理论几乎毫不相关，就足够了。这里存在着一个巨大的误解。卡尔·斯密特坚信他已经驳倒了这一层级理论，当他写道："如果一个规范比其他规范更难被改动，那么它在任何一种可想见的方面，无论是逻辑的、法学的、社会学的，都有别于规范的等级；一个宪法性法律上的权限指令（Zuständigkeitsanweisung）对一个有权机关发布的法令来说同上级机关并无关联 [因为规范化（Normierung）并不是一个行政机关]，一般性法律并非那种很难变动的法律的下位法，这才是正确的。"如果我断言，宪法由于比法律更难变动而位于法律"之上"，那我的理论岂不是像斯密特所说明的那样毫无意义了吗？然而，在他的说明中，有一个小细节却被忽略了，我已经以最大限度地强调，将宪法在形式意义和实质意义上的不同进行了区分，而且我在证立宪法的超越于法律层级之上的超秩序性时所运用的并非是偶然的、非本质性的宪法形式，而是宪法的内容。作为一个居于立法之上的规范，宪法之所以进入人们的视野，是因为它规定了立法程序，而且在一定程度上规定了（基于宪法而生效的）法的内容。就如立法规定了所谓的法律适用（如诉讼、行政）之上一样，就立法规定了后者的实现以及——在非常宽的尺度上——也规定了它们行动的内容来说。在立法层级和法律适用层级之间的关系上，有关规范变动难易与否的问题一般来说并没有太大意义。尽管卡尔·斯密特涉及的仅仅是我的所有文章之中的一篇报告"国家诉讼的本质和发展"（载于 Veröffentlichungen der Deutschen Staatsrechtslehrer Heft 5, 1928），但是如果他已经读过这篇报告的第 36 页，那他肯定就会知道前述所说。

[2] 同上注 5, S. 6。

[3] 同上注 5, S. 158。

如斯密特所以为的，它规定了由帝国总统作为宪法的守护者。这恰好意味着：对于高度政治性的问题和冲突，人们不该安排由法院来作为宪法的守护者，因为通过法院的这种守护活动，司法被政治化，它将不堪重负，陷入危险当中。司法？它怎么就会因宪法诉讼而变得不堪重负而且危险重重呢，如果说宪法诉讼——正如斯密特最为专门地努力以求证明的——根本不是司法的话？

因此，不应否认的是，斯密特所提出的一般意义上追问司法的"边界"、特殊意义上追问宪法司法的"边界"肯定是合法的。只是在这一关系中，斯密特追问的不是司法的概念，而是履行司法职能最合目的的形式，显然，这两个问题肯定是彼此相异的。如果人们想要限制法院的权力，从而也就是限制其职能的政治性特征——一种在立宪君主制中尤其暴露出来的，在民主共和国中也可观察得到的趋势，那么法律为自身适用而规定的自由裁量空间则必然是非常有限的。可由宪法法院适用的宪法规范，特别是那种借由自身来确定未来法之内容的宪法规范，譬如关于基本权利的规定以及其他类似规定，不可太过一般性地来把握，不可利用"自由"、"平等"、"正义"等模糊的关键词来进行实际的操作。否则，就会带来违背宪法初衷的、政治上最不相称的权力转移的危险，即从议会转移到议会之外的主管机关，"其可能会变成完全不同于在议会中所表达的政治力量的代表"。[1] 然而，这并不仅仅是特别针对宪法诉讼的问题，对

[1] Hans Kelsen, Wesen und Entwicklung der Staatsgerichtsbarkeit, S. 70。这些句子是与如下说明相互关联的，我将全部引用，以向那些仅仅读过斯密特文章的读者显示，"盲目规范主义的狂热信徒"（同上注5，S. 30）中的一员，他的"规范主义和形式主义的逻辑"（同上注5，S. 41），以及"这种逻辑为法律概念所带来"的"破坏"（同上注5，S. 38）实际情况究竟是怎样的："人们有时会发现这种主张，即在每个国家的宪法之上，还有一些自然法规则，它们也必须受到该国法律适用机关的尊重。如果就此涉及一些原则，其已规定在宪法或法律秩序的任何其他层级中，而且是通过抽象程序的途径从实证法的内容中得以实现，那么将它们表述为独立的法律陈述（Rechtssatz）就是一件微不足道的事情。它们能得以成功地被应用是通过对它们做出规定的法律规范，而且它们也只能规定在法律规范之中。然而，如果涉及的是规范，其绝不可能被实证化，而是由于它表达了'正义'，所以应该变成实证法（即便这些原则的辩护士们以一种或多或少明确的态度认为它们是'法'），那么存在的无非是一些法律上不具有约束力的假设（事实上，它们不过是某些集团利益的表达而已），约束的是那些受托立法的机关。确切地说，不仅仅约束立法机关，在它们那里，实现这些假设的可能性几乎是完全不受限制的，而且还约束那些创设法律的低位阶机关，然而，同该机关的职能具有法律运用的特征相应，实现这些假设的可能性也变小了，但是却存在于自由裁量的幅度内。此可能性在司法和行政处亦然，当二者都可以在诸多解释可能中做出选择的时候。对于这些原则是否可被宪法法院适用的问题，答案恰恰在于，对这些原则的审查或实现，迄今为止尽管付出一切努力，却没有发现哪怕是有一点清晰的规定，而它们在法律创设程序中并不具备法律运用在这些语汇的技术意义上所带有的特征，而且基于已经说明过的理由，可能一点特征都没有。如果宪法——正如有时会发生的——通过呼吁'正义'、'自由'、'平等'、'公正'、'德性（Sittlichkeit）'等理想，而在自身含有对这些原则的指示，却没有就何为宪法自身的判断做出详细具体的规定，那么它们不过是形式性的，装装样子而已。假使说，绕开这些公式背后所发现的应该不只是通常的政治意识形态，每个实证法律秩序都努力穿上这样的外衣，那么正义、自由、平等、公正、德性等的授权由于缺乏对这些价值的详细规定也就只能意味着，立法者和法律适用者一样获得授权，可填满由宪法和法律规定给它们的自由裁量空间。由于关于何为正义的、自由的、平等的、合德性的等直观性观点往往视利益的立场而定，因而这些观点是如此不同，以致——它们中没有一个可以在实证法中加以确定——随便什么内容都可能利用其中一种观点取得合法性。然而，无论如何这些有疑问的价值的授权不意味着也不可能意味着：获得法律创设授权的立法机关与法律适

谁应成为宪法的守护者？

于法律与运用法律的民事、刑事法院之间的关系，它同样适用。这是一个古代的柏拉图意义上的困境：国家（Politeia）还是法律（Nomoi），法官作为国王还是国王般的立法者。理论上观察，一个有权废除法律的宪法法院和一般性的民事、刑事和行政法院之间的区别在于，前者虽与后者一样既是法律运用者，又是法律创设者，但前者创设的仅仅是个别性规范，而后者通过依照法律创设的事实构成来运用宪法，成功地取消一个违宪的法律，否认——而非创设——一个普遍性规范，也即与法律创设相对应的反向作用，又或说——如我已经说明过的——作为"消极立法者"[1]。但是，通过宪

用机关一样，都从必须总是运用实证法的强制性义务中解放出来，只要这同有关平等以及其他的主观性观点相矛盾的话。因此，这些有疑问的公式一般来说不具有什么太大的意义。如果人们就此放弃，对于事实上的法律状况来说也无关痛痒。

然而，恰恰是在宪法诉讼的范围，这些有疑问的公式扮演着最危险的角色，确切地说，如果它们确实被用来审查法的合宪性的话。如果宪法对立法者施以要求，其活动的展开须与'正义'、'自由'、'公平'、'德性'等保持一致，那么人们可能在这些语汇中看到确定未来法律内容的指导方针。然而，某种程度上这却是错误的，因为只有当一个明确的方向被给定，当在宪法中一些客观标准已经被确定的情况下，这些指导方针才存在。由此错误将会导致，这种有助于宪法外表的政治性装饰物的公式与那些通常用于确定未来法律内容的基本权利和自由权之间的界限很容易被混淆。而且，因此绝不可能排除这种可能性，即当宪法法院应当事人之诉请而对某一确定的法律的合宪性做出裁断的时候，它不可因为'正义'是一个宪法基本原则从而可以为自己所适用，进而基于该原则认为法律是错误的，最终宣布该法律无效。这将意味着，宪法法院被赋予了绝对的权力，而这肯定是绝对令人不能容忍的。那些被宪法法院多数法官视为合法的事物，可能与人口的多数所公认合法的事物完全相悖，毫无疑问，也可能与议会多数认为是合法的，从而制定为法律的事物相悖。通过使用一个未经具体化规定的、多重歧义的词，诸如'正义'或其他类似的词，使得每个议会制定的法律都要受制于一个政治上或多或少随意组织起来的团体，不言而喻，这不可能是宪法的本意所在。因此，如果说应该避免将议会的权力转移给身于议会之外的其他主管机关这种并非出自宪法本意且政治上最不适当的举动，而该主管机关有可能会变成完全不同于在议会中所表达的政治力量的代表，那么宪法在它已经设置了宪法法院的情况下，必须放弃所有这些习惯用法，而如果它想要针对可能被颁布的法律确立一些方针、原则和限制，那么一定要尽可能精确地对之加以规定。"

[1] 参见 Bericht S. 54，在预见到反对宪法诉讼的主要论证，将司法与立法分割开来，我曾经写道：伴随着人们必然期待的第二个抗辩的出现，并没有产生什么太多其他的东西，当诉诸权力划分的原则而为宪法诉讼制度进行辩护生效的时候。预先必须被承认的是，立法行为被另一个非立法机关取消意味着对立法权的侵犯，就像人们习惯上所表达的那样。但是，斟酌一下，受托有权取消宪法律的机关尽管被指做"法院"，而且基于它的"独立性"组织性上也属于法院，但就其职能来说又不限于如一般法院那般的活动，表明了这一整个论证是如此的问题多多。就人们能从职能上将立法和诉讼彼此分割来说，在这两个职能之间的区别首要能被观察到的是，通过立法普遍性规范被创设，通过司法个别性规范被创设。而且，这一区别也并非原则性的，特别是立法者（尤其是议会）也可以创设个别性规范，不过在这里暂不论及。如果一个"法院"被委以权力，取消一个法律，那么它就被授权设定一个普遍性规范，因为，取消一部法同颁布一部具有同样的普遍性特征。在取消前面加个否定性符号就同颁布一样了。取消法律因此具有立法功能，一个可以取消法律的法院本身就是一个享有立法权的机关。因此，人们可以在由法院取消法律的情况下，像将其理解为"侵犯"立法权一样，可以理解为将立法权委托给两个机关。而且，在将立法权委托给两个机关的情况下，人们感受到的并不总是如鲠在喉，非得指出它与分权原则相矛盾。比如，当在君主立宪制下的宪法里，立法权，也即一般法律规范的创设权，一般情况下，委托给同君主联系在一起的议会的时候，在某种例外情况下，也给（与部长相联的）君主保留有代替法律颁布和修改法律的法规（紧急法规）制定权。这将使得探讨政治动机走得过远，而整个分权的原则就是从这些政治动机中形成的。尽管按这种方式，那些首要是按照君主立宪制下的政治权力状况而设置的原则，其真正意义将变得清楚可见。如果这对民主共和国也具有理性意义，那么在它们的不同意涵中，只有那种相比起用权力"分割（Trennung）"、用权力"分配"能更好地表达的意涵才进入人们的观察视野。它是那种将权力分配给不同机关的思想，与其说是为了相互孤立，不如说是为了彼此监督。而且，这也不仅仅是为了防止威胁到民主的、巨大的权力集中到一个机关，而且尤其是为了保障不同机关的职能的合法性。于是，宪法诉讼制度不仅同权力分立原则不相矛盾，而且恰恰相反意味着对这一原则的确认。鉴于这种情况，是否为了取消违宪法律而设置的机关能否是"法院"的问题，则变得一点也不重要。法院相对议会以及相对政府的独立性是一个理所当然的要求，因为议会和政府作为参与立法程序的机关必须被宪法法院加以监控。

德国魏玛时期国家法政文献选编

法法院和一般性法院的法律和法规审查权，一个非常值得关注的中间形式嵌入这两种法院之间。因为，一个法院由于某法律违宪或者某法规违反法律而不适用它们的时候，所否认的是一个普遍性规范，因此行使的是"消极（在"法"一词实质意义上使用的）立法者"的职权。只是，取消某一普遍性规范的效力仅限于在具体的案例上，而不是——如宪法法院的判决那样——完全取消规范，也就是说，仅限于所有可能的案例。

七、所谓的"司法型（Justizförmigkeit）"

一个法政治上的问题在于：是否人们应该设计这种程序，在其中，由披着法官独立性外衣的机关来审查法律的合宪性，本质上就如同民事、刑事以及行政法院程序那样以相同的方式运作，特别是人们是否应该合政党比例（Parteimäßig）来设计这种程序，也就是说如此设置，对法的合宪性持赞成还是反对态度有可能获得公开的讨论。这种程序对于"司法"来说并非根本性的。而且，行政程序也可以如此进行设置。如果人们正好将这一阶段称为"司法型"，恰是因为它在历史上首先是而且今日仍旧主要是以"法院"程序的形式而出现的。在古雅典的某段时期，甚至立法程序也具有这样一种形式：当一个旧法应该被新法取代时，会有一个将旧法呈到立法者（Nomotheten）面前的程序。而且，雅典在某种程度上完全是一个在卡尔·斯密特概念界定意义上的"司法国"。这种现代议会的辩证程序——在根本上——是完全类似于法院程序的"司法型"事物。它的意义在于：所有那些持赞成或反对的说法都揭示出，通过将攻击和辩护分别划归给两个不同的主管机关，什么可以基于经验获得最好的保障。假使在有疑问的情况下，还存在利益相悖的双方或两个集团，什么可以不费周章就具有可能性。现下在追问法的合宪性问题之时，毫无疑问就是这种情况。民族、宗教以及经济方面都会有利益对立，两个分别对中央集权和地方分权感兴趣的集团之间存在对立，以及很多其他对立。程序技术上正确地表达这些对立，正是程序秩序的任务。如果涉及的是对一个规定了广泛自由裁量空间的宪法规范加以适用，那么这种合政党比例的构造，即所谓的程序之"合司法性"，一定会应运而生。其中的争执涉及的就不是，或者更恰当地说，不仅涉及或者说直接涉及的不是合宪性问题，而且还不涉及受到挑战的行为的合目的性问题。这一争执是就如下问题展开的争论，即在宪法所勾勒的范围里——个别意义和一般意义上的——法律创设最好应该怎样进行。如果涉及是否简单多数法侵害了宪法，以及就此观察到的宪法字面内容缺乏明确的含义，以至于宪法法院的判决事实上意味着沿着一个确定的方向进一步续造

（Fortbildung）了宪法，那么恰恰在这种情况下，现存的利益对立性具有最为重大的意义。而且，正是在这里，使得从宪法法院判决中表现出来的国家意志建构在一个表达了既得利益对立性的程序中展开，有着特殊的意义。在每个民事程序中，当事人之间的"争执"，基于民法赋予法官的自由裁量权也涉及裁断的合目的性；只要在判决中进行了"利益权衡"，那么鉴于法院实施了创设法律的"政治性"活动，司法型使自己经受住了考验。对于行政程序则不必说什么，它的司法性无损于在如此宽泛的程度上保障行政的自由裁量权。尽管考虑到规定法律运用的自由裁量，人们想要在法政治的意义而非法理论的意义上或多或少地谈及"可司法化"的规范，但是断言"在与可司法化的规范同样的程度上，某种可能的司法型所依赖的基础"[1]已不复存在，从根本上就是错误的。

如果人们没有看到社会学意义上的基本事实，合政党比例设定的程序正是由此事实出发，那么肯定会错误地理解所谓的"司法型"及其可运用性对于行使"宪法守护者"职能的机关适用的程序所具有的真正意义。这一事实就体现为：正如它们通常参与到一个确定的法律安排（Rechtsgestaltung）中那样，在相互冲突意义上的那些彼此对立的利益也参与到法院的，特别是"宪法守护者"的诉讼裁断当中；还体现为，对每一利益之间的相互对立做出"决断"，也即为了其中一方或另一方或是在调和双方利益的意义上做出决断。结果，合政党比例设置的程序，如果没有引发其他情况的话，将非常有利于明确展示出事实上的利益状况。然而，人们可能就此什么都没有看到，当现有的利益之间的对立被一个虚构的总利益或利益统一体所遮蔽，而后者根本不同于前者或比其最好情况下可能达到的情形：利益妥协，还要超出很多。当人们为了赋予国家秩序在内容上所具有的明确安排以合法性，而在完全非纯形式意义上利用国家"意志"的"统一体"或者集合名词的"全体性"来说事的时候，它们不过是一种典型的虚构，一种人们用于服务自我的虚构。此种论述也导致了这样一种表达，用此表达斯密特发展出"全能国家"的范畴来与多元主义相对抗。

八、"多元主义"和"全能国家"

为了描述当前德意志帝国具体的宪法状态，斯密特引入了两个概念［除了"多元主义"，同时还被斯密特使用的另两个概念"多元鼎立政治（Polykratie）"和"联邦主义"都没有发挥什么相对有意义的作用］。斯密特将"多元主义"理解为"固定组

[1] 同上注5，S. 39。

织起来的，由国家，不仅包括国家生活的不同领域还包括由州以及自治的地域社团的领土边界，所参与的社会性的权力联合体之多数，这一联合体夺取了国家意志的建构权，却不能摆脱自己不过是社会性（而非国家性）的实体"[1]。在这个"社会权力联合体"中，首先必须要考虑的是政治性党派；斯密特利用多元主义一词描述的事实构成首要地表现为人们用"政党国家"所表达的那种状态。至于它是怎样从概念规定中形成的，对于一个以"多元化"为特征的政治结构来说，其关键性的前提是在国家和社会之间存在真正的、实际的对立。多元主义恰恰表现在，"仅仅以社会性"、明显"非国家性"为特征的权力联合体夺取了国家意志建构权。因此，通常谈及"多元主义"，肯定是已经存在一个排斥国家（staatsfrei）的社会生活领域，由此出发形成了从不同方面对国家意志建构的影响。与此相对，在斯密特看来，"向全能国家的转变"表现为国家和社会之间的对立消失不见："已变成国家的社会成为一个经济国、文化国、监护国（Fürsorgestaat）、福利国（Wohlfahrtstaat）以及全盘照管国（Versorgungsstaat）；而变成社会自组织的、事实上同社会不再可分割的国家则全盘控制社会，也就是把控所有人们共同生活的事务。在这样的国家里，不再存在那种领域，与此领域相对立，国家在不介入的意义上不可能遵守绝对的中立性"[2]。在这个向"全能国家"的"权力转向"中，在一个自由主义的、非干涉性的、仅仅具有有限社会功能的、为排斥国家的社会保留最广泛的自治空间，并因此成为国家和社会间概念性对立的现实前提的国家逐渐被征服的过程中，斯密特看到了现代"立法国"关键性的特征，而这个"立法国"正是他对当前德意志帝国观察得出的结论。在"全能国家"这个正如斯密特迄今为止所确定的概念中，绝不可能出现任何一种新的社会学事实的观点，而只能是一个新词，用于指称与有限国家的目的相对的扩张性国家的目的。20 世纪的全能国家绝不会如斯密特似乎相信的那样，是一个新现象，因为古代国家以及同样的"绝对国家"，也即 18 世纪的警察国家都属于"全能国家"，因此并不存在什么辩证的分阶段的结果（Stufenfolge）。主张 19 世纪的自由主义国家是对那种全能国家的回应，并不具有什么进一步的意义。为长久以来人们所熟知的事实赋予一个新名称，不过是一个今日非常随意的、在政治作品中广泛传播的方法。更为值得关注的则是那种力图用两个相互排斥的特征来描述德意志帝国具体的宪法状态的尝试。这种状态怎么能够既被表达为"多元主义"的制高点，同时还能成为"向全能国家的转向"，如果只有在国家意志建构受到来自社会的、

---

[1] 同上注 5，S. 71。

[2] 同上注 5，S. 79。

排斥国家的领域的影响时，多元主义才得以可能，而"向全能国家转向"恰恰处于那一领域被取消和国家化的情况之下？这一矛盾为斯密特制造了并非无意义的困难。对于全能国家也会有的政治性党派，卡尔·斯密特说："那些由不同的社会利益和趋势组织起来的政党，正是变成政党国的社会自身……"[1] 因为在社会国（sozialer Staat）中不再存在社会（Gesellschaft），对斯密特来说在政党中的社会肯定变成国家，也就是说，政党作为国家性的实体不再属于社会性的实体。因此，斯密特的多元主义范畴就不再可以适用。而且，当斯密特最终认为："在这种联合体中，彼此竞争的、相互保持某种程度上边界的多数，也就是多元化的政党国是既定的，这一事实将阻止全能国家以同样的力量（Wucht）而兴起，就如同在一党制国家，如苏联和意大利已经做到的那样"[2]，这种对矛盾的掩盖几乎不能算是不够充分的。因为，按照原初的概念限定，正是通过全能国家吸收了社会领域而非相反，多元主义国家区别于全能国家，所以进一步尝试解决这一矛盾的努力是无法成功的："然而，向全能国家的转向并不会因多元化而停止，而是分成小块发展，通过每个组织起来的社会权力联合体尽可能多地——从合唱团和运动俱乐部到武装起来的自我保护组织——寻求实现对自身和为了自身的全能化"[3]。这种分成小块的全能化简直就是语词矛盾（contradictio in adjecto）。

产生这种矛盾的深层原因不仅在于，卡尔·斯密特利用"多元主义"和"全能国家"这两个语词，使两个相反的概念彼此结合起来，而两者实则互不相关：国家和社会之间以及独裁—中心化的和民主—去中心化的意志建构之间的对立；而且还在于，在"多元主义"—"全能国家"这一概念对中，时而是这种对立，时而是那种走向前台。全能国家，即完全吸收社会、统摄所有社会功能的国家，就像它有可能成为独裁国家一样，同样也有可能变成民主国家，而在前述的独裁国家中，政党的建构通常都被排除在外，而在民主国家，政治上的党派斗争则被纳入国家意志建构的程序当中。"全能"国家也可能成为一个"多元化的政党国"，因为一个受到如此广泛推进的国家目的的扩张是同人民尽可能划分为政治性党派相一致的。同样，广泛地去中心化同这种意义上的"全能国家"也是相一致的。但是，它同那种具有集中化的、"统一"从而"更强"意志建构的共同体意义上的"全能国家"则是不相一致的。它的"力量"将在一个民主政党国受到破坏。但是，为什么卡尔·斯密特要让他的"多元主义"概念规定担负上国家和社会间对立的负担，而这一对立——正如他的多元化全能国家，他的分成小块的全能性所显示的——

---

[1] 同上注 5，S. 19。
[2] 同上注 5，S. 84。
[3] 同上注 5，S. 84。

与能够用多元主义概念所把握的事实构成是不相关的，而且只会陷入矛盾？然而，首要的是：为什么国家和社会间的对立在"全能国家"的概念中被完全抹掉，这明显同应该可以被全能国家这一概念所把握的社会现实相矛盾？肯定没人会是唯物主义历史观的追随者，如果为了认识到，法律秩序保护私人对生产工具的所有权的国家对经济产品以及产品的分配的支持，原则上被认为是非国家的功能，以及把完成这个可能是最具意义的任务放置在只能作为区别于国家的"社会"的范围之内，而不是卡尔·斯密特意义上的"全能国家"，也即不能是那种完全"统摄社会"的国家。在这一意义上，就一个完全吸收社会的强制秩序来说，只有社会主义国家才能成为"全能国家"。如果人们断言今日资本主义国家也已是"全能国家"，却不能指出它的秩序已经质变地转向国家社会主义——这事实上是不可能的，斯密特也从没有就此做出尝试——从而来证立这一断言，那么对于"转向全能国家"不过是一个资产阶级意识形态这样的抗辩，几乎无人能对抗，而借助这一意识形态，权力之间的对立被遮蔽，在这种对立中，无产阶级或者其中的大部分同样会支持今日议会民主的立法国家，就如同资产阶级在19世纪初反对绝对君主制下的"全能"警察国家一样。并不存在那种主张国家和社会统一体的意识形态，因为阶级斗争并非表现为国家机关之间的相互对立，而是表现为，一部分由于同国家并不一致从而位于国家之外的社会中的人反对社会中的另一部分人，这另一部分人因为且只要国家的秩序保护社会中它这一部分人的利益，而"置身"于国家之中。随着"转向全能国家"，国家和社会的对立将失去它的意义。但是从无产阶级以及无产阶级社会理论的立场出发，这种对立当前肯定有着如同从前资产阶级以及资产阶级国家和社会学说一样的意义，因此，今天一如昨日，它仍旧是具有现实性和正确性。[1]

---

[1] 如果"多元主义"的本质——正如卡尔·斯密特所强调的（同上注5，S.71）——其特征表现为"与封闭且普遍的国家统一体的对立"，而且在这个概念中——如按照它经过修订的概念界定（同上注5，S.79）——国家和社会的对立变得无足轻重（而且具有斗争性的政党作为国家性的构造物也表现出多元化的要素），那么一个联邦国家的组织机构所意味着的联邦主义只能被评为国家统一体的多元化分裂。同样的评价也可适用于国家因职业化宪法而分解的情形。卡尔·斯密特也针对要求"总体国家（Ständestaat）、工会国家以及无产阶级专政国家（Rätestaat）"的经济宪法的问题承认，"对这一要求的满足将不会强化国家意志的统一体，而是对其产生威胁，经济和社会对立也不会就此得到解决或消失，而是变得更为公开和残忍，因为斗争性集团不再受到任何强制，一定要绕开一般人民选举和人民代理而另辟道路"（同上注5，S.99/100）。然而，这也可能意味着：职业化体系因为多元性而被拒绝。不过，卡尔·斯密特对待联邦国家的联邦主义的态度则是完全不同的。他在这里也承认具有如下"可能性"，多元主义和联邦主义——按照经过修订的多元主义的概念，联邦主义事实上仅仅是多元主义的特例，而不会是特别危险的事例——"彼此相联"。然而，卡尔·斯密特也使得这个可能性变得微不足道，联邦主义尽管因此"始终是一个尤其强大的反对多元化的权力结构和它们的政党政治方法的平衡性力量"（同上注5，S.96）。在另一种关联中，斯密特又指出，"宪法支持各州的国家性特征"，"联邦主义可能是国家力量的存储库"（同上注5，S.108）。因此，当联邦主义被认为是"反对政党政治的多元主义这种方法的手段"而获得正当性的时候，就没什么惊讶的了（同上注5，S.96）。这里的"多元主义"又意味另外一种完全不同的意思。在这里，联邦主义的"正当性"被完全忽略了，就像它将联邦宪法纳入自己中间一样，同议会主义体系复制相连的是那种"多元主义"的复制，因而，联邦主义可以充当除反向平衡性力量之外的一切角色！

因此，多元主义和全能国家的概念无法对抗社会学意义上的批判。如果人们考虑到这两个概念出现时带有非常明显的对价值的强调，它们所具有的意涵就变得很清楚了。多元主义是一种状态，在这种状态里，"社会"赶退国家，由于它的统一性，敌国家的趋势威胁着国家的存在。多元主义意味着"更多社会团体所掌有的超越国家意志建构的权力"[1]，意味着国家概念的"消解"[2]、"国家的分割"[3]、"国家统一体和宪法统一体的分解"[4]。"转向全能国家"则是沿着相反方向的发展；是国家相对于敌国家的社会的胜利；是确保国家统一体的状态。为了对抗敌国家的、威胁到国家统一体的多元主义力量，需要寻求"补救措施"[5]，提出疑问，"依据真正的德国合作社原则进一步推动多元主义的发展"是否有"正当的理由"？而且，斯密特对此问题给予了否定的回答。当他说到，"多元主义体系利用它的连续不断的政党以及团派合意使国家转变成一个妥协与契约并重的混合物，借助这样一个混合物，每次参与到党派联盟的政党们将所有的行政职位、收入和好处按照比例划归到自己名下，而且他们在划分时所遵守的等值性有可能被认为是正义的"[6]，他的价值判断就很清楚了。而且，多元主义甚至最终被解释成"违宪"[7]。如此一来，多元主义范畴有助于将那种对宪法保障问题的解答，即设置宪法诉讼的机构，抛到一边。"全能国家"则是为了给那种解答奠定基础，即通过保障受到国家和社会之间特定的多元化对立所威胁的，甚至有可能被其消解的国家统一体，来确保自身正确性的解答。

九、因"多元主义"与"全能国家"而致宪法诉讼的失格

宪法诉讼以程序的形式运作，在其中，"主观权利"对宪法以及国家权力具有约束性效力，卡尔·斯密特由此看出了宪法诉讼所具有的多元主义特征。[8] 然而，他将此视为"对国家概念的消解"却是完全无法证立的。如果一个联邦国家的宪法像对待各个州一样赋予联邦以法定权力，允许其到中央宪法法院向违反相应职能的联邦法和州法提出挑战，倘若宪法授权法院或其他机关，允许其所运用的规范违反宪法，那么

---

[1] 同上注 5，S. 71。
[2] 同上注 5，S. 63。
[3] 同上注 5，S. 63。
[4] 同上注 5，S. 63。
[5] 同上注 5，S. 96 ff.。
[6] 同上注 5，S. 110。
[7] 同上注 5，S. 131。
[8] 同上注 5，S. 67。

即便宪法设置了公众之诉（actio popularis），从而可以从根本上去除违宪行为，肯定也无法由此在如下意义上证立"主观权利"：它事实上带有与国家为敌，反对客观法的趋势；也就是说，肯定无法证立在自然法意义上与生俱有的、独立于客观国家秩序和法秩序的、必须为此秩序所尊重的、不能出让且因此绝不可以被剥夺的权利。仅仅在程序合法性上存在的"主观权利"，其可能性在于，在一个中央机关里引入程序，其目标在于否定那些违宪行为、消除错误，一个这样的主观权利只可能是用于维护国家秩序的技术上的权宜之计，因此恰恰处于被指称为"多元化的消解国家"的对立面。[1] 人们也不妨称其为国家统一体"多元分裂"为国家检察机关和司法机关，因为在刑事程序上，国家分化为公诉方和法官两个角色。

"向全能国家的转变"首先是以如下方式反对宪法诉讼：将要求宪法诉讼的呼声解释为力图阻止那种"转变"，也即阻止强化和巩固国家的程序，反抗国家对社会的胜利的尝试。"并不令人意外的是，反对国家的这种扩张"——即"向经济国的转变"，表明了转向全能国家的一个关键性阶段——"首先表现为反对国家的那些确定自身在此刻的性质的活动，就此来说就是反对法制国（Gesetzsstaat）。由此，首先是要呼吁防患立法者。如此一来，一些最先尚不清楚的补救尝试可以解释为，为了取得反对权力日益强大并不断扩张的立法者的平衡性力量，补救的希望……紧紧寄托在司法身上。它们肯定终结于其空洞的外在形式……它们真正的错误在于，仅仅能用司法来对抗现代立法者的权力，而司法要么是受到立法者所制定的明文规范所约束，要么只能用不确定且有争议的原则来制约立法者，借助司法，没有什么凌驾于立法之上的权威可以被证立"[2]。但是，究竟是谁曾经对宪法法院充满期待，期待它能对抗立法职权的扩张？难道立法的扩张能在宪法的断裂中进行下去吗？或许，对宪法诉讼几乎不可能产生严重的曲解。而且，当斯密特继续前行，"在这种变化了的情势下，而且鉴于国家任务和问题的扩张，或许只有政府而非司法才能提供补救"，如此一来，为其要求所预备的就不是法院而是政府作为宪法的守护者，恰恰是在这样一个关系中，人们对如下事实不能视而不见，即立法膨胀在相当大的程度上体现在政府的法规制定活动当中，尤其特别的是，基于斯密特对第48条第2款生动的持赞同的解释，政府的法规制定权取代了议会立法权。就避免向全能国家的转变来说，宪法法院实在不是一个合适的工具。但是，人们怎么可能由于从一个完全无关本质的目的出发，然后断定它不可能实

---

[1] 同上注5，S. 68。

[2] 同上注5，S. 82。

现这样一个目的就不信任这样一个制度呢？

"全能国家"学说的一个并非无关紧要的作用表现在，赞成将控制权转交给独立的法院而反对将这样一个职能委托给政府的主要论证，其价值因该学说而被贬低。因为宪法将权力从本质上分配给两个要素：议会和政府（其中，"政府"特指那种由国家首脑以及与其行为联署的部长组成的机关），因此在两者之间存在着始终不变的对抗性。尤为特殊的是，损害宪法的危险必然也由此产生出来，即两个要素中的一个超越了宪法为其设定的边界。因为恰恰是在宪法受损这种最重要的情形下，议会和政府是争议双方，因此值得设立一个中立的第三方来对争议做出裁断，这一第三方置身于议会和政府的对立之外，自身绝不可能参与到宪法原本分配给二者的权力运用当中。当然，这一主管机关由此得到某种权力，也是不可避免的。但是，是否人们仅仅赋予这个机关以宪法控制的职能，还是人们通过将宪法控制的职能委托给议会或政府一方，从而强化这两个主要的国家权力主体的权力，二者有着重大的差别。宪法法院始终处于首要的优先地位：由于它自始就没有参与到二者的权力运用当中，所以它不会处于与议会或政府必然的对立关系之中。然而，依照"全能国家"的学说，在议会和政府之间不再存在对立了。由此得出，如果不需要明确地说明，斯密特也没有就此明确地说明过，那么当政府——也就是包括部长在内的国家首脑——为了保护宪法免于法律的侵犯而以宪法守护者的面目出现时，宪法控制就不能委托给处于争议的任何一方。

斯密特将对于解决宪法保障问题具有关键性的议会和政府间对立加以取消源自于，他不过是把此种对立解释为国家和社会二元主义的结果或是游戏方式，而这将随着转向"全能国家"而消失。"那种（国家与社会的）区分建立在经由19世纪而在德国发展的并且构成我们公法一大部分的所有公法上重要的机构和标准的基础之上。人们普遍利用来设计立宪君主制国家的君王和人民、皇室和内阁、政府与人民代表之间这种二元主义对立，不过是国家和社会这个最基础的二元主义的表现形式而已。人民代理人（Volksvertretung），也即议会或说立法机构，被视为一个舞台，社会出现在这一舞台上，直接与国家当面对峙"[1]。"然而，这一在自由主义、非干涉性意义上与社会和经济相对的原则上中立的国家……从根本上发生了改变，确切说发生了同等程度的变化，就如同国家和社会、政府和人民之间的二元建构失去了紧张关系，以及立法国终结了一样。因为，国家现在变成了社会的自组织机构。由此，如业已说明的一样，迄今为止一直被预设的国家和社会、政府和人民的两分被遗忘，相应的所有在这一前

[1] 同上注5，S. 74。

提基础上建构的概念和机制（法律、预算、自我管理）都出现了新问题"[1]。在掌控了全部社会事务的全能国家里，尤其不会有政府和议会的对立，因为随着国家和社会之间对立的遁形，这一对立肯定也消失不见了。然而，斯密特并没有明确得出这一结论，他只是用明确的词句（expressis verbis）断言，随着转向全能国家，国家和社会的差别，从而"政府和人民"的差别都被遗忘了。关于政府和议会的二元主义，这一他在分析19 世纪立宪君主制的时候视之为国家和社会间对立之变体的二元主义，到他描述全能国家特征的时候，从此再不被谈起。他听任自己的读者沿着这一方向继续思考下去。然而，他确实说得已经够明确了："所有截至目前为止日常的、以中立性国家为前提的对峙，其遵从国家和社会的区分，并且是这种区分的运用情形和另种表达，都结束了。具有对立性的划分如：国家和经济、国家和文化……，国家和法、政治和法……都失去了它们存在的意义，成为无对象之物"[2]。然而，按照斯密特早期的说明，政府和议会的对立也属于这种对立性的区分。

其实，如果只是为了表明，根本同国家与社会间对立不相一致的政府与议会间的对立很少会像前者那样在今日国家中消失，并不需要什么特别的洞察力。政府和议会间的对立也不会失去意义，而不过是有所改变而已。在这一对立中，表明的不再是在议会多数中被代表的人民层面与为君主及其政府所接受的利益集团之间的对立，而是存在于议会多数和少数之间的对立，而政府则扮演着议会的信托人角色。然而，这绝不是唯一的意义，在这一意义上，议会和政府的对立在今天的德国才得以可能。它可能还假设了另外一种意涵，当政府由于其背后缺乏议会多数的支持，而脱离议会违宪地进行管理的时候。当面对议会或是某一个议会委员会依照议会多数的愿望召集大会，而政府鉴于此被迫以辞职来威胁的时候，那么在这一时刻，就很难接受和相信从"全能国家"学说中推出的最终结果："政府和议会"是一个"对立性的区分"，已经随着转向立法国而失去意义，变成无对象之物。

十、国家首脑作为宪法的守护者

此外，从"全能国家"通向国家首脑（Staatsobhaupt）作为"宪法守护者"的道路，即便对于一个非常细心的读者来说，都是不容易发现的。表面看来，"全能国家"

---

[1] 同上注 5，S. 78。
[2] 同上注 5，S. 79。

的现实统一体充当地是另一个"统一体"赖以存在的社会学意义上的基础，也就是那种以魏玛宪法序言为前提的"统一体"，而且——如果它应该远不止那种每个宪法都以之为基础的国家人民的法律统一体的话——它只不过是同种意识形态的另一种表达而已。"现行有效的帝国宪法坚持这样的民主思想，即全体德意志人民是同质且不可分的统一体，人民基于自身的制宪权通过积极的政治决断，也即单方面的行为制定出宪法。因是之故，尽力从魏玛宪法中挖掘出契约、妥协或是其他什么类似事物的一切宪法解释和运用，都可作为对宪法精神的伤害而被庄严地拒于宪法的门外"。[1] 有鉴于"多元主义"就像与那种意味着"全能国家"的统一体相对立一样，也与这种统一体相对立，"全能国家"和"全体德意志人民作为同质的、不可分的统一体"之间的内在联系——卡尔·斯密特从未就此关系直接提出过主张——因而变得昭然若揭。很明显，多元主义的特征是通过与"一个封闭的、普遍的国家统一体相对立"[2] 而展现出来的。而且，就像多元主义通过在它内部所表达的国家和社会之间的对立而牵制全能国家的"力量"、将全能性"分化成小块"一样，已经渗透"我们今日宪法状态的现实中"的"多元主义因素"对魏玛宪法所"规定"的"同质且不可分的统一体"构成了威胁。卡尔·斯密特对宪法的解释主要是对这种统一体的支持。该统一体并不纯粹是伦理 - 政治性假设，正如宪法序言常常刻意表明的，而是一个社会现实：当威胁到该统一体的国家和社会间的多元主义对立事实上被取消，当取消这一对立的全能国家实为现实的时候。而且，这一现实也被描绘为多元主义碎片。但是这并没有令那些"对多元主义感兴趣的人"（或者是推动促进多元主义的理论家）逃脱责难："现实在所谓的形式主义的遮掩下晦暗不明"。[3]

这一由宪法序言所号召的"同质且不可分的全体德意志人民统一体"是对帝国总统作为"宪法守护者"这一命题最重要的支持。基于"魏玛宪法是由作为制宪权主体的统一的德意志人民所做出的政治决断"——事实上，这一宪法不过是出自议会的决议，而议会同"统一的德意志人民"相一致之处只能通过虚构代表制的方法来确定，卡尔·斯密特得出结论，"寻找宪法守护者的问题可以从有别于虚构的司法型中获得答案"。[4] 也就是说，答案可以由此获得，帝国总统作为宪法守护者：因为他是由全体人民直选，受命"作为反对社会和经济强力集团的多元主义的平衡性力量"，"保护人

[1] 同上注5，S. 62。
[2] 同上注5，S. 71。
[3] 同上注5，S. 36。
[4] 同上注5，S. 70。

德国魏玛时期国家法政文献选编

民统一体作为一个政治性整体而存在";以及由此获得,帝国总统有可能通过召集全民决断,"而直接同德意志人民的总体意志(Gesamtwille)相连",有可能"作为德意志人民合宪的统一体和整体的守护者和维护者而行动"[1]。此处,帝国总统被指称为宪法守护者,是在从未谈及宪法法院作为宪法守护者,以及宪法法院从未被断言作为宪法守护者,且从没有人如是断言的意义上来讲的,所以,甩出帝国总统这张牌来反对宪法法院是无意义的,就像如下论证一样:因为军队是对国家最好的保护,所以我们不需要医院——就此后文再述。这里仅仅确定,如果宪法中规定了宪法法院,那么它就不是"虚构的司法型",而是创设了一个现实的制度。而且,如果这里有什么被认为是"虚构"的话,恰恰是那种"人民统一体",斯密特将此——就像宪法所谓已经规定的——作为现实中既有事物而以之为"前提",与此同时,为了解释国家首脑作为反对此种多元状态,并重新创造人民统一体的补救手段,他还以事实上已经存在的多元主义系统为由断言此统一体已被消除。

要说国家统一体外在可见,那毫无疑问是它的职能,即国家首脑按照所有对它这样一个机关做出设定的宪法的规定所必须担负起的职能。确实如此,一如卡尔·斯密特所言,"国家首脑的地位与政治统一体的政体最紧密地结合在一起"[2]。但是,这仅仅表明,象征性地表达不可放弃的要求,不只针对形式上的,还有实质上的国家统一体,才属于国家首脑的职能。在此,人们甚至能够看到那种不同的宪法都会将其规定为国家首脑这一机关的主要职能。这一职能并不太表现为该机关事实上拥有的、宪法委托给它的职权,它甚至还必须运用该职权,而且只能是同部长这一整体性机关的非独立性部分一道来运用(国家首脑绝不可能是最高的,而只能是同其他最高国家机关并列的机关)。确切地说,这一职能表现为该机关的名称,诸如国家"首脑"、"皇帝"、"国王"、"总统"以及其他头衔。这一职能所具有的政治意义绝不应被低估。如果人们——如斯密特依照立宪君主制的教义行事一样——将国家首脑制度不仅理解为伦理、政治上假定的国家统一体的象征,而且认为其是现实的、在实际的利益团结意义上既定的国家统一体的产物或制造者,那么它就意味着对现实的意识形态化。因为君主作为中立性权力,这一为斯密特转用到共和国国家首脑的学说其真正的意义就在于,它可以掩盖实际上已经存在的、激进的利益对立,而这一对立就表现在政治性党派对立,以及更有意义的、掩藏在党派对立背后的阶级对立的事实之中。在表面民主

---

[1] 同上注 5,S. 59。
[2] 同上注 5,S. 157。

（Scheindemokratie）观中，这一虚构的公式大致如下：构成国家的人民是一个统一的、同质的集体，因此有一个统一的集体利益，它通过统一的集体意志来表达自己。议会并不制造这种远离所有利益对立而且超越于政党之上的集体意志——这才是"真正的"国家意志。议会是利益对立的舞台，政党政治——斯密特可能会说是"多元化"——分化破裂的舞台。那种集体意志的制造者或者产物就是国家首脑。如此解释国家首脑，具有很明显的意识形态特征。这样解释与事实是相互矛盾的，事实就在于，宪法将国家首脑的行为约束在与对议会负责的行政部长的通力协作中。另外，尽管可能会有国家首脑的独立行为，但还剩有一件神秘的事情，即在这些独立行为中，从未存在的利益和谐，也即既非此一集团也非彼一集团利益的国家的"客观"利益如何能够被实现？而且，一个——由国家首脑召集的——全民表决最好情况下不过是得到一个多数人意志，而冒充为"人民的总体意志"不过是一个典型的民主虚构。

每个国家首脑在它独立于彼此充满敌意的利益集团的尺度内，通过自己的行为寻找一条中间线，也即妥协的界限，是不言而喻的。因为，这一姿态一般来说确保了它的地位。但是它的"中立性"权力应该远不止于利益权衡的可能性。而恰恰是这个可能性明显受限于已经提到过的事实，即如果没有依赖于议会多数的部长，国家首脑就不能进行积极的活动。

如果人们完全现实主义地看待国家首脑的"中立性"，而且在这种通过独立于政党来维护的中立可能性上没有用意识形态化的方式来掩饰其以妥协为目标来影响国家意志建构，那么必然得承认，相比起在经由选举且可重被选举的国家总统那里，此种中立性的前提在一个世袭君主那里可被更高程度地满足。然而，这种——不可避免地——顶着政党政治活动的高压而进行的国家首脑的选举，是一种民主的却非专门用于保障它的独立性的产生办法。国家首脑的任命系"由全体人民选举而来"，也就是说，现实中经由民主多数，在一些情况下，甚至只是由人民中的少数在同其他集团斗争中选举而来，从中得出结论，国家首脑是统一人民的总体意志的表达，则是令人怀疑的，不仅因为并不存在这么一个总体意志，还因为这种选举并没有为国家首脑所享有的可针对利益对立进行权衡的职能提供保障。如果一般来讲，事实情况确实如此，那么即便有这种国家首脑的产生办法又能怎样。在选举中发现对独立性的保障，正如斯密特已然做的，却只有当人们对现实视而不见的时候才有可能。而且，人们也不要过高估计日常的一些手段，即利用民主共和国的宪法去维护民选的国家首脑的独立性，譬如，较长的任期以及较难的撤职。而且，这些手段会由于宪法所规定的可重新选举总统的可能性而部分变得失效。斯密特特别加以重视的不相容性的规定还不是太超重；再者，假使说立法机构的资格，而不是政治组织的资格被禁止的话；而一个禁令也很少具有实践意义；并没有专门存在什么充分的理由，由此可以认定民选国家首脑的独立性较之法官或公务员更强或更安全。尤其是，人们不可以为了国家首脑的中立性而以如此论证来贬低职业化运作的法官的独立性："政治权力的实际拥有者很容易对法官职位的分配产生必要的影响，以及有权任命专家评审者。假使他们成功实现上述行为，那么司法型或是专家型的解决问题方式就成为政治上非常方便应用的手段，而且这同那些借助中立性所追求的目标正好相悖。"[1] 一般来说，法官是由国家首脑任命的。然而，国家首脑确实是"真正的"政治权力拥有者吗？如果这一权力拥有者仅仅是指政治性党派，那么取消法官的中立性不是以取消可任命法官的主管机关的独立性为前提吗？"如果不是直接由成为部长的"党派伙伴（Parteigenosse）"，而是由一个议会的伙伴，也就是独立于党派的国家首脑来任命公务员的话，那么"实际来看"——斯密特认为——"这始终是值得瞩目的屏障，可以阻止运用政党政治的方法分配职位"[2]。但是，防止"政党伙伴"被选为国家首脑的保障在哪里？从什么时候开始，除了议会之外，政治性党派也不再可以令由他们选举或借助他们而胜选的机关依赖于他们呢？这个通过"独立性"而获得维护的中立性是不是宪法守护者这一职能根本性的前提呢？如此说来，国家首脑相对于独立的法官——至少——没有什么优势可言。正是在这里，人们肯定没有考虑过一个虽然无须对其过高估计的因素，但这一因素极有可能证立法官在某种程度上的优越性：法官基于他的职业伦理而被要求保持中立性。

由于斯密特并不能证明，国家首脑比司法和公务员具有更高程度的独立性和中立性，所以他最后解释说："如果所有政治任务和裁断都给司法以及职业公务员来做，而且他们应是具有独立性和相对于政党政治中立性的，那么，他们将会不堪重负"[3]。然而，从质量上向数量上转变是完全不允许的，而且什么也证明不了。整个司法不能同骆驼相比，好像一旦将宪法诉讼的负担加之其身，它就会因过重而崩溃。存在问题的不是司法，而是单个的法院。并不是它的任务使"司法"肩负重担，司法并非数量之物，而是一个抽象物，也就不可能承受重负。只有具体的法院才涉及此问题，然而，斯密特较早前已经证明，它根本不算是司法机关。而且，它仅仅取决于，是否一个这样的法院还是国家首脑更为独立和中立。利用这幅司法超载的倾斜图像，斯密特徒劳

---

[1] 同上注 5，S. 109。
[2] 同上注 5，S. 150。
[3] 同上注 5，S. 155。

地尝试避开承认自己的错误，即他并没有成功证立他关于国家元首作为宪法守护者的观点，他所给出的理由不过是，由于国家元首比法院在更高程度上拥有独立性以及中立性的品质，所以它比法院更适合守护宪法。而那种斯密特用来确定"中立性"的本质——中立性应该是担负守护宪法之职的机关的前提条件——的公式，简直就是为宪法法院量身定做，反对的矛头直接指向国家首脑。他说，"在一个权力划分的法治国中，不要顺便将（宪法守护者之职）委托给任何一个现有的国家权力，是合乎逻辑的，因为否则就会出现一个权力凌驾于其他权力之上，监控者自己逃离监控的结果。由此，这一权力将会成为宪法的主人。因此有必要在其他权力身旁设置一个中立性权力，通过特定的权限将它们联系起来并加以平衡"[1]。可是，国家首脑难道不是一个"现有的权力"吗？特别是在一个议会要素同全民表决要素结合起来的宪法中，该宪法将政治权力划分为议会和总统（加上部长）。而且，从宪法解释的立场来看，它运用一切可能的解释手段，将权力的重心转移到国家首脑身上！是否这是一个单单被委任以宪法控制权的法院，还是国家首脑，关于它人们可以说，它是一个"除了其他权力"之外的中立性权力？是否它是一个这样的法院或国家首脑，关于二者人们必然会说，它——如果授之以宪法守护之职——被"捎带"委托给这一职能，由于"能使自己逃离监控"，它由此成为一个凌驾于其他宪法规定的权力"之上的权力"？即便有本雅明·贡斯当提出的君主作为中立性权力的意识形态，这种问题的提法并不能掩盖，就此问题给出的答案将会受到严重质疑。

十一、"宪法的守护者"或"反议会的平衡性力量"

处于魏玛宪法这种形式的宪法框架内的国家首脑，恰恰不是履行宪法控制职责更为合适的机关，特别是就宪法法院的独立性和中立性来说，它毫无优势可言，而这些在卡尔·斯密特的文章中与其说被反驳了，不如更确切地说是进一步获得了确认。然而，卡尔·斯密特不仅主张，国家首脑是宪法守护者最合适的人选，而且还断言，帝国总统，也只有帝国总统才是按照现行宪法所规定的宪法守护者。[2]此外，除了宪法第 19 条规定的国家法院，也即在本文提到的其他法院，以及可运用实质性法律审查权的民事、刑事和行政法院之外，倘使说帝国总统除了这些机关外仍然担负着法律

[1] 同上注 5，S. 132。
[2] 同上注 5，S. 158。

以及其他行为的合宪性审查的任务，那么主张帝国总统发挥着宪法保障的作用确实不能为人所否认。当面对一个已经获得通过却违反宪法的法律决议，帝国总统按照宪法第 70 条的规定有权拒绝签署，或者当总统按照宪法第 48 条第 1 款的规定，面对一个损害宪法的州，他有权借助武装力量来阻止这种行为以履行自己的职责。然而这些都有着必要的前提，即总统并不单单是贯彻执行法院的那种判决，即未经客观程序之前就已对是否属于侵犯宪法有定论的判决，也就是说，帝国总统仅仅是一个宪法守护者的执行机关（譬如按照奥地利联邦宪法第 146 条规定的联邦总统[1]）。将帝国总统解释为唯一的宪法守护者同帝国宪法最清楚的规定是相悖的。卡尔·斯密特偶尔提到："如果在德国 19 世纪宪法中可预见到一个特定的国家法院携其他保障一道为宪法提供司法保护，那么它表达了最简单的真相，宪法的司法保护只可能成为保护和保障宪法的机构的一部分，就这种司法性保护来说，它多少有些肤浅，忘记了每个法院诉讼性极为细小的边界以及还有其他宪法保障的方式和方法"[2]。然而，因为没有人断言，宪法法院是唯一的宪法守护者，因此可以更为正确地说，如果在魏玛宪法中可以预见到帝国总统同其他宪法保障一道成为宪法的保护者，那么它表达了最简单的真相，这种总统的宪法保障只可能成为保护和保障宪法的机构的一部分，就帝国总统作为宪法保障者来说，它多少有些肤浅，忘记了这种保障方式极为细小的边界，以及还有其他宪法保障的方式和方法。

唯有帝国总统可以成为宪法守护者的命题，要想得到徒有其表的合法性，只能通过赋予"宪法守护者"的概念以一个与此词从不相关，而且也不允许相关的意义，而该概念的本意是指一个通过无论以任何方式都必须对宪法侵害做出回应，从而确保某些国家行为合宪性的机关，如果当斯密特可以如此说道："在人们为了高度政治上的疑问和冲突而设置一个法院作为宪法守护者，以及司法由于这种政治化而承受负担和受到威胁之前，人们应当首先记得魏玛宪法及其宪法性法律之体系的实证内容。按照现有魏玛宪法的规定，业已存在一个宪法的守护者，也就是帝国总统"[3]，从而帝国总统相对于宪法法院更应该成为宪法守护者的话。必然会引起人们瞩目的是，斯密特将那些和宪法保障几乎是最不相关的事物都归到帝国总统应作为宪法守护者的职权名下。这些通常完全都是由宪法规定给帝国总统的全部权限，正是在这些权限的运用中，卡尔·斯密特发现了总统作为宪法守护者的职能。按照帝国宪法第 45 条规定的权限，

---

[1]　对此参见 Kelsen, Die Bundesexekution, 1927, S. 167 ff.。

[2]　同上注 5，S. 11。

[3]　同上注 5，S. 158。

总统是国家对外的代表、有权宣布战争声明、缔结和平协议、任命公务员、发布最高命令等，按照第 25 条规定享有解散议会的权力，按照第 73 条规定召集全民决断，以及特别是按照第 48 条——不限于第 1 款——所授予国家首脑（与各部长相连）的全部职权。如果帝国总统利用所有经由宪法委托给它的职能"守护"宪法，那么"宪法的守护者"就意味着：宪法的执行者（Vollzieher）。如此一来，帝国议会以及其他宪法直接机关和总统一样都可以算是"宪法的守护者"。在同样的意义上，人们也可以将法院和行政机关称为法律的"守护者"。卡尔·斯密特相信，从宪法第 42 条誓言般的规定中可以辨识出宪法守护者的职能。也就是说，基于该条誓文规定由总统"维护宪法"，他将总统理解为宪法的守护者。在这里，该条文并不意味着，借用斯密特 [1] 的话说："维护宪法"，而是意味着"维护帝国的宪法和法律"，也即它没有别的意思，只不过是说：贯彻宪法和法律，合宪且合法地运用这一职能。在这一意义上，帝国总统同时既是宪法的也是法律的"守护者"。而且，事实上，卡尔·斯密特的论证在根本上导致了，通过赋予前者而非后者以宪法守护者的资格，宪法所规定的直接贯彻自身的机关之一所享有的职能，或者说宪法主体之一的地位，也即帝国总统的合职权的职能，更精确地说：与所有其他宪法直接机关，特别是帝国议会的合职权的职能相对立的，由帝国总统和部长组成的政府的职能，被明确揭示出来。由此，他不仅美化了这一职能，而且还唤醒了这种印象，对这一机关职能的合宪性控制——而且这一控制就其功能不可自我控制来说是可能的——至少是多余的。从字的起源意义上来说，成为"宪法守护者"意味着成为宪法的担保人（Garant）。守护"守护者"可能不过是法政治上无意义的无限循环的第一步。斯密特在他所运用的宪法守护者的概念里所理解的职能完全不同于宪法控制的功能，而恰恰是在后一方面他陷入了困难。

斯密特为他在宪法保障的讨论中引入的"宪法守护者"的概念所赋予的实际意义，也即宪法守护者概念首要依赖的实际意义，以最尖锐和最清晰的形式出现在斯密特的文章中。正是在这篇文章中，斯密特相信他已经对有关宪法诉讼的思想宣判了死刑。也就是说，在该文中，斯密特干掉了宪法诉讼这样一种不民主的制度。他就此说明道 [2]，"当人们只要在独立性和中立性出于实践的理由看起来是合目的或者是必要的情形下，就想同样地引入由职业公务法律人员组成的法院和司法型的时候，他们便滥用了司法型和诉讼的概念，以及对德国职业公务员的制度性保障"。而且，自从他在可

---

[1]　同上注 5，S. 159。

[2]　同上注 5，S. 155 f.。

追溯到前文的断言中表明，"司法"因此不堪"重负"之后，他就掷出重要一击。凭此一击，人们可从斯密特所接受的民主原则的立场出发对创制一个宪法法院这种法政治上的要求发出攻击："除此之外，设置这样一个宪法的守护者——人们注意到：一个这样的宪法法院也可能成为宪法'守护者'，尽管它相比起帝国总统可能会有很多缺点，而斯密特总体上也是在这样一种意义上来运用宪法守护者的概念的！——有可能是同民主原则的政治结果相对立的"。可是，为什么宪法法院就会是一个不民主的宪法守护者，一个比国家总统更不民主的宪法守护者呢？宪法法院的民主特征与国家首脑没什么不同，都依赖于对它们任命的方式和法律地位的设置。如果人们想要把法院设计成民主的，使它同国家首脑一样经由人民选举而来，以及赋予它的成员像国家首脑的成员一样少的职业公务员地位，其实并没有什么障碍，尽管说，鉴于机关的职能，机关创置和机关的资质的方式是否合目的这样的问题，可能肯定得先搁置起来。但是，这种思虑（Erwägung）也是针对国家首脑来说的。无论如何，都不能断言法院就不能像其他机关那样通过民主方式来构建。当斯密特指出，"从民主的立场来看，委任给法袍下的贵族制以宪法守护之职几乎是不可能的"，这种抗辩很容易就能被驳斥掉，因为一个由人民或仅仅由议会选举出的宪法法院，譬如依据 1920 年宪法规定的奥地利宪法法院的组织方式，绝不会表明"法袍下的贵族制"。但是，根据斯密特自己的表达，宪法法院之所以看起来不民主，大概不仅仅因为据说它肯定是如官僚主义兼贵族制般组织起来的，此外，还基于另外一个理由，尽管斯密特并没有明确使用这一理由而对不民主特征发起攻击，但他至少默示地接受了这一理由的有效性。这一理由是说，宪法法院之所以看起来不民主，因为它同如下断言直接相连，设置宪法法院是同民主原则相悖的。在 20 世纪议会主义——全民公决意义上的民主原则框架内，宪法法院——斯密特如是论说到——并不像在 19 世纪立宪君主制下，它"反对的不是君主，而是反对议会"。相对于君主，司法曾取得胜利。作为"反议会的平衡性力量"，它却没有认真地进入人们的视野。因为"静态的机构和反议会的平衡性力量的必要性，在今日德国就像当年对君主加以控制一样完全是另外一种性质的问题。这不仅对广泛传播的法官的审查权适用，而且对于集中于唯一的主管机关的控制权亦有效。"这可能是这本不乏逻辑上惊人之举的书中最为令人惊讶的思路之一。宪法法院必须设定自己的防线仅仅用于抵抗议会，而不包括政府，这完全是直接同事实相矛盾的断言。如果说，斯密特以多少有些更令人瞩目的方式用他颇有讽刺意味的话语赞赏"奥地利成果"的话，对于宪法法院恰恰由于它的司法性而陷入将危及自身存在的、与政府的冲突之中，他应该是知道的。但是，斯密特整本书中充斥着如下的趋势，即忽略了宪法受到来自国家首脑，确切地说是政府侵害的可能性，一种恰恰针对宪法而存在的可能性，其中，宪法第 48 条就属于它最重要的规定。然而，斯密特通过未经证明也不可证明的断言来指出，宪法法院的战线只是针对议会的，他将"宪法守护者"之职从其作为对国家行为，尤其是（请注意是由国家首脑发布的）法律的合宪性控制重新解释为"反议会的平衡性力量"之职。也就是这样一种角色，帝国总统经由魏玛宪法委托而担当的角色。或者更精确地表述：人们能够从政治上来评价帝国总统按照宪法所具有的国家法上的地位。然而，这并不是宪法法院的职能，这意味着在这一意义上，人们从不能断言，按照宪法设置它的本意，宪法法院必须充当"反议会的平衡性力量"的角色。从宪法法院不可能接受这样一个从来没有打算授予它也不可能打算授予它的职能，很自然并不能得出任何反对这种制度的结论，这一制度在充当"反议会的平衡性力量"的国家首脑之外同样也可能存在。恰恰是因为一个这样的"平衡性力量"的存在，这一制度变得双重必要。

十二、国家法学还是神话学？

现在清楚了，究竟什么是斯密特所理解的"宪法守护者"。没有什么，根本就没有什么可以有资格将帝国总统作为"宪法守护者"与一个——也可谓是监控总统这一守护者的——宪法法院相对立，可以有资格通过将帝国总统解释为"宪法守护者"而使得宪法法院就此失去守护者身份。对于斯密特来说，这好像涉及的是同样的职能，为此只能在国家首脑中寻找和发现更好的主体，正如他已经做的那样，当他如此描述自己的调查结果的时候：在人们将法院预定为与其身份并不相称的宪法守护者之前，应该不要忘了，宪法已经任命帝国总统来担当这一职责了。[1] 就算在某种程度上不否认，帝国总统在宪法上被认为是"反议会的平衡性力量"，但如此一来，当通过宪法法院的宪法保障因同样的名义受到攻击的时候，人们也不能将帝国总统的此种职能视为对"宪法的看护"。这并非纯粹字面上的修正。斯密特正是从这种不被允许的同音异义中得出了他反对宪法诉讼制度的一个主要论据。而且这一论据使他得以可能：不仅过高地评价了帝国总统这个宪法的两个首要主体之一的合乎职权的职能，而且还低估了宪法另一个首要主体议会的职能。当议会，就如斯密特所表达的，这个"多元体系的舞

[1] 同上注 5，S. 158。

台"[1] 提供了一个平台，政党政治上组织起来的利益集团为了影响国家意志的建构而在这一平台上相互角逐从而展现出事实上既有的利益对立，那么它实际上是一种过程，尽管为了成功取得国家意志而可能在此过程中产生各种危险，但人们不可将此过程视为违宪。魏玛宪法不仅任命了"由人民选举出来"的总统，而且也同样，且是第一位地任命了由同一人民所选举出来的议会，以及那种被斯密特视为"多元化"的政治体系。倘使宪法任命帝国总统作为反对议会的"平衡性力量"，那么之所以刚好如此，仅仅是因为宪法设置帝国总统以及与总统在本质上必然联系在一起的"多元化"政治体系作为"砝码"，使其参与到政治力量角逐的游戏当中。

从任何一种政治理想的立场观察，多元化政治体系看起来可能都是道德上有害的。因此而且仅仅因此就认为它是违宪的，都属于对只在实证法上具有意义的范畴采取了自然法性质的滥用。如果议会因缺乏固定的多数或者受到少数的阻碍而变得无工作能力，那么这一有问题的体系可能即便如此并不违宪；而且，即便宪法在这种情况下任命国家首脑作为替代机关亦然，正如依照斯密特对魏玛宪法的解释，这应该是合乎法律规定的。宪法断裂以及担负替代宪法守护者之职的机关，几乎很少像在立宪君主没有行动能力的情况下一样〔譬如，路德维西一世治下的巴伐利亚（Bayern）〕。但是，卡尔·斯密特的"宪法守护者"概念正是采纳了这样一种意义。因为帝国总统加上宪法委托给它的全部职权，特别是由于它充当无工作能力的帝国议会的替代物的权力，而且，只有帝国总统，而不是作为第二位（或者更为精确地说：第一位）宪法主体的议会，作为宪法的守护者才能获得解释："构成多元体系舞台"的帝国议会，其职能排他地且片面地作为"离心性"与帝国总统的向心性相悖，因此可被描述为反对宪法维护的机关，看起来甚至完全是违法的机关。从一种起源上价值无涉的社会学范畴——"多元体系"，"多元政党国的消解国家的方法"[2] 突然变成了"多元体系摧毁宪法的方法"[3]，最终成为"违宪的多元主义"[4]，而从这种多元主义中拯救国家则是帝国总统的使命。"宪法"，它并不是规定立法机关和程序以及最高执法机关地位和职权的规范，一般而言，它也不是规范或"法"。"宪法"：是一种状态，德意志人民"统一"的状态。这种具有实质而不单单是形式特征的"统一体"在哪里，无法进一步加以确定。它可能无非是一种从某个确定的政治观出发所欲求的状态。然而，"统一体"却从自然法

---

[1] 同上注 5，S. 105。
[2] 同上注 5，S. 156。
[3] 同上注 5，S. 116。
[4] 同上注 5，S. 131。

上渴望的理想转移到实证法上的宪法概念位置上来。借此人们可以将以议会作为自己舞台的多元体系，因而也就是这个宪法主体的职能解释为宪法断裂，因为它摧毁或是威胁到——进入到宪法位置的——"统一体"，而将国家首脑的职能解释为对宪法的守护，因为它重新产生或维护这一"统一体"。这种宪法解释没有其他可能，只能在被神化了的宪法第48条那里达到顶峰。它导致了——如果说非有意识的，但如此却更为悖论的——结果，即那种由于自身而使德国公共安全和秩序必定被破坏或受到威胁的多元化体系，直接地说就是帝国议会，因为它本质上是"多元化"的，因此，它的真正的职能看起来似乎在于，始终如一地满足魏玛宪法将其与第48条第2款之运用联系在一起的条件。[1]

从这两个宪法上设置的国家权力主体就演变出国家的敌人和朋友。敌人一方想要摧毁国家，也就是摧毁国家的"统一体"，而朋友一方则保护国家以免于被破坏，也即宪法的侵犯者和宪法的守护者。所有这一切都肯定不再同宪法的实证法解释相关。这是——披着国家法律制服的——善神与恶灵的神话。

结语：科学和政治

通过前述批判性的分析，很自然并没有什么政治价值应该且可能被撼动，这一政

---

[1] 看看奥地利、法国、英国以及北部诸国，就会明白议会体系绝不可能在任何地方都被拒绝。可惜尽管如此，斯密特仍然相信，可以不加任何限定地宣布这样一种议会主义的死刑。他就此所使用的方法则是一种十足神秘的辩证法："议会，或者说立法机构，或说立法国的主体和中心，在其看起来似乎已取得全面胜利的同一时刻，却变成了自身充满矛盾的、否认它自身之前提及其取得胜利之前提的构造物。议会迄今为止的地位和超越性，它相对于政府而有的扩张的紧迫感，它以人民的名义出现，所有这一切都以国家和社会的区分为前提，而这一区分在议会取得胜利之后无论如何都不会再以此种形式而继续存在。它的统一性（Einheit），甚至它与自身的同一性（Identität），到目前为止都是由它内政上的对手，即早期的君主军事和公务员国家所确定的。一旦对手不见了，议会自身可以说也就散架了。"（同上注5, S. 82）——如果人们把议会视为反对国家的"社会"，而"全能国家"意味着取消国家和社会的对立，那么按照这个社会哲学的逻辑，在全能国家中就不存在议会的位置。然而，倘使人们应该想起，通过将自己建立为最高的、集所有国家权力于一身的国家机关，议会来维护自己的"统一性"，甚至是与自身的同一性"，而前述对立的取消以及进而形成"全能国家"可能都是由这个职能不断扩张的议会所引致的，那么如下观点就会遭到抗辩："如人们所言，国家现在是一个自组织的机构，但是有疑问的是，这个自我组织的社会如何能够成功变成一个统一体，以及这一统一体是否确实是自组织的机构的产物。因为自组织机构首先仅仅意味着一个假设以及一个通过与早期的、现在已不存在的国家意志和国家统一体的建构方法相对，因而也就是以否定性和有争议性为特征的程序。位于语词'自我'之中以及语言上附加在'机构'里的同一性，任何情况下以及绝对无条件地都不需要以社会自身的统一体，也不需要以国家统一体的形式而出现。正如我们常常充分知晓的，还是会有那种不成功且无结果的组织机构的。"（同上注5, S 82,83）——全能国家的"统一体"并不是议会，而仅仅是国家首脑的产物！一个这样的论证使得一个从对立的政治立场出发的批判，譬如马克思主义的批判，并不困难地就将自己看穿，认为它不过是一个意识形态的论证。对于这种在取得胜利的一刻即以神秘的方式瓦解的、由于不必再与君主分享权力，从而变成一个否认自己前提的构造物的议会来说，是否它并不简单的是一个对此的表达呢？即在任何一个由于阶级斗争的缘故议会不再能成为一个可资利用的阶级统治工具的地方，资产阶级改变了它的政治理想以及从民主制转变成专制。

治价值在现有的政治关系中，导致了对尽可能拓宽帝国总统的权力，也即政府的权力的吁求，以及因此在结果上与此相连的对宪法诉讼的拒绝。并不是只要斯密特的文章服务于此种在这里绝不能被贬低为"党派政治"目的之目的，而是只要该文章服务于某种方法背后的政治目的，即隐藏在社会学知识和国家理论的宪法解释的背后，简言之，即对象的"科学处理"背后的政治目的，那么，它就成为本文批判的对象。从这样一个具有教育意义，最能表明我们当前国家学说和国家法学说病症的实例中，批判应该揭示了严格区分科学知识与政治价值判断是多么正当的要求。今日仍旧存在的科学与政治被原则性地混搅在一起乃是典型的现代意识形态教育的方法。从科学知识的立场出发，当它——在大部分情况下以及某种程度上也是在现有的情况下——无意识地发生之时，此种方法必须被严加拒绝。在我们时代尖锐的批判意识那里，政治的方法最终将无从作为。因为它实在太容易被政治对手看穿，或者政治对手也采用同样有疑问的方法使自己的目标正当化。如此一来，科学反而被更严重地伤害了。由于科学所具有的全部价值，政治为此总是试图与其纠缠在一起，而且恰恰是出于最好的伦理动机，因为它代表善好的事物。然而，这种科学的价值有着同伦理－政治完全不同的属性，由于在这种对于自身来说几乎是悲剧性的冲突中它始终保有力量，科学坚持且趋向于拒绝这种与政治之间具有诱惑力的纠缠。

（张龑　译）

宪法与宪法法

鲁道夫·斯门德[*]　著

第一部分　国家理论的基础

1. 国家学说的危机

德国的国家理论与国家法学说呈现出危机（至少是正步入危机）之兆已经很长时间了。在国家法领域中，这种危机之兆并未如在国家理论中体现得那么明显。法律人的工作技艺并未因精神或政治的变革而被摧毁。因此，无论是新学说还是旧理论，其支持者都共享一个宽厚的基础，而危机则被限制为一种方向的对立上，其深层意蕴则

---

[*]　鲁道夫·斯门德（Rudolf Smend，1882—1975），出生于律师和神学家的家庭，曾分别任教于格莱夫瓦德（Greifswald）、图宾根、波恩大学，1922 年任职于柏林大学，希特勒上台后由于其新教信仰与国家社会主义理念相矛盾，被迫于 1935 年转入哥廷根大学直至 1951 年退休，退休后还继续指导教会法、国家法和宪法理论研讨课。斯门德的著作主要关于法律史和宪法史以及国家理论与宪法理论，在晚年即 1945 年后则转向新教的教会法、教会法与国家法的关系。虽然著作不多，但斯门德的理论对于德国 20 世纪的国家理论和国家法理论的发展而言却极其重要。斯门德在魏玛时期属于主张所谓"社会科学方法"、反实证主义法学的阵营，关注国家和宪法理论的基础概念，较少致力于实证法的理论化、系统化建构。20 世纪 20 年代，斯门德针对当时由 Von Gerber、Paul Laband、Georg Jellinek、Hans Kelsen 等代表的国家法实证主义理论，提出了著名的"整合理论"（theory of integration）。他在其主要著作《宪法与宪法法》中，尝试分析宪法实证规范背后的价值，并认为该价值可在所谓的"整合原则"（Prinzip der Integration）处寻得，主张整合各种利益以及努力使国民融入国家整体，不仅仅是国家的政治纲领，同时也应是国家机构的义务以及国民的道德要求。"整合理论"特别重视保障公民的基本权利，强调立者当受其拘束，该主张在之后的德意志联邦共和国扩展到了司法以及联邦宪法法院。
　　《宪法与宪法法》（Verfassung und Verfassungsrecht）于 1928 年由 Duncker & Humblot 出版社出版。本文为选译，选译范围基本依据 Arthur J. Jacobson and Bernhard Schlink 编译的《魏玛：一则关于危机的法学理论》（Weimar-A Jurisprudence of Crisis，University of California Press，2002）一书的选译范围，同时也采纳了英译者对注释文献的处理方式。译者在第一部分第 5 点"通过个人的整合"之前的翻译，是在没有英译本的参考下进行的，此后的翻译，同时参考德文本和英译本进行，因此对英译者表示感谢，如果没有英译本，本文的翻译恐怕要艰难得多。

仍然没有被参透。[1] 相反，在国家理论领域，正如在政治学领域，却是一幅破产和丧礼景象。说这是一幅丧礼景象，是因为四分之一世纪以来，耶律内克在其关于一般国家法的最有代表性的阐述中，要么是在问题本身的正确性和严肃性方面，要么是在回答的内容方面，就已经以知识怀疑论的方式剥夺了所有关涉国家理论的大问题的意义及重要性。[2] 这是一个时代的标志，即该书中仅剩下的有价值的部分之所以能够在观念史上仍留一席之地，只不过是该书从方法论方面对这种死亡的解释（无论是明示的还是默示的）。很明显的是，从耶里内克的国家学说中推导的结论，同时也是凯尔森的新方案所力图克服的类似所犯的历史错误，对于他们的前一代人来说，却是理所当然地要向其致敬的。

此一情势的特征被标识为：在德语区国家理论与国家法的最伟大与最富有成果的学派所奠定的第一原则中，国家并不是被当做一种"实在"来理解。此一情势并不仅仅是国家学说的危机，同时也是国家法的危机。因为从长远看，如果缺乏对国家的可靠认知，也就必然不能建立富有成效的国家法理论，而缺此则国家法自身也就无法拥有长寿而满意的生活。

国家学说的危机，并非是由战争与改革带来的。这首先是一个科学史，其次是一个精神史的事件。人们理所当然地将它追溯至新康德主义，或者毋宁说，追溯至以新康德主义为代表的一种一般性的科学思想中[3]——尽管新康德主义自身早已放弃这种思路，但凯尔森还是将自己的实证主义理论以新康德主义为方法论基础，这并非偶然。[4]

然而，仅仅在科学知识领域，尤其是在国家与国家法理论领域中寻找这一现象的前提与效果，是不对的。

其科学之外的前提可以很清晰地在存在于最严格的学科界限之外，却是当代德国中对国家进行充满活力的理论思考的代表中找到，这就是马克思·韦伯和梅内克

---

[1] 相关论述，参见 Günther Holstein 于 1926 年 3 月在德国国家法学会（Vereinigung der deutschen Staatsrechtslehrer）上所做的报告，Von Aufgaben und Zielen heutiger Staatsrechtswissenschaft: Zur Tagung der vereinigung der deutschen staatsrechtslehrer, Archiv des öffentlichen Rechts, n. s., Vol. 11 (Tübingen: Mohr, 1896), 1 ff.。

[2] 耶里内克提出的"类型"问题（Georg Jellinek, Staatslehre, Vol. 1, 3rd ed.（Berlin: O. Haring, 1914），34 ff.），既缺乏严格的知识论证，也缺乏丰富的后果。

[3] Erich Kaufmann, Kritik der neukantischen Rechtsphilosophie (Tübingen: Mohr, 1921)；虽然有着不可避免的缺陷，这仍然是关于此种情况最令人印象深刻的表述。

[4] 想想因果学说与规范学说之间非此即彼的二元选择，这只能被历史性地解释成"在理论的自然主义和机械主义中绝望地拯救价值世界的尝试"。Erich R. Jaensch, Über den Aufbau der Wahrnehmungswelt (Leipzig: J. A. Barth, 1923), 411 f.；黑勒对维也纳学派忽略了思想的当代状况正确地提出了抗议，参见 Hermann Heller, Die Souveränität: Eine Beitrag zur Theorie des Staats–und Völkerrechts (Berlin: de Gruyter, 1927), 78。亦可参见 Alexander Hold–Ferneck, Der Staat als Übermensch (Jena: G. Fischer, 1927), 19; Hans Oppenheimer, Logik der soziologischen Begriffsbildung (Tübingen: Mohr, 1925), 33。

（Meinecke）。在他们的作品中，至少可以发现一种真正的、实在的国家理论的发展——国家被看做是一种"企业"，其内在目的则是将不自足的个人囊括其中，置于其手段的魔力之下，并且让他们对国家负有不可逃避的强制服从的责任；或者被看做是自然力和命运，被看做是国家理由（Staaträson）的道成肉身，这个概念导向的则是权力与伦理之间不可调和的永恒争斗。二者都涉及了一种封闭的、自我贯彻的类似于命运那样的力量，在它面前，个人不过是客体和牺牲者。对国家的理论怀疑代表了近期来德国人对国家的一种真正疏离的实践态度——就其最终体现出来的对国家内在地不参与来说，这种思维方式是自由主义的。这种缺陷是如何产生的，以及如何作为一种根本错误对知识论基础发生影响，我们将很快予以指出。

这些关于国家理论的思维方式带来了一些后果。一个特别明显的例子是政治伦理学。在这一领域中所存在的严重困境，从特尔慈（Ernst Troeltsch）、韦伯和梅内克各自作品中都能够看；他们在该领域存在着严重的困难，这意味着理论的失败。同时，尽管对德国而言，此时最需要清晰与准确的行动纲领，在实践领域却充满了日益增长的不确定性。在他们的作品中，除了清晰可辨的伦理怀疑主义之外，还有明显的理论上的不可知论以及对国家的真正疏离感（innere alienation）。

由于在理论上和实践上对国家的这种疏离，德国的两个主要缺陷（实质是同属一魄）也稳定地发展起来：去政治化地回避国家，以及去政治化的权力崇拜。这两大缺点其实是同一枚硬币的两面，其实都是由于对国家本质的不明确，由此导致对国家过于高估或过于低估。国家理论的失败，以如下的形式表现出来，即国家理论的文献无法清晰明确地提出恰当的国家理论。其背后的原因却总是相同的。

已经有人从各个不同的方向做了许多卓有成效的工作来克服当下的困难。下述的讨论将追随此前的这些努力，它将自己的范围限定在国家理论中的一个对法律人来说最重要的问题。对于所有那些需要先弄清楚国家理论才能够从事国家法领域工作的人来说，尤其需要特别把这个问题搞清楚。尽管做出如此限定，但鉴于当下的处境，对方法论以及国家理论的基础进行过分的强调仍然是难免的。

2. 方法论基础

自帝国创建以来的德国国家理论的历史，具有一种值得注意和明显的特征，即它的实际产生的成果与少数理论家所提出的认识论—方法论意识之间多半是背道而驰的。基尔克未经批判或者说前批判阶段的作品也许恰巧可以从他的方法论幼稚中提出一个永恒的大问题。与此相反，从耶里内克到凯尔森的这一序列虽然提出了非常重要的此种批判，但同时也如前述清空了实在的事件，最终有意识地发展成凯尔森于1925年出版的《一般国家学说》的原点。

此一序列对实质性工作具有持续的意义，特别是，自从凯尔森的批判性工作完成之后，那种幼稚性，那种方法论前提缺乏清晰性的工作方式，便再无立足之地。

而且，这显然是一个失去目标的死胡同。他带着他的方法论偏见摧毁了所有迄今仍然丰富多产的思想和劳动成果。他不加区别地将一般国家学中有价值和无价值的内容全部扔掉，不给替代方案容留一点可能性。而在他最严格的领域，即一般国家法学说和实证的国家法领域，仍然没有取得什么进展。他如果不自动放弃，这种进步也许永远不会发生。取得成效仅仅是幼稚的形式主义的一种奢望，因为在行为中不存在纯粹的形式主义，也不存在纯粹的方法论一元论（没有人会比凯尔森更清楚地指出这一点）：纯粹的形式主义在这一点上失败了，因为它是纯粹的。

法律形式主义更需要对法律的实质性（这里不使用社会学性质和目的论性质的限定语[1]）内容进行进一步的方法论加工，这是规范的前提和对象。国家法学说尤其要求一种实质性的国家理论。不过，国家理论尽管与国家法学说有此关联，它仍有其独立地位，这就是，作为研究国家生活的精神领域和文化领域的精神科学。

就此而言，那些不是来自于维也纳学派的人都能在一般的意义上与我们达成一致。不难预见，不久以后就会对此种国家学说的方法论基础问题达成一致。以下的探讨试图寻求此种方法论基础，当然是提示性的和探讨性的。

知识论和文化哲学的前提只能在此略做标示。此处所做的探讨并不需要对此前提进行证明。它有权利单独地在它最严格的领域内，通过它对国家理论和国家法的解释所做的新鲜贡献而得到证明。

迄今为止的实体性国家理论之所以遭到失败，最明显的原因在于其内部包含各种特定的二律背反。个人与共同体、个人与国家、个人主义与集体主义、人格主义与超人格主义，成了普遍存在的难以化解的矛盾。[2]这个矛盾有许多我们熟悉的表达方式：首先，它经常被表达为一种价值的位阶秩序，以及集体主义与个人主义之间非此即彼的选择，或者，表现为一种更现代和更相对主义的困难，即两种选择之间难以化解的"张力"。实际上，这里首先涉及的并非价值问题，而是结构问题。

---

[1] 例如 Hermann Heller, Die Crisis der Staatslehre, Archiv für Sozialwissenschaft und Sozial-Politik, Vol. 55 (Tübingen: Mohr, 1926), 310 ff.。
[2] 在另一个层面上这体现为个体性与规范之间的关系问题，正如 Heller 在《主权》（*Die Souveränität*）所正确地指出的那样。

作为一个结构问题，它存在于所有的精神科学之中，同时只要"自我"与社会世界之间处于实质对立状态，又基本上是不可解的。这种对立关系以及对两个领域的客观化的疏离，乃是一种想当然的、未经反思的、幼稚的思维倾向的结果。拥有法律训练背景的社会理论家们，严格区分生理意义的自然人与法权人，此种思维习惯也可做此论。

此种思维方式却万不可在精神科学领域贯彻实施。

精神科学中"自我"的现象学结构并不是一个精神生活中可客观化的，与此种精神生活形成因果关系状态的要素。它并非是自在自为的事先存在，仅仅是作为一种精神生活具有因果关系的要素才能被考虑，相反，它精神性地生活着、表达着、理解着，并且参与着精神世界，也就是说，它作为意义共同体的某个组成部分，有意识地与其他人发生关系。它的存在的结构与贯彻，只能通过精神生活来实现，而精神生活的结构必然是社会性的。[1]

自在自为的集体"自我"同样也是不存在的。集体仅仅是个体意义的构造的统一体，至少不是其产物，而是其存在本身。存在的发展与意义的结构需要"社会限制"，以个人或者超个人的生活相互交融的方式存在。[2]

心理学能将个体剥离出来，并加以客观化。它放弃了对精神生活自身的理解。[3]某种文化领域的客观化的意义结构的科学同样也能够将它的对象系统剥离出来，以探寻和掌握该对象的内在结构。[4]生活、生活的过程以及文化的现实，则不再可能被理解。它们只有在如下的情况下才能够被正确地理解，即阐明作为其前提条件的现象学结构，以及以一种与将个体精神和意义系统客观化的做法相反的方式开展工作。

所有的精神生活的科学都不能将它们最重要的对象，即个人、共同体、客观化的意义关联理解成为一种其相互关系需要被探寻的、彼此疏离的要素、事实、精神生活的承担者或对象，而应将它们理解成一种共同的辩证秩序的某一时刻，这种秩序中的各组成部分（正如上文所揭示的）是相互对立统一地形成一种秩序。[5]任何一种精神

[1] 参见 Theodor Litt, Individuum und Gemeinschaft, 2nd ed. (Leipzig: Teubner, 1924), 54ff., 85; 3rd ed. (Leipzig:Teubner,1926), 46ff., 142 ff., 174 ff., 187 ff., and passim.。

[2] Theodor Litt, Individuum und Gemeinschaft, 3rd ed. Passim，尤其是 246 ff., 258 ff., 292 ff., 360。

[3] Litt, passim.，例如 Litt, Individuum und Gemeinschaft, 3rd ed., 71 ff., 376 f.。就这一点而言，当凯尔森说"无窗户的单子"式的心理学中看不到通向社会之路，他是正确的；Hans Kelsen, Soziologischer und juristischer Staatsbegriff. Kritischer Untersuchung des verhältnisses von Staat und Recht (Tübingen: Mohr, 1922), 15.。

[4] Litt, Individuum und Gemeinschaft, 3rd ed., 312 ff., 373 ff.；关于意义的内在限制并不改变其描述的社会结构，参见 214 f., 338 ff.。

[5] 参见 Litt, Individuum und Gemeinschaft, 3rd ed., 10 ff.，尤其重要的一个运用例子，参见 Litt, Individuum und Gemeinschaft, 2nd ed., 164 f., 3rd., 248 f., 284, 292 ff., 361 ff.。

德国魏玛时期国家法政文献选编

生活的科学都具有一种先验——尽管它不是超验，但其对象却具有一种永恒的内在结构，通过一种现象学抽象的方法而被发现，应被当做前提而存在。[1]

如果精神科学方法论的这种转变被要求适用在国家理论和国家法学说的领域中[2]，则此处所指出的方向就应该被选择。精神科学是一种理解性的科学，则此处的工作就是对此种理解的条件的澄清，而此前它在个体精神科学的实践中总是经验性的和未被认识的。只有"我"的概念（Ichbegriffs）辩证法[3]赋予了它"内在的弹性，肢体和关节的灵活性"[4]，缺此则无法将"自我"整合进社会的实在结构之中，并避免它的绝对化和客体化的孤立。只有一种集体概念的辩证法才可以有效地对抗将精神世界宿命般地客体化和实质化为"非自我"（Nicht Ich）和"有机"社会理论。[5]精神世界只有作为一种辩证结构才是可被理解的，而主流的社会学则徒劳地将其作为两个固定点之间的"关系"或"互相影响"来理解。[6]

因此，此种基础与占统治地位的另外一种将精神和社会世界实质化和功能化的做法就是相反的，后者就是此前的"社会学"，所有倾向于机械空间论的、最近仍然在不断发展的思想，以及不断退回到某种目的论模式中的思想。

3.国家作为真实的意志联合体

下面的讨论不是要勾勒国家理论的概要，而是致力于发展出一种宪法学说的国家理论前提。

至今仍未彻底消失的三要素说不足以作为此处讨论的出发点。就其法律意义而言[7]，这种观点将国家看做是一种由国民、领土和主权之间的物质性组合——顶多，它也不过是将特定领土范围内的国民当做一种心理统治的出发点和对象来看待，因此国家被看做是物质性的，更麻烦的是，作为精神性的构造的国家，其能否被做如此解。[8]三要素说所思考的问题毫无疑问也是国家理论的问题，尤其是宪法的问题。[9]从一

---

[1] 参见 Litt, Individuum und Gemeinschaft, 2nd ed., 25 ff., 6；一个简短的全面概括，参见 Marck, Substanz–und Funktionsbegriff in der Rechtsphilosophie (Tübingen: Mohr, 1925), 96 ff., 89 ff., 该书第 148 页以下所描画的国家理论的纲要是不幸的。

[2] Holstein, Von Aufgaben und Zielen heutiger Staatsrechtswissenschaft: Tagung der vereinigung der deutschen Staatsrechtslehrer, 31.

[3] 关于这一点参见前注 Marck, Substanz–und Funktionsbegriff, 89 ff.。

[4] 关于这个问题参见 Litt, Individuum und Gemeinschaft, 1st ed., 210。

[5] Litt, Individuum und Gemeinschaft, 3rd ed., 222, 281 ff., 285 ff., 290 ff., 327 ff., 这部分反对的是 Alfred Vierkandt 的 psychophysische Gebilde，参见 249, anm. 2。

[6] Litt, Individuum und Gemeinschaft, 3rd ed., 204 f., 227 ff..

[7] Kelsen, Allgemeine Staatslehre, S. 96.

[8] Vierkandt, Gesellschaftslehre, S. 40; 对此参见 Litt, S. 249, Anm. 2。

[9] 但同此前说的法律问题并非是一回事。参见前注，Kelsen, Algemeine Staatslehre, S. 96。

开始，作为其基础的国家学说就走在了空间静力学的错误道路上。

也不能将分离化的个体当做出发点，按照此种理论逻辑，国家被看做是一种或者以个人为出发点的因果序列，或者是一种因个人为了达到某个目的而被列入考虑范围的目的论序列。

就因果关系而论，团体的生活无法从个体的生活中推导出来。人们需要精神的社会生活环境，这是毫无疑问的[1]：从此种个体形态中，并不能推导出超个人的社会形式，也无法推导出国家，因为国家是一个有着特殊要求的概念构造，并无法从被分解的各要素中得到阐明。[2] 之所以会如此，是因为社会性个体只是作为团体生活的一个部分而存在，而不是在其自然"环境"中自在自为地存在。因此，他只能从社会中被理解，当然，从他的视角来看，他并不仅仅简单地是超个体结构的内容，而是个体的承担者，并且仅仅通过他的生活才能够被理解：个体与共同体的两极对立，就是"社会性限制"的存在。[3]

如果社会并不能被理解成是从个体到总体的因果序列（仅仅是按照从总体到个体序列的反方向发展），那么它也不能被理解成来自个体的目的论序列，这个序列或是有意识的事先规划，或是潜意识中形成的目标实现。与此最相近的一种国家思想就是通过国家的目标、文化成就来理解国家和为国家辩护，至少将其作为思考国家的第一步。对社会，尤其是对政治的观察与沉思，不允许来自意义世界（sinngebieten），其作为一种社会范围，国家是自我超验的，而对这个范围的基本解释则是自动获得的。无论如何，对文化生活的整体的观察和沉思，倾向于在社会与其他领域的最广泛意义上的关系上，不在"实质的"意义范围中理解社会结构，而是将其看做是形式，将社会地位理解成一种有用性。[4] 此种理解将在社会本身固有的规律性中死去，而这恰恰是我们此处得出的结论。理性主义通过自身的目标思考来阐明所有的精神科学，因此带来了如下危险，即如今的语言学、宗教学和艺术学若缺了这种明确的来自目的论的控制，就难以被阐明。但是在法与国家理论中，此种目的论导向却是错误之源，导向的是迄今为止仍起主导作用的个人主义思维，在这种思维中，个人与个人相互之间被

---

[1] 正如 Spranger 的《生活方式》（*Lebensformen*）一书（5. A., S. 193 ff., 212 ff.）所做的关于著名的权力人与社会人的阐述，也可参见 Vierkandt 的《社会学理论》（*Gesellschaftslehre*, S. 58 ff.）中论述人之社会配备的章节。

[2] Spranger a. a. O. S. 280, 443；在这一点上他与 Vierkandt 相反。

[3] Litt, 246 ff..

[4] 相关论述，参见 Spraner, S. 66 f., 193, 213, 294; Scheler, Der Formalismus in der Ehtik und material Wertethik, s. 108; S. Mark, S. 153 f.。

看做是分离的……

4. 整合作为国家的基本的生活事实过程

国家学说与国家法理论处理的是作为精神实在之一部分的国家。作为实在之一部分的集体性的精神构造并非是静力学式的实在，而是真实精神生活的意义统一体——精神行为。它们的实在性就是一个功能实现和再生产的过程，或者更准确地说，就是一个持续的精神胜利和再塑造的过程（根据其价值，既可以变好，也可能变坏）——只有在这个过程中，也仅凭借这个过程，它们才，或者才能够不断地更新其实在。

因此，国家尤其不是静态的整体，不是从其中流出单个的生活表达，也不是法律、外交行为、判决、行政政行。恰恰相反，国家存在于这些因素之中，仅在于这些因素证实了一个作为整体的精神，并且更重要的是，这个作为整体的精神还不断地更新和发展，并且将这种整体性自我对象化。它仅仅在这个时刻更新，持续经历新生的过程中存在，借用雷楠用来概括民族的著名说法，他存在于每天重复的公决（plebiszit）之中。[1] 正是这个核心过程，或者说是这个核心的实质，就是我曾经多次在其他地方提到的整合（integration）。[2]

此处存在着一个国家之实在性的关键点，同时也是国家理论和国家法学说的出发

---

[1] 也可参见 Heller, Die Souveränität, 82。

[2] Rudolf Smend, Die politische Gewalt im Verfassungsstaat und das Problem der Staatsform, in Festgabe der Berliner Jursitischen Fakultät, ed. Universität (Berlin Ost) Juristische Falkultät, Vol. 3 (Tübingen: Mohr, 1923), 16. 该词尚未如 Leo Wittmayer（Leo Wittmayer, Schwächen der neuen deutschen Bundesstaatslehre, Zeitschrift für öffentliches Recht 3, Vienna: Deuticke, 1922/23, 530, n 4）所指责的那样已经成为一种"流行词汇"，但在德国也不再是不常用的概念。例如参见 Kelsen, Wesen und Wert der Demokratie (Tübingen: Mohr, 1920) 28 (= Archiv für Sozial-Wissenschaft u. Sozial-Politik, Vol. 47, 75); Thoma, Handwörterbuch der Staatswissenschaften, 4th ed., Vol 7, ed. Ludwig Elster and Johannes Gonrad (Jena: G. Fischer, 1929), 725; Smend, Individuum und Staat, 18；最后，该词偶然地也出现在 Friedrich von Gottl-Ottlilienfeld, Wirtschaft als Leben (Jena: G. Fischer,1925), 522。

与此同时，Wittmayer 自己在讨论中明确地将整合的概念当做一个主要的概念；Leo Wittmayer, Die Staatlichkeit des Reichs als logische und als nationale Integrationsform, in Walter von Schelcher, ed., Fischers Zeitschrift für Verwaltungsrecht (leipzig: Freiberg, 1925), 57, 145 ff.；"整合"在此处被定义为（145, n 1）："所有政治统一的思想和力量的统称。"我将在后文对此文的实质内容做进一步的分析和讨论。

"整合"一词通过斯宾塞（Herbert Spencer）而在社会学领域流行起来，但他使用该词表达的却是另外一种含义。他将国家生活的秩序看做完全是机械式的和静态的，并且称其为政治组织（Herbert Spencer, Principles of Soziology, London: Macmillan,1882, p. v, §§ 440 ff., pp. 224 ff.），而政治整合（§ 448, pp. 265 ff.）则是通过包容与合并标记的机械性生长。他并于1870年的第三版中对第一原则（§ 169, pp. 480 ff.）的机械性讨论进行了反思（§451）。这个概念通过斯宾塞传播到英美社会学领域。

无论如何，一旦接受精神科学转向，则此处的建议便是可行的，并且该词被越来越多地接受和运用。我们期待一个合适的词汇，但这往往很难做到。"组织"（Organisation）有时候被用来表达同样的内容（例如，在 Otto von der Pfordten, Organisation, Heidelberg: Winter, 1917, 尤其是第11章），但它的机械论（正如在 Plenge 的 Organisationslehre 一样）自然主义和法律主义的色彩太浓了。

毫无疑问，在活力论者（Vitalisten）的既有概念的语境中发展出一些类似观点，例如"规制"（regulationen）的概念，我首先是通过 Walther Fischer-Rostock 而注意到该概念的，但它却不能适用到概念表（Nomenklatur）中；主要参见 Hans Driesch, Die organischen Regulationen (Leipzig: Engelmann, 1901), 95: Organisations-und Adaptationsregulationen。

点。如果做不到这一点，则不可避免地将出现两种可能性，即要么是将其看做是一种国家社会学的构造，作为此种社会性力量的僵硬和不可接受的承担者，或者作为许多单个的个人，或者是作为国家的整体，在一种模糊的意义上半是法律性的，半是空间性的。[1] 或者是同意凯尔森的意见，怀疑这个世界的实在性可以作为国家理论研究的对象——或者是最终重新陷入一种美学意义的不可知论中。[2]

虽然所有的精神性生命都同时自我呈现为个体式样的和共同体式样的两种形式，对于精神之实在性的证明而言，共同体式样之呈现的意义似乎要更明显于个人式样的呈现，因为个体拥有一个独立于精神生命的肉身性存在。[3] 国家之所以可被称做是存在的，只因它不断地整合，建立在个人之中和之上——这个持续的过程，就是它作为精神性的社会实在的存在性。对这一存在进行研究，就是国家理论的首要任务……

……

如果国家实质上被看做是一种超越其经验性要素的一种众意志的主权性联合，并且国家也不断地以这种方式被整合为实在，那么经验性的观察就应该指出这是如何实现的……

……

迄今为止，国家理论的文献仍然没有提出和处理这个问题……

……

更多的文献资料来自于描述性政治学的领域，当其从实践的角度关注这个问题或者这个问题的某些方面时，尤其是涉及盎格鲁—撒克逊的国家世界时。但对此研究而言当下最丰富的理论宝库却是法西斯主义的文献。法西斯主义并不致力于提供一个

---

[1] 对其中个人主义进路的总体拒绝，参见 Litt, Individuum und Gemeinschaft, 3rd ed., 226 ff.；对另一方面的批评参见 178 ff.，（尤其是反对斯宾格勒，他的国家观令人惊异地得到了黑勒的支持，参见 Heller, Souveränität 315, n. 75）。

作为最宽泛意义的社会科学中最严重的错误的根源，自凯尔森以来的此种静态思想值得被进行系统的批评，其最明显的错误根源就是未经批判的幼稚的空间论思想的倾向。此类错误的典型例证是 Litt, Individuum und Gemeinschaft, 3rd ed., passim, e. g., 10 f., 42, 47, 58, 62. ff., 92, 175, 222f., 228., 286., 286 note. 在法律文献中，参见 James Goldschmidt, Der Prozess als Rechtslage (Berlin: Springer, 1926), 177 n. 966; Honkrad Hellwig, Zivilprozßrecht, Vol. 1 (Leipig: A. Deichert, 1903), 255; Ernst von Hippel, Untersuchungen zum Problem des fehlerhaften Staatsakts (Berlin: Springer, 1924), 132; Carl Schmitt, Zu Gerhard Anschütz: Die Verfassung des deutschen Reichs vom 11. August 1919, Juristische Wochenschaft (Leipzig: Moefer, 1926), 2271, upper left. 在思想史中，个人主义进路能够被追溯至最初对自然科学的个人主义式的运用，以及与此相连的个人主义思想；参见 Ernst Troeltsch, Historismus (Tübingen: Mohr, 1922), 258. 而集体主义进路则可以被追溯至作为德国思想史的特定前提的共同体本体论的幼稚倾向；参见 E. Kaufmann, Kritik der neukantischen Rechtsphilosophie, 94。

[2] 于是就有了梅内克（Friedrich Meinecke）所提出的含混不清的"独特的生活观念"或"真实的国家理由"概念，参见 F. Meinecke, Die Idee der Staatsräson (Munich: Oldenbourg), 1924 and ff., 1 f.。对此的批评参见 Carl Schmitt, Zu Friedrich Meineckes "Idee der Staatsräson", Archiv für Sozial-Wissenschaft und Sozial-Politik, vol. 56 (Tübingen: Mohr, 1926), 226 ff.。

[3] Litt, Individuum und Gemeinschaft, 3rd ed., 333 f., 312 f..

关于国家的整合性的理论，它的主体毋宁是一种关于国家的形塑、创造和生命的新方式——最准确的描述就是本文提出的整合概念。[1] 从整合理论出发所进行的系统探索将开辟一个丰富的研究领域，其价值将独立于法西斯运动本身的价值和未来。

在本文所进行的以无穷无尽的反思而构成的有意识地建构一个新的民族和国家共同体的运动中被明确意识到的，在通常情况下并未被人们所明确地了解。国家理论和国家法科学的沉默因此并不难理解：理性学说仅仅能看到被明确意识层面的和自然主义的思想，而非理性主义又陷入到不可知论和有机理论之中而不可自拔。很显然，诸如魏玛宪法之立法者的理论背景，忽略了本文所揭示出来的首要问题，而俾斯麦宪法，正如下文将要指出的那样，虽然是未经反思的，但却是一个整合性宪法的典范。

此处所讨论的精神生命的过程，同时表现为个人性的和整体性的，虽然至关重要，却不能充分理解自身。因此它并不能退回到因果律中得到揭示，而是须被放在作为精神价值之实现的意义整体中才能够得到理解。[2] 正在成长中的精神不知道，它的发展所激起的意义究竟是什么；已然成熟的精神，基于"理性的狡诈"，也未必清楚受自身活动所影响的意义整体究竟是什么。[3] 尽管如此，它们之所以被理解，并非是因为它们被明确意识到，而是由于它们之间客观的精神联系。这就是精神的较后发展阶段，在这个阶段，通过对自身内在逻辑（关于规范和价值的逻辑）的透视，精神理解了自身。

下文中关于三种整合类型的概览，仅仅是一种初步的和预备性的尝试。尤其是，本文所做的三分法仅仅是出于实践的理由。

在各种类型下所列举的现象也并未穷尽相关材料，它们仅仅是例证式的。

最后，所有的这些例子并不能完全被归入到其标签的类型之中。并不存在某个团体的领袖和带领者不是以客观内容或指向客观目的的名义成其为领袖的；也不存在不包含积极的和领导性的参与者与被动性参与者的，缺乏客观意义和目的的形成团体的运动；也不存在缺乏领袖和积极团体生活的意义与目标的实现。下文中将整合类型各自单独介绍，并将特定的例子涵摄在其名下，必须以承认如下的限制条件为前提，即任何真实的整合过程都包含所有的这些要素，此处不过是以其最具支配性的特征来标记之。

---

[1] 法西斯主义的社团主义因此明确将自身描述为"整合性的"，那就是，作为一种整合，它并非是大家所熟悉的那种旧政治含义，而是意味着"彻底"，也即激进。参见 Ludwig Berhard, Das System Mussolini (Berlin: Schere, 1924), 93 f., 97 f.。

[2] Eduard Spranger, Lebensformen, 5th ed. (Halle: Niemeyer, 1925), 432 ff., 413 f.; Eduard Spranger, Psychologie des Jugendalters, 4th ed. (Leipzig: Quelle & Meyer,1926), 3 ff..

[3] Spranger Jugendalter, 8 f.; Litt, Individuum und Gemeinschaft, 3rd ed., 323; Hans Oppenheimer, Logik der soziologischen Begriffsbildung (Tübingen: Mohr, 1925), 74 ff..

5. 通过个人的整合

通过个人的整合是最经常被文献所处理的一种整合类型,尤其是在关于"领袖制"的意识形态和社会学文献。[1] 然而,它之所以享有此种优先地位,并不仅仅是由于它的实际意义,同时也是由于理论和实践中的错误。就其实践错误这一面而言,尤其是在第一次世界大战之后,对"领袖"的强烈要求不过是对他们自身之无力、无助和迷惘的一种表达。[2] 这里的领袖不单是天才式领袖,而且也指领袖式的政治家,他们希望通过领袖来改善政治处境,实现国民意志日益增长的结合,这就是他们希望逐渐实现的愿望。这是一种自由主义式的,或者如胡果·普洛斯(Hugo Preuss)说的,权威主义式的思想,其将国家领袖的问题的解决仅仅看做是领导者的问题,却并没有平等地将其看做同时也是被领导者的问题。从理论上讲,由此带来的后果就是将被领导者看做是迟钝的庸众(仅作为一种肉身性的存在),在外力的驱迫下工作 [3]——这是一种忽略了被领导者的自发性与生产力的机械主义思维。他们被激励去加入团体生活,但很快就将这种生活当做是自己的。在他们的经验中,领导并不仅仅是一种力量,并且他们自己也并非仅仅是被动而消极地被推动着,恰恰相反,他们是活生生的,而他们的领袖则是社会和精神的生命形式的活泼和生动的化身。[4] 只有这种观点才能够真正满足精神生活的基本理论结构,并且将从坡脚而消极的领袖主义意识形态解放出来,这种意识形态期待一种无所不能的政治神话,因此对民族共同体的成员们毫无要求。

无领袖则无精神生命——至少对文化共同意志的形成和规范化领域而言是如此。通过细致地分析,一个如此明显的犹如一个普通的司法有罪判决的产生与被遵守那样的协作式的功能,被当做是一个由领导者与被领导者共同组成的持续过程。[5] 在国家生活中,这一现象既是变化多端的,却又仅仅在某个特定方面是被清楚阐明的——它

[1] 在学术文献中,我们仅仅提及马克思·韦伯的支配社会学。亦可参见 Friedrich von Wieser, Gesetz der Macht, (Vienna: Springer, 1926), 47 ff.。观察成果尤其丰富的是福斯特(Friedrich W. Förster)关于政治伦理学的(旧)作品,他通过领袖制所要求的整合力量来论证的政治家、领袖、上级的强制性行动的正当性。他所使用的著名方法,在理论伦理学的立场及实践道德的立场来看,既是有争议的,同时又很有启发性。

[2] Geryer 的意见相当正确;参见 Curt Geryer, Führer und Masse in der Demokratie (Berlin: Dietz 1926), 10 ff.。

[3] Wieser 尤其典型;参见 Wieser, Gesetz der Macht。

[4] 也许这意味着某种熟悉的东西,例如参见梅内克(Meinecke)的观察——这是另外一种完全不同的语境中说的(Meinecke, Die Idee der Staatsräson, 1st ed., 12)——他认为人们"出于本能地追求权力和生命,同时滋养了统治者"。
    以一种理论上是不幸的和机械主义的设置对此种联系的正确观察,是 Vierkandt 的"观众"(Zuschauer)学说;Alfred Vierkandt, Gesellschaftslehre (Stuttgart: F. Enke, 1923), 31。

[5] Wieser, Gesetz der Macht, 127 f..

是如此变化多端，以至于迄今为止仍然没有粗览过其中能够被适用的最重要的那些类型。就我的阅读所及，迄今为止仍未有对国家领袖必须予以尊崇的共同本质予以充分阐述的理论文献。

颇成问题的机械式的领袖论意识形态，将领袖仅仅看做是一个客观地设定和执行对外和对内政策目标的专家。然而，其实他还有第二个任务：在执行这个客观的功能时，除了技术上的成功之外，他还必须证明自己是胜任作为那些被领导者的领袖的。对政党干部、新闻记者和政府部长而言，这是最明显的。一旦他们失去了他们的选民和读者的支持，他们很快就衰败了。而他们的首要工作就是保持和团结支持他们的政治团体。就政府对议会的责任而言，这引起了首要的宪法问题。在其行政和管理的技术任务之外，内阁还需要创造和保持议会的多数，由此，通过下文将要探讨的功能整合的中介，内阁所整合的并不仅仅是执政联盟，而是将所有的公民整合进民族共同体之中。[1]

但是"终身制"的国家领袖的任务在本质上并无两样。最典型的例子就是君主制。同样地，也存在着不恰当的对其本质的机械式观点，这种观点要么通过列举国王作为政治家与军事领袖在军事领导、内政和外交政策等方面的技术优势，以此解释和正当化君主制，或者通过指出其技术的缺陷，难以承担其应有的技术任务，而拒绝君主制。历史上将君主的任务误认为行政的最令人震惊的例子是威廉二世，他将全部的个人精力都投入到征服的技术面向上——这是史上前所未有的误解君主和糊涂之举——因此不可避免地带来了浅薄。他因此忽略了由他个人所承受的不可避免的代表任务，即整合整个民族。多多少少地，国家首脑之位的意义就在于作为国族统一的"代表"或者"化身"，也就是说，他是一种象征，犹如更加实质性和功能性类型中的旗帜、徽章、国歌一样。[2]这种统一本身并非是固定的和静态的，被用来观看、展示和回忆，而仅仅存在于精神生活的持续之中。此处所描述的所有象征类型，诸如"代表"和"化身"，与此种统一之间是表里无间、血脉相连的，乃是此种不断更新的经验的表现形式。君主制整合的独特品质在于[3]，正当之君主象征了民族共同价值的历史持续性。也就是说，

---

[1] 通过领袖进行整合的需要并非永远是一个方向的，并且民主制度倾向于经常更换领袖，这是在认同的意义上如此，而非其倾向于负责人和阻止独裁［错误的、自由主义和个人主义的解释，可参见 Kelsen, Demokratie, Verhandlungen des 5. Deutschen Soziologentages (Tübingen: Mohr, 1927), 60］。

[2] 对国王的功能所做的一系列令人敬佩的形象描绘，可参见 Carl Schmitt, Geistesgeschichtliche Lage des heutigen Parlamentarismus (Munich: Duncker & Humblot, 1923), 2nd ed., (Munich: Duncker & Humblot, 1926), 50。

[3] 主要是在如下著作中发展起来的，参见 Festgabe der Berliner Juristischen Fakutät für Wilhelm Kahl, Vol. 3. 23 f.。

他同时也是通过实质价值而整合的典型例子。他所扮演的角色，类似于共和政体中那些历史人物或神话人物所扮演的角色，例如泰尔（wilhelm Tell）和温克里德（Arnold Winkelried）的角色。[1] 主权的大受欢迎并非是个人以"一个统一国族的自觉"行动而来的荣誉[2]，或者更准确地说，如托马斯·曼所概括的那样，是一种自我意识的实现和自我想象的更新。[3] 并且，处于国家顶端的"个人特质"的性质并非是技术性的，它也并非仅存在于特定的转型国家，而是存在于个人特质的性质和态度之中。那些本质上不适于承担整合功能的人[4]，他们就被认为是不适合承担这项任务。[5] 此时，技术与个人整合功能之间的冲突就尤其显而易见。

因此，君主制人格的整合效果可以很快地被归入到对政治传统的制度化实现中，并且能够自我实现或发展。但其对国家成员的效果则总是确定的和整合性的，并且能够激励他们参与政治生活。就创造性人格而言，这种针对个人的整合效果不但是生动活泼的，而且也是构成性的。老施勒策尔已经很锐利地看到了这一点："弗里德里希之鹰的一双眼睛闭上了，但六百万人焕发了新颜。"[6]

尽管国家的技术活动和整合活动之间存在着矛盾，行政官僚与司法官僚同时也属于人格整合的范围。自从马克思·韦伯的卓越叙述以后，就存在着关于官僚制的一个难以被克服的偏见，那就是把官僚制看做仅仅是一架理性的机器，而其中的官僚则被认为除了技术功能之外一无所用。[7] 当然，用它来区别官僚制及其官员的本质与政治家的活动与人格的本质之间的差别，这种概括是很形象的。但它忽略了如下事实，即根本不可能将精神活动的本质，至少是所有以社会整体名义发生的活动单独剥离出来。法官和行政官员不仅不是"毫无生气的存在"（être inanimé），同时也是精神存在。他的行动存在于精神性整体之中。他被整体所决定，将自身导向整体，

---

[1] 参见 Wieser, Gesetz der Macht, 364。那些创立国家后又担任国家的领袖的个人，例如俾斯麦和马沙立克，同时作为历史人物和现实人物发挥着整合作用。

[2] Hugo Preuss, Wandlungen des Kaisergedankens: Zur Geier des Geburtstages Seiner Majestät des Kaisers am 27. Januar 1917 in der Aula der Handels-Hochschule (Berlin: Reimer, 1917), 20.

[3] Thomas Mann, Königliche Hoheit, 13th ed., (Berlin: Fischer, 1910), 163, 25, 52.

[4] 因此，韦伯清楚地看到东部犹太人不可能成为德国人的国家生活的领导，甚至在革命时期，Marianne Weber, Max Weber (Tübingen: Mohr, 1926), 672, 以及托马斯·曼的《国王的神圣》对此做了很好的观察。

[5] 例如奥伦伯格（Eulenburg）对皇帝威廉二世印象不好，原因是他在国内局势紧张的时候（1893 年）进行了一次不必要的帝国旅行。参见 Johannes Haller, Aus dem Leben des Fürsten F. (Berlin: Paetl, 1924), 120 f.。

[6] 1790 年 8 月的一封信，载于 Leopold von Schlözer, Dorothea von Schlözer (Göttingen: Deuerlich, 1937), 242。

[7] Max Weber, passim, 尤其强烈的是政治论文集中的相关论述，参见 Weber, Gesammelte Politische Schriften, (Munich: Drei Masken Verlag, 1921), 134。参见 Richard Thoma, Max-Weber-Erinnerungsgabe, Vol. 2 (Frankfurt am Main: Keip, 1889), 58 f.。

德国魏玛时期国家法政文献选编

并且他的行动也反作用于整体的性质。例如，公共服务的伦理要求，官员履行任务时，不仅要求是对的，而且要出于公共精神这样做，犹如友谊的实现，这种伦理的要求并不是特殊和额外要求的，而是一种理所当然和不可避免的要素的内在要求：在所有的情况下，官员活动都必然要与公众日常整合所在的公众圈子之间处于一种动态的影响和被影响的关系之中。如果某个官员仅仅将自己的工作看做是一件审理案件的技术性工作、优雅的行政性事务或纯书面的工作，那么他就是大错特错了：他因此实现了一种特殊的精神，此种精神仅仅围绕和影响自身，他因此也将此种精神带入到他的判决、救助工作和行政事务等所有工作之中。因此，社会主义者对"资产阶级"法官那种仅从字面含义解释法律的思维方式的批评，并非是毫无理论根基的无理取闹。这里有一个对即将上任的公共官员的实践教导者和关于公共功能的理论家迄今为止仍未完全实现的任务。

当然，官僚制区别于其他人格整合类型的地方在于整合效果并非其主要功能，此种功能从属于其专业化、实践性和技术化的管理国家事务的行动。与此相反，承担整合功能的主要是政治官员的类型。

……

6. 功能整合

除了个人整合之外，在任何一种包含整合功能或程序的人类社会的生活中，还有第二种整合形式（相对于实质整合而言），那就是集体的生活方式。就我的阅读视野所见，已有的文献资料仍未对其进行全面充分的处理。最有价值的准备工作是由社会心理学家完成的，而受法学影响的国家功能学说却忽略了这个问题。

我们接下来的工作并非是详细阐明这一主题，也非对其进行系统论述，而是通过若干关键重要的例子来对此主题做基本的揭示。

此处讨论的其实是一个以社会综合为旨归的过程[1]，通过这个过程，共同的精神结构被创造出来，或者共同的精神生活经验被强化，从而造成共同体与共同体中的个人的生命同时成熟的双重效果。这个过程本身可以在感觉领域被发现，同时伴随着对精神内容的刺激和象征化。最有名的例子，就是自 Karl Bücher 对"工作与节奏"的著名研究以来，集体劳动的声学节奏或动力节奏。这也被用在国家生活中，在行进的军队或游行的队伍中，概而言之，就其作为一种整合方式而言，首先是身体动作本身，其

---

[1] 这是由 Hans Freyer 表达出来的；参见 Hans Freyer, Theorie des objektiven Geistes, (Leipzig: Teubner, 1923), 81。

次也指其能够使得那些无法亲身参与这一身体动作的人也能在精神上参与其中。因此，F.v.Wieser 将权力组织的设立与权力（以及更进一步的国家的成立与维持）看做是一种强迫群众的情感和意志保持一种类似于军队行军时那样步调一致 [1]，在法西斯时代，黑红黄三色的帝国旗帜部分是对现实的如实刻画（包括它的影响力），部分是作为传神的象征性。

……

一个特定共同体的整合过程的特质由此得到确定，它们是作为构成该共同体的实质内容的意义的创造、实在化、更新和发展的主要过程。在国家生活中，它们是形成大众意志的首要过程。然而，这首先不是（或不仅仅是）在法律的意义上是显著的——也就是说，这种意志的形成过程最多不过是类似于法律行为式的，同时也是在作为意志联合体的国家共同体的持续形成过程的意义上是显著的，也就是在生命的表达与成就的前提的创造，尤其是国家性意志共同的法律行为式的效果的意义上。

自然法理论以"契约"（而非支配）当做其国家理论的基本社会学类型 [2]，并非仅仅是因为其理性个人主义 [3]，而是有更好的理由支持它们这么做。作为一个社会现象，支配并不是终极的，总是需要被正当化，而且正如韦伯曾经揭示的那样，它的本质恰恰被此种正当化所决定。在它的后面，总是存在着另外的价值或秩序，作为其根源，或者用本文的概念来讲，整合性的事实已经建立好，并且继续建设着支配能够得以在其中进行的共同体。一种基本上属于支配型的国家类型，就要求一种绝对实质和静态的政治价值世界为前提，以它的名义并通过它，正当的支配结构才能够被建立起来。[4]与此相对，契约、同意、多数决原则是更基础和原初性的整合形式。[5] 通过它们，社会价值的精神逻辑拥有它最直接的影响。自始至终，它都建立在一种斗争的基础之上——其之所以有力量，是因为这是一种拥有整合倾向的斗争。[6] 此种斗争最终通过超越形式的一致同意与形式化的多数决原则 [7] 而结束。如果仅仅将多数决原则看做是

---

[1] Freyer, Theorie des objektiven Gesites, 23.

[2] 关于自然法的社会学维度，参见 Kaufmann, Kritik der neukantischen Rechtsphilosophie, 88 ff.; Heller, Die Souveränität, 290 f.。

[3] 正如 Kaufmann 所云，参见其 Kritik der neukantischen Rechtsphilosophie, 90。

[4] 参见 Festgabe der Berliner Juristischen Fakultät für Wilhelm Kahl, Vol. 3., 23 ff.。

[5] 更不用说存在着更典型更独特的国家形式——一种完全依赖一些价值结合的国家形式，其原初阶段比后来更加处于未分化阶段，也更加静态，因此更为以支配为基础的国家所青睐。

[6] 对本文来说对此种斗争具有实质性一面的现象学描述，Karl Groos 的作品是奠基性的，参见 Karl Groos, Der Lebenswert des spiels (Jena: Fischer, 1910)。同时，也可参见 Georg Simmel, Soziologie (Leipzig: Duncker & Humblot, 1908), 247 ff.; Litt, Individuum und Gemeinschaft, 2nd.,ed., 83, 152。

[7] 关于此二者的发展史，参见 Wladymyr Starosolskyi, Das Majoritätsprinzip, Wiener staatswissenschaftlichr Studien XIII 2 (Vienna: Deutihe, 1916), 6 ff.。

共同体意志的理性结果[1]，或是多数意志的正确性这一在当代已失落的信仰[2]的反映，那么它就被完全误解了。作为一种斗争的形式化，它是历史地出现的，对于那些未被形式化的，尤其是共同体内那些无力占优势的少数人[3]，它通过共同体的价值立场，尤其是通过提供斗争规则来团结他们，消除斗争中的紧张，赢得精神的统一。在健康的政治环境下，内部的这种政治斗争经验是一种最有益地消除紧张的方式，犹如体育竞赛所起到的情感宣泄效果一样。[4]此种有益的宣泄效果的深层理由，独立于实质性正确后果所带来的满足与形式统一的保持。在政治生活中，无论是对多数方还是少数方而言，斗争本身就是一种实质的整合行动，因此也增强了个人生命的情感。[5]

本文处理的问题，也是近些年国家理论中一场最有趣、最富有启发性的争论的真正主题，这场争论就是卡尔·斯密特与理查德·索玛之间围绕议会制的性质的争论。[6]它位于这场争论的核心，但由于多种原因，并不被争论双方所承认。

对斯密特而言，发展于19世纪的议会已经失去了其此前的基础和意义，因为议会的"观念"与"原则"，即公开性和讨论的原则，以及随之而来的对正义与真理的保障，已经在政治理念与现实中丢失了。[7]索玛正确地指出（虽然并没有给出充分的证明）这种推理过于意识形态化和表面化。实际上，一项制度的确立与衰亡并非是由于意识形态，而是如斯密特自己所说的那样，是由于它的生命力、实质性与力量。[8]两者之间并不能混为一谈，而理性主义尤其倾向于以一种抽象的和意识形态化的形式将此种政治力量概念化，[9]具体化到我们讨论的问题语境中，就是指将政治整合系统理性化为

[1] Litt, Individuum und Gemeinschaft, 1st., ed., 121 ff. 125 f.

[2] 完全错误的是不区分在公务和法庭中的技术性多数原则与选举和议会中的政治性的和整合性的多数原则，将两者等量齐观。参见 Ruth Haymann, Die Mehrheitsentscheidung, in Edgar Tatarin-tarnhei,ed., Festgabe für Stammler (Berlin: de Gruyter, 1926), 395 ff., e. g., 451。

[3] 正如人们至今仍然可以在瑞士国内某些乡村地区发现的作为古老德国一致同意原则的基础的此种现象。

[4] 所有追随韦伯和梅内克，无法超越此种"紧张"的政治理论，都是不充分的，因为它们都忽略了政治心理学的因素，也无法提供伦理的解决方案。

[5] 有时候，此种效果甚至产生于缺乏此种制度精神的战斗中，例如，一场内战。我是受到一首伟大诗歌的启发而认识到这一点的，参见 Gottfried Keller, Landessammlung zur Tilgung der Sondrbundskriegeschuld 1852, Stanzas 3, 5, 7。

[6] Schmitt, Die geistesgeschichte Lage des heutigen Parlamentarismus; Richard Thoma, Zur Ideologie des Parlamentarisınus und der Diktatur, Archiv für Sozial-wissenschaft und Sozial-Politik, Vol. 53 (Tübingen: Mohr, 1924), 212 ff.; Carl Schmitt, Der Gegensatz von Parlamentarismus und moderner Massendemokratie, Hochland, Vol. 23 (Munich: Kempten, 1926), 257 ff..

[7] Schmitt, Die geistesgeschichte Lage des heutigen Parlamentarismus, 61, 63.

[8] Schmitt, Die geistesgeschichte Lage des heutigen Parlamentarismus, 22 f..

[9] 此前我以类似风格考察过18世纪和19世纪的议会制意识形态，参见拙著 Massstäbe des parlamentarischen Wahlrechts in der deutschen Staatstheorie des 19. Jahrhunderts (Stuttgart: Enke, 1912), 4 ff.; Die Verschiebungder konstitutionellen Ordnung durch die Verhältniswahl, in Universität Bonn, Juristische Fakultät, Festgabe der Bonner Juristischen Fakultät für Karl Bergbohm (Bonn: Marcus Weber, 1919), 280 ff.。

一种以贯彻抽象价值为目标的交易性的和目的论的机制。此时意识形态会变坏，但整合仍然保留着：在法兰西，正如时间经验所显示的那样，议会制意识形态早已经成为这个国家的一种独特的政治讽刺性力量，但是议会制却生存下来了，因为它对熟悉政治过程中的修辞性和戏剧性辩证法，习惯于某种政治视野的拉丁市民社会来说，是一种恰当的政治整合方式。[1] 在更为民主的德国，此种局限于报纸读者的整合方式就失败了。原初的意识形态仅仅是整合的一个要素，在结构变迁的过程中变得可有可无。对意识形态的排他性意义的信仰，是理性主义，或者如斯密特所概括的那样，是概念现实主义。[2]

索玛批评斯密特过于绝对地"在精神史上敲响了议会制的丧钟"，这是不公允的 [3]，但斯密特的反批评则毫无疑问是完全正确的，至少就他指责索玛本质上是从技术的角度理解宪法时是如此。[4] 说一项制度能够主动实现质变或结构性变迁而仍然保持活力，这当然是对的。但是说自由主义的早期议会制中的创造性的（也即整合性的）讨论已经被"政党的秘密会议的讨论、内阁的讨论以及政党间的各种商谈，与专家以及经济圈的人的探讨"所取代 [5]，则是不可取的。后者是为了完成特定事务性目标所需要的技术手段。而前者则是以自身为目标的整合性制度，也就是决定和建立国家与民族的本质的制度。制度和技术乃精神科学思想中最高的范畴，两者之间不能相互混淆。[6] 索玛在此处援引马克斯·韦伯，这并非偶然：这位经典作家就在国家理论以及特别是宪法理论中把制度和技术混为一谈。韦伯和索玛式的思想与本文提出的思想在根本上相互对立，我们已有所揭示，此种差别对国家理论的影响，我们将在下文另做详述。

选举、议会中的谈判、组阁、国民投票，所有这些都具有整合功能。也就是说，

---

[1] Festgabe der Berliner Juristischen Fakultät für Wilhelm Kahl, Vol. 3, 23.

[2] 斯密特仍然具有正确的观念。可以参考他关于秘密、封闭投票的讨论，其中没有任何人的意志或观点（这些只能存在于公共领域之中）能够得到有活力的表达（Schmitt, Die geistesgeschichte Lage des heutigen Parlamentarismus, 22）。秘密投票的是自由思想的个人，自我疏离于国家，既没有被整合，也不需要整合。当然，斯密特也看到真正"算数"的不再国家形式的"原则"或"理念"，而是赢得多数的统治（Schmitt, Die geistesgeschichte Lage des heutigen Parlamentarismus, 11），但这在一百多年前并没有什么区别。在一个处于自由主义阶段的小型市民社会的意识形态与技术，与大型民主社会中的整合是完全不同的。

[3] Schmitt, Die geistesgeschichte Lage des heutigen Parlamentarismus, 216.

[4] Schmitt, Die geistesgeschichte Lage des heutigen Parlamentarismus, 7, 12 f.

[5] Thoma, Zur Ideologie des Parlamentarismus und der Diktatur, Archiv für Sozialwissenschaft und Sozial-Politik, Vol. 53 (Tübingen: Mohr, 1924), 214.

[6] 只有完全拒绝此种精神科学思考的人，才会产生此种混淆，例如 Hans Kelsen, Allgemeine Staatslehre (Berlin: Springer, 1925), 327. 其中凯尔森激进地将内阁的讨论与议会的讨论等同起来。类似的错误也可以参见 Haymann, Die Mehrheitsentscheidung。

它们并不能仅仅像关于国家机关和功能的主流理论通过追溯其法律渊源所做的那样，通过国家的代表理论[1]或全民族的授权来被正当化，根据这种理论，国家获得了绝对权力，合法有效地表达自己的意志和开展行动，以此维护或反对被代表者。这也不是如马克斯·韦伯精神下的宪法技术主张，即通过选出的好领导和做出的好决策而被正当化。因为它不能揭示国家以之为基础的精神过程，而对此的领会恰恰是富有理想主义的学者的主要任务。这个过程首先是程序性的：它们进行整合，也就是成功地创造出作为民族整体的部分的单个个人，从而为如下可能创造了前提条件——使得这种精神生命无论其内容是好的还是坏的，都在法律上变得可理解。因此，议会制的终极意义并非议会最终能否做出决策，或者该决策好不好，[2]而在于议会中的辩论，以及通过议会激发国民组建社团、联合，组成拥有共同特定政治态度的共同体[3]——犹如选举法的首要任务是组建政党，创造多数，而不是简单地选出一个个议员。[4]在议会制国家，国民并不天生就拥有政治经验，而是通过一次又一次的选举，以及一次又一次的组阁过程逐渐获得更多的政治经验，因此，它要成为一个政治民族，作为一个意志联合体的主权而存在，首先必须完成政治综合，由此才能够一次又一次地获得其作为国家的存在与实在性。这个过程虽然不是民族国家的唯一整合要素，也非政治意志形成和发生效果的唯一条件，但在议会制宪法的意义下，它是终极性的，因为正是通过它，特定的政治性个人才得以创造出来。

正如所有其他整合功能一样，其功效依赖于两个因素：其一是其原理（此处是多数决原则）具有充分的整合能力；其二是此种整合能力是针对所有国民的。

此种整合过程能否发挥作用，依赖于一个在政治斗争中不被怀疑的共同价值，作为此种政治斗争的基础，并赋予此种政治斗争以规则，以及通过功能整合的团体生活以意义。该团体中的部分人，并未通过此共同价值与整体建立起充分的联系，就很容易冲破该斗争的规则，并脱离功能整合的效果，例如有意地妨碍议事

---

[1] 在传统理论中代表（Repräsentation）和组织关系（organverhältinis）与代理（Stellungvertretung）是有差异的，这一点此处忽略不计。

[2] 当然，它所做出的决策，正如所有最后被赋予法律效力的以社会的名义所做的意志性行为一样，被追溯性地看做是整合功能——正如个体人格在创造自己的同时也自承担和体验它的功能。

[3] 关于真实的"议会的领导功能"，例如，参见 Curt Geyer, Führer und Masse in der Demokratie (Berlin: Dietz, 1926), 80 ff., 88 ff.

[4] 例如，参见 Leo Wittmayer, Die organisierende Kraft des Wahlsystems (Vienna: Fromme,1903); Hugo Preuss, Um die Reichsverfassung von Weimar (Berilin: Rudolf Mosse, 1924), 139："大众必须通过民主的自组织原则重新赢得自我意识，而在老的权力支配下他们对此已经很陌生了。"

（Obstruktion）。[1] 或者虽然规则得到遵守，但并非是在其完全的意义上，而只是被看做是敌对双方的交往规则，例证之一，就是像奥地利的帝国议会一样，一个国家的议会仅仅是"为了进行特定交易而设的国家议会"，而不再是在宪法生活中创造团结的议会。另外，在宪法中提供整合性斗争的国家形式，有一个优点就是更能够设置障碍以防止将其中一部分人设置成永久的少数派地位，在一个静态的宪法里，会设置一些客观价值的固定代表，他们拒绝这些固定代表，因此就被永久性地放置在少数派的位置上，并且因此被永久性地疏离。而在议会制国家里，权力斗争是时刻进行、不断更新的，这就通过提供将来参与权力的可能性而打消了他们的疑虑，从而通过这种为参与而进行的斗争将他们的活动拉入到国家的生活之中。

宪法生活的正确整合效果的第二个前提条件是每个人都内在地参与其中。如果国家和国家的形式如同法律一样，依赖的是服从它们的人的承认，[2] 则当个人主动地服从于国家整合的最核心要素时，此种对国家的"承认"便臻完美。代议制国家政治生活的参与者可以是选举人和报纸的热心读者。人们不能怀疑这种影响的效果。费尔康德（Alfred Vierkandt）就曾经正确地指出，团体中的"旁观者"经常比看起来是行动者的那些人更积极。[3] 这些"旁观者"的角色出现在各种不同的阶段：因为多数情况下，部分人只能通过间接的方式分享包罗万象的共同经验，只有通过"报道"和其他类型的"社会协调"才可能，因此个人可以个别地决定他所喜爱的协调的限度——从包罗万象的报刊读物到形成如下态度，即政治要由那些有专门时间的人来处理，并且将自己与政治世界的接触仅限制在其所处时代的潮流中难以避免的范围内。这种作为观察者的参与者（beobachtenden Teilnehmer）的差异性，恰恰就是以不同的情感和"社会"参与度为基础的表达的差异：从领袖和政治性的公民行动到弗里德里希·冯·维塞尔（Friedrich Von Wieser）所说的完全"消极的大众"，他们对国家的肯定都建立在如下的基础之上，即他们肯定的是某种其他类型的，也许是个人化的价值，他们也因此未

---

[1] 俾斯麦指责"否定国家"（staatsverneinenden）的政党相对于"肯定国家"（staatsverjahrenden）的政党来说是缺乏价值的共同体，因此也是缺乏整合意志的共同体，此种指责基本上是很正确的，但完全不涉及善与恶的多元主义分化，尽管梅内克是这么认为的。参见 Friedlich Meinecke, Preussen und Deutschland im 19. und 20. Jahrhundert (Munich und Berlin: Oldenbourg, 1918), 516。
　　文中所述内容经常是被如此表述的，即政党纲领仅仅是对某种普适价值的补充部分，或者至少是被如此看待的，或者是作为对某个理想目标的实现的各种技术手段而存在。参见 J. Cohn, Logos: Zeitschrift für systemmatische Philosophie, Vol. 10 (Tübingen: Mohr, 1921/22), 225（对拉德布鲁赫的批评）; Haymann, Die Mehrheitsentscheidung, 467; Rudolf Stammler, Rechsilosophie (Berlin: de Gruyter,1922), § 174。

[2] Rudolf Hüber, Die Staatsform der Republik (Bonn: Schroeder, 1920), 36 f.; Heinrich Triepel, Unitarismus und Föderalismus (Tübingen: Mohr, 1907), 27 f..

[3] Vierkandt, Gesellschaftslehre, 392 ff.; 并非完全是文本中的意思。

经反思地认同了以此价值为条件的其他相关的附加价值，更不用说是国家的价值，因此对此保持一致步调的态度，往往就是半醉半醒的状态，也就难免了。[1] 此种多种阶段，多种多样，以及个人以各种不同的方式间接参与政治整合，如果不是最重要的，也是最重要的政治事实之一，值得进行认真的研究。此处存在着个人领袖制的协调方式，其将领袖当做首要的整合性事实。[2] 另外，这种协调方式受到了现代政治理论与实践者的根本性批评，他们希望通过民主制、自由主义和议会制的直接行动，或者如他们的法西斯主义的变体更好地指出的那样，通过直接整合来替代领袖制。正如乔治·索雷尔所指出的，只有通过直接的行动个人才能亲临政治并保持政治活力，法西斯主义依赖法团主义、军事主义、神话和其他无数的手段形成直接整合，它悖论式地意识到，直接整合一般仅存在于较小规模国家的公民共同体中，相反，现代民主国家中的超大公民规模很难被包含进有些温和和文学化的代议制的市民社会国家之中，所以它要求在现代拥有一种全民公决的、工团主义的和感官的，以及其他任何直接的政治生活的形式。

除了通过宪法描述的议会制或全民公决式斗争的整合之外，第二种整合方式是支配。它甚至比整合性斗争的方式更直接地被实质价值所决定。斗争仅仅要求一般的共同体价值，而支配则直接建立在某几种价值之上——非理性的价值直接赋予其正当性，而理性的价值则首先将其论证为一种行政管理。[3] 支配是对这些价值的实在化，因此是由这些价值维系起来的共同体的生活方式。……支配是迄今为止最普遍的功能整合形式，因为所有国家类型中的宪法生活最终都以支配意志的形成和表达为目标。在任何情况下，它也是一种将全体视做将其承担起来并使其成为可能的个体的一种生命形式，这一个体在与整体和其他人的精神性的相互影响过程中体验到这一点，同时也作为自我支配者处于一种整合性的精神交流关系中。

---

[1] Triepel 仅仅是肤浅和含混地提及这一点，他刻画的"怪人和空想家"（Querköpfe und Phantasten）中最终不仅成为否定者，还是法律与国家的承担者；参见 Triepel,Unitarismus und Föderalismus, 27 f.。

[2] 同上注，第 220—221 页。

[3] 因为与价值之间的此种关系，支配本身经常被强烈地表达为价值——例如，斯密特的独裁性决断，或者社会主义者提出的建立在相反前提下资产阶级的衰落。参见 Max Adler, Staatsauffassung des Marxismus, in Max Adler und Rudolf Hilferding, eds., Max-Studien Ⅳ, Vol. 1 (Vienna: Wiener Volksbuchhandlung, 1922), 209 ff., 214 f., 223, 198 f.; Paul Tillich, Die religiöse Lage der Gegenwart (Berlin: Ullstein, 1926), 43, 54, 64, 65, 81, 95, 125, 而科学、技术、经济、宪法、教育和市民时代的教堂则是独裁的和缺乏抵抗力的。

与文中暗示的支配和代表的区分密切相关的是如下事实，即统治者和领袖在另外一种意义下同时被看做是作为代表的个人整合的事实。相关论述参见 Aloys Fischer, Herrschft, Führung,Vertretung, in Gustav Kafka, ed., Handbuch der vergleichenden Psychologie, Vol. 2 (Munich: Reinhardt, 1922), 387 ff.。

如果人们根据规范的逻辑，将支配理解成法律规范的效力[1]，或者人们按照一种流行的空间图景，将支配想象成权力地位和等级高者对低下者的压制，或者将其定义为一种难以忍受的精神性冲突的客观化中服从的机会，[2] 也就是说，作为一种因果科学和社会技术意义的形式而被理解，则对支配的此种理解都将成为不可能。此时，如同其他任何时候一样，因果科学的方法和规范的逻辑的一个致命性问题，就是无法看到国家赖以存在的精神生活的实在化。

对所有形式的整合过程来说，它们缺乏目标，或者它们并非在技术的意义上追随某个具体的假想的共同体目标——这可以被类比做军队在和平时期的操练与演习，只是为了保持他们的团结一致，也可以被类比成社交晚会[3]、舞会和体操，这都是通常的和本质性的。当人们说，缺乏税收和军事义务，就无法把大众转变成国家，[4] 其含义就是指相对于其作为财政和军事权力的手段的实质性和技术性面向而言，外在目标的缺乏，国家制度的整合效果和个人被包含于其中，这是很有启发性的。

当然，如果没有实质性的共同价值，就不可能有任何的形式性整合，就好像如果缺乏功能形式，就不可能有任何实质性的整合一样。但在多数情况下，非此即彼地，总是有一种因素占据明显优势：有时候它们是共同生活，尤其是以着重强调整合目标的国家生活的行动，有时候它们又强调其实质性和技术的面向。在前一种情况下，[5] 可以说是整合形式胜过实质性的质料；此时，相对于实质性的共同价值、国家目标等，形式性的共同价值拥有自身的权利，并且处于一种确定的可通约的关系。即使两种因素经常被连接成是一体两面的，并且与同一个宪法制度联系起来，国家理论和国家法学说还是要仔细地将它们区分开来。作为一种类型，通过实质价值基础而建立起来的国家共同体与通过形式性因素（个人的和功能的）整合的国家共同体类型，必须被明显地进行区别处理。

---

[1] Kelsen, Allgemeine Staatslehre, 38 f.

[2] Max Weber, Wirtschaft und Gesellschaft (Tübingen: Mohr, 1922), 122.

[3] 例如，西美尔如下著名论文的精神，尤其是其第 9 页关于游戏的整合意义的那部分。参见 Simmel, Vortrag am Begrüssungsabend, Mittwoch 19 October, zu welchem die Frankfurter Akademie für Sozial- und Handelswissenschfaten eingeladen hat, in Verhandlungen des ersten deutschen Soziologentages von 1910, ed. Friedrich Heckmann (Opladen: Westdeutscher Verlag, 1911), 1–16；尤其关于游戏的整合重要性：p. 9.

[4] Yorck to Dilthey, 7 May 1879, in Wilhelm Dilthey und paul Yock von Wartenburg, eds., Briefwechsel zwischen Wilhelm Dilthey und dem Grafen Yorck v. Wartenburg 1877—1897 (Halle: Niemeyer, 1923), 13.

[5] 例如，宪法作为税收的制定法规范的反对者等。我将在下文中更详细地分析这个例子。此类例子让下面这一点变得尤其清楚，即整合效果并不依赖于自身有待于被整合的立法者或者国家的某个部门的主观整合意识的觉醒。

7. 实质整合

建立国家是为了实现共同目标，或者（概述社会契约论的原初目的论）至少是通过这个目的而被正当化的，是国家的现代理论的核心教义。但是这个命题可以被表述得更清晰一些，从而可以将其中的真理显现出来。

对所有理想内容的实现，都需要一个共同体，并且依次增加、丰富该共同体，赋予该共同体力量并将其正当化。人们可以说"意义体验的社会化"，尤其是"文化活动的共同体"。[1]价值只有在赋予共同体以经验并实现它们的能力时才有真实的生命。反过来说，共同体也依赖于此种价值维持生命：如果个人（Einzelmensch）变成了仅拥有精神性人格的存在（zur geistigen persönlichkeit），仅在精神的意义上活着，仅仅通过价值的实在化而存在，则所有缺乏"自在自为"的心理和生理的集体性存在就更是如此了。[2]

因此国家也就不是一个真实的自在自为的存在，不能被当做一种工具用来实现某个外在的目标。只有当它是意义的实在化时，它才是实际存在的。它将自我认同为此一意义的实在化。它无法通过与某个外在目标的目的论关系得到解释或者正当化，而必须在实质上作为一种价值的实在化得到理解。

对于本质上是作为主权性的意志联盟的直接后果的国家生活来说，这一点体现得最为明显。强有力地支配及其在对内和对外事务方面的贯彻，通过被类比为生理—心理式生活的个人，这最容易被接受为国家的本质。因为国家必须支配其辖内的领土，而个人对权力的野心勃勃的追求通过分享此种支配权力而得到满足，并且，因为只有通过这种方式既有文化的整体脉络的某些部分才能够实在化——因此，国家只有在对内基于法律而支配，并且事实上其权力未受到抵制，对外能够成功地进行防卫时，才能被称做是实在的。[3]

但是就所谓的国家的法律与文化目标而言，情况仍毫无二致。国家并非如同一个

[1] Litt, Individuum und Gemeinschaft, 3rd ed., 323 ff., 320 ff.

[2] 同上注，333 f., 375 ff.

[3] 因此，任何一个国家，当它将自己的国家象征，尤其是军事象征与胜利的象征联系起来时，都是对其本质的恰当表达。Analtone France 开玩笑说任何一个国家的军队都宣称自己是世界第一时（L'lle des Pingouis 1, Ⅴ, chap. Ⅳ），它只对了一半，因为它的任务是表达国家的不可战胜的含义，因此才有世界第一的表达，这并非是对"不可战胜之文化国家"的本质的不恰当表达（Wieser, Gesetz der Macht, 280, 393）。对凡尔赛和约的批评中存在的一个缺陷是，多数批评仅仅从技术手段的角度进行斗争，却都没有从一个文化大国的生存功能和本质的角度进行斗争。美国人很难理解这一点是没什么奇怪的，但如此之多的德国人也是如此，就很令人痛心了。这同样包括德国"一战"前的大西洋主义者思想能力的失落（Gedankenlosigkeit），当时他们将胜利寄托在普鲁士军队的胜利，而不是德意志民族的胜利上（关于这一点的自我证实，参见 Hans Wehberg, Als Pazifist im Weltkrieg, Leipzig: Neue-Geist Verlag, 1919, 21）。军队并非仅仅是一种组织或工具，而首先是公民的一种生活方式。

自为存在的个人一样，利用自身的技术和权力工具接受和处理某些外在的、客观的和实质的目标。相反，国家是作为能够拥有所有组成共同体的意义内容的生活共同体而拥有其实在性。人们此时很难将内容和形式区分开来：人们不能仅仅在一种文化的形式的意义上言说国家，而必须同时从受国家照顾的文化区域的角度来理解国家——两者之间的结合并不能通过对精神科学而言很危险的形式与实质这一对概念来理解[1]，而是必须当做一种统一现象的组成要素来理解。

某个特定国家的"目标"或"任务"的完整性应该被看做是整个文化领域整体文化的某一剖面，作为一个选择，只要其能够展现在国家共同体的生活层面，则一旦被满足，就能够使国家与其他文化领域的共同趋向最大化，[2]并在整个文化领域蔓延。尽管所有的国家都贪婪成性，但这个选择的基础却是以此种方式将这个共同体目标建立在国家化与时代相结合的基础之上。这种结合是存在的，因为国家的整体性并不是作为总和（summe），而是作为单个的统一体，作为一个整体，通过在此具体历史关系中的客观价值规律的具体化而确定下来。只有使此种价值充溢变得可能，国家才能统治（herrscht），[3]也就是说，它对于其成员来说是一个持续的、统一的和能激发积极性的共同生活经验——但同时也是作为一个价值整体的统一经验。

通过体验此种价值充溢，或者通过体验作为国家的本质要素的此种价值中的某些要素，个人经验到国家，并被整合进国家之中。在这里，领袖要素与整合程序能够发挥作用：与此相对，通过参与某个实质性的价值内容的整合构成另外一种整合，即第三种整合。[4]

国家共同体的实质整合效果有其自身特定的困难。在如今的国家中，恰恰是价值内容的丰富性阻碍了整合的效果。价值内容如此之多，以至于其不再可能会被个人全部看清；但与此同时，由于其丰富性与理性，对个人来说，这些价值又是疏离的，因为他发现形成的印象是疏远的，他自己并未真正经历过它们。[5]国家共同体实质生活的整合效果在整体性中是不被察觉的：此种生活的整体性在其广延性方面并非是一目

---

[1] Litt, Individuum und Gemeinschaft, 3rd ed., 360 f..

[2] 关于对这一点的表达，参见 Wieser, Gesetz der Macht, 104 ff.。

[3] 例如对权力心理学的观察，参见 Spranger, Lebensformen, 5th ed., 230。

[4] 没有比 Kracauer 对这个问题做出更好的分析了，参见 Kracauer, Die Gruppe als Ideentäger, Archieve für Sozial-Wissenschaft und Sozial- Politik, Vol. 49-594 ff.。

[5] 关于此问题的一个很好陈述，参见 Litt, Individuum und Gemeinschaft, 3rd ed., 174 ff, 179 ff, 此处存在着一个关于实质整合问题的悖论，即参加一个全面的和实质上比较重要的团体，要比参加一个成员数量、内容和持续时间等方面相对不重要的团体，更难体验到实质整合，至少是清醒地体验到整合。

了然的，而是难以被理解的。为了能够被经验到，从而具有一种整合的效果，它就必须被浓缩成某个要素，并被此要素所代表。通过政治性的象征，诸如旗帜、军服、国家元首（尤其是君主）、政治庆典和国家节日等所代表的已被历史实在化的价值内容，这种情况经常出现。[1] 它发生自历史的过程中，就是那些照亮了国家政治的意义的代表性历史事件——正如 Salisbury 回答俾斯麦时指出的一样，在民主时代，这是国际政治中唯一能够影响大众的方法。[2] 与其他象征方法相比，其首要的不同之处就是允许人们突然经验到自己国家的价值和尊严，并将自身整合到国家之中。在某些特定的条件下，象征国家本质的丰富性的代表性要素可以被改善："国家可以将它的永恒性与尊严在每一个细节表现出来"[3]，并在每一个细节中发现自己受到了伤害，从而使得国家的成员也同时真切地感受到这种伤害。

然而，象征性的实质整合内容日益增长的整合力并不仅仅建立在如下基础之上，即其作为非理性和个人化的丰富性而被尤其强烈地体验到，同时也建立在如下事实的基础上，即此种形式比广延性的、理性的和立法形式具有更大的灵活性。作为一种在法规中形成的枯萎的内容，它是他治的、僵化的，当其将个人整合进整体之中时，体现出了个人与共同体之间的紧张关系。[4] 另外，象征性，起源于价值未分化的初民时代的表达困难，却恰恰由于此种表达困境而拥有更现实和灵活地代表价值内容的独特优点：一种象征性的代表可以被任何人所理解，"正如我所理解的一样"，在其中不存在紧张和对立，而正式立法和条文规范却必然会带来紧张和对立。[5] 同时，所有人都

---

[1] 然而，通过象征符号的整合，其实就是通过其所象征的内容进行整合。因此，人们并不能"发明"出其象征内容并不存在的象征符号。这正如 Robert Coester 所要求的，参见 Robert Coester, Die Loslöung Posens (Berlin: Stilke, 1921), 62 f.。帝国的国旗的颜色黑—红—金色所遭遇的困难就是它们所象征的实在内容的含混不清，而与此相反的黑—白—红的颜色却是有着实在象征内容的。（黑—红—金是法兰克福议会后德意志帝国国旗的色彩，而黑—白—红则是俾斯麦领导成立的北德意志联盟国旗的色彩）处理政治象征的理论与实践问题的法西斯主义文献非常多，其中包括对神话与象征之间联系的分析，这也是克尔凯郭尔曾经思考过的，当时他试图通过非理性象征来回避关于尚未形成的，作为国家（类似于教会）的根基的基本原则问题。Kierkegaard und Theodor Haecker, Der Begriff des Auserwählen (Helterau: GEGNER, 1917), 41.。此处所界定的"象征"（Symbol）概念比 Litt 所界定的含义要更窄一些（Litt, Individuum und Gemeinschaft, 3rd ed., 153），也比 Freyer 的符号（Zeichen）概念要更窄一些（Freyer, Theorie des objektiven Geistes）。

[2] "这一代只能通过事件被教育"，22. March 1889, Die große Politik der europäschen Kabinette 1971—1914, Vol. Ⅳ, ed. Johannes Lepsius, Albrecht Mendelssohn Bartholdy, and Friedrich Thimme (Berlin: Deutsche Verlagsgesellschaft für Politik und Geschichte, 1927), 405。关于象征性事件，尤其可参见 Rothenbücher, Über das Wesen des Geschichtlichen, 38 ff.；一个很好的例子是 1315 年的蒙加顿战役，这次战役让瑞士人明白他们的斗争与他们的政治统一的历史意义。参见 Andreas Heusler, Schweizer Verfassungsgeschichte (Basel: Frobenius, 1920), 85。

[3] Georg Wilhelm Friedrich Hegel, Grundlinien der Philosophie des Rechts, 1821, § 334.

[4] 参见 Litt, Individuum und Gemeinschaft, 1st ed., 117 ff. ,129 ff.。

[5] 这使我想起了熟悉的圣餐仪式的经验，在圣诗中的教义内容从来没有碰到如正式神学信仰声明中的神学解释所遭遇的问题，即它很难发挥对共同体的整合效果。

能够经验到整体性的价值，而其他整合方式却做不到这一点。

首先是以此种方式，作为一种稠度而非广延度意义的整体性，[1] 国家价值的丰富性的整合效果可以被完整、强烈和有意识地感受到。此种整合状态的意义（多数是临时性的），相对于其他而言，就在国家能够对个人发出最高命令的能力上，例如发动战争。只有在这种特殊的环境下，这种命令才真的有可能，并且在伦理上能够被容忍。[2] 因此才可以有充分的理由说，政治思想的理性化，由于反对将政治义务当做宗教义务来理解，因此将任何政治性和约束性的内容变得可疑起来。[3]

当然，我们不能忽略在前面已经讲到的一点，[4] 即正在进行的国家的实质内容通过"综合"所有上述整合方式而产生的整合效果。这首先是通过所有领域的生活相互之间的无限关联，尤其是通过国家结合而发生的。

作为其生命的要素，组成意志联合体的整合性的实质聚合的实质性内容是流动性的，就像是一个整体一样。这并不仅仅是通过整体的生命发展而实现的持续改变的意义，也在于它们并非是静态的财产，而是作为一种不断被交付的、以一种凭意愿实现的目标。Rodolf Kjellen 曾经用 Rutli oath 的语言准确地说出了国家的本质："我们希望成为一个由兄弟组成的统一民族。"[5] 因此，诸如通过联邦方式扩展的联邦权力就没有必要拥有一个实践上的一致化，因为法律上在国家防卫上（统一化——译者所加）的可能性并不等于实际上意味着在同一方向上整合的意志联盟，如果联盟中的某邪恶部分反对此种一致行动，其法律的可能性对整体仍然拥有一种有约束力的非整合性效果——此种可能性在魏玛共和国经常被忽略，在魏玛共和国，联邦权力的扩张经常被

---

[1] 此种对立并非完全是在 Lukacs 的意义上，参见 Geog von Lukacs, Theorie des Romans (Neuwied: Luchterhand, 1962), 31。

[2] 至少在某种程度上，国家的整合关系（Integrationsbindung）与宗教中上帝的整合关系的亲缘性，可被在本文中发展出来的理论所解释。西美尔的宗教社会学对此做了观察和分析（Simmel, Die Religion, Vol. 2 of Gesellschaft, ed. Martin Buber, 1906, 22 ff.），并且在很深程度上也是 Emanuel Hirsch 的 Reich-Gottes-Begriffe des neueren europäischen Denkens (Göttingen: Vandenhoeck & Ruprecht, 1921) 一书的基本想法，同时也被索雷尔（George Sorel）和法西斯主义实践性地运用到政治神话政策之中。例如参见 Johannes Mannhardt, Faschismus（Munich: Beck, 1925), 125, 219, 262, 278 f., 327 ff.，在它所采用的概念用法中，政治神话意味着通过对象征式形成的政治价值的总体性的整合，并因此是作为适合于政治价值的体验的强化的整体性而被经验。

当然，Kelsen 在他《一般国家学说》中将国家与上帝并列在一起，与此毫无关系；参见 Kelsen, Allgemeine Staatslehre, 76 ff.。

[3] Yorck to Dilthey, 13 January 1887, in Briefwechsel zwischen Wilhelm Dilthey und dem Grfen Paul Yorck v. Wartenburg 1877-1897, 66.

[4] 同上注，第 226—227 页。

[5] Rudolf Kjellen, Der Staat als Lebensform (Leipzig: S. Hirzel, 1917), 110. 在一个不同的更狭窄的意义上，高度实质化整合形式的静态性质与自由—议会制系统的动态性质形成了对比。我在处理此前提到过的国家形式的理论时，曾经处理过这个主题。参见拙著 Festgabe der Berliner Juristischen Fakultät für Wilhelm Kahl, Vol. 3, 22 ff.。

看做是中央政府的加强。

　　将国家的"任务"和"目标"的本质看做是国家整合过程中的实质要素，此种洞见与将其看做真实"目标"，而国家则是实现此一目标的工具的对国家的目的论解释和正当化形成了对比，也是任何正确对待国家生活的意义的前提条件。如果人们将国家看做是服务于其假设目标的组织，则对国家的评价就不会高：它以一种非常有缺陷的方式来实现目标，就像一辆造得很糟糕的机器，"总是费尽九牛二虎之力"。[1] 但这种情况也出现在个人的身上：他的目标、理想、职业目标、愿望是很难完全实现的，但是在他的生活中将它们当做既定目标进行贯彻仍然是可行的。正是在日常生活中的这种贯彻要求他放弃目标：个人与国家一样，如果他们没有持续不断地经历过部分成功与失败，作为精神性的存在而必须重新塑造，则他就很难称得上如其所是的精神性的生命存在。他们生命的意义就存在于这种不断更新的形成和实现其本质的过程中，这使他们变得可理解——并且不是目的论意义上的，否则对国家和个人生命的理解就变得不可能。

　　所有的目的论意义的国家理论都建立在理性主义的语言理论的基础之上，这种理论将语言看做是实现沟通目标的理智性的或技术性的工具，看做是一种"世界语"（Volapük，一种人造语言，最早的一种世界语——译者注）来解释，当做是一种人工制品，而非是一种人类精神生活的一种基础性、本质性和必要的生活方式——恰好对应着"僧侣之欺骗"（Priesterbetrug）的宗教哲学与其他理性主义话语，它们是比现代国家的理性主义还要早的目的论话语逻辑。[2]

　　因为国家的正当性与秩序很大程度上（如果不是全部）要依赖于它，因此这种实质内容也是法学理论研究的对象。要求和维持某种特定法律秩序之效力的具体价值创造正当性，因为这些价值有许多不同种类和许多不同的程度正当性。当然，形式主义放弃了这个问题，因为对于法律的实证性问题，它只能回答是或者不是，对它而言，没有任何超越于此的法律问题。本质上是技术性的法律学科，例如民法，回避这个问题；但是在刑法领域中这个问题就被提出来了，而在国家法领域这个问题变得难以回避。[3]

[1] Friedrich Curtius, Hindernisse und Möglichkeit einer ethischen Politik (Leipzig: Verlag Naturwissenschaft, 1918), 6. 这一段分析非常出色，但他说是"从理性与自然的混淆中"得出此一解释，而非是从精神生命国家自身的性质中得出此种解释，这却是错误的。

[2] 当代国家学说中最重要和最典型的例子就是凯尔森的"面具"理论，参见 Kelsen, Gott und Staat, Logos, Vol. 11, (Tübingen: Mohr, 1923), 267 f.。

[3] 我将在稍后的个案运用时再处理这个问题。Carl Schmitt, Geistesgeschichtliche Lage des Parlamentarismus, 39 ff.; Heller, Souveränität, 19; Frizt Marschall von Bieberstein, Vom Kampf des Rechtes gegen die Gesetze (Stuttgart: Kohlhammer, 1927), 128 ff., note 381 f..

在此语境下，还有两个进一步的问题需要在此理论体系中得到澄清，即历史问题和国家领土问题。

国家的生命的本质意义是一种历史性的实在。这意味着，就像个人存在的精神性实在一样，这一含义并不仅仅是区分过去与未来的区分点，即现在。精神性的实在区别于理念世界中的意义，根据后者，其是指永恒或唯一性，而具有实在性的内容则并非通过其内在的完美性而得到理解，而是通过生命之流流向于此，并将其作为已经过去却并未消逝的东西包含于其中。并且此生命河流经过它而继续往前流淌，而这一刻则送出自己，作为本质性的存在向一个可变的未来扩展。因此，在当下世界中的意义内容，相对于理念世界中的意义内容而言，只有当它历史地被证立并指向未来时，才是有意义的和能够被理解的。它的整体性是一种历史的流动性和实在性，而不是单一和系统的整体性。在意义的当下性和实在性中，历史与未来导向作为辩证因素被包含其中，因此发挥了非常强大的整合性效力——并非如那些意识形态政党所宣传的那样是根据它们自身的能力，而是源自于它作为不断建构实在性的运动的此一特征才具有此能力，并且仅仅是因为它具有此特征才拥有此能力。

我们认识到历史作为当下的原因和基础，将其列入进一步研究的对象，同时也要认识到其效果的意义与界限，尤其是它的整合力。[1]

出于两个理由，国家领土问题适合作为此处讨论的论题。[2]

首先，从整合的语境来看，尤其是从国家共同体最重要的实质内容上看，晚近的地理学与"地缘政治学"的最重要成就之一，就是很有说服力地指出了国家的生命在多大程度上受制于它的"生存空间"，受制于国家的领土及其特征、界限和空间关系，所以当我们说每一个国家的"独特的国家理念"时，指的是符合其特定地理学条件的国家理念。[3] 相对于其丰富的事实与历史事件而言，我们此处仅能做简单介绍。

对此的批判性反思还是有必要的。地理学思考以自然科学为出发点，关注的是研究对象的物理学和空间性质，倾向于将国家领土看做是国家生活的原因性事实，并将政治空间看做是一种类似于人类生活的自然生存条件，就像动植物的地理生存空间是

---

[1] 例如参见 Litt, Individuum und Gemeinschaft, 3rd ed., 80. note 1, 以及 Max Schelr, Versuche zu einer Soziologie des Wissens (Munich: Duncker & Humblot, 1924), 115 f., note。

　　Rothenbücher 的思想丰富的著作无力应对最近出现的另外一种错误批判，因此并未将其出色地观察到的丰富细节以一种其所应得的精神科学的结构表现出来；参见 Rothenbücher, Über das Wesen des Geschichtlichen, 59, 74 ff.。

[2] 在 Wldecker 那里这种多元性是不清晰的，参见 Ludwig Wldecker, Allgemeine Staatslehre (Berlin-Grunewald: Rothschild, 1927), 481 f.。

[3] 例如 Robert Sieger, Staatsgebiet und Staatsgedanke, Mitteilungen der Geographischen Gesellschaft in Wien 62 (Vienna: Östereichische Geographische Gesellschaft, 1919), 1 ff., 尤其是第 8 章。

有机生命生存的条件这一自然科学的研究主题一样。[1]

这种错误就像将国家的领土与个人的身体进行类比这一经常犯的错误一样，虽然非常严重，但却极具启发意义。犹如所有的精神性生命都依附于人类的身体性存在，依附于身体性的生理学过程，但是精神生命本身却不依赖于充满控件的身体所遵循的（机械的和有机的）规律，而是遵循独特的精神性的规律，而身体仅仅是它的一个辩证要素，而非原因性的要素。同样的道理，虽然国家的生命依附于领土之上，一如人的生命附着于自然科学的有机身体之上一样，但它却不能从这种地理学的依附关系得到解释，相反只能从将这些因素作为精神性实在的一个本质要素来理解。也就是说，所有的国家理论都将领土看做是精神性经验的对象来处理，作为政治共同体的整合性因素来看待，直至将其看做是共同政治命运所包含的一个要素，尤其是将它看做是保卫、开发、开采和开拓的对象来看待。

如果说地缘政治学的自然主义与机械主义是可以原谅的，并且作为一个假设性前提确实也是成果颇丰，则最近德国国家法学说领域中出现的大量的自然主义的领土论就不可原谅了。这些理论明确地将国家看做是一种位于其领土之内的空间性存在，就像是被承载在某个空间性的平台之上，置放在托盘之上。[2] 流行的理论往往直接把三个要素简单罗列在一起，将人口放置在此一平台之上，并在此二者之上（通常是想象性地）设置了国家的权威，或者通过国家的权威将此二者联系在一起，就像木偶舞台上的牵线木偶被木偶操纵者牵着的线条所控制一样。这一德国精神失败史的不光彩的一章（unrühmliche Kapitel deutscher Ungeistesgeschichte）在本身值得思考的维也纳学派批评的范围之内，在他们的批评下这种错误被制止了。[3] 但还要对此种批评做点补充，说清楚这种错误是怎么来的：此种天真的现实主义的原初意识乃是一种必要的补充，否则就变成了空洞的国家和形式主义的国家理论。

领土的第二个整合性功能是，将通过领土而设定的国家任务的完成显现出来：它将经历改造，变成一个文化产品，不仅仅是作为各种经济和文化价值的承担者，而且

---

[1] 最有代表性的是 Friedlich Ratzel, Der Lebensraum (Tübingen: Laupp, 1901)。只有在文章所述的限制中，人们才能够正当地拒绝黑勒的"政治地理学"国家理论。参见 Heller, Die Souveränität, 83 以及 note 2。在当代意大利文献中，从地理学的泛滥到政治地理学纯粹地服从于物理性的地理学（拿破仑模式）跨出了很大一步。与此形成对照的是，费希特的一些著名的段落中拒绝根据泥土、河流和山川来辨认自己的祖国，这是正确的。参见 Johann G. Fichte, Grundzüge des gegenwärtigen Zeitaltersm, Werke, Vol, 7, ed. Immanuel Fichte (Berlin: de Gruyter, 1871), 212。

[2] 最典型的文本是 Hans Kelsen, Das Problem der Souveränität und die Theorie des Völkerrecht (Tübingen: Mohr, 1928), 73; Hans Kelsen, Allgemeine Staatslehre (Berlin: Springer, 1925), 294。

[3] Hans Kelsen, Das Problem der Souveränität und die Theorie des Völkerrecht (Tübingen: Mohr, 1928), 73, 以及其他作品中的叙述；Walter Henrich, Kritik der Gebietstheorien (Breslau: J. U. Kerns Verlag, 1926)。

是作为国家和人民的价值整体性的集中显现。它一般被称做"祖国"（Vaterland）、故土（Heimat），在战争年代，它（有时候它的一部分，sacri termini，通过该地区的历史面向，例如莱茵地区）比其他任何东西都鲜活和有价值地代表着政治共同体。通过这个功能，领土变成了价值的整体性和价值的丰富性的象征之一，实际上它是其中最重要的那种象征。如同团体章程的第一章会写明团体的目标一样，宪法也会将由其规制的国家生活的无法被改变的内容表示出来，并在最前面表示出这些内容的象征：领土、国旗与国徽、国体与政体等。

就此而言，确实是国家通过领土经验其最本质的具象[1]，而领土的改变并不是量变，而是国家性质的质变。领土是国家实质整合的首要因素，因此也是国家理论处理的主题——但不是从疯狂和不可能的国家要素说的角度进行处理。

8. 整合系统的统一性——诸整合方式的相互关系——内政和外交

……

各种整合方式之间的关系，尤其是作为整合系统的两极的实质整合与功能整合之间的关系，是一个非常重要的理论和政治问题。然而，这个问题从来没有如此处理过，甚至也没有做如此理解过。因为它基本上从来没有被作为一个系统的问题而被解释和处理，而是被看做一个历史问题。由此带来了两种可能的历史后果：要么是以功能整合代替实质整合，要么是以实质整合代替功能整合。

第一种可能性符合现代精神史的一般情况。中世纪价值系统的衰落同时意味着已成熟的、自然的和未被问题化的价值共同体，即滕尼斯意义的"共同体"（Gemeinschaft）的衰落，这意味着实质整合时代的终结。其精神已被原子化、去实质化和功能中立化的现代个体并不是无价值和实质的个体，而是缺乏共同体塑造的价值，尤其是传统的价值的个人，而这些价值恰恰对一个静态的社会秩序与文化来说是必要的。相比之前，将现代个人包含进共同体的形成之中，这更多依赖的是功能整合技术。正如静态秩序中的个人通过被包容进国家和地产的等级结构而被整合，19世纪的市民通过议会制国家的政治游戏而被整合，民主化时代的公民则通过大众国家的直接诉诸民意的形式而被整合。就此而言，虽然其心理学怀疑主义是不充分的，但大众心理学侵入国家法领域还是有一定道理的。也正是在此意义上，将过程导向的（Prozeßartige）现代政治团体，例如共产主义团体，与更加结构导向的老政党进

---

[1] Bernhard Braubach, Zum Einfluß der Stoa auf die französische Staatslehre, Schmollers Jahrbuch für Gesetygebung, Verwaltung und Volkswirtschfat, vik. 48 (Munich und Leipyig: Duncker & Humblot, 1924), 232.

行对比，就很难说是不对的。[1]

此种变化过程也可以从完全独立于世界史发展序列的细微之处被观察到。Karl Bilfinger 曾令人印象深刻地指出，德意志的诸邦国，并非民族国家，并不是通过实质性要素，诸如经济、文化、种族以及相关的实质性能力等，而被联结在一起，而是首先通过"国家支配原则"（也即通过形式化的国家支配权的游戏规则），通过形式化的功能（也即通过功能整合使得公众能够分享功能性生活的经验）而团结在一起，这完全独立于实质内容。[2]

对国家理论来说，比起那些数字、类型或者单个事例所显示的真理更重要的是，相反序列的事件也发生了，既体现在世界历史的宏观层面，也体现在偶然发生的个案细节中，尤其值得关注的是其作为实践政治项目所具有的实践意义。

一方面，老的生活共同体衰落了，变成了滕尼斯意义的现代理性化的"社会"（Gesellschaft），这意味着非理性的共同体转变成理性的、清醒的和形式化的意义和价值内容，就像社会契约论、人权法和现代国家理论与政党理论所揭示的那样。因此，人们就希望了解新的社会相对于旧的共同体的本质特征是什么：在原始共同体中，领袖是首要和本质性的整合要素，但是在现代社会，领袖的位置被抽象观念所替代。[3]

在各种具体的个别现象中，可以发现与此相对应的趋势。此处我们仅提及由 Karl Loewenstein 提供的最显著的一段描述，讲述发生在英格兰的由个人导向的政治气候转变成一种大众民主导向的宪法类型。[4]

依我所见，恰恰是在这一点上，可以发现解开社会主义国家理论之谜的钥匙。当恩格斯的公式"将针对人的政治统治转化为对事物的管理与对生产过程的引导，也即告别国家"越来越成为社会主义者讨论国家的主导动机时，这一点就最明显地体现出来。[5] 创造团结，这是消除"支配"的前提，其基础则是创造真正的经济与社会秩序。如果这一点实现了，则意志的联合（尤其是政治意志的联合）就不再是通过权力、

---

[1] Georg von Lukacs, Der Geschichte und Klassenbewußtsein (Neuwied: Luchterhand, 1968), 319 ff..

[2] Karl Bilfinger, Der Einfluß der Einyelstaaten auf die Bildung des Reichswillens (Tübingen: Mohr, 1922), 85.

[3] 这就是弗洛伊德的大众心理学所揭示的，很容易被引向凯尔森的理论 (Kelsen, Soziologischer und juristischer Staatsbegriff, 31f.)——这是一个特别有代表性的表述，包括至今仍然未能幸免的纯粹自然主义与领袖浪漫主义的混淆（早期浪漫派）。

[4] Karl Loewenstein, Zur Soziologie der parlamentarischen Repräsentation in England nach der großen Reform. Das Zeitalter der Parlamentsouveränitä (1823—1867), Archiv für Sozialwissenschaft und Sozialpolitik, vol. 51 (Tübingen: Mohr,1924), 671, 683.

[5] 例如 Friedrich Engels, Herrn Eugen Dührung's Umwälzung der Wissenschaft, 11th ed. (Stuttgart: Dietz, 1921), 277。

推翻权力，或任何其他意志行为，而是通过对此秩序的真理的洞见来实现。[1] 这就是马克思主义为什么如此重视教育的原因。因为相对于旧秩序下的人们，新秩序下的人们必须是不同的和更好的。[2] 然而，在任何情况下，一旦这一点实现了，社会主义者就不需要任何其他的整合方式。他已经在新实现的秩序中拥有了它们。这就是为什么在阿德勒（Max Adler）看来，持有异议的少数人士不再存在于社会主义秩序之中的原因。[3]

此时，"市民"国家理论开始提出了自己的质疑——它消除了我们所熟悉的那个政治生活，它是一个活生生的、由政治斗争所构成的世界，在这个世界中，斗争塑造国家，并使历史成为可能。这种批评与所有其他对马克思主义的批评都不同。

仅仅排他性地通过一种整合内容实现的政治整合，只能是像马克思主义这样以无政府主义为目标的理论和乌托邦主义的主题。这是一个已失去的或仍未到来的乌托邦，它是如此有个性，以至于多数千禧年乌托邦最终都倾向于浪漫主义。这与如下事实，即罗马天主教会所产生的世界历史效果，并不矛盾。一方面，它的实质整合系统并不纯粹；另外一方面，它拥有自己的法律系统，并在此基础上建立政治系统，两者都是将权威性建立在对核心价值的承受者之上的权威体系。卡尔·斯密特是当代最著名的沿着这个思路理解国家的理论家。这并非是一种国家理论，而是一种法律理论，一旦设定了它的前提，它就不可能发生变化。因此，阿德勒在这种以价值正当化法律关系的理论中找到了同盟者。[4]

更值得关注的是，这样一种变迁，它表现为富有人情味的人的价值在文明社会的物的价值面前的败退，由此，与人相关的国家整合因素的重要性也随之降低，特别表现为议会主义的衰落。[5]

---

[1] 比较典型的是 Max Adler 在青年马克思主义者第三次帝国会议的发言（Berlin: Arbeiterjugend-Verlag, 1925）："没有任何其他手段能够比科学更让群众的头脑保持一致，并且让他们的意志集中在一起，从而形成持续的力量……所有的精神都在一处汇聚，只有一种强制是任何人都无法除去的，那就是逻辑思维的权力。"

如此，则科学真理及其实现就变成了唯一的整合性要素。没有任何的辩证法可以否认此种唯理智主义理论，在此种理论中"国家"最终被废止。参见 Max Adler, Staatsauffassung des Marxismus, in Marx-Studien, 4th ed., Vol. 2 (Glashütten im Taunus: Avermann, 1918), 尤其是 209 ff., 以及 129, 146, 223 ff., and passim.

[2] 因此，未来民主的焦点并非在政治，而在于教育；Adler, Staatsauffassung des Marxismus, 185.

[3] Adler, Staatsauffassung des Maxismus, 197 note.

一个批评资本主义僵化价值的社会主义者，并将新教育的目标设定为"正式的和在所有方面都是有能力的教育产品"，却因此在社会主义中找不到自己的位置；参见 Anna Siemsen, Erziehung in Gemeinschaftsgeist (Stuttgart: Moritz, 1921), 尤其是第 13 页内容。

[4] Adler, Staatsauffassung des Marxismus, 193 ff..

[5] Hellpach-Graf Dohna, Die Krisis des deutschen Parlamentarismus (Karlsruhe: Braun, 1927), 8.

我们将克制自己不再列举现实的或想象的整合类型的替换事例，这些事例很容易从许多进化阶段论的理论中筛选出来。[1] 尽管这种观察蕴含一定道理，但我们还是必须认识到，国家之所以保持为一个统一的共同体，依赖的是所有的整合手段——也就是说，要归功于它的实质内容和意志生活，就如同个人的生命通过各种功能的配合，在他的记忆、责任和对未来的向往中体验到完整的生命意义一样。同样地，此时价值的内在逻辑在这些不断自我转换的单个事实的和谐中证明自己。

无论人们对此做出何种不同判断，法西斯主义的最有力的一点是，它清晰地认识到了所有类型整合的必要性，并熟练地掌握了功能整合的技术，虽然它拒绝了自由主义和议会制，并且通过其他实质整合内容（国家的神话、使命国家）替换了社会主义的实质整合。

最后，必须在此提醒的是，通常情况下，没有哪种整合类型是纯粹独立于其他种类的。在任何情况下，都是其中一种整合形式占主导地位。[2] 因此，政治成功的整合效果要同等地归因于作为共同体财富的实质内容，以及国家共同体，或者至少是以其名义行动的国家机关追求此价值的经验和过程。[3]

诸种整合类型及其相互协作在创造国家生命的整体性过程的作用，从国内政治及其最重要的成就的角度看，是能够被看得很清楚的。但如果仅仅从内政的角度考虑国家、政治与整合，而忽略了国家生命系统的发展与其实质和逻辑迥异于内政的对外政治领域的关系，则仍然是很偏颇的。在一个领域中，我们将国家看做是一种权力，也就是一个紧凑的统一体，在另外一领域，它就被分解成诸多互相协作发挥作用的单一的要素和功能。在一个领域，是对外政策的权力游戏的他律，在另外那个领域，则是自我形塑国家特性的自治。因此，根据经常被提及的"外交至上"（Primats der

[1] 最近的例子可参见 Max Scheler, Versuche zu einer Soziologie des Wissens (Munich: Duncker & Humblot, 1924), 99, 109, n. 99（反对恩格斯）28, 30, 31ff., 37 f.。方法论上的问题是"理想与现实"之间的传统紧张关系。

[2] 这一点很少被人提及，参见 Norbert Einstein, Der Erfolg (Frankfurt am Main: Ruetten & Loening, 1919)，尤其参见第 50 页以及第 51 页。
关于不同整合方式之间的关系，也可参见上述第 228 页。

[3] 不仅仅是不同政治理论倾向的宪法理论，根据对个别整合要素的运用和结合，在上述阐明过程中被概括为不同的整合纲领，而且各种国家的形式（对此稍后还有细致分析）和民族国家类型的变体也发展起来，并且很难被还原到某种单一的形式中（除了极少数简单因素贯穿始终的国家形式之外，例如几种贯穿罗马民族始终的并扮演重要角色的意义性、视觉性和修辞性的整合要素）。尽管如此，这个问题还是值得进一步的探讨，其中的模糊之处来自于通行的集体—个人的二分法还原论，此种二分法标示出了任何政治性个人和精神生命的必要时刻。Karl Vossler 曾描述过法国文化的社会性与社交性的强烈，堪称经典。法国的国家观同时是高度个人主义式的，与此相应的是农民—小市民阶层的法律经验，关注的是他们能够直接获得和确保的目标——凡尔赛和约就体现了法国人的此种特性。与法国人相反的是盎格鲁—撒克逊人的性情倾向，虽然也是高度个人主义的，但与法国的原子式个人主义相反，在政治上更倾向于善良意志与合作。Andre Tardieu, Devant L'obstale: L'Amerique et nous (Paris: Emile-Paul, 1927), 53 f.。

auswärtigen Politik）精神，对另外那个领域的自由就有所限制。

在另外一篇文章中，我尝试指出，政治生命乃是内政和外交的统一，而这种统一建立在两者都是国家对自身的个体性的创造，也即整合上。[1] 此处我再稍做补充。

关于国内政治与国外政治之间的本质区别，以及这两个相互陌生的权力领域与世界之间成问题的关系，传统的观点认为两者互相影响，并且一定是其中一个压倒另外一个。这些观点通常建立在一定的历史和政治前提之上，但同时也是深刻的理论前提之上。

从理论上说，就优先性问题在国内政治与国际政治之间进行非此即彼的选择，也就是在将作为权力的国家实质化（或剥离），或是将个人看做是政治目标的终极承担者和政治生命的终极动力这二者之间的选择。政治事件的终极原因，要么是国家及其权力关系，由它们形成国内政策，并且通过外交政策决定国家形式（这是德国历史学家一再重复的话题，经常被用来论证君主制的正当性）；要么是个人，以及建立在个人主义基础上的内政安排（这是和平主义意识形态经常坚持的）。

从精神科学的立场看，两种思想都是站不住脚的。第二种思想是一种占据主流地位的关系与互动社会学，其将个人当做不可变更的实质主体。第一种思想则是用错了地方，它过于顽固地坚持政治身体的某些僵硬内容，因此偏离了精神科学的理解——尽管它们的关系也是一种生命的精神性沟通，是一种相互创造，首先是在相互创造的过程中进行自我创造，但不是实质价值和疏离身体之间的因果和机械关系。[2]

即使内政或外交的优先性的本质是可以通过利用仅建立在理论上不可接受的假设的基础上进行正当化论证的，在历史实践领域的讨论中（在此领域该问题被德国的历史和政治文献广泛地讨论），在不同场合，经常会发现许多不同的答案。在一个没有面临重大外部压力的国家中，例如美国，相对于第一次世界大战前的德国而言，国内政治就比国际政治更重要。在盎格鲁—撒克逊的语境中，"民族生活优先于国际关系"（该说法起源于英格兰）[3] 就比在德国更被看做是理所当然。[4] 在正发生革命或国内局势

---

[1] Festgabe der Berliner Juristischen Fakultät für Wilhelm Kahl, Vol. 3, pp. 17 f., 我将 Albrecht Mendelssohn-Bartholdy 的著作《欧洲对话》（Europäische Gespräche, vol. 1, (Berlin: Deutsche Verlaganstalt, 1923), 168）解释为对权威的同意。

[2] 参见 Litt 对"生活领域的隔绝"的出色分析，Litt, Individuum und Gemeinschaft, 3 rd ed., 379 ff., 尤其是第 381 页。

[3] W.R.Seeley, The Morality of Nations, International Journal of Ethics, Vol. 1, No. 4 (London: T. Fischer Unwin, 1891), 444 f. 我无法解释同作者更为著名的和明显自相矛盾的关于外在压力与内部宪法之间联系的主题与本书的一致性问题。

[4] 参见 J. J. Ruedorffer, Frundzüge der Weltpolitik iin der Gegenwart (Stuttgart: Deutsche Verlagsgesellschaft, 1914)，本书可以作为典型例证之一。

正动荡不安的国家，相对于一个稳定国家，外交政策就更容易依赖国内政治。[1] 在考虑完所有这些可能性后，将国际政治也看做是同国内政治同样地决定国家的整体的性质与整合就很重要。为了不至于偏离既有的讨论，列举几个例子来说明这一点就很有必要。最明显的例子就是国际政治并不以经常被讨论的物质利益为目标，这在帝国理论中尤其明显。[2] 莱茵地区的归属问题，首先不是边界划定的问题，而是该地区人民是归属于法国还是德国的问题。[3] 对外政策的普遍性格是，一旦制定，就脱离了其直接动因，因为它变成了国家的本质性品格，就像它的"难以逃避的阴影"。[4] 根据黎塞留的观点，大国对条约的尊重要远高于小国，因为它们必须更加重视自己的声誉，[5] 这是因为作为更加强大的实体，它们更加被看做与它们的政策是同一的，是被政策所标记的。尤其是相比于经济条约与结盟关系，政治条约与结盟关系更难被改变，因为前者比后者更能决定参与其中的国家的本质。[6] 作为国家的一个实质贡献，国家在国际政治中的地位是一个荣誉问题，是整合性要素，[7] 凡尔赛和约之所以如此不朽，并不是因为它要求牺牲，而是它可以在不征得其同意的情况下要求相关国家做出实质性改变。俾斯麦所要求的德奥同盟在宪法上也许意味着要求一种量的增长，其终点是同盟，而这已经对参与的国家构成实质性整合要素了。这种情况在国际政治中很常见。因此，在实践上，健康的国际政治不仅是国内政治的条件，同时也是其要素之一。[8] 并且理

---

[1] 关于俾斯麦关于立宪君主制作为联邦或联盟政治的持续性的前提的丰富谈话，参见 Heinrich Ritter von Srbik, Metternich-der Staatsmann und der Mensch, Vol. 2 (Munich: Bruckmann, 1925), 66（尾注 2）至 551, 552 ff., 即 533 页以下（另一著作载：Staatrechtliche Abhandlungen und andere Aufsätze；斯门德引用的俾斯麦的著作是：Die Grosse Politik —EDS）。此外，关于只有控制了内部势力才能够利用外部外交形势，以及内政是外交的前提，可参见 Helmut Göring, Die neue Front, 397.

[2] 关于这一点，参见 Festgabe der Berliner Juristischen Fakultät für Wilhelm Kahl, vol. 3, p1 8。例如，如果众多国家中的某个国家得了好处，其他国家要求补偿，这并不是因为其他国家要求平均主义，而是由外交政策权力关系所决定的，其他国家的利益因此受到了消极损害。关于缺乏对象与强调对象的对外政策可能存在的细微差异，参见 Detlev Vagts, Europäche, Vol. 1 (Berlin: Deutsche Verlaganstalt, 1923), 261.

[3] Helmut Göring, Die Großmächte und die Rheinfrage in den letzten Jahrhunderten (Berlin: Hobbling, 1926), 72.

[4] Göring, Die Großmächte und die Rheinfrage in den letzten Jahrhunderten (Berlin: Hobbling, 1926), 80.

[5] Meinecke, Die Idee der Staatsräson, 1st ed., 516.

[6] 经常被记起来的一个例子就是俾斯麦于 1887 年 1 月 11 日在帝国议会的那场著名演讲，载于 Horst Kohl, Politische Reden (Stutgart: Cotta, 1892), 12, 217.
    这并不排除如下可能性，即出于此种特别理由，政治协商比纯粹的技术合作要更加灵活。参见 Kiderlen 关于 1909 年海军协定的著名评论，载于 Ernst Jäckh, Kiderlen-Wachter, der Staatsmann und Mensch, vol. 2 (Stuttgart: Deutsche Verlags-Anstalt, 1925), 50, 57.

[7] 参见前文 231 页所引的黑格尔《法哲学》231 页的文字，note 98。

[8] 例如，参见 Kurt Riezler, Die Agonie des deutschen Parlamentarismus, in Die deutsche Nation: Eine Zeitschrift für Politik (Berlin: de Gruyter, 1922), 991，尤其是 Mannhardt, Faschismus, 88, 128, 39, 121, 119, 274 f., 142 f.

论拒绝将政治本质分解成对外政治与对内政治两个部分。[1] 国内政治与国家的国际关系并非是两个独立的部分，而是国家的独立性与实在性两个要素。无法识得此真理，往往就会带来理论和实践同时误入歧途，一个显著的例子就是梅内克。他仅仅从国际政治的角度而不是从政治的统一性角度理解伦理和政治问题，将真正的问题对象，即丰富的实质价值中的政治整合的不断生长着的生命（所有个人正是借此种实质价值参与到整合之中），替换成僵硬的权力斗争内容，使得他的伦理学处于毫无希望的对立面之中。[2]……

第二部分　宪法理论的后果

1. 宪法的本质

迄今为止所勾勒的国家理论基础，提供了解决所有国家理论中具体问题的方案的基础，其中尤其是宪法理论。……

宪法的本质问题，首先在耶里内克那里得到了细致的处理。[3] 他发现了问题的核心："对于国家权力的实际分配，法律规则是无能的"，"实际的政治势力按照自身的规律行动，独立于法律规范"。[4] 这些力量能够推动"宪法变迁"，就此而言，它们是拥有立法能力的，既然它们没有被包含进流行的法律渊源学说中，那么它们就属于一种特殊的宪法渊源的理论。

因此，它们就或者属于颇成问题的，但却在宪法学领域很有影响的"事实的规范效力"，[5] 或者就是成文宪法与"实在"社会学力量的并列或对立。

恰恰是这个问题，我们虽然正确地发现了它们，但却没有正确地标记它们，是宪法理论的核心问题。这并非是应然与实然，意义与生命现实之间的紧张关系，这一精

---

[1] Carl Schmitt, Die Kernfrage des Völkerbundes, in Schmollers Jahrbuch, Vol. 48, fasc. 2 (Munich und Leipzig: Duncker & Huumblot, 1924), 774 ff.; Heller, Die Sovouränität, 118; Maurice Hauriou, Precis de droit constitutionnel (Paris: Sirey, 1923), 446, 397; Sieger, Staatsgebiet und Staatsgedanke, 11. 毫无疑问，在这一点上 Max von Szczepanski 与多数的历史学家相反，参见 Max von Szczepanski, Rankes Anschauungen über den zusammenhang zwischen der äußeren und der inneren Politik der Staaten, Zeitschrift für Politik, vol. 7 (Berilin: Heymann, 1920), 489 ff.，尤其是第 620 页。这与那些外国人相比，更加明显。《国际联盟章程》（Charter of the League of Nations）第 1 款第 2 项要求其成员国 "se gouvernent librement"，也许意味着同等程度的内部和外部自由。

[2] 《国家理由的观念》（Idee der Staatsräson）前言和结论部分。

[3] Georg Jellinek, Verfassungsängerung und Verfassungswaldlung: Eine staatsrechtlich-politische Abhandlung (Berlin: Häring, 1906).

[4] Jellinek, Verfassungsänderung und Verfassungswandlung, 72.

[5] 同上注，2.

神科学的一般问题的个案运用问题。这也不是法律渊源问题。这是作为宪法规制的对象的国家特殊的实质问题。

……

宪法是国家的法律秩序，更准确地说，就是国家的生命，通过它国家获得了其实在性[1]——这其实就是国家的整合过程。这个过程的意义，就是国家生命的总体性的产出的不断更新，宪法则为这个过程的不同面向提供规范。

当然，国家并不仅仅依赖这些受宪法规范的生命要素而活着：为了能够在政治生活中进行下去，宪法必须被这些生活中的基本欲望和丰富多样的社会动机所补充。……

因此，这就是宪法本身的精神，它专注的焦点不是国家生活的细节，而是它的整体性，以及国家整合的整体性。它不但允许，并且要求这样一种偏离其他传统宪法解释方法的灵活的、补充性的宪法解释。

宪法不需要为此提供任何特殊的权威性。宪法立法者不需要对宪法的精神性意义有过多领悟，犹如个人不需要对他的精神生命的意义整体，尤其是作为国家整合过程的要素的政治生命有过多领悟一样。在通常情况下，宪法文本产生于对其任务的原理性把握，就我所见，在现代宪法中，对此任务最充分，虽然也是未经反思的理解，是德意志联盟宪法与德意志帝国宪法。[2] 但是除此之外就再也没有此范式的恰当应用了。这不仅仅是因为，受规范的整合系统根据精神价值的内在规律及其对民族创造性意志的影响而扩展——同时发生的（政党、会议等）形成也多多少少受到了民族的政治天分的影响，而且受规范的制度本身通过立法者也有意识或者无意识地进入到意义的整体性之中。它们运行着、扩展着，或者根据该任务进行自我调整，缺此，就会存在一个特殊的法律问题。对已完成的宪法来说，其拥有此种灵活性，它的系统能够在必要的时候自动进行扩展和调整，这是很明显的，也是题中应有之义。因此，只有将此种灵活性，此种变迁和填补漏洞的能力（Wandlungs-und Ergänzungsfähigkeit）包括在内，并在此基础上贯彻，以及通过填补漏洞和宪法变迁的方式扩展宪法体系，才能够完整地理解宪法所希望和规范的对象，也即实在的整合体系以及宪法的客观目标。

因此，宪法只能纲要性和要点式地理解此目标，这就不显得奇怪，这既不是缺

---

[1] 据说耶里内克的《宪法修改与宪法变迁》（*Verfassungsänderung und Verfassungswandlung*）提供的仅仅是对重要案例及类型的经验描述，并非是一种理论，尤其不是一种法律理论。

[2] 同上注，第235页。

点，也不是耻辱。[1] 宪法的客观意图只能是暗示性的——它只能通过旧方式，通过接受（receptions）的形式来做到这一点，[2] 然而，它们并没有因此提出类似的僵硬的他律性效力要求，就像许多较低层级的社团法一样，必须为许多具体个案提供抽象和公式化的法律规范。它使得宪法生活的普遍的，偶尔也是实证化的倾向转向整合及其自我形成的倾向——抛弃那些完全由宪法决定，以一种只能由真正的成文法才能够废除的、僵化的他律性规范进行治理的情况。[3]

这意味着宪法要求拥有属于自己的实质生活领域作为其目标与任务，就像其他法律规范复合体（Rechtsnormenkomplexe）也有其实质生活领域一样。这意味着它对那种试图将成为所有法律秩序的本质要素作为宪法发生实际效力的前提的规范逻辑的拒绝。[4] 这种逻辑是对宪法，以及所有法律和法律观念的最最严重的不公平。这种宪法理论经常成功地被反驳——但是这种拒绝仅仅是对宪法自身的本质任务的一种积极证明……

此种实在性，并非是由"国家生活中持续存在的和处于休眠中的"宪法 [5]，而是由不断更新的宪法生活所不断再造的。这一点与其他团体（如大会等）的"组成"（Konstituierung）是一样的。法律形式主义和各种静态性思维，只能看到创设大会主席职位的行为，顶多再加上议事规则的赋予，将这些看做是大会的全部——却基于其技术意义而忽略了大会最重要的意义并非是赋予大会主席和发言人以义务，而是通过它将生活在自己世界的诸单个个人转换成集合在一起的社会状态。毫无例外地，作为一种统一的过程，一种将个人整合为团体（这恰恰是大会的主题）的过程，此种转变被所有的大会成员看做是一种真实的经验。但是任何大会的主席都知道，大会的成立并不是一劳永逸的，而是必须不断变化更新的，整合性力量必须不断发展，并且在任何时候都发挥作用。而这恰恰是通过机构和发言人的有序程序才能够发生。因此，

---

[1] Erich Kaufmann 对成文宪法，尤其是对《魏玛宪法》的"条款堆积"（Paragraphsgebaude）的激烈批评是不公允的；参见其 Kritik der neukantischen Rechtsphilosophie, 207 f.。

[2] 关于"接受"在精神生活中的重要性，参见 Litt, Individuum und Gemeinschaft, 3rd ed., 181 f.。

[3] 耶里内克所列举的案例显然并不属于此种类型，但存在于在由宪法允许或刺激的自我结构化的整合过程中。

[4] 在此意义上也包括胡塞尔的宪法观，参见 Gerhart Husserl, Rechtskraft und Rechtsgeltung (Berlin: Springer, 1925), 73。

[5] 比较流行的国家功能的比较，参见 Montesquieu, Esprit sprit des lois, Ⅲ. 1, 其在法律理论领域的应用，参见 Fritz Fleiner, Institutionen des deutschen Verwaltungsrechts, 3rd ed. (Tübingen: Mohr, 1913), 3。它在德国思想中被放弃的日期非常有启发性：此种类比仍然可以在青年黑格尔那里被发现，参见 Hegel, System der sittlichkeit: Schriften zur Politik und Rechtsphilosophie, ed. Georg von Lasson, Philosophische Bibliothek 144 (Hamburg 1913), 467，但是在《哲学全书》（Enzyklopädie）(§536 "它的内在结构作为指向自身的发展"）和《法哲学》（Rechtsphilosophie）（国家的组织及其有机生命的自我指涉过程，据此它在自身之中区分诸要素，并且将其摊开为存在）中便再也看不到了。

德国魏玛时期国家法政文献选编

规范、大会团体及其机构的建构，并非是既有的、永恒存在的规则及其对环境所产生的效果，而是一种奠基的形式，以及此种存在的不断产出和更新。

……

对于区分国家和其他社团的标准，本文不准备进行详细讨论。任何情况下，国家的特殊地位至少体现在以下两个方面。首先，不同于其他任何社团，国家的存在不是某种外在于它的权力的保障的结果。它并非是某个外在于其结构的动力或法官（Richter）所保持，也并非有外在的起源和保障，而是依赖内在价值规律进行自我整合，形成一个自我吸引的整合系统。就此而言，将国家建立在机械自治的基础上，例如孟德斯鸠、联邦党人和 Robert Redslob 等人的思想，虽然都被威尔逊（Wilson）正确地概括为牛顿时代的思想[1]，都不过是对此种实在比较贴切的比喻。其次，与其他社团的宪法大为不同的一点是，国家的成文宪法仅仅是此种自我吸引的宪法生活的刺激或阻碍，而此种宪法生活却是无法他律性地被保障。更进一步，从此种整合系统又重新发展出了作为"领土范围内统一决定的"（gebietsuniversaler Entscheidungseiheit）国家的主权性"决断"（Dezision）[2]，归功于其内在逻辑，即形式性支配和作为最终决定权，此种决断是必要的。而所有的其他社团则只不过是达成某些特定和单一目的的实际手段而已。这就是国家宪法的特殊地位的基础：第一，对整合的任务的实现而言，此种类型是必要的，而其他普通社团则不是如此。第二，在解决这一任务方面，它只依靠它的内在力量和保障。

……

……建立国家的目标或活动范围，以及其成员的地位，并非是宪法的本质要求——毕竟，国家的形式存在和生命，以及对此存在和生命的确保，是它们的首要目标，因此也是宪法的唯一本质。

因此所谓的国家的要素，以及在宪法上对它们进行界定，并非是宪法规范的通常目标。然而，领土却是它最基本和最实质的具体化，经常在宪法序言中被提及，就像社团的目标经常会在社团章程中被提及一样。当然，在社团法中，此种目标设定是构成性的，而提及在国际法中设定的与邻国有关的领土却不具有此种意义。因此，在多数宪法中都不存在此种条款。

---

[1] 当黑勒在《论主权》（*Die Souveränität*）中发现国家区别于其他组织，因为"对它的贯彻行动代表了此领域中所有的合作"，因此它们自身就缺乏此种外在保障时，他大概就是这个意思。或者可以参考 Marck, Substanz- und Funktionsbegriff, 123, 在此处他区分了公法下的社团与私法下的社团，后者作为"法律秩序的人工产品而存在"。

[2] Heller, Die Sourerännität, 102.

这同样适用于"国家的个人因素"。[1]领土实质性地决定国家包括哪几部分；获得或失去公民权的具体问题实质上是一个技术性和具体的立法问题，并不关涉国家的实质。宪法也不关注公民的成员地位问题。国家的存在并非是因为此种公民身份，因为此种权利以自身为目的。对此种法律地位的规制——例如通过基本权利的类型——乃是通过实质要素组成国家，通过其文化和法律规则的性格组成国家，这与社团的成员规则是不对等的。

与此相反，机构、形式功能和实质任务则构成了宪法的实质要素。在诸机构的创造、持存和宪法性的活动中，国家存活了，个人得到了整合。在其形式功能中可以看到其作为过程的生命和它的功能整合。它的实质性内容包括领土和它的宪法性格，而它的宪法任务则构成共同体赖以为基础的第三个要素。……

2. 国家机构（略）

3. 国家功能（略）

4. 现代宪法的实质的整合内容（略）

5. 国家形式（略）

6. 联邦国的本质（略）

第三部分　实证法后果

1. 将宪法作为整体进行解释

本文的努力并不仅仅是试图为建立一种将国家和宪法作为精神性实在的精神科学理论做出贡献，同时也试图对国家法理论做出贡献。因为，这种理论是在考虑了实证性的国家法后才真正发展起来的，[2]因此，它也必须反过来接受实证法的检验……

……

我将从宪法的整体性问题，尤其是从对其内容进行分工并建立其基本的解释方法开始。

第一个需要系统性地区分的问题是对国家法与行政法的划分。在稍早的讨论中，将国家法看做是国家的静态存在，行政法看做是国家的动态功能，此种传统定义已被

---

[1]　一个不太重要的事实，即国家并非是由人所"组成"的，仍然要在此强调，对此，黑勒的《论主权》（Heller, *Die Souveränität*, 81）的说法是正确的。

[2]　参见 Felix Stoerk, Das Ausfuhrverbot und die partielle Suspension völkerrechtlicher Vertäger, Archiv des öffentlichen Rechts, n. s. 9 (Freiburg im Breisgau und Leipzig: Mohr, 1894), 38。

抛弃。[1] 像行政法一样，国家法也规制公共生活，在某种意义上规制的是同一种公共生活，例如，两者都对行政管理负责，但后者是作为权力分立的一部分，是作为行政权，而前者是作为一种独立的目标性国家活动本身。由此产生了二者的问题与目标的区别。国家法是一种整合法，行政法是一种技术法。隐藏在国家法背后的指导思想是诸国家制度的整合性互动，将诸功能整合为国家生命的整体；而隐藏在行政法背后的指导思想则是行政管理的存在本身，在技术上完成某些有关社会福利的特定目标。

问题并不在于将材料在此种或彼种课程或教材中进行分配，而是发现与解释和评价此材料相关的普遍意义。一条法律规范如果被放置在另外一种语境中，而不是它本应属于的那种语境，那么，它就很容易被误解。即便是法律形式主义也极少形成下述幻象，即认为法命题在任何情况下都能够做同样的解释和适用，而不管它的背景是公法还是私法、程序法还是实体法、政治法还是技术法。

……

其次，与此紧密相关的问题是区分宪法的实质意义和形式意义。形式主义的不可知论对于创造独立于成文宪法条款的随意规定的体系表示怀疑——这个规则体系是一个国民通过法律将整合秩序实证化的努力中的根本性要素。[2] 然而，创造这样一个系统是不容易的，[3] 并且也不可能在一个不断变化的内容列举中被发现。[4] 这一点只能通过国家法的材料与引导它的简单的意义原则之间充满活力的关联，以及前者不断回溯到后者来实现。将此问题视为不可解决的，只是意味着对作为系统学说的国家法的放弃。

将宪法与其他的法律秩序区别开来的，永远是其对象的"政治"性格。在德国革命期间，当工人与士兵委员会宣布自身为"政治权力"的拥有者[5]，"行政性权力"则被保留在联邦参政院时，这种区别被明确地表达和普遍地理解。[6] 因此，政治的概念

---

[1] 参见 Felix Stoerk, Das Ausfuhrverbot und die partielle Suspension völkerrechtlicher Vetäger, Archiv des öffentlichen Rechts, n. s. 9 (Freiburg im Breisgau und Leipzig: Mohr, 1894), 第 242—243 页。

[2] 此种怀疑主义的例子，可参见 Hans Nawiasky, Die Auslegung des Art. 48 der Reichsverfassung, Archiv des öffentlichen Rechts, n. s. 9 (Tübingen: Mohr, 1925), 13 f.; Zu den Begriffen Versammlungen und Umzügen unter freie Himmel, Lammers Juristische Wochenschrift (Leipzig: Moefer, 1925), 986,note r.。

[3] 无论如何，并非是斯密特的简单公式："组织＝正常秩序"。Carl Schmitt, Die Diktatur des Reichspräsidenten nach Art.48 der Reichsverfassung, Veröffentlichung der Vereinigung der deutschen Staatsrechtslehrer, Vol. 1 (Berlin und Leipzig: de Gruyter, 1923), 91 f.。

[4] 参见 Goerg Jellinek, Staatslehre, vol. 1, 3rd ed., 505。

[5] 独立社会民主党委员会于 11 月 10 日的声明，载于 Ferdinand Runkel, Die deutsche Revolution (Leipzig: Grunow, 1919), 118；人民委员会（Volksbeauftragter）与柏林行政委员会（Vollzugsrat）于 11 月 22 日签署的和约，载于 Gerhard Anschütz, Verfassung des Deutschen Reichs, 3rd and 4th eds. (Berlin: Stilke, 1926), 14 n. 12。

[6] 1918 年 11 月 14 日之法令，载于 Reichsgeetzblatt, No. 1311。

是国家法理论中不可缺少的部分。但是，对于我们此处所关心的区别问题，并不能简单地通过"与国家目标的关系"[1] 或最近斯密特提供的新方式[2] 来定义政治的概念，而是只能以本论文所提供的基本方式来实现这一点。

更重要的是，根本后果出现在宪法解释之中。

形式主义的方法放弃了以精神科学为基础的国家理论，此种国家理论以特殊的实质性存在为研究对象，并将其作为法律工作的出发点。形式主义将其常见的"一般"法律概念应用到此对象之中，这些概念多数来自于被强力支配所污染的社团法。因此，此种方法将宪法律分解为个别的规范和制度（Normen und Institute），并把它们涵摄到许多常见的一般公式之下，在这些公式中对意志的形式性法律权力及其包含的义务进行研究。但因此它也从一开始就忽略了宪法何以区别于其他法律材料的问题：在规制其他法律关系时，主要问题是把既有的抽象规范适用于无穷无尽的案例中；而在这里，不同的是，主要问题是单个生命实在的具体的和个别的法律。任何一位宪法的解释者都应该从一开始就从宪法序言、关于领土的定义、国家形式、国旗颜色等宪法规范中清楚地发现这一点，甚至在他清晰地发现"意志领域之界限"的缺失时：这是关于某种真实和具体存在的法律，而既然此种存在并非雕像，而是一种统一的、不断产生新的实在的生命过程；这是关于其整合的法律。由此，为了命名一些完全普遍适用的规范，这至少带来三个后果。

首先，所有国家法的细节都不是被理解成孤立的、独立存在的，而是在功能整体性整合中有待它们实现的普遍意义的诸要素。今后的讨论将为此提供例证。此处仅仅勾勒出少许概要。

在实践中帝国相对于各邦国的监督性权力被类比各邦国相对于地方政府权威的监督性权力来对待。此时正如在其他情况下一样，是根据公法所建立起来上级和下级之间的联合，其中下级政府就某些特定任务的实现向上级政府负责，并服从上级特定的"监督性权力"以确保此项责任被正确地履行。但是，当有必要贯彻法律和国家利益，各邦国对地方政府行使监督权时，它们对地方的日常政治并不关心，并且这种漠不关心的态度恰恰是法律所要求的，但根据宪法的要求，帝国对诸邦国的监督就不能如此疏离。帝国的监督权是帝国与诸邦国的动态协作的一个要素，并且必须总是在诸邦国

[1]　Heinrich Triepel, Streitigkeiten zwischen Reich und Ländern, in Festgabe der Berliner Juristischen Fakultät für Wilhelm Kahl, ed. Berliner Juristische Fakultät, Vol. 2 (Tübingen: Mohr, 1923), 17.

[2]　Carl Schmitt, Der Begriff des Politischen, Archiv für Sozial-Wissenschaft und Sozial-Politik, Vol. 58 (Tübingen: Mohre, 1927), 1 ff., 重印于：Caral Schmitt, Der Begriff des Politischen (Berlin: Walther Rothsschild, 1928)。

对帝国的反向的宪法性影响中被发现。帝国对邦国的监督性权力只有在以下情况下才能够被接受，即诸邦国放弃政治性的自尊。帝国的监督性权力与诸邦国的反向影响的宪法权利同时存在，此种宪法权利由一个管理帝国与诸邦国的更高的法赋予，这是一种联邦友谊法，参与其中的诸方都有不断地达成一致和共识的义务。因此，魏玛宪法中的帝国监督法部分就不仅仅是"统治者与臣民"之间实际关系的外交辞令，[1] 而是对其与表面上类似的地方政府的情况的复杂差异的恰当表达。

其次，同样地，宪法法院（staatsgerichtsbarkeit）管辖权并不能被类比成民事法院和行政法院的管辖权。宪法法院保护议会中的少数派，不同于民事法院保护一群股票持有者的私人利益，因为它必须为整合服务，并协调诸派系。宪法法院保护各邦国不受帝国侵犯，不同于行政法院保护地方政府不受邦国监督性权力的侵害，因为前者是众多达成共识的可能性之一。……在宪法领域中，强迫服从的可能性极小，经常是根本不可能的。宪法义务的履行经常依赖于善良意志，以及达成共识的义务和建立宪法合作的义务。因此，至少是在最严重的案件中，宪法管辖权只能意味着在争议各方达成共识的手段和共识的一个阶段，其中争议各方必须被假设为带着善良意志的，并且是基于共识的精神来应用此种手段。正如帝国的监督权威并非"命令"一样，宪法法院中争议的各方也不是为了法律上的胜利而战，而是为了达成共识。联邦和各州财政平衡法（Finanzausgleichsgesetzes）第 5 章第 2 节所规定的强制和解的义务最准确地描述了这个主要问题，而宪法法院的裁判属于仲裁，是一种替代性纠纷解决方式。

将特殊的宪法规范纳入国家整合的普遍性的一个进一步的后果是，规范改变了其与整合的相关性以及重要性的程度。此种重要性问题是一个法律问题。很显然，[2] 为了忠实于真理，一本国家法的教科书必须准确地评估这些规范和制度的重要性。如果魏玛宪法的权威性评注者强调明确帝国国旗的颜色仅仅是为了履行满足行政管理和海上商业的需要的义务，却没有认识到这一宪法制度在宪法中占据很高地位（这从其在宪法中所占据的靠前位置就可以看出来）——例如，此种地位并非是通过捍卫共和国的法律所规定的惩罚措施而实现，而是此种惩罚措施的前提，并得到此种惩罚措施的保护，那对魏玛宪法第三条的解释就是不充分的。[3] 帝国宪法的议会体系力量是否能够

---

[1] Anschütz, Verfassung des Deutschen Reichs，注释 6 关于《魏玛宪法》第 15 条的分析。

[2] Ernst von Hippel, Über Objektivität im Öffentlichen Recht, Archiv des öffentilchen Rechts, n. s. 12 (Tübingen: Mohr, 1927), 417.

[3] Rudolf Smend, Das Recht der freien Meinungsäußerung, Veröffentlichung der Vereinigung der deutschen Staatsrechtslehrer, Vol. 4 (Berlin und Leipzig: de Gruyter, 1928), 48 f..

被评估为第一层级或第二层级的宪法原则，这是一个法律问题。[1] 与在任何其他的法律领域中也没有差别，除非是对整合的国家法系统的个别要素的评级问题，连同其尤其强的系统融贯性，在很大程度上同时也是其学术性观念的要素。甚至实证主义也大多会承认这一点，因为它无法达到其规范逻辑的完美状态，在它的国家中，哪怕是在白天，所有的猫都是灰色的。

最后，宪法的可修改性、"宪法变迁"的可能性，与宪法律的整体性一样，是该法律领域的一个固有特征。[2]

作为一个整合的系统，宪法律必须确保能够履行一个不断变化的任务，一个总是能够被乐观地解决的任务。相关的事实随着时间和状态的变化而改变。此种变化如果来自于社会自然发生的"宪法之外的"[3] 领域，尤其是政治性的派系领域——它自然而然地被宪法预设，甚至考虑，却不被宪法规范，它可以发生在宪法律之外。变迁也可以发生在宪法自身之中，例如诸宪法事实、诸规范综合体和诸规范的等级与重要的改变。[4] 它甚至可以在宪法生活中引进新的事实——Hellpach 此前所宣称的通过日益增长的创造性的部门规章（verordnungspraxis der Minister）来限制议会体系，便是对此极佳的例证。[5] 后两种情况包括在实质意义上改变了宪法内容的"宪法变迁"。很明显，这种变化不能被习惯法发展的要求所束缚。它遵循的是宪法的性质，即不断完成自身任务的整合系统的规范化：此种整合性任务，不但对宪法创立者而言，同时对不断发展的宪法含义与权威性而言，都是规范性原则。

……

2. 关于宪法性机构的法律（略）

3. 关于国家功能的法律（略）

4. 宪法实质内容的整合——尤其关于基本法（略）

5. 关于联邦国法（略）

6. 关于教会组织法（略）

（泮伟江　译　刘刚　校）

---

[1] Leo Witmayer, Die Weimarer Reichsverfassung (Tübingen: Mohr, 1928), 38.

[2] 参见 Bilfinger, Verfassungsumgehung—Betrachtungen zur Auslegung der Weimer Verfassung, 175 ff.。

[3] Heinrich Triepel, Die Staatsverfassung und die politischen Parteien (Berlin: Liebmann, 1928), 24.

[4] 例如，Otto Koellreuer, Der deutche Staat als Bundestaat und als Parteienstaat (Tübingen: Mohr, 1927), 29.

[5] Willinois Hellpach, Parlaments—Zukunft, Neue Rundschau, no.7 (Berlin und Leipzig: Fischer, 1927), 3 ff..

国家的价值与个人的意义

卡尔·斯密特[*] 著

导 论

对一部以国家与个人为主题的著作所可能提出的各种责难，首先针对的要么是研究结论，要么是研究方法，与此相应，这些责难出自两种互不相同的评判方式。若有人期待任何作者的研究都与特定时代的观念内容和谐一致，或者，依凭特定的目的和目标与法和国家的经验表象进行对照，那么，此人就会用自认为理所当然的先定结论去和所观察的著作的结论相对比，并据此得出自己的评判，当然，他也可能根本得不出自己的"结论"。这样的情形不仅表现在自认属于现代的人身上，对他们而言，先后出现的各种主流观点为其所秉持的价值提供了先天的标准，此外，同样的情形在政客、党员以及狭义的实务人士身上，亦是屡见不鲜。而法哲学家则与其相反，他只关注方法，对于法哲学的研究来说，他也是唯一合格的评判者；遗憾的是，就连他也可

---

[*] 卡尔·斯密特（Carl Schmitt）（1888—1985），求学于柏林大学，后分别在慕尼黑和斯特拉斯堡撰写博士论文和教授资格论文。之后先在慕尼黑商学院（Handelshochschule München）任讲师，1921—1923 年依次被格莱夫瓦特大学（Greifswald）、波恩大学、柏林大学和科隆大学聘为教授，1933 年回到柏林大学任教直到战争结束。斯密特曾一度反对希特勒上台，但在希特勒上台后迅速转变了立场，并撰文从国家理论、宪法历史、法哲学和国际法视角为新政府及其政治做合法性辩护。斯密特不赞成魏玛共和国时期占支配性地位的法实证主义方法论，而他的决断论，即认为法律源于偶然的，但历史性的有效决策，表明他是一个理性怀疑主义者，这一点尤其体现在他对议会制的批评上。与鲁道夫·斯门德（Rudolf Smend）和艾里希·考夫曼（Erich Kaufmann）不同，斯密特认为不应该通过法院，而应该通过加强国家总统的权力来控制议会的权力滥用问题。斯密特于 1945 年被免去柏林大学教职，并被纽伦堡法庭传讯，虽然最后没有被起诉，但受到了终身禁教（Lehrverbot）的处罚。斯密特因为支持过国家社会主义理论，所以至今仍然是一个备受争议的法理学家，同时又因为他曾告发过同事，所以也被认为具有严重的道德瑕疵。

《国家的价值与个人的意义》（*Der Wert des Staates und Die Bedeutung des Einzelnen*）是斯密特早期的作品，由海勒豪出版社（Hellerauer Verlag）于 1917 年出版。

能在其方法背后再度显露其自认为理所当然的结论，并据此提出责难，而这些责难最终只是建立在个人的观念与喜好之上，与科学品质则完全脱节，在此情形下，他与所谓的"现代"人和实务人士沦入一途，都是因循教条性的观念，只去评判结论。有鉴于此，在导论部分，特意阐明本书的思路，并回应各种质疑——就其根本而言，针对任何主题的深入探讨，都须遵循此途——就具有更深意义，而不限于仅仅展示全书内容。因此，这种努力绝非不当，更非多余；至于能否如愿，则是另一个问题，最好留给事实去证明。

第一类评判者，即，面对任何一部科学论著，都只关注其结论的那些人，对于当前这部著作，他们感兴趣的地方将会是，本书认为，国家的全部意义只在于使法在这个世界中得到实现，据此，在"法、国家、个人"的序列中，国家被安放在中间的位置。法，作为纯粹的、价值性的、无法从事实中证立的规范，在逻辑上位于此序列的第一位；国家旨在把法这个理念世界与现实经验表象的世界连接起来，并作为再现法的道德内容的唯一主体；而个人，作为经验世界的个体存在，则位居最后，以便能被法和以实现法为己任的国家吸收容纳，进而，在一种使命中找寻自身的意义，在因循自身规范而运转的封闭的法的世界中觅取自身的价值。若采取其他评判方式，则可能赋予个人以另外的价值，甚至可以把他看做自治的立法者；然而，对一种法科学的观察而言，所有法规范所体现出的明显特质则是唯一起决定作用的因素，之所以这么做，并不是无视个人，而是要从个人身上抽取出一些东西，凭此才有可能在法的视角下做出评判。当法在事实上不应该认可人与人之间的差别时，就凸显出了法面前人人平等的意义。

仅对那些现代人而言，这些结论会引起他们的何种反应，不难预知。常见的经验世界中的现代人认为，他所处的时代是个"自由的"、怀疑主义的、反权威的以及相当个人主义的时代，只有这个时代才第一次真正发现了个人，赋予其应有的尊严，并消除了各种古老的传统和权威。依据这些进步的成果来判断，前述那些"结论"就包含一种无法理解的复古主义，纯属倒退为野蛮和反文明的敌视生活的态度。如果事实果真如此，那么，现代人的这种批评就可以构成一种责难。任何一个作者，若欲严肃对待法、国家和个人之间的关系问题，那么，对于无论以何种名号而被看做时代精神的东西都不应该掉以轻心。否则，就会犯下妄自尊大之错，所应承受的最恰当责罚就是，让其永远销声匿迹。需注意的是，时代精神与个别人对其时代所做的思考和描述必须区分开来，此外，针对现代人的那种责难，所应给出的回答是——顺便提醒一句，现代人所责难的那些"反文明"之处，与柏拉图的国家理论却有诸多共同点——现代人的那种反应，以及因此提出的认为本书结论不合时宜的责难，实际上是建立在一种对我们时代特征的错误的或至少是未加批判的假定之上。一个以怀疑主义和精确性为表征的时代，并不能在同样的意义上自认为是个人主义的时代；无论是怀疑主义，还是精确的自然科学，都无法为个人主义提供佐证；它们无法证明单独的个人乃是最终的、无须进一步解释、也不应进一步怀疑的社会现实，在这一点上，正如它们无法证明人格化的上帝一样。一旦谈及个人主义，就意味着已经存在对以个人主义为表征的对象的定义，并把这个对象作为根据规范进行评价的归责点。也许那些现代人并没有理解这一点，另一种情况或许是，我们今日对个人主义的理解与一百年前的伟大思想家的理解之间的关系，正如今日的国际主义与他们那个时代的世界政治之间的关系一样。只有看清这一层，才可理解，一个充满显而易见的、与个人主义背道而驰的特征的时代，何以被认做是个人主义的时代；也才能认识到，事实上，在当下，所有奋斗能够达到的顶峰和将会遇到的掣肘均在个人自由处展露无遗。一个充满机器与各种组织的时代，或如瓦尔特·拉特瑙（Walther Rathenau）在其《时代批判》（*Kritik der Zeit*）一书中所言，一个机械化的时代——该书深刻地把握住了时代特征，因此，人们据此可以把当下的时代称做时代批判的时代——它是这样一个时代，通过自己追求与向往的对象暴露出自己的缺失，那就是文化，另一方面，这些对象又在事实上主宰一切，在甚至连精神生活、艺术和科学领域都无法免受其影响的这种"经营"观念处，最彻底地展现出这是一个货币经济的时代、技术的时代、讲求统治手腕的时代、绝对的间接化与普遍的可计算性的时代，一直到文学创作领域，也难逃其影响——这样一个时代，竟然被那些不计其数的言谈看做个人主义的时代，这只能理解为是用词不当的表现。没有哪个时代像今天这样，如此需要法典化与涵摄。这里仅以那些容易引起共鸣的时代为例，当存在优雅行为手册和善良风俗摘录这样的东西，以致大部分有教养的人都争相效仿，正如堂吉诃德以骑士小说为个人生活的摹本一样，那么，尽管还会有很多批评声音，但是，主导这个时代的却并不是反权威的精神，而是善良风俗引导下的温良恭顺。为准确评判这一现象，还需提出它的另一个极端作为补充：许多人之所以认为当今是个人主义的时代，原因在于，他们对自己的肆无忌惮与放荡不羁的言行丝毫不觉羞耻。然而，培育善良风俗的财富也可以是某种缺失，一种与精神空虚完全不同的精神上的缺失。我这里不打算去评判遍及当下的这些善良风俗属于哪种类型；但不可否认的是，有助于培养善良风俗的有教养的人的数量非常大，且构成总体的多数。

我们的时代不是个人主义的，因此，它不应成为小气的时代。史上曾有伟大的时代，公开宣称自己是反个人主义的。有鉴于此，指出当前许多人把当代看做个人主义的时代的错误，绝非多此一举。不宁唯是，就在当下，一种新的伟大气象正在各种时代潮流中展露端倪，这些潮流超越了所有经验性的偶然情形，已经在那些承继文艺复兴的典范并秉持另一种世界观的文艺和审美中得到体现。这里再提两个更具证明力的表征：其一，作为全新的研究事实关系的社会学完全是一门现代的科学，若不关注这些事实关系，就根本无法理解单个的人，同时，个人也完全消融在这些事实关系当中；其二，当下的认识论所找寻的认识论主体只能寄托在一种超个人的意识之上，这个主体已经具有此前从未如此明晰的问题意识。因此，谁若要伊始便把本书看似反个人主义的结论冠以不合时宜之名而予以拒斥，就需要证立自己的结论，这些结论顽固地以评判者自居，实则只是不长脑子的体现。事实将证明，把个体性作为时代要求而大声疾呼，这其中所体现的价值主张必然引起对其据以做出此主张的方法的批判。在个人主义这个问题上，任何评判都不能把眼光仅限于作为经验事实的个体，不能只限于那些有血有肉的个人。若欲做出正确评判，就必须跳出此限，甚至要拆分和打碎这些个体，以重建新的统一体。这个存在于个人主义意义下的个人身上并体现其价值的统一体，始终都只能是一个精神性的纽带，只能通过规范观察来获知。谁要是认可这一点，就不会在未考察本书论证思路之前径直反对结论。谁要是不认可这一点，只把本书看作使其不快的观点的代表，那么，该人就会或者把本书弃之一旁，或者予以驳斥：此时，他是纯粹的且毫不含糊的"现代"人，占据一个有力的位置，那就是他自己是不可被驳倒的。毫无内容的东西，当然无法予以驳斥，完全沉浸在荒谬中的人，也无法从荒谬中把他引出。对这些，只能留给它所诉诸的时代来明断。

再来看实务人士，他们正确地指出，若无确信，就根本无法开展实践，对他们来说，著作的结论，即他们做出评判的依据，就意味着这种不可或缺的确信，对于这类人，本书为自己提供的辩护只能是，本书旨在认知国家的理性因素，无意设定政治规则。即使本书的结论对国家意味着积极评价，那么，这个评价指向的也不是某届"政府"，更不是某个政党纲领，曾做此想的政客应该明白，无论他试图建构的政治图景是什么样子，都应该构成一个国家。亟须改革的国家也好，改革之后的国家也罢，二者都是国家，科学研究关注的乃是共性，而不是改革的技术手段和具体内容，这些恰是政客关注的，对他们来说，共性则无关紧要。关注点的差异，不仅体现在与时代现状所保持的距离和所选取的视角方面，还体现在方法和由此决定的对象之上。一旦法哲学的观察选定了某个特定的国家定义，那么，对科学研究来说，这无论如何都构成一个结论，即使因此导致法的定义暂时屈从于一些肯定是反面的因素，也必须接受；若能从国家由此定义而获得的地位中给法律生活中的纷杂现象赋予协调一致的意涵，特别是，若能得出那个重要的结论，即法优于国家，那么，科学研究已经借此尽了一己之力。不过，如果有人继续探究上述那个"重要的结论"，就必须首先对"重要性"的概念、本质、模式、价值与特质展开讨论，而这已经不是围绕结论的争论，而是已经转向对方法的关注。

仅仅强调"生活的多样性"或者"活生生的现实"再或者是其他类似的东西，都不会得出什么创见，即使前述现象来自正确的观察，也顶多只能提供一种引导，那就是，促使人们去研究实践的理论，但是，它却无法提示理论可能得出的结论或者是其核心内容。一旦理论观察登场，便会立即显出其独特之处，即使观察的对象是实践，理论观察照样不同于实务观察。因此，国家哲学的方法与兴趣和任何一位政治生活中的实务人士的方法与兴趣都是迥然不同的。面对伟大的政治家，任何人都会唏嘘赞叹，但是，体现其作为政治家的伟大的品质，则属于一个法哲学不可评头论足的领域。不可通过一种理论来质疑伟大的政治家，同样，政治家也不能凭借其巨大的影响力来否定理论。需要强调的是，只有通过论证，而不是通过目标、发展趋势、时代潮流，才有资格去驳倒理论。根据其定义，科学与日常生活是根本对立的。"生活，就其根本而言，不是哲学；哲学，就其根本而言，不是生活。"这是费希特的名言（出自 1799 年的一个手稿片段），他不仅是伟大的哲学家，也是一个真正的明白人。因此，任何的哲学研究，若要名副其实，都只能间接对政治有益。不过，本书的结论，即国家承载一种可以证立的价值，却想表达作者的一种确信，作者确信该结论已经触及理论和实践的交汇点，因为在这里，实践的理论开始向理论的实践过渡。理论若不假定一种结果并提示其实现的可能性，就不成其为理论；纯粹地追求真理，并把它看做内在义务，这样的行为人们可以称其为乐观主义，更准确地说，是勇气可嘉；以丰富的历史事件为依据，人们也可以说，若无深远的实际效果，便不可称做出色的国家理论，或者，二者之间至少要存在最终的关联。尽管如此，必须铭记在心的是，不可忽视二者之间的区别，更不可鲁莽行事，试图让两个异质的东西去互相"适应"，让两种水火不容的方法去"相互作用"。谁若伊始便想二者兼得，便会一无所获，最终沦为哲学研究中特别忌讳的生搬硬套。相信理论与实践在哲学研究中会最终结合，并相信因此而产生的最终效果，这已经超出科学研究的界限。虽然这种确信是必要且有益的；但是，只有当每个参与者均依照义务行事时，才有望出现这种和谐；它不可通过强力或相互让步来实现。

在法哲学中，生活与科学的对立在当今尤其显著。法作为规范，无法从事实中推导出来，这种观念被许多人推崇。在当下，占据论争焦点的问题是针对作为与事实无关的规范的法，而不是针对作为一种现实的国家。与此相反，本书的关注点则在于围绕国家展开的问题，而若是从法的视角出发，则只会去研究从法哲学定义下的国家所引申出的问题。在这里，体现出以法学为主的兴趣点与纯粹哲学的兴趣点之间的差异，而且，这种差异特别体现在这样一个结论中，一个连本书也无法回避的结论，这就是：法相对于道德而言是独立的，法的尊严并非源于和道德之间的关联，外部条件与内部自由之间并无联系，也不存在一方向另一方的渐进过渡。有一个结论，即，法不能从道德中推演出来，费尔巴哈在反对康德时曾提出过——法与道德的对立，并非在费尔巴哈那里被混淆，他明确主张二者的分离；实际上，这种对立在康德那里经常被混淆，因为康德没有明确展示二者的统一性——面对前述结论，恰是这样一些法哲学家却自相矛盾，他们明确反对从事实中推演出法。不过，这种矛盾现象的根源在于，他们不去认真观察国家，也没有注意到法哲学在解释个体时因国家的本质而受到的影响。要求法与事实分离，绝非只是进行哲学思考的法学者的主张，相反，几百年来，这就已经成为主导性的观念，从外部自由与内部自由的分离中，从可见物与不可见物、有限与永恒的断裂中，很容易找到这种观念的根源。无论是法，还是国家，都不会还原为个体：它们无法在个体那里获得完满，赢得神圣。如神圣家族所树立的那种典型，无法在任何一种崇尚自治的道德中完成。在贫瘠的土地上，可以培植神圣，却无法养育正义。用路德的话说，如果法律人应被"拒于天国的门外"，那么，纯粹的道德家至少也应该在思考方法上少对尘事指手画脚。

然而，对许多人来说，这里提出的所有问题都早已解决，而在另外的许多人看来，却必须深入探究这些问题。近来兴起的对法哲学问题的兴趣表现出要从原则上统括一切的特征，任何新兴的思想运动在起始阶段都会这样，它试图要对所有问题进行彻底解决。在施塔姆勒（Stammler）和科恩（Cohen）的著作中已经建构出这样的宏大系统，它们很容易给人留下的印象是，百年来的哲学思考最终在这里显出其荣耀，因为它们至少展示了一个涵括所有重要问题的术语的思维世界。然而，事实上，对法学来说，这只是新生命的开始，继而要完成的最明显的任务包括，阐明一般法学中的问题，围绕法律规范和法律生活的关系、理论与实践的区别展开讨论。在提出和解决法学作为科学的可能性或者法学的范畴这类康德问题或者哥白尼问题之前，非常有必要的是，先把一般法学中的问题和个别法律概念之间的相互关系弄清楚。科恩在其《纯粹意志的伦理学》(*Ethik des reinen Willens*) 一书中，试图把法理学看做一门科学，认为其对解决伦理问题的作用可以和数学在自然科学的认知理论中的作用相媲美；由此，他把法理学假定为一门不受任何质疑的科学，正是因此，他或许会面临致命的责难，那就是，法理学作为科学恰恰是首先要解决的问题，而不是伊始就已假定的结论，科恩的前提在法学者看来是无法接受的讽刺。由于忽略那些棘手的难题才会导致把一个尚不明确的认知领域和数学相提并论，妄图从行为这个法学概念中推演出一套具有高度确定性的法系统，殊不知，针对这个概念，只有寥寥数本著作，虽然水平不低，但却未能解决核心难题，更未提出公认的结论。由此看来，虽不乏众多恳切而睿智的想法，但最终却仍如康通罗维茨（Kantorowicz）所言（Archiv für Sozialwissenschaften Neue Folge Bd.13.S.602/4），这些努力使法哲学失去法律人的信任。当然，如果法律人由此得出结论说，法哲学已经一文不值，也属于言过其实，这样说于事丝毫无补。我相信，科恩把行为概念看做法学的核心概念，确属犀利的灼见；但是，对此概念做出的符合科学标准的法学解释却仍付之阙如。首先若不存在稳固的法律科学，就不可能确立法学范畴和关于法律科学的理论，因为后者若想保持其"纯粹性"，必须一点都不能沾染实定法科学中的"具体问题"，在它看来，向这些具体问题的过渡和屈尊乃是所有逐步退化之举中所最不能容忍者。

既然连科恩这样的权威都难以避免草率地建构综合体系，那么，下述的景象也就不足为奇了，这就是，在研究语言时、在综述哲学转向时、在图书馆的无穷藏书中，到处都弥漫着大词，例如，文化、批判、生活，这些词从四面八方倾入耳中。但是，大部分人处理这些大词，恰如唐璜（莫扎特曲中的唐璜）对待诚实和力量：他所谓的诚实，表现为不断发誓自己是诚实的；他所谓的力量，表现为不断祈祷获得力量，这样的行为，任何正常人都会唾弃愤怒。

本书的研究坚决反对上面的路数，只关注一些特定的问题：探究法与国家的关系，找寻国家的定义，确定国家的定义对国家中的个人所意味的结果。在诸多问题中，特别是与法的定义相关的诸多问题，本书对其关注的限度取决于它们对阐明国家的本质所起的助益，本书希望通过这些问题找到一条出路，在这些问题构成的情境中建构关于国家的法哲学理论。

第一章 法与权力

一旦这样一种观点，即，所有的法都只是事实上的权力关系的产物，最终建立在强力之上，也扩散到科学研究的领域，那么，法与权力的关系问题也就没必要再研究了。由于有非常多这样的人，他们在争锋相对的辩论中援引大量历史和现实中的实例，认为法只拥有事实上的基础，这样的人数量庞大，即使只看其观点的实际扩散范围，也足以说明他们占据绝对的优势。然而，一旦考察其观点的理由和正确性，起决定作用的就不再是拥有人数优势这个事实，而是要诉诸于论据。

通过法和权力的悖论展现出的两种理论的对立从来就不可弥合。如果从权力优先理论出发，把法看做社会力量的特定分布的结果，而且，认为可以从对历史事件的解释中为法哲学提供法的概念，且把与合法观念相连的评判也最终归诸于这些历史事件，那么，法所从中产生的这种优势地位，究竟是物理上的优势，还是精神上的优势，在事实上也就没有差别了。大鱼，按照俗语来说，有权利吃小鱼；同样，社会的统治阶级，经土地上原初居民千百年来从未间断的服从，也就拥有了一种地位，可以据以制定法律，二者之所以有权利，是因为它们掌握了权力。无疑，在权力内部，仍存在无穷的细微差别，但是，对于注重原则性区别的哲学研究来说，这些差别不是所关注的对象。在权力优先理论来看，谋杀者相对于被害人的权力，与国家相对于谋杀者的权力之间，区别点不在本质处，而是在于历史发展为二者限定的外在表象，在于二者的权力范围，在于它们给人群大众造成的印象。根据这种理论，值得研究的问题只是，如何根据这些偶然因素，也属于事实因素，去进一步界定法的概念，如何确定国家权力相对于谋杀者权力的特殊之处。这种理论若想首尾一致，那么，国家权力的特殊性也就只能存在于纯粹的经验事实领域，至于那种特定意义上的"正当资格"，则必属奢谈。当然，国家的惩罚权力，与所有其他权力相区别时，也可以宣称自己建立在国民的普遍观念上，国家可以说它在以这种方式运用权力时得到了人们的认可；但是，赋予其权力以特殊性的这种认可仍是建立在多数人的同意这种心理事实上，这样一来，就把一种事实上的优势地位说成是权威，把权力说成是权利。对于法的基础的问题，大多数人的想法是这样的，如果不断追问法之所以为法的依据，那么，这种回溯最终将归于一个事实。在阐释法的依据时，若要做到首尾一贯，就必须只去考虑大众的支持或者其他事实性的要素。在这个问题上，大众或者特定社会群体的认可或不认可之类的因素只是被当做心理事实。之所以仰仗这类事实，不是因为它们正确，而是因为它们的存在本身。由此，对权力优先理论家来说，法只是实存的一部分，无须进一步也无须用他法去解释，无须从别处去寻找正当理由，只需诉诸某种实存。法之所以重要，是因为它对人以及人群的共同生活所具有的直接功用，不过，这种功用完全镶嵌在事实存在的机理当中，舍此，则无处容身。

因此，在这种理论看来，权力的正当性不容置疑！谁若反对这一点，这个人就会显得无可救药，连同其观点都会成为可怜的痴人说梦。也许这种评判会用言语来掩盖，所欲表达的意思也许是，在法与权力不可避免的交织关系中，法的力量来自于权力的正当性，谁若提出相反观点，主张法的优先地位，那么，必将在不容置疑的事实面前失败；俗语有云，一小撮的强力就胜过一箩筐的法，在更直白的言谈中，人们称之为事实的逻辑。其中的含义则是始终如一：任何一项权利的主张都包含着对权力的暗示，任何一种力求使权利获得承认的努力，都意味着向权力的靠近，力求证明某项权利得以成立的论据，只不过是对实现该权利的可能性的精妙计算，这些论据的证明力等同于当前情景下的煽动力。

如果法被看做某种实存，那么，它就和其他任何实存之物一样，都遵从因果律。一旦法变为权力，那么，任何因果解释之外的其他解释都无处容身，由此，任何能产生结果的原因都变为权力，进而变为法。即使对法的基础进行的回溯所最终归诸的事实可以推及久远的过去，这种思维所依据的理论仍只提供展示和澄清，它不愿也不能提供辩护或证立。

与此相反，对法优先理论来说，诉诸于大多数善良公正的人的意见，意味着指向某种东西，它并非因其自身权威而生效，而是由于展示了某种与应然相符合的内容。认真考察这一点，对于阐明两种理论的对立来说尤其必要。即使实定法诉诸上述那些人的意见，仍然可能存在争议的是，是否善良人们的意见已经转化为实定法的组成部分，是否已经融入实定法中。或者说，这些意见是否构成一套独立的规范集，它不受正义法的牵制而拥有独立地位，即使实定法只以这些意见为支持，亦可稳固成立。现在，如果实定法之所以符合正义法，只是因为它通过主流意见的某种特定形式转化而来，并因此拥有效力，那么，实定法诉诸于主流意见就意味着回溯到时间意义上的起源那里，回溯到自然状态；善良公正的人的意见之所以具有决定作用，是因为这些善良的人占据大多数，可以使自己的意见贯彻下来，也就是说，他们的意见之所以有效力，是因为占据主导地位。他们的意见之所以有效力，并不是因为持有这种意见的人乃是善良的人，而是因为，这些人并不会遇到有效的反对，能够把自己标榜为善良，有力量使自己的意见获得认可。与此完全相反，在"善良公正"这两个词当中就已经包含效力理由，由此，符合这两个词的意见就能够获得应有的尊严；进而，只有配得上这两个修饰词的意见才能获得效力，即使大多数人的意见与此偏离，也就是说，即使不存在善良的人，前述意见的效力仍然不受影响。它们并非一群人及其持有的意见共同作用而产生的结果，它们并非来自于事实，而是来自于论证。即使不抽象地谈论善良和公正，而是具体地谈论善良和公正的人们，也不会有什么不同，只是会使善良和公正的内涵更容易理解。人们的意见并不是效力理由，而是体现某种价值的实例。

问题并不在于，法或者权力谁先降生于世，而是在于，法是否能从事实中推导出来。即使法已经获得人们的认同，这仍然仅仅是一个事实，依然存在的问题是，事实能否证立法。如果不能，那么就会存在两个世界的对立。如果法独立于权力，拥有自主地位，那么，就由此产生一种二元主义。与此相应，也就出现了应然与实然、规范性研究与发生学研究、批判研究与自然科学研究的对立。由此，法的领域不能和实定的、事实上生效的法的领域交叉，如果事实上的效力想要与法结合，以使法具有实定性，那么，对事实效力来说，就相当于附加了某种外来的东西，在这种情形中，也是不重要的东西。谁若是宣称，所有的法都必须完成实定化，谁若是把法的证立和"制造"实定的法的事件联结，那么，该人就因此归顺于权力优先理论，进而否认法和事实之间无法调和的对立，也就是否认如下格言：暴力不能生出法。法，与事实描述应该丝毫无关的法，在自己的世界中拥有永不间断的自主地位。一旦法蜕变为权力，也就是说，蜕变为赤裸的事实，那么，它就永远无法提升至事实之上；在所有为法而做的声辩中，听到的不再是推理和论证，所剩的只有事实，之前作为决定的"理由"而出现的，如今消解在精妙掩饰下的功利论辩当中。即使在把法看做纯粹的权力的理论内部，也不应该预留一片区域，使行为还要经过法律的建构，并进一步追问从中引发的结果。据此，下面这种常见的方法就不值得认同，它把作为特定的权力而出现的国家所制定的规范集合完全建立在这个国家的事实性的意志之上。但是，在这个规范集合内部，它无视规范的效力理由完全建立在事实之上的实情，却又运用法律论证的手段，力求提炼出理性和正确的意志。事实不可能凭空消失，同理，意志即使被证明是理性和正确的，也无法由此获得实存。康德对上帝的存在的本体论证明的批判，对法律人的重要性超过对其他任何人。

如果法被定义为权力，那么，它在本质上就不再是规范，而变成意志和目标。由此，事实上生效的法就成为特定的条文的集合，这些条文由一个设定目标的机构制定，而且，对法的评判也就变为各种目标之间的比较。很明显，法不再需要论证，而且，一旦法变成一种意志、一种目标，被国家这样的实存所追求，那么，论证就变得多余，此处的关键乃是意志和目标的实现。当然，所有其他可能的目标都可以与这个目标相比较，但是，当按照其概念，法已经与设定目标的实务机关确立某种关系，那么，这种对不同目标的比较和评判在法律上就失去意义，原因在于，通过目标和国家而注入到法中的事实因素，乃是不可取消的。在法的世界中起主导作用的原则不再是围绕正确性展开的法律论证，而变为以具体现实表现出来的国家意志。

严格来看——哲学对待所有事物都必须严格地看——法和权力这两个世界必须相互独立、互不相干。某种理论，若把法和权力在随便哪个点上搅在一起，那么该理论若要连贯一致，就必须放弃所有其他解释，而只遵循因果解释，由此，所有的法和法规范都消融在一种动力或者阻力的角逐较量中，在此，依据某个标准进行的批判或者诸如赞同和否定之类的言谈都变得毫无意义——或许不该用毫无意义这个词，因为在这个定性当中，已经包含了否定性的评判。虽然那些已经把握一种观点的最终结果的人，自己已经正确地理解了这种观点，而且，在表达某种观点时，一旦他自己对该观点的最终结论并不认同，那么，他就不会说出自己的真心想法，以避免给对手造成误会，但是为了澄清问题的来龙去脉，仍有必要把那些并未明确说出，但事实上存在的观念也纳入到考察当中。也就是说，或许可以从作为权力的法的概念中辨听出某种评判的声音，这种评判看起来是可以归附于权力的概念之上，由此，任何一种权力，或至少是任何一种相对持久和稳定的权力，都可以被看做是有资格且能够证立的——而不仅仅是可以说明的。不容否认，当唯独此命题而非他命题能够产生出法规范的力量，或者说，当唯独此种意志能够赢得权威地位，那么这其中必有其充分的理由，有鉴于此，若对其中的"充分理由"所牵涉的重要问题避而不谈，就会导致把法和权力简单地等同。这种对事物的演进以及历史正当性的认可，在路德论教皇权力的著作中亦有体现：首先触动我的就是，罗马教皇高于一切其他，而这本身也是上帝的意志，我们在事实本身中就可以看见。在把一种事实上的权力回溯到上帝意志的过程中，包含着对一种正当资格的认可，同样，认可上述那种充分理由也意味着一种认同和评判，同理，在强调一种历史事件的非偶然性时，若不包含这样一种评判，就将变得多余。

为避免忽略与权力一词在当下所关联的那些东西，有必要认识到这个词中所包含的一个因素，那就是，已被认可的尊重，唯此，才有可能把法看做一种特定形式的权力，一种自觉的优势地位，正如当大鱼有权利吃小鱼这句格言被普遍看做是一种矛盾表述时，其中已经隐含地假定了这种尊重。把权力提升到目的自觉的人类行为领域，这已经算是一种肯定，因为自觉的和目的自觉的人类，在功利主义者看来，恰是具有优越资格的存在体——之所以如此，是因为只有当某些目的同时被观察者也意识到时，才可以使用目的自觉这个修饰词。然而，在法区别于权力的特质中，哪怕只是渗入一点评判的因素，无论从什么立场来看，法都显现为一种具有优越资格的权力，进而法在本质上也就区别于权力，并转变为他物。这种体现法的特殊性的特质最终将导致完全相反的命题：不是通过权力来解释法，而是通过法来解释权力。在定义法时所引入的权力，只有从法当中才能得到正确理解，它之所以是这样一种权力，是因为它"循法"而生。现在，若根据某个事件断言，谁拥有权力，谁就同时拥有法，那么，这句之前在彻底的怀疑论者看来是对法的否定的言语，如今在同样的表述中却会获得最诚恳的认同。它所表达的意思是，没有权力能够得到贯彻，除非它是合法的权力。正是那些把国家和种群的行为与自然状态中的个人行为相比较的人最愿意强调说，当某些国家和种族处于优越地位时，另外的国家和种族就会降格到无权力并进而无法的状态，这并非偶然事件。在这里，让人诧异的是，至今尚无人从另一方面去研究这个问题，例如，统计一下被杀害的人的数量。既然此人为谋杀者的情形并非偶然，那么，彼人为被害人的情形也就同样并非偶然。

有这样一些人，在他们看来，人们在重要法律判断上形成普遍一致，就如今日德国大众下午需要喝咖啡一样，并无特别含义。但是，在这些功利主义者当中，却无人能够确定这样一个历史时刻，此时，"自利主义"展现出彻底的明朗面貌，它凭自己的力量从平地跃升，遨游在一个领域，在这里，它必须认可他人的自利，要把这种自利看做"同样理所应当"，进而放弃自己的私利。在这种事件中，出现的可能是这样的场景，个别睿智的人有能力把自己的意见推行给他人——例如，弗里德里希大帝诱使普鲁士农民种植土豆——通过其事实上的出众能力营造一个状态，借此有可能使未开化的自利主义躬身屈从于开明的自利主义，把前者限定在一个框架中，从而形成和谐的秩序。斯塔尔正确地指出（Philosophie des Rechts Ⅰ.S.240）："如果有人打算向一个对国家一无所知的人描述人民生活的纷杂，描述始终偏离国家的趋向——因为所有个体利益都是反对国家和国家秩序的——那么，与当前大多数人对永恒帝国的信心相比，该人对国家的存在的可能性将更少信服。"国家在这里所遭遇的窘境，同样也适用于任何一种理性、启蒙、正确性或其他随便人们如何称呼的此类事物。最终，只能是那种更好的意见才可以迫使人们信服，这并非因为该意见更有力，而是因为它更好。

然而，这里的论证乃是出于一种评判，已经不是经验性论证。这种评判也不能通过如下策略来排除，按照这种策略，只有那些在意见斗争中胜出且经历时间考验而留存的意见，才可被称为更好的意见。这是因为，任何一种进化选择理论都已经从价值出发，且预设了价值，此中原因在于，若宣称存在一种没有目标的发展，则其中的主词和修饰语自相矛盾。也就是说，任何一种发展必然内含的目标不能通过以下两种途径获得：其一乃是对某物正在发展的一种意识；其二是存在物出现的先后顺序，并认为这种先后顺序意味着一种发展；实际上，该目标只能从这样一种自觉的观察中得出，这种观察把事物的先后顺序看做发展。

同样，当经验主义者在所有法当中只看到不同利益的角逐，只区分重要或值得保护的利益时，他们就把真正的问题藏匿在不加区分的歧义当中。利益一词包含与任何规范都不相容的对立之意，因此，它应坦率地安守在事实和经验的领域；一旦它介入到法的定义当中，那么身处所有利益之彼岸的规范就将被消除。通过利益侵害而界定的非法这个概念，似乎是协助完成这种介入的首要功臣。其之所以能居此功，乃归于一个纯粹经验事实：首先必须有某种利益被侵害，之后人们才会产生一种想法去保护该利益。例如，首先必须出现因谋杀而产生的利益侵害，之后人们才会说，生命是一种受到保护的利益，继而才会产生一项规范，据此，谋杀成为应受责罚之举。因此，所有法律行为的典型都是针对侵犯的防卫行为，这种防卫由原始人的本能复仇升华为社会防卫。在这种思路下，心理动机，即意识到规范的存在，与规范的效力理由被混为一物，这种理论引致的结果是，从习惯这种心理事实去为规范提供一种因果解释。然而，在这种解释中存在的且似乎只起到帮助理解的效果的利益侵害观念，始终包含一种规范要素，它或者存在于"利益"当中，或者存在于"侵害"当中。并非所有人均是某种利益的适格主体；当动物被宰杀时，在法律上也并不看做是对动物的利益的侵害。因此，这里需提出的问题是，谁来决定是否存在利益侵害，是所谓的被害者，还是一个更高的机构。假想一下在某个共同体中生活的人，当人们说，在某具体情形中存在利益侵害，共同体要对此有所反应时，那么，这就意味着被侵害的个人被剥夺了针对侵害做出判断的权利。但是，共同体所判断的并非自身利益，也不是具体情境中被侵害的个人的主观感受，而是依据一项"客观"规范来判断。在这个世界上，无论如何都不可能实现的是，各种利益从自身当中过滤出规范，并据此对各种利益进行权衡和分类。人们常与明希豪森对比，他声称拽着自己的头发把自己从泥潭中拉出来，然而，这个对比并不符合那些欲使规范独立于利益的人，相反，该对比符合这样一些人，他们企图从利益中推导出规范，然后使利益服从规范。如果共同体的利益或者整体利益完全以本来面貌，作为更强大者，对于争议给出判断，那么需要进行裁断的利益冲突就同时也是总体利益涉入其中的冲突；整体作为一方当事人，将对冲突进行裁断，它的裁断资格实际上只是因为它的力量，在个体利益受侵害的情形中，它作为参与者投身其中，贯彻自己的利益。这就是首尾一致地考察所展现的情景。但是，如果只有整体的利益或被整体认为值得保护的利益才能被称为利益，那么整体的利益就比个人利益重要，前者自然也就享有更高的地位，而且，一旦个人利益超越了它，就构成不幸。如果这样来看，整体利益的优先地位的理由就不能从单纯的利益中推导出来。即使在这里，严格来讲，利益也只指有正当资格的利益，单纯的事实则无缘此殊荣。

把法解释为事实的那种理论，会发现自己始终要处于这样一种境地，即它必须在有能力转变为法的权力和无此能力的权力之间做出区分，必须在开明的、有发展能力的自利主义和蒙昧的、无发展能力的自利主义之间进行甄别。在这里，"有能力"一词的意思只能是"有价值"，个别利益和整体利益的对立中包含的也只能是评判，借此有可能把权力"提升"为法。法的定义出现之时，即是权力变得无足轻重之日；下面这种观点亦不足成为反证，该观点指出，人们不会把结论推到极致，造成权力和法之间的不协调达到难以接受的程度。在任一种对法的正当性所做的否定中，例如把权力作为法的定义，都隐藏着一种野心，那就是，宣扬权力的正当性；这种定义并未矮化法，只是提升了权力，它之所以可能，是因为事先已经把权力当做法来看待。有这样一种企图，它极力在规范所设定的范围内，即法所在的领域，混入经验事实，即权力，这种企图之虚妄也有另外一个版本，它反对如下主张，即法始终都是权力，而提出针锋相对的主张，即权力始终都是法，在提出这种主张时，却未思考其中的冲突。

如果应该有法，那么，它不应该从权力中推导出来，因为法和权力之间的鸿沟始终无法跨越。没有人会把某单个人的想法当做规范；规范的本质在于，它独立于个体（哲学意义上）而生效。对规范来说，没有哪个个体能通过感知规范进而能制造规范，如果这样的话，规范的逻辑或法律正确性就将存在问题。既然单个个体的想法不能证立规范，那么成千上万的个体的想法亦复如是，因为总和无法凭自身的力量超越被加总之物的性质。恰在这里，有人可能会说，存在一个界点，由此，量发生质的转变。然而，当人们假设这样一种转变时，真正的情形始终是，量的扩展被作为质的表象、象征或例证来看待，巨大或惊人的数量给观察者造成的震撼总是暗示某种超越尘世、超越众生或永恒的事物。巨大的空间和恒久的时间所造成的心理震撼，宏伟建筑所表露的庄严，都是通过量来展现质的实例。然而，通过这些方式，本质却未被丝毫改变，因为无意义从来不能转化为意义，无价值从来不能变身为价值。循序渐进的过渡是完全不可想象的；为论证这种过渡而诉诸法律或伦理价值，实际上是混淆了两个问题，一个是某种实存的产生问题，另一个是某种价值的表征问题，而量的扩展通常被看做是这种表征。如果时间的恒久乃是一个标志，据此可以说，某物作为价值已经得到认可，而且这种恒久性当中已经包含对该价值的可证立性的事实支撑，那么在证立价值的时候，就不能诉诸这样一种对事实的研究，该研究振振有词地指出，某种实存在时间上可以无限扩展，其发展的每个阶段都是其循序渐进的表现。钟乳石需要成百上千年才能形成那种赏心悦目的形状，但是，构成钟乳石的矿石却实际上始终未变，若是仅仅通过氢和氧的结合，纵使百万年后，也无法生出钟乳石。

"永恒之形成，并非自生自发。"（Däubler, Das Nordlicht Ⅱ, S 533）从对自然的观察中，也包括人类的共同生活，且只从解释和说明性的社会科学的视角出发，则不会产生出法。只有树立规范之后，才能论证法和不法的区别，这绝非从自然中可以得出。阳光普照之下，既有正义，亦有邪恶。

如果法竟能从事实中推导出来，那么也就没有法了。这两个世界水火不容；所有法始终都是权力，这句话可以完全倒过来说，即所有权力始终都是法，但是，这种转换并未证明二者之间的关联和推导关系，相反，而是证明了二者的不相容性。现在，如果法想要遵循自己的节奏，它所包含的规范就要形成一个毫无漏洞的封闭体，能够独立于任何经验而生效，由此，法在进行评判时，永远都不能有经验事实参与进来，也就是说，在法当中，只能有构成要件和构成要件特征，而不能有未经加工的个别事实这种东西。即使是实定法律规定中的用语，也只是把有待法律定性的现实事件转化为法已经预设的构成要件；在此过程中，有可能出现的结果是，与之相应的构成要件并不存在，如果这样，法律评判也就应该立即停止，"案件"不再接受进一步审查。"既定实情"永远都不会被法官仅仅作为既定而评判，其中的逻辑关系有其经验——心理上的反映：如果待适用的法律尚未"规定"或至少意识到某构成要件，那么法官就不能采用该构成要件。任何对过程和事件的描述，任何有望避免法律权衡的事实阐述，只有首先彻底明了对其进行法律评判的可能性之后，才可真正完成。因此，构成要件已经意味着某种界定的结果，据此，形成一个新的对象，法律人所应关注的只应是这里的构成要件。由此，法律规范世界的完全封闭性才能得到保障。

为了用一种清晰的表述使纷呈的异见明朗化，可以这么说，存在两种互相对立的

国家的价值与个人的意义

观点，一种认为，法乃是实现其他目标的一种手段；另一种针锋相对的观点则认为，法已经包含了最终目标。然而，在目标一词下，两种观点所理解的乃是根本不同的东西，原因在于，最终目标，它要求按照概念且不仅仅在具体情形中始终都必须是最终目标，它与那种身处目标和手段构成的无穷序列中的目标在本质上完全不同。二者之间的对立并非心理层面的对立，也就是说，并非人们的所想之间的对立，因为如果这样的话，这种对立就仅仅意味着，一方面有这样一类人，他们把法（也就是，被称做法的人们的观念）作为一种手段；另一方面有另外一类人，对他们来说，法乃是目标，人们的权力是手段。这样一来，此中问题就变为一个历史情境下的问题，其解决就取决于人们在具体情势下把什么看做是最重要的，或者说把什么看做是应遵守的。但是，如果目标作为最终目标和绝对目标应该从这种事实关联中剥离出来，那么它也就不再是具体的人类的目标，进而就会出现一系列该"目标"所拟造的主体，而这些主体却不能使用"手段"，除非它们可以被想象为生动的现实。因此，若有人反对如下观点，即法仅仅是权力的手段，进而提出相抗衡的观点，即权力仅仅是法的手段，那么，该人就在法当中看到了一种超越经验的力量，它能使经验为其目标服务。现在，如果法被看做目标，权力乃是促其实现的手段，那么，当权力是法的手段这句话能够把权力变为一种质料，从中酿造出法时，就可以得出结论说，法能够从权力中生出。与此相反，如果法应被看做绝对目标，与手段无丝毫共通之处，那么，就无任何手段可与此目标相应，若是这样，我们就看不出，在定义法时为何应该引入目标。因此，目标不属于法的定义。

目标乃是被认定的某物，该物应该被获得。在这里，在"应该被获得"这个转变中，实然和应然之间的尖锐对立仍然存在，且未加说明。由此，人们可以这样说，任何某个人、某个具体的主体，想要获得在其看来算做目标的某物时，该物实际上就是应该被获得的某物。例如，在具体情形中，一般来说，吃饱乃是吃饭的目标；但是，另一方面，在"应该"一语中包含某种认可，据此解释，目标乃是这样的某物，人们必须要求该物被获得。在这个区分中，把法定义为意愿，定义为目标，其不充分性便已经跃然纸上。"应该被实现"一语中所包含的规范内容所意味的实际上只是向法的一种回顾，它所欲表达的乃是：法是依法应该被实现的。这里的重点在于其中的规范内容，在于目标的正当性，因此，起决定作用的不是目标，而是规范。把目标采纳进来，意味着把法的实现掺入法的定义当中，由此，一个现实要素，为使用反题中的表述，即一个权力要素，渗入纯粹的、独立于任何事实和经验的规范的定义当中。规范无力承载意愿，无力承载目标；目标的承载者只能是某种实存，该实存或许认为其使命就在于法的"实现"，但恰恰因此，它应该从法的概念中，就这里所谈的目标而言，严格分离出来。目标问题并非法的本质问题，而是在法中所要寻找的伦理的主体的问题。规范高居寰宇，俯瞰手段和目标所主宰的机制，不过，经验世界在作为一种媒介的意义上却可成为法的手段，就此而言，在经验世界里，应该实现一种状态，该状态可被定性为合法，也就是说，通过一种可被看做合法的权力所认定的合法的状态。然而，如果把法定义为目标或意愿，那么，所产生的结果不会是其他，而只能是那种实体意义上的安全思想，此外，从法当中，虽不会推演出执着的权力理论所追求的手段，但是，却可以推演出目标，最终，该目标在方法论的意义上与手段是同源的。这种结果出现在如下情形中，即安全被看做个体的符合道德的生活的"外部条件"，而作为这些外部条件的上位概念的法，则应该作为这个目标的手段。

只要提及意愿，提及应该被实现的某物，就构成越界，一条区隔法和现实的界线，此种越界之举就会导致前后不一，进而造成混乱和黑暗。这是因为，意愿在这里只能意味着某种现象，它不属于法，而属于实存。法一旦被理解为意愿，被看做应该被实现的事物，它就陷于这样一种状态，即一种不再是规范的状态，唯其如此，才能从人们的经验意愿中去理解它。由于对法来说，不存在其他世界，而只有法的世界，法的评判的恢弘力量波及任何被法所笼罩的对象，进而使该对象成为法律裁判的对象，如果法不能忽视这个对象，那么法就不会只从自身出发去求得实现。如果只谈这里的这种法的世界，那么，实际上可引述这样一句话，时至今日，仍可听到某些外行把这句话用于实定法身上，这就是，法网恢恢，疏而不漏。法的王国没有事实上的边界，因为事实只有原因和后果，而没有价值，没有高尚与低劣的区分。

在这里，有一种不言自明的、基础性的思考方式应该被强调指出，该思考方式对法的认知的巨大意义长久以来一直未被重视，遭遇此种命运的尚有许多其他思考方式，它们因其另类而被忽略。这里要强调的是这样一种情势，那就是，通过法，所有犯罪嫌疑人已经被置于一种有利的境地，之后才开始证明其不法行为，但是，由于这种证明乃是通过人来进行，而这些人又诉诸于法，因此，这些人成为罪犯的对立方。任何一个"正派"人都会要求说，只有"正派"人才能对自己进行审判，而且，任何人都会看出罪犯下述观点的可笑，他们想要主张说，"凭借同样的权利"，他要求罪犯来做自己案件的法官。如果对其权利进行裁判的人乃是从其"同类"中产生，那么这个同类规则本身同样是从法中产生，同样，从法的评判中可以得出的结论是，法能识别高尚和低劣,且除合法与否之外,法不考虑任何其他结果,对那些法律意义上的异类来说,不再适用这种同类规则。此种理由并不在于,只有正派人才能"感知其同类的心理",而是在于法的王国的内在结构,法只认可自己王国中的规范。

然而,人们普遍地把法看做这样一种事物,一种指向人们外部共同生活的事物。为和道德相区分,这类人甚至能接受在法的区分标志中加入可强制性这个倾向,也就是,允许法介入到现象世界和现实当中。然而,这样一种对法的解释包含一种自相矛盾的界定。一个规范集合体,若其本质中还包含一种"可强制性的倾向",那么,它就是异质事物的一个杂交体,因为规范独立于现实,进而也独立于其效力和价值的实现和可强制性。规范只针对人的"外部"行为,针对可见的事物,这种特质与可强制性毫无关系。规范的构成要件是指,规范对于内部、纯粹心理的事件,如果这些事件尚未与某种"客观化的"外部事件相结合,那就不予关注,可见,构成要件是规范得以凭其而得到适用的事物,而规范的现实影响得以展现所依凭的乃完全是他物,二者不能混淆。规范无法作为实效或实现的主体,因此不能作为意愿的主体,规范不是目标的承载体;法不是意愿,而是规范,不是命令,而是诫命,与之相对,个体的人作为现实世界中的对象,则是尾随其后的。尽管如此,如果法仍想与现实、与"尘世"保持某种特别关系,而且——这里事先提一句——因此获得其区别于道德的不可从他物推导的自主性,那么,就需专门对此进行探究,以明了这种特别关系。法是抽象的思想,不能从事实中推导出来,也不能对事实产生影响,追求法的"实现"的意愿主体只能是某种实存。需解决的问题在于,要把两个王国连接起来,要找寻到一个交合点,从这个点出发——在保证法对权力的优先性这个前提之下——实现对实存施加一种法律规范意义上的影响。

其后章节的研究对象是,力图展示出该如何看待作为法的主体这种意义上的国家,进而展示国家如何完成在两个王国之间的连接,而据其本质,这就是国家的使命。

第二章 国 家

在科学研究的推进过程中,法与国家的关系问题却陷入一种不幸的境地,对此问题,可用一个诙谐的比喻来代替论证,这就是人们曾说的,这个问题最终成为一个先有鸡还是先有蛋的问题。虽然很多人都满足于这样一种"回答",但是,这个比喻只是表明人们在对这个问题的处理上仍深深陷于因果观察的窠臼当中。因为这个比喻只有在下述条件下才适用，当所涉及的乃是对历史事件的观察，目标是为其提供因果解释，而且，法仅仅被看做具体的经验现象，国家也被看做同样的经验现实。但是，由于根据其本质，法乃是规范，对其正确性的追问，可独立于事实而提出，如此一来，法和国家就不能被当做两个现实的事实被置于一种因果关系当中，而且，一种先后顺序的排列，如前述比喻所希冀的那样，对两个异质的对象来说乃是一种越界跳跃，在概念上也是不可行的。

法与国家的关系所牵涉的问题永远都不可能是一个纯粹经验性的问题。因此，如果国家想要寄身于这种关系当中，那么，在探究这个问题时，国家就永远不能被看做一个个别的、具体的现实对象。出于同样的理由，下述这样一种国家概念也不可能进入我们的研究视野，这个概念仅仅是对那些经验性的、国家一词所指涉的现象的"抽象"，这里所谓的抽象，就是指去除某些，留存另一些，但均属经验性要素的东西。围绕该主题的大量文献，如果能避免陷入居多数的政治作品的类别，不要只专注于特定的国家，不要把一个含混不清的、从一些经验现象中抽离出来的、混沌的国家概念与一个理想的国家相混淆的话，这些文献就会变得更加容易理解和清晰。对任何一种原则性的、取决于哲学认知的研究，而不是政治性的、专注于政党目的和目标的研究来说，不存在其他类型的国家，而只有其理念所理解的国家，这个国家对事实世界中以"国家"之名而出现的事物来说，不是其抽象，而是其意义，若缺失了这种意义，具体的国家将变为一种赤裸的强力，毫无正当性，也无理性可言，对它只能说，这是一种"意志"，一种恐怖，大众只能恭顺臣服，一些人却从中苟合营利，这是一个强大的强盗团伙，却打着营造安全共同体这个理想目标的旗号。

有这样一种方法，据此把众多"国家"一词所指涉的具体对象——例如德国、俄国和葡萄牙——罗列在一起，找寻它们的共同点，综合在一起，希求从中发现国家的概念。这种方法的缺憾在于，它是一种自相矛盾的努力，它要寻找某个概念时，首先把许多对象涵摄在这个概念之下，然后再从这些对象当中去推导出这个概念。如果涉及的只是暂时的名称和实务研究，不用担心产生误解，那么针对这种方法也就没有必要提出异议。但是，若超出此限，这种方法则会引发误解且毫无价值，这是因为，这种方法无力提供筛选标准借以剔除那些"无关紧要"的因素，保留那些"至关重要"的因素。因此，这种方法最多能找到一种康德正确地称之为虚弱的普遍性的东西，它找到的只是一般性原则，尚不足以构成普遍性原则，这种方法陷入枯燥的语词之争和术语较量中，作为其心理内核，它所包含的是一种对语言感觉的未加批判的信任，充其量它只是一种空谷回声。只凭语词的组合所掀起的炫目旋涡，尚不足以生出构建秩序的原则，因此无法赋予概念以必要的确定性，以使该概念具有使用价值。但是，在任何的语言指称中，却又包含众多且重要的提示，语言不仅仅是一种纯粹的生物学上的工具，一种只供理解的手段，语言对人类的意义远比出色的嗅觉对狗的意义要丰富得多。任何问题都是从研究语言关联和意涵入手。但是，那种欲精确界定语言用法，希求从中获得科学概念的方法，却恰恰误解了语言的这种意义，只是把语言看做一种事实，与任何其他事实均没有差别。[1]

如果这样一种漂浮不定的方法得出诸如这样的一个结论，领土乃是国家概念的构成要素，也不能说它错；但是，这个结论却未经论证，而且也无力提供其他论证，只能求助于始终在变迁当中的语言用法。除了诉诸领土和空间之外，同样可以把时间引入国家的概念中，由此要求一种连续性，在此连续性中，空间只是一个手段，促使此连续性得到实现并得到保障。如果在论证领土的必要性时提出这样一个事实，那就是，还没有哪个经验层面的国家可以不需要领土而存在，那么，这个有体世界上的任何对象的概念就都必须包含这个有体性，虽然这种有体性并非概念的特质。经验层面的国家，作为现实并列于这个世界上，当然必须并列在空间当中。但是，如果领土这个概念要件欲把国家和其他人类共同体区别开来，这些共同体也有连续性，例如教会，那么确定领土这一点仅仅是对国家的真正研究的第一步，这是因为，现在必须完成的工作是为领土这个本质要件提供切实的论证，这种论证必须有更深的意义，而不仅仅是指出领土所能实现的目的，即避免不同国家混搅在一起。"细致"地观察虽然可以提供理由，但却无力提供论证，它能把所有可能的"特征"搜罗到一起，进而也能为术语研究提供前提条件。但是，一旦阐明领土的必要性，哪怕是只凭着国家肯定不是教堂这个否定性的且没有直接认知价值的论点，这种阐明当中所包含的也已经不止于一种描述性的观察，因为它否决了教堂要求领土的诉求，而且在国家和教堂之间界定出一种本质区别，而不再仅仅是偶然的、具体的差异。设想这样一个问题将会非常有启发意义，那就是，如果将来有一天整个地球都属于一个国家，那么，领土是否还是必要的。这样一种状态在经验层面始终是可能出现的，因此，这个问题并非不当或毫无意义。可是，前面那种"细致"观察法却无力回答，而且它也无法确定的是，它所主张的领土这个概念要件究竟是从众多国家的并存这个单纯事实中得出，还是从使国家

---

[1] Leibnisz："法学原理就其本性而言靠的不是试验，而是定义，也不是感性的而是理性的证明，可以这么说，它是法，而不是事实。"（8 Entwürfe, 出自遗稿，Mollat 出版，Leipzig 1885）

统治区别于教会或其他团体的权力的特质中得出。

如果"未来国家"最终实现了，它还是一个国家吗？对此问题的回答之所以困难，原因在于每个由人依照国家理想自觉建立起来的国家普遍都有一种趋势，这就是，扩展到全世界，在这种意义上，每个国家都具有"天主教（普遍性）"的趋势。法兰西共和国在大革命时期的行为恰为我们提供了一个实例，展示了神圣同盟为贯彻"正统"思想如何不遗余力。这种趋势以一种完全正确的思想为基础，那就是，只能有一个真理，但也只能有一个最高权力。那种通过归纳途径和"细致界定"而获得的国家概念除包含领土这个特征外，始终都还采纳了唯一的最高权力这个特征。也正是因此，这种国家概念始终遭到反驳，反驳意见指出，在这个世界上，存在着好几百个最高权力。这种反驳意见在多大程度上只是一种空洞的碎语，可从其对评判国家和教会的关系所具有的意义中反映出来，同样在这种评判中，也可特别明显地看出那种细致观察的路径的缺憾。罗马——天主教学说在处理与国家之间的法律关系时，立场坚定而明确，这已经足以引起法哲学家的关注，这是因为，在这一点上，一种首尾一致的理论所具有的实践重要性已经跃然纸上。教会对国家也提出普世性的要求；天主教的教会法学者曾勇敢地指出，本原意义上的国家并不存在尘世的任何地方，在现实中出现的只是个别的国家，它们仅仅是历史的产物。瓦尔特（Walter）在其《教会法教科书》（13. *Auflage* 1861，S. 89. Anm. 2），舒尔特（Schulte）在同名的教材 2. Auflage 1868，S. 133）曾言，国家是一个"抽象物，从中，人们能够在法哲学中提出并已经提出所有可能性。"与此相反，教会，依其学说，是唯一的教会，不能承认另有其他教会。也就是说，教会自身代表了一种理想的实现，正是因此，教会就处于一种远远优于国家的有利境地，而国家还承认自身之外的其他上百个国家也是同等正当，因此，并没有主张一种超越时间相对性的优越性。具体的国家在处理理想国家的问题时始终与经验做比较，而教会在处理理想与现实的问题时只坚持自己的立场，它自己以理想国家自居，因此，教会可以把关于理想国家的所有哲学论证的论点都收为己用，并用来批评具体的国家。如果只有一个教会，那么这个教会必定就是完美的；若存在上百个国家，那么每个具体的国家就必定是不完美的。

通过对上百个不完美的事物进行抽象而获得的概念不可能是一个完美事物的概念，不可能是以哲学探究为基础的"那个"国家概念。对国家的一种研究，如果不满足于仅仅为不时出现的合目的问题搜寻材料的话，那么，"归纳"、"细致观察"的方法就不够用；对这样一种研究来说，国家的概念只能通过如下方法获得，那就是把国家安置在一个价值系统的某处，从这里产生出国家的权威。国家，如果不满足于只做个体的人的共同作用而产生的一种效果，不满足于只做原因和结果的连接点，不想只作为无意义的权力的话，那么，就应该融入到价值的节奏当中，变为这样一个世界的成员，这个世界不是建立在国家的基础上，相反，国家只有在这个世界中才获得一种意义，这不是一个由国家来决定的世界，而是通过这个世界，国家才得到界定。国家的尊严来自于对道的一种符合，这个道不是来自于国家，相反，国家的权威是从这个道中流出。这就是说，由于这样一种对道的符合只能在法那里找到，因此，法不应该由国家来定义，而是国家应该由法来定义，国家不是法的创造者，而是法乃是国家的创造者：法先于国家。

有一种命题认为，只有那些经由一个经验层面的具体的国家以特定的形式作为法律所宣布的，才配得上被作为"法"来观察，然而，这个命题从未能够对法和国家之间的这种必然关联提供一种理由，而且，即使这个命题成为主流观点，它也无法去除其中的恣意性。如果法只能从国家那里产生，那么法和国家之间就存在一种概念上的关联，二者处于一种关系当中，这种关系如此紧密，以至于无法再识别出一方对另一方的优先性。但是，这样一种本质关联永远不能通过一种纯粹的事实界定来证明。没有哪种经验观察能够证明，某物，若是经由国家通过特定形式命令而生，就是法，而且它之所以是法，就是因为这是国家所命令的。通过诸如器官学上的图像和词汇并不能为这里的问题提供丝毫解释，因为把一种纯粹经验性的关联移植到一种在方法论上完全异质的关系上面并不能使问题明了，而且，通过一个图像，某种方法的正确性也不能得到证明。该图像的适用所需要的前提条件是，能够找出法和国家之间的经验关系，而这是根本不可能实现的。

如果不再假定存在一种超越的先定和谐，从中进而可以推论说国家所命令的始终都是法，那么就只剩下这样一种论证，即国家作为最高权力的这种显赫地位只能在一个确定的领土内赋予其意思表示以法律条文的品质。把一种权力认做最高的权力，在经验研究中是一个事实上的具体认定，如果保持方法上前后连贯的话，那么没有哪种权力能被称做"不能继续回溯"的权力。对于纯粹事实观察来说，所谓的"最高"权力只能是在给定时刻的最高权力，因此，对这种观察来说，根本不存在真正的"不能继续回溯"的权力，原因在于，对于任何权力，像对任何一个事实一样，都能再去考察其存在理由，进而从该理由中推导出该权力。法，只能从最高权力中生出，根据其定义，必定要预设一个最高权力。但是，究竟何为最高权力，不能从一个事实中来确定，而只能从一种评判中得出，相应地，对于何为规范的问题，也只能求助于一种法的考察。制造国家的这个最高权力，根据其本质，乃是一个一，只有通过价值标准才能确定这个一。因此，法只能从最高权力中生出，这句话乃是反对权力理论的，它的含义是，最高权力只能是从法中所产生的权力。法并不在国家内，而是国家在法之内。

由此，法的优先性得以证立。纯粹的事实性强力在任何地方都无法提升为正当资格，除非预设一条规范，正当资格才能据以确立。对于单纯的事实性强力来说，只存在具体的个别情形，而不存在集合为理性统一体的意志；它只是一种盲目力量的偶然表达，而非一种连续体。

一种研究，如果事实上只能被称为纯粹经验研究，那么，它就永远没有资格仅仅因为某种力量是最强大的，因此就赋予其一种理性的意义。如果遵循这种研究路径，那么，即使对于实定法条文也无法展开一种系统性的整理。那种仅仅在事实上最强大的权力，不会认可其他此类事实上的意志的存在。如果坚持这种观点，那么任何一种解释，即使不想止于对事实的界定，也都无法再前进一步；同样，另一方面，如果有一种解释，它假定立法者始终想要符合理性的结果，那么，这种解释就是从事实权力和正当权力的对立出发，从而依据后者来评判前者 [1]。因此，对于法律的任何一种解释、任何一种科学处理，都把法优先于仅仅为强力的国家作为基本的前提。即使下面这个直白因此尤其需要哲学探究的命题，即作为最明确意义上的法律，只能是一种依据特定形式要件制定，依据相应的形式要件废止的规定，作为该命题的核心，它也包含了一种对法中的单存事实因素的否定，一种对只依托实然理由的条文的意义缺失的批驳，还包含了一种对理性预期的要求，只要外在交易的开展服从规范，这种可预期性就能够存在。所有与法相关的精神性活动的最基本出发点，某个法律或某种解释可能成立的依托，都涉及对这样一种关系的认可，这种关系要求一种正当性，它不能是事实，而只能通过一个规范来给定，"正当性"一词已经表达出这种关系，那就是，法优先于国家。

---

[1] 今天，在这个"自由法运动"的时代，每个人都知道，立法者或者法律起草者对于需要由法律来决定的所有情形，不可能都预料到，同样，根据法律来做出的具体裁决也无法全部事先预知。科学和实践绑架了法律，而且，在可接受的限度内，强加给法律一种符合理性的意义。当前，下述现象的确可算是精神史上最有意思的矛盾之一，这就是，正是那些大声宣讲事实上表达出来的法律意志的缺憾的人，却又津津乐道于称其方法为"事实法理学"，并进而从一种精神矛盾中造出一个煞有介事的方案，然而，事实上，他们的方法所预设的前提乃是，在一种给定情势下应该符合理性的安排，必须优先于那种只以"事实上"表达出的意志就是符合事实的意志这种论断为其唯一效力理由的安排。因此，在自由法运动中，真正命题的并不是"事实法理学"，如果用反题来表述的话，应该是一种规范法理学。然而，由于在这场方法论争中，人们几乎都不会反省自己的前提，而且，谬误的煽动力总是比真理的感召力更大，很多人还刻意从这种煽动力中去寻找论点，因此，在当前，不能企望会有清晰的结论，而且争论越是毫无意义，就越会热火朝天。

"法治国"这个词本身也提示了法的优先性，因为它向法哲学研究展示了这样一个国家，这个国家把法作为先于其生效的原则，并且是自身的准则。国家概念的构成性要素只能从法当中产生，因为法治国这个名称表达的并不是一个经验层面的国家中的事实关系与一个法规范集的偶然符合，相反，在国家与法的结合中，国家完全由法来辐射和决定，完全被提升到法的领域当中。法治国这个术语，并不是一个术语简单地粘连到另一个术语上，也就是说，并不是前文提到的"归纳"方法得出的国家概念外在地贴附在法上面，因为法所表达的还有这样一层意思，那就是可靠的合规则性才配得上"法治国"这个名号。因此，一个海狸或者蚂蚁的王国永远都不会是一个法治国。相反，法治国乃是这样一个国家，它的使命在于完全实现法的功能，而且，虽然它所服从的规范乃是其自己制定的，但是，这些规范之所以成为法律规范，并不仅仅是因为国家表述了它们。与此相反，这个国家明确承认，它之所以只是表述了这些规范，因为它们是法，而且，正是因此它才对这些规范俯首称臣。那种认为法只从国家的意志中产生的观点无法解释上述这种情势，因此只能对其视而不见，因为国家的意志及其作为法律的表述只是单纯的事实。如果把不同学科围绕此问题的各种毫无方法地分散的意见综合起来，那么，今天对此问题的通行意见是，事实上生效的国家意志乃是一个基础，它支撑着一个由实定法构成的封闭体系，在这个体系内，展开的工作是根据法律解释所进行的论证。为更加明确地展示这种意见，也可以与康德主张的实践理性的优先性进行类比，或者参考意志对理智的主导性，根据一位重要哲学家的观点，这种主导性并未影响到逻辑规则的自主性和封闭性。不过，大多数法律人围绕法律的意志所坚持的这种通行意见，即法律的意志应该成为解释的标准，在下述情况下，仍会与这种类比进行尖锐对决，那就是，如果他们不认为支撑法的意志乃是"理性"意义、"客观思想"、"真实"意志，或其他此类内容，而是与之对立的立法者的事实意志。通过一种与作为单纯事实的意志相对立的唯一可行解释，作为规范的法获得这样一种地位，它与独立的法官在对抗其他任何单纯以力量优势为依据进行的干预时的地位是完全类似的。独立的法官作为国家的职员要服从这个国家，不过他服从的只是"法律"，也就是说，多数意见所理解的国家意志；这种情形只有在下述条件下才是可能和可以想象的，这就是，"国家的意志"也要听受一种评判，该评判赋予"法律"一种超越强力愿望这种事实要件的因素。

　　若不预设法对于国家的优先性，就既不可能构建出一个概念，使之不仅仅是散乱组合的集结，也不可能解释法律生活中最基本的事件的意义。因此，国家只能从法当中衍生出来，国家的本质也只能从相对于法而拥有的特定地位中来把握。国家的法律在其中拥有什么地位，要从对国家的解释中来阐明，同样还需考虑一个价值的序列，这就是法、国家、个人，在这个序列中，法作为最基本的根基，拥有主导地位，对此序列起决定作用。

在这个三足位序中，国家处于中间位置。从规范和现实经验世界的对立当中衍生出国家的地位，这就是，作为一个世界通向另一个世界的过渡点。在国家这个建构点这里，作为纯粹理念的法转变为作为尘世现象的法。据此，国家是法的造物，其意义完全在于这样的使命当中，那就是，使法得到实现，并引入这样一种外在世界的状态，该状态要尽可能与法理念向个体的人之行为和外在世界的建构提出的要求相适应。

在这个使国家依赖于法的定义中，尤其重要的是，这个定义在国家的概念界定中允许目的因素的渗入，并把国家看做法影响现实的一个工具。然而，如果国家作为法的唯一造物，且在其概念中吸收了目的这个因素，那么国家就不会甘于只做法的造物。这是因为，这个目的不是偶然的、个别的目的，而是法本身，法在这里完全充盈在国家的概念中，并把国家转化为法的一种功能。目的，这个在本章开头部分被看做和所有规范以及因此也和所有法律解释都敌对的因素，在这里却已经不再是敌对因素。在这里，目的所包含的所有主观性全部排除；承载国家的这个目的不是国家自己设定的目标；相反，法在应当确立目的的时刻把国家设定为这个目的的承载者。也就是说，并非国家拥有这个目的，而是这个目的充盈并决定着国家。目的并未赋予法以新的内容，而是构造了一个特别的物件：国家。法对于国家来说，引用一句圣奥古斯丁（de civ.Die Ⅱ .11.c.24）的话来定位，乃是真、善、美。因此，不存在别样的国家，只能有法治国，每个经验层面的国家的正当性基础在于，它乃是法的首要臣仆。不过，它也是无可置疑的唯一法的主体，因为它是法当中所包含的伦理价值的唯一载体。

对哲学研究来说，国家既不是一架机器，只会按照特定形式要件生产出命令，并被人们看做不能继续回溯的法律；也不是一个权力体，靠强势获得事实上的承认，而在其他方面，则并没有比任何一种强势力量更符合理性。根据国家的理念，它乃是一项使命的承载者，国家的伟大在于，它只是这项使命，除此之外别无其他，国家的尊严从法当中衍生出并寄托在这种纯粹性当中，凭此，它被法环绕和笼罩。

由于每一个组件都受法的统制，因此，国家只能想法之所想。如果国家只诉诸于其单纯的强力，那么它就将丧失自我，因为这里存在一个彻底的矛盾，这就是，权威弃规范于不顾，反从一种具体状态中去寻找支撑。在历史上，也不存在哪个国家，它能如此行事，且完全不顾客观性这个因素，完全不顾在某种形象中隐含的第三方，凭此，作为最高和服务性的强力才获得正当性。人们不应忽视这样一个重要的事实，那就是，任何强力都只能通过论证获得正当性，因此，至少要"官方地"认可对某种责任负有义务；这里表达的是这样一种强烈的感受，那就是，当只诉诸于具体的，仅仅是最强大的强力时，其中包含一种忽视国家人格，仅向经验俯首的无限回归，通过对经验的臣服，国家也就丧失了自我。把确定的领土采纳到国家概念当中，反映的正是这样一种努力，即试图从偶然、暂时的个别状态的并列当中得出一种紧密的连续性，然而，欲达到这个目的，必须放弃所有仅通过原因和效果机械地连接起来的经验序列，连续性只有在孜孜不倦地向规范的提升中才可显现。由此，那些从具体表象中推演出来的国家概念的特征才能获得证立和概念明确性。领土这个要件仅仅意味着对经验要素的初步提炼，领土显现出的持久性恰当地表达出国家对所有个人和短暂生命的独立性，同时也是国家介于法和现实王国的"中间"地位的象征。由此，国家的意义在于其承载的使命，也就是使法在尘世得以实现，并使法在这个方向上产生影响。国家之所以是最高的权力，因其承担此使命；国家之所以必须是最高的权力，原因在于其使命的这种指向，因为法对经验世界的影响必须仰赖于一个事实上的强力。由此，国家概念相对于法所享有的地位，正和上帝概念相对于道德的地位完全相似，上帝概念的产生也是为了促进道德在现实世界的实现。

最终是国家，才把律令引入到法当中。对他物的影响，往任何某个方向的动作，对法规范来说，从其概念便可看出，已经全是陌生的领域。因此，规范所包含的法的特质与其强制性或可强制倾向全然无关。强制及其强制倾向指向的乃是现实经验世界，乃是实存，它们关注的是一种具体的现实状态，通过现实手段引入这种状态乃是其目的所在。现在，由于实现某状态的意义上的这种目的对于作为规范的法来说乃是全然陌生的事业，因此，强制倾向不属于法这个方面，而是属于作为法的手段的国家这个方面。法规范在事实上如何显现于尘世，对于法规范的内容、形式或正确性来说，完全无关。强制或可强制性并未触及规范的本质，因为它们涉及的只是被强制方，只是根据规范以强制的方式所做成的，因此，它们也无力作为法规范区别于其他规范的标志。规范的特质很少通过现实的、因其而生的效果来界定，正如法官判决的性质也很少通过其法律力量产生的效果，或者同样很容易归属于判决的那种强制执行的"趋势"来界定一样。对于法律规范，同样也对于任何一种规范，人们都可以说，它拥有一种可强制的趋势，但是，这仅仅意味着，人们事实上同意，在特别情况下可以通过某种强制手段来实施规范，因为他们认为规范是非常重要的。然而，这样一种对人们产生的心理效果表达的只是规范观念取得的一种仅仅是事实上的成功，而不是规范本身。

然而，被许多伟大人物认可并作为公认观点传袭的法与道德的区分却与这里的阐述完全不同，因此，这里有必要详细探究康德及其追随者的法学以阐明本书表达的观点，并消除各种质疑。用康德的术语来说，法律义务只能是一种"外在"义务，也即必须履行一种"外在行为"的这种约束性。在康德看来，这种界定的依据在于，道德和法之间的区分涉及不同种类的"立法"，道德涉及的是内在立法，法涉及的是外在立法。外在和内在立法的对立的根源在于动机不同，也即和义务行为的心理动机不同，法律义务的特质在于，另外的动机，而不是纯粹的义务观，被采纳到法律当中。由此，法从"喜好与厌恶这两种病理学上的意志决定理由中"找到其动机，而且在二者之中最终采纳了后者，"原因在于，它应该是一种逼迫性的立法，而不应该是一种鼓动性的诱导"。(Metaphysische Anfangsgründe der Rechtslehre，第 1 版，1797，导论，第 XV 页；同样见于第 2 版，1798) 但是，当康德把法律义务的区别性特质不是从其内容或权威方面寻找，而是寄托在一种心理动机上时，他把道德义务区分为法律义务和伦理义务或狭义的道德性义务这样一种安排就无法成立。原因在于，这里存在一种逻辑上的直接跳跃，而没有进一步地区分，如果事实上以动机为区分标准，那么就将出现这样一种区分，一方面是这样一种义务，根据其本质，任何以义务观之类为行为的动机者皆被排除；另一方面，与之对立的另一种义务是，根据其本质，可容纳诸如强制或激励这些功利意义上的动机。为什么这里的后一类义务属于法律义务，而且不能由国家之外的某个机构来设定，换言之，为什么其他任何一个团体或任何一个异想天开的抢劫团伙不能凭其事实上的强力以及从中产生的动机来设定这类义务，这些问题若根据康德的区分则无法回答，然而，如果以本质关联作为区分的着眼点，则肯定就能对上述问题给出答案。不过，对康德来说，他的这种区分涉及的乃是其道德形而上学当中的根本区分，而非其他层面的区分。

如果法律义务是这样一些义务，对它们来说，一种与纯粹义务观相区别的动机与法律义务的理念并不冲突，而道德义务的权威性则在于，它们通过自身的理性先天且绝对地约束人们，那么，法律义务的权威性同样也可以寄托在其符合理性的特质上面，强制这个附件则可以看做是偶然因素。但是，如果把强制看做本质性要件——而这正是康德的看法，因为他从中推论说，法律义务始终只能是一种外在行为——那么，强制这个要件就只能从法律义务的本质中产生，这就意味着，法律义务是这样一种义务，根据其本质，势必要内含强制。然而，这样一种强制，这样一种趋势，指向的乃是经验，因为强制只能涉及外在经验世界，也就是说，它只能从规范的经验、具体内容中产生，但是，若把它当做法律规范的特质，则只能是一个"最愚蠢且最草率的错误"。实际上，如果把法看做这样一种规范，即它的概念不能从经验中学到，而是必须认真对待其纯粹性，那么，任何一种与强制的关系以及所有的可强制性倾向都会降格为附带因素，它们均属从属性的附加表象；至于何为强制和可强制性，只能从经验中学到，强制倾向只能是一个经验性的东西，而不是一个纯粹的规范。

在这个问题上，还有一点需要强调，康德通过与道德的对比而为法提供的定义并不能回答下面这些重要的问题，特别是不能回答法律强制的正当资格问题；这个定义并未阐明是否任何一个人实施的任何一种强制都可以诉诸于理性的法律条文，从而使规范变为法律规范。对于这个问题，康德当然会给出否定回答。并非每个人都可以强制人履行义务，并因此给道德义务赋予法的特征：当一个高尚的强盗强迫富人去帮助饥饿的第三人时，富人的行为并不是出于一种法律义务。只有正当的强制才能使义务变为法律义务，这里的重点在于正当性，而不在于强制；正当性不能通过诉诸于强制来解释，否则它也就不再与规范相符，而变成事实关系的衍生物。此外，还有一点并非不证自明，这就是，决定义务种类的动机为何恰恰只是强制，而不能是另外一种对意志的影响。对此，康德并未回答，而是认为（导论，第 XV 页）："人们很容易可以看到，与义务理念相区别的动机必须从喜好与厌恶这两种病理学上的意志决定理由中产生，而在二者之间，则必须从后者（也就是从厌恶）中产生，原因在于，它应该是一种逼迫性的立法，而不应该是一种鼓动性的诱导。"然而，即使我们也认为不言自明的是，在经验法律生活中，是通过强制措施而非通过鼓励和诱导来处理问题，但是，至少对康德来说，直接诉诸这种不言自明的做法则还缺乏论证；这个结论并非出自康德的法哲学体系，而是从外部渗入，以帮助弥补一个巨大的裂隙。

在当代，那些致力于整理和完善康德思想的博学之士，特别是施塔姆勒、那托普（Natorp）和科恩，在法学领域均做出了巨大的贡献，他们的重点在于，阐明道德立法和法律立法的统一性，主张二者都是从同一个实践理性中产生。据此，他们把法和道德区分为两个虽有差别，但却可以回溯到同一个道的原则。如果展开透彻和全面的研究，特别是施塔姆勒，他主要的兴趣点在法哲学，内在和外在义务的区别如今本已经应该非常明确，而且，这种区别的基本正确性也应该能展现给世人。但是，这个结果却并未实现。在施塔姆勒看来，根据其概念，法乃是一种专制的、不容侵犯的、约束性的意愿；而道德和法一样，也是遵循目的和手段的思维形式，而不是原因和后果的思维形式，法区别于道德的特质在于，内部秩序，即道德秩序，只涉及愿望性意愿以及作为个体的人，与此相反，法涉及的则是现实性意愿，它按照追求目标的共同形式把不同人的目标连接起来。法作为一种约束性意愿，在这里并没有真正的独立性，它并不是高于个人的神秘总体，而只是被连接起来的多个意愿共同作用的逻辑条件。由此，这些意愿被限定为"互为彼此的手段"。（Theorie der Rechtswissenschaft，1911 第75 页）约束性意愿与被约束的意愿相对立，并因此获得独立地位，同时也使后者在逻辑上成为可能。愿望，作为一种缺乏手段的意愿，与效果，姑且被称为真正的意愿，二者之间的对立也可理解为下述这些事物之间的对立，即想法与行为的对立，内在与外在的对立。此外，既然一部著作力图为整个法学提供批判性基础，那么，人们就可以要求它具有最彻底的连贯性。最终，前述对立还可理解为单个意愿与多个意愿之间的对立。外在规则调控的是多个人的目标，而内在规则始终只能影响到单个人。也就是说，法区别于道德的特质终止于单个人和多数人之间的对立上（这里的多数人是指现实表象世界中的纯粹数字性组合），可是，许多人都指出这其中存在一种误解，它把"被约束的意愿"理解为数字意义上的多个意愿的结合，然而，这些指责只是被定性为一种未得实现的意愿。如果认为法作为一种约束性的意愿，"把多个意愿限定为互为彼此的手段"，而被约束的意志的内容则散见于这多数人的身上（第78 页），这个约束性的意愿则与被约束性的意愿相对立，且拥有独立地位，那么，这样理解的法为这种不同意愿之间的结合却未提供任何标准。这是因为，"被限定为互为彼此的手段"这一点不会出现在那些各有打算的人们的自觉意识中——因为否则的话，这就不再是一种绝对性限定，而是从心理事实中得出的一个总结——由此，科学研究的全部兴趣就应该集中在为这种"限定"提供依据，为这种结合提供具体的法律标准。如果仅是对某种可设想的内容进行一种纯粹想象的结合，那么这从许多视角和目的出发都是可能的；从无限久远的永恒这个角度来看，我们所有人也许和动物界与植物界甚或这个无生命的自然界处于一种不自觉的协作当中，我们所有人也许只是某个最高理性意愿的工具。但是，如果把法限定在人类身上，那么，施塔姆勒所理解的人类并不是自然史上的灵长类生物或任何一个生物学上的范畴，相反，他所理解的人只是一种理性存在，这个存在之所以被关注，是因为它有理性，而且也只在它有理性的这个限度内被关注，换言之，施塔姆勒所理解的人不是现实的个体，而是一种建构。但是，如果这样，人们就会明显看到，多数人的约束性意愿与单个人的愿望之间的对立命题在逻辑上是不成立的。施塔姆勒的伦理学针对的同样只是那种理性人，然而，虽然这种人是理性的，他还是有内在性和外在性，还是能表达愿望，还是需要实现愿望的手段，由于愿望与意愿之间的具体区别在于和手段之间的不同关系，因此，这种手段只能是外在手段，也就是说，只能是现实经验世界中的手段，进一步说，也就是现实影响和实现措施，二者在施塔姆勒那里发挥着决定性作用，按照上面的逻辑，它们也只能包含经验性内容。如果"内在—外在"这对对立的命题想要成立，那么，它们所涉及的就必须是同一种人。在道德领域，涉及的是单个人的孤立的意愿（第 450 页以下），在法的领域，涉及的是数字意义上的多个人的意愿。如果二者建立在内在与外在、个体与多数的对立命题之上，那么，法与道德就不可能有任何统一性。在道德领域，个体及其内在性乃是现实的经验个体，而法把其意愿限定为互为彼此的手段的多数个体，却突然出现在一个完全不同的领域，一个剥离了任何经验要素的领域。对此，施塔姆勒曾明确地辩护说，他所谓的法律主体乃是经验意义上的个体，法律主体实际上是一个纯粹的方法概念（第 200 页）。这其中的矛盾一目了然，因为它引发这样一个问题：如果按照施塔姆勒的说法，那么内在和外在到底是什么意思？

那托普回避了这个难题，在他看来，内在与外在的区分和自治与他治的区分一样，都只是同一个道的两个不同的方向。（Kantstudien XVIII．第 1 页以下）法力图从他治通向道德自治，道德则是从自治通向法的他治，正如从中心到边缘一样，而法则是循相反的方向而行。通过这种方式，作者随后明确指出，他治应该过渡到自治。与之类似的思想在施塔姆勒那里也不陌生，他同样接受法向道德的过渡，而且不认为正当的法与道德之间存在矛盾。但是，如果严格坚持内在—外在、自治—他治，甚至是抽象—具体（第 39 页）之间的对立，那么，这些对立概念之间的统一性就肯定难以成立。并不能说外在向内在的过渡会循序渐进地发生，因此就说这种过渡能够成立；为什么中心就比边缘更加重要，这对不需前提的道德来说并非不证自明，同样，内在对外在的优先性也并非毫无疑问。那托普认为，如果法与道德在内容上提出同样的目标，那么，法就是"从外部"来满足这些目标，而道德则是"从内部"来提出这些目标。法为内在道德创设外部条件。所有这些所要表达的意思只是，法悄然为人们安排生活，并为他们创造完成重要事情所需的必要安全，法与道德的关系就如同对个人来说，合理饮食或卫生清洁对因此而享有健康生理机能的人之间的关系一样。法为道德创设外部条件的这种思想，不仅在方法，而且在其心理产生和具体内容方面，都是灵俗两界关于至上地位之争的延续。在二者当中，尘世的使命只在于应对那些低劣和恶俗的人，要迫使这些人不去打扰善良人的清净，以保证他们向上帝的境界靠拢。由此，国家和法履行的是警察使命，关于这一点,路德和慈运理（Zwingli）均有非常明确的表达。此外，对其自治地位有充分自觉并以"纯粹"自称的道德，必须保证人的道德价值完全独立于可能构成干扰的外在偶然因素。对于对道德价值或者促进道德价值的因素构成障碍的任何偶然事物，道德都完全不能给予容忍；在 20 世纪，在这个以安全为核心的时代一个真诚的守道德的人的道德价值并不必然高于雇佣兵或大迁徙时代的人。绝对命令的尊严与崇高，用最恰当的话来说，恰恰存在于，它独立于任何外在情势，它对世人的影响捍卫了它毫无例外的权威。除非世界倾覆……由此，在纯粹道德中扮演"道德的外在条件"的这个角色始终没有得到明确界定。道德独立于外在文化，道德文化只能是个人的事情。严格来说，所有的外在条件不管是如此理解的法的规则，还是医学或公众卫生的规则，与道德都是毫不相关的。

他治与自治无论如何不能统一，外在与内在同样不能，无不能转变为有，具体所"追求"的也不可能是抽象。任何的改写，任何的比喻，都无法消除这种不相容。康德伦理学所依赖的个体与在法当中发挥作用的多数不可能被放置在一个统一的上位概念之下，借用不确定的、未经任何意识体承载的意愿这个概念无法做到这一点，同样，依赖于给法理学，尤其是给解释学造成混乱的目的这个概念，更无法收到预期效果。

在施塔尔（Stahl）那里，存在这样一个常被重复的论点，那就是，只有个人才能思考，法的历史理论与法的理性理论的对立是指，生动的个人通过法的历史理论被重置于其权利当中。但是，施塔尔却没有看到，即使思考这个心理事件作为具体现象只能归诸于个体的人，然而，正确的思考却并不取决于个体心理中的具体事件。个体对于法律思考来说，至多只能是"对象"，个体与法律思考的主体，即法律认知的先验统一体，不能混同。在施塔尔身上，这样一种混同比施塔姆勒的混同更容易理解，虽然施塔尔和康德主义者施塔姆勒一样，也推出自治与他治相统一的结论。任何哲学，如果试图把法和道德统一到唯一的原则，就至少都忽略了这样一个后果，那就是，如果这样的话，国家和上帝的关系与法和道德的关系就别无二致了，也就是说，法和国家也必须被看做具有上帝的属性。法和道德这两个领域的混淆会导致在观察国家时的混乱，最终由于法和道德的融合，国家必须被赋予上帝的特质。施塔尔就得出了这样的结论，他把国家解释为一个人格上帝的机构，这样一个结论背后的思想支撑只能是法与道德不应该分离，他治与自治最终是同一的。

法与道德，在费尔巴哈与费希特那里，已经作为两个通过理性而对立起来的判断方式而分离开来，因此，不应把它们归诸到同一个原则之下。它们不能处于相互矛盾的境地当中，因为它们彼此毫不相干。因此，法相对于道德的关系不能被看做外在的前提条件，因为根据其本质，法乃是规范，一个规范不能成为另一个规范的执行者，不能成为另一个规范手中的剑。如果忽略这样一种假设在方法上的不可能性，那么，它与双剑理论，即法与道德统一性的唯一可能前提，只有表述和术语上的区别。法与道德的对立不是强力与规范之间的对立。剑的角色——在这一点上，中世纪的理论展示了其明显的方法上的优越性 [1] ——只能由作为现实力量的国家来充当。即使是国家，也因此不仅仅是设定“外在条件”的角色，因为它完全被笼罩在法当中。外在条件理论给法造成的降格后果怎么强调都不为过；按照这种理论来看，法就变成了清洁工，也许只是理想的家庭主妇，靠着细心和格调使家庭保持整洁，进而为男主人全心投入事业创造外在条件。

法规范从未与现实建立任何关联，因此，不能把强制或可强制性界定为它的概念要件。强制和现实影响的真正归属地应该是作为法的手段的国家，它的意义就在于使法得到实现。因此，强力应该归属于国家的概念，由此，国家只能被看做经验层面的现象，它拥有这种强力。强力本身凭此还不能变为国家；也就是说，一个明确涉入这个可见的世界并可以使用强制的组织尚不能称做国家。国家尽管需要强力，但是它的权威不在于强力，而在于法，其使命在于法的实现。正是在这里，即国家负责法的实现，可以推导出法的至上地位，这一点还可以体现在当今的经验法律生活当中，那就是，非常明确甚至已经不再被注意的一个现象是，负责裁决的法官与行政官员相比似乎是更优越和更有价值的职务。没有人会因下述情势而得出相反的结论，这种情势是，法官在现行法律赋予的权限范围内若没有负责执行的官员，就将孤立无援而且软弱无力，法官的判决只有通过另一个机构的行为才能获得事实的影响和震慑力。只有判决才是与法律相关，而不是执行。最正确的判决并非是那些得到最彻底执行的判决；一个精妙论证且符合正义的判决也可能对当事人的现实需要毫无价值，因为败诉方已经身无分文，无法执行，但是，这并不能损害到该判决的法律尊严。只要明了了认知的正确

---

[1] Petrus Damiani Sermo 69: Felix，如果国王之剑和教士之剑相结合，那么教士之剑就让国王之剑变得甜美，而国王之剑也让教士之剑变得锋利。（引文根据 Mirbt, Quellen zur Geschichte des Papsttums, 3. Aufl., Nr. 234）

性与执行的有效性之间的对立，那么出现某种方法联系上的混淆就并非值得担忧之事。事实相较于"认知"的从属性，甚至还表现在官员位阶的等差当中，在这里，独立的法官与那些行政官员相比处于一个更高的、完全不同的领域。这样一种高下关系，如果不止被看做法官对于权力的优越地位在纯粹想象关系中的拓展，那么的确值得惊叹，因为执行机关也享有国家权限，也构成一个独特领域，对于其低于法官的地位并不存在事实上的理由。在帝国法院大民事庭的一个判决中（Entscheidungen in Zivilsachen，Bd.16，S.408），明确表达了这种惊叹，在那里，法院如是写道："即使按照民事诉讼程序条款，强制执行也是国家的执行权力做出的一个行为，同样是国家主权权力的一项职能，尽管强制执行权并非掌握在法院手中，而是在很大程度上经当事人申请，由下级的并非履行判决职能的司法行政机关，即法庭执行官来完成。"也就是说，尽管强制执行也是由国家官员之手完成，而且在封闭的等级次序中，相应负责认知的法官并未处于法庭执行官的上级位置，但是，后者还是处于低人一等的境地。这当然可能从历史上给出解释，但是，对法哲学研究来说，历史数据并不足以胜任，尤其是不能论证这种评价的正当性。这种高下分等的意义只有从下列情势中才能显现出来，这就是，法官的认知与其执行或实现之间的关系在更宽泛的背景下乃是源于规范对经验的优先性。

还没有哪个法律生活的领域，可以不从这个根本原则中获得其深刻的意义。每一个国家公民，每一个当事人，都认为法官独立当属不证自明的要求，这种不证自明性已经通过上文例证得到展示。其重要性独立于表达此要求的具体的历史表述，当前，这种要求以司法和行政对立的形式表述出来。这个思想在任何时代，只要是存在法律救济的时代，都不可或缺，其内容就是，法律相对于仅仅作为强力的国家享有独立性。有种误导性的观点，即法同样是国家的意志，国家任何时候都可以另定他法，该观点忽略了决定性的内容，即类似于股票的限制转让的一种情势，如果国家的权力意志想要变成法，就必须置身这种情势当中，即自我臣服于其发布的、欲生效的意志之下，而不受意志的变动不居的事实品性的影响。只有当国家成为法律规范的唯一承载者，成为其唯一的对象，成为法律意义上的唯一义务方时，才能从其概念中解释清为何在政治变动中法律规范仍可保持连续性，国家本身仍可保持同一性，否则，政治变动就成为一种无法解释的从一种权力主体向另一个权力主体的过渡，当前法律在正式废止之前。之所以继续生效，只能通过一种无法成立的构想来进行解释。只有按照前述那样理解国家，才能在把一个权力体看做国家时，相对地不去关注现实的权力关系，类似的处理还可见于其他领域，如当事人在法律面前平等，或者诉诸对象的经济价值在法律上不属于相关因素。

现在返回到法官独立这个主题，它依然建立在法优先于作为强力的国家这个基础之上，而且，这不仅仅只具有法哲学上的意义，因为几百年来，这就是一个政治律令，直到今天依然如故。但是，在18世纪，当司法与行政分离的要求被提出之际，它的表现形式是更多地强调法官受法律的约束，之所以这样，是为了避免一种误解，好像一个权力被置于和另一个权力相对立的地位。法官的个人品性，所有与其经验个体性相关的东西，都被严格否定，法官应该如一句名言所说，只不过是"法律的宣示者"。但是，在这里，人们很快就会发现，法官只为其喉舌的法律，并不能被理解为国家具体规定的明确内容。如果法官臣服于仅仅是事实意志的表达的国家法律之下，那么，他就只是一种强力的职能部门，只不过这个强力与从属性的法官之间的距离更大，通过法官这个中间角色而建立起来的关联更加复杂而已。在现代社会学家眼中，国家只是两个阶级的上下服从关系的产物，他们对法官与强力之间的关联做了研究，他们发现，事实上，每一个法官判决都是对国家中事实上生效的权力的一种肯定。要想澄清这种观点中隐含的似是而非的谬误，就必须在原则上阐明因果（社会学）观察与法律观察之间的区别。也只有这样，才能认识到法官的"独立性"的意义。法官只为法律的喉舌的命题，从实践中也能很快看出其错误之处。在适用法律的过程中，许多法律之外的因素也在起作用，例如偏见、从时代和人民的道德价值观中推出的论点、商业利益等，都不容忽视。另一方面，当因严格遵守法律无法实现，从而认识到法律的不完备性，进而把法官的"人格品性"抬上前台时，这种解决问题的方案同样是以一个错误的反题为基础。直到今天，法官相对于所有恣意权力所享有的独立性也只能完全依赖于法。在这里，"人格品性"最多只能在这样一个范围内被考虑，那就是，在这个词下，所理解的应该是一些品质，它们能够提供一种保障，确保法官完全且充分地投身于法。在法官只是法律的喉舌这个命题中，如果"法律"（Gesetz）这个词的含义乃是"法"（Recht），那么，这个命题即使在今天也仍然成立，它所表达的内容是，法官根据理念，乃是法的职能机构。在这里，寄托着法官的尊严和真正的独立性，我们很难想象，在下面这种情势中怎么就会包含对法官降格的意思，即人们通过法官听到了表述为自觉意识的法的理性。

但是，由于国家在法和经验世界之间建立了联系，通过国家而宣布的法规范穿透了作为媒介的国家，因此也就承受了一种特定的修正，这样一来，在法规范当中就渗入了一种经验的因素。由此，经验性法的整个领域就被一分为二。国家，这个法的工具就能动地进入到这个世界中，并按照手段和目的的机制来构建自己。在这里，国家使用这个经验世界，为的是从中营造出某种确定性，但是经验世界通过其强力也反作用于国家，正如材料反作用于艺术家、仆人的特定品性反作用于主人一样。这个经验世界把国家放在各种关系网当中，最终，国家为了影响这个世界就必须表达仅仅是经验性的意志。[1] 要想对经验世界产生影响，就必须有经验性手段，而其中最强大者就是强制。根据其概念超越于经验的规范，并不认识这种约束性；可强制性趋势乃是通过国家引入到法当中的东西。

由此，在一边，站立着法，它先于国家而存在，作为观念，它也独立于国家，在与国家的关系中，它是主宰者、原初者，在与只在经验世界留存的具体意志表达的关系中，它可被称为抽象的法；在另一边，站立着国家法，它是服务性的、受目的决定的、协调性的法，它与原初的法之间并不是一种目的和手段的关系，相反，它的合目的性体现在它把经验世界作为其发挥效用的场所。然而，这两种法之间的对立并不是两个具有确定内容的封闭条款集合之间的对立，相反，在每一个经验性法律条文中都可以做出这两种法的区分。决定法律条文并使它区别于诸如警察条例的因素，是以原初的、非国家的法为基础的，对这种法进行详细界定并非本书的任务，对于这种法（为明确展示其中隐含矛盾的这种危险），在这里只应该说的是，它是一种脱离了自然主义的自然法。

在法当中，有一种根本的贯穿各个法学领域的二分，例如经常出现的刑法上的违法与警察法上的违法之间的区分，因混同法与道德而出现的神法与人法的对立，因其"本性"不同而导致的强制性法律条文与可变动性法律条文的差别，还有可宽泛解释的法律与必须严格解释的法律的分殊，以及可转让的法益与不可转让的法益，或者高级特权与低等特权之间的界别等，通过这些对立的范畴，二分法获得了系统的根基。

---

[1] 哈纳克（Harnack）在其《原始基督教和天主教》（*Urchristentum und Katholizismus*）这篇文章（Leipzip，1910）中，批评了索姆（Sohm）的文章《天主教的本质和起源》（*Wesen und Ursprung des Katholizismus*）（Abhandlungen der PhiloL-histor. Klasse der K. Sächsischen Gesellschaft der Wiss. Bd. 27. 1909），哈纳克在其文章的第13G页 Anm. 2处，在谈到理念的实现时，引述了歌德的一句话：理念"总是作为一个外来客，进入到现象界"。——哈纳克认为，"索姆的研究的主要错误"（索姆认为，任何教会法与教会的本质均相互矛盾）在于，索姆没有看到，如果理念想要获得实现，就必须与尘世的有限物相结合。哈纳克认为，只有打算把所有精神领域的事物都通过法律来规范的天主教教会法才与作为理念体的教会的概念相矛盾，而那种把教会作为一个尘世社团来规范的教会法，则与教会概念并不矛盾（第185/186页）。但是，在我看来，问题恰恰在于，这样一种外在的法是否还与教会的本质处于一种共同的关系当中，从而使该法还有资格称为"教会法"，此外，我还认为，如果我们谈论教会的"本质"，那么索姆的研究（其内容的正确性姑且不论）涉及的只是理念，它应该被实现，但是，它却无力规定其实现的法律和规则，因为这些规尸完全属于尘世领域。

对这些对立范畴的使用，特别是刑法上的违法和警察法上的违法，大多是出于一种错误的努力，那就是把两种互不相同的规范内容或目的都当做标准。而正确的做法应该是，在任何一条国家的法律条文中，都应该把法的观念与那些涉及实现和贯彻的因素区分开来。在某个刑法条文中，关于刑罚及其额度的规定应该属于手段之列，它并不直接受到纯粹规范的影响，关于这个区分可以参照宾丁（Binding）天才地提出的规范理论，虽然其理论的出发点完全是出于其他问题。由此，法律条文的价值完全体现在这样一种手段地位上，也就是说，它并不具有法的观念那样的独立光芒，它必须依赖于外在于它的某物。因为这些规定的本质界定就是，要去考虑执行问题以及合目的性的问题，在与他类规定的关系中，它们处于从属地位，而且，这样一种分等乃是以法规范与具体情境中的实现之间的区分这种正确的思想为基础，在这种意义上，刑法上的违法与警察法上的违法之间的区分才可以在原则上被视为能够成立。至于具体该如何区分，则不属于这里讨论的主题。

同样，国家法律内部的这种区分对于该法律的解释以及法律理论的重要性，在这里也只能仅做提示。这里涉及一个需要专门研究的问题，那就是，目的概念在法律解释中的作用。在这个问题上，经过凯尔森（Kelsen）的卓绝努力，研究水平已经迈进到一个全新的阶段。在国家法当中，目的思维的正当范围乃是受目的—手段关系所决定的因素的领域，因此，借助于某个法律的目的，虽不能证立新的法律思想，却能发现实现这些思想的新手段。在这里，内在于法的二元主义再次出现，它体现在科学的法［索尔（Thöl）、奥托·拜尔（Otto Bahr）］和从属性的［斯泰恩贝格（Sternberg）］或指令性的［科勒（Kohler）］法之间的二分当中，也有人分做制定法与衡平或习惯法［施莫德（Schmölder）］等，光是这些不断重现的新提法就足以引起足够的重视。

法官的判决始终要引述某个法条，从而把具体案件涵摄到普遍原则之下，这些原则均超越于具体案件的诉争，与此相反，执行则始终是一个具体行为，它所依赖的始终是一个具体决定，因此，它只是间接地与一般性法条建立起联系，由此，抽象法律思想在实定的国家法律中获得立足之地。由此产生了法的世界的内部封闭性，在这个封闭体系中，就连日常事件都能反映宏大的根本性关系，这种封闭性本身也佐证了这里所发现的意义，并使这种意义为众人所周知。法律思想若要在这个世界中获得贯彻，便需要外部服从，因此，它需要现实的认同的地方在于，这个法律思想要通过明确的内容来表述，在这里，内容（而不是形式）的明确性在功能上决定了它是否能被执行。为塑造现实提供指南的法律思想，必须被实定化，也就是说，它的内容必须通过主权决断行为定下来，它必须转变为法条，必须通过具体的形貌被表达出来。在这里，法律思想的抽象性并非通过筛选从具体法律条文中抽离出某物——通过这种方法，得不到任何有价值的东西——而是与所有经验现象的分离。在任何具体物和任何抽象物之间，都存在一条不可逾越的鸿沟，通过任何渐进的过渡也无法弥合。因此，在具体法律中，有必要先确定那个已经被认定的因素，在某些情况下，某物已经获得实定规定这个事实本身，要比规定了哪些具体内容更加重要。这里之所以不关注内容——在这个问题上，还可参阅我的《法律与判决》这部著作——是因为国家的使命在于实现法。内容的不相关性对于个别法官判决的意义更加明显而且也更容易理解，因为在这里，认知与执行之间的距离并不遥远，但是，在制定实定法的环节，它的影响同样不可小视。判决必须针对具体案件，然后才能被执行，法律需要在判决中被具体化，然后才能使其可强制性变为现实。抽象的法律思想必须转变为实定法律，然后国家才能使其获得实现，也就是说，法的强制工具才能被派上用场，创设一个规范所要求的状态。索姆（Kirchenrecht，第 2 页）提出了如下重要命题："另一方面，法律在根本上依赖于形式（法之极，害之大），它之所以首先依赖于其形式，是因为只有这样它才能超越诉诸双方，尽管双方利益对立，但法却能得出双方均认为是正义的结论，因为它不受眼前利害的影响，而是从长远的、恒久的、共通的原则中得出其判决。法律与下述情势相关联，即法虽然在概念上不需要强制，但是，它却需要强制性实现。"在这里，对于如何关联需要做出更精确的说明：因为法必须通过其执行者国家来强制地实现，因此，所有的国家法都必须明确地"表述"和"制定"，从而保证具体实现得以进行。除此之外，在这里，还不应忽视的一点是，对黑格尔来说（Naturrecht § 5，§ 15 Anm.），意志乃是一个已经确定的、可以实现的内容，而只展示可能性的观念则完全是他物。[1]

　　放弃超越时代的正确性，一定程度上不去关注内容，这都是法降临尘世的结果，这是必须付出的牺牲，因为法必须与现实经验世界中的权力相结合。"爱你的邻人"这句格言不是实定法律，它也永远不能变成实定法律。如果有哪位果敢的人在特定的时代把这句格言变为国家立法的指针，那么，它就变为法律中的一个段落，进入到一个完全不同的领域，就连它给人们的感受所造成的印象也将从此完全不同，而根据人们的通常感受，法律中的条文都是生活的死敌。

　　在本章的最后，还有一个现象值得注意，对此现象的研究，可作为对国家和法

---

[1] 法律必须"为确保成为法律，而不仅仅只是一种要求，自身是确定的"。（Grundlinien der Philosophie des Rechts 1821, S. 307, § 297）

的论述的一个结论：只要在某个地方试图让思想得到实现，试图让其现身，试图使其世俗化，那么，就会同时产生另外两个需要，其一是需要一个具体的决定，这个决定必须是确定的，哪怕思想要为此付出代价，另一个需要就是，要在同样的意义上有一个确定的且不会犯错的机构，这个机构负责来表达这个思想。即使在这个问题上，天主教会及其学说也可作为一个纯粹的例子。由于思想要贯穿在一个可见的、通过一个法律秩序按照组织法建立起来的教会以及相应产生的神法里面，这里的神法是真正的法，而不是道德。因此，这个思想就需要得到具体的表述，以为争议情形提供定夺依据。如果考察一下人类及其有体性，那么，就必须同时注意到，人类必须首先知道其缺陷，并应该知道其缺陷在何处。如果人类臣服于一位以肉身显现的首领，那么，这个首领的命令也必须具有同样具体的有体性。通过这种方式，他满足法律的要求，只有凭此他才能作为首领。主教的决定的绝对正确性的意义现在也就昭然若揭，只要人们认同神法及其教会法律秩序这些前提，那么，他们就不应该惊讶于从中推出的结论。现在只有两种选择，要么认同天主教的学说，要么接受路德的立场，这种立场在索姆（Kirchenrecht，第 460 页以下）和斯图茨（Stutz）（Kirchenrecht，特别参阅 §44 第 883 页）的著作中均有论述，据此，所有法与教会的本质都不相容。

但是，天主教会在另外一个领域为法学方法论提供了一种非常重要的学说。如果法当中的二元主义被认知和认可，那么，顺理成章的是，为保护抽象的规范，就需要给法的实现即法的国家化的优先性设定一种限制。基于这种考虑，出现了天主教关于教皇的学说，教皇乃是自然道德律和启示内容的不容置疑的解释者，他有这样一项权力，当国家法律与自然道德律或神圣自然法相冲突时，他可以宣布国家法律在良心领域不再具有约束力。教皇的间接权力的运用被人们看做一种裁决行为，此外，在许多教会法学者看来，它对法律的国家法效力也有决定性影响，即使它不被称做间接权力，而是被称作直接权力（Suarez, de fide cath.3.22.1），它仍然具有现实强制力。如果把这种学说的宗教内涵暂且剥离，把它放在本章的问题情境中，那么，可以得出的结论是，它会在法和国家之间再安插一个机构，以保护法不受权力的侵害。有趣的是，这个想法始终不断地改头换面地出现，在哲学家中，从柏拉图笔下的国家一直到费希特所要求设立的五人监理院，这个监理院在出现损害国家根本法的紧急情况下，可以发布国家禁令，可以中止政府权力，可以要求行政官承担责任。在所有这些情形中，背后所反映的都是对滥用国家的事实强力的恐惧、因人类在事实上的恶性或劣根而产生的不信任，以及为对抗这些而做出的努力。然而，他们所采取的方法犯了同样的错误。

德国魏玛时期国家法政文献选编

没有哪个法律能够自我执行，始终都只能是人来充当法律的守护者，谁若是不信任守护者，那么，即使针对其再新设立一个守护者也无济于事。同样在这里，纯粹规范与规范的实现之间不可逾越的鸿沟，不可能通过设立许多中间环节来弥合。一位睿智的法官，独立的捍卫者，海因里希·西蒙（Heinrich Simon），完全正确地指出（1845）："法律只能表达何者当为，何者不当为，它不能保证令行禁止。"有这样一个点，在这里，就不能再通过强制的方法保证正确要求的落实。对于善和真的力量的不信任，当然，这里的善和真不能仰赖于个别人的洞见，若是这样，则善和真就将消失，上述不信任终将自我衰竭，它和任何否定一样，由于没有自我立场，最终都将失去立足之地。不宁唯是，任何论证也都将终止，无论是对善良和正义的信任，还是具体执行技术这类政治问题，均已不再属于法哲学的主题。

第三章　个　人

法根据其本质乃是权力的思想，其最终根源可追溯到这样一种确信，那就是，所有的法只能从国家这里产生，国家乃是最高的尘世权力，乃是最强大的现实，可与个人鼎足而立。在国家面前，在这个强大而缜密的权力面前，以及在这个权力所拥有的非人格机制和无坚不摧的事实力量面前，再求助于任何其他机构，再提出任何批评，都显得只是毫无用处的痴想。在国家的巨大能力面前，桀骜不驯的自利主义和最粗野的本能冲动都至少在表面上俯首屈服，不敢为非作歹，即使是最强有力的恶霸歹徒，也至少要被迫装得温顺驯良，面对国家的如许贡献，如果再提出批评，很可能就会被某些人看做是不公平且不谙世的虚浮之言。这是因为，只要有人细心观察一下单个人或一个人群整体，都会看到，这些人只有竭尽全力，"才能姑且保住其个人幸福"（Däuble），这时也就容易理解，在惨烈争斗的各种利益中，只有引入一种秩序，把其引上符合规则的轨道，人们才能享受一定的安全感。

现在，不管对这种贡献的赞叹是归于国家，还是归于人的理性能力和善良，国家与众不同的地方始终在于，这个事实力量的组织高于任何一个主体，在这个组织所覆盖之处，任何个人，甚至也包括最强大的专制者，都只能是它的工具，因为这个组织所涉及的范围更加宽广。这样一种惊叹，不是出于其他心理感受，例如安详的晚年所带来的舒适，而是出于这样一种洞见，那就是，国家乃是一个超个人的机构，而不是个人之间的机构，国家的尊严并非仰仗个体的升华，而是拥有可与个体相对的自我权威。如果承认国家的超个人权威，那么，对任何哲学观点来说，不管国家是只负责保障安全的机构，还是一个提供福利的机构，始终不变的一点则是，单个的具体个人在这里消逝了。

既然国家只能或者是个人的仆人，或者是法的仆人。又因为只有后一种可能才是正确的，由此，正如法优先于国家一样，国家也优先于个人而存在，正如国家的连续性只能从法当中产生一样，在国家中生活的个人的连续性也只能从国家当中产生。如前一章所言，国家是法律伦理的唯一主体，是在最精确的意义上唯一一对法负有义务的主体；与此相反，具体的个人只是受国家的强制，他的义务和权利都是这种强制的反映。构成对立命题的是法和国家，而不是法和个人，因此，黑格尔的命题，即法乃是非人格的规则和个人之间的连接体，在这里就要做如下改变，实定法乃是非人格的、超越经验的规则与国家之间的连接体。经验层面的个人完全被排除在外；作为权力并因此不是法的国家与法鼎足而立，其使命在于去实现法。

从国家作为一种使命这种概念出发，可以推出，个人在国家中的地位同样也只能依据某种使命来衡量。对国家来说，个人乃是那个最重要的使命、那个必须履行的特定职能的偶然承载者。因此，在原则上，国家不能把哪个人看做不可替代或不可代表，从这些职能履行者、这些可替换的人格、这些职员等现象出发，可以更深刻地阐明国家的意义，而如果把国家降格为那个唯一重要的"人格"的未经授权的代表，就不会收到这种效果。

对研究个人的地位来说，有启发意义的是，首先回忆这样一句格言，那就是，"做你自己"，恰在这句格言中，一个具体的存在与一种需要实现的要求之间的区别跃然纸上，由此，两个互不相同的、身处不同领域的主体也赫然鼎足而立。[1] 关于这一点，柏拉图已经做过充分解释：我们已经证明，另一种性质的事物是存在的，它们充盈于所有实存的相互关联当中，而且，既然我们把这种性质的事物与实存对立安放，那么，我们就可以斗胆声称，这另一种性质的事物实际上就是无。（Sophista 258D）（拉丁语版本，参见附有评注的拉丁——希腊语对照版柏拉图全集，Marsilius Ficinus, Frankfurt 1602，p.180/1）

甚至是"我思故我在"这个命题，它不仅允许这样一种解读，即从单个的经验个人继续提升，上升到一种规范建构，而且，它也正是这个意思。对此，有一种心

---

[1] 在这里，当然要避免一种误读，许多人在解读"做你自己"这句格言时都存在这种误读倾向，他们力图从自治道德这个高尚且超越俗世的原则中推导出一个通行证，借此，就可以让那种麻木的或自恋的孤芳自赏大行其道。

理主义的反驳，这种反驳观点认为，作为存在的依据的作为在这里姑且不论，前述命题的错误在于，它只是关注思考，而忽略其他任何类型的行为。这种反驳观点的中肯之处在于，它指出，从我的思考这个经验现象中推不出我的个体性的经验存在。但是，这里的要点却在于，只有在自觉的思考中才存在对于正确思考所揭示的法律和价值的皈依，借此，才能超越偶然的个体，进而融入到一种超越个体的价值中，只有这个价值才配得上具有肯定意义的"存在"这个词。利希滕贝格（Lichtenberg）认为，"在我当中进行着的思考"这种表述也许比"我思考"[1]这个表述更加正确，据此，可以推出这样的观点，每个正确的规范具有超个体的效力。与之相对，个体在这里则无足轻重。这并未否定《死与生》一书所表达的思想。在最高意义上，自我乃是一个道德形象，而不是个体的人。因此，费希特在向公众的呼吁中才可能证明说，对"我"的信仰才是真正的信仰上帝，才是脱离尘世的唯一道路。因此，康德伦理学中的自治主体也不能被理解为经验层面的、偶然的、处于感官世界中的个人，因为这个主体之遵守法律并不是出于利益，而且，成为自治主体的这种能力也不能从经验事实中产生，而只能诉诸于理性。只有在其成为理性存在者时，他才享有自治，他的意志才可成为普遍立法。但是，如何成为这样一种必要的理性存在者却不能求助于经验因素，相反，决定性因素在于一种价值，这种价值构成一个规范，或用康德的话来说：构成法律。遵守客观有效的规范，从个体观察的话，这句话就意味着，否定自身的主观经验现实。统觉的先验统一性优先于作为心理事实的具体意识，这个命题若放在法哲学领域，它的意思就是，要抛弃个体性。这个命题在其他语境下的意涵已经在上一章讨论施塔姆勒的法学思想时做过论述，这就是，个体的人作为事实没有丝毫地位，他必须转变为另外的存在物，而这种性质的存在物只能在另外一个领域。因此，康德提出的要求，即人自身始终都是目的，永远不能被作为手段，只有在满足自治的条件下才能实现，也就是说，只有对那些变为纯粹理性存在者的人，而不是以任何一种生物体面貌出现的人，这个要求才能实现。

出于同样的理由，即使在国家当中，经验的、具体的个人也处于无关紧要的地位。有一种担心，认为这是在主张官僚主义，在谈论反文明的内容，这种担心虽然事出有因，却是建立在一种误解之上，也就是说，错误地把国家和政客日常所说的"政府"混为

---

[1] 我之所以选取这个命题作为例子，是因为语言批评家毛特里纳（Mautliner）经常引述此例。这位语言批评家未经深思，就对利希滕贝格所关注的超个人的"认识论"主体做了这样的界定，他认为，语言中所出现的思考主体是一个很容易解释的事实，这样一来，他就把一个超个人的事物转变为个体之间的事物。

一谈。还有一种反驳观点声称，恰恰是那些伟大人物才能使国家走向繁荣，若无伟大人物，纵有最好的国家形式，也无法避免衰败的命运。然而，这种观点仍未脱离对具体物和物质性存在的颂扬。这里要讨论的不是政治得失。"国家繁荣"、"国家衰败"，这些都是历史事件，它们都属于经验世界，如果它们所包含的只是繁荣或衰败所意涵的那种评价，无论依据任何哪怕至今仍未细致分析的印象或参照物，它们仍不是我们要讨论的主题。帖木儿的国家，如果他统辖的权力体可以被称为国家的话，要比任何时代的雅典国家都强大；可是，其中对法哲学研究有益的结论却丝毫没有。然而，这样一些担心，即人格将被贬低，伟大人物如果也只被看做国家中的一个职能的话，对他们实属不公，这些担心并不是心系国家，而是牵挂个人，据此，个人除了履行其义务之外，还应该有更高的地位。如果人们应该履行的某些职能可被看做守护者的职能，这项职能并非谁都胜任，在历史演进中，某些人被证明特别适合此任，如果这样的话，那么这些人就应该得到荣耀和赞颂。但是，这些人的伟大却在于其使命及其对使命的履行的伟大；如果对任何一位伟大的政治人物，不论他们出于何种动机，例如对于凯撒，对于腓特烈大帝，或者对于俾斯麦，我们若说，他们认为自己的目标是"和谐地修炼其人格"，那定会让人笑掉大牙。只有与其使命的合一，对志业毫无保留的投入，对使命的献身，对作为国家以及因此某项使命的担当者的自豪，完成任务时的忘我，只有这些才让他们的生命焕发出耀眼和值得惊叹的光芒。价值存在于这些人所承担和追求的"志业"当中，而不在其他处。对此，黑格尔在反对雅克比（Jacobi）时，曾用尖锐的表述把它们称之为空虚者的无聊与无力，甚至称做"自我意淫"。这种价值实际上也是被人们认可的唯一价值。即使在经验个人的抽象这个层面上，也就是在普通经验层面的人也能达到的这个程度上，在"经营行为"中，个人的意义也具有这种价值结构：资本家，如马克思和桑巴特（Sombart）所表述的那样，认为其价值与其个人需求全不相干，而是完全在于其资本的增加，他的灵魂乃是其资本的灵魂，他要成为一种使命的担当者，在这种意义上，他要成为职员，他所追求的目标远远超越于其短暂的个体存续，至少对于典型的资本家来说，他们所追求的不是舒适的夜晚，也不是奢华的享受，而是更多。因此，就挣钱这一点来说，他同样伟大和值得赞叹，如果只是享受，只去花钱，那么他也就显得可笑和愚陋。由于本文主题所限，此处已经不应该继续深入下去。

当前，谁若是主张，个人的意义仅在于他是职员 [1]，那么，他就会陷入大众的围攻

---

[1] 有必要再次提醒，这里讨论的仅是个人在国家当中的意义，而不是宗教背景下的个人意义。

当中，遭受那些毫无理解能力的人的口诛笔伐。对于这些人，罗吉尔·培根（Roger Bacon）曾言，一切机械都像无理性者和无灵魂者一样运作和沟通。但是，还有另外一些人，他们在法哲学和国家哲学的讨论中只想取笑他们的邮递员或者工薪条件，对他们，我们也敬而远之。造成对细碎琐事中的"细小义务"（Däubler）鄙夷不屑的，恰是因为缺乏投身宏大志业的能力，缺乏从琐事中进行抽象的能力，因而把这里称为国家和使命的，与那些"现存的机构"和作为其机构的具体个人混为一谈。如果一般的人成为职员，只是为了得到稳定的收入和社会地位，那么，他们对于国家理念和评价个人在国家中的意义来说，就不值得考虑，正如对艺术来说，其经纪人怎样从中渔利，完全无足轻重。

无疑，正是一位中国哲人，老子，对国家的意义做出了最深刻的揭示，同样正确的是，即使在柏拉图的理想国中，每个人也都只是职员，他们的个人得失毫无地位，全部尊严只在于，他投身于国家当中。这种投身越彻底和自觉，他在国家中的地位就越高，在这种投身过程中，每个人都必须尽其本分，而不应该追求享受。对个人进行这样一种安置，可能会让人感觉不舒服，在轻浮的浪漫主义看来，乃是无法接受的冷血，但是，这种安置却绝不是对个人的贬低。古代哲人把人分做两类，主人和奴隶，有权利能力的人和无权利能力的人，由此，把主仆之间、精神和物质之间的对立分配到两个人群当中，他们的不同职能又进一步分配到不同的阶层。我们今天可以骄傲地宣称，我们已经不再认可这些外在差别，在法律面前，不能对人做三六九等的区分。但是，我们应该知道，最普遍的人类自由的意义只能在于，不受既定社会群体和权力关系的迷惑，找出那种最符合实际的二元区分，人类自由不能付诸于外在的偶然情况。

个人所能结合的任何一种价值，都在于投身到那种超越个人的道的节奏当中。在国家的世界里，所有价值现象的这条根本原则得到最明显的体现。对个人的这种定位，同样适用于那些伟大的博学之士，那些伟大的哲人或艺术家，对此，今日主流意见的理解层次之低，可从如下事例中得到体现，席勒曾言，歌唱者应该可以和国王并肩同行。对于这句话，几乎没有人理解其深意，人们最多把它当做一种向国家提出的诉求，要求应该为艺术"提高待遇"，然而，这句话的真正意思却是，无论是国王还是伟大的艺术家，根据理念，都必须拥有一份最高意义上的志业，与这份志业相比，他们个人生活所遭遇的经验变迁都是无足轻重的。

由此可见，国家并不是人们造出的一个结构，恰恰相反，它从每个人当中造出一个结构。这个伟大的、超越个人的组织绝不是个人的作品；这个组织不属于诸多个人组成的手段和目的的序列；下述情形是不可想象的，那就是，人们的自利主义从自身中挣脱出来，建立了一个超越个人的机构，作为实现其目标的手段，之后，在这个机构的荣耀面前，个人的自利主义又马上消失殆尽。目的不是法或国家的创造者，正如不能像下述这样定义火焰一样，它是一团火，由寒冷中的野人点燃，以为其同伴取暖。

国家笼罩个人，并把个人纳入到自己的节奏中。即使当一位自信的统治者宣称，朕即国家，以此所证明的仍是国家和法的优先地位，原因在于，具有某种资格可以把自己等同于国家的，也就毫无保留地变成了国家的职能。因此，这句非常勇敢的断言只是意味着，君主只是国家的第一公仆，只有当君主作为国家的工具时，这句话才有意义，否则，如果君主冒险把国家当做实现其个人目的的手段，那么，他注定将变为"碎铜烂铁"[1]。也就是说，这里涉及的始终是对个人的重塑，在另一个领域的重新定型，而不是仅仅对个人的个体性的一种抽象，也不是对自然人的一种"挤压"，更不是一种"法律框架内的自由"，而这些法律作为模型，给"自然"存在的质料打出外形。西班牙国王在建立其绝对主义统治的时期曾声称，具有生机的法则乃是，拥有土地的人的意志就是法，照这样说的话，个人的地位就被完全颠倒，似乎个人的心情和"喜好"就能成为法律；然而，正确的思想，也是唯一能为绝对主义提供历史支持的思想，恰恰应该反过来说：绝对君主超越所有时代相对性，作为个人的他，则完全没有意义，他不再有自己的心情和喜好，他完全变成了"法律"；他没有超越法，正如他的言谈无法超越语法一样。在这个问题上，仍然是罗马天主教会学说达到了非常精到的方法明确性，因此也能提供最强有力的历史支持：永不犯错的教皇，在这种意义上的最绝对者，他在尘世上只能被设想[2]；若只言其自身，他毫无价值，因为他完全是工具，是耶稣在尘世的摄政王，是上帝在凡间的仆人[3]。绝对君主的意志之所以是法律，因为根据他的职位，他不能想往其他，只能钟情于法。当然，那些历史闹剧，那些让人愤怒的事件，即 17 世纪至 18 世纪的绝对君主的所作所为，我们绝无心为其"美化"。

---

[1] 君主乃是国家的机关，不能超越或外在于国家，这个认知对今日的国家法学来说同样不需要论证，且已被广泛接受。统治家族是否"有权享受宝座"，或曰，这个权力是其自身就有的还是从国家衍生而来的，这个问题通过本文的阐述自然可以得到解答。但是，如果换做另一个问题，即国家职员的设立是否如当前主流意见所认为的那样，是建立在"契约"的基础上，这个问题则无法通过法哲学的阐述得到直接回答，因为契约"意志"本身又必须被看做一种法律建构。

[2] 关于教皇在天主教会的地位，可参阅一个非常有趣的言论集，Justinus Febronium, de Stato Ecclesiae (ed. altem, 1765 S. 215 f.)，其中特别重要的一句是："教皇是最高的法律"，出自 Decisiones S. Rotae Romanae, Clementis Merlini, 1662, Dec. 577, n. 26, an. 1638。

[3] 应该再次提醒的是，这里讨论的不是教皇个人，不是个别教皇的所想所为，而是教皇制度的理念，如果把它看做"文化史"上的趣事，那是不应该的。

唯一必要的是，从另一个角度来审视他们，抛开他们的个人，实际上，对哲学家来说，下面这些事件是无足轻重的，那就是，恰恰是这些具体的个人，曾肆意放纵其私人生活，恰从这个角度来看，作为具体个人的君主和国家内的任何个人一样，都是毫无意义的。君主所追求和得到的尊严，只能归属于他的职位，而非他这个有限的肉身。绝对君主把其看做"永生法则"的这种与上帝的相似性，使他立即位于法之下，正如神学家眼中的上帝，其全能意志却不能想往罪恶和非理性的内容[1]。

据此，个人消融在国家当中，由此给人留下的印象是，任何对国家的批评都是一种空洞的梦呓。但是，这里所谈论的不是具体的国家，不是诸多经验层面国家中的哪一个。如果把对国家本质的认识贯彻到底，那么，个人以及在国家中的存在者虽然是一种全新的建构，但是，这种建构并非空穴来风，亦非国家的恣意行为。因为国家本身就是一种循道的结果，它本身就是一个建构，而个体所转变成的这个建构，究其根源实际上是来自个体自身。个人并不是国家的玩物，国家不会随意赋予某人尊严，这种尊严始终体现为对法律的履行，国家自己的尊严亦以此为基础。国家的权威并非来自一个事实，让人们在其面前头晕目眩，而是来自一种意义，它可被认知和觉察。国家的令人赞颂之处在于，在它身上体现一种伟大的理念，这种理念甚至主宰着大众，而绝非依赖于威慑或愚弄。因此，始终都有可能去考察这个理念在多大程度上已经转变为现实，进而也可以展开理性批判。如果只是以我们自己为评判标准，那么，我们应该闭口不言。以自我为出发点产生的抱怨，根本不值得关注。

这类抱怨也的确未曾被关注。对于人们做评判来说，非常重要的一点是，他们在公共领域作为理由所提出和主张的，应该是一个论据，而不能仅仅是情绪的宣泄。因此，人们在公共领域提出的任何批评，都不能仅仅依凭事实上的心理冲动。即使是众多的人提出要求，也始终要诉诸于其诉求的正当性，而不能仅靠其力量。如果有人批评这些人说，他们是受利益的驱动，那么，这些人就会力图去证明他们追求的乃是正当利益，若有人说他们是出于个人利益，他们就会严词否认，就像回击所受到的侮辱一样。不过，可以设想的一种情形是，某个人从自利的动机出发，但却追求某种善和正当的东西，也许这甚至就是惯常情形。对于哲学家来说，究竟是何种机制，可以迫使个人尽管以自我为中心，但却能配合某项伟大的事业，对此事业，这个人可能全然不知，这

---

[1] 施塔尔为人格上帝所准备的论点，同样也可以在这里用来证明绝对君主或教皇的绝对正确性为何必要和正当。人们甚至还可以再加一点，那就是，这样的机构的言语有一个特别的优点，那就是，它们通过日常语言来传达，可以很容易被理解。但是，恰是那些个人经历、具体事件、人格品性，那些对施塔尔证明人格上帝具有决定性的内容，在处理法的问题时需要被转化为抽象的内容。

种机制只是哲学家的次要关注点。但是，尽管如此，如果有人指责说，这些人并非出于志业的激励，而是出于对其自身利益的考虑，他们仍会觉得受到了侮辱。现在，让人觉得奇怪的是，心理冲动与志业理由之间的区别，在政治角逐的实务中，任何人都对其心知肚明，若有人指责其出于"非志业的"，"个人性"的动机，他们就会坚决否认，他们都承认，个人及其自身在这里不是决定因素，可是到了理论层面，人们却突然把这种区别忘在脑后。如果某种国家理论把个人作为价值中心，它就必须为这种价值提供正当性论证，这是因为，在"自然"当中根本不存在价值，唯一存在的价值只能是，"法律所认定的东西"。（Kant，Grundlegung zur Metaphysik der Sitten 2. Aufl. S. 79）在对志业的肯定中，包含着对客观性的认可，这种志业只能来自于规范；规范乃是单纯事实的对立面，这一点可能让许多人不解。但是，作为经验个体的个人首先只是事实。对于法，我们已经阐明，它必须优先于作为单纯事实的权力，因此，它也优先于个人，如果这个命题成立，那么法就只能是一种客观存在；法的根源不可能是个体的感受，其目标也不能指向这种感受；法完全不认识任何个人。有这样一个公式，即法律要为人服务，而不是人为法律服务，虽然它对于国家行政和经验立法具有不容忽视的现实功用，但是，关键的问题却在于，一个规范，它之所以有效，是因为它是完善和正确的，而不是因为它服务于集合起来的个人的利益。要有人存在，比这个要求更重要的是，要有善良和正义的人存在。

当人们讨论个人自由，并声称这是国家行为的界线时，实际上很容易引起误解。国家并不是像天外来客一样，从外部侵入个人的领域。对国家来说，主体、归责点、个体性这些，全都是它自愿给自己加上的。若谈论个人自由，只能在这样一种意义上来谈，那就是，国家不被看做法观念的现象，而是被看做一个权力体，个人则在一种含混不清的意义上被看做某些正当要求的承载者，或者也同样被看做一种事实，如国家一样，但国家认为全凭强力乃是不明智的做法。个人自由若欲成为具体政治诉求的公式，必须满足的前提条件是，它所针对的国家不是纯粹的法治国，而是一个实现实体目标的工具，这样的国家虽然也遵守一些规则，但是只以"不抵触政府总体原则为限"（Montesquieu）。但是，如果涉及对国家或个人的法哲学建构，那么，就必须超越这样的国家，而只关注理想的、完全为法治国的国家。如果个人的自由权只意味着，经验层面的个体始终都能要求某种特定的物质利益——例如舒适的住房或充足的收入——那么，这既不是一个法律意义上的权利，也不是一个哲学能解决的问题。

不过，从个人的角度出发，始终存在这样一种反驳，那就是，所有福祉、所有行为、所有遵守义务之举的"前提条件"都只能是个人，只有存在具体的、活生生的个人，才能谈得上所有其他。这也是施塔尔提出的最终和最重要的论点，借以论证其"历史主义"法哲学，他在反驳康德时，所提出的最强烈观点是，在他看来，当康德讨论主权者相对于臣民的义务和权利时，完全没有看到现实中的人（Philosophie des Rechts I,1. Aufl. S. 148）。但是，从截至目前的阐述中已经可以看出，康德思想的正确之处恰恰就在这里，康德真正应该受到的指责是，他没有把其结论明确地展示出来。施塔尔的反驳忽视了抽象和具体之间的对立和不可调和性，除此之外，他还犯了另一个逻辑错误，那就是把经验"前提"凌驾于价值之上，进而最粗陋的唯物主义错误也就接踵而至。据此，大脑比思维"更重要"，因为若没有大脑，就不可能有思维，而大脑还需要其他"前提条件"，例如充分的营养，而充分的营养的"前提条件"是摄入一定量的食物，后者又有前提条件，如此递推，以至无穷。在这种递推中，永远无法得到价值，至少无法推出国家或个人的价值。但是，如果从价值视角来观察这个问题，那么，国家就不可能从其他地方赋予个人一种价值，而只能诉诸于规范，也就是国家自身价值亦在此依附的规范。因此，对国家来说，其臣民的本质和价值只能包含在一种使命及其对该使命的履行当中。在法当中，存在着一种自治，但是，其承载者只能是作为"法的伦理"的唯一主体的国家，只有国家，才与纯粹的法处于对立的地位。只有针对国家，才能提出让其实现法的要求，这种要求却不能向个人提出，对于个人来说，历史发展只赋予他们这里不做详细研究的"紧急权"，而对于任何人均可实施的强制，则只托付给国家。法当中的自治与道德当中的自治含义有所不同，在道德领域，个人被看做自治的主体。把道德自治与法的自治纳入到某种亲缘关系当中，实际是从错误的对立命题当中寻求出发点，也就是说，把法与个人或者早先出现的国家与个人作为对立命题，而正确的做法是把个人完全排除在外，只有法与国家才构成对立命题。在国家当中，任何个人都不享有自治。下述情形是不可想象的，这就是，在法的世界中，闯入一个外来物，这个外来物只以其自身、其纯粹的经验特质作为其价值和尊严的依据，若是接受这样一个外来物，就无异于默认那种最含混不清的自然发生论点。如果把视野局限于物质的有体物，那么，有体的具体个人只是一个完全偶然的统一体，是原子的堆砌，其形貌、个性、特质与一堆灰尘别无二致，经过风的卷袭，而形成一个柱状体。但是，如果让视野超越于物质，那么个体的标准就在于一种价值，只能从规范中产生。由此，法以及作为法的手段的国家的价值，都只能根据法规范来评判，而不是根据个人所沉溺其中的有形物。

法学的教义史为我们提供了充分的例子，借以证明，法律观察凭借何种权威与单纯事实相对抗。这里要提及的是拟制这个非常宽阔的领域，它在法律生活中占有一席之地，并非完全出于"编辑性"理由，之所以这么说，是因为拟制的出现背景是，某种"事实"被倾听，进而被拿来比较，但该事实却并无独立的意义。[1] 拟制最常出现的领域乃是职位立法，在这里，总是存在某种形式的拟制，与此相关的最有启发意义的例子仍来自于罗马天主教学说，即完全通过授予圣职来建构超凡真理，由此，圣职不再依赖于这个超凡物，而是授予行为获得了超凡的意义。这种思想已经被固定在教会的神法当中，在最地道的意义上，它实际是一种法学思想（且是反个人主义的）：具体个人在面对其所担负的职位时，不能主张其具体的、个人性的品性，上帝在恩赐职位时，也授予了相应的理解能力，这个命题不仅对社会学有意义，对法学同样有价值，且已经被广泛认可。这类反自然主义的例子在法当中还有许多：法的"意志"相对于任何其他事实性意志的独立性，在其他地方已经阐述，若再和民事法律行为中的当事人的"契约意志"进行对比，这种独立性将更具说服力，在这里，依据"诚实信用"条款所假定的意志独立于那些无法预料的个别事件，而在互相竞争的对手心里，都在做这些盘算，另外，事实构成要件独立且超越于那些偶然的事实。不过，最明显的例子当属构造永恒性的方式，法通过继承制度实现了这一点，由此，在最基本的法律生活现象中，对于自然历史或生物规律的超越得以完美展现。遗嘱，最初为解决收养问题而出现，其意义在于使被继承人的法律人格延续至永恒，它是对尘世肉身的最伟大抽象 [2]。遗嘱把两个主体，被继承人和继承人，安置在一种法律建构当中，并由此制造出一个"法"人。甚至财产集合体和社团也可以成为这种"法人"。在所有这些问题中，那种主张否定"拟制"这个词的误解制造了混乱和困惑。据此，"拟制"这个词只是提醒人们要与外在世界做对比，它并没有把法人解释为一种虚构或设想的存在，因为

---

[1] 因此，法当中最地道的拟制并不是一种"自觉的错误预设"，由此，它不同于费英格（Vaihinger）所说的那种拟制（die Philosophie des Als ob, Berlin 2. Aufl. 1913）；"非真实性"是后来通过自然主义才添加到拟制当中的。

[2] 为说明任何对继承法的真正哲学研究都必须达到这个抽象层面，这里引述拉萨尔（Lassalle）的《继受权利的体系》（*System der erworbenen Rechte*）一书中的如下论述："关键在于……理解这样一个积极的因素，它展示了罗马法的遗嘱理念，也就是，在摆脱了自然和肉身的直接性限制的纯粹意志内在性这里，体现了主体性的本质和永恒……"（2. Auflage 1880; Ⅱ. Bd. S. 22）。"意志，作为与现实外在世界相对立的理念主体性，也必须在遗产中展现其思辨特质，由此，这个意志与财产客体的现实相对立"（同前引著，S. 209）。拉萨尔最终以莱布尼茨的一句话作为其著作的结论，他对这句话充满肯定："的确，如果灵魂不是不朽的，那么按照纯粹法，遗嘱就构不成任何有效记述了"（Nova Methodus Jurisprud. par spec. § 20）。

个体的人才是唯一"真正"的法律主体。在这种解读中，"拟制"一词的含义并未得到阐明，相反，却把经验个体与法律规范的归责点混为一谈。无论如何，把法人解释为一种拟制，正如萨维尼（Savigny）和普赫塔（Puchta）所主张的那样，对于法学方法都是一种伟大的贡献，而其他那些无数试图证明权利和义务的现实主体的努力，俱无此效。对拟制的阐述尚且还能自觉与经验性外在世界保持距离，而那些试图真切发现现实的努力，把"承载"权利或义务完全看做如同"承载"衣服或钱包一样，则已经完全沦陷于事实当中，这些人已经忘记，"法律主体"这种法学建构在任何情况下，无论是针对现实的人，还是针对有限责任公司，所涉及的必定都是一个"法"的统一体或者"法"人。只有那种把事实与构成要件混为一谈的做法，才会阻碍清晰的认知。经过费英格关于拟制的研究的推动，我们已经可以希望，这些拟制对于法学概念和观念的结构的重要意义今后将不再被忽略。"拟制"的法人是法当中所有人格的原初形象。一直等到当代经济生活出现，法人的现实意义才如此完满地展现出来，由此，人们才开始在心理上有意识地对这个问题进行法学处理，这真是应了这样一个自然定律，那就是，逻辑上最简单的关系，在历史发展中却是最后才被人们意识到。

法国大革命时期提出的理论，在其表达方式和方法中都包含着一种典型的混淆规范和事实的弊病。例如，罗伯斯庇尔（Robespierre）就是这样站在公意理论的基础上。虽然他完全从自然主义的视角来理解公意理论，进而认为，人民必须通过尽可能多的选举来行使其主权，由此，尽可能短的立法机关任期乃是人民行使其主权的最好方式——这样一种思想，若从其自然主义立场来看，肯定是正确的，但同样肯定的是，这样一种"意志"也势必在毫无灵魂的原子主义中否定其自身——但是，在反对国王的诉辩中，他却否定了吉伦特派提出的诉诸原初选民的建议，他的理由是，即使是主权人民，也不允许试图去取消共和国，"因为共和国乃是美德"。一位美德崇拜者的这样一种前后矛盾，在其看来乃是卢梭自然法的必然推论，这种矛盾可被政治家看做符合目的，并因此而接受。可是，对关注方法的哲学家来说，指出其矛盾之处乃是唯一可做的反驳。因此，在上述事例中，存在这样一种明确的选择：要么毫无保留地认可人民的单纯事实"意志"，要么就完全忽略这样一种意志，因为"美德"乃是决定因素，如果人民意志与美德相符，那么表达这种意志就纯属多余，如果人民意志与美德相悖，那么人民的投票就毫无用途。如果应该遵守的只能是理性意志，那么，起决定作用的就是理性，而不是意志。如果国家是建立在一个契约之上，且它应该如此"产生"，即许多个人聚在一起，并结合为一个共同体，这个共同体表达一个独立的共同意志，即公意，如果这样的话，这样一个"契约"已经暗示了一种先在的法秩序。那些个人，也即那些据称通过契约建立了国家的个人，不能作为随意的个体出现，而必须作为一种法秩序框架中的竞争者，由此，通过契约建立国家的这个事件意味的就不是一个历史事件，而是一个法律事件。因此，契约论的错误不在于契约这个建构，而在于把经验性的个人假设为契约当事人。

对经验层面的个人的重要性的批评表明，这样的个人既无价值也无意义。任何人都不能诉诸于单纯的事实，统治者不能，臣民也不能，作为个人，没有任何重要性。这样的定论并没有伤及"敬重"这个基本法则。人之所以配得上敬重，不是因为他是人，而是因为他是善良和值得敬重的人。政治——实践中需要强调说，任何人都没有优越于其他人的特质，这种强调乃是出于一种具体历史情境之需，在该情境中，必须防止权力的恣意，因此，这种强调有其巨大的实践意义。但是，哲学家则必须意识到，这种语境下的人不能作为自然史或生物学上的范畴来理解，人得到敬重并未因其由人生养。不过，政治家也会承认，对他来说，"理想"的状态也同样是，每个人都不能依凭"偶然"——在自然史当中，根本就不存在偶然——而只因其贡献而受到敬重，不能仅因其曾经存在就可以享受敬重，此外，他还会承认，政治的所有难题都在于在具体时代做出贡献。因此，把个人的价值回溯到其使命和对使命的完成，并没有否定个人的尊严，而是展示了通往正当尊严的道路。此处可能会遇到的反驳意见会认为，这乃是对个人的否定，实际上，否定个人的不是法和完全以实现法为其使命的国家，而是那种作为权力体的国家，那种权力争斗的事实。如何在这里帮助经验领域的个人，这已经不是法哲学的问题，同样，如何保证权力拥有者始终遵守法，也已经不是法哲学的问题。法哲学所能做的全部，就是去指出，若没有法，所有的权力都将失去意义，即使是最强大的个人，也将无处立足。超出此限的问题，则或者属于心理学和性格学，或者属于教育学和纯粹的政治技术问题。

存在间接性的时代，也存在直接性的时代。在直接性的时代里，个人对理念的投身对于人们来说乃是理所当然之事；在这样的时代里，无须组织严密的国家来帮助法获得认同，国家似乎如安格鲁斯·西流修斯（Angelus Silesius）所言，像一堵遮挡光线的墙。与此相反，在间接性的时代里，人变成实现本质的工具，国家变得至关重要，人们不认识其他的法，只知道国家所制定的法。在一种贯穿人的生命，并把个人笼罩于其剧烈起伏之下的节奏中——因为即使在这里，个人也非决定性因素，他在追逐其个人目标时，其特质就如起伏的波涛，并不知应该奔向何处，但却充满对目标的不屑追求之热情——各种对立消融在无休止的重复当中，而且，在精神生活的每个领域，这些对立都宣称自己存在的正当性，它们以各种形式出现，特别是，对各自文明和文化的主张始终以不同面貌与一种自然法传统下的重农主义主张相混淆。即使是对间接性和直接性的区别的最经典表述，即直觉思维和概念思维的对立，其所表达的对立仍然相同，对于概念、发展思维所做的最重要宣言存在于黑格尔的《精神现象学》的前言和导论中，据此，概念思维在阶段性的否定之否定中最终将到达真理，黑格尔（现在可以说：因此）把国家看做最高的道德机构。不过，在人们思考如何化解或沟通对立之前，应该首先认知这种对立的具体内容和重要意义。也许人们会发现，这里已经不存在需要去否定和证明的东西。如果继续通过比喻来说明的话，我们还可以说，间接性的倡导者可以指出，虽然源头远离大海，且只有迈过重重阻隔才能找到，但是，它却可以最终演变成汹涌的波涛；而直接性的倡导者所看到的只是，所有的水流，不管是惊涛骇浪，还是涓涓细流，最终都归于大海，在大海的无限之中找寻宁静。

（刘刚　译）

国家的价值与个人的意义

论 国 家

赫尔曼·黑勒* 著

一、德国国家社会学的起源

从社会学的角度来看待国家的观点，可以追溯到英国革命。宗教分裂之后发生的战争，在好几代人的时间里导致欧洲国家遭到摧毁，人们处于绝望之中，急迫地需要一个独立于教派和阶层纷争、能够保障法律安定性的国家权力。当时越来越世俗化的思想开始不再像中世纪那样从超验的、宗教教条观念来解释、正当化政治统治，而是从内在的、人类社会需求的角度探讨这一问题。在此过程中，一些人认为"人性"更强地受到理性、中世纪基督教自然法的世俗化规范的影响，并发展出了理性自然法的二元社会学；[1] 而另外一些人主张的自然主义、一元国家学说则认为，多多少少盲目

---

* 赫尔曼·黑勒（Hermann Heller，1891—1933），犹太裔德国国家法学者。分别在维也纳、格来兹（Graz）和基尔读大学、撰写博士论文和教授资格论文。之后先在莱比锡任人民教育部（Volksbildungsamtes）的负责人，自 1926 年至 1928 年在柏林著名的外国公法和国家法研究所（Forschungsinstitut für ausländisches öffentliches Recht und Völkerrecht）任负责人。自 1928 年至 1932 年在柏林大学任公法教授一职，1932—1933 年又被法兰克福大学聘为公法教授。1933 年他在英国做讲演途中获悉希特勒上台，便决定不再回国，转而在西班牙寻求避难，不幸当年在马德里逝世。

　　黑勒与艾里希·考夫曼（Erich Kaufmann）、鲁道夫·斯门德（Rudolf Smend）和卡尔·斯密特一样，同属于实证主义的批评者。但不同于趋向保守派的考夫曼和斯门德以及在 20 世纪 20 年代亲近天主教中央党（katholischen Zentrum）的斯密特，黑勒自 1919 年起加入了社会民主党（Sozialdemokratischen Partei）。对于黑勒来说，国家学等同于文化科学，应研究国家生活的社会现实。黑勒尤其主张应将社会国、法治国和民主结合起来，以克服不平等的阶级结构。黑勒英年早逝，但著作颇丰，全部著作收录于三卷本《黑勒全集》，其中代表作有《论主权》、《国家学》，而《国家学》并未完成，在其去世后分为片段出版。

　　本文译自 Hermann Heller, Gesammelte Schriften, Band Ⅲ, 2. Aufl., Tuebingen 1992, S. 3–23。

[1] 相反观点 Werner Sombart, Die Anfänge der Soziologie, in: Hauptprobleme der Soziologie–Erinnerungsgabe für Max Weber, München 1923, Bd. 1, S. 5 ff.。

的本能、激情和需求具有关键地位，它们驱动着人这一"最完美的动物"。[1] 在这两种观点之间，不仅存在各种各样的过渡，这两种观点也能够非常好地统一起来，在英国和法国社会学中，至今都是这种状况。[2] 无论如何，从此开始，人们在因果关系上从（原则上被认为是相同的）人性来理解国家，探讨国家的合法性。就此而言，对于人们在国家之内共同生活的现象，有时候从人的理性，即通过契约这么一个自由行为来解释，有时候则认为是基于人们共同生活的必要性（社会本能，地理、经济、心理和其他必要性）。

人在自然状态下"自然"地是自由和平等的，然而，这种学说表明，当时的人们对政治统治制度，即 17 世纪的文明社会产生了疑问。他们认为，流传下来的依出身而决定等级的社会秩序不再是恰当的。1650 年到 1750 年的专制主义时期之后，纯粹的封建制度被消除，借助其中的贵族和市民阶级，新设立的代议机构获得了广泛的代表性，阶层之间的划分不但没有被加强，反而更被动摇了，这最终导致了法国大革命。

这样，存在和意识、对象和理论最终进入现代国家社会学的视野。不依附于国家及其公法的"市民社会"就此产生，市民社会的成员在资本主义经济中，也就是在形式上的私法领域自由而平等地进行竞争。从此以后，在理论上社会也独立于国家。

在德国，黑格尔首先辩证地区分国家和"市民"社会。对他而言，社会首先是经济生活，即"需求制度"。[3] 市民社会是国家结构中的一个因素，在市民社会中，个人是独立的，他们仅仅"由他们的需求、由保护人身安全和财产的宪法以及保护他们的特别和共同利益的外部秩序联系在一起"。[4] 市民社会就已经是国家了，不过仅仅是"外部国家——紧急和理性国家"。[5]

虽然黑格尔在社会学意义上的现实主义非常了不起，但他最终停留在泛逻辑主义层面，完全限于思想本身。对他而言，真正的现实是观念现实。只有到了他的学生劳伦斯·冯·斯坦因（Lorenz von Stein）那里，社会才是"所有自由和不自由的真正源泉"，[6]

[1] Bernard de Mandeville, The Fable oft he Bees: Or, Private Vices, Publick Benefits (1714), London 1732, S. 31.

[2] Adolf Menzel, Beiträge zur Geshichte der Staatslehre, Wien 1929 (Sitzungsbricht der Akademie der Wissenschaft in Wien, phil.–hist. Klasse, Bd. 210, I. Abh.), S. 112 ff..

[3] Georg Wilhelm Friedrich Hegel, Grundlinie der Philosophie des Rechts, in Werke, Bd. 8 (Hg: E. Gans), Berlin 1833, § 188 (S. 254).

[4] AaO., § 157 (S. 221).

[5] AaO., § 183 (S. 247).

[6] Lorenz v. Stein, Geschichte der sozialen Bewegung in Frankreich von 1789 bis auf unsere Tage (1850), München 1921 (Hg. G. Salomon), Bd. I, S. 52.

而真正的国家从此以后不能够"置身于社会之外"，[1] 而只是"社会秩序在国家权力组织上的后果或表现"。[2] 保守的思想虽然研究社会学上的基本问题，但是拒绝社会概念的绝对化。弗里德里希·尤利乌斯·施塔尔（Friedrich Julius Stahl）说："国家及其宪法的基础在于社会，而反过来，社会通过国家聚合在一起。"[3] 国家的社会化是由马克思和恩格斯完成的，他们得出了这一观点："国家形式之类的法律关系无法从本身来理解，也不能够从所谓的人类精神的一般发展来理解，而是植根于物质生活，黑格尔将全部物质生活总结为'市民社会'"；[4] 他们认为，如下观点只是一种政治迷信："市民生活必须由国家予以保障，而实际上则相反，市民生活保障了国家"。[5]

在 19 世纪通过社会和历史对国家进行解释和正当化的社会学方法，最初产生于革命意愿，其目的是寻找实践行为的突破口，后来就成为一般性的科学原则，尤其是也被法国和德国反革命思想家所运用。浪漫主义者和实证主义者都想从现实政治驱动力和权力格局、从静止的施动者（unbewegte Beweger）来解释国家。然而，在 19 世纪，人们一般不再从超验的上帝意志，也不再从人的理性来看待国家，而是将国家相对化为特定历史条件下的人们的实践、心理行为，相对化为唯一的或者说唯一具有本质性的历史社会现实。就此而言，保守的思想着眼于已经形成的国家，往往将国家归结为暗中起作用的、非理性的民族精神，而革命思想则着眼于形成过程中的社会和经济，认为其是真正的现实。

在 19 世纪上半叶，从社会学来看待国家的观点在德国也成为通说。[6]1848 年市民阶级革命失败、市民阶级不得不接受了其在政治上没有力量的局面之后，德国国家社会学才慢慢消亡。从此以后，"德国"理想主义国家观念与"西方"的，往往是自然主义性质的国家社会学相对立。实际上，根本不存在统一的德国国家观念。市民阶级学术界中的民族自由思想包含了两个完全不同的国家概念，时至今日，在实践上和理论上这两个国家概念都未能统一起来。形式法治国、国家所有行为应当合法的原则大体上确立起来以后，人们将国家视为权力，视为历史上的现实人格等。国家在概念

---

[1] AaO., Bd. I, S. 51.

[2] AaO., Bd. I, S. 69.

[3] Friedrich Julius Stahl, Die Philosophie des Rechts, Bd. 2 Ⅱ, 5. Aufl., Freiburg i. Br. 1878, S. 53.

[4] Karl Marx, Zur Kritik der politischen Ökonomie (1859), 5. Aufl. (Hg. K. Kautsky), Stuttgart 1919, 该书前言由马克思撰写, S. 54。

[5] Karl Marx und Friedrich Engels, Die Heilige Familie, oder Kritik der kritischen Kritik (1845), in Franz Mehring (Hg.), Aus dem literarischen Nchlaß von Karl Marx, Friedrich Engels und Ferdinand Lassalle, Bd. 2, 2. Aufl., Stuttgart 1913, S. 227（该引注取自马克思）。

[6] 参见 Robert v. Mohl, Encyklopädie der Staatswissenschaften, Tübingen 1859, S. 42 ff.。

德国魏玛时期国家法政文献选编

上并不清晰，是一个神秘的生物，或者说是一个英雄式的超人来做出行为。国家是非人格的（由不感兴趣的官员操作的）、对于法律上具有自由平等地位的个人的"法律之治"，但是却成了法律人所研究的国家学的对象，并且在这个领域，在格贝尔（Gerber）、拉邦德（Laband）、格奥尔格·耶里内克（Georg Jellinek）的引领之下，国家成为一个拟制或抽象，直到国家学上最终不再存在国家，而是由法律秩序取而代之，甚至有人竟敢提出，这种国家法学是"国家学中内容最丰富的部分"。[1]

从社会学的角度来看，这种内在围绕规范的、超越现实的、法律意义的国家学说是反社会学的，它首要地反映了希望维护现有国家制度的阶层的利益。有人通过将国家相对化为静态的实证法律秩序并主张这是"逻辑上"必要的，持这一论点的人们似乎认为，这样国家就脱离于社会上的权力关系了。[2] 然而，除此以外，这种没有国家的国家学不仅仅是国家学的危机，而且是深刻的国家危机的一个明显表征，而这种国家学又加剧了国家危机。[3]

直到20世纪初期，德国国家社会学才开始再次苏醒，而在此之前，只有一些学术的门外汉［马克思主义者，拉岑霍费尔（Ratzenhofer）、昆波罗维兹（Gumplowicz）］注意这个领域。直到今天，国家社会学还在为得到正统学术界的认可而努力，当然，其不完整的状态也在很大程度上影响其得到承认。在19世纪上半叶，社会学进路的国家理论家采取政治的、因此同时也就是全面的立场，他们关注实践，将国家放在研究的中心位置，尊重国家产生和改变的众多原因。与此完全不同，20世纪的国家学往往强调"客观性"，也就是说在研究其对象的时候，对政治现实的问题并没有什么兴趣，并且往往只从单方面的部分现象出发来研究国家。

二、关于国家产生过程的社会学

任何一种社会学角度的国家理论都是对国家的首次或者第二次产生过程进行的内在解释。按照社会学眼光，国家总是社会中人们的产物，是社会的一种作用形式。然而，就人的意识和精神对于国家的产生所起的作用而言，不同的社会学国家理论之间存在重大不同。在自然法崩溃之后，存在一个非常普遍的倾向，就是将人视为某种劣

[1] Hans Kelsen, Der soziologische und der juristische Staatsbegriff. Kritische Untersuchung des Verhältnisses von Staat und Recht, Tübingen 1922, S. 1.
[2] Siegfried Landshut, Kritik der Soziologie. Freiheit und Gleichheit als Ursprungsprobleme der Soziologie, München1929, S. 114 Anm. 23.
[3] Hermann Heller, Europa und der Fascismus, in Gesammelte Schriften, Bd. 2, S. 467 ff..

等的存在，认为人的行为在所有社会构成体（soziale Gebilde）的产生中只起到很小的作用。最广泛意义上的理性被相对化为各种各样的非理性力量，[1]按照主流社会学观点，大多数事物发展过程都超出了人们的意识范围，在此过程中，人或多或少是盲目的工具。在国家的产生和变化问题上，人们认为，地理或物理和人类学的事实、或者心理的基本本能、或者经济技术因素起到关键作用。

在自然主义的国家社会学中，历史最为悠久的，当属从地理出发来看待有关问题的国家社会学。英国的腾普（Temple）就想从（最广泛意义上的）气候来解释国家的特性，然后孟德斯鸠以及德国的赫尔德（Herder）也这么做。在当代，拉采尔（Ratzel）[2]重新发现政治地理学，也就是现在人们所说的地缘政治，瑞典人契伦（Kjellén）使其流行起来。这个学说试图用地表即岩石层、海洋和大气层的物理特征所产生的作用来解释国家行为。这一学说较少研究地球物理对于人们生理、精神习性的作用，而是较多研究气候、地形、土地成分对于居民的经济、军事以及政治行为的影响。它成功地解释了特定国家为什么具有某些特征。但是，在自然、社会状况以及人们的行为纷繁复杂的背景之下，为什么国家是一个行为整体？对于这一现象，仅仅从这一点该学说就无法做出解释：同样的地理条件既能够在政治上促进融合，也能够促进分裂。

社会人类学或者说政治种族理论将国家的产生、国家行为的不同归结为种族之间的差异。在德国境内，奥地利人路德维希·昆波罗维兹（Ludwig Gumplowicz）[3]创立的国家起源学说就属于这个流派。在这个学者看来，国家是一个社会机构，是胜利的部落强加于被战胜的、属于不同民族的部落之上的，其唯一目的是对内、对外巩固胜利的少数所进行的统治。没有任何国家"一开始就不存在统治者和被统治者之间的种族差异，而只是国家的社会发展导致了社会融合以及国民一体化"。[4]古斯塔夫·拉岑霍费尔（Gustav Ratzenhofer）[5]和弗兰茨·奥本海默（Franz Oppenheimer）[6]继续发展了这一理论。

戈宾诺（Gobineau）[7]的种族理论主要并不着眼于国家最初的产生过程，而是关注

[1] Karl Mannheim, Ideologie und Utopie, Bonn 1929 (Schriften zur Philosophie und Soziologie, 3).

[2] Friedrich Ratzel, Politische Geographie oder die Geographie der Staaten, des Verkehres und des Krieges, München 1897.

[3] Ludwig Gumdplowicz, Der Rassenkampf, Innsbruck 1883.

[4] Ludwig Gumdplowicz, Grundriß der Soziologie, 2. Aufl., Wien 1905, S. 194 ff..

[5] Gustav Ratzenhofer, Wesen und Zweck der Politik als Teil der Soziologie und Grundlage der Staatswissenschaften, 3 Bde., Leipzig 1893.

[6] Franz Oppenheimer, Machtverhältnis, in Handwörterbuch der Soziologie (Hg. A. Vierkandt), Stuttgart 1931, S. 338–348.

[7] Arthur de Bobineau, Essai sur linégalité des races humaines, 4 Bde., Paris 1853–1855.

之后的政治变化。[1] 根据他的观点，所有文化和历史只是不同的、存在价值差异的种族类型的混合，而不同种族是从远古开始就确定下来的。不仅仅是在欧洲，甚至在中国、埃及、墨西哥以及秘鲁，国家的形成都归结为高贵的血统，也就是说白人成分或者说其雅利安分支以及日耳曼家庭。而这种高贵血统被吸收，则逐渐导致了全人类的退化。豪斯顿·斯蒂华·张伯伦（Houston Stewart Chamberlain）[2] 及以其为代表的民族种族理论使这种反民主的种族理论得到传播。

仅仅考虑到这一点，即国家的政治统一无法仅仅从人类种族的多样性来理解，国家的存在和特征就不能通过任何种族理论得到解释。即使统治集团内部某种族和政治行为的特征之间确定无疑地存在联系，即使目前的学术研究在种族卫生学方面 [3] 取得了一些重要的认识，仍然无法勉强地指出种族和政治之间存在什么明确的联系。

在从心理角度进行研究的国家社会学看来，如果人的精神行为在国家的产生中起到什么作用的话，这个作用也是非常小的。这种学说强调感觉和意识之外的事物，即"本能"。在这方面，时至今日，人们仍然往往援引亚里士多德 [4]，有时候这种本能是权力意志，有时候是群居本能，有时候是模仿本能、臣服本能，或者就是社交本能。即使不考虑所有其他方面，这种对于国家的解释相当于什么都没有说，因为这种本能既能够对国家产生正面作用，也同样能够产生负面作用，既不能从一个本能，也不能从所有本能来推导出国家。国家也不可以归结为个人容易受到大众心理感染的现象，这种感染把个人变成了"没有意志的自动机器"[5]。[6] 对于大众之间特别的联系纽带为何的问题，弗洛伊德 [7] 的回答是爱的本能，这种本能偏离了其原来的目的（什么目的？）。正确的是，这种心理过程，尤其是大众心理过程对国家的形成具有重大的促进作用，也有重大的阻碍作用；同样正确的是，正因为这两种可能性都存在，这样来解释国家整体是不可行的。然而，即使是与不久前占统治地位的心理学相比，自然主义色彩较轻的心理学也不可能从个人的主观经历过程跨越到国家整体的客观现实，除非这种心理

[1] 参见 Friedrich Hertz, Rasse, in Handwörterbuch der Soziologie (Hg. A. Vierkandt), Stuttgart 1931, S. 458—466（S. 459 ff.）。

[2] Houston Stewart Chamberlain, Die Grundlagen des neunzehnten Jahrhunderts, 2 Bde, München 1899。

[3] Fritz Lenz, Menschliche Auslese und Rassenhygiene, 3. Aufl., München 1931.

[4] Aristoteles, Politik, 1253a.

[5] Gustave Le Bon, Psychologie der Massen（法语原版为 1895 年版）, 3. Aufl., Leipzig 1919 (Philosophisch-soziologische Bücherei, 2), S. 16。

[6] Paul Plaut, Prinzipien und Methoden der Massenpsychologie, in E. Abderhalden (Hg.), Handwörterbuch der biologischen Arbeitsmethoden, Abt. Ⅳ (Methoden der experimentellen Psychologie), Teil C I 4, Leipzig 1925, S. 119—280；以 及 Gerhard Colm, Masse, in Handwörterbuch der Soziologie (Hg. A. Vierkandt), Stuttgart 1931, S. 353—360。

[7] Sigmund Freud, Massenpsychologie und Ich-Analyse, Wien 1921, S. 64.

学不再是心理学。

那种经济技术角度的社会学立足于自我保存本能，即"生命的生产和再生产"[1]，这方面最著名的是马克思主义者。这种理论已经假设存在有意义的社会行为，然而，由于过分强调经济意义，仅仅从人在生产过程中的地位来界定人，将市民社会完全界定为经济阶级社会，这样，国家要么是统治阶级的经济压迫工具，要么——在无产阶级专政之下——就是之前被统治者的经济压迫工具，而没有别的可能性。除此以外，国家在社会上没有任何必要性。不仅当今国家的结构、组织，而且国家的产生和存续都只应当从阶级对立来解释。它只是在特定"社会阶段"[2]的社会产物，也会和阶级社会一起消亡，也就是在"社会"、"在自由而平等的生产者联合的基础上重新组织"生产活动的时候消亡。[3]

就所有这些国家社会学而言，它们都假设了一个国家概念，它们自己并没有提出国家概念，更谈不上内在地解释这个概念。但是，马克思主义使用了一个部分代表整体的国家概念，在新"组织的社会中"，这个国家仅仅出于这个原因而不会再出现：因为这种社会是一个脱离现实的乌托邦。毫不夸张可以确定的是，社会学（和主流法学一样）无法解释国家问题。社会学家习惯于精确地研究虽然数量巨大，但是往往旁枝末节的社会生活中的现象，他们对这些话题也有大量论述：国家在历史上几乎没有任何记录的年代可能是如何产生的；在最遥远的将来会是什么样子。然而，对于这些问题——国家是什么、如何将国家的具体存在理解为必要的、历史上是怎么形成的，不仅仅是社会学家的回答，甚至他们提出的问题通常都是完全不能让人满意的。

三、基本问题

国家作为客观的、现实的、在社会历史世界活动的整体，应当如何理解？这一问题涵盖了也预先回答了国家社会学的所有问题。

（一）社会现实

社会学家和法学家要么把国家视为自然主义的、可感知的物体［尤其是大多数组

---

[1] Friedrich Engels, Der Ursprung der Familie, des Privateigentums und des Staats (1884), 17. Aufl., Berlin 1919, S. Ⅷ, S. 8（第一版前言）。

[2] AaO., S. 177.

[3] AaO., S. 182.

德国魏玛时期国家法政文献选编

织理论持有这种观点，但是迪尔凯姆（Durkheim）等人也持这种看法]，要么在所谓的理想主义角度否定国家的现实性，将国家宣称为一个思维工具，一种抽象、幻想或者假设。[1] 要认识社会现实的话，无论如何都不能在这个层面撕裂自然和精神、行为和行为的意义、实然和应然、意志和规范。原因在于，人的行动是有意义的，人在社会上的实际作用就构成了社会现实。人的这些有意义的行为干预自然现实，但是——作为意义的实现——同样也超出自然现实，仅仅由于人的行为被"理解"，从而解除了个人的封闭状态，导致了联合，这就已经超出自然现实了。国家既不可能是"行为的意义"，即一个精神王国，也不可能是"本身没有意义的行为"，[2] 即一个混乱无章的事物，而是和所有的社会现实一样，在其"是意义实现"的限度内，只要它是人的行为和事实，即持续地通过人的有意义的、文化上重要的行为得到更新，它就是真正地是现实的。[3]

（二）人的组织的本质

有一种往往被称为原子论的理论（根据当代原子理论，这种理论是错误的），它否认国家是客观现实的整体。原子论是主流社会学和法学的基础，它认为众多的单个的"我"是相互孤立的，是没有窗户的单子，它们无谓地试图通过僵化的"我"之间的"相互作用"或者"关系"而进入到社会世界。这样，国家就和任何其他组织一样，只是表面上被集合在一起的"因素"的总和，而绝对不是一个现实的整体。所谓的"有机"国家学说则犯了相反的错误。在原子论看来，组织是一个虚拟，因为组织成为"我"的功能。有机学说［例如奥特马·斯潘（Othmar Spann）］虽然将组织视为现实的整体，并以此为出发点，但将其视为实质，从而将个人视为组织的功能，个人成为虚拟，个人根本没有能力（通过应当由其经常重新做出的行为来）建立国家。只有通过使个人和组织相互归属，只有一开始就将个人视为共同体的一部分、认为共同体通过个人而具有活力，任何一方缺了另外一方都无法想象，才能够正确地处理个人和社会因素之间的关系。[4] 只有通过这一方式，才可能避免主观和客观的机械分离，才可能认识到所有文化都是人的作用的产物，而个人作为人，也是由其对文化的参与而界定的；[5]

---

[1] Hermann Heller, Die Souveränität, in Gesammelte Schriften, Bd. 1, S. 42 ff.; S. 99 ff.
[2] Kelsen, Staatsbegriff（见 Anm. 14），S. 159。
[3] Rudolf Smend, Verfassung und Verfassungsrecht, München 1928, S. 45.
[4] Theodor Litt, Individuum und Gemeinschaft. Grundlegung der Kulturphilosophie (1919), 3. Aufl., Leipzig 1926, S. 46 ff.; 142 ff..
[5] 相反观点参见 Georg Jellinek, Allgemeine Staatslehre (1900), 3. Aufl. (Hg. W. Jellinek), Berlin 1914, S. 136：国家是"客观的即存在于我们之外的现实"的一部分。

只有这样，才能认识到单个行为以整体为条件并且受其影响，同时单个行为能够界定整体。

国家的整体，与任何组织的整体一样，只有在其持续由（被组织为作用整体的）人的行为所创造的限度内才是现实；它的现实性存在于其当下性。[1]

四、团体整体的客观现实

（一）社会秩序的客观现实

团体是有秩序的组织。任何团体，也包括纯粹的目的团体，而尤其是国家这样的组织起来的实质团体，都不能够完全随意地组织人的行为。国家虽然可以对众多既存的自然和社会秩序多多少少进行改造，但总是必须利用这些既存秩序中的大部分内容来服务于自身建设，将其纳入自身的组织。

在多种意义上，这些社会秩序具有客观现实性。作为人的事实上有规律的（并非没有例外的）行为，社会秩序是一个事实过程，对单个行为总是已经具有了客观现实的约束力。但是，在很多情况下，"人的心理"[2]与这种事实上的规律性相对应，产生了规则要求（习俗）；"事实的规范力量"[3]得到维护，通常的行为就成为规范要求的行为，尽管程度上存在很大差异。如果这种规则不仅仅是"客观精神"[4]，而且权力提出遵守这一规则的要求并且确保其实施，有组织的秩序就产生了。因此，任何事实上的社会秩序至少在心理上是有实效的，此外，任何有实效的规则要求都具有精神上的客观性，而只有有组织的秩序才包含了客观现实统治实体的要素。因此，主张"组织只是秩序的外来词"[5]完全是任意的，混淆了决定性的社会学意义上的区别。

（二）组织起来的整体的客观现实

组织起来的秩序的客观现实整体，依赖于个别或者集体统治者的有实效的决策，这又依赖于统治者的"命令"通常能够得到（自愿或者强迫）服从，而无论命令的内

---

[1] 以"社会"和"团体"为文章标题并对此做相关讨论的文献可参见 Alfred Vierkandt, Gruppe, in Handwärterbuch der Soziolgie (Hg. A. Vierkandt), Stuttgart 1931, S. 239–253; Theodor Geiger, Gesellschaft, in aaO., S. 201–211。

[2] Friedrich v. Wieser, Das Gesetz der Macht, Wien 1926.

[3] Georg Jellinek, Staatslehre, S. 337 ff..

[4] 参见 Hans Freyer, Theorie des objektiven Geistes (1923), 2. Aufl., Leipzig 1928。

[5] Kelsen, Staatsbegriff, S. 143 f.; 180 f.

容为何、是否违反一些人的意志。

秩序是规则所要求的、事实上的行为的规律性。只有在可规范的情况下，即在可预见的通常情况下，才能通过秩序来维护团体的整体性。在所有不可能预见的情况下，以及在制定规范不利于维护统治的情况下，都不应当制定规范。在第一类情况下，统治者往往需要确保自己的一个与一般性规范相矛盾、违反规则的命令得到服从，以此来维护自己的统治（例外状态）；在第二类情况下，统治者需要根据自由裁量来行为，以此维护自己的统治。这些情况特别清晰地证明了有组织的秩序与无组织的秩序之间的区别。[1] 有组织的秩序不仅仅通过服从规范的行为，也必须通过仅仅是服从统治的行为而得到维护。

统治就是对人的能力（Leistungen）（不一定是心理过程）的支配。（无论是专制的还是通过多数决议产生的）统治结构的客观现实整体都产生于代表行为，即代表们能够统一支配、通过专制或者民主命令来统一确定、更新（akutualisieren）团体成员的（累积起来的）能力。只有在权力整体通过具体的代表者得到实现的时候，团体才成为客观现实的、在社会历史世界活动的权力整体。

五、国家整体的客观现实

国家也是通过持续更新的、创立领土统治整体性的行为而产生并存续的。这些行为的动机，包括自愿、社会上的（没有组织的）强制，直到国家强制。当然，成功的篡权、武力征服或者不可调和的阶级矛盾能够将自愿认同降低到微不足道的最低限度，[2] 而统治（作为统治者和被统治者之间的关系）并不总是以一个既存的价值共同体为前提的，并不是只有在一个价值共同体内部才能够进行统治。[3] 即便如此，既然中世纪的教会学者都这么说过，这一点就并不是诡辩：即使在这样的情况下，对于统治的存续来说，权力统治通过人民的默示或者明确同意而事后得到正当性，是必要的。[4]

正确的看法是，长期的稳固的国家统治只能依赖意义和精神的统一，通过公民灵魂[5]，而不能够仅仅依赖表面服从行为。

---

[1] Heller, Souveränität, S. 123 ff..

[2] Opeenheimer, Machtverhältnis（见 Anm. 22），S. 341 f..

[3] Smend, Verfassung（见 Anm. 36），S. 34.。

[4] Otto v. Gierke, Johanes Althusius und die Entwicklung der naturrechtlichen Staatstheorien (1880), 3. Aufl., Breslau 1913, S. 79.

[5] Marsilius von Padua, Defensor Pacis (1324), Teil I, Kap. 15, § 6, 转引自 Gierke, aaO., S. 95 Anm. 55。

一国领土之上的居民受到共同的自然和文化事实的习惯影响，无须社会或者国家强制而自动做出一些行为，我们将这些行为视为是自愿的。然而，一种肤浅的唯理智论认为，真正的感知语境只是作为没有窗户的单子的个人内部的、现实的、目的共同体的团结感受（Solidaritätsbewußtsein），因此，当然就有很多公民并没有或者说没有长期由这些理性的目的来有意识地统一起来。这样，只能把国家的整体性等同于观念上的规范体系，即法律秩序的整体性。[1]

系统的国家学认为，所有这些自然的共同动机，包括土地、血缘、大众心理的相互影响、模仿等，虽然本身从来不能够建立国家的整体性，但是能够促进（不过也能够阻碍！）国家的整体性。人们往往意识不到这些因素的凝聚效果，就此而言，它们和其他融合因素一样，人们感觉不到它们对于促进整体性的直接作用。伟大的领袖、标志、进行曲以及所有社会制度，尤其是人员、事物和功能上的融合因素，都是如此。斯门德（Smend）[2]对这些因素的融合作用进行了深入探讨。即使促进整体性的行为同时是国家规范的要求，行为人往往意识不到有关的国家规范，而该规范及其所规定的国家强制就更谈不上构成行为的本质动机。如果父母只是因为了解并且承认（对国家整体性非常重要的）《民法典》家庭法才抚养小孩的话，任何国家整体性都难以存在。里特（Litt）的研究已经说明，在现代人口众多的国家，通过各种方式的"社会中介"，任何人都和其他所有人在同一个长期存在的经历语境之中。[3]

但是，即使政治上的集体身份认同使得人们采取促进整体性的行为，国民的团结基于人们有意识地拥护某一具体的国家（当然，有意识和无意识之间的界线是流动的），这种共同意愿虽然能够统一个人的行为，但是完全无法消除个人之间、群体之间在意志上的区别和对立。任何政治上的集体身份认同都产生于妥协。即便这种妥协存在于个人之间或者群体（党派）之间，妥协也由个人内心完成。在所有时候，一个国家总是在整体上得到认可，而不是得到所有成员的承认。对意志统一过程以及一国的特定国家结构而言，很大程度上外交、社会，特别是经济方面的动机具有关键意义，甚至是决定性意义。然而，所有这些过程并不就能够促成国家的客观现实整体性。法律人所称的国家意志和国家权力，只有在国家的代表能够对领土之上的居民的行为统一做出决定、能够通过有意识的意志行为统一支配居民的能力（Leistungen）的时候才真正存在。无论是在社会学上还是法学上，国家的整体性只能理解为组织起来的统治体。

[1] Kelsen, Staatsbegriff（见 Anm. 14), passim (S. 143 f.; 180)。

[2] Smend, aaO.

[3] Litt, Indiviuum und Gemeinschaft, S. 265 ff..

德国魏玛时期国家法政文献选编

统治就是获得服从的能力，而无论服从者内心是否认同对其颁布的命令。统治是国家意志统一的最一般的形式，之所以这么说，原因有二：首先，在国家虽然整体上得到认同，但是个别命令得不到服从的情况下，国家组织的层级结构依赖于统治；其次，国家作为统治，对领土上的所有居民都是现实的经历，也就是说，即使对于不仅内心整体上否定国家，而且事实上拒绝做出国家要求的行为甚至威胁国家存在的人，国家的效果整体仍然得到维护。一种错误的观点认为，统治以及作为其最终手段的物理强制构成了国家的现实力量。实际上，在通常时期，国家的统治在更大程度上依赖于人们的自发行为以及社会认同，而不是（国家组织的）强制。国家所发布命令的内容，绝大部分来自现行社会规范和价值观。在这种意义上，真的是社会保障了国家的内在凝聚力。另外，国家保障了社会的内在凝聚力：一方面，近代国家保障交流和法律安全，"垄断物理暴力"[1]，国家作为现实的，尤其是作为潜在的强制，对于任何社会价值观和规范都能够起到不可或缺的保障作用；另一方面，在多大（总是有限的）程度上国家能够否定社会价值观的效力，并且用新的社会价值观予以取代，很大程度上取决于一个国家统治的强度。

如果说对任何（专制和民主的）国家而言，规范、有组织地强迫人们做出促进同一性的行为是必要的，命令的设定和执行就不能来自"规范"或者来自"创造法律统一性的基本公式"[2]，而只能来自具有行为能力的、现实的（个人或者集体）决策和效果整体（Wirkungseinheit）。这一现实的、具有行动能力的权力主体产生于（前面简要描述的）个人（物理、经济和精神）力量的集合，国家代表对内、对外将个人力量整合为一个效果整体。（在国际法上也没有争议的是，）只有在其领土上能够事实上贯彻自己的意志的时候，一个国家才算产生了。

六、国家秩序的整体

因此，把国家法律秩序的统一性仅仅视为"对法律规范进行的研究的产物"[3]，极大地混淆了逻辑观念和社会学意义上的现实。因为有一个现实的国家统治整体，并在此限度，才存在统一的国家法律秩序；因为存在现实的国家统治体系，并在此限度内，才存在法律规范体系；因为法律制度的矛盾对统治整体构成威胁，是事实上的混乱状

[1] Max Weber, Wirtschaft und Gesellschaft (1921), 2. Aufl., Tübingen 1925, S. 29 f.
[2] Kelsen, aaO., S. 215.
[3] AaO., S. 200.

况，并在此限度内，才存在没有内在矛盾的法律制度；因为存在现实的社会学意义上的国家整体，才存在"特别的法律规范意义上的整体"。[1]

进而言之，从社会学角度来看，法律本身就是规范人类社会的一个有效手段，在（继受罗马法之后的）近代国家，法律也是一种国家统治手段。这不仅无损于法律的伦理正当性，甚至还能够获得部分以前丧失的伦理正当性。从统治整体的角度来看，法律保障人们重复做出确立统治的行为。立法者（而不是法律人！）之所以要求人们做出这样的行为的时候没有规定例外，而且通常都对法律的有效期没有限制，是因为人们应当长期无例外地做出规范所要求的行为（这在现实中是不可能的），对统治是最佳状态。如果希望盗窃行为尽量少发生，那么，就必须要求盗窃者受到惩罚，而且是按照规定方式被惩罚，即使我们知道任何实证法规范都是临时的，而且事实上小偷只是通常而不是毫无例外地都受到惩罚。对法律人和社会学学者而言，法律都是客观的、有实效的，即使是社会学也不能将法律完全视为人的行为过程。然而，对这两种视角而言，实然和应然、事实和规范、效力和实效、事实上的规律性和观念上的毫无例外性都处于平行关系之中。虽然法律人主要对应然，然后才是对实然感兴趣，而社会学学者则恰好相反，但是，两者都不能片面地割裂应然和实然。特别是法律人虽然习惯于把法律规范视为不受时间限制、不依赖于其在个别情况下是否得到遵守，但不应该忘记，所有法律只是在一定的时空范围之内有效，必须由特定的法律共同体维护其效力。因此，无论是从社会学还是法学立场来看，都不得把国家视为没有人格的规范秩序。法律人（而不是社会学学者）必须认识到，国家作为一个权力和统治整体，是一个实体概念；因为它是个权力整体，所有法律关系都依赖于这一权力整体，法律人必须将国家构造为一个法律主体。

七、国家整体的主权

与其他人员团体不同，国家是领土统治团体，也就是说，在国家领土（即其通常的统治领域）之上的任何人都要服从国家统治行为。主权属性是（从博丹以来的）近代国家不同于其他区域组织（城镇、省、联邦国家的成员国）的地方。在所有经济、精神和政治领域分工高度发达的时代，只有通过这种属性组织起来的国家权力整体才得以对内对外保障不可缺少的、有计划的理性秩序。与此相应，主权概念是指统治整

[1] Heller, Souveränität, S. 111 ff..

体在其领土内通常能够独立摧毁任何威胁其存在的意志行为的事实能力。也就是说，近代国家是在领土之上的潜在的、广泛的决策和实效整体，在必要情况下，国家以抵触实证法的方式贯彻自己的意志。

八、国家整体的社会意义

如果没有包含具有主权的国家整体的社会意义，社会学意义上的国家概念就仍然是不完整的。从启蒙时期的自然法以后，人们通常用特定的理性目的来解释国家和对其进行正当化，即认为使得国家整体性得到实现的人们有意识地追求这些目的。当然，政治人和同时代的经济人的观念都并不符合现实。这两个概念都只是通过逻辑上的隔离和观念化而产生的范畴概念，它们表达国家和经济的社会客观（而不是主观）意义。但是，为了实现国家及其客观意义，并不需要人们意识到特定的国家目的。日常生活告诉我们，一个主观的行为（如说话、问候）实现一个客观的意义语境环境（语言、交往习惯），尽管人们往往完全意识不到这一意义语境。对外部现实进行干预的社会行为首先必须遵守自然规律，但是——至少为了得到理解，也需要遵守有关意义领域（Sinngebiet）（例如语言）的特点。事物的这种内在逻辑的规律性导致了一个宏观语境，这个语境远远超出所有主观设定的目的。"对于社会生活这块布来说，尤其是这样：编织者并不知道自己在编织什么。然而，只有有意识的生物之下……才可能出现高级的社会的构成体；只有高级的社会组织才出现在个人的目的性意识之外，形成于个人之外。"[1]因此，在无数情况下，国家的意义也是通过许多追求其他目的的行为而实现的。国家的理性组织，而不是整个国家作为组织起来的生活形式（它与纯粹的目的组织相对立），才是人的理性进行计划和设定目的的产物。（历史上和不同文化之下完全不同的）人的生活是有秩序的共同生活。在特定阶段，为了维护秩序，以及为了（在物理和精神上）自我保存、发展，这种社会生活需要（民族或者超民族形式的）主权国家。在内容上，国家和通过国家并在国家之内进行的社会生活具有同等意义。

九、国家的概念

在我们所处的历史阶段，国家整体自我保存、共同生活的必然秩序都是互为条件

[1] Georg Simmel, Die Problem der Geschichtsphilosophie, 3. Auf., Leipzig 1907, S. 19.

的，因此可以这样说：国家是一个统治结构，它通过代表使得人们的共同行为得到现实化（aktualisieren），长期处于更新状态，它是对特定领域的所有社会行为进行规范的最高层级。

社会学意义上的国家学的国家概念既不应当片面地过于动态，也不应当片面地过于静止不变。与任何社会构成体一样，国家有一个形象；具体而言，它是一个相对长期的、特定的人之间的统治关系，是"来自生活的构成体"[1]。因此，国家既不是一个融合的过程，也不能视为行为过程的机会，因为这两种看法都没有认识到国家的相对静止的组织和形式特征。因为它是来自生活的形式，国家概念的建构必须也包含相对动态的特点，以及包含国家长期以持续更新的人的行为为条件的事实。但是，因为这个原因，国家的社会功能是一个核心的概念特征，因为只有这样才能将其区别于一个强盗团伙。[2]

（谢立斌 译）

[1] Hans Freyer, Sozioglogie als Wirklichkeitswissenschaft. Logische Grundlegung des Systems der Soziologie, Leipzig 1930, S. 174 ff.

[2] 参见 Werner Sombart, Grundformen des menschlichen Zusammenlebens, in: Handwärterbuch der Soziologie (Hg. A. Vierkandt), Berlin 1931, C II 1 (S. 227 ff.)。

论人民意志问题

艾里希·考夫曼* 著

"人民意志"的概念预设了"人民精神"这一概念。二者均源自 18 世纪的政治和法律哲学，关于二者的经典表述在一百多年前就已创立。19 世纪后半期和 20 世纪早期的心理主义和实证主义经常拒斥这两个概念或者认为二者应当从认识论上消解并逐渐地清除。我没有忽略这两个概念需要一个新的基础这一事实。但是，我认为当下的哲学潮流，从新康德的认识论转向了本体论，并带有亚里士多德、托马斯·阿奎那复兴的特征，以及黑格尔再次得到了正确的理解，这些或许能成功地为这一问题的新本体论的解决方案提供基础。我认为该问题是一个本体论问题，我反对这样一些哲学家或人文学科的学者，他们认为能够发现或创造一种独特的唯心主义的思路，甚至是一

* 艾里希·考夫曼（Erich Kaufmann, 1880—1972），出身犹太家庭，但接受基督新教洗礼。先后在基尔大学、柯尼斯堡大学、柏林大学和波恩大学任教。考夫曼于 1927 年作为名誉教授重回柏林大学，于 1934 年聘为正式教授（ordentliche Professor），但因为国家社会主义法学家卡尔·斯密特写信给文化部，控告考夫曼的犹太出身不适合在德志大学任教，同年又被逐出大学正式编制。考夫曼于是在柏林尼古拉湖（Berlin-Nikolassee）边的家中给学生开设研讨课，但"尼古拉湖研讨课"（Nikolasseer Seminare）也于 1938 年被禁止，于是考夫曼逃往荷兰直至战争结束。考夫曼于 1946 年重返德国并任教于慕尼黑大学直至 1950 年退休，自 1950 年至 1958 年则担任德国联邦总理和外交部顾问以及波恩大学的名誉教授。

考夫曼是魏玛时期以及早期联邦国最重要的国家法和国际法学者之一，是古典自然法的捍卫者，主张从本体论和形而上立场理解法律。在魏玛时期的国家法学方法论辩论中，考夫曼反对占支配性地位的法律实证主义方法，尤其反对新康德主义法哲学以及凯尔森的形式主义法学。考夫曼和斯门德一样尝试寻找实证法律规范背后的意义，但同时批评斯门德的"整合"（Integration）概念过于形式，认为宪法规范的实质内容应该追溯到自然法理念。另外考夫曼和斯门德一样主张立法者应该遵守基本法并认为应该加强司法对议会的监督。

《论人民意志问题》（Zur Problematik des Volkswillens）发表于 1931 年，收录于《艾里希·考夫曼全集》（Verlag Otto Schwartz & Co. Göttingen, 1960）（第 3 册），第 272—284 页。考夫曼在本文中对"人民意志"（Volkswillen）给出了一个社会学定义，强调的是人民意志的局限性，因为人民意志只能通过特殊的机构形成和表达，而不可能是真正的全体人民的意志。译者根据英文翻译"On the problem of the People's will"，载 Arthur J. Jacobson and Bernhard Schlink ed., Weimar-A Jurisprudence of Crisis, University of California Press, 2002, pp. 196-206。

种与自然科学不同的人文学科的逻辑。这种想法没有看到本体论上的规律同时适用于自然科学和人文学科两个领域，并且忽视了构成人文学科研究对象的现实也有其自身的规律，这些规律不仅使知识也使行动成为可能。两大知识领域的区别不是思维方式而是研究对象。人文学科的研究对象也是真实的、超主观的外在的对象，这些对象是求知任务希望去理解和揭示的。

人民精神和人民意志是具有独特存在结构的真实实体。它们不只是存在于组成人民的个体的精神活动中。它们不是整合的产物或统一意志下的行动的结果。但它们也不仅仅是智力建构；即使某个人可能认为并宣称，智力建构与创造或复制与它们的个人特殊活动相分离而表现出客观性，也不能仅仅这样看待它们，因为它们的真实性超越并束缚了主体。它们既不是像数学定理、逻辑、音乐、一栋建筑、一个法律体系那样的智力建构，也不能与某位艺术家对贝多芬音乐的解释相提并论，它们也不是某个最高法院对法律的解释，最后，它们不是某种死亡或现存语言的存在方式。所有这些可能被称做智力建构的现象与人民精神和人民意志的现象是不同的。后者有着前者所没有的真实性。

本体论研究还没有涉及人文学科的所有现象。不言而喻的是，随着黑格尔的逝世，那个一棵孤独的哲学体系之树也能孕育历史哲学、法哲学和国家哲学之果的时代似乎已经不复存在，至少在当下是如此。看起来这些毋宁已成为专门学科的任务，他们应该专注于他们自己研究领域的基础，寻找他们自己的路径。然而，在此我试图抗拒展开的人民精神和人民意志的存在形式和本体论结构问题的诱惑。我甚至不愿意讨论集体特征的具体化（作为当今最具影响力的伦理学家——Max Scheler 和 Nicolai Hartmann——带有个人情感的反对意见），即使事实上这是我们的问题的关键所在。分析"意志"的概念亦非我之所愿。

我只想考虑这些现象的一些框架性的规律，并通过展示这些规律致力于研究究竟是什么构成了人民意志存在形式这一重大问题。关注当下的具体宪法问题，我应该尝试发展出一些宪法理论。我将由此避免在宪法理论中滥用历史观点；避免拒绝理解任何真正的超越纯粹意识形态的思想；避免接受过多类型学却忽略本质自身在类型上的不同；避免接受太多的唯心主义者的激情却无视了实体和它的恒定的、稳固的、内在的律法。

人民精神是客观的真实实体，它通过个体并在个体之中展示它的效力，它就像个体的精神生命那样是真实的实体。作为一个包含了一代又一代人的真实存在，人民精神有它自己的律法，有别于那些命令个体精神生命的东西。随着人民精神的诞生，个体被纳入其中并被其塑造；在此之后，它带着个体继续前行，将它自己的纤维缝入个体的外衣之中。人民精神对个体施加着多重影响，个体则以不同的方式承载着它。它在独特的感情和精神价值中积淀，尤其普遍地存在于这些价值的表现形式之中，特别是伦理价值之中——传统、风俗、传说、象征、诗歌、音乐、语言等。但人民精神只在其中积淀却不为之所吞噬。精神必须以多种形式实现自己。因而，所有这些现象都是人民精神的必要表达形式，但并非人民精神本身。毋宁说，人民精神是各种彰显自身的表达形式的最终渊源和不能再进行任何简化的本质。它是时代性实体，包含着所有属于时代本质的东西。正由于此，它是不会完全被时间所吞噬的精神实体，它更要通过时间显现、展开、认识自己。

由于人民这一概念在政治概念中的核心地位，首先是人民曾经拥有的政治经验，这个经验塑造了人民精神的本质并且影响和决定了人民的意志和行动：关于政治英雄、权力和名誉、社会动乱、屈辱、贫困和灾难、背叛、振兴和自由的回忆。

作为一个政治实体，人民必须拥有政治意志。政治意志首先是生存和图强（matter）的意志。换句话说，成为一个"人民"的意志和作为人民统一意志的拥有一个独立国家的意志。进而，人民意志是形成的意志，是塑造和规制其内部的社会力量的意志，是合作形成国际秩序并与之相适应的意志，而不是浪漫或古典的自我设计的意志。总之，它是完成国家不朽任务的意志，考虑到人民时而稳定时而时空变幻的特征，它是带着人民自身独特的伦理、精神力量和天赋完成着任务的意志。

与人民意志同样真实的是，它在本质上是未成形并且需要成形的。在它之内，各种阻挠甚至抵制的运动盘根错节；它本身就包含着无尽的可能性，但是，显然只有它的可能性才能凝聚自身。不同的唱诗班指挥能使其唱出不同的声音。触及人民最深沉的生存和图强意志的重大事件能激发有力且统一的回应，在重大事件中，与懦弱的情感或斗争或归于沉寂。人民意志只能通过个人人格并也只能在个人人格之中自我彰显；只有在此，人民意志固有的巨大潜能方能凝聚成形，只有在此，人民意志才能成为行动的意志。它需要作为个体的塑造者和承担者，正是由于它的本质，人民意志需要代表。政治理论中最大、最危险的错误就是卢梭的"人民意志不能被代表"（La volonte ne se represente pas）。代表的概念是所有精神的和满载价值的行动的决定性基本范畴之一；一个如今在智识上如此屡遭轻视的话题，迫切地需要更多严肃的研究与澄清。

人民意志的代表是那些作为人民整体之一员的人，他们有能力塑造尚未成形的包括他们自己在内的人民的意志，并且以一种被人民感知并接受其为他们自己意志的方式塑造它。无论对人民自身还是对外部世界，他们代表人民的全体：他们成为了机关（organs）。这是如何发生的以及在何时实现不可能被精确地置于一个理性公式中，特别是因为对某些坚定地强烈表达的当下人民意志的反对反而可能与人民意志最大程度地保持一致。那些看起来不流行的可能是真正受欢迎的。

人民意志的塑造者和承担者的任务是认识手边的情况和工作，制定目标并把认识到的和想要的目标付诸于现实，一方面，现实总是能够恰好与目标一致；但另一方面，现实也会阻碍目标的实现。只有单一的人格才能够做到所有的这些，只有在他们知道他们是人民的代表机关时，在人民也这样认为且事实上也正是如此时，他们才能做到这些。

有一个纯克里斯马（charisma）的问题，目标如何、是否实现以及到何种程度才算实现。没有法律或宪法的架构能保证它的实现。宪法能创造和建构框架，在这个框架中人民真实的伦理和克里斯马型力量能够在法律秩序中得以表达，但宪法也只能做到这些。期望或要求它还能做得更多或做点别的都是毫无意义的。宪法框架下的法律既不创设克里斯马也抹杀不了克里斯马。法律设立分配权限的规则、控制程序的规则和确保意志形成程序有序推进的行为规则。法律假定人民拥有伦理、知识和政治力量基础。法律真正并且唯一的功能是给健康和有建设性的社会力量提供框架。任何超精神的宪法都忽略了它的本质与限制。

当然，我们不能期望，在任何时候，作为实质性的代表所需要的能力、洞见、意志、领悟的天赋会在某个人身上全部体现，或是有这些天赋的一批人正好出现在正确的法律位置上。这仅仅发生在极少的、幸福的历史时刻中。对天才领导者的呼唤是一种歇斯底里的无能呼唤。如果宪法规则的内部运作经常地为人民把哪怕只拥有这些天赋之一的人带到正确的位置上，而这些人又懂得如何在他们身边凝聚顾问和助手，那么很多目标早就实现了。这始终必须是宪法实施的目标。

在最广泛的意义上，任何致力于形成、表达和实现国家意志的机关在它的范围之内都是人民意志的机关，包括君主、共和国首脑、公务员、军队。在特殊意义上，我们正在承担者的层面上谈及人民意志的机关，这些承担者没有按照等级制的组织原则而是按照多数主义原则建构。这是什么意思？这怎么可能？

在宪法理论中，人民意志承担者的意思在特殊意义上考虑到了多数不仅仅只是接受和同意政府，多数也在沉默中行动，周期性的喝彩中表达赞同——虽然没有人民最低限度的接受或同意国家不可能进行统治，意志也不会形成。人民意志承担者的意义在于为多数提供宪法形式，在其中人民意志的承担者通过明细的、正式的、规范的行为宣称它接受了当权者的行为并确认和同意它们是人民作为一个整体的意志的表达。这可能以两种不同的形式发生：一种是所谓的公民直接投票；一种是授予人民议会实质上的投票权并把人民意志的直接表达仅限于选举代表。

从根本上来讲，在此，人们讨论的究竟是不同种类的古罗马公民会议（comitia）、一种或大或小的活跃公民圈子、一种显要人物的集会、各封建等级的代表机构还是现代议会并没有什么不同。从或多或少发展过的民主和主张参与政治权利的社会阶层这两个层面来看，这些区别是重要的，但对在此阐述的法律来说没有意义，因为这些法律对所有不同的成形的多数意志来说都是一样的。

首先，在本文的语境中，必须注意即使在所谓的公民投票中，人民意志也远远不是直接表达的，或者说以一种不通过代表的方式表达的。与承担者和塑造者所代表的人民意志相比，体现在真正意义上的适格积极公民身上的人民意志既不会多也不会少，即使把这些积极公民当做全部。积极公民的全部是人民意志在特殊目的上的代表，并且只有当人民的精神存于其中且得到正确的解释时，这个整体才是人民意志的代表。即便是积极公民的全部也不是直接的、跨越时代的、活生生的整体意义上的人民。除了那些被排除于积极公民之外的老弱病残和缺席者，所有被称为人民意志承担者和载体的人，他们只是当下的一代，在当下并为当下言说，但是却被想当然地当做了超越时代的真实的人民的代言人。即使是那句"人民意志不能被代表"也是一句骗人的鬼话。

本质使然，所谓的直接公投不允许多数采取积极的、实质性的行动。多数只能对摆到面前的问题回答"是"或"否"。在这种公民投票中，人民只能从外部或上面同意或不同意它的内容，不管它是否涉及了法律议案、解散国家机关、关于领土上政治区划的决定或其他主题。一切都取决于问题的内容——多数不可能参与到设计当中去，甚至不可能对其施加影响。这里没有思考、没有讨论、没有修改的可能——只有同意或者拒绝。此乃人民意志形成的第一法则：作为多数的人民越想直接说话，他们对实际上会真实发生什么的影响就越小。

代议机关以牺牲直接为代价加强多数的影响力。但是无论在宪法文本中还是在一些政治意识形态中有些什么说辞，即便对作为多数机关、真正行动、实行统治的代议机关来说，本质上的限制依然存在。到了最后的投票之时，它们所有努力到了高潮的时候，即便是议会也只能说"是"或"否"，对摆在它们面前的议题，要么同意，要么不同意。但是——它们的特点也正在于此——它们能够做下面这些审议。这不是政府和行政的审议方式，毋宁说，议会审议的特点在于它们的目标就是同意或者拒绝这个事实。议会审议与公众审议同时进行，当然是为了从论辩的逻辑中和针锋相对的争论中提炼真理，但不如说，公开说出一切看起来更像是为议会行为正当化和影响选举之需。议会演讲在本质上就是说给公众听的，为了维系与全体选民之间的纽带并给他们一种参与到议会程序中的内心感受。议会审议不断地考虑选民的同意与否。

审议提供了修正手边议题的机会，当合意必须在修正或特定情况下才能达成的时候，审议甚至能够推进某种形式的合作。但这些可能性却有些本质上的限制。无论正文宪法规定什么或宪法性的意识形态说些什么，归根到底，议会依旧是个"同意—不同意"机关：它永远不可能成为一个行动的机关。甚至议会制政府也不意味着通过议会统治而依然是通过政府统治，政府为它自身的工作，为仅属于它的工作：行动和统治，承担独立的、唯一的责任。如果政府拒绝不正当的合作请求或要求政府不愿为之负责的修正案，政府就是在迫使议会表达对政府的信任或不信任，同意或拒绝。或者政府可以解散议会，诉诸选民以决定能不能赞同这些代表们的行为。"议会对政府的行动"（action du parlement sur le gouvernement）被"政府对议会的行动"（action du gouvernement sur le parlement）所平衡。

因此，在任何意义上拒绝同意，议会都要为其拒绝同意负责，无论是关于重要的法案还是保留某届政府，带着它同意其他事情的责任。因此，议会政府的一个固有规律——议会只有拒绝的能力而不能同意——自我消除了。这样的议会违反了事关维系其自身存在的不成文基本法——它是如此的基本以至于无须成文，也因而违反了以议会功能为基础的宪法。是议会而不是政府应该为最初的违宪承担罪过，政府将在缺少了没有同意能力的议会的同意下统治、采取行动并独立承担责任。在最极端的情况下，这里暗藏着紧急权力，紧急权力连同正式的和规范化的紧急状态法同属于任何宪法中都有的大量的不成文自然法。

另外，议会对待它修正权力的固有限制和合作的机会越是谨慎和负责，并且时刻注意它的审议最终只能是同意或者拒绝，议会制运转就会越顺利。那么国家元首，就是那个国家意志形成的领袖和最终统治者（但是宪法条文也许会给他下个定义），就很少需要行动了。正如黑格尔所言，接下来他的功能就仅限于点缀了（dotting the i's）。一个政府机关的虚弱和失败会增强另一个机关，或者一个机关功能的强化和高效可能减少另一个机关的重要性，这一规律适用于任何形式的政府。这反映了人类社会的机构的特性。

当然，议会只是一个架构，在这个架构中人民的超议会力量为了政治效应和影响而组成政党，为了占据多数议席以支持政府而聚集起来。清除掉议会的架构和议席，不会摧毁议会外存在的社会和政治力量，而是把这些力量弃于无组织和不负责任的争斗之中。本质上讲，民众越是分裂，这些力量越难整合，所以他们塑造了一个议会多数；但是，也确有必要如此，有必要将政治斗争通过议会的途径组织化、法律化、道德化，这样会更好。这个任务完成得越失败，政府的权力就必须越强大，必须比超议会的社会和政治力量能获得的最大权力更强大。但是，由于政府权力的最终来源始终是人民的超议会力量，这个逻辑论证法会导致人民被拖入内战的泥沼，在这种情况下，人民的内部斗争将会比共同政治命运的统一力量更加强烈，比政治行为有序化的要求更加有力。

纯粹的直接民主形式的政府，波拿巴主义（Bonapartism），需要一个波拿巴；如果没有这号人物，由自己决定公民就什么问题投票的官僚体制将会拥有无上的权力。公民直接投票的政府始终带有不稳定性，因为如果现在这个"波拿巴"在公民投票中失败了，没有人能说得好，一个新的又从哪冒了出来。所谓的只能说"是"或"否"的民意直接表达，将多数的影响力降到最低。如果议会意识到它的责任、局限，相应地运用拒绝的权力，那么同时它也始终是个有能力同意的议会。这是个真理，某种浪漫说法——议会也有为领袖选举提供场所的功能——也包含在内。如果议会的组成恰当地反映了议会制度的本质，它将提供一个纯粹的公民投票制度所缺少的东西，并成为一个天然的储备库，从中那些在一个同意被拒绝之后有能力凝聚一个新的同意的人将得以涌现。

这就引发了一个关于完全参与选举过程的权利的大问题，所谓人民意志直接表达的问题，与决定特定实质性问题无关或抛弃了特定的人群，但是关注到了选择特定人作为议会性的受信托人的积极行动。

在此，我们遭遇了现在众所周知的定律，人民在所谓的间接表达中只能表示否决或同意。对于摆在人民面前的候选人，人民只能从外部和上面说"是"或"否"。多数不能提出候选人，只有个人才能行动并且多数被局限于同意或者否决，这一原则是颠扑不破的，不仅仅是在为形成意志建构法律规范和形式之时如此，在所有需要多数决的地方均是如此，任何一个俱乐部，任何一个团体，任何一个企业，任何一个协会，任何一个组织都概莫能外，包括政党。罗伯特·密歇尔斯已经清楚地证明了这个定律——精英影响整个社会。

选举候选人的方法不能被规范所调整；因而在各种有名无名的机构的政党中，用于实现这些功能的各种玩意，当然还有规则本身，都要受制于相同的规律。那些想要当前政党之外的候选人或想把政党按照与过去不同的一系列原则分立的人失声了。与人民意志表达直接相关的规律也适用于选举机制。

在此第一法则之外，尚有第二法则：越想通过比例代表制寻找人民中存在的各种势力和量化的力量的真实反映，人民意志在选举中的影响和内容就会越发的空虚。

实行比例代表制是为了聚集国家内所有选民并确保倾听所有选民的呼声，尽最大的可能使议会能够在数学上精确地反映相应的政党力量。结果是，比例代表制引发了所有政党反对所有政党的运动。比例代表制不允许选民当地选区内的内部妥协。任何一名议员都只能被他自己政党的选民选取；他们是候选人所唯一要考虑的人，因为他只依赖他们的认同。因而，比例代表制带有一种使政治和议会生活极端化的趋势。它能够发现人民之中事先存在（preexisting）的冲突并使之扩大化和残酷化。每一种冲突的意识形态、政治、社会、经济利益都可能为建立一个政党提供基础并开出一份选举名单。比例代表制能够加强大型政党，但也能以分裂威胁之。它能广泛地团结分散但重要的少数，但同时也会激励形成分裂出来的小政党，特别是建立在经济利益上的政党。由于其纯粹的计算特征，比例代表制的影响不具有精确的可预测性。结果是，它并没有像它试图的那样创造一个镜像，而是被投射出了一幅带有各种观点与见解的图景，给议会披上根据党派位置并列或重合的外衣。被选出的是一个在本质上有决定功能和限制功能的机关的观点被由数量叠加而决定的政党忠诚所阻碍。

一旦选民在选举中把他的忠诚宣言丢进这个庞大的加法机器，他的工作就结束了。接着，决定结果将如何影响议会多数的形成则是政党组织的责任。但是组成能够达成一致的议会多数是议会生活中政治意志的真正决定性艺术。比例代表制把选民排除在这种决定性艺术之外。

的确，在以多数为基础的选举体系中，客观情况可能预示了许多选民的选票没有影响力。但是选票也没有被削弱到仅仅是宣示党派忠诚的地步。特别是在决选中，选票并没有体现出政党忠诚。毋宁说，它意在选举的真正目标：形成特定的议会多数。

对于政党来说，这似乎不够忠诚，但因此却有更大的影响力。选票可能不算什么，但它蕴含着丰富的政治内容，并且它是一种更为强大的政治建构的宣言。选民自身被召集起来加入党派斗争的内部妥协以形成一个多数意志，一个非常重要的创造，从中比例代表制把他排除在外。选民获得了政党机器和官僚所失去的。把多数选进议会的并不仅仅是他们自己政党的支持者。这种代表机制需要当地选区内部通过调和而形成的联盟的支持，当地选区不会像从一张名单上抽取一个匿名数字那样选举代表。当第二轮选举不是真正的决选而是不受限制的选举（就像选举总统）时，这些可能就会更加成功地实现。选举无关乎党派数据：他们的目标是同意或者拒绝组成一个将要组成机关的个人，而这个机关的功能是同意或者拒绝由某些人组成的政府和特殊的政府政策。与比例代表制相比，多数票以牺牲数据统计上的真实性为代价增加选民的影响力，正如代议机构以牺牲直接为代价增加了多数的影响力。

那些无论是无意中还是天生就意识到召集议会的目的和议会应独立为其工作的国家，已经完全拒绝了比例投票，比如英格兰，或者曾经尝试过但也已经将其废除，比如法国。在魏玛国家议会中（Weimar National Assembly），弗里德里希·努曼已经警告过它与议会系统的不和谐。

人们越想直接、纯粹、从数据上精确地表达人民意志，从它身上剥离的影响力、内容和意志就越多。这是已被经验所证明的真知灼见，旨在认识人民意志的构成的内在规律并避免形式主义和意识形态化的宪法理论（也就是历史决定论的宪法解释）必须接受之。不是每一个嘲弄实证主义枷锁的人都是自由的。

行动、同意、否决、关于行动的审议、关于同意或否决的审议，这些是每一个和任何一种宪政生活的基本范畴——不管这个宪法是民主的还是其他形式的。只有关于这些基本范畴的本质、局限、冲突的知识才使理解宪法史、宪法、宪法政治学、宪法社会学成为可能，也只有这些知识才可能理解政治思想史中的真理与谬误。名副其实的宪法理论必须找到洞察隐藏于所有这些学科和景象背后东西的方法，并为它们提供基础。宪法史中发生的一切都蕴于这些范畴和它们遵守的法律之中；它们是理解某一部宪法的起源、存续和灭亡的唯一基础，为了评判这些宪法的成与败。正如每一个个体都是明显不同而同时也都是整体的表达一样，宪法的个性系于在特殊历史背景中，独特的人民在他们的独特精神成功赋予这些范畴以伦理和精神内涵之中保留了什么。

由此得出结论，洞察人民精神和人民意志事实上是什么，在这一点上有必要背离所有的宪法理论。所有宪法形式问题在这个现实的重要性面前退却了。只有对人民精神和人民意志的洞见才能理解什么是宪法意义上的制度规范和建构形式，并且只有这个洞见才能成功。只有这个洞见才能准确地理解什么是道德准则在良好的政治和在法律结构中必须完成的任务，而不论哪个社会阶层是主导者。道德上永不腐朽的人民意志，本能地、极富洞察力地意识到政治生命的本质定律和历史上的紧要关头，人民意志将拒错觉与意识形态于它的本质与真实之外并创造它所需要的形态与组织，带着政治和道德的真知灼见，人民意志懂得如何运用这些形态和组织。

（晏韬　译）

魏玛宪法第 109 条意义上的法律面前人人平等

艾里希·考夫曼* 著

　　今天的演讲之所以能成行，不是我的功劳，而要归功于董事会的令我倍感荣幸的邀请。从我开始致力于研究法律面前人人平等及其相关问题的那一天起，已经经历了漫长的思考和国际事务中的各种相关实践，但今天我可能仍要向大家说，问题依然没有解决，问题尚在深渊之中，一切都还没有公然的定数。然而，在我接受诸位热情的邀请时，我坚信，科学领域的任何创造都呈现出某种激情的迸发，或者说至少是一种知也无涯与生也有涯之间的妥协，一种科学上的责任感与自我表达欲望之间的妥协。随后我想到，我们之间的一场演讲从来就不是要给该问题来一个终极结论。我们的共同体应当就某个成员为我们的学术问题所提供的新观点各抒己见。我们希望在此表达、交流、建议。最后我还想强调，尤其当我们谈论法律面前人人平等这样重大的原则性的问题时，所涉及的就不仅仅是相关领域的法律问题，还关乎于世界观问题，关乎于我们整个工作的导向和力量之源；同时，在这样一场演讲中，还有着我的自白。我请求诸位，愿意以这种方式来接受我接下来的讲演。

　　一些特殊的东西在选题的时候就已经存在了。我不相信，假设我们的共同体在战前就存在的话，我们会在国家法学范畴内讨论法律面前人人平等这一命题。我以最大的热忱欢迎时代的改变，欢迎实证主义在法学领域的终结，为我们的共同体至少把这个问题当做问题而高兴，人们终于可以认真地着手讨论这些问题了，这些问题已进入

---

* 艾里希·考夫曼（Erich Kaufmann，1880—1972），生平参见前文第 376 页。
　　《魏玛宪法第 109 条意义上的法律面前人人平等》（*Die Gleichheit vor dem Gesetz im Sinne der Art. 109 der Reichsverfassung*），载《德国国家法协会文集》（*Veröffentlichungen der Vereinigung der Deutschen Staatsrechtslehrer*）（第 3 册），Walter de Gruyter & Co., 1927，第 1—24 页。

了法学问题的范畴并占据了曾经被实证主义国家法所把持的领域。我们的人民以及我们与其共同在战争、在分裂、在革命、在凡尔赛和约之下所经历的政治内外的种种，深深地震撼了我们并促使我们更深沉地反思。这种经历强迫我们重新审视我们的国家与法律思想。由于其自身的属性，实证主义扎根于二者牢不可破的关系之间或者说实证主义的兴起是为了强化二者之间的关系，并强化了统一的感觉。经历战争、革命、分裂与和平条约之后，我们已经不再是那个统一的人民了，这或许导致了，那个伴随着法律面前人人平等而存在的问题，如今于我们则又成了问题。

事实上，我们讨论的问题已经涉及对隐藏于法律现象，隐藏于所有现象背后的东西的思考。无论如何，对成文法的法律原则（立法者也要受到这些法律原则的约束）的信仰和对超实证秩序（我们有义务实现这个超实证的秩序，所有实证秩序都要植根于此，并且它不能受到侵犯）的信仰在我们的基本原则中非常重要——你能想象它有多重要，它就有多重要。最后还应当有一个信念：藏于现象与实证法之后的东西的真实性并不啻于实证秩序，是的，它绝对真实，我们把我们最美好的东西植入其中，如果我们还希望我们的灵魂与道德卓然挺立的话，如果我们还希望在法律上取得成功的话，如果我们还想要对法律现象做出评价的话。

在这个意义上，自然法的思想是对某种更高的永恒和必然秩序的认识。

法律面前人人平等当然地根植于一条极为独特的自然法。正如它的原始含义所指，该自然法与绝对自然法没有任何关系，特鲁尔茨（Ernst Trueltsch）曾在这个含义上使用过这个概念。法律面前的平等也并非源于中世纪和基督教的自然法观念，而是根植于 17 世纪和 18 世纪的理性自然法，在这些法律的塑造上，理性自然法被描述为基督教自然法的解放。

再明显不过的是，法律面前的平等始于上帝面前的平等。我认为，上帝面前一切平等这句话，不仅仅是个体在上帝面前无亲疏之分，更深刻地意味着：（我们）相信有一个人格化的存在，在那里公正地审判我们。正义的概念与一个绝对的人格化的存在密不可分。在这点上，法律面前人人平等这句话重塑了正义的观念：它以抽象的法律取代了人格化的存在。同样，客观、抽象和普遍的自然法取代了个人造物的思想，恰如自然界的建造和构筑。在道德和社会、国家秩序领域，客观、抽象和公正的法律也应当取代个人的统治。这也一直是理性自然法重要的基本思想。在这点上，抽象和普遍的法律应统治所有人类领域，所有个人恣意都要被清除。当所有社会事务都通过普遍的法律，也就是平等对待一切的法律来调整时，法和公正的时代才算到来。

　　理性自然法和法律面前一切平等的思想的社会推动者；是已自我解放的公民。他们致力于与其他阶层一起建立平等的原则并以此取代传统社会的阶级秩序。这首先涉及一个自由的基本问题。通过第二个元素的补充，也就是，人们与卢梭一起要求，由普遍和全体的公民决定普遍的法律，法律面前一律平等首先成为了民主宪法形式的基本原则，因为只有当全体人民决定全体事物并且每个都能决定自己命运时，公正才首次得到了保障。很快，通过人人平等在政治领域的传播，也就是，所有公民享有平等的统治国家的权利，在国家意志的形成上发挥同样的作用。法律面前人人平等赢得了它的政治意义。

　　正如刚才所言，法律面前之平等这句话并非是魏玛制宪议会的发明，其毋宁是当时普遍正义观念的一部分。这句话随后成为普遍的自由遗产，也因此首先在加尔文教国家的实践中得到扩展和实际的应用，尤其是在瑞士和美国。面对加尔文教拒绝所有世俗团体的理念，法律面前人人平等必须在宗教和世俗世界观中寻找到一个关键的连接点。但即便是在缺乏这些连结点的地方，法律面前人人平等也属于自由主义诉求中不可动摇的一点。当魏玛制宪议会把法律面前人人平等这句话纳入宪法中时，意味着对某种现实和一种思想的承认，而这种思潮是在 18 世纪、19 世纪和 20 世纪的人民共同体中活生生地存在的，不仅是在国内法，而且在国际法中也是如此。因此，从研究的角度来说，法律比较的研究方法不仅不应被拒绝，反而应被提倡。国家之间的平等也在国际法领域带来了类似的问题。作为已经被国际法律共识所接受的概念，法律面前人人平等最近还在一系列《少数群体合约》（*Minderheitsverträge*）中得到体现，这些少数条款是大国联盟同那些新兴国家以及那些有着明显领土扩张的国家一道制定的。这些条约上都写着这样的句子，所有波兰、捷克斯洛伐克、希腊、罗马尼亚等国家的公民在法律面前一律平等；并且该条款在国家内部的实施使其在经济、政治和文化领域显示出大量的重要且有趣的问题，时至今日，这些问题的解决方案还是在学术与实践中饶有兴致的话题。

　　法律面前人人平等这句话的起源和内涵表明，其本身应包含一个超实证法律原则。这就首先要求制定成文法的立法者不能有违这个法律原则。只有不违背公认的最高法律原则，"法律"才算做真正的"法"。

　　这正是在制宪讨论过程中所接受的基本权利的含义。并且当基本权利体系的草稿在 1918 年年底和 1919 年年初出炉之时，以及魏玛宪法的基本权利最终确立时，这个思想还是得到承认的。宪法基本权利条款的"法律的枷锁和牢笼"不仅能够拘束受立法者委派的各个机关，也应当能拘束立法机关，在一份供制宪委员会参考的私人草稿中可以找到明确表示基本权利应当限制立法者的法律条款。但该条款最终还是被删除了。但仅仅是因为最终生效的魏玛宪法吸收了大量的不可直接适用的基本权利条款，这些条款只是待立法者将来实施的规划。只有如此人们才不会删除那些可以解释为直接适用的基本权利条款，以及法律面前人人平等和对立法者的限制。

法律面前人人平等仅仅指法律的平等适用，这仅仅包含了一些不证自明的当然之理，这是毫无意义的。这种观点不要求基本权利的任何强制力。法律适用上的平等是"法律"和"法律适用"这两个概念的当然之意：适用普遍的法律与法律的平等适用，二者之间毫无区别。如果一部法律不应是毫无意义的废话的话，那么它必然是要平等而普遍地适用的。法律面前人人平等真正有意义的地方是对立法者的拘束。

在魏玛宪法的第 105 条，我们还能找到这样的句子：不能设立特殊法庭。即便是格哈德·安舒茨（Gerhard Anschütz），这位第 109 条不拘束立法者的最有名的支持者，也毫不犹豫地承认禁止特殊法庭条款可以拘束立法者。费解的是，为什么适用于特殊法庭的条款却不应适用于特殊的法律。从安舒茨的许多关于特殊法庭的精彩理论来看，可以认为其在言语上是承认了对特殊法律的禁止的。就关于财产权保障和合法征收前提条件的第 156 条而言，所有人都承认该条可适用并约束立法者，即便是安许茨（Anschütz）后来也承认这一点。

这个观点也在国际法的领域得到承认。《少数群体条约》(*Minderheitsverträge*) 第一条就确立了法律面前人人平等的原则，并且该条具备基本权利属性，这意味着，法律、法令和政府行为都不能与其相抵触，违背该条款者，没有法律效力。正如德国政府基于有关西里西亚（Oberschleisen）协议对这一问题的进一步阐述，一个决定性的价值已通过德国政府加诸其上，该条款所表达的思想通过一种更为清晰的方式表达了出来，并排除了所有的怀疑。因此《日内瓦条约》关于西里西亚（Oberschliesien）的第 75 条中的法律上的平等可以分解出下述四个法律原则：第一，法律或法规不能体现出对少数群体的歧视；第二，法律和法规也不能做出对少数群体不利的解释或适用；第三，即便是政府机器机构的事实行为也必须平等对待所有公民；第四，政府机构及其工作人员不得进行区别对待的不作为，尤其在对保护少数群体事关重要时，政府机构及其工作人员不能拒绝干涉。当德国不仅期待从波兰（Polen），而是在所有互惠国中履行承诺的时候，对该条款的认识就更清楚了。对宪法第 109 条的解释也不能忽略这个德国法律意见的明显证据。

法律面前人人平等这句话还涉及一项德国人的基本权利，也就是说，一项德国人用以对抗国家也即德意志共和国和各州的权利。我对这个命题所带来的非常强烈的统一效果十分确信。

事实证明，在一部宪法中引入基本权利总是意味着宪法的统一化。正是出于这个原因，美国宪法最初并没有引入基本权利，基本权利后来才以修正案的方式附入宪法，并在美国宪法中书写了一种意味深长的统一元素。当俾斯麦在 1867 年和 1871 年放弃在北德意志各州及帝国宪法中引入基本权利时——权且不论其本人对基本权利体系的排斥——孕于全体人民的基本权利之中的统一推动力，与各邦国尽可能保留其主权的原则不符。这无疑也是一种考虑。

弗里德里希·诺伊曼（Friedrich Neumann）曾在魏玛国民大会的制宪议会中将这种想法隐晦地表达出来，随着君主制的废除，德国人民无疑失去了一个重要的统一象征，人们必须寻找新的替代品。诺伊曼在"德国人的基本权利"中看到了这个新的象征。这在我看来是非常正确的。

在德意志国民大会(Nationalversammlung)之外还有各个宪法赋予的冠之以普鲁士、拜仁、萨克森、黑森之名的各州国民大会，这与我们今天对"国家—人民"的感觉不同，仅仅提到"普鲁士、拜仁、符腾堡、图宾根、安哈特人的基本权利平等"这句话，就已经让我们感觉不对了。

法律面前人人平等这句话作为一项基本权利可以是全德国性的并针对所有德国人有效。我们对实证法的最起码的正义性要求就是，它适用于全德国人民；以及德国法赖以形成的立法活动，也应当是全德国性质的。魏玛宪法的序言写到，统一的德国人民基于其意愿，立国于自由和正义之上，并以此固其国本。全德国人民的共同利益便是自由与正义。其已无关乎于共同体之中的某个部分，这些特殊的部分已从国家地位日渐降格为不再具有真正国家性质的自治区。

重要的问题是，什么是法律面前人人平等这句话的精神与内容。

法律必须由具普遍性的语句和概念组成，由此可使所有可涵摄于这些语句和概念之下的生活事实都能纳入其中，这无论如何都不能表达法律面前人人平等这句话的精髓。这时"普遍性"这个概念的逻辑结论也适用于最令人窒息和最不公正的例外法。抽象的"普遍性"，这一概念设想中的魔力（理性自然法相信这点）失灵了，由于这种失灵，平等权条款所引发的问题就随之而来了。平等权条款的内容更关系到任何一条法律中都存在的不平等的内容。任何法律条款都由法律概念组成并且法律概念的形成就意味着，在一个可纳入其涵摄范围内生活事实与其他生活事实之间应当存在区别对待。平等权条款所涉及的问题是，这种对生活事实的区别对待合理与否。这是一个无法通过法律形式上的普遍性满足的要求。

此外值得强调的一点是，所谓法律面前人人平等受到侵犯，不是仅仅指法律没有明确提及的主体受到不公正的区别对待，也并非在区别对待之外法律概念尚包含一些特殊处理的个案和其他的构成要件。这是一个对实务而言非常重要的平等权条款的解释。否则钻平等权条款的空子简直就如同儿戏了。在这个意义上，海牙常设国际法庭在它的 1923 年 9 月 10 日的判决中表达了这个意思。事实上，没有表现出字面含义上的歧视，明显包含了其他要件的波兰法律是非理性的。"法律所言之歧视之不存，务必是事实与法律的双重平等。"这仅仅取决于，法律是否在整体上区别对待了某一个特定的群体。

只有钻法律空子的行为无法得逞时，法律才算得到了正确的解释。

考虑到所有试图发展法律平等的含义的表达方式后，我相信，瑞士联邦共和国在瑞士宪法第 4 条中所采用的表达方式最为优秀和贴切。根据这种表达，所有通过法律进行的区别对待或反歧视行为都是不允许的。令我印象深刻的还有一个拉姆佩（Lampert）在他的《瑞士联邦国家法》中提到的公式。他说："立法者所进行的区别对待必须有客观的理由，也即是说应当建立在对事物的本质的如此理性和确定的考量之上，以至于立法者只有通过这种区别对待才能实现相关生活关系秩序的内部目的"，尤其是相关生活关系秩序的内部目的这点让我印象深刻。

最后请允许我补充一下，德国政府在殖民地事务上给常设国际法庭提交的备忘录上的著名表述："对事物的区别对待以及与之相关联的不同法律后果必须能够立足于更高的自然法观念之前，它们必须与所涉及的生活关系的终极目的相关。无论法律后果的一般概念还是其构成要件，从其自身来看，都有理有据；普遍的概念与特定法律后果的关联也可能会有客观依据。但是两个普遍概念所组成的法律条款却可能侵犯了法律平等的基本权利。当这种情况发生时，问题的答案也极少出现在一个普遍的公式中，但是在以个案为导向的法官行为中却可以找到一个法律决定，这个决定懂得让自己远离愚蠢的自以为是和难以忍受的懦弱的不作为。"

最后法律上区别对待与相同对待必须是正当的。这又意味着什么呢？

在我接下来转入对这个问题的回答时，我想强调，我首先讨论法律面前人人平等这句话的内容，而完全回避"谁去裁判"这个问题，谁拥有对平等权条款是否受到侵害的最终裁判权。

我持另外一种立场，即平等权条款也可以纳入司法审查的范围，同时我也坚信，这种审查应受到一定的限制。但这个问题我想稍后再谈。我首先只想说，平等权内容上的意义在于其对立法者也有拘束力，立法者当然喜欢不受约束地独断专行，法律面前人人平等是否有内容上的要求，或者法院是否能以此为依据审查立法者做出的决定。

所以我们面对的问题是：什么叫作正义？

人们更愿意给出一个中庸的回答：人们对正义有不同的观点，人们对此可以有争论。但事实是，人们必须做出回答，因此事实上已经存在一个认知，对此人们可以进行讨论。这证明了某些人类之上的东西是存在的，人们受其支配，人们感觉到自己受其支配，并且知道其是真实存在着的。虽然并非仅仅以某种单纯的形态而存在。在正义的概念这个问题上，它涉及的并不仅仅是一种讨论的路径，也不是讨论规则，正如反复所讲的，是一种客观的秩序，我们的任务是将其实现，凡与法律相关者，无论是立法者还是法官，都要服从于它。这并非是指法官和其他法律行业的从事者要遵循某种特定的规则或方式，而是要求他们应当实现一种内容上正义的客观秩序。

正义到底是什么？这是无法定义的。定义只能针对非直接的知识。直接的知识是不可定义的。好、真、美也无法被定义，因为这些都是我们所直接感知的。我们只有关于好与恶、美与丑、正义与非正义的间接知识。所有这些都存在于我们的良知之中。良知是非主观的，也不应被心理学解构和相对化；而是对一个更高的客观秩序的直接认知，我们所有人共同分享这个更高的客观秩序，我们必须将其实现，我们服从于它，但我们尚未将其实现。在这个意义上，没有什么独立自主的道德。当我们依良心而为之时，我们其实是在通过良心而尊崇于那个更高的秩序。我们必须依其而行，但并非因为它创造了法律，而是因为我们感受到了一种责任，一种把法律当做我们的良心的责任，一种把这个更高的秩序融入我们意志的责任。只有在这个意义上才有自主的道德可言。在我看来，法律感觉和法律意识与表达并不矛盾。但我们必须要清楚的是，这种感觉和意识是对某种超越我们的东西的直接把握，我们在法律良知中获取这个超越的秩序，这里存在的是我们的直接认知。

因为这关乎直接知识，关乎良知中的知识。这完全取决于良知是否发声，取决于我们的行为，如审判行为、法官行为是否纯粹是在我们之上的客观秩序的代言人，而不是单纯主观意志的体现。拥有纯粹心灵的人，也只有拥有纯粹心灵的人，才能成为公正的行动者和审判者。在这个意义上，正义并非一项无尽的目标，只有通过历史的发展与进步去逐渐接近这个永无止境的理想。正义是一个无尽的目标，但它同样也存在于当下。这个世界不会更加正义或者不正义。正如莱恩克（Ranke）所言，所有时代都离上帝一样近。这取决于整体的个性和诚意。这是第二个含义，在这里我们才能谈得上精神上的独立。事实上，通过精神教育，整体个性可以变成一个单纯的参与客观秩序的代言人，对客观秩序的实现而言，这是我们最可靠的保障。只有这个意义上的个性才是好的和正义的。

这真是一个奇怪的结论。平等权条款通过普遍、抽象和客观的法律得到了人性的回归。但是所有用普遍化、抽象化和孤立化的规则去解决自然和精神秩序问题的尝试都被认为是失败的。正如自然法特征不能去除创造论（Schöpfungsgedanken）一样，在道德领域抽象、普遍的规则也无法屏蔽精神上的个性。只有公正的个性才能做出或评判一个公正的判决。主观恣意在此荡然无存，取而代之的是对这个事实的认识，即正义是创造力的结晶而非对僵化、抽象规则的生搬硬套。只有在客观的超人类的价值能够在人性中展现，在人性之中并通过人性形成的地方，创造性的行为才能存在。我们的结论是，人类的创造力与人的个性密不可分，并且人类成就的完美程度取决于永恒价值在人性中的表现和形成程度。

在这个结论中，这个我们都感觉到的悖论在正义概念中不可能被误解。恰恰相反，它在这个结论中第一次得到完整的表达。绝对的正义只是绝对的个性。但是我们人类是个懵懵懂懂的话语生物（diskursive Wesen）；也就是说，我们的道德知识领域和理论知识领域是分开的，在理论知识领域，我们的"直观理解"不能发挥作用。如果我们在另一方面必须在事物之中推测隐藏于其后的绝对的话，当我们想认识它们的时候，我们并不是认识事物本身，而是认识能够脱离映射于事物之中的绝对被认知的诸多个体。认知方法和认知原则，通过它们我们去接近事物，它们始终都是使我们从不同的方面去接近排除了我们的语言认知自身的新尝试，我们以此认识事物的本质。在伦理领域同样如此。在这里，正义概念也不会直接、自动地向我们展现，在实践的判决中也一样。作为终极的存在，我们有必要从不同的正义原则去接近绝对正义并去推测这个绝对，如此我们同时也是在认知这个绝对。

理性自然法的最大误区就是只认识交往正义（Verkersgerechtigkeit, justitia commutativa）并把所有问题都回转到这个思想上来。比如，合同，人类交往的最基本结构，更是权利的最基本结构，甚至国家、教会、社会和家庭，所有问题都要回溯到交换正义之上。这是一段把所有价值都消解为交换价值的时期，这是一段构建现代交往社会的时期。但在此之中也蕴含着权利思想的贫瘠化和同时产生的去自然化。比如在将自然界现象建设性地回溯到力学原理的过程中，认知问题贫瘠化和去自然化也寓于其中。

与此相反，我们必须要回到前理性自然法的法哲学观点中去，必须回到亚里士多德和基督教自然法，从而去理解在交换正义之外还有其他原则存在，比如分配正义、报复正义等。

如果对个案中何为正义有争论的话，（其争点）大多数情况不在于某个正义原则，如交换正义或分配正义在个案中的要求。这是个相对简单的问题。诚实信用原则结合交易伦理在个案中的要求具有同法律一样的效力，可以直接将其视为民法典在交往法律领域要求法官注意交换正义的基本原则，正如罗马法对善意原则所做的处理一样。我们已经习惯并认为理所当然，源自矫正正义的要求可以在个案中留给法官去运用。同样，分配正义的裁量权则留给了行政法官。因此，对何为正义的争论，多数并不在于基于正义原则的要求，而在于选择每次所应用的正义原则以及各个原则之间的衡平，在诸多原则中，何者应获得优先适用。

即便是巴黎和会上的大国们也强调和要求《凡尔赛和约》的正义性，并且《凡尔赛和约》还有一项特殊的价值，它形成了大量的注释。对这些论辩的研究对正义理念问题和它们的辩证关系有极大的方法论价值。至少它在报复正义的原则上证明其工作的正当性。并且人们必须承认，在这个观点上，凡尔赛和约具有无可辩驳的正当性。我们只能反驳，凡尔赛和约所选择的正义原则的正当性。不仅仅因为控诉方违背了所有"法律正当程序"的要求，自己成为了自己的法官，更因为将和平条约建立在报复正义的基础上，这简直就是疯狂的。因为和平的制度、概念要求，分配正义和交换正义应当发挥绝对的作用。报复正义不仅与和平以及和平秩序的本质不符，在国家的相互关系之间适用报复正义原则更是对破坏国际秩序本质的妄自尊大。从报复正义这个世界原则出发的"终局正义努力"，这显然太虚伪了。任何情况下，即使在讨论凡尔赛和约的正当性时，争论也没有涉及某一个特定原则的要求问题，而是必须要使用哪个原则的问题。

理性自然法的第二个误区在于从个体中推导出整个精神世界并将其回溯到个体以及个体的心理特征之上或者个体的效率和福祉。正如把自然世界归结到原子、分子以及它们的规律上去，正如事物可以在关系中被消解，精神世界的结构、国家、婚姻、教会、财产、契约也可以从个体的心理和效能中推导出来。

与此相反，"制度"的观点有更好的效果，正如法国人特鲁尔茨（Maurice Hauriou）所倡导的，把道德秩序的现象理解为道德世界的客观制度，而后者具有自己独特的法律特征。所以这些制度，正如斯达尔（Stahl）指出的那样，都有自己的独特性，并由此产生独立于所有成文法的一系列可供法官寻找并适用的权利条款。正如我们在基本法之前就已经看到了诚实信用原则，成文法必须承认这些制度为法律渊源，至少应是合法裁判的原则：正如当民法典在家庭法中提及"夫妻的本质"并且也期待法官能够在个案中将其当做存于他良心之中的制度性法律条款加以运用。即使在成文法中对此没有明确表达的地方，法官依然会从客观制度的本质、财产权、相邻关系和个人之间的诚实信用关系中为判决提取准则。即便是最高行政法院也从国家、自治和自由中提取出无数判决，并驳回过许多在具体个案中适用的法律条款。这预设的一个前提就是，这个制度并非我们所创造，当某个人签订一项契约，结成一对夫妇，或购置一份财产，他只有在一个已经在道德秩序中显现的框架之下才能创造这些，并且只要他进入或者看起来进入了这些生活关系，他就必然要受到这些法律的约束。不管我们是否情愿，我们受制度的支配并被缚于制度所设定的规则之上。

此外，理性自然法忽略的还有第三点。在自然世界于我们已然是给定的，并且我们对自然界的理解也不可能超出所包含的创始论的模仿，与此同时，我们在伦理世界的建构上也失去了主动和创造性的角色：我们用我们的灵魂去填补制度。每一代人都被赋予这个任务，把他们的灵魂置于制度之中，如前所言，并非是在某代人首创了这个制度的意义上，而是在这个意义上：他们不仅仅被委以实现制度的任务，而且要以他们自己的正当性设想去充实制度，以一种不朽的形式去浇灌自己的灵魂，给他们的设想以鲜活的生命，然后去成就其独特的价值文化系统。

所有我认为必须要讲的这些，都是为了说明法律和正义的概念比我们对其的了解要复杂、麻烦、多样到何种程度。那些对我们这些不着边际但同时又有创造力的生物来说呈现出多样性的东西，对一个绝对的人格来说却是一个整体。但同时这种多样性也说明了，为什么正义的概念没有像理性自然法（平等权就植根其中）所认为的那样消解于抽象、普遍和实证规范之中，而是通过正义和道德的人格得到了执行，并且只有通过这个道德的人格才能判断这些到底有没有实现。只有一种这样的人格才能完成这种必要的创造性行为，也只有它才能在不同的正义原则之间做出选择和权衡，也只有在它的良心之中规则才能形成和呈现，这些出自挑选出的正义原则和客观制度的本质；只有它才能包含并续造时代和人民的合法性观念与价值挂念；只有它在道德的合法性中理解已经存在的生活事实，在生活事实中，本质与非本质得到区分，并按照正义的规则被裁判。

在法律面前人人平等这个条款中，首先应引起注意的就是一定的正当性价值观：除了其与法律与正义问题之外，它还表达了一些具体的东西。

与表达了中世纪等级秩序的正当性价值观不同，法律面前人人平等想要表达的是法律不因等级、阶层、教派、习俗、种族而有所不同。它想确定一种特殊的合法性，这种合法性存在于公民平等的思想之中。它包含了这样一个要求，社会生活中的不同等与法律上的不平等不应有任何关系。因此发布耶稣士法、波兰人和西普鲁士人的安置法和社会主义分子法，这是与第109条的精神相违背的，正如一切带有等级、阶层、教派和语言歧视的法律都违背了第109条一样。

因此人们再次看到，这涉及一个自由的正当性原则。第109条并不包含社会主义的正当性观念，希望确定所有人拥有平等的权利、一样多的钱和财产以及其他一切。人们可以这样说，它是一个所有人机会平等的自由主义要求，而不是所有人在物质前提条件上的平等。这些社会主义元素已经自动深入我们的法律思想之中；因此在宪法的某些地方不仅有机会平等，还有物质条件的平等：比如第121条确定非婚生儿童享有与婚生儿童平等的生活、精神和社会发展条件；此外第146条和第147条确立了，父母的经济和社会地位在学制的建立和招生中不应具有决定性，不应因父母的占有关系而对学生有区别对待；最后凡尔赛和约还为"工作"专辟一章。

在机会平等的自由主义正当性原则下，社会或经济上的强者一直占据优势。这与市民阶级的意识形态有关。因此这马上引发了社会主义正当性原则的反动。这关系到我们的自由主义合法性原则中的社会主义特征，我们可以在很多方面观察到这些特征，比如在交易法（Verkehrsrecht）领域中诚实信用原则的实施，对经济、职业、教派和语言上的弱势群体的优惠待遇，我们不会为此感到不公。在美国，许多早期的基于纯粹自由主义理念的极为严格的判决宣布很多社会保护法案因违宪而无效。这不符合我们人民的正义观，正如在宪章中的德国人民的基本权利和基本义务中所着重表达的那样。事实上，在该段落中所表达的那个时代和德国人民的正义观对法律人十分重要，在基本法条款没有相对应的直接适用的法律时，他们可以也应当从中解读出对疑难法律概念的解释和正义原则适用的至少权威性和指导性的观点。作为可以直接约束法官的正当性观念与价值观，这些条款也具有了实际的法律意义。

我已经消磨了大家太多的耐心，而且我觉得还有必要进行第五个和第六个主题，希望能借这个时机同大家探讨一下其中的几个问题。我觉得有必要讲讲刚才暂时搁置的司法审查的合法性的问题。最后但并非不重要的是，对我的观点加以阐述：法和正义的原则性的实施的重要条件。

　　我已经说过，我基本上赞同对法律合法性的司法审查，在此即为，法律条款是否符合法律面前人人平等。但是我也不反对，这种合法性的司法审查必须限制在司法的本质上：司法审查当然不能颠覆现存的立法者与法官之间的秩序，法官必须更多地在他们特殊的司法性任务框架内工作而不能侵入立法工作。

　　首先，法官只能审判（对基本权利）损害的最远的边界不能取代立法者的位置。法官也不能在被授权审理的问题上用"我就是比你懂得多"来取消立法者的裁量。不证自明的是，司法属于一种特殊行为，其规则不能具有普遍性。法官能走多远取决于几个因素：人民和社会对法官和立法者地位的看法，法官的社会地位，法官享有的社会关注度，法官的数量和选拔方式，取决于他们的自我感觉，他们更多的是国家官员还是法律机关，司法部门在人民和社会中所获得的信任。从所有不稳定因素中，我们都可以看得到其对法律安定性的潜在危害。但我们也可以确定，假以时日，一个稳定的传统也会从中生成，正如我们在美国和瑞士所见。那些技术上形成的法律，如我们在帝国法律公报上所见，也无助于真正的法律安定性。即便是由专制的联邦发布和签署的国家法律也不会立刻具有实效。首先，法院会通过实践从中发展出真正的实效并且——在可能的范围之内——逐步消除其不确定性。这种实践和传统可以也将会在司法审查中发展而出。

　　为了了解司法审查的本质和局限，我们有必要重新思考，司法与立法并非如分权理论（我们的实证法学真是立于分权理论之上）所言的那样极端对立。

　　立法机关并非是法律的创造者。他们既没有发明信贷、买卖、婚姻、财产、警察权、税收权、公共服务和公共福利机构（öffentlich Anstatt）这些概念，也没有创造构成了"制度"的基本法律。大量在法典中根本没有记载的法律，适用于这些"制度"并被法官所应用。是的，在那些根本没有法律规定的地方也并不存在法律漏洞。实务常常不能从法律规定中获得帮助，但它依然运行良好。因此，如果立法者授权让法官先行，或者正如人们经常说的，把实务中的特定问题，也就是，司法的法律发现，留给法官，这是非常有道理的。与靠民法典自己去规范相比，很大程度上丢掉立法者的拐杖而发展起来的德国系统的国际私法运转得可能更好。所有这些耳熟能详的事实都显示，立法与司法之间并非如分权理论所言的那样存有不可逾越的鸿沟。

我们在很大程度上还不够清楚，在已编纂的法典中，从立法者编写和发布的法律规范中提取的法律决定到底有多么的少。最多的和最好的，以及很多真正具有决定性意义的法律，都非出自成文法，而是我们直接从这个法律领域的权威性的正义原则中，从"制度"的本质中，从我们所生活的时代和社会的公正观念中所获得。此外还有许多留下了纯技术经验的规则，比如从理性人到谨慎人规则，全科医生、专科医生、健身教练、体操教练、托运商、司机等所有这些的象征性的缩写，都不是立法者创造的，而是立法的前提条件。因此人们可以看到：国家并不创造法（Recht），而只创造法律（Gesetz），国家和法律（Gesetz）都在法（Recht）之下。

说得更清楚一些就是，相比于分权理论而言，仅属于立法者而不是司法任务的特殊任务在这里显得实在是太少了。只有两个任务，它们无疑必须归于立法者而不可能是司法任务。

首先是在待调整生活领域适用何种正义原则的选择权。比如说货币升值的规则无疑是与交换争议原则剧烈冲突的，也违反了交往中的诚实信用原则。但是立法者认为，应该用分配正义的基本原则解决该问题并且因此必须适用一个不同的秩序，并将其体现在法律之中，在此立法者必须参考德国人民在国际和国内关系中的所有历史、政治、经济、金融和社会元素。而法官必须受到立法者所选择的正义原则的约束。

另一个立法者的专属任务是确立法技术上的形式和规则。第一个任务涉及最高层的正义原则的确立，第二个任务则处在一个较低的层次上。只有立法者能规定，21 岁是法定成年年龄，遗嘱成立的形式要件，如遗产变更、不动产登记等。关于确立方式的法律当然不属于法官所有。

但是在最高和最低之间的一切完善法律的工作，如对交换正义、分配正义、惩罚、矫正正义的要求的发展，紧急状态下的法律，出自制度和客观生活关系的规范的发展，最后还有社会的公正理念的发展，这些都属于立法者和法官所共有，可以由二者共同承担。无论如何这都是法官们习以为常的日常司法活动。

法官在个案中发现这些规范并适用于个案，但同时也有普遍效力的要求；法官因此也创造了法律文字的真正含义；法律并非是法的唯一表现形式。为了表明法律面前人人平等的基本原则，法官无论如何都有权并且能胜任，在当今世界文化的出自平等公民理念的正义观要求所有基于等级、阶层、教派、风俗等区别对待都要受到平等权条款审查的地方，监督这项基本原则的实施。这项原则已经在日内瓦公约中关于西里西亚的第 73 条第 2 款中在国际上得到重申和确认。

当人们期望法官反对立法者时，这种期望并没有偏离法官本来的任务，而只是人们令法官有机会完全履行他们独有的职责。因为这源自司法功能的本质，司法以理性规范的存在为前提，法官在个案中运用这些规范，而无所谓这些理性规范是否在成文法中得到明确表达或者成文法有没有制定这些规范。只有在上述两个专属立法权的领域才没有理性规范可言。它们建立在不受法官审查的立法者的最终决定上。

即便在这些限制之下，也只有一个拥有正义人格的法官，也即是一个完成其法学训练并成为一个（超越于我们之上的客观秩序的——译者注）纯粹代言人的人，才能完成属其的任务。我们太容易高估纯粹的法技术教育和训练了，我视此为最大的缺陷和危险，把法学教育等同于法律技术的技能训练，对法科学生而言，这种抽象的技术就是教学和练习的唯一目标。对我而言，罗马人和盎格鲁撒克逊人，这两个伟大的法律民族的法学教育方法才更成功、更好，他们用彰显了法律人人格的伟大判例塑造了从中成长起来的法律人的灵魂；研习体现了伟大法律人格的判决，如此方能塑造理性法官的灵魂，在所有法律技术之外，这也是正义所需要的。只有在这种教育中成长起来的一代，才能重拾我们今天所痛失的——对法的信仰。单纯的法技术知识不过是个人尽可夫的婊子。有人说过，每一个受过良好技术训练的法律人其实能够考虑到所有因素，并且只有公道的法官才不需要在他们之下的这种能力。未来的法官在纯粹的技术之外首先总是能指明法以及其职业中的道德价值，他们总是向学生传授，只有道德的人格才能成就好的和公正的法官，这些必须作为学术理论而成为我们的任务。他们做出的每一个判决都将永垂史册，他们的一举一动都是在成就一个关乎于正义的世界和秩序。他们拥有这种能力，当他们在灵魂的最深处植入永恒的人性之时。

（晏韬　译）

附录 德意志国宪法（魏玛宪法）[1]

（1919 年 7 月 19 日德国国民大会通过，1919 年 8 月 11 日生效）

德意志人民同族同心，为重建与巩固自由、公正之德国，追求国内、国际之和平，促进社会之进步，兹制定此宪法。

第一编 联邦之组织及其职责

第一章 联 邦 与 州

第一条

德意志国为共和国。

国家权力来自人民。

第二条

德意志国疆域由德意志各州领土组成。若其他地区人民通过行使自决权表达加入意愿，该地区可通过联邦法律归入德国版图。

---

[1] 《魏玛宪法》文本原始出处为《1919 年国家法律公报》第 1383 页以下（Quelle : Reichsgesetzblatt 1919, S. 1383 ff.）。译者参考的原文选自 Hermann-Josef Blanke 主编：《德国宪法：过去与现在之文献》（*Deutsche Verfassungen-Dokumente zu Vergangenheit und Gegenwart*），Verlag Ferdinand Schöningh 2003，第 247—276 页。网络版可参见：Verfassung des Deutschen Reiches (11.08.1919), in: documentArchiv. de [Hrsg.], URL: http://www.documentArchiv.de/wr/wrv.html.《魏玛宪法》自 1919 年 8 月 11 日生效后，分别于 1920 年 8 月 6 日、同年 12 月 27 日、1921 年 3 月 24 日、1922 年 10 月 27 日、1923 年 12 月 15 日、1924 年 3 月 18 日、1926 年 5 月 22 日、1932 年 12 月 17 日先后修改过八次，译者此处翻译的是 1919 年的初始版本。

第三条

国旗颜色为黑红金三色。商旗颜色为黑白红三色，并于右上角配以国旗。

第四条

普遍认可之国际法规则，为具有拘束力之德国法组成部分。

第五条

国家法权，涉及联邦事务者由联邦机关依据联邦宪法行使，涉及各州事务者由各州机关依据州宪法行使。

第六条

联邦就以下事务享有专属立法权：

1. 外交；

2. 殖民地；

3. 国籍，自由迁徙，移居国内外之移民制度，引渡；

4. 国防；

5. 货币；

6. 关税，关税区与贸易区之统一，货物流通自由；

7. 邮局、电报与电话。

第七条

联邦就以下事务享有立法权：

1. 民法；

2. 刑法；

3. 司法程序，包括刑罚执行及政府机关间的职务协助；

4. 护照，外事警察；

5. 扶贫，流浪者救助；

6. 出版、结社与集会；

7. 人口政策，母亲、婴儿与青少年保护；

8. 公共卫生，兽医制度，植物虫害防护；

9. 劳动法，劳动者、雇员之保险与保护，职业中介；

10. 全国职业代表机关之设立；

11. 参战者及其遗孤之救助；

12. 财产征收法；

13. 自然宝藏、经济企业之社会化，以及公共经济物品之制造、生产、分配与定价；

14. 贸易，度量衡标准，纸币发行，银行与交易所；

15. 饮食品、享乐品以及日需品交易；

16. 工商业与矿业；

17. 保险业；

18. 航海、公海、沿海渔业；

19. 铁路，内河航运，水陆空机动机运输业，以及涉及公共交通与国防事务之道路建设；

20. 戏剧与电影业。

第八条

联邦还享有征收租税及其他收入之立法权，只要该收入之全部或部分归联邦使用。若联邦征收迄今为止属于各州管辖之租税或其他收入，应顾及各州生存能力之维持。

第九条

若有统一法律之需要，联邦就以下事务享有立法权：

1. 公共福利之维护；

2. 公共秩序、公共安全之保护。

第十条

联邦可以通过立法规定以下事务之基本原则：

1. 宗教团体之权利与义务；

2. 包括高校在内的学校制度，学术出版业；

3. 一切公法社团之公务员法；

4. 土地法，土地分配，定居与家宅法，土地所有权责任，住房建设及人口分布；

5. 丧葬制度。

第十一条

联邦必要时可通过立法确定是否允许各州开征租税及租税种类之原则，以维护社会重要利益，排除以下弊害：

1. 损害联邦收入或联邦贸易关系；

2. 重复征税；

3. 对使用公共交通道路与设备者征收过重或造成妨碍交易之税费；

4. 州际贸易或州内区际贸易中歧视外来产品，对其实行不同于本地产品之租税标准；

5. 支付出口补贴。

第十二条

联邦不行使或尚未行使之立法权，各州可行使之。该规定不适用于联邦专属立法权。

各州针对本法第 7 条第 13 项规定对象所立之法，若有损于德意志国共同福祉，联邦政府可行使否决权。

第十三条

联邦法优先于州法。

若对州法律是否符合联邦法律存在疑义或不同意见，联邦或州一级主管机关可依据某项联邦法律之相似规定，诉请任一联邦最高法院作出裁判。

第十四条

联邦法律由各州机关施行，除非联邦法律另有规定。

第十五条

联邦政府就联邦享有立法权之事务行使监督权。

若联邦法律由州行政机关施行，联邦政府可颁布一般指令。联邦政府可以派遣特派员到各州政府机关总部，并可经后者同意后派遣委员到州政府下级机关，监督联邦法律之实施。

若州政府在实施联邦法律时发现法律瑕疵，则经联邦政府请求后负有义务排除之。若双方存在意见分歧，联邦政府与州政府均可诉请德意志国家法院予以裁判，除非联邦法律指定其他法院管辖。

第十六条

被联邦委派于各州直接执行联邦行政任务之公务员，通常为本州公民。执行联邦行政事务之公务员、职员与劳动者希望留在家乡工作，只要条件允许且不违反教育或职务要求，应使其留在家乡工作。

第十七条

各州必须拥有一部拥护自由国家之宪法。人民代表须由德国全体男女公民，以普遍、平等、直接、秘密方式，按各项比例选举原则选举产生。各州政府需要获得人民代表信任。

上述人民代表选举原则亦适用于乡镇社区选举。但州法律可以规定，唯有在当地居住满一年者方可获得乡镇代表选举权。

第十八条

联邦划分各州疆域时应充分尊重相关人民之意志，以使其最大限度地发挥自身经济、文化能力。变更各州疆域或于德国疆域内建立新州，联邦须事先制定修宪性法律。

若直接相关之各州表示同意，则联邦仅需制定普通联邦法律。

若相关各州中仅一州表示反对，但疆域变更或建立新州计划来自人民意志，且符合联邦重大利益，亦只需制定普通联邦法律。

人民意志以公民投票方式确定。分离区域内若有三分之一国民议会选举人提出公投诉求，联邦政府须颁布指令举行公投。

变更州疆域及建立新州之决议，须获得五分之三投票人且至少半数以上选举权人同意。即使分离区域仅涉及普鲁士州、巴伐利亚州一部分领土，或仅涉及其他州相应行政辖区一部分领土，仍须根据相关各区域全体人民之意志作出决议。若分离区域与全区无直接地理联系，决议可依据联邦特别法仅取决于分离区域居民之意志。

确认人民已表示同意后，联邦政府须向国民议会提交相关法律〔草案〕以供决议。

若区域合并或分离引发财产分割争议，则由德意志国家法院应一方当事人申请作出裁判。

第十九条

若某州内部产生宪法争议而该州无相应管辖法院，或州与州、联邦与州之间产生非民事性质之纠纷，德意志国家法院应一方当事人申请作出裁判，除非其他联邦法院具有管辖权。

总统执行德意志国家法院裁决。

第二章　国　民　议　会

第二十条

国民议会由德国人民选举之议员组成。

第二十一条

国民议员代表全体人民。议员仅服从其良心而无须受拘于委托。

第二十二条

议员由年满二十岁之男女，根据各项比例选举原则，以普遍、平等、直接、秘密之方式选举产生。选举日须为星期日或公共休息日。

相关细则由《联邦选举法》规定。

第二十三条

国民议会任期为四年。新一届选举须最迟于任期届满后第六十天举行。

国民议会首次会议最迟于选举后第三十天举行。

第二十四条

国民议会于每年十一月第一个星期三在联邦政府所在地召开大会。若总统或至少三分之一联邦议员提出要求，国民议会议长须提前召集大会。

国民议会决定本次议会闭会，并确定下次开会日期。

第二十五条

总统可以解散国民议会，但出于同一原因只能解散一次。

新一届选举最迟于国民议会解散后第六十天举行。

第二十六条

国民议会选举议长、副议长及书记长。国民议会制定其议事规则。

第二十七条

两次大会或两届议会任期之间，前次大会议长、副议长继续履行其职务。

第二十八条

议长行使议会会所权与警察权。议长负责议会行政事务；有权依照联邦预算标准管理议会收支，并在一切法律行为、法律争议中代表联邦。

第二十九条

议会议事须公开进行。经五十位议员动议且获三分之二议员同意，议事可以不公开。

第三十条

国民议会、各州议会及其委员会在其公开议事时所提交之真实报告，不产生任何责任。

第三十一条

国民议会内设立选举审查法庭。该法庭就议员是否丧失议员资格作出裁决。

选举审查法庭之组成人员分别为，由国民议会选举产生、任期等同于议员任期之国民议员，以及由联邦行政法院院长推荐、总统任命之联邦行政法院法官。

选举审查法庭经由三位国民议员与两位法官以公开、口头方式进行审理后作出裁决。

除选举审查法庭进行口头审理外，审查程序其余部分由总统任命之联邦特派员执行。程序细则由选举审查法庭制定。

第三十二条

国民议会之决议须获得简单多数同意，除非宪法作出其他规定。议事规则可对国民议会内部选举作出例外规定。

决议能力由议事规则规定。

第三十三条

国民议会及其委员会可以要求总理及各联邦部长出席议会。

总理、部长及其聘用之特派员均有权列席国民议会及其委员会议事会议。各州有权派遣全权代表出席会议，表明对会议审议事项之立场。

政府代表可在议事过程中、联邦政府代表还可就会议议程外事项请求发言，会议必须允许其发表意见。

代表须服从议长主持之议事秩序。

第三十四条

国民议会可设立调查委员会，若五分之一议员申请则必须设立。此类委员会于公开审理时就其或申请人认为必须之证据进行取证。调查委员会可以三分之二多数意见排除公开审理。该委员会议事程序及委员人数由议事规则规定。

法院及行政机关负有义务配合委员会取证；经后者要求，须提交相关政府文案。

委员会、经委员会请求之政府机关提取证据时，可参照《刑事诉讼法》精神适用相关规定，但书信、邮政、电报及电话秘密权不受此限制。

第三十五条

国民议会设立常务外交委员会，该委员会于国民议会闭会期间以及上届国民议会任期届满或被解散至新一届国民议会产生期间，继续履行外交职务。该委员会不进行公开议事，除非三分之二委员作出予以公开之决议。

国民议会另设常务委员会，以确保人民代表闭会期间以及一届任期结束后仍享有应对联邦政府之权利。

该委员会享有调查委员会同等权利。

第三十六条

国民议员或州议员于任何时候，不得因其行使投票权或为履行职务发表意见而受到司法迫害或职务迫害，也不得在会场外被追究责任。

第三十七条

任何国民议员、州议员未经其所属议会许可，会议期间不得因其涉嫌犯罪而被审问或拘捕，除非该议员在犯罪现场或最迟于犯罪发生第二天被拘捕。

其余各种限制人身自由，从而妨碍其履行议员职责之措施，均须获得同等许可。

任何针对国民议员或州议员之刑事程序、拘捕及其他限制人身自由之措施，经议员所属议会要求，应于会议期间予以中止。

第三十八条

国民议员或州议员，对于他人基于其议员身份或在其履行议员职责期间所告事项，以及就其本人事务，有权拒绝作证。即便涉及书证没收措施，议员亦享有等同于法定作证拒绝权之权利。

国民议会或州议会场所内实施搜查或没收措施，须获得议长同意方可实行。

第三十九条

公务员、军职人员履行其国民议员或州议员职务时，无须请假。

他们若竞选相关议席，应允予其准备竞选所需之假期。

第四十条

国民议员有权免费乘坐任何德国铁路车辆，并依据联邦法律获得相应补偿。

第三章　总统与联邦政府

第四十一条

总统由全体德国人民选举产生。

年满三十五周岁之德国人均有被选举权。

相关细则由联邦法律规定。

第四十二条

总统就职时，向议会做如下宣誓：

本人宣誓，将尽全力为德国人民谋福祉，增进其利益，防其蒙受危害，遵守德国宪法与法律，恪守良心以履行义务，并待人以公道。

可以附加宗教宣誓。

第四十三条

总统职务任期为七年。经选举得以连任。

若国民议会提出申请并经人民公决通过，可在总统任期届满前辞退之。

国民议会之申请决议须获得三分之二多数同意。决议一经成立，总统不得继续履行职务。若人民公决反对辞退总统，视为总统重新当选，国民议会因此予以解散。

总统未经国民议会同意不受刑法追究。

第四十四条

总统不得同时为国民议员。

第四十五条

总统在国际法上代表德意志国。他以德意志国名义与外国缔结联盟及其他条约。总统派遣并接待公使。

宣战、停战决议由联邦法律规定。

若与外国缔结之盟约或条约涉及联邦法律规定之对象，须征得国民议会同意。

第四十六条

总统任免联邦文职、军职官员，除非法律另有规定。总统可以将任命权、免职权交由其他政府机关行使。

第四十七条

总统执掌全军最高命令权。

第四十八条

若州政府不履行德国宪法或联邦法律赋予之义务，总统可以使用武力强迫其履行。

当德国公共安全、公共秩序遭到严重干扰或危害时，总统可采取紧急措施以恢复公共安全与秩序，必要时可诉诸武力。总统借此目的可临时废止本宪法第 114 条、第 115 条、第 117 条、第 118 条、第 123 条、第 124 条及第 153 条所确立之全部或部分基本权利。

任何依据本条第 1 款、第 2 款采取之措施，总统须不加延迟地知会国民议会。上述措施经国民议会要求须予以废止。

各州政府遭遇危险延误时可临时采取本条第 2 款规定之措施。该措施经国民议会要求须予以废止。

相关细则由联邦法律规定。

第四十九条

总统代联邦行使大赦权。

联邦大赦须由联邦法律规定。

第五十条

总统颁布之任何命令与处分，包括国防事务在内，均须经联邦总理或主管部长联署后方得生效。经联署后联署者承担责任。

第五十一条

总统行使职务受阻时，先由总理代理。若预计受阻时间较长，相关代理事宜由联邦法律规定。

总统任期提前届满、新选举尚未举行期间，适用前款规定。

第五十二条

联邦政府由德国总理、部长组成。

第五十三条

总理、总理提名之联邦部部长，其任免权由总统行使。

第五十四条

总理、各部长履行职务须获得国民议会信任。若国民议会明确作出不信任决议，总理及全体部长必须辞职。

第五十五条

总理为联邦政府首脑，依据由联邦政府制定并经总统批准之议事规则领导工作。

第五十六条

总理制定政治纲领，并对国民议会负责。各部长在政治纲领框架内独立主持各部工作，并独立向国民议会负责。

第五十七条

各部长须向联邦政府提交所有法律草案、宪法及法律所规定事项，以及涉及多个部长工作领域且部长之间存有不同意见之问题，以供联邦政府讨论、决议。

第五十八条

联邦政府作出决议须经多数票同意。若票数相等，由主席投票决定。

第五十九条

国民议会有权向德意志国家法院起诉总统、总理及部长，主张其违反德国宪法或联邦法律并负有过错。诉讼申请须由至少一百名国民议员联名署名并获等同于法定修宪票数之同意。相关细则由《德意志国家法院法》规定。

第四章　参　政　院

第六十条

为使德国各州在联邦立法、行政中得以代表，设立参政院。

第六十一条

各州在参政院至少拥有一票。较大州每一百万人口分配一票。余数不少于最小州居民数者，以一百万计算。各州代表数均不得超过总票数之五分之二。

德意志奥地利国合并于德意志国后，有权参加参政院并依其居民数取得相应投票数。奥地利国代表于合并前享有咨询投票权。

参政院依据每次人口普查结果重新确定各州票数。

第六十二条

参政院内由代表组成各委员会，各州不得允许任何委员取得一票以上投票权。

第六十三条

各州派遣政府成员作为参政院代表。但普鲁士州一半票数，由普鲁士各地方行政机关依州法律规定之标准予以分配。

各州有权向参政院派遣与所分配之投票数相同数额之代表。

第六十四条

若联邦政府三分一成员提出要求，则必须召集参政院会议。

第六十五条

参政院及其各委员会主席，由联邦政府成员担任。联邦政府成员有权出席参政院会议，若参政院提出要求，则负有出席义务。议事期间政府成员可随时要求发表意见。

第六十六条

联邦政府及参政院代表在参政院享有动议权。

参政院制定议事规则规范工作秩序。

参政院全体大会须公开举行。商议某些事项可依照议事规则不予公开。

投票决议实行简单多数原则。

第六十七条

联邦各部应随时向参政院通报日常执政情况。商议重大事项时应邀请参政院相应主管委员会参加。

第五章 联邦立法

第六十八条

法律案由联邦政府、国民议会各单位提出。

联邦法律由国民议会制定。

第六十九条

政府提交立法案，需经参政院同意。若联邦政府与参政院意见不能达成一致，联邦政府仍可提交立法案，但需同时提交参政院不同意见。

若联邦政府不同意参政院提交之立法案，仍须向国民议会提交该立法案并附其不同意见。

第七十条

总统必须签署依照宪法所制定之法律，并在一个月内将之公布于《国家法律公报》。

第七十一条

联邦法律，除非另有规定，自《国家法律公报》于首都发行后第十四天生效。

第七十二条

若国民议会三分之一议员要求延时，联邦法律须延时两个月后公布。若国民议会与参政院将其宣布为紧急法律，总统可忽略上述动议而公布之。

第七十三条

若总统于国民议会通过法律后一个月内决定将法律交付人民公决，该法律当于公布前进行人民公决。

若国民议会中不少于三分之一议员动议延期公布法律，而二十分之一选民申请人民公决，该法律当交付人民公决。

若十分之一选民动议某项法律草案，亦须举行人民公决。实施此项人民动议前须拟就完善的法律草案。草案由政府附加政府意见后提交于国民议会。若国民议会不作任何修改地接受法律草案，则无须举行人民公决。

唯总统提出动议，方可就财政预算计划、租税法律及俸给事项举行人民公决。

人民公决与提案程序由联邦法律规定。

第七十四条

参政院有权否决国民议会通过之法律。

否决意见须于国民议会决议后两周内向联邦政府提出，若有延期理由，可最多再延期两周。

法律被否决后可再次交付国民议会予以表决。若国民议会与参政院意见仍不能达成一致，则总统可于三个月内就意见分歧部分举行人民公决。若总统不行使该权利，该法律视做不通过。若国民议会经参政院否决后再次以三分之二多数通过该法案，总统必须于三个月内公布国民议会通过之法案文本，或者举行人民公决。

第七十五条

若多数选民参与公决，该公决可废止国民议会决议。

第七十六条

宪法可通过法律予以修正。唯有三分之二国民议员出席国民大会且至少三分之二出席者投票赞同，国民议会方可作出修宪决议。参政院作出修宪决议亦须获得三分之二投票者赞同。若人民提出修宪动议且举行公决，唯多数选民投票赞同时，修正案方可通过。

若国民议会不顾参政院否决再次通过宪法修正案决议，但参政院于两周内提出人民公决动议，总统则不得公布该修正案。

第七十七条

实施联邦法律所需之一般行政规则，除非法律另有规定，由联邦政府颁布。若实施联邦法律属于州政府职权，则行政规则须经参政院同意。

第六章 联 邦 行 政

第七十八条

外交事务专属于联邦。

属于州立法范围之事务，各州可与外国缔结条约；条约须经联邦批准。

与外国缔结变更德国国界之合约，须经相关州同意后由联邦缔结之。变更国界须依据联邦法律进行，除非变更仅仅涉及修正无人居住区边界。

若各州因与外国持有特殊经济关系或与外国相邻而引发利益冲突，为保障各州利益，联邦应征得相关州同意后设置必要机构并采取一切必要措施。

第七十九条

国防事务专属于联邦。德国人民兵役制度，其设置须考虑各州居民特殊情况，由联邦法律统一规定之。

第八十条

殖民事务专属于联邦。

第八十一条

所有德国商船组成统一商船队。

第八十二条

德意志国组成统一关税区及商业区，由共同关税边界环绕之。

关税边界等同于德国对外之国界。海域区由大陆海岸及德国领土所属岛屿构成关税边界。海域及其他水域之关税线路可作例外规定。

外国领土或其部分领土可通过国际条约或合约并入德国关税区。

部分领土可基于特别情况而排除于关税区外。若自由港被排除于关税区之外，此情况唯通过修宪性法律方可撤销。

关税区以外地区，可通过国际条约或合约并入外国关税区。

德国境内得以自由交易之一切天然物产、工业品及艺术品，可在各州及各乡镇社区边界输入、输出或通过。例外情况须由联邦法律规定。

第八十三条

关税与消费税由联邦机关管理。

联邦机关管理联邦租税事务时应当设置相应机构，以使各州有机会维护本州农工商业之特别利益。

第八十四条

联邦通过法律规定以下事务：

1. 设立必要之州级租税管理机构，从而统一、平等地实施《联邦租税法》；

2. 监督《联邦租税法》执行机构之设置及其权限；

3. 联邦与各州之结算事务；

4. 执行《联邦租税法》所需管理成本之支付。

第八十五条

联邦一切收入与支出必须按会计结算年度为单位作出预算并列之于财政计划书中。

财政预算计划须于会计结算年度开始前由法律确定之。

支出许可通常以一年为限；特殊情况可延长许可时间。此外《联邦预算法》包含规定超过会计年或者与联邦支付、管理无关之条款。

国民议会未经参政院同意不得在财政计划书中提高或重新计划支出金额。

参政院同意意见可根据宪法第 74 条规定予以替代。

第八十六条

任何联邦收入之使用,由联邦财政部长在下一会计年度内向参政院及国民议会提交决算,以免除联邦政府负担。财务审计由联邦法律规定。

第八十七条

唯有特别需要且通常情况下唯以收入为目的而支出时,方可以贷款方式集资。此类增添联邦负担之集资及其担保承诺,唯基于联邦法律方可进行。

第八十八条

邮政、电报及电话业为联邦专属事务。

全德国境内统一邮票面值。

联邦政府征得参政院同意后颁布规章命令,对使用通信设施之基本原则与费率作出规定。联邦政府征得参议院同意后可将此权限委托于联邦邮政部长。

联邦政府征得参政院同意后设立顾问委员会,共商邮政、电报、电话及费率事务。

唯联邦可与外国缔结通信条约。

第八十九条

联邦负有责任将公用铁路收归国有并视其为统一交通机构予以管理。

若联邦提出要求,各州必须将买受私人铁路之权利移交于联邦。

第九十条

各州向联邦移交铁路时,须同时移交铁路征收权及与铁路相关之国家高权。相关权限产生争议时由德意志国家法院予以裁决。

第九十一条

联邦政府经参政院同意后就铁路建筑、经营与交通事务颁布规章命令。此权限可由联邦政府经参政院同意后委托于联邦主管部长。

第九十二条

联邦铁路之预算、决算列入联邦一般预算、决算中,但联邦铁路仍作为独立经济企业予以管理,铁路须自行承担包括偿付利息及铁路债务在内的支出,并需自行储备铁路公积金。债务偿还金额、公积金金额及其使用目的,由特别法规定。

第九十三条

联邦政府征得参政院同意后设立顾问委员会,共商铁路交通及其运价事务。

第九十四条

若联邦亲自管理某地区公用铁路，则该地区内唯有联邦及其许可者方可新建公用铁路。若新筑或变更原有联邦铁路将涉及州警察管辖事务，则决策前应听取州政府关于此段铁路之管理意见。

联邦尚未接管之铁路，若出于公用或国防需要，则即便该铁路经过之各州提出反对意见，联邦亦可在各州主权不受侵犯的前提下，依照联邦法律自行建筑或委托他人执行，必要时可以委以征收权。

铁路管理均需自行承担与他人铁路之接轨之费用。

第九十五条

非联邦管理之公用铁路，须接受联邦监督。

受联邦监督之铁路，须依照联邦确定之统一原则建筑与装备。建筑方法须符合安全营业标准与交通要求。客运与货运标准须符合实际需求。

铁路运费之监督须以费率均衡及争取最低费率为目的。

第九十六条

包括非公用铁路在内的一切铁路，若联邦基于国防需要使用之，必须执行联邦发布之相关命令。

第九十七条

联邦负有职责将公用河道收为国有并予以管理。

公用河道收归国有后，唯联邦及其许可者方可施工或扩建。

联邦管理、扩建及新建河道，须与各州达成一致意见，并确保满足各州农业、水利经济需求。联邦改良河道时亦须履行上述义务。

任何河道管理机构均须许可其他河道与之连接，若该河道经营者承担相应费用。连接内陆河道与铁路时亦须履行上述义务。

河道交付后联邦取得征收权、运费定价权及水上与船舶警察权。

各河道建设协会所负责之莱茵河、威悉河、易北河水域之天然河道，其扩建任务由联邦接管。

第九十八条

联邦政府征得参政院同意后制定具体规章，据此成立河道顾问委员会，共商河道事务。

第九十九条

唯用于改善交通之工程、设备及机构建设，方可征收天然河道费。为建设国家、地方社区机构所征收之费用，不得高于建设、维持机构所需成本。若相关机构还负有改善交通以外的其他任务，则仅可按合理比例征收船运费。利息与债务偿还所需费用算入建设成本。

为建设运河、运河机构及港口机构而征收税费者，适用前款规定。

计算内陆船运税费时，可将某一河道、流域、河道网之总成本作为计算基础。

上述规定同样适用于驶于航运河道之木筏。

唯有联邦有权对外国船只及其货物运载征收其他种类或更高的税费。

若为维持、扩建德国河道网而筹集资金，联邦可以通过法律要求航运参与人以另外方式缴纳费用。

第一百条

为负担内陆航道之维持、建造，可以通过联邦法律向以非航运方式使用水坝者征收税费，前提是多个州参与水坝建设或建筑费用由联邦承担。

第一百零一条

联邦负有职责，将一切航标，尤其灯标、灯塔船、浮标瓶、浮标、信标收归国有并予以管理。接管后唯有联邦及其许可者可生产、扩建航标。

第七章　司　　法

第一百零二条

法官独立，仅服从于法律。

第一百零三条

普通司法裁判权由联邦法院和州法院行使。

第一百零四条

普通法院法官终身任职。未经法官本人同意，唯有通过法院裁判并依据法定理由、法定方式，方可永久或暂时撤销其任职、分派于其他岗位或使其退休。立法机关可以确定法官退休年龄。

若基于法律临时撤销法官任职，不受前款规定限制。

若法院设置或管辖区发生变更，州司法行政机关有权不经法官同意，将其派往其他法院或取消其职务，但须维持原有俸金。

商事法官、参审员与陪审员不适用上述规定。

第一百零五条

不得设立非常法庭。任何人不得被剥夺受法定法官裁判之权利。战争法庭、临时军事法庭之法律规定不受上述规定限制。取消军事名誉法庭。

第一百零六条

取消军事法庭，除非处于战争时期或者军舰内。相关细则由联邦法律规定。

第一百零七条

联邦与州须依据法律设立行政法院，以保护个人不受行政机构命令、处分之侵害。

第一百零八条

依照联邦法律设立德意志国家法院。

第二编　德国人民之基本权利与基本义务

第一章　个　　人

第一百零九条

德国人民法律面前人人平等。

男女公民原则上拥有相同之公民权利与义务。

源于出身或阶层之公法上特权与劣势，予以废止。不再授予贵族称号，既有者仅可作为姓名组成部分。

名衔仅授予公职或职业，学位不受此限制。

国家不得授予勋章与荣誉奖章。

任何德国人均不得接受外国政府授予之名衔及勋章。

第一百一十条

取得与丧失德国国籍与州籍，须依照法律进行之。各州成员同时也是德意志国成员。

任何德国人在其他各州拥有与该州公民相同之权利与义务。

第一百一十一条

任何德国人均有权在全国境内自由迁徙。均有权在德国任何地方停留、定居、购买土地，以及从事任何食品业经营。限制须由联邦法律规定。

第一百一十二条

任何德国人均有权移居国外。唯有通过联邦法律方可对移居国外作出限制。

任何德国成员面对外国时，不论在国内或国外，均有权请求联邦国保护。

任何德国人均不得被交予外国政府接受追捕或刑罚。

第一百一十三条

德国境内有使用外语者，不得通过立法或行政手段损害其符合民族特性之自由发展，尤其不得损害其在教育、内务管理及司法程序中使用母语之权利。

第一百一十四条

人身自由不受侵犯。公权力唯有基于法律规定方可侵害或剥夺公民人身自由。

剥夺人身自由者，须最迟于第二天告知被剥夺者剥夺决议机关及剥夺理由；应不加延迟地向被剥夺者提供机会，使其能够针对剥夺行为及时提出反对意见。

第一百一十五条

住房于任何德国人均为其自由居所地，不受侵犯。例外情况唯有基于法律规定方被许可。

第一百一十六条

任何行为唯有行为前已有法律对此作出刑罚规定，方可处以刑罚。

第一百一十七条

通信秘密以及邮件、电报与电话秘密不受侵犯。例外情况唯有通过联邦法律方被许可。

第一百一十八条

任何德国人在一般法律限制内均有权通过言语、文字、印刷、图画或其他方式自由表达意见。任何工作、雇佣关系均不得妨碍公民行使该项权利，任何人不得因行使此项权利而遭受不利待遇。

不得施行审查制度，但电影可以由法律作出另外规定。为了反对色情、垃圾文学，以及为在公共展览场所及戏院内保护青少年权益，亦可采取法律措施。

第二章　共　同　生　活

第一百一十九条

婚姻作为家庭生活及维持、延续民族之基础，享受宪法特别保护。婚姻以男女权利平等为基础。

保持家庭纯洁、健康以及对其进行社会改良，属于国家、乡镇社区之职责。多子女家庭有权要求给予充分照顾。

母亲有权要求国家给予保护与照顾。

第一百二十条

教育子女使其身心健康并具有社会能力，属于父母最高义务及自然权利，教育行为受公法团体监督。

第一百二十一条

须制定法律确保非婚生子女获得与婚生子女相同之身体、精神及社会发展条件。

第一百二十二条

必须保护青少年不受剥削，不受道德、精神及体格败坏。国家与乡镇社区须设置相应机构。

唯基于法律方可采取强迫性照顾措施。

第一百二十三条

任何德国人均有权举行和平、不携武装之集会，无须申报或特别许可。

联邦法律可以规定露天集会者负有申报义务，并可禁止直接威胁公共安全之集会。

第一百二十四条

任何德国人，只要其目的不违反刑法，均有权组建社团或团体。此项权利不得通过预防性措施予以限制。上述规定适用于宗教社团与宗教团体。

任何社团均可依据民法规定获得权利能力。不得以社团追求政治、社会或宗教目的为由拒绝授予其权利能力。

第一百二十五条

确保选举自由与选举秘密。相关细则由选举法规定。

第一百二十六条

任何德国人均有权以书面方式向主管机关或人民代表呈递请求与诉愿。此项权利可由一人或多人共同行使。

第一百二十七条

乡镇社区、乡镇联合体在法律限制内享有自治权。

第一百二十八条

全体德国公民均有权无差别地依据法律规定之条件，以及凭借各自能力与贡献担任公共职务。

所有针对女性公务员的例外规定均予废止。

公务员关系之基本框架由联邦法律规定。

第一百二十九条

公务员终身任职，除非法律作出另外规定。退休金、遗嘱抚养费由法律规定。公务员福利权不受侵犯。公务员财产请求权可诉诸司法程序。

唯依据法定条件与方式，方可临时取消公务员任职，暂时或永久性使其退休，或派遣其到其他收入有所降低之岗位。

裁判任何职务犯罪，均须给予申诉渠道与复审程序。对公务员不利之事实，只有当公务员被给予机会发表意见后，方能登记在册。公务员可以阅读其人事卷宗。

福利权不受侵犯及财产请求权得以诉诸司法救济之权利，尤其亦须确保职业军人享有之。职业军人其余地位由联邦法律规定。

第一百三十条

公务员服务于全体人民，而非服务于某个政党。

确保所有公务员享有政治思想自由与结社自由。

公务员依据更为具体的联邦法律规定设立公务员特别代表。

第一百三十一条

若公务员受托执行公务时对第三人未尽应尽之公职义务，原则上由国家或其任职之公法社团承担责任。责任承担者保留对公务员行使追索权。不得排除公务员向普通法院起诉之权利。

具体规则由立法主管机关规定。

第一百三十二条

德国人均负有依法担任名誉职务之义务。

第一百三十三条

任何公民均负有依法为国家与乡镇社区服役之义务。

联邦防御法设立义务兵役制。该法亦规定在多大程度上可限制军人之基本权利，以确保其履行职责及保持军纪。

第一百三十四条

全体德国公民须依照法律及各自财产，按比例负担公共开支。

第三章　宗教与宗教社会

第一百三十五条

德国居民人人享有完全之信仰自由与良心自由。宪法确保宗教活动不受干扰，国家对其提供保护。国家一般立法不受此限制。

第一百三十六条

居民、国民之权利与义务，不得基于其行使宗教自由而附加条件或限制。

居民、国民享有权利以及被允许担任公共职务，与其宗教信仰无关。

任何人均无义务公开其宗教信仰。当权利与义务取决于宗教团体归属或者法定统计需要时，政府机关方可询问其所属之宗教团体。

任何人不得被强迫参加教堂仪式、宗教庆典、宗教演习或进行宗教宣誓。

第一百三十七条

不设国教。

保障宗教结社自由。组建宗教团体行为于德国境内不受任何限制。

任何宗教团体于普遍适用之法律限制内，自主规定与管理其事务。宗教团体自主委任职位，不受国家或居民社区影响。

宗教团体依据一般民法规定取得权利能力。

若宗教团体迄今为止为公法社团，则保留此身份。若其他宗教团体之组织与成员有持续性保障，经申请后可取得同样权利。若多个此类公法宗教社团联合组成联合体，则该联合体亦属于公法社团。

属于公法社团之宗教团体可以公民纳税人名册为基础，依照各州法律征税。

其他以共同修养世界观为目的之团体，取得与宗教团体同样之地位。

若执行上述规定另需规则，由州立法机关制定。

第一百三十八条

国家基于法律、合约或特别法权而须向宗教团体履行给付义务，该义务通过各州立法予以废止。其基本原则由联邦规定。

宗教团体与宗教社团以文化、教育及慈善活动为目的而设立机构、财团或其他财产，其所有权及其他权利受到保障。

第一百三十九条

星期日与法定假日为劳作休息日以及精神修养日，受到法律保护。

第一百四十条

保障军人拥有履行其宗教义务所必需之自由时间。

第一百四十一条

若军队、医院、监狱或其他公共机构需要祷告、灵魂告慰，应允许宗教团体前往举行宗教仪式，但不得实施任何强制。

第四章　教育与学校

第一百四十二条

艺术、科学及其传授，享有自由。国家为其提供保护并参与维护。

第一百四十三条

青少年教育须由公共机构担任。公共机构由联邦、州及乡镇社区共同建设。

教师培训制度应依据普遍适用于高等教育之基本原则，于全国范围内统一规定。

公立学校教师享有国家公务员之权利与义务。

第一百四十四条

一切学校受国家监管，乡镇社区可以参与监管。由专职并受过专业训练之公务员执行学校监管任务。

第一百四十五条

实行普遍义务教育制。该义务原则上由国民学校执行，义务教育包括最少八学年小学教育及之后直至十八周岁之进修学校教育。国民学校、进修学校之课程与学习用品均为免费。

第一百四十六条

设置公立学校须作出系统化安排。须以普通小学面向所有人为基础，之上设立中级与高级学校。学校建设标准取决于生活职业多样性，儿童入学条件取决于入学儿童的天赋与兴趣，而非经济、社会地位或父母的宗教信仰。

若乡镇社区内有教育权人提出申请，只要该申请不损害包括第1款规定在内的学校正常经营，则必须设立符合其信仰或世界观之国民学校。应尽量考虑教育权人意愿。相关细则由州立法机关依据联邦法律所确立之基本原则予以规定。

联邦、州与乡镇社区应提供公共资金以方便贫困人员进入中、高级学校，尤其应该向适合中、高级学校教育的儿童的父母提供教育补助，直至教育权人完成教育。

第一百四十七条

私立学校为公立学校之补充，需要获得国家许可并执行州法律规定。若私立学校的教学目标、教学设置及教师学术水平不弱于公立学校，并且不以父母资产能力区分学生，则必须授予办学许可。若学校不能保障教师经济、法律地位，可以拒绝授予许可。

唯以照顾少数教育权人为目的，且该少数人意愿依据本宪法第146条第2款应当得到照顾，但乡镇社区内没有适合其信仰或世界观之公立国民学校时，或者教育行政机关认为符合某项特殊教育利益时，方可允许设立私立国民学校。

取消私立预备学校。

若私立学校不承担补充公立学校之职能，该私立学校适用于现行法律。

第一百四十八条

一切学校应致力于培养学生的道德修养、国民思想、个人及职业能力，并辅之以德意志民族精神以及各民族和谐之精神。

公立学校授课时必须注意，不得侵犯异己思考者的感情。

学校须开设国民常识与劳工课程。学生完成义务教育时各得一册宪法印本。

国民教育机构，包括高等学校在内，应由联邦、各州及乡镇社区共同负担其建设费用。

第一百四十九条

宗教课程属于学校常规教学科目，但无宗教信仰之（世俗）学校除外。相关课程设置须在学校立法范围内规定。宗教课程应符合相关宗教团体之基本原则，但不得损害国家监管权。

如何开设宗教课程以及练习宗教仪式，取决于教师的意思表示；是否参加宗教课程、教会庆典及仪式，取决于有权决定儿童宗教教育之权利人的意思表示。

高等学校神学系得以保留。

第一百五十条

艺术、历史及博物馆纪念碑以及自然风光，受国家保护和维护。

防止德国艺术品移转至外国，属于联邦事务。

第五章　经济生活

第一百五十一条

经济生活秩序必须符合正义之基本原则，并以保障人人得以尊严生存为目的。在此范围内确保个人经济自由。

唯以实现受害者权利或满足公共福祉之重要需求为目的，方可实行法律强制。

工商业自由依照联邦法律予以保障。

第一百五十二条

经济交易依照法律规定之标准实行合同自由原则。

禁止高利贷。违反公序良俗之法律行为，归于无效。

第一百五十三条

财产权受宪法保障。其内容与限制由法律规定。

征收必须服务于公共利益并具有法律依据。征收须给予合理补偿，除非联邦法律另有规定。因补偿额发生争议时，可向普通法院提起诉讼，除非联邦法律另有规定。联邦征收州、乡镇社区及公益协会之财产，必须提供补偿后方能进行。

财产权负有义务。其使用须同时服务于公共福祉。

第一百五十四条

继承权依据民法规定予以保障。

国家对继承财产所享有之份额，根据法律相关规定予以确定。

第一百五十五条

根据国家法令监督土地分配与使用，防止相关权利被滥用，并致力于使所有德国公民人人拥有健康住房，保障所有德国尤其多子女家庭，均拥有符合需求之居住与经济场所。制定家宅地产法时须特别照顾参战人员。

若以保障住房、鼓励移民及农田开垦及发展农业为目的，可以征收地产。家族财阀制予以废止。

开发、使用土地，是土地所有者对于社会共同体所负之义务。土地增值，而土地所有者未曾施予劳动或资本投入，该增值部分须用以公共建设。

所有地下矿产及可资经营之自然力，受国家监管。私人特权通过立法转让于国家。

第一百五十六条

联邦可通过法律并给予赔偿后，参照征收法相关规定之精神，将合适社会化之私有经济企业转为公有财产。联邦、州或乡镇社区可以亲自参与管理经济企业、经济协会或采取其他方式，以确保能够施予一定影响。

联邦如有紧急需求且出于公共经济目的，还可以通过法律并以自治为基础，合并经济企业与经济协会；合并目的当是：保证所有劳动人民都能参与经济生活，雇员、雇主共同参与经济管理,以及根据共同经济基本原则规范经济产品之制造、分配、使用、定价及其进出口。

工商、经济合作社及其联合体经过申请后,可以按其组织与特征并入公共经济。

第一百五十七条

劳动者受联邦特别保护。

联邦制定统一劳动法。

第一百五十八条

智力劳动、著作权、发明权与艺术创作权,享受联邦保护和照顾。

德意志科学、艺术与技术创造,通过国际合约得以在国外受到同样保护。

第一百五十九条

以维持与改善劳动、职业条件为目的之经济结社自由,无论何人何种职业,均予以保障。任何试图限制、阻碍此项自由之约定或措施,均属违法。

第一百六十条

任何缔结了雇佣或劳动关系之雇员及劳动者,为实现其公民权利,以及为行使其公共名誉职务且未给企业造成重大损害,则均有权获得必要之自由时间。其剩余报酬请求权,由法律规定。

第一百六十一条

为使国民维持健康与工作能力,保护母亲利益以及预防老年人、弱小者以及生活变故者遭受不利经济后果,联邦建设统一、由被保险者参与共建之保险体制。

第一百六十二条

若关于劳工法律关系之国际条例致力于使全人类劳动阶级的社会权利达到一般最低水平,联邦应加入。

第一百六十三条

任何德国人于不影响其个人自由的情况下,均负有按社会福祉要求从事智力、体力劳动之道德义务。

任何德国人均应获得自力更生机会。未获得合适工作机会者,当为其提供必要的生活保障。相关细则由联邦特别法规定。

第一百六十四条

对于农工商领域中独立经营的中流企业,立法与行政应予以扶持,保护其不受过重负担或被吞并。

第一百六十五条

当支持劳动者、雇员平等地与企业主一起商讨，如何制定关于工资、劳动条件以及如何促使生产力取得整体经济发展之规则。劳资双方之组织及所立契约均得以承认。

为了维护其社会、经济利益，劳动者与雇员在企业劳工委员会、以经济区域划分之区劳工委员会以及联邦劳工委员会中拥有自己的法定代表。

为了全面履行经济任务、参与实施各项社会化法律，区劳工委员会、联邦劳工委员会与企业及其他人民团体代表一起，分别组成区经济委员会和联邦经济委员会。区经济委员会和联邦经济委员会之组成，须使所有重要职业团体按其经济、社会之重要性，均得以代表。

法律草案于社会政治、经济政治具有根本性意义者，联邦政府于呈递议案前，应先交予联邦经济委员会审议。联邦经济委员会有权申请自行提交此类法案。若联邦政府不予同意，仍须向国民议会提交此法案并附属不同意见。联邦经济委员会可就此法案选派一名委员出席国民议会予以代表。

劳工委员会和经济委员会在其管辖区域内可以被授予监督权与管理权。

劳工委员会、经济委员会之组建、任务及其与其他社会自治团体之关系，为联邦专属事务。

过渡规定与结束规定

第一百六十六条

联邦行政法院设立前，其组建选举审查法庭之职能由联邦法院代以行使。

第一百六十七条

本宪法第 18 条第 3 款至第 6 款规定，于本宪法公布起两年后生效。

第一百六十八条

本宪法第 63 条规定之州法律颁布前，普鲁士州在参政院所行使之全部投票权，可由政府成员代为行使，但代理期限最长不超过一年。

第一百六十九条

本宪法第 83 条第 1 款规定，其生效时刻由联邦政府确定。

在合理过渡期限内，关税、消费税之征收与管理可由各州依其意愿自行规定。

第一百七十条

巴伐利亚州、维滕堡州之邮政、电报业管理权，最迟于 1921 年 4 月 1 日移交于联邦。

若移交条件于 1920 年 10 月 1 日还未达成一致，由德意志国家法院裁决。

巴伐利亚州、维滕堡州之权利、义务在管理权移交前依然有效。但与邻国交界地区之邮政、电报通信事务由联邦专属规定。

第一百七十一条

各州所有之铁路、水路及海上标帜最迟于 1921 年 4 月 1 日移交于联邦。

若移交条件于 1920 年 10 月 1 日还未达成一致，则由德意志国家法院裁决。

第一百七十二条

关于德意志国家法院的联邦法律生效前，该法院职能由七人法委会行使，其中四位委员由国民议会推选，三位委员由参政院推选。相关程序由法委会自行规定。

第一百七十三条

在本宪法第 138 条规定之联邦法律颁布之前，基于法律、合约或特别法权须向宗教团体履行之国家给付，继续有效。

第一百七十四条

本宪法第 146 条第 2 款规定之联邦法律颁布之前，既有法律基础继续有效。若德国境内若干地区依法不按宗教派别设立学校，法律对于这些地区应给予特别注意。

第一百七十五条

1914 年至 1919 年间授予勋章与荣誉奖章者，不适用本宪法第 109 条规定。

第一百七十六条

全体公务员、军职人员应对本宪法宣誓。相关细则由总统颁发规章命令予以规定。

第一百七十七条

若现有法律规定需要使用宗教宣誓形式，但宣誓者摒弃宗教形式而仅表达"我宣誓"，此宣誓有效。其余法律规定之宣誓内容不受此限制。

第一百七十八条

1871 年 4 月 16 日之《德意志帝国宪法》与 1919 年 2 月 10 日之《德国临时行政权法》予以废止。

其余联邦法律、规章命令继续有效，除非与本宪法抵触。1919 年 6 月 28 日于凡尔赛签署之《和平条约》不受本宪法限制。

依据现有法律以有效方式颁布之行政命令，在被其他行政命令或立法废止前，继续有效。

第一百七十九条

若法律、规章命令引用已被本宪法废止之法条或机构，废止处由本宪法相关法条及机构代替。尤需注意，国民大会代之以国民议会，州委员会代之以参政院，依照《德国临时行政权法》选举之总统代之以按本宪法选举之总统。

各州委员会依照现有法律所享有之颁布规章命令之权力，须交予联邦政府；若联邦政府颁布规章命令，须根据本宪法征得参政院同意。

第一百八十条

国民议会召开第一次代表大会前，国民大会视做国民议会。第一任总统就任前，其职务由依照《德国临时行政权法》选举之总统行使。

第一百八十一条

德国人民通过国民大会决议制定本宪法并予以公布。

本宪法于公布之日起生效。

总理：艾伯特（Ebert）

部长：鲍尔（Bauer）

　　　艾兹博格（Erzberger）

　　　赫曼·穆勒（Hermann Müller）

　　　大卫博士（Dr.David）

　　　诺斯克（Noske）

　　　斯密特博士（Schmidt）

　　　施利克（Schlicke）

　　　基斯博茨（Giesberts）

　　　玛雅博士（Dr.Mayer）

　　　贝尔博士（Dr.Bell）

（黄卉　译）

编译校者简介

（以姓氏拼音排序）

1. 曹茨，首都师范大学法学学士，德国图宾根大学法学硕士，图宾根大学法学博士，在德国出版了《政党作为媒体所有者之政党参与报刊经营为例》一书。2011 年起任德国一上市公司法律部法务，2013 年起任该公司法律部监管。研究领域为德国公法，主攻德国基本法即基本权保护及国家组织法。

2. 陈昊明，中国政法大学法学和德语文学双学士，中国政法大学比较法硕士，德国 LL.M 硕士，现为德国法兰克福大学法学博士生，主攻刑罚学和法哲学方向。兼职律师，长期从事法律类德语翻译工作。

3. 方博，北京大学法学院法学学士，北京大学哲学系哲学硕士，柏林自由大学哲学博士。研究领域：法哲学与政治哲学。

4. Marco Haase（中文名：汉马可），先后在柏林自由大学、格勒诺布尔大学（法国）、弗莱堡大学和爱丁堡大学（苏格兰）学习法学与哲学，并在柏林洪堡大学通过关于凯尔森、康德和黑格尔的论文获得法学博士学位。供职于数家国际律师事务所之后，Marco Haase 从 2007 年起在北京担任中国政法大学中德法学院副院长。其研究领域为宪法理论、政治哲学、法哲学和方法论。

5. 韩毅，中国政法大学法学学士，汉堡大学法学硕士，并以《德意志帝国法律上的动物保护》论文获得科隆大学法学博士学位。此间曾多次担任学术及商务谈判的口译及社会学、经济学等方面著作的德汉互译，2014 年起在上海任教于华东政法大学。其研究领域为日耳曼国家与法律史、动物保护法和民法总则。

6. 黄卉，2005 年德国洪堡大学法学博士，2008 年北京大学法学院博士后，现为北京航空航天大学法学院副教授，德国法研究中心主任，宪法、行政法研究中心副主任。

2009 年德国洪堡基金学者，德国柏林自由大学法学院客座教授。主要研究领域为宪法学、经济宪法、国家赔偿法、法学方法论。

7. 刘刚，北京大学法学院宪法与行政法专业博士后。毕业于德国柏林洪堡大学法学院，公法学博士。主要研究领域为宪法学基础理论。曾出版德语专著《现代政治代表与政党的地位》，出版翻译作品：《宪法理论》《国家学的危机　社会主义与民族》《现代宪法的诞生、运作和前景》等。

8. 泮伟江，现任教于北京航空航天大学法学院。2005 年获得法学硕士学位（中国政法大学法学院），2009 年获得法学博士学位（清华大学）。2007 年 11 月—2008 年 11 月赴德国法兰克福大学法学院访问。著有《当代中国法治的分析与建构》一书，译有《就事论事：美国联邦最高法院的司法最低限度主义》（主译）、《司法的过程》（主译）、《魔阵·剥削·异化：托伊布纳法社会学论文集》（主编、主译）等译著。

9. 齐松，吉林大学法学学士，中国政法大学法学硕士，德国弗莱堡大学 LL.M，现在德国弗莱堡大学攻读法学博士学位。主要研究领域为行政法。博士论文主要内容是从社群主义角度分析德国行政法上团体诉讼和德国传统主观公法权利学说之间的紧张关系。

10. 秦静，现任教于中山大学政治与公共事务管理学院。毕业于中国政法大学中德法学院与德国弗莱堡大学法学院，法学博士。主要研究领域为宪法行政法学与司法制度。

11. 任宏达，现德国耶拿大学法学在读博士。耶拿大学法学硕士（LLM.oec.）。北京航空航天大学德语法律双学士。博士论文研究重点：德国公司法，上市公司 Corporate Governance，中德跨国兼并收购。

12. 王苗建，中国政法大学法学学士、比较法硕士，德国法兰克福大学 LL.M 硕士，现为德国汉堡大学法学博士生，主要研究领域为宪法、行政法学基础理论，博士论文题目为《中德行政法中行政决策听证制度之比较研究》，目前正准备博士论文答辩。长期从事法律实践以及法律文件翻译工作。

13. 谢立斌，现任中国政法大学中德法学院中方院长。中国政法大学法学硕士，德国汉堡大学博士（宪法学）。主要研究领域为宪法学、比较宪法学，同时以赫尔曼·黑勒（Hermann Heller）等德国魏玛时期国家法学者为切入点，研究分析国家、权力、政治、正当性等根本问题。迄今出版一本德文专著、两本中文译著，在期刊、国际会议等发表中文、德文、英文论文若干。

14. 晏韬，北京航空航天大学法学硕士，现在德国吉森大学（Gießen）法学院攻读法学博士学位，研究方向为宪法与行政法，博士论文研究重点为宪法平等权理论及实践机制。

15. 袁镜淇，北京航空航天大学德语本科，北京大学外国语学院硕士，目前在德国攻读博士学位。

16. 翟明强，本科毕业于北京外国语大学德语系，研究生就读于中国政法大学和德国慕尼黑大学，主要研究德国宪法和行政法，现在在德国哈雷大学写博士论文，曾参与多个项目的翻译，著文有《德国公共行政之独立性保障研究》等。翻译作品有汉斯·彼特·波努赫著《国家对社团的监控》、温弗里德·克鲁特著《行会与社团在法律和功能上的区别》，以及若干案例。

17. 张陈果，清华大学法学学士，法兰克福大学法学硕士、博士。研究方向为知识产权的司法保护、竞争法和反垄断法的执法和司法程序、欧盟法、德国民法与民事诉讼法。曾任慕尼黑大学法学系助教并在马普所（Max-Planck Institut）从事研究工作，现为不来梅大学欧盟法政研究中心（ZERP）博士后探究人员。曾与刘毅合译卡尔·斯密特《大地的法》（待出版）。

18. 张小丹，中国政法大学法学学士、硕士，法兰克福大学 LL.M。现为德国法兰克福大学法学博士研究生，研究方向为宪法学、立法学。

19. 张龑，中国人民大学法学院副教授，北京大学法学硕士，德国柏林自由大学法学硕士，德国基尔大学法学博士。研究方向为法哲学、宪法学、政治理论、德国国家法理论，发表相关论文十多篇。出版德语专著：《人民、权威和基本权利》（Volk, Autoritaet und Grundrechte），德国 Nomos 出版社 2010 年版。出版译著《危险的心灵——战后欧洲思潮中的卡尔·斯密特》（扬—维尔纳·米勒著，与邓晓菁合译），新星出版社 2006 年版。